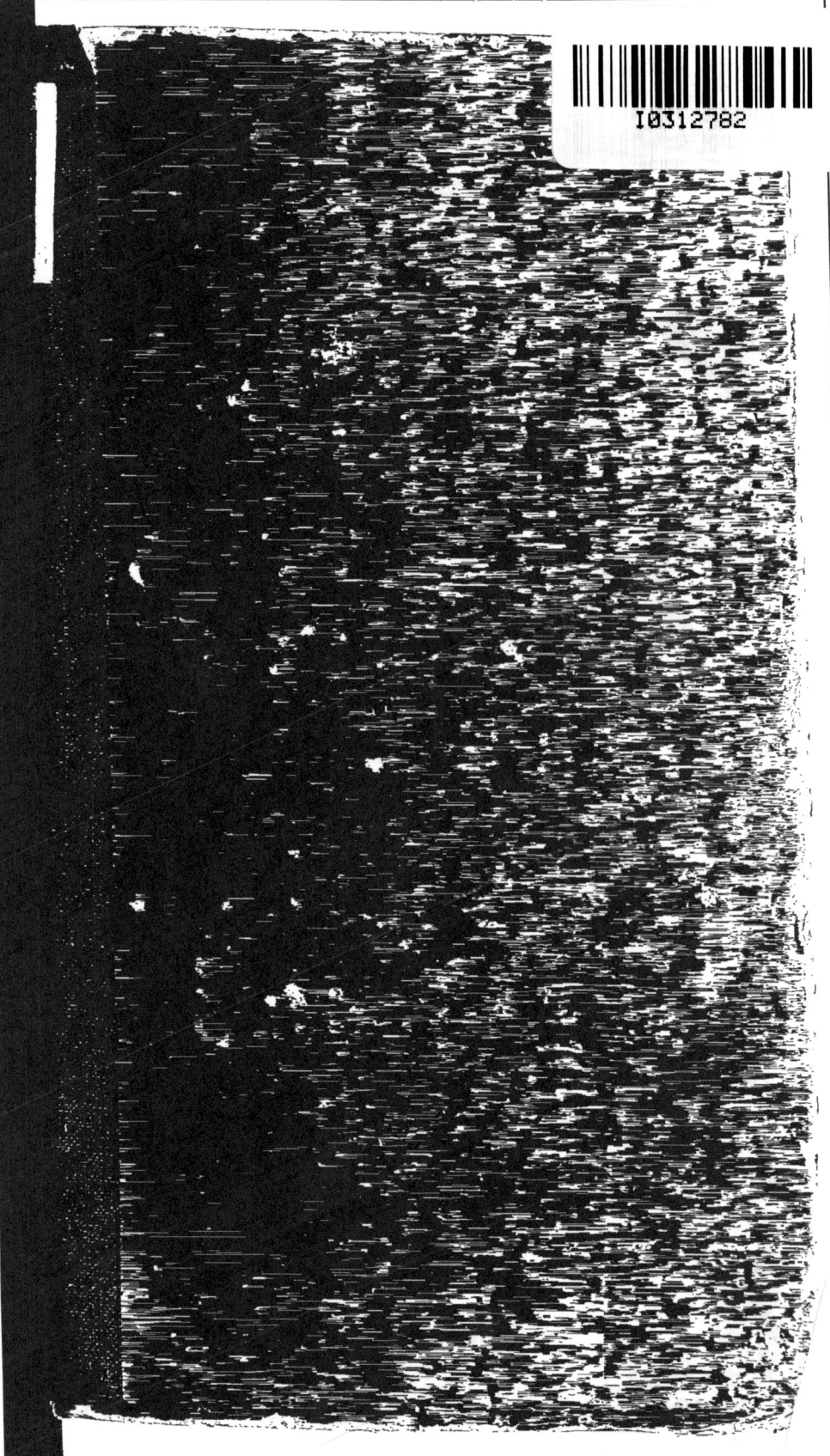

X 390.
~~F 5~~

X 7095

LE JARDIN
DES
RACINES GRECQUES

PAR LANCELOT.

NOUVELLE ÉDITION,

Revue, corrigée, augmentée d'un grand nombre de dérivés, et suivie d'un dictionnaire complet des mots français qui tirent leur origine de la langue grecque;

Par Jos. Planche,

Professeur de Rhétorique au Collége de Bourbon;

Et P.-P. Leuchsenring,

Ancien Professeur de l'Université.

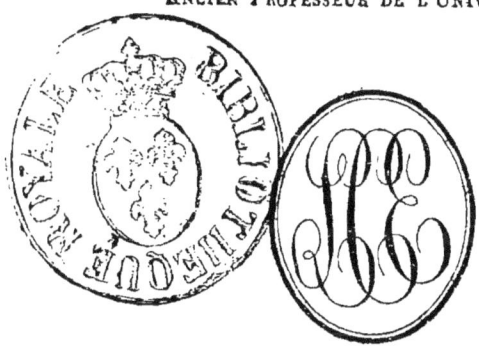

PARIS,
A LA LIBRAIRIE CLASSIQUE ÉLÉMENTAIRE,
RUE DU PAON, N° 8.
1824.

PARIS,

IMPRIMERIE DE COSSON, RUE GARANCIÈRE, n° 5.

PRÉFACE
DES ÉDITEURS.

S'attacher à bien comprendre la valeur des racines, la manière dont ces racines composent leurs dérivés ; et la valeur des petits mots dont les primitifs et les dérivés s'accompagnent pour modifier leur signification, voilà sans doute le moyen le plus sûr comme le plus prompt de bien apprendre une langue. C'est pour faciliter ce genre d'étude que Lancelot (*) a donné son Jardin des Racines grecques. Cet ouvrage, divisé en quatre parties, offre, 1° les Racines principales de la langue grecque, mises en vers français, avec leurs dérivés ;

(*) On doit à Lancelot, savant distingué né à Paris en 1615, mort le 15 avril 1695, âgé de 79 ans, *une Nouvelle Méthode pour apprendre la langue latine; une Nouvelle Méthode pour apprendre la langue grecque, et le Jardin des Racines grecques*. Les deux grammaires ont joui et jouissent encore de l'estime des gens de lettres ; comme le prouvent quinze à seize réimpressions, malgré lesquelles elles sont encore fort rares. Ces différens ouvrages, quoiqu'attribués à Lancelot, sortirent tous de Port-Royal, où ils se composaient en commun. Le maistre de Sacy passe par exemple pour avoir composé les vers qui s'y trouvent, et Arnault a certainement travaillé à la grammaire latine.

PRÉFACE.

2° un vocabulaire des Racines moins importantes non comprises dans les décades de la première partie ; 3° un traité des particules indéclinables, et 4.° un recueil de mots français formés du grec, soit par allusion, soit par étymologie.

De tous les ouvrages élémentaires qui ont été composés pour l'étude du grec, on peut dire qu'il n'en est aucun dont la réputation se soit mieux soutenue que celui dont on donne ici une nouvelle édition aux jeunes élèves des écoles françaises. L'utilité de ce livre a été reconnue depuis long-temps de tous les professeurs, et le cas qu'en a toujours fait l'université prouve suffisamment l'excellence qui le distingue. Les vers techniques qui ont été employés n'ont point à la vérité les grâces et l'éloquence que l'on recherche dans les ouvrages de poésie ; mais ils ont un mérite infiniment supérieur, celui d'aider singulièrement la mémoire, et de l'enrichir sans trop la fatiguer.

Les éditeurs ont respecté en tout le plan et l'intention de l'auteur, et, s'ils se sont permis quelques changemens, c'est qu'ils les ont crus d'une nécessité indispensable. Ainsi, après avoir retranché du texte de Lancelot les digressions qui ne devaient point trouver place dans un ouvrage spécialement destiné à l'instruction de la jeunesse, ils se sont particulièrement attachés dans les première et seconde parties à rétablir dans la classe des dérivés les mots qui s'y trouvaient à tort inscrits comme radicaux. Ils ont donné avec soin les présens formateurs des temps, qui ne pouvaient se tirer régu-

PRÉFACE.

lièrement de la forme du présent usité; ils ont fait en sorte que le lecteur pût avec facilité et sans crainte d'erreur expliquer les abréviations ; enfin ils ont corrigé les inexactitudes et les fautes commises par Lancelot ou par ses autres éditeurs, qui manquaient des secours que l'on puise aujourd'hui en abondance dans les travaux des philologues modernes.

La troisième partie n'a éprouvé presque aucun changement. Les augmentations y auraient été trop considérables ; elles y devenaient d'ailleurs inutiles, depuis que des lexiques, des grammaires et des scholies justement estimées, ont éclairci les difficultés que présentaient les particules, dont la langue grecque fait un si fréquent usage. Cette sorte de mots, beaucoup mieux appréciée de nos jours, a perdu sans retour le faux titre de particules explétives, qu'on lui prodiguait si facilement autrefois ; sans donc s'arrêter à refaire l'ancien travail, il vaut mieux aller puiser dans les ouvrages nouveaux une connaissance parfaite de la force et de la valeur de tous ces petits mots qui, chez les Grecs, jouaient un rôle important dans le discours.

Le vocabulaire des étymologies françaises a été enrichi d'un grand nombre de mots. A ceux dont l'origine ne paraissait pas incontestable, et qui par cette raison ont été marqués d'une astérisque, on a joint toutes les expressions du langage familier, et même quelques-unes qui semblent appartenir exclusivement aux savans, que l'usage toutefois a naturalisées, et qui sont toutes formées des racines comprises dans les décades. On a pensé que c'était le moyen le plus propre à graver les racines dans la mémoire des élèves, et en même temps à leur faire sentir l'utilité que l'on peut retirer de la langue grecque, qui, sans parler de son importance littéraire, ni des ouvrages immortels qu'elle a produits, offre un intérêt si puissant dans son application à l'étude des étymologies, étude qui seule donne une connaissance exacte et précise de l'orthographe et de la valeur réelle d'une grande partie des mots de la langue française. On aurait pu introduire un bien plus grand nombre de termes techniques et scientifiques, qui se multiplient chaque jour avec les découvertes nouvelles dans les arts et les sciences ; mais on a cru que ce serait surcharger cet ouvrage : car il suffit de connaître les élémens de ces mots français composés de deux ou de plusieurs racines grecques pour en avoir l'intelligence.

Tels sont les changemens que l'on a jugés nécessaires. Les éditeurs ont profité de tous les travaux de ceux qui les ont précédés ; ils ont cherché seulement à rendre cette édition plus complète qu'aucune autre, en réunissant dans un même volume tous les avantages que les autres ouvrages du même genre n'offrent que séparément. Ils ont mis tous leurs soins à faire disparaître les fautes d'impression, surtout en ce qui concerne les accens et les esprits, cette partie étant généralement négligée dans les éditions plus ou moins anciennes, quoiqu'elle mé-

PRÉFACE.

rite cependant qu'on y attache beaucoup d'importance, une foule de mots grecs, dont la signification varie, ne différant entre eux que par l'accent ou par l'esprit. Enfin rien n'a été omis de la part de ces éditeurs pour rendre leur travail utile, et, à ne consulter que leurs efforts pour parvenir à ce but, ils croient pouvoir espérer que cette édition sera favorablement accueillie de MM. les professeurs et des jeunes élèves auxquels elle est destinée.

ièvre ata
spor

ièvre lent

ièvre atax
ou rér

atarre p

leurésie.
astrite.
ntérite.

éripneum

épatile.
éphrites.

humatisn

ngine.

rysipèle.

Asthéni

I.

1. A *fait* un, prive, augmente, admire.
2. Ἀάζω, j'exhale *et* j'aspire.
3. Ἄβαξ, comptoir, damier, buffet.
4. Ἀβρός, lâche *et* mou, beau, bien fait.
5. Ἀβρότη, nuit, temps où l'on erre.
6. Ἀγαθός, bon, brave à la guerre.
7. Ἀγάλλω, pare, orne *et* polit.
8. Ἄγαν trop *ou* beaucoup *se dit*.
* Ἀγανακτέω, je m'indigne.
9. Ἀγαπᾶν aimer *te désigne*.

DÉRIVÉS.

1. Les Syriens l'appellaient *alpha*, comme les Grecs; et les Hébreux *aleph*; (prise numériquement, cette lettre marque l'unité lorsqu'il y a dessus un accent, ἄ: elle vaut mille, si l'accent est dessous, ᾳ.) En composition l'α marque 1° *privation*, et vient d'ἄτερ, sans; 2° *augmentation*, d'ἄγαν, beaucoup; et 3° *union*, de ἅμα, ensemble. Mais ᾶ circonflexe marque admiration, désir, plainte et reproche.

2. (*fut.* σω.) Ἀσμός, οῦ, exhalaison, souffle, haleine, vapeur. (R. ἀάω, souffler.)

3. (*gén.* κος, ὁ.) *d. pl.* corbeille ou panier; le dessous des chapiteaux des colonnes; la plaine et comme le siége sur quoi pose une roche ou une montagne; la largeur du soleil.

4. (*gén.* οῦ, ὁ.) *d. pl.* ajusté, gai, agréable, magnifique, grave: ἀβρύνω, brunir, rendre beau et luisant: ἀβρύνομαι, s'ajuster, se parer, se glorifier, devenir insolent.

5. (*gén.* ης, ἡ.) Ἀβροτάζω, s'égarer, se perdre: ἀβροτέω, rencontrer la nuit, faillir, pécher: ἀμβρότω, faillir son coup, manquer son dessein; (ἀβρότη, composé d'α pr. et de βροτός, mortel, *signifie* temps pendant lequel aucun mortel ne se montre.)

6. (*gén.* οῦ, ὁ.) *d. pl.* prudent, sage, excellent, expert, avisé, propre, utile: ἀγαθύνω, rendre bon ou faire du bien, obliger quelqu'un: ἀνδραγαθία, force, générosité, action héroïque.

7. (*fut.* αλῶ.) Ἀγάλλομαι, être orné, se vanter, tirer vanité de quelque chose: ἄγαλμα, τὸ, une statue, un ornement: ἀγαλλιάω, sauter de joie.

8. *Adverbe.*

* (*fut.* ήσω.) de ἄγαν et de ἀκτή, rivage, (ἀκτή, *fém.* d'ἀκτὸς, *fractus*, brisé, R. ἄγω.) *d. pl.* sentir de la douleur, se plaindre, se fâcher, pleurer, s'affliger.

9. Ἀγαπάω, *infin.* ἀγαπάειν, *contract.* ἄν. *d. pl.* baiser, témoigner affection, se tenir content: ἀγαπητὸς, cher, aimable, unique: ἀγάπη, amour, dilection, baiser, caresse: ἀγάπαι, les agapes; festins des premiers chrétiens, pour marque de leur charité.

LE JARDIN

II.

1. Ἀγάω, j'admire en suspens.
2. Ἄγγαροι, courriers des Persans.
3. Ἀγγέλλω, j'annonce nouvelle.
4. Ἄγγος, vase, urne *ou* chose telle.
5. Ἀγείρειν, assemble, erre en gueux.
6. Ἀγέλη, grand troupeau de bœufs.
7. Ἀγέρωχος, fier, intraitable.
8. Ἅγιος, pur, saint, vénérable.
9. Ἀγκαὶ, les bras, ἀγκάλαι *fait*.
10. Ἄγκιστρον, hameçon, crochet.

DÉRIVÉS.

1. (*fut.* ἤσω.) ou plutôt ἀγάομαι, ῶμαι, ou ἄγαμαι, et ἀγαίομαι : *d. pl.* porter envie et haïr (parce que l'admiration produit l'émulation et ensuite l'envie). Ἄγη, ης, ἡ, ou ἄγα, ας, ἡ et ἄγος, εος, τὸ, envie, admiration, étonnement, honneur, vénération : ἀγαυὸς, admirable, illustre, vénérable, superbe, arrogant.

2. (*οἱ.*) Ἄγγαρος, porte-faix : ἀγγαρεύω, engager, et contraindre à porter quelque chose, d'où vient *angariare* dans l'évangile ; (les courriers persans avaient le droit de mettre en réquisition tout ce qu'ils rencontraient sur leur route.)

3. (*fut.* ελῶ.) Ἄγγελος, messager, un ange et aussi une nouvelle : εὐαγγέλιον (composé d'εὖ, bien, heureusement, et d'ἀγγέλλω, annoncer), bonne nouvelle, d'où vient *évangile*, parce que notre seigneur a apportés aux hommes l'heureuse nouvelle de leur réconciliation avec Dieu.

4. (*gén.* εος, τό.) Ἀγγεῖον, vaisseau, lieu où se renferme et se forme quelque chose, la veine qui contient le sang : μεταγγίζω, *elutrio*, verser d'un vaisseau en un autre.

5. (*prés.* ρω, *fut.* ερῶ.) *d. pl.* courir pour la victoire ou chose semblable : ἀγρόμενος, *sync.* pour ἀγειρόμενος, assemble, ramassé. (la rac. est ἄγω, d'où se sont formés successivement ἀγέω, ἀγέρω, ἀγερέω, ἀγείρω et ἀγερέθω.)

6. (*gén.* ης, ἡ.) Il se dit aussi des oiseaux et des hommes. Ἀγελάζω, assembler : ἀγελαῖος, sociable, privé ; vil, commun : ἀπαγελάω, mépriser sa société, la quitter.

7. En bonne part dans Homère, brave, qui aime la gloire, probablement dérivé de γεράοχος, γέρωχος, composé de γέρας, et ἔχω avec α augm. ; qui veut avoir la préférence sur tous les autres.

8. Ἁγιότης, ἁγιωσύνη et ἁγισία, sainteté : ἁγιασμὸς, οῦ, ἁγίασμα, sanctification : ἁγιαστήριον, sanctuaire, lieu de sainteté : πανάγιος, tout saint, tout pur. (Ἅγιος a même racine que ἄγος.)

9. (*αἱ.*) Ἀγκάλαι, ἀγκαλίδες, *ulna*, l'étendue des bras ; un fagot, une brassée : ὑπαγκάλιος παῖς, un petit enfant qu'on porte entre les bras. On peut rapporter ici ἀγκοίνη ou plutôt ἀγκοῖναι, αἱ, l'étendue des bras. *Voy.* ἀγκών.

10. Ἀγκιστρόω, accrocher : ἀγκιστρεύω, pêcher à l'hameçon *Voy.* ἀγκών.

III.

1. Ἄγγος, fond, vallon, *te figure*.
2. Ἀγκύλη, dard, coude *ou* jointure.
3. Ἀγκύλος, aquilin, tortu.
4. Ἄγκυρα, l'ancre *au bec pointu*.
5. Ἀγκών, coude *ou* chose courbée.
6. Ἀγλαός, beau, clair, sans nuée.
7. Ἁγνός, chaste, pur, innocent.
8. Ἀγορά, marché, ce qu'on vend.
9. Ἄγος, saint, chose pure, impure.
10. Ἄγρα, chasse, proie *ou* capture.

DÉRIVÉS.

1. (*gén.* εος, τό.) *d. pl.* le haut d'une montagne.

2. (*gén.* ης, ἡ) *d. pl.* curvature du bras ou du coude ; lacets, annelets, *amentum*, le lien d'un dard, courroie ; cuir du soulier, qui avance sur le coude-pied ; milieu d'une lance ou d'un dard ; sorte de vase ; le rétrécissement des nerfs : ἀγκύλιον, mal ou défaut de langue, filet, difficulté à parler : ἀγκύλια, *ancylia*, petits boucliers ; mailles ou cercles d'une chaîne.

3. (*gén.* ου, ὁ.)

4. (*gén.* ας, ἡ.) Ἀγκυρίζω, donner le croc en jambe.

5. (ῶνος, ὁ.) Ἐνaγκωνίζω, s'appuyer sur le coude : ἐξαγκωνίζω, faire paraître ses coudes en-dehors, mettre les mains au côté : παραγκωνίζομαι, repousser du coude.

Les quatre mots précédens paraissent avoir pour racine ἄγκος, exprimant l'idée générale d'angle, d'où ἀγκύλη, ἄγκη, ἀγκών, ἄγκοινα, ἄγκιστρον, ἄγκυρα.

6. (*gén.* οῦ, ὁ.) Ἀγλαΐα, splendeur, netteté, grâce, beauté, ornement, joie, gloire, magnificence : ἀγλαΐζω, orner, embellir, rendre luisant, beau, honnête : ἄγγαυλος, pour ἀγλαός, beau, splendide. (Ἀγλαυρος est souvent confondu avec ἄγλαυρος, dérivé et synonyme d'ἀγλαός.)

7. (*gén.* οῦ, ὁ.) Ἁγνεία, pureté, chasteté, expiation : ἁγνεύω, être pur et chaste ou purifier et rendre chaste. (Ἁγνός paraît être syncopé d'ἁγινός, dérivé d'ἄγιος.)

8. (ᾶς, ἡ.) le marché ou ce que l'on y vend ; *d. pl.* multitude, assemblée ; le barreau ; harangue : ἀγοράζω, délibérer, consulter ; aller au marché, y acheter : ἀπαγορεύω, défendre, interdire, être las, abattu, tout interdit, se décourager. (ἀγορά, dérivé d'ἀγείρω. Rac. ἄγω.)

9. (εος, τό.) comme en latin *sacer*, sacré et exécrable : ἁγίζω, sanctifier, célébrer les saints mystères, vénérer, honorer, garder la chasteté, faire profession de piété : ἐναγίζω, offrir un sacrifice pour les morts, immoler, tuer. (Ἄγος paraît dans le premier sens avoir pour racine ἄζω, plus usité ἄζομαι, vénérer, et dans le second sens, ἄγω, *duco*, parce que l'on chassait ce qui était chargé de souillure.)

10. (*gén.* ας, ἡ.) Ἀγρεύω, εω et όω, chasser, pêcher, prendre : ζωγρέω, prendre vif ou vivifier, donner vigueur : πάναγρον, un grand filet.

IV.

1. Ἀγυιὰ, rue. 2. Ἀγρὸς champ *fait*.
3. Ἄγυρις peuple en troupe *on met*.
4. Ἄγχω, serre, étrangle *et* suffoque.
5. Ἄγω, conduit, brise *ou* provoque.
6. Ἀγὼν, combats, jeux, appareil.
7. Ἀδελφός, frère, égal, pareil.
8. Ἀδεῖν, se plaît *et* veut complaire.
9. Ἀδημονεῖν, craint, désespère.
10. Ἀδινός, dru, serré, fréquent.
11. Ἀδρὸς, grand, gros, fort *et* puissant.

DÉRIVÉS.

1. *d. pl.* voisinage, quartier : ἀγυιεὺς, έος, ὁ, colonne ou autel érigé en la rue. (Rac. ἄγω, *duco*.)

2. lat. *ager* : *d. pl.* fonds, héritage, rusticité : ἀγρεῖφνα, un râteau.

3. (*gén.* εως, ἡ.) multitude, assemblée : ἀγύρτης, qui assemble, charlatan, mendiant ; coup de dés : πανήγυρις, εως, ἡ, assemblée publique, solemnité, convocation. (ἄγυρις est éolien pour ἀγορά.)

4. (*fut.* ξω.) Ἀγχόνη, suffocation ; corde ou licou à pendre ou à étrangler ; l'action de pendre ou d'étrangler : ce qui peine et donne du soin : ἀγκτὴρ, bare ou lien à serrer : ἀγκτῆρες, les endroits du gosier où se fait la suffocation. (ἄγχω paraît venir d'ἄγχος, proche, d'où l'adverbe ἄγχι, auprès, et le verbe latin *ango*.)

5. (*fut.* ξω) *d. pl.* apporter, emporter, penser, estimer, instruire, délecter, attirer, aller : ἀναγωγὴ, ῆς, élèvement d'esprit ; pénétration de mystères ; départ d'un vaisseau du port ; relation, rapport ; éjection, rejaillissement ; institution, discipline : ἔπακτος, étranger, ajouté, pris d'ailleurs, d'où vient l'*Epacte* : διαγωγὴ, transport, voiture ; vie qu'on passe en quelque lieu, genre de vie, institution ; divertissement ; port ou hâvre où sont les vaisseaux.

6. (*gén.* ῶνος, ὁ,) *d. pl.* lieu des combats ; spectateurs, assemblée ; temple ; dangers, crainte (à cause des suites des combats et des procès) : ἀγωνίζομαι, combattre, plaider ; jouer son personnage.

7. (*gén.* οῦ.) Ἀδελφιδοῦς, οῦ, ὁ, neveu, cousin.

8. (έω, *fut.* ἤσω.) Ἀδέω, ῶ, *infin.* ἀδεῖν : αὐθάδης, εος, qui n'a de la complaisance que pour soi-même, superbe, arrogant, opiniâtre, attaché à son sens.

9. (*prés.* έω, *f.* ήσω.) Ἀδημονέω, ῶ, *inf.* εῖν, ou dit aussi ἀδημονιάω, le même (tous ces mots ont la même signification que ἄδεω, ῶ, être rassasié, dégoûté, chagrin): ἀδημονία, anxiété, chagrin, trouble d'esprit, tristesse profonde, désespoir.

10. Il vient d'ἄδην, ci-après.

11. Ἀδρύνω, rendre fort, gros et puissant; croître, devenir gros: ἀδρόω, faire prendre force et vigueur : ἄδρησις, maturité.

V.

1. Ἄδω, soûler, remplir *veut dire*.
* Ἄδην, abondamment, *s'en tire*.
2. Ἄεθλος, ἆθλος, des combats.
3. Ἀεὶ toujours *tu traduiras*.
4. Ἀείδειν, chante *et* versifie.
5. Ἀείρειν, ôte, élève, allie.
6. Ἄελλα, tempête, grand vent.
7. Ἀέξω, prend accroissement.
8. Ἀετὸς *pour* aigle *on doit prendre*.
9. Ἄζω, sèche. * Ἄζω, l'honneur rendre.

DÉRIVÉS.

1. (*fut.* ἄσω.) Ἄση, dégoût, réplétion, envie de vomir : ἀσάζω, ἀσαίνω et ἀσάομαι, être dégoûté, avoir mal au cœur.
* (*Adv.*) ou ἄδδην.

2. (*gén.* ου, ὁ.) Ἄεθλον et ἆθλον, prix et la récompense des travaux et des combats : ἀθλητὴς, οῦ, athlète, combattant : ἄθλιος, misérable, accablé de maux et de misères.

3. (*Adv.*) Ἀΐδιος, éternel, perpétuel. On dit aussi αἰεί, αἰὲν et ἀείδιος.

4. (*fut.* ἄσω) en prose ἄδω, le même : ἀοιδὴ, ἄσμα, ᾠδὴ, d'où le latin *oda*, chant, chanson, poëme, bruit, renommée : περιωδέω, enchanter quelqu'un. *Budée* : ῥαψῳδία, ramas ou assemblage de vers, poëme héroïque : τραγῳδὸς, qui chante pour gagner un bouc, prix ordinaire de la tragédie; acteur et auteur tragique : ψαλμῳδία, psalmodie, chant des psaumes.

5. (Ἀ'είρω, *fut.* ἀερῶ) *d. pl.* enlever, emporter : ἀερέθω, suspendre, élever ; être léger et inconstant : ἀερτάω et -άζω, élever et emporter : ἀήορος, sublime, élevé, qui pend d'en-haut.

6. (*gén.* ης, ἡ.)

7. (*fut.* ἤσω.) *d. pl.* augmenter, donner accroissement : αὔξω et -άνω, *fut.* αὐξήσω, le même : αὐξητικὸς, οῦ et αὔξιμος, ου, qui croît ou qui donne accroissement : ἀναυξὴς, έως et έος, qui n'augmente point, qui ne croît point, ou ne donne point accroissement.

8. (*gén.* οῦ.) Ἀιετὸς, le même ; mais ἄητος *signifie* grand, terrible, insatiable.

9. Ἄζα, suie de cheminée, noirceur provenant d'ordure ou de corruption : ἄζοι, valets ou servantes : ἀζαλέος, sec, aride : ἄζω, ἀζάνω, αίνω et ὀμαι, sécher ou devenir sec, *dérivé d'*ἄω, souffler : ἄζω, *plus usité* ἄζομαι, respecter, craindre, comme *vereri* en latin : ἀζητὸς, vénérable.

VI.

1. Ἀηδών, rossignol *chanteur*.
2. Ἀήρ, l'air, brouillard *ou* vapeur.
3. Ἀθέλγω, téter, sucer, traire.
4. Ἀθρεῖν, voit, pèse *et* considère.
5. Ἀθήρ, épi, barbe de blé.
6. Ἀθρόος, pressé, dru, serré.
7. Ἀθύρω, je joue à toute heure.
8. Αἲ ha *fait*. 9. Αἰάζω, je pleure.
10. Αἰγιαλός, bord de la mer.
11. Αἴγλη, splendeur, *brille dans l'air*.

DÉRIVÉS.

1. (*gén*. όνος, ἡ.) Ἀηδώ, όος, οῦς, le même : ἀηδονιεὺς, έως, le même. (Ἀηδών est pour ἀειδών, d'ἀείδω, chanter.)

2. (*gén*. ἀέρος.) *masc*. pour l'air, *fém*. pour les brouillards (cette distinction des genres n'est pas toujours observée) : ἠήρ, ἠέρος, *poét*. ionien, le même : ἑέριος, à la rosée, à la fraîcheur du matin : ἦρι, au matin, de bonne heure : ἐξαεροῦσθαι, se convertir en air, s'évaporer ; εὐαερία, sérénité de l'air, calme, tranquilité. (ἀήρ, vient de ἄω, ἄημι, souffler.)

3. (*fut*. ξω.) Ἀθέλξις, attraction.

4. (ἐω, *fut*. ήσω.) Ἀθρήματα, dons qu'on donnait à l'épouse la première fois qu'elle ôtait son voile, et se laissait voir : d'où vient qu'on les appelaient aussi θεώρητρα, pris de θεωρέω, voir, considérer.

5. (*gén*. έρος, ὁ.) Ἀθέριξ et ἀνθέριξ, ικος, le même : ἀθερίζω, mépriser, estimer moins que de la paille.

6. Ἀθρόον, inopiné, surprenant : ἀθροίζω, assembler, ramasser, mettre en un tas : ἀθροιστής, collecteur, qui assemble, qui amasse : ἀθροιστικός, qui a une vertu collective : ἀθροιστήριον, lieu où l'on ramasse, où l'on rassemble.

7. C'est proprement jouer dans la rue comme les enfans : ἄθυρμα, jeu, passe-temps, divertissement.

9. (*fut*. ξω.) Il vient d'αἲ, ha, comme aussi αἰανὸς ou αἰανής, fâcheux, triste, difficile ; (ces deux derniers mots paraissent plutôt dérivés d'αἶνος, qui a la même signification ; on les trouve aussi synonymes d'ἀίδιος, venant alors d'ἀεί, *adv*.) mais αἰ signifie si, et αἰ est l'article *fém*. pluriel.

10. (*gén*, οῦ, ὁ.) αἰγιαλεὺς, pêcheur : αἰγιαλίτης, qui est sur le bord, qui demeure sur le bord de la mer.

11. *de plus* un vêtement : αἰγλήεις, splendide, reluisant, resplendissant : στρέπταιγλος, qui détourne la lumière. (Rac. ἄγλαος)

VII.

1. Αἴδης, ᾅδης, l'enfer *donne*.
2. Αἰδώς, pudeur mauvaise *ou* bonne.
3. Αἰθήρ, *æther*, l'air *on traduit*.
4. Αἴθω, brûle, enflamme *et* reluit.
5. Αἰκάλλειν, a langue flatteuse.
6. Αἰκία, blessure honteuse.
7. Αἷμα sang *et* la race *on rend*.
8. Αἱμύλος, beau, doux, décevant.
9. Αἶνος, fable : αἰνεῖν, loue, exhorte.
* Αἴνιγμός énigme *t'apporte*.

DÉRIVÉS.

1. (*gén.* ου, ὁ) *d. pl.* Pluton, dieu des enfers, la mort : ἀίδηλος, ténébreux, noir, obscur (composé de α priv. et d'ἔδηλος, visible) : ἀίδης, *adj.* invisible (même composition. R. εἴδω, voir) : ἀιδωναῖος, infernal.

2. (*gén.* όος, οῦς, ἡ.) *d. pl.* révérence, crainte respectueuse : αἰδέομαι, avoir en révérence, craindre; avoir honte, pardonner une injure, s'apaiser : αἰδοῖος, vénérable, digne de révérence; plein de pudeur : αἰδέσιμος et αἰδεστός, le même.

3 (*gén.* έρος, ὁ et quelquefois ἡ, *poët.*) *d. pl.* le ciel. De lui vient αἴθρα, *æthra*, sérénité de l'air : αἰθρία, le même ou le serein du soir : αἴθρος, ου, gelée blanche.

4. Αἴθουσα, le portique d'une maison où le soleil donne : αἶθος, εος, τὸ, ardeur, chaleur : αἰθός, οῦ, ὁ, chaud, ardent, brûlé : αἴθων, brûlant, caustique, enflammé, flamboyant, chaud, ardent : αἰθαλόω, brûler, rôtir, noircir, réduire en charbons et en cendres : αἰθύσσω, briller, brûler, échauffer, mouvoir, s'emporter, s'étendre.

5. (Αἰκάλλω, *fut.* κᾰλῶ.) flatter, faire le complaisant.

6. *proprement* les marques d'un mauvais traitement ou des coups qu'on a reçus : αἰκίζω, battre, outrager, déchirer de coups, traiter cruellement ou indignement.

7. (*gén.* ατος.) *d. pl.* meurtre, assassinat; parenté, postérité : ἀναιμωτεί, sans combattre, sans répandre de sang : αἱμασιά, haie d'épines qui déchirent, et font saigner; séparation, mur de refend, muraille sèche, masure.

8. (*gén.* ου.) Αἱμύλιος, le même : αἱμυλία, gaîté d'humeur, beauté d'esprit, agrément, belles rencontres, complaisances, flatterie.

9. (*gén.* ου.) *d. pl.* proverbe, discours; énigme, louange, panégyrique : αἰνίσσομαι, marquer quelque chose obscurément, y faire allusion.

* (*gén.* οῦ).

VIII.

1. Αἰνός grave, horrible, *se dit*.
2. Αἴνυμαι, prend *et* se saisit.
3. Αἴξ bouc *ou* chèvre *signifie*.
4. Αἰόλος, divers, qui varie.
5. Αἰονᾶν, mouille, arrose un champ.
6. Αἰπύς, haut, difficile *et* grand.
7. Αἱρέω, prend, perd, tue, accable.
★ Αἵρεσις, choix, secte damnable.
8. Αἴρω, mettre en haut, élever.
9. Αἶσα parque *ou* sort *doit marquer*.

DÉRIVÉS.

1. (*gén. οῦ.*)
2. Ἀπαίνυμαι, prendre, emporter, ôter.
3. (*gén. αἴγος.*) *d. pl.* oiseau d'eau; signe céleste: αἰγίς, ίδος, ἡ, peau de chèvre; écusson, bouclier; sorte de rets.
4. (*métaph.* double, couvert, fourbe.) *d. pl.* prompt, vif, subtil, agissant: κορυθαίολος, qui est toujours en action, qui fait briller son casque par son agitation.
5. (αἰονάω, *infin.* ἀειν, ᾶν.) *d. pl.* verser: laver; puiser: αἰόνησις, arrosement, distillation.
6. (*gén.* εος, ὁ.) Αἰπύς, εῖα, ύ; αἰπός, ἡ, όν; αἰπήεις, ήεντος; αἰπεινός, οῦ, et αἰπύνωτος, ου, le même: αἶπος, εος, τὸ, hauteur, sommet; grand travail.
7. (*fut.* ήσω) *d. pl.* se saisir de quelque chose, vaincre, subjuguer, abattre, renverser, emporter, venir à bout, condamner, faire mourir, attraper à la course: καθαιρέω, jeter en bas, ruiner, abolir, condamner, tuer, réprimer, presser, exténuer.

★ (*gén.* εως, ἡ.) Αἵρεσις, *d. pl.* prise ou sac d'une ville; élection, création; accord, sentiment, volonté, pensée, opinion, dogme, hérésie.

8. (*fut.* ἀρῶ.) *d. pl.* exagérer, augmenter, amplifier; prendre, apporter, ôter; perdre, faire mourir; démarer, partir du part; décamper: ἄρδην, hautement, en haut, abondamment, entièrement, profondément, de fond en comble: ἐπαίρω, élever, ériger, pousser, inciter: καταίρω, aborder, descendre, arriver, partir.
9. (*gén.* ης, ἡ.) *d. pl.* part et portion; devoir et office; folie: αἴσιος, heureux, favorable: αἴσιμος, fatal; qui est bienséant et du devoir; qui fait son devoir.

IX.

1. Αἰσθάνομαι, sentir, comprendre.
2. Αἰσιμοῦν, employer, dépendre.
3. Ἀΐσσω, se rue en courant.
4. Αἴσυλος, un sacre, un méchant.
5. Αἶσχος, tache, opprobre, infamie.
6. Αἰτέω, demande *et* supplie.
7. Αἰτία cause, crime, *fait*.
8. Αἰχμή, pointe *ou* lame *ou* long trait.
9. Αἶψα, sur-le-champ, sans attendre.
10. Ἀΐω, (*poétique*) entendre.

DÉRIVÉS.

1. (*fut.* αἰσθήσομαι.) proprement, entendre, ouïr dire, apprendre ou savoir : αἴσθησις, le sens, faculté de sentir ; ou bien le sentiment, action de sentir; tristesse, fâcherie; connaissance, intelligence, jugement : ἀναίσθητος, qui n'a point de sentiment, ou qui n'est pas sensible; stupide, qui n'a pas le sens commun, hébété. (Dans les composés où entre α priv., quand le simple commence par une voyelle, on intercalle ν pour éviter l'hiatus.) Voyez ἀΐω.

2. Ἀισιμόω, ῶ, *fut.* ώσω, *inf.* αἰσιμόειν, οῦν.

3. (*fut.* ἀΐξω, du présent formateur αἴγω.) Se jeter avec impétuosité, courir sus, faire effort, se hâter : αἴσσομαι, le même : αἴγδην, avec impétuosité : αἰγίς, καταιγίς, tempête. On peut rapporter ici αἰγίζω, usité en composition, mettre en pièces, déchirer : (d'ἀΐσσω dérive ἄττω attiq. pour ἄσσω, indiqué plus loin comme racine).

4. (*gen.* ου, ὁ.) vient probablement d'αἶσα d'où ἀαίσυλος, qui n'est pas dans la règle, et suivant d'autres d'ἄω, ἄσαι d'où se forme ἄτη, qui est nuisible.

5. (*gén.* εος, τό.) Αἰσχρός, οῦ ὁ, laid, difforme, honteux : αἰσχύνη, honte, pudeur, déshonneur, infamie : αἰσχύνω, confondre, faire rougir, couvrir de honte, déshonorer, gâter, corrompre, violer.

6. (*fut.* ήσω.) Ἐξαιτοῦμαι, redemander quelqu'un pour en faire justice ou pour le délivrer du supplice; obtenir : παραιτέομαι, demander instamment ; demander pardon ou l'obtenir; détourner et éloigner de soi une chose; demander exemption : ἀπαραίτητος, inexorable, dur ; qu'on ne peut refuser; inévitable, qu'on ne peut détourner.

7. (*gén.* ας, ἡ.) *de plus* sujet, raison, faute, accusation. αἴτιος, α, ον, qui est cause : αἰτιάομαι, imputer à quelqu'un, rejeter la cause sur lui, accuser quelqu'un, le blâmer : ὑπαίτιος, complice de quelque crime : φιλαίτιος, qui aime les querelles, querelleur.

8. (La racine est ἀκή, ἀκμή, *acies*, pointe.) *de plus* la guerre: ἱππαιχμος, qui combat de la lance à cheval : ὅμαιχμος, camarade de guerre, soldat de même armée : μεταίχμιον, l'espace qui est entre les deux armées rangées.

9. (*adv.*) Αἰψηρὸς, prompt, vif.

10. *de plus* expirer; sentir, connaître; (ἀΐω paraît être le radical d'αἰσθάνομαι dont l'aor. est ᾐσθόμην.)

X.

1. Αἰών, l'éternité, le temps.
2. Αἰωρεῖν, j'élève *ou* suspends.
3. Ἀκαλήφη, ortie *et* bête.
4. Ἄκανθα, ronce, épine, arête.
5. Ἄκατος, un vaisseau marchand.
6. Ἀκεῖσθαι *pour* guérir *se prend.*
7. Ἀκή, pointe, *et rien d'avantage.*
8. Ἀκμή, pointe *et* vigueur, fleur d'âge.
9. Ἀκόλουθος, suivant, valet.
10. Ἀκόνη, queux, *fait couper net.*

DÉRIVÉS.

1. (*gén.* ῶνος, ὁ.) Comme qui dirait, ἀεὶ ὤν, qui dure toujours. *de plus* l'âge, la vie ; la moëlle de l'épine du dos : αἰώνιος, qui dure toujours, qui est éternel : il se dit aussi des jeux séculaires : δυσαίων, malheureux, misérable.

2. (*prés.* έω, *fut.* ήσω.) *de plus* enlever, emporter ; αἰώρα, ας, chose suspendue, exercice en se suspendant, la corde ou la chose qui suspend ; élèvement, exaltation (Le radical est ἄρω, d'où αἴρω, ἀόρω et de là αἰώρα, αἰωρέω).

3. Bête marine, *de plus* oiseau de mer, et certain poisson. (ἀκαλήφη, désigne l'ortie plante et l'ortie de mer, tous deux appelés en latin *urtica*, de la sensation brûlante qu'ils font éprouver à la main qui les touche.)

4. (*gén.* ας, ἡ.) *de plus* l'épine du dos, *métaph.* afflictions et fâcheries, difficultés : ἀκανθίς, arbrisseau comme l'épine blanche ; un chardonneret ou rossignol, qui se plaît sur les épines : ἄκανθος, arbrisseau ou herbe pleine de piquans ; hérisson, animal couvert de pointes. (Racine ἀκή, d'où ἀκάω. ἀκαίνω, et de là ἄκαινα, pointe et ἄκανθα, épine.)

5. (*gén.* ου, ὁ et ἡ.) *de plus* sorte de grand vase : ἀκάτιον, *dimin.* un canot, petit vaisseau.

6 (*prés.* ἔομαι, *fut.* ἔσομαι.) *métaph.* remédier, raccommoder, expier, réparer, ἀκεστήρ, ῆρος, et ωρ médecin : ἀκέστρα, aiguille à coudre : ἄκος, remede : ἀνήκεστος, irremédiable, qu'on ne peut guérir : πανάκεια, guérison de toutes sortes de maux. (La racine de ἀκέομαι est ἄκη il signifie proprement raccommoder avec l'aiguille, ou avec une pointe ; il tire de là ses autres significations.)

7. Ἀκίς et ἀκωκή, le même : ἀνακωχή, *induciæ*, trève. (Ce dernier mot est composé d'ἀνά, et d'ὀκωχή, formé avec redoublement d'ὀχή, venant d'ἔχω, ainsi il est pour ἀνοχὴ d'ἀνέχω, et signifie proprement ce qui retient, interruption, pause ; soutien.).

8. (racine ἀκή.) *de plus* occasion, conjoncture favorable : bourgeons qui viennent au visage dans la jeunesse : ἀκμήν, (sous-entendu κατὰ), encore et même, fortement, assidûment, en ce moment : παρακμή, langueur, abattement, vieillesse.

9. (*gén.* ου) *de plus* convenable, à propos, approchant, semblable : (Platon fait venir ce mot d'ὁμοκέλευθος, ἀκέλευθος.)

10. Pierre à aiguiser (racine ἀκή) ; *de plus* caillou, roche, sorte d'arbre : ἀκονάω, aiguiser, inciter, piquer, irriter : ἀκόνιτον, aconit, herbe vénéneuse, qui croît sur les roches.

DES RACINES GRECQUES.
XI.

1. Ἀκούω, je prête l'oreille.
2. Ἀκριβής, exact à merveille.
3. Ἀκρίς sauterelle *se rend*.
4. Ἀκροᾶσθαι, son maître entend.
5. Ἄκρος, grand, haut, sublime, extrême.
6. Ἀκτή, rivage *et* sureau *même*.
7. Ἀκτίν, rayon *vient l'œil frapper*.
8. Ἄκων, dard, toute arme à jeter.
9. Ἀλαζών, vain, s'en fait accroire.
10. Ἀλαλή, bruit, cri militaire.

DÉRIVÉS.

1. (*fut.* σω.) écouter, entendre, comprendre; être auditeur, et disciple : παρακούω, entendre mal, se tromper; faire semblant de ne pas entendre, écouter négligemment, ne vouloir pas écouter; écouter secrètement, sans faire semblant de rien : ὑπακούω, écouter doucement, répondre; être prêt à faire, obéir; comprendre ce qu'on nous dit : ἀνήκοος, qui n'entend point ou qui n'a point entendu; ignorant, qui ne comprend rien; opiniâtre, qui ne veut pas écouter : ἀνήκουςος, qui ne doit pas être écouté ni accordé.

2. (*gén.* έως.) *d. pl.* juste, certain, assuré; poli, recherché : ἀκριβόω, savoir certainement, être bien informé; faire exacte recherche, apporter grand soin, user de diligence : ἀκρίβεια, grand soin, grande justice; grand ménage, avarice. (Ἀκριβής a sans doute pour racine ἄκρος, et signifie proprement qui atteint le plus haut degré, la plus grande perfection).

3. (*gén.* ίδος, ἡ.)

4. (ᾶεσθαι, ᾶσθαι) Ἀκροάομαι, le même qu'ἀκούω : (ces deux mots tirent leur origine d'un même verbe ἀκοάω, du primitif κοέω, qui a même sens que νοέω) : ἀκρόαμα, ce qu'on entend, ou la personne qu'on entend.

5. (rac. ἀκὴ, ἀκέρος) métaph. parfait, qui excelle : ἄκμα, ας, ἄκρις et ἄκρις, sommet, comble, promontoire, citadelle.

6. (*proprement fém.* d'ἀκτός, participe d'ἄγω. ἄγνυμι, briser parce que les vagues se brisent contre le rivage).

7. (*gén.* ἰνος, ἡ.) en général tout ce qui partant d'un centre va à la circonférence. Les uns le font dériver d'ἄγω, briser, et d'autres mieux de ἀΐσσω, s'élancer.

8. (*gén.* οντος, ὁ.) Ἄκους, οντος, et ἀκόντιον, le même, celui-ci plus usité : ἀκόντισμα, τό, ou ἀκόντισμος, ὁ, jet, ou portée du trait; l'action de le jeter et lancer; la plaie, ou blessure qu'il fait : (il y a une différence dans la signification de ces deux mots : ἀκόντισμος, le même que ἀκόντισις, n'exprime que l'action, et ἀκόντισμα, est le nom de l'instrument ou des effets qu'il produit.) ὑπερακοντίζω, tirer plus haut ou plus loin; surpasser, vaincre, exceller : (racine ἀνή).

9. (*gén.* όνος.) superbe, arrogant: ἀλαζονεία, vanterie, ostentation, vaine gloire, présomption. (Racine ἀλάω, ἀλάζω, vivre en vagabond).

10. (*gén.* ῆς.) alala, voix inarticulée, tumulte: ἀλαλητός, οῦ, la clameur des gens de guerre qui disaient alala : ἀλαλάζω, crier, faire un bruit de joie ou de tristesse, gémir, hurler, sonner.

XII.

1. Ἀλάομαι, erre en tous lieux.
2. Ἀλαός, *ou* louche *ou* sans yeux.
3. Ἄλγος, triste ennui qui tourmente.
4. Ἀλδέω, j'accrois *et* j'augmente.
5. Ἀλέα, chaud du jour, tiédeur.
6. Ἀλέγειν, a soin, prend à cœur.
7. Ἄλεισον *pour* un pot *s'usite*.
8. Ἀλείφω, frotte, oint, pousse, incite.
9. Ἀλέξω, chasse, aide *et* défend.
10. Ἀλέω, moud, fuit sagement.

DÉRIVÉS.

1. (de l'actif ἀλάω, ἀλάζω, inusité), *métaph.* être inconstant, en doute : ἄλη, erreur, détour, anxiété : ἀλήμων, coureur, mendiant, vagabond : ἀλήμονες, pécheurs, *détournés du bon chemin :* ἄλημα, τὸ, et ἀλημοσύνη, détour, égarement ; connaissance des lieux.

2. (*gén.* οῦ.) Ἀλκωτὺς, υος, ἡ, aveuglement : ἀλαόω, rendre aveugle, crever les yeux.

3. (*gén.* εος, τό.) Ἀλγέω, sentir de la douleur ou de l'ennui : ἀναλγής, sans douleur, insensible, dur, sans compassion : γλωσσαλγία, comme qui dirait douleur de la langue, démangeaison de parler, passion de médire, caquet, causerie : κεφαλαλγής, qui a mal à la tête : ποδαλγής, qui a mal aux pieds : περιαλγής, environné de douleurs, qui est fort malade, qui sent de grandes douleurs.

4. (*fut.* ήσω.) Ἀλδέω, ῶ, et αίνω, donner accroissement : ἀλδήσκω, prendre accroissement ; ἄναλτος, qui ne croît et ne profite point ; qui est insatiable. (Racine ἄλω forme primitive et étymol. du latin *alo*.)

5. (*gén.* ας, ἡ.) et ἄλεα, *proprement* chaleur du soleil, et ensuite toute autre. (du radical ἄλω, étymol. de *halo*).

6. (*prés.* ἀλέγω, *fut.* ξω.) Ἀλεγίζω, le même : ἀλεγύνω, préparer, disposer : (ἀνηλεγέω, étymol. de *negligo*) : ἀπηλεγέως, cruellement, sévèrement, hardiment, ouvertement.

7. (*gén.* ου, τό.) *proprement* c'est un vase ciselé, comme qui dirait οὐ λεῖον ou λισσὸν, qui n'est pas poli.

8. (*fut.* ψω.) Ἀλείπτης, qui frotte et oint les athlètes : ἐπαλείφω, oindre ou frotter par-dessus ; exhorter, inciter : συναλείφω, oindre ensemble, mêler, confondre : ὑπαλείπτρον, ce qui sert à oindre et frotter. (Ἀλείφω paraît être de la même famille que ἀλίνω ἀλινέω, étymol. du latin *lino*.)

9. (et ἐω.) repousser, protéger, mettre à couvert : ἀλεξητήρ, ἀλεκτήρ, ἀλκτήρ, défenseur, protecteur. (Ἀλέξω est formé du futur d'un présent primitif ἀλέκω).

10. (*fut.* έσω.) éviter, se donner de garde, *d. pl.* amasser : ἄλειαρ, *gén.* ἀλείατος, τὸ et ἄλευρον, de la farine : ἀλύσκω, -σκάζω, décliner, éviter : ἀλεείνω, fuir, éviter. *De plus* ἀλέα, refuge, d'où ἀλεής, protecteur.

XIII.

1. Ἀληθής, certain, véritable.
2. Ἄλθω, guérit *tout mal curable*.
3. Ἀλίγκιος semblable *est dit*.
4. Ἅλις, c'est assez, il suffit.
5. Ἀλισγῶ, souille *et* rend profane.
6. Ἀλίσκω, prend, punit, condamne.
7. Ἀλιτέω, crimes commet.
8. Ἀλίω *pour* rouler *se met*.
9. Ἀλκή, force, aide aux misérables.
10. Ἀλλᾶς, saucisse *ou* mets semblables*.

DÉRIVÉS.

1. (*gén.* έος) d'α priv. et de λήθω, oublier, être caché, *d. pl.* juste; qui a bonne mémoire, qui se souvient: ἀλήθεια, la vérité: ἀληθίζω et ἀληθεύω, dire la vérité, n'être point menteur: ἀληθινός, vrai, simple, naturel.

2. (et έω.) *d. pl.* augmenter : ἄλθος, εος; ἀλθηστήριον et ἄλθεξις, guérison, remède: ἀλθαία, mauve (herbe de grand usage dans les remèdes): δυσαλθής, difficile à guérir : πολυαλθής, propre à divers maux.

3. Ce mot paraît avoir quelque analogie avec ἧλιξ, ικος, même signification que ἡλικιώτης, *æqualis*.

4. (*adv.*) Ἁλίζω, συναλίζω, assembler, ramasser : ἁλής, έος, dru, serré, ramassé.

5. (*fut.* ήσω) Ἀλίσγημα, profanation, pollution.

6. (*fut.* ώσω) *d. pl.* accuser, appeler en justice : ἅλωσις, prise, capture : ἀναλίσκω, consumer, dépenser ; donner récompense ; user, abolir, ruiner : αἰχμάλωτος (q. αἰχμῇ ἁλωτός, *cuspide hastæ captus*), captif, prisonnier de guerre : ἀνάλωτος, qu'on ne peut prendre, imprenable, incorruptible ; qui n'est point pris : νεάλωτος et νεαλής, nouveau pris.

(Le dernier de ces adjectif se dit proprement du poisson nouvellement salé, et dans ce sens paraît être composé de νέος et ἁλίζω, saler. De là il signifie par extension, frais, vigoureux, opposé à usé, affaibli.)

7. (*fut.* ήσω.) pécher, faillir, offenser ; errer, s'égarer, aller de côté et d'autre : ἀλιτεύω, ἀλιταίνω, le même : ἀλιτηρός, ἀλιτήριος, ἀλιτηριώδης, ἀλιτρός et ἀλοιτός, pécheur, méchant, scélérat : νηλιτής, qui est sans faute ou qui est méchant et criminel.

8. (*fut.* ίσω) Ἀλινδέω et κυλινδέω, le même.

9. *d. pl.* puissance, remède, assistance : ἀλκήεις et ἄλκιμος, fort, robuste, généreux : ἀλκτήρ, vengeur, protecteur, défenseur : ἀλκτήρες, bâtons dont on se sert pour sauter ! ἔπαλξις, mantelet d'un rempart, créneaux d'une muraille : ἑτεραλκής, έος, dont la force est tantôt d'un côté, tantôt de l'autre, victoire balancée et incertaine.

10. (*gén.* ᾶντος, *ὁ*) * comme andouille, farce, hachis, etc. Ce mot paraît se rapporter au latin *allium*, et être contracté d'ἀλλάεις, proprement *alliatum*, fait avec de l'ail.

XIV.

1. Ἀλλάττω, change, est inconstant.
2. Ἅλλομαι, bondit, va sautant.
3. Ἄλλος, autre : ἀλλοιῶ, je change.
4. Ἀλοάω, rompt, bat en grange.
5. Ἅλς *pour* la mer *ou* sel *se prend*.
6. Ἄλσος, *lucus*, bois saint, noir, grand.
7. Ἀλύω, s'abat, se chagrine.
8. Ἄλφιτον d'orge *est* la farine.
9. Ἀλώπηξ, renard, rusé, fin.
10. Ἅλως, l'aire à battre le grain.

DÉRIVÉS.

1. (*fut.* ἄξω. du prés. format. ἄλλαγω) *d. pl.* permuter, vendre racheter, réparer : ἀλλάττομαι, le même ; et pass. être changé : ἄλλακτον, le bois ou levier avec lequel on porte quelque chose, proprement ce que l'on change souvent d'une épaule sur l'autre : ἄλλαγμα, τό, ἀλλαγή et ἄλλαξις, permutation, change, troc, contrat, commerce : ἀπαλλάττω, congédier, renvoyer, laisser aller, corrompre par présens; délivrer, exempter ; faire mourir; s'échapper, se retirer, sortir, mourir.

2. (*fut.* ἁλοῦμαι.) Ἅλμα, ατος, saut, tressaillement de l'enfant ; petit bois, branche d'arbre : ἐφιάλτης et ἐπιάλτης, ου, mal qui prend en dormant quand il semble qu'on saute sur nous et qu'on nous étouffe, cochemar.

3. Ἄλλως, autrement, sinon, d'autre façon ; davantage, qui plus est ; en vain, inutilement : ἄλλως τε καὶ, principalement, surtout : ἀλλότριος, étranger : ἀλλήλων, dat. -λοις et -λαις, acc. -λους et -λα, de l'un à l'autre, l'un l'autre, réciproquement, mutuellement.

4. (*fut.* ἤσω) Ἀλοιάω, le même, battre, frapper : πατραλοίας, qui a battu ou tué son père ou son frère ; destructeur de sa patrie.

5. (*gén.* ἁλὸς, ὁ.) pour le sel, masc.; pour la mer, fém. : ἅλιος, marin, de mer ; inutile (dans ce dernier sens ἅλιος dérive probablement de ἄλη d'où ἀλάω, ἀλάομαι, errer.) ἁλιόω, rendre vain et inutile ; broyer comme du sel : ἅλμη, saumure, saline, la mer ; urbanité, politesse. (Ἅλες, au pluriel, comme en latin *sales*, sel, esprit.)

6. (*gén.* εος, τό.)

7. *d. pl.* rêver, s'ennuyer ; être léger, inconstant ; sauter de joie, s'en faire accroire, devenir fou, vivre dans l'oisiveté.

8. (*gén.* ου, τό.) ἄλφιτα, τὰ, les vivres.

9. (*gén.* εκος, ἡ.) Ἀλωπεκία, mue du poil, chute des cheveux ; tanière ; casque.

10. (*gén.* ω, ἡ.) *d. pl* cercle qui paraît autour de la lune, le tour du bouclier ou de l'œil : ἁλωά, ωή, aire ; vigne, verger, pépinière, terre ensemencée.

XV.

1. Ἀμαλὸς, mou, débile *et* tendre.
2. Ἄμαξα char, nord, *se doit rendre*.
3. Ἀμάρα, sillon *ou* canal.
4. Ἀμαρτάνειν, erre *et* fait mal.
5. Ἀμαρύσσω, brille sans ombre.
6. Ἀμαυρὸς, obscur, pâle *et* sombre.
7. Ἀμάω, moissonne *en été*.
8. Ἀμβλὺς, obtus, lâche, hébété.
9. Ἀμείβω, changer, à tour faire.
10. Ἀμέλγω, cueillir vert, lait traire.

DÉRIVÉS.

1. (*gén.* οῦ) d'α *anem* et μαλὸς, tendre; *d. pl.* foible, imbécille: ἀμαλόω, effacer, abolir: ἀμαλάπτω, corrompre de mollesse: ἀμαλδύνω, le même et *d. pl.* démolir, ruiner, effacer: ἀμάνδαλον pour ἀμάλδανον, faible, qui disparaît, qui s'évanouit.

2. (*gén.* ης, ἡ.) le septentrion; proprement la constellation du chariot, laquelle paraît au pôle du nord: ἀμαξίτος, οῦ, ἡ, grand chemin, chemin de charrettes: ἀμαξεία, une voiture, la charge d'une charrette.

3. (*gén.* ας, ἡ.) *d. pl.* égout, conduit, fosse : ἀμάραι, les trous de l'oreille.

4. (*prés.* ανω, *fut.* ήσω, du prés. form. ἀμαρτέω) *d. pl.* faillir son coup, se tromper : ἁμαρτωλὸς, pécheur : ἀναμάρτητος, impeccable, ou qui n'a point péché : νημερτὴς, véritable, en quoi on n'est point trompé.

5. (*fut.* ξω. du prés. form. ἀμαρύγω.) Ἀμαρυγὴ et ἀμάρυγμα, splendeur, rayon, lumière; œillade, regard, ride du front.

6. (*gén.* οῦ.) *métaph.* de basse naissance : ἀμαυρόω, obscurcir, empêcher de paraître, effacer, exténuer, réduire à l'extrémité; s'évanouir, se dissiper.

7. (*fut.* ήσω.) *d. pl.* ramasser, accumuler, couper, abattre : ἄμητος, moisson : ἄμη, faulx ou faucille.

8. (*gén.* εος.) Ἀμβλύνω, émousser, hébéter; retarder, arrêter l'impétuosité : ἀμβλυώττω, ne voir qu'à demi, être louche, se tromper : ἀμβλόω, étourdir et hébéter; avorter, accoucher avant terme.

9. (*fut.* ψω.) *d. pl.* faire alternativement, et tour-à-tour, succéder, passer : ἀμείβοντες, les pièces d'une charpente qui se soutiennent mutuellement.

10. (*prés.* γω. *fut.* ξω.) tirer, faire sortir, non seulement le lait d'une bête, mais aussi le sang d'une plaie ou chose semblable; cueillir le fruit qui n'est point mûr : ἀμοργὸς, οῦ, le temps de traire le lait; le soir et le matin, parce que ce sont les heures où l'on trait le lait. (D'ἀμέλγω vient le latin *mulgeo*. Ce mot est souvent confondu avec le suivant ἀμέργω, et un autre ἀμερλω : tous trois ont peut-être une même origine.)

XVI.

1. Ἀμέργω, suce, l'huile extrait.
2. Ἀμεύω, passe comme un trait.
3. Ἅμιλλα, combat, ardeur grande.
4. Ἄμις, pot qu'en chambre on demande.
5. Ἀμνὸς *est* un agneau bêlant.
6. Ἀμορβὸς, obscur *ou* suivant.
7. Ἀμός un *ou* quelqu'un *désigne*.
8. Ἄμπελος *te marque* la vigne.
9. Ἀμπρὸν, trait *ou* corde *ou* collier.
10. Ἄμπυξ, bande à cheveux lier.

DÉRIVÉS.

1. (*fut.* ξω.) sucer une olive, où la presser, et séparer l'huile d'avec le marc : ἀμόργη, *amurca*, marc d'olive ; herbe de couleur de pourpre, ou la couleur même : ἀμοργεὺς, έος, et ἀμοργὸς, οῦ, qui suce : μοργοὶ et ἀμοργοὶ, *métaph.* les orateurs qui suçaient et épuisaient tout le bien de la république d'Athènes. Voy. ἀμέλγω.

2. (*fut.* σω.) Ἀμεύσιμος, par où l'on peut passer. (Ἀμεύω ainsi que ἀμείβω, vient du primitif ἀμέω, d'où ἀμεύω, ἀμείω, ἀμείβω.)

3. (*gén.* ης.) *d. pl.* contention, débat, dispute, envie, émulation : ἀμιλλάομαι, combattre, disputer, soutenir une chose, la vouloir emporter ; avoir de l'émulation, porter envie (Henri Estienne a comparé ce verbe avec le latin *æmulari*) : ἐφάμιλλος, ce qui est disputé, de quoi on débat ; égal dans la dispute ou le combat.

4. (*gén.* ιδος.) un pot de chambre : *d. pl.* l'urine même.

Etymol. σκωραμίς, bassin de chambre.

5. (*gén.* οῦ.) Ἀμνειὸς, le même : ἀμνὴ, ῆς, et ἀμνὶς, ιδος, ou ἀμνὰς, άδος, brebis : ἄμναμος, petit-fils, descendant.

6. *d. pl.* laquais, valet ; partisan, client : ἀμορβαῖος, obscur, ténébreux, *d. pl.* qui concerne les fonctions du berger : ἀμορβὰς, άδος, demoiselle ; suivante : ἀμορβεύω et ἀμορμεύω, suivre, accompagner : ἀμορβεὺς, berger, pasteur, qui suit les brebis.

7. mais ἀμός signifie quand : ἀμωσγέπως, en quelque sorte ou en quelque sorte que ce soit : ἀμηγεπη, le même : μηδαμὸς et οὐδαμὸς, personne, nul : οὐδαμῇ et μηδαμῇ, nullement.

8. Ἀγριάμπελος, *labrusca*, vigne sauvage et son fruit : ξηραμπέλινος, qui tire sur la couleur des vignes hâlées du soleil.

9. Ἀμπρεύω, tirer du collier.

10. (*gén.* κος,) *d. pl.* une roue, un couvercle, tout ce qui est en rond : ἀμπυκάζειν, lier, brider, couronner.

XVII.

1. Ἀμυδρός, sombre, imperceptible.
2. Ἀμύμων, irrépréhensible.
3. Ἀμύνω, secourir, venger.
4. Ἀμύσσω, piquer, déchirer.
5. Ἀμφισβητεῖν, doute *et* conteste.
6. Ἄμφω, deux, *comme* ambo *l'atteste*.
7. Ἀνάγκη, la nécessité.
8. Ἄναξ, prince, homme en dignité.
9. Ἀναίνομαι, refuse *et* nie.
10. Ἀνδάνω plaire *signifie*.

DÉRIVÉS.

1. (*gén.* οῦ.) *d. pl.* délié, mince, petit, vieux, presque effacé; incertain, douteux, languissant, faible : ἀμυδρόω, obscurcir, diminuer, affaiblir.

2. (*gén.* ονος.) *d. pl.* brave, vaillant, heureux.

3. Ἀμύνομαι, combattre pour, défendre, protéger, venger une injure, repousser, résister, se maintenir, venger et punir, rendre la pareille : ἀμυνάθω, *att.* le même qu'ἀμύνω : ἄμυνα, vengeance ; rétribution ; reconnaissance : ἀμυντὴρ et -ωρ, protecteur, défenseur, qui donne secours ; les pointes de la corne du cerf.

4. (*fut.* ξω, du présent formateur ἀμύγω.) *d. pl.* égratigner, arracher, scarifier, déchiqueter, offenser et aigrir l'esprit : ἄμυξις, εως, et ἀμυχή, ῆς, déchirure, égratignure, scarification : ἀμυχὶ, *adverbe*, en frôlant, en égratignant.

5. (*prés.* έω, *fut.* ήσω.) ἀμφισβήτημα, controverse, question agitée (Ce mot, composé d'ἀμφὶ et de βάω, βαίνω, signifie proprement aller autour, des deux côtés, d'où l'on déduit ses autres significations.)

6. D'ἄμφω, vient ambo, deux : ἀμφότερος, l'un et l'autre, tous les deux : ἐπαμφοτερίζω, pencher d'un côté et de l'autre, se montrer neutre et indifférent, suffire à tous deux, être de différens avis.

7. (*gén.* ης.) *d. p.* fatalité ; gêne, question : ἀναγκαῖος, nécessité, contraint ; nécessaire, inévitable, dont on a besoin ; allié, parent : ἀναγκαίη, nécessité; alliance, parenté : ἀναγκάζω, contraindre, presser : ἀνανάγκαςος, volontaire, qui n'est point forcé.

8. (*gén.* κτος.) *d. pl.* seigneur, maître, père de famille : ἄνασσα, reine : ἀνάσσω, régner, commander : ἀνάκτορον, le palais d'un roi ; un temple, une église; le grand autel, ou les degrés de l'autel : χείρωναξ, artisan, comme qui dirait maître de ses mains : χειρωνακτικὸς βίος, vie qu'on gagne de ses mains.

9. (Ce mot paraît être composé d'α priv. et de αἶνος, et signifier proprement ne pas donner son approbation.)

10. (Le primitif de ce mot est ἔδω, comme λάζω, μάθω, λάθω le sont de λαμβάνω, μανθάνω, λανθάνω.)

XVIII.

1. Ἄνεμος *en France est* le vent.
2. Ἀνεψιός, cousin, parent.
3. Ἀνήρ, *vir*, homme de courage.
4. Ἄνθος, fleur, beauté, fleur de l'âge.
5. Ἄνθραξ, escarboucle *ou* charbon.
6. Ἀνθρήνη, la guêpe *ou* frêlon.
7. Ἄνθρωπος homme *représente*.
8. Ἀνία, tristesse affligeante.
9. Ἄντλος sentine, égout, *prendra*.
10. Ἄντρον antre, caverne, *aura*.

DÉRIVÉS.

1. Ἀνεμώνη, anémone, fleur qui s'ouvre au vent : *métaph.* vanité : ὑπηνέμιος, qui n'a que du vent, qui n'a rien de solide.

2. Ἀνεψιαδοῦς, petit cousin, fils de cousin ou cousine.

3. (*gén.* ἀνέρος, ἀνδρός.) Il se prend pour homme mâle ; mari ; qui est en âge viril, qui a un courage viril, qui agit en homme de cœur : ἀνδρεῖος, viril, qui appartient à l'homme ; généreux, fort : ἀνδρικός, le même : ἀνδρών et -εών, ῶνος, maison où les hommes demeurent séparés des femmes : ἀνδριάς, άντος, statue, simulacre : ἀνδρίζομαι, devenir homme, entrer en âge viril, se comporter en homme, agir généreusement, se préparer à de grandes choses : ἄνανδρος, lâche, efféminé (aussi qui n'a pas de mari en parlant d'une fille ou d'une femme veuve) : ἀγήνωρ, généreux, plein de courage ; superbe, téméraire : πολυάνδριος, où il y a beaucoup de monde.

4. (*gén.* εος, τό.) ἀνθερεών, ῶνος, le menton et la gorge, où la barbe commence à venir : ἀνθέω, fleurir, être beau et poli ; être en splendeur, en honneur : ἀνθίζω, rendre fleurissant ; parsemer de fleurs ; orner, embellir, diversifier.

5. (*gén.* ακος.) *d. pl.* charbon de peste ; sorte de poisson qu'on fait rôtir sur les charbons ; ἀνθρακία, braise, amas de charbons, fournaise, lieu où l'on fait le charbon : ἀνθρακεύω, faire du charbon : ἀνθρακόω et -ίζω, brûler et réduire en charbon.

6. (poét. est pris pour abeille: ἀθρήνιον, τό, rayon de miel ; miel, nid de guêpes.)

7. Συνανθρωπέω, -εύω, -ίζω, converser avec les hommes.
(Ἄνθρωπος, ὁ, correspond au latin *homo*, et avec l'art. ἡ il se dit d'une femme.)

9. *d. pl.* tas de gerbes : ἀντλίον, écope à vider la sentine ; ἐξαντλέω, épuiser, trouver la fin de quelque chose ; supporter, être patient : ἐπαντλέω, verser dedans, remplir.

10. (De là vient le mot latin *antrum*, même signification.)

XIX.

1. Ἀνύειν, achever, détruire.
2. Ἀνώγω, pousse, exhorte, attire.
3. Ἀξίνη, la hache *qui fend*.
4. Ἄξιος, digne, illustre et grand.
5. Ἄξων, essieu, pôle du monde.
6. Ἄορ, épée, *en maux féconde*.
7. Ἀολλής dru, pressé, *se rend*.
8. Ἀορτή grande artère *prend*.
9. Ἀπαλός, delicat *et* tendre.
10. Ἀπατάω, tromper, surprendre.

DÉRIVÉS.

1. *d. pl.* accomplir, consumer, perdre, ruiner, tuer; obtenir, impétrer; se hâter: ἄνω, ἀνύτω, et ὕττω, le même: ἐξανύω, achever, tuer: ἄνυσις, perfection, progrès; expédition; accomplissement, diligence.

2. (*fut.* ξω.) *d. pl.* ordonner, commander: ἀνωγέω, le même: ἀνωγή et ἄνωξις, commandement, exhortation.

3. *d. pl.* scie, doloire, serpe, et autres semblables instrumens.

4. *d. pl.* comparable, estimable, précieux; et même vil et de petit prix (dans ce sens il est attique, et signifie proprement qui n'est pas trop cher, qui vaut son prix): ἀξία, dignité, mérite, estime, estimation, prix raisonnable: ἀξιόω, estimer digne; demander, penser, juger: ἀξιωματικός, qui est plein d'autorité, grave, majestueux, digne d'honneur et de révérence, qui est en quelque dignité.

5. (*gén.* ονος, ὁ.) tables de bois où étaient écrites les lois des Athéniens; sentier, route, chemin; seconde vertèbre immobile

6. (*gén.* ρος, τό.) sorte de trépied: ἀορτήρ, ῆρος, ὁ. baudrier, ceinture d'épée, bandoulière, bouclier.

7. (*gén.* εος.)
8. (*gén.* ῆς.)
9. (*gén.* οῦ.) *d. pl.* mou, lent, qui n'a point de vigueur: ἀπαλύνω, rendre tendre, ramollir; toucher délicatement.

10. *proprement* c'est faire sortir de son chemin: *métaph.* faire tomber en faute et dans l'erreur, dresser des embûches, en imposer à quelqu'un: ἀπάρω, ἀπαρῶ, ἀπαρίσκω, le même: ἀπάτη, fraude, tromperie: ἀπατεών, fourbe, imposteur.

XX.

1. Ἀπειλέω, menace, est vain.
2. Ἀπηνής, cruel, inhumain.
3. Ἁπλοῦς, simple, a le cœur en bouche.
4. Ἅπτειν, attache, allume *et* touche.
5. Ἀπύω, crie. 6. Ἄραβος, son.
7. Ἀρὰ, vœux, imprécation.
8. Ἀραιὸς, rare, mince, tendre.
9. Ἀράσσω, couper, rompre *ou* fendre.
10. Ἀράχνης araignée *on rend*.
11. Ἀργὸς, blanc. 12. Ἄργυρος, argent.

DÉRIVÉS.

1. menacer, se vanter, faire le brave, être vain et fanfaron : ἀπειλὴ et ἀπείλημα, menaces, bravades : ἀπειλητήρ, violent, qui use de menaces; vain, qui se vante.

2. (*gén.* έος.)

3. (*nom.* όος, οῦς, *gén.* όου. οῦ.) *d. pl.* sans replis, *métaph.* ingénu, ouvert, qui a le cœur sur les lèvres, et dit ce qu'il pense : ἁπλῶς, simplement, grossièrement, légèrement, sans façon, uniment, tout d'une venue, ingénument, sommairement, entièrement, tout en un mot : ἁπλοϊκὸς, simple, ouvert.

4. (*prés.* ἅπτω, *fut.* ψω, du présent formateur ἅπω.) Ἅπτομαι, être lié, attaché, appliqué ; *d. pl. activement*, toucher, approcher ; s'appliquer, entreprendre, s'ingérer ; faire réprimande, châtier ; tâter, goûter

5. *proprement* faire du bruit, *d. pl.* parler, dire.

6. bruit, fracas, retentissement : ἀρχέω, faire un bruit sourd.

7. mais ἄρα est une particule explétive, ou quelquefois il signifie, certes, assurément, et ἄρα sert à interroger : ἀρητήρ, ῆρος, un prêtre : ἀρειὰ, ἡ, menaces, qu'on fait en maudissant : ἀραῖος, maudit, malencontreux, qui porte malheur : ἀρητὸς, οῦ, demandé par prières, souhaitable, désirable ; maudit, malheureux.

8. *d. pl.* délié, faible, mou, spongieux : ἀραιὰ, ᾶς, ἡ, le ventre, les intestins : ἀραιόω, raréfier, relâcher.

9. (*fut.* ξω, du présent formateur ἀράγω.) *d. pl.* frapper, battre, heurter, choquer quelqu'un, lui dire des injures : ἀραγμὸς, οῦ, bruit, retentissement.

10. (*gén.* ου, ὁ.) Le masculin comme en latin, *araneus* dans Pline. On dit aussi ἀράχνη, ης, *aranea*.

11. (*gén.* οῦ.) *d. pl.* rapide. Ἀργὸς dans Homère signifie aussi lent, paresseux, étant mis pour ἀεργὸς, *proprement* sans travail, c. à d. qui ne travaille pas ou qui n'a pas été travaillé.

12. Ἀργυρεῖον, mine d'argent, ou même de l'argent monnayé, de quelque métal qu'il soit : λαβάργυρος, qui ne fait rien qu'il n'ait touché de l'argent : φιλάργυρος, avare, qui aime l'argent.

XXI.

1. Ἄρδω, j'arrose *et* désaltère.
2. Ἀρέσκω, je tâche de plaire.
3. Ἀρετή, vertu, force *et* cœur.
4. Ἀρήγειν, aide, est protecteur.
5. Ἄρης, Mars, combat, fer *, blessure.
6. Ἄρθρον, membre, article *et* jointure.
7. Ἀριθμός, nombre *quel qu'il soit*.
8. Ἀριϛερός, gauche *et non droit*.
9. Ἄριϛον dîner *représente*.
10. Ἀρκεῖν, chasse, aide *et* se contente.

DÉRIVÉS.

1. (*fut.* σω, du présent formateur ἄρω.) *d. pl.* abreuver, mener boire ou donner à boire : ἀρδεύω, le même ; ἀρδαλόω, gâter, souiller.

2. (*fut.* έσω, du présent formateur ἀρέω.) Εὐάρεσκος, un homme commode, facile, de bonne humeur, qui tâche d'obliger tout le monde : δυσάρεστος, difficile, fâcheux : συναρέσκει, on juge à propos, on trouve bon, il plaît.

3. *d. pl.* bonté, fertilité : ἀρετάω, jouir du bonheur de la vertu et de ses prérogatives ; réussir heureusement.

4. (*fut.* ξω.) proprement c'est secourir en guerre, repousser le danger : ἀρωγών, όνος, et ἀρωγός, οῦ, protecteur, défenseur : ἀρωγή, secours, remède ; vengeance, *Basil*.

5. (*gén.* εος.) * fer, c'est-à-dire les armes : ἀρείων, meilleur : ἄριϛος, excellent, brave et courageux : ἀριϛεύω, se montrer vaillant.

6. Ἀρθρόω, expliquer distinctement quelque chose, et par articles ; faire, former, façonner : ἐξάρθρημα, dislocation de membres et de jointures.

7. Ἀριθμητός, nombrable : ἐνάριθμος, considérable, qui a quelque rang.

8. Ἐπαριϛερότης, maladresse, sottise.

9. Ἀριϛάω, dîner, prendre réfection : ἀριϛίζω, traiter, donner à dîner : ἀνάριϛος, qui n'a point dîné, ou qui n'a pas de quoi dîner : ὀλιγαριϛία, petit dîné, où l'on se passe de peu.

10. (*prés.* έω, ῶ, *f.* έσω, *inf.* έειν.) *d. pl.* rechasser, repousser, mettre en fuite ; secourir ; être content ; être assez, être suffisant : ἄρκεσις, secours, utilité : αὐτάρκης, qui peut suffire à soi-même, qui est suffisant pour quelque chose ; qui est content de sa condition

XXII.

1. Ἄρκτος, ours. 2. Ἄρκυς, rets, filet.
3. Ἅρμα pour char ou poids se met.
4. Ἀρνέομαι, refuse et nie.
5. Ἄρνυμαι prendre signifie.
6. Ἀρόω, laboure les champs.
7. Ἁρπάζω, prend, pille les gens.
8. Ἀῤῥαϐών les arrhes te marque.
9. Ἄῤῥην, mâle et vif, dans Plutarque.
10. Ἄρς, ἀρνός, un agneau bêlant.
11. Ἀρτάω, porte en haut et suspend.

DÉRIVÉS.

1. *d. pl.* poisson, constellation; septentrion : ἀρκτὴ (s. ent. δορά), peau d'ours : ἀρκτικὸς et ἄρκιος, septentrional, d'où vient pôle arctique : ἀρκεῖος et ἀρκτεῖος, qui appartient à l'ours.

2. *d. pl.* toute sorte de réseau.

3. (*gén.* ατος, τό.) Ῥιμφαρμάτος ἅμιλλα, combat de chars menés avec grande vitesse.

4. (*fut.* ἤσομαι.) Ἄρνησις, refus, négation, action de nier : ἀρνητικὸς, négatif : ἀπαρνέομαι, nier tout net.

5 *d. pl.* recevoir, obtenir : μισθαρνεῖν, recevoir ou gagner récompense : μισθαρνητική, art mécanique, vie mercenaire.

6. (ῶ, *fut.* ώσω.) lat. *aro*, ἄροσις ou ἀρόωσις, labour, labourage, et ἄροτος, labour, l'année, le temps de labourer, et *adj.* labourable : ἄρουρα, ρας, terre labourée, guérets, blés; champs, terres, arpens de terre.

7. (*fut.* σω, du présent formateur ἁρπάω.) *métaph.* comprendre facilement : ἅρπαξ, rapax, qui emporte, ravit : ἁρπαγμός, rapt : ἅρπη, faulx, cimeterre; espèce d'aigle; constellation; effusion de bile en quelque partie : ἀναρπάζω, enlever, mener au gibet, faire mourir.

8. (*gén.* ῶνος.)

9. (*gén.* ενος.) *d. pl.* fort, généreux, plein de vigueur : ἄρσην, ενος, le même.

10. Ἀρνευτήρ, *urinator*, plongeou, qui nage entre deux eaux, ainsi dit parce qu'ils mettaient une peau d'agneau sur leur tête : πολύαρς, qui a beaucoup d'agneaux, riche en bétail.

11. (*prés.* ἀω, *fut.* ἤσω, *inf.* άειν) Ἀρτάομαι, pendre d'en haut, être pendu : *métaph.* être en suspens, dépendre de quelqu'un ou de quelque chose : ἄρτημα, ce qui est suspendu ou ce qui pend de quelque part, appendix, addition; pendant d'une bourse.

XXIII.

1. Ἄρτιος parfait *signifie.*
2. Ἄρτος, pain, *soutien de la vie.*
3. Ἀρτύειν, apprêter, orner.
4. Ἀρύειν, ἀρύτειν, puiser.
5. Ἀρχή, principe *et* seigneurie.
6. Ἄρω, concerte, ajuste, allie.
7. Ἄρωμα, parfum, douce odeur.
8. Ἀσβόλη, suie à ramoneur.
9. Ἀσελγής lascif, fier, *veut dire.*
10. Ἄσθμα, souffle, *quand on respire.*

DÉRIVÉS.

1. se dit proprement du nombre pair divisé en parties égales : ἀρτιάζω, *ludere par impar*: ἀρτίζω, ἀπαρτίζω, καταρτίζω, joindre, assembler, ajuster, accommoder, accomplir, achever, rendre parfait.

2. Διαρτίζω, pétrir ou former le pain.

3. (pr. ὑω et ὑνω.) *d. pl.* disposer, ajuster : ἀρτύνω, le même : ἄρτυμα, assaisonnement : ἀρτύς, amitié, alliance, contrat.

4. ou seulement tirer : ἀρυστήρ, ἀρυστίς, ἀρύσιχος, tout vase propre à puiser.

5. (*gén.* ῆς) *d. pl.* commencement, primauté, magistrature, autorité; commandement : ἄρχω et ἄρχομαι, commencer ou donner commencement; *d. pl.* ἄρχω, être le premier, commander, être en charge : ἄρχομαι, être commandé et gouverné, être soumis, obéir : ὑπάρχω, donner commencement, faire le premier; être, subsister ; être présent, assister ; échoir, arriver ; être nécessaire; être le premier, avoir autorité : τὰ ὑπάρχοντα, les biens que nous possédons : δήμαρχος, prince ou tribun du peuple : ἐπαρχία, charge, gouvernement : πειθαρχέω, obéir.

6. Ἄρμενος, propre, ajusté, accommodé : ἀρθμὸς, amitié, concorde : ἁρμόζω, convenir, être propre, *ou* ajuster, allier, approprier : ἁρμονία, jointure, convenance, harmonie, accord : ἀρυκλία, ἡ, la nourriture, *parce qu'elle s'unit et s'incorpore avec nous.*

7. (*gén.* ατος.)

9. (*gen.* ἐος.) Ἀσέλγεια, insolence, effronterie, méchanceté, déshonnêteté.

10. (*gén.* ατος, τό.) vient de ἀάζω : ἴσθμα, le même : ἀσθμαίνω et ἰσθμαίνω, être hors d'haleine, souffler, avoir la courte haleine : ἀσθμάζω, le même.

XXIV.

1. Ἀσκεῖν, exerce, instruit, rend beau.
2. Ἀσκὸς, *uter*, outre, une peau.
3. Ἄσμενος, gai, de bonne grâce.
4. Ἀσπάζομαι, salue, embrasse.
5. Ἀσπὶς aspic, écu, *dira*.
6. Ἀςὴρ, astre. 7. Ἀςράπτω, luira.
8. Ἄςυ, ville, finesse, Athènes.
9. Ἀσχάλλειν, est triste, a des peines.
10. Ἀταλὸς, tendre, encore en fleur.
11. Ἀτάρμυκτος, hardi, sans peur.

DÉRIVÉS.

1. (pr. ἐω, *f.* ἤσω.) Ἀσκητὴς, qui s'exerce, athlète; religieux qui fait profession particulière de vertu : ἀσκήτρια, une religieuse : ἄσκησις, exercice, application à la philosophie, méditation des choses divines : ἀσκητὸς, travaillé, façonné, beau, bien et artistement fait.

2. (gén. οῦ.) Ἀσκώλια, τὰ, fêtes de Bacchus, où l'on sautait sur des peaux enflées.

3. (gén. ου.) *d. pl.* obligeant, qui fait volontiers : ἀσμενίζω, traiter civilement quelqu'un; faire volontiers quelque chose, y prendre plaisir.

4. *d. pl.* témoigner affection, baiser : ἀσπαστῶς, ἀσπασίως, volontiers, de bon cœur.

5. (gén. ίδος, ἡ.) Ἀσπίδιον, petit écusson ou bouclier : ὑπασπιστής, armé de bouclier, soldat de la garde; défenseur, protecteur : φέρασπις, qui porte un bouclier, armé d'un bouclier.

6. (gen. έρος.) étoile : ἀστερίσκος, petite étoile, marque qu'on mettait aux beaux endroits dans les livres : καταστερίζω, distinguer ou parsemer d'étoiles; mettre parmi les étoiles.

7. proprement *fulguro*, faire des éclairs; et *d. pl.* briller, éclater : ἀστραπὴ et ἀστεροπὴ, στεροπὴ et στέροψ, éclair, lueur, splendeur : στράπτω, le même qu'ἀστράπτω : περίεστραψε, *Act.* 9, l'environna de lumière.

8. (gén. εος, τό.) Ἀστεῖος, qui demeure à la ville; poli, civil, bien fait, propre; honnête; ἀστείζομαι, faire le complaisant, être civil, de bon entretien : ἄστυρον, ville ou petite ville.

10. (gén. οῦ, ὁ.) *d. pl.* jeune, vigoureux : ἀτάλλω, nourrir délicatement, avec grand soin : ἀτάλματα, τὰ, jeux d'enfans.

11. (m. s. q. ἀτάρβητος, composé d'ἀ priv. et de τάρβος, d'où ταρβύζω, pour lequel on a dit aussi ταρμύζω, d'où l'on tire ἀτάρμυκτος.)

XXV.

1. Ἀτάω, blesser, perdre *ou* nuire;
2. Ἀτάσθαλος, méchant, *s'en tire.*
3. Ἀτέμβω, peine, est affligeant.
4. Ἀτμός, vapeur, haleine *ou* vent.
5. Ἀτρεκής, certain, véritable.
6. Ἄττω, bondit, saute, est instable.
7. Ἀτύζειν, porte la terreur.
8. Αὐγή, grand jour, vive splendeur.
9. Αὐδή voix *ou* discours *s'explique.*
10. Αὐθέντης, puissant, authentique.

DÉRIVÉS.

1. (*prés.* ῶ , *fut.* ἥσω.) Ἄτω, ἀάτω et ἀάσκω, le même : ἀταίω, admirer, être frappé d'étonnement: ἄτη et ἄτη, dommage; peine : ὀτηρὸς, οῦ, dommageable, qui porte malheur : ἀείρατος, immortel, incorruptible (ce mot est composé d'α priv. et de κήρ, κηραίνω, suivant les uns, et de κεράω, -γνυμι suivant d'autres Dans le premier cas il signifierait qui n'est pas soumis aux lois du sort, qui ne peut périr; et dans le second cas qui n'est altéré par aucun mélange. Du reste il ne semble pas devoir se rapporter au radical ἄτη, ἀτάω): ἐξάτης, sain et sauf.

2. Ἀτασθαλία, méchanceté, malice, impétuosité, témérité, lâcheté : ἀτασθάλλω et -αλέω, faire le méchant, se comporter insolemment. (On fait venir ce mot d'ἄταις θάλλω).

3. contrister; *d. pl.* priver. Ce mot paraît avoir la même origine que ςέμβω; sans σ, τέμβω, avec addition d'α, ἀτέμβω.)

4. *d. pl.* fumée, exhalaison : ἐξατμίζω, humer, avaler, ou plutôt attirer une vapeur. (Ce mot vient d'ἄζω, ainsi que ἄσθμα.

(*gén.* ἕος.) Νατρεκής, le même: ἀτρέκεια, la vérité.

6. (Ἄττω, attiq. pour ἄσσω, d'où s'est formé ᾄσσω, même signification.)

7. (*fut.* ξω, du présent formateur ἀτύγω.) *d. pl.* troubler, étonner, épouvanter: ἀτυζηλὸς, terrible, épouvantable.

8. *d. pl.* les yeux : αὐγάζω, rendre brillant et lumineux, briller, être resplendissant; voir, regarder : μελαναυγής, noir, luisant: παραυγάζω, représenter, mettre devant les yeux: σκιαυγέω, être ébloui, comme ceux qui viennent des ténèbres à la lumière : τηλαυγής, qui reluit de loin.

9. (*gén.* ῆς.) Αὐδάω, prononcer, parler, dire : ἀπαυδάω, défendre, prohiber; perdre la parole, tomber en défaillance : συναυδάω, consentir, être de l'avis des autres, confesser, avouer.

10. (*gén.* οῦ.) contracté pour αὐτοεντής, *proprement* maître de soi-même, ou qui se tue soi-même, *d. pl.* assassin, auteur d'un meurtre : αὐθεντία, puissance, autorité : αὐθεντικὸς, authentique, qui a autorité : αὐθεντέω, prouver par son autorité, se rendre auteur : ἐναυθεντέω, avoir autorité, être en crédit.

XXVI.

1. Αὖλαξ, le sillon du labour.
2. Αὐλή, salle, place *ou* la cour.
3. Αὐλός une flûte *veut dire*.
4. Αὔρα, vent doux, le doux zéphyre.
5. Αὐστηρός, plein d'austérité.
6. Αὐχεῖν, parle avec vanité.
7. Αὐχήν cou, détroit, *signifie*.
8. Αὔω, fait vent, allume, crie.
* Αὐχμός, sèche *et* grande chaleur.
9. Ἀφελής, est simple de cœur.

DÉRIVÉS.

1. (*gén.* ακος.) Ὑδραυλαξ, sillon pour écouler l'eau.

2. tant pour signifier la cour d'une maison que pour dire le palais du prince; *d. pl.* une étable : αὐλικός, courtisan : αὐλαίᾳ, tapisserie, tente : αὖλις, ιδος, demeure, pavillon, tente : αὐλίζομαι, parquer les moutons, passer la nuit quelque part, veiller.

3. (*gén.* οῦ, ὁ.) *d. pl.* tout ce qui est long et étroit ou délié : αὐλέω, jouer de la flûte : διαυλωνίζειν, couler par petits filets.

4. *d. pl.* exhalaison, vapeur : ἐπαυρέω, -ρίσκω, et -ρομαι, jouir, tirer avantage; recevoir dommage, être puni; obtenir; attraper, trouver, rencontrer : αὔριον, le lendemain.

5. (*gén.* οῦ.) Αὐστηρότης, austérité, sévérité (de là vient le lat. *auster*).

6. (*pr.* έω, ῶ, *f.* ήσω.) *d. pl.* se vanter, se glorifier : αὐχή, αὔ-χημα, gloire, vanité; *d. pl.* magnanimité : αὐχητικός, plein d'ostentation, fait par vanité.

7. (*gén.* ένος.) *d. pl.* bout du gouvernail où s'assied le pilote : αὐχενίζω rompre ou couper le cou, bander le cou d'un cheval pour le saigner : σκληραύχην, qui a la tête dure, opiniâtre, malaisé à dompter : ὑψαυχενέω, ῶ, -χενίζω, et -χέω, ῶ, marcher la tête levée : ὑπαύχην, qui a la tête levée, glorieux, vain.

8. (*fut.* σω.) *d. pl.* sécher; reluire; faire éclater sa voix; souffler; coucher; dormir : ἐναύω, allumer, enflammer, rôtir; crier, s'écrier; résonner : αὐτή, clameur, cri militaire; la guerre (αὔω vient du simple ἄω.)

* (*gén.* οῦ.)

9. (*gén.* έος.) *d. pl.* qui ne nuit à personne; frugal, modéré, à son aise, facile; sain, entier, parfait; menu, délié : ἀφέλεια, simplicité.

XXVII.

1. Ἄφενος, revenu, richesse.
2. Ἀφροδίτη, Vénus, *déesse*.
3. Ἀφρός *est* l'écume de l'eau.
4. Ἀφύω, puise *dans le seau*.
5. Ἄχθος, poids, charge, douleur dure.
6. Ἀχλύς, noirceur, nuée obscure.
7. Ἄχος, ennui *du cœur troublé*.
8. Ἄχυρον, Ἄχνα, paille *au blé*.
9. Ἄω, blesse *ou* luit, souffle *et* vente.
10. Ἄωτον, fleur, chose excellente*.

DÉRIVÉS.

1. (*gén.* εος et ου, ὁ.) Ἄφενος, εος, τὸ le même : ἀφνειός et νέος, riche, abondant : ὑφρενής, riche, opulent. (Quelques-uns prétendent que ce mot est pour ἄφενος contr. pour ἀπὸ ἔνος, *proprement* provision pour une année, d'où ses autres significations.)

2. *d. pl.* grâce, beauté, gentillesse. (La rac. est ἀφρός, *proprement* née de l'écume.)

3. (*gén.* οῦ.) *d. pl.* sorte de poisson qu'on nomme aussi ἀφρή : ἀφρίζω, écumer, faire ou exciter de l'écume : ἀφρισμός pour ἀφροισμός, le même que ἀφρός.

4. *d. pl.* devenir blanc, se dérivant alors d'ἀφρή, ci-dessus, n°. 3.

5. (*gén.* εος.) Ἄχθομαι, être accablé, succomber, ne pouvoir souffrir, être en mauvaise humeur, se fâcher, être à charge à soi ou aux autres : ἀχθεινός, οῦ, fâcheux, pesant : ἀχθηρής, εος, le même : ἀχθηδών, όνος, fâcherie, affliction, tristesse.

6. (*gén.* ύος.) ténèbres, brouillards : ἀχλύω, s'obscurcir ; obscurcir et couvrir de ténèbres : ἐπαχλύω et ἐπαχλύόω, le même.

7. (*gén.* εος.) ἀχέω et -έω, être triste ; ἀχάω et -έω, causer de la tristesse, faire du mal.

8. Ἄχνα ou ἄχνη, (*gén.* ης.) se prend pour la petite paille qui enveloppe le grain, et qui s'envole au vent, d'où vient qu'il se met aussi pour les flammèches et choses semblables ; ἄχυρον, ου, est proprement le fouarre ou la grosse paille qui porte l'épi : ἀχυρόω, faire de la litière, répandre de la paille.

9. Ἄημι, le même, et plus usité : ἄημα, τὸ, ἄησις, ἡ et ἄητης, ὁ, vent, souffle : ἀητός, exposé au vent : εὐαής, qui souffle heureusement, qui amène bon vent : ζαής, qui souffle avec impétuosité.

10. * tout ce qui excelle en son genre ; *d. pl.* laine ; couronne ; ornement : ἀωτέω, ῶ et -έω, cueillir, dormir.

XXVIII.

B, seul dans les nombres, fait deux.
1. Βάζω, parle. 2. Βάθος, fond, creux.
3. Βαίνω, va, marche, a ferme assiette.
4. Βάκτρον un bâton *s'interprète*.
5. Βαλανεῖον, bain *et* lavoir.
6. Βάλανος, gland, verrou, fermoir.
7. Βαλάντιον, sac, gibecière.
8. Βαλβίς, l'entrée en la carrière.
9. Βάλλω, jette, frappe en dardant.
10. Βαμβαίνω, bégaie en parlant.

DÉRIVÉS.

" Les vieux Syriens l'appelaient *Béta*, comme les Grecs; et les Hébreux *Beth*.

1. (*fut.* σω, du présent formateur βόω.) dire, prononcer : βάξις, εως, ἡ, et βάγμα, τὸ, parole, discours, bruit qui court, renommée, prédiction : βαβάζω, bégayer, parler inarticulément : βάβαξ et βαβάκτης, causeur ; badin : ἀβακέω, se taire, n'avoir rien à dire, être ignorant.

2. (*gén.* εος.) d. pl. hauteur, profondeur : βένθος, le même.

3. (*fut.* ἥσομαι, de la forme βῆμι, dont le prim. est βάω.) d. pl. monter ou faire monter: prét. βέβηκα, je suis appuyé, affermi, fondé : βῆμα, τὸ, pas, allure; degré, tribune, trône : βαδίζω, aller, marcher, entrer, partir : ἀποβαίνω, descendre, s'en aller : arriver, échoir, s'évader : ὑπερβαίνω, passer outre, surpasser, excéder ; passer sous silence : ἄβατος, inaccessible, de difficile accès ; sacré, où il ne faut pas entrer ; désert, abandonné.

4. Scapula met βακτηρία pour racine, qui est le même ; mais l'autre revient mieux à notre langue ; l'on dit aussi βακτήριον et βάκτρευμα, τὸ.

5 (De là vient le latin *balineum, balneum*).

6. (*gén.* ου, ἡ.) d. pl. l'arbre qui porte le gland ; suppositoire ou pillule laxative en forme de gland.

8. (*gén.* ίδος.) latin, *carceres*, le lieu d'où l'on faisait partir les chevaux ; *métaph.* commencement.

9. (*fut.* βαλῶ, *parf.* βέβληκα, du présent formateur βλέω.) d. pl. atteindre, ficher, blesser : βολίς, ίδος, dard, sonde qu'on jette en la mer : διαβάλλω, transporter, transpercer, calomnier, médire, en imposer, rendre odieux, accuser : διάβολος, calomniateur, d'où vient le mot du diable dans l'Ecriture.

10. d. pl. grelotter de froid. (Ce mot est une altération de βαβάζω, ci-dessus, n. 1.)

XXIX.

1. Βάναυσος artisan *veut dire*.
2. Βάπτω, plonge, teint, lave, eau tire.
3. Βάρος, poids, charge, ennui pesant.
4. Βάσανος, épreuve *et* tourment.
5. Βασιλεὺς roi, prince, *s'appelle*.
6. Βασκαίνω, fascine, ensorcelle.
7. Βαστάζω, fardeau portera.
8. Βάτος buisson *te donnera*.
9. Βάτραχος, *criarde* grenouille.
10. Βαΰζειν, aboie *ou* bredouille.

DÉRIVÉS.

1. *proprement* un forgeron (de βαῦνος, une forge) et généralement tout artisan : βαναυσία, métier de forgeron, tout art mécanique ; magnificence ridicule et prodigue.

2. (*fut.* ψω, du présent formateur βάπω.) βαφή, immersion, teinture, couleur, tache : βαπτισμὸς, ὁ, et βάπτισμα, τὸ, baptême, immersion, l'action de laver et plonger dans l'eau : ἀβάπτιςον, un trépan de chirurgien, lequel était fait de manière qu'il ne pouvait être enfoncé au delà des os du crâne.

3. (*gén.* εος.) pesanteur ; fâcherie, tristesse : βαρὺς, έος, lourd, pesant, fâcheux, odieux : καρηβαρέω, avoir la tête pesante, y avoir mal.

4. (*gén.* ου, ἡ.) *proprement*, pierre de touche à éprouver l'or ; *d pl.* examen, inquisition ; question, torture, etc.

5. (*gén.* έος.) *d. pl.* roitelet, oiseau : βασίλεια, reine, grande dame : βασιλεία, règne, puissance royale : βασιλίσκος, roitelet et basilic, serpent.

6. (*fut.* ανῶ.) *d. pl.* porter envie, blâmer, reprendre : βάσκανος, sorcier ou sorcière ; envieux, médisant, mal-affectionné. (On a fait venir βασκαίνω de φάεσι καίνειν, tuer par ses regards ; il répond au *fascinare* des Latins, auquel il sert aussi d'étymologie.)

7. (*fut.* σω et ξω, du prés. format. βαςάω et βαςάγω.) *d. pl.* porter en terre, donner sépulture ; peser, approuver.

8. (*gén.* ου, ἡ.) *d. pl.* sorte de poisson et de mesure.

9. (*gén.* ου, ὁ.) un certain poisson, tumeur sous la langue : βατραχίζω, s'étendre ou nager comme une grenouille.

10. (*fut.* ξω, du présent formateur βαύγω.) *d. pl.* dire sourdement les choses : βαυκάλιον, bocal, vase qui a la gorge fort étroite, ainsi nommé du bruit que l'eau fait en y tombant

XXX.

1. Βδάλλω, traire le lait, sucer.
2. Βδέω, Βδελύσσω, détester.
3. Βέβαιος, fixe, ferme *et* stable.
4. Βέλος, dard, toute arme jetable.
5. Βέλτερος, meilleur, plus prudent.
6. Βέμβηξ, sabot, gouffre *ou* grand vent.
7. Βηλός, seuil; βέβηλος, profane.
8. Βήξ, toux, *a besoin de tisane*.
9. Βία, force, effort violent.
10. Βίβλος, livre *ou* papier *se rend*.

DÉRIVÉS.

1. (*fut.* αύσω.) téter; βδέλλω, le même: βδέλλα, une sangsue et même l'arbre appelé aussi βδέλλιον, bdellium.
2. (*fut.* έσω et ήσω.) Βδύλλω, le même; *d. pl.* craindre, avoir peur: βδελυγμός et βδέλυγμα, exécration, abomination, ou la chose qu'on a en exécration: βδελυρός, éffronté, perdu, débauché.
3. Βεβαιόω, rendre fixe et stable, ratifier, confirmer.
4. (*gén.* εος.) comme javelot, flèche, et même le tonnerre; *d. pl.* le coup ou la douleur du coup: βέλος όξύ, le travail de l'enfantement: βελόνη, aiguille, et certain poisson: ἐμβελὲς διάστημα, ce qui est dans la portée du trait.
5. plus excellent, plus apparent: ἀβέλτερος, sot, lâche, fou, sans cœur ni esprit.
6. (*gén.* ηκος.) Βέμβιξ, le même, et un bourdon, sorte de mouche ou d'insecte.
7. Βεβηλόω, profaner: ἀβέβηλος, saint, sacré, inviolable.
8. (*gén.* ηχος.) Βήχιον, herbe qui fait tousser: βήττω, tousser: βήγμα, ce qu'on crache en toussant.
9. *d. pl.* violence, injure, affront, oppression: βιάω, -άζω, -ομαι, faire violence, contraindre, opprimer: ἀβιός, très-fort ou qui n'a nulle force: ἀντιβίος, adversaire, opposé, contraire.
10. (*gén.* ου, ἡ.) Βιβλίον, petit livre: φιλοβίβλος, studieux, qui aime les livres: μονοβίβλος, qui est renfermé dans un seul livre, ou qui comprend tout un livre.

XXXI.

1. Βίος, vie *ou* vivre, siècle, homme.
2. Βλαισός jambe tortue *on nomme*.
3. Βλάξ, lâche, poltron, mou, sans cœur.
4. Βλάπτω, blesse, nuit, fait douleur.
5. Βλαστάνω, germe *et* fructifie.
6. Βλέννα, morve, flegme *ou* folie.
7. Βλέπω, voit, regarde, est vivant.
8. Βλέφαρον la paupière *on rend*.
9. Βληχᾶσθαι, comme un mouton bêle.
10. Βληχρός, foible, imbécille *et* frêle.

DÉRIVÉS.

1. (*gén.* ου, ὁ.) *d. pl.* tout ce qui appartient à la vie; mais βιὸς est un arc ou corde d'arc: βιόομαι, vivre, vivifier: βιωτός qui vit, qui a vie: βιωτικὸς, qui appartient à la vie, qui regarde les soins de la vie, qui est tout humain, séculier, profane, laïque : ἄβιος, pauvre, qui n'a pas de quoi vivre; qui n'a point de femme, venant d'α privatif ; riche; qui vit long-temps, venant d'α augmentatif: συμβιωτὴς, compagnon, convié, qui vit ou boit avec un autre; *d. pl.* un parasite.

2. *d. pl.* bègue; latin, *blœsus*; faible, débile, impotent, paralytique : βλαισὸς, le même (de là vient le nom propre de Blaise.)

3. (*gén.* ακὸς.) proprement une espèce de poisson de nulle valeur; *d. pl.* hébété, sans esprit : βλακεύω, s'adonner à la fainéantise, lâcheté et débauche.

4. Βλάβω, βλάπτω, le même : βλάβη, perte, dommage, préjudice : ἀβλαβής, sain, entier, non endommagé : Θεοβλαβὴς, puni de la vengeance divine : βλαβερὸς, nuisible, dommageable, qui porte malheur.

5. (*fut.* ήσω, du présent formateur βλαςέω.) *d. pl.* croître, pousser, naître, paraître : βλάστημα et βλάςη, germe, production.

6. (*gén.* ης, ἡ.) Βλεννὸς, lâche, sot, fou, niais ; *blennus*, Plaute.

7. Βλέμμα et βλέπος, τὸ, aspect, regard, vue, visage. : βλέψις, vue, regard, œillade : βλεπεκίνω, regarder de travers, étonner de son regard.

8. La racine de βλέφαρον est évidemment βλέπω.

9. (*prés.* άομαι.) Βληχὼν, pouliot sauvage, qui fait bêler les brebis.

10. *d. pl.* hébété, sans esprit : βληχρον. de la fougère : βληχρὸν, sorte de légume.

XXXII.

1. Βλίττω, fait sortir miel *ou* lait.
2. Βλύζω, sourd *et* coule à souhait.
3. Βλωμός, morceau *marque ou* bouchée.
4. Βλώσκω, va; βλῶσις, arrivée.
5. Βοάω, fait bruit, fait clameur.
6. Βοηθεῖν, aide, est défenseur.
7. Βόθρος, trou, fosse plus profonde.
8. Βολβός, ognon, racine ronde.
9. Βόμβος, bruit de mouche, bourdon.
* Βόμβυξ, ver à soie, *est ton nom*.

DÉRIVÉS.

1. exprimer le miel ou le lait : ἐκϐλίττω, le même.

2. (*fut.* σω, du présent formateur βλύω.) *d. pl.* verser, répandre : ἀναϐλύζω, sourdre, jaillir en haut, couler et jeter de l'eau comme une fontaine ; vomir, rejeter : ἐκϐλύζω, répandre dehors, regorger, avoir en abondance.

3. (*gén.* οῦ, ὁ.)

4. (*fut.* ώσω, du présent formateur βλόω) aller, venir, arriver : βλωθρός, haut, grand, élevé.

5. (*fut.* ήσω.) *d. pl.* appeler quelqu'un à haute voix, dire hautement ; publier partout, rendre célèbre : βοῶ et βοςρῶ, le même : βοή, cri, clameur ; combat ; secours : ἀναϐοάω, crier haut, dire à haute voix, déclamer ; appeler quelqu'un en criant : ἀϐόητος, qui ne dit mot, qui est muet, qui garde le silence : καρηϐοάω, avoir la tête étourdie et pleine de bruit.

6. (*prés.* ἐω .*fut.* ήσω.) *d. pl.* venir au secours, protéger, assister, défendre : βοήθημα, secours, remède, médicament : βοήθεια secours, assistance : βοηθός, poét. βοηθόος, aide, qui assiste et porte secours : ἀϐοήθητος, qui n'a nulle assistance, destitué de tout secours, où il n'y a point de remède : ἀϐοηθησία, privation de tout secours : ἀϐοηθητί, sans secours.

7. (*gén.* ου, ὁ.) *d. pl* gouffre, puits, caverne ; sorte de tourment : βόθυνος, le même : βοθρίζω, accabler, jeter dans la fosse : μεταϐοθρόω, transplanter, mettre d'une fosse dans une autre : περιϐοθρόω, faire une fosse autour, labourer autour.

8. (*gén.* οῦ, ὁ.)

9. (*gen.* ου, ὁ.) latin, *bombus*: βομϐέω, bourdonner : βομϐηδόν, *adv.* avec bruit *ou* bruissement : βομϐύξ, *adv.* en riant, agréablement : βομϐύλη et βομϐύλιος, mouche ou moucheron bruyant.

* (*gén.* υκος.)

XXXIII.

1. Βορὰ, fourrage *et* nourriture.
2. Βόρϐορος, bourbier, boue, ordure.
3. Βόστρυχος, des cheveux bouclés.
4. Βότρυς raisin *vous traduirez*.
5. Βουλὴ, conseil, sénat, sentence.
* Βούλομαι, veut, desire *ou* pense.
6. Βοῦνος, hauteur, tertre *ou* penchant.
7. Βοῦς *pour bœuf ou vache se prend*.
8. Βόω, βόσκω, je mène paître.
9. Βραϐεὺς, arbitre, juge *ou* maître.

DÉRIVÉS.

1. Βόρος *ou* βόρεις, grand mangeur : μελεδρὸς, qui court pour chercher sa vie : σκοτοϐόρος, fourbe, trompeur, comme qui dirait celui qui dévore ses ennemis dans les ténèbres.

2. (*gén.* ου, ὁ.) Βορϐορόω, couvrir de boue, gâter : βορϐορίζω, ressembler à de la boue; gâter de boue; mais βορϐορύζω est gronder, faire un bruit sourd, comme il s'en forme dans le ventre : ἀναϐορϐορίζω et -υζω, s'écrier.

3. (*gén.* ου, ὁ.) latin, cincinnus, cirrus, moustaches, touffe de cheveux, cheveux frisés et bouclés: *d. pl.* sorte d'insecte : βοστρυχηδὸν, *adv.* en forme de cheveux frisés.

4. (*gén.* υος, ὁ.) *d. pl.* sorte d'herbe : βοτρυδὸν, *adv.* racematim, par grappes : βρύτεα, vinacea, le marc du raisin.

5. (*gén.* ῆς, ἡ) *d. pl.* consultation, délibération : βουλεύω et -ομαι, consulter, délibérer, faire

dessein (dans quelques cas βουλεύειν signifie être sénateur) : ἐπιϐουλεύω, machiner quelque chose, dresser des embûches : συμϐουλὴ et -ία, conseil, avis consultation.

* *d.* p¹ choisir, aimer mieux, être d'avis, pourvoir.

6. (*gén.* οῦ, ὁ.)

7. (*gén.* οός.) *d. pl.* peau de bœuf, homme stupide; sorte de poisson et de monnaie : ἑκατόμϐη, sacrifice de cent bœufs.

8. (βόω, *fut.* βόσω ou βώσω; βόσκω, *fut.* βοσκήσω, du présent formateur βοσκέω.) βόσις, εως viande, nourriture : βοτάνη, herbe, *gramen* : βόσκω, paître, faire paître, nourrir, et βόσκομαι, paître, se repaître, comme en latin *pascere* et *pasci* : προϐοσκὶς, ίδος, la trompe d'un éléphant.

9. (*gén.* έως.) proprement celui qui donne le prix du combat ou qui est juge : βραϐεύω, donner les prix, être l'arbitre, régler, modérer, ordonner.

XXXIV.

1. Βράγχος, de la voix l'enrouement.
2. Βραδὺς, tardif, lourd et pesant.
3. Βράζω, bout avec violence.
4. Βραχίων, bras, force et puissance.
5. Βραχὺς, court, bref, moindre et petit.
6. Βρέμω, bat, menace ou frémit.
7. Βρένθος, oiseau, faste, arrogance.
8. Βρέφος, l'enfant dans sa naissance.
9. Βρέχω, mouille; et βροχὴ pluie a.
10. Βριᾶν, est fort, et fort rendra.

DÉRIVÉS.

1. (ὁ et τὸ.) βράγχια, τὰ, les ouïes d'un poisson, le gosier d'un cochon : ἀμφιβράγχια, les endroits autour des glandes de la gorge

2. (gén. έος, ὁ.) βραδύνω, s'amuser, tarder, être lent : βραδύτης, ητος, ἡ, et βραδὸς, τὸ, fainéantise, paresse, lenteur.

3. (fut. βράσω, du présent formateur βράω.) βράζεσθαι et -σεσθαι, être jeté dehors par la violence des bouillons : βράσμα et βρασμὸς, l'agitation de l'eau qui bout.

4. (gén. ονος, ὁ.) d. pl. muscle, βραχιόνιον et βραχιονιςὴρ, bracelet.

5. (gén. έος, ὁ.) d. pl. peu; vite, soudain, expéditif : βράχεα, τὰ, brevia, bancs de sable : βραχύνω, abréger, accourcir.

6. (fut. βρεμῶ.) de là vient fremo : d. pl. bouillir, bruire, faire bruit : βρόμος, bruissement, mugissement, bruit de la mer : ἄβρομος, qui fait grand bruit, qui est plein de tumulte, ou qui est sans bruit : βριμάω et ἐμβριμάομαι, frémir, rugir, murmurer, gronder, menacer, commander sous grandes peines, défendre rigoureusement.

7. Quelques-uns le prennent pour le canard : βρενθύεσθαι, être plein de faste, s'en faire accroire.

8. (gén. εος, τό.) Il se dit aussi des petits des animaux.

9. (fut. ξω.) d. pl. humecter, teindre, tremper; pleuvoir : βροχὴ, ἡ, pluie, humidité, fraîcheur; βρεχμὸς et -μα, le derrière de la tête, qui est toujours le plus humide aux enfans : ἀπόβρεχμα, infusion, teinture.

10 (prés. άω, fut. άσω, infin. βριάειν, βριᾶν.) d. pl. être puissant ou rendre puissant : βρίμη, force, puissance : ὄβριμος ou ὀμβριμος, fort, robuste, impétueux, violent, furieux.

XXXV.

1. Βρίζω, dort en sortant de table.
2. Βρίθω, sent un poids qui l'accable.
3. Βρόγχος, βρόχθος, gosier se rend.
4. Βροντή, le tonnerre grondant.
5. Βροτός *pour* mortel *doit se prendre*.
6. Βρόχος, rets, lacs, corde à se pendre.
7. Βρύκω, βρύττω, mange, engloutit.
8. Βρύχω, grince les dents, rugit.
9. Βρύον, de l'herbe *et* de la mousse.
10. Βρύω, rejaillit, jette *et* pousse.

DÉRIVÉS.

1. (*fut.* σω *et* ξω.) *d. pl.* manger, charger, appesantir; être grosse; se tenir en repos et dans le silence, passer sous silence; abaisser, négliger; se ruer avec impétuosité; faire des funérailles: βριζώ, *gén.* οῦς, ἡ, qui interprète les songes (Ce mot vient probablement de βρίθω; suivant d'autres il dériverait de βορά.)

2. (*fut.* σω.) le même que le précédent (dérivé de βάρος, d'où βάρω, βαρέω, βρισίω, βριθίω, et par syncope βρίθω): *d. pl.* être pesant, lourd, aller en bas, pencher dessus; menacer, tomber avec impétuosité; être plein, replet et chargé; βεβριθώς, avec peine: βριθὸς, τὸ, et βριθοσύνη, ἡ, poids, pesanteur.

3. (ου, ὁ.) Βρόγχια, les cartilages de la trachée artère, les concavités du poumon, ou plutôt les bronches, vaisseaux aériens du poumon: βρογχωτήρ, ῆρος, l'ouverture d'une robe ou vêtement par où l'on passe la tête.

4. (*gén.* ῆς, ἡ.) Βροντάω, tonner: ἐμβροντάω, étonner, rendre un homme comme frappé du tonnerre.

5. (*gén.* οῦ.) Βροτόω, rendre homme mortel; tacher de sang, parce que βροτός signifie aussi sang mêlé de poussière: ἄμβροτος, immortel: ἀμβροσία, divine, immortelle; ambroisie, nourriture ou boisson des dieux; fleur ou parfum odoriférant; antidote excellent; emplâtre contre les fièvres; sorte de potion et médecine.

6. (*gén.* ου, ὁ.) proprement corde propre à pendre, *d. pl.* licou, filet, lacet, etc: ἐμβρόχοι, pris dans les filets.

7. Βρύγμα, morsure.

8. (*fut.* ξω.) *d. pl.* frissonner, trembler le frisson: βρυγδὴν et βρυχηδὸν, avec rugissement, avec grincement de dents.

9. Βρυόω, remplir de mousse.

10. (*fut.* σω.) Βρύω se dit de l'eau qui rejaillit ou sort avec abondance, d'une plante qui pousse, de la vigne qui bourgeonne, d'un champ qui est tout plein, qui fourmille, comme on dit, d'hommes ou d'animaux.

XXXVI.

1. Βρῶμος, une puante odeur.
2. Βρώσκω, manger; βρωτήρ, mangeur.
3. Βύας, l'*affreux* hibou *veut dire*.
4. Βύβλος, du papier *pour écrire*.
5. Βυθὸς, βυσσὸς, creux, fond de l'eau.
6. Βύρσα, cuir, des bêtes la peau.
7. Βύσσος, lin, *de l'Inde à nous passe*.
8. Βόω, ferme, emplit, couvre, entasse.
9. Βῶλος, motte, *ou* le champ, le lieu.
10. Βωμός, base, *ou* l'autel d'un Dieu.

DÉRIVÉS.

1. (*gén.* ου, ὁ.) Βρωμέω, sentir mauvais : βρωμώδης, vilain, sale, infect, puant.
2. (*fut.* ώσω, du présent formal. βρόω. βρώμι.) d. pl. brouter: βιβρώσκω et βιβρώθω, le même : βρωμὸς, βρώμα, βρῶσις, εος, et βρωτὺς, ύος, nourriture, viande (Il y a une différence à faire entre ces quatre mots : βρωμὸς et βρῶμα signifient aliment en général; βρῶσις n'exprime que l'action de manger; βρωτὺς a les deux significations) : βρωτὸς, οῦ, bon à manger : βρωμάομαι, braire *ou* crier pour la faim qu'on a (se dit proprement des ânes) : sentir mauvais (se dit proprement des boucs et des lions) : ἔμβρωμα, le déjeuner : ἀβρωσία, manque de vivres.
3. (*gén.* ου, ὁ.) Βύζω et βύσσω, hurler comme un hibou.
4. (*gén.* ου, ἡ.) *proprement* c'était un petit arbrisseau en Égypte, nommé *papyrus*, de l'écorce duquel on prenait le papier; mais comme les livres se font de papier, βύβλος signifie aussi un livre, de même que βίβλος, ci-dessus.
5. (*gén.* οῦ, ὁ.) ἄβυθος ὁ ἄβυσσος, abyssus, abîme qui n'a point de fond. (Βυθὸς est éolien pour βάθος, le même.)
6. d'où vient bourse. Voyez ci-après.)
7. (ἡ.) latin *hyssus*, fin lin, qui vient de l'Inde : βύσσινος, fait de lin.
8. d. pl. boucher, couvrir : κυψελόβυσος, qui a les oreilles bouchées : (κύψελαι sont les trous et conduits de l'oreille) : παραβυστος, un petit lit qui se fourre et se cache sous un autre ; caché, secret ; celui qui se fourre sous le nom d'un autre dans les festins.
9. (*gén.* ου, ἡ.) d. pl. masse de quelque chose, comme de la casse en bolus : βῶλαξ, ακος, ἡ, le même : βωλίτης, ου, *boletus*, sorte de champignon : μελάμβωλος γῆ, terre qui a les mottes noires, c'est-à-dire qui est grasse et fertile.
10. Βωμάχευμα, action ou parole de bouffonnerie : ἀπόβωμος, chassé des autels, profane : συμβώμιος, ους sur le même autel, qui participe au même autel. *Bud.*

DES RACINES GRECQUES.

XXXV.

* Γάμμα trois *en nombre te marque.*
1. Γάζα, biens du persan monarque.
2. Γαῖα, γῆ, terre, pays, champ.
3. Γαίω, s'élève, est insolent.
4. Γάλα, le lait *que l'enfant tette.*
5. Γαλέη, γαλῆ, chat, belette.
6. Γαλήνη, temps calme et serein.
7. Γαμβρός, gendre, allié, cousin.
8. Γαμεῖν, prend femme *et se marie.*
9. Γάνος joie, éclat, *signifie.*

DÉRIVÉS.

*Hébreu, *Gimel;* vieux Syrien, *Gamula* : de là vient gamma ; ion. Gemma.

1. (*gén.* ης.) mot persan pris pour le palais avec les ameublemens du roi, ses tributs et ses richesses ; il se prend aussi pour toutes sortes de biens et de trésors.

2. (On dit aussi αἶα, par aphérèse du γ.) Γαιήϊος, γαῖος, γεηρός, γεώδης, terrestre : ἀνώγεων, ou -εον, chambre haute où les anciens mangeaient.

3. Βουγάϊος, gros, glorieux, qui se vante continuellement.

4. (*gén.* κτος, τό.) Γαλακτέω et -τιάω, avoir du lait : γαλακτίζω, tirer sur le lait : γαλαξίας κύκλος, le cercle lacté, mieux la voie lactée, au ciel : γλάγος, Homère, le même que γάλα : ἀγάλακτες, οἱ, frères, parens ; de même âge.

5. Μυογάλη, μυγαλῆ et -έη, *mus araneus*, une hermine ou musaraigne engendrée (ἐκ μυὸς καὶ γαλῆς) d'un chat et d'une belette.

6. *métaph.* gaîté de visage : γαληνίζω, devenir serein, tranquille : γαληνιάω, l'être tout-à-fait : γαληνόω, rendre tranquille et serein : γαλήνιος, -ηνιαῖος, -ηνός, -ηρός, -ερός, serein, tranquille.

7. (*gén.* οῦ.) *d. pl.* beau-père, beau-frère : σύγγαμβροι et ὁμόγαμβροι, mari de deux sœurs : γαμβρεύω, marier.

8 (*pr.* έω, *fut.* ήσω.) Γάμος, noces : σύγγαμος, femme, épouse; parent, allié ; rival.

9. (*gén.* εος, τό.) *d. pl.* plaisir, réjouissance, splendeur : γανόω, réjouir, éclater, briller : γάνυμαι et -ννυμαι, se réjouir, faire bon visage à quelqu'un, lui témoigner de la joie: ἐπιγάνυμαι, se réjouir ; insulter ; prendre avantage.

XXXVIII.

1. Γαργαίρειν, briller *et* lancer.
2. Γαργαλίζειν *est* chatouiller.
3. Γαστὴρ le ventre *a pour partage.*
4. Γαῦρος, superbe, altier, sauvage.
5. Γείνομαι, naît, est, fait *et* va.
6. Γεῖσα bords du toît *marquera.*
7. Γείτων notre voisin *veut dire.*
8. Γελάω, rit, d'autrui veut rire.
9. Γέμειν, est plein, charge *et* remplit.
10. Γένυς menton, mâchoire *on dit.*

DÉRIVÉS.

1. *d pl.* luire, éclater, palpiter, multiplier ou être plein et abondant.
2. (*fut.* ίσω, du présent formateur γαργαλίω.) Γάργαλος et γαργαλισμὸς, chatouillement.
3. (*gén.* τέρος et τρός.) Γάςρις et γάςρων, ωνος, gourmand ; tourmenté de vers : ὀλ6ιογάςωρ, qui met tout son bonheur aux plaisirs du ventre.
4. Γαυρόω et γαυριάω, s'élever, se vanter : γαυρικὸς et γαῦριξ, superbe, glorieux.
5. Γίγνομαι, le même ; ce verbe proprement marque être, ou présence : τί γέγονε ; qu'est-il arrivé? γίνομαι πρὸ, ou ἐν τούτῳ ou περὶ τοῦτο, je m'applique je suis occupé à cela, je fais cela : ἐπεὶ ἐγένετο ἐπὶ ποταμῷ, quand il fut venu sur la rivière : γίνεται σοὶ καλῶς, tout va bien pour vous : γένεσις, genèse, origine, génération, naissance ; γένος, εος, *genus*, genre, race, lignée, sexe, enfans : γεννάω, engendrer, produire, enfanter: γονὴ, géniture, ce qui est né ou produit : γνήσιος, légitime, naturel, véritable : ἀπογίγνομαι, s'en aller, s'absenter, mourir : Θεογένητος, né de Dieu (se dit d'un baptisé): ἀγέννητος, qui n'a point été engendré ; qui n'engendre point ; qui n'est pas noble, qui n'a rien de relevé.
6. Γεῖσσον, *idem*, latin, *suggrundium*, partie du toît qui rejette l'eau hors des murailles, l'égout, l'entablement.
7. (*gén.* ονος.) Γειτνιάω, être voisin, approchant, semblable.
8. (*fut.* άσω.) rire et se moquer : γέλως, ωτος, ris ou risée.
9. Γέμος, plénitude : γεμίζω, emplir.
10. (*gén.* υος, ὁ.) *d pl.* fil ou tranchant, scie ou hache : γένειον, barbe, menton.

XXXIX.

1. Γέρανος, grue, antique danse.
2. Γέρας, prix, honneur, récompense.
3. Γέρων, vieillard, sénateur, grand.
4. Γεύω, goûte *ou* goûtable rend.
5. Γέφυρα, pont *pour passer l'onde.*
6. Γηθέω, donne joie au monde.
7. Γήρας vieillesse *se dira.*
8. Γῆρυς voix, son, *s'appellera.*
9. Γινώσκω, connaît, juge *et* pense.
* Γνώμη, décret, conseil, sentence.

DÉRIVÉS.

1. (*gén.* ου, ἡ.) *d. pl.* sorte de machine que nous appelons aussi une grue, une huche.
2. (*gén.* ατος, αος, ως.) Γεραίρω, -άζω, récompenser, honorer, orner.
3. (*gén.* οντος, ὁ.) *d. pl.* quenouille à filer : γεροντιάω, commencer à radoter : τυμβογέρων, vieillard, qui est sur le bord de sa fosse : ὠμογέρων, vieillard encore vert.
4. (*fut.* σω.) *d. pl.* faire tâter, donner le goût, faire venir l'envie : γεύομαι, le même ; et *d. pl.* éprouver, tâter, expérimenter ; manger, avaler : γεῦμα, γευθμὸς, γεῦσις, goût : γευςὸς, qu'on peut goûter, bon à manger.
5 (*gén.* ας, ἡ.) *d. pl.* l'issue du combat ; l'intervalle ou chemin qui est entre deux escadrons : γεφυρόω, faire un pont sur l'eau : γεφυρίζω, brocarder quelqu'un, se railler de lui : γεφυριςὴς, moqueur, railleur.
6. (*fut.* ήσω.) De γηθέω vient *gaudeo*, se réjouir : γηθεύω et

γήθομαι, le même : γῆθος, joie, gaîté : γεγηθότως, gaîment, joyeusement.

7. (*gén.* ατος, τό.) Γηραιὸς, vieillard : γηράω et -άσκω, vieillir : ἀγήρατος, ἀγήραος et ἀγήρως, *gen.* ω, qui ne vieillit point, qui dure toujours : εὐγηρία, heureuse vieillesse, qui n'est point fâcheuse ni difficile : παραγηράω, radoter de vieillesse.

8 (*gén.* εος, ἡ.) Γήρυμα, le même : γηρύω et -ομαι, parler, dire, faire un son de la bouche : βροτόγηρυς, qui a une voix humaine : μελίγηρυς, qui a la voix douce et charmante.

9. (*fut.* γνώσομαι, du prés. formateur γνόω, γνώμι.) *d. pl.* être d'avis, estimer, ordonner ; avoir commerce et habitude : γνωςὴς, qui connaît, qui sait : γνωςὴρ, ἦρος, qui reconnaît et découvre : γνωςὸς, qui peut être connu, qu'on connaît.

* *d. pl.* opinion, délibération, volonté, pensée, esprit, intention.

XL.

1. Γλαυκός, azuré, couleur d'eau.
2. Γλάφω, creuse, taille *et* rend beau.
3. Γλεῦκος, *mustum*, suc doux *s'appelle*.
4. Γλήνη de l'œil *est* la prunelle.
5. Γλίσχρος, visqueux, qui tient, gluant.
6. Γλίχομαι, désire, est ardent.
7. Γλοιός *est* sale *et* méprisable.
8. Γλυκὺς, doux, joyeux, agréable.
9. Γλῶσσα, langue *ou* terme étranger.
10. Γλωχὶς pointe, angle *doit marquer*.

DÉRIVÉS.

1. (*gén. οῦ.*) glaucus, cæsius, bleu ou vert de mer : γλαὺξ, noctua, un hibou ou espèce de monnaie marquée d'un hibou ; sorte de danse.

2. Γλαφυρὸς, creux, profond, entaillé ; beau, bien fait, ajusté, paré, propre, accommodé : γλυπτής, sculpteur ; γλυφή, sculpture : γλυφίς, le cran de la flèche où se met la corde de l'arc ; γλυφίδες καλάμων, canifs à tailler les plumes.

3. (*gén. εος, τό.*) Γλεῦξις, vin doux qu'on fait cuire. (La rac. est évidemment γλυκὺς.)

4. *d. pl.* tout l'œil ; emboîture des os ; rayon de miel : θεόγληνος, qui a quelque chose de divin dans les yeux, qui a un regard divin : περιγληνάομαι, jeter les yeux de tous côtés.

5. *métaph.* sordide, ménager, *d. pl.* glissant : γλίσχρως, petitement, sordidement, chichement ; peu fermement, en glissant ; l'on dit aussi λίσχρος et λίσχρως, les mêmes.

7. *d. pl.* méchant, malicieux ; vilain, mal appris, paresseux ; léger : substantivement il se prend pour les ordures de l'huile ou d'un corps oint d'huile, *strigmenta* : γλοιάζω, regarder faiblement, et en clignotant les yeux.

8. (*gén. έος, ὁ.*) Γλυκὺ, l'espèce de vin nommé en latin *passum* : γλυκαίνω, rendre doux : γλυκάζω, devenir doux : γλυκασμὰ et -μὸς, douceur.

9. (*-ττα, gén. ης.*) *d. pl.* discours, façon de parler particulière : γλωσσὶς et -τὶς, languette d'un instrument : ἄγλωττος, qui n'a pas de langue, qui ne peut ou ne sait pas parler, barbare, étranger : ἐπιγλωττὶς, la luette : ἐπιγλωττεῖσθαι, dire des injures, crier après quelqu'un, faire du bruit.

10. (*gén. ῖνος.*) Γλωχες, les barbes de l'épi : τανυγλωχὶν, -ῖνος, qui a la pointe fort longue.

XLI

1. Γνάθος, joue, *et* bouche *ou* mâchoires.
2. Γνόφος, noirceur, ténèbres noires.
3. Γοάω, gémir *et* pleurer.
4. Γογγύζω, gronder, murmurer.
5. Γόης, enchanteur, fourbe *impose.*
6. Γόμφος, coin, clou, semblable chose.
7. Γόνυ *pour* le genou *se prend.*
8. Γοργός, prompt, vif, actif, ardent.
9. Γραῖα vieille femme *veut dire.*
10. Γράφω, peindre, accuser, écrire.

DÉRIVÉS.

1. (*gén.* ου, ἡ.) Γναθμὸς, le même: γναθόω, donner sur la joue: παραγναθίδιον, ornement qui se met sur la joue des chevaux.

2. (*gén.* ου, ὁ.) Γνοφερὸς, οῦ, et γνοφώδης, εος, ténébreux, noir, obscur: γνοφόω et -έω, obscurcir, jeter des ténèbres.

3. (*fut.* ήσω.) Γόος, ου, deuil, tristesse: γοώδης, εος, γοερὸς, οῦ, lamentable.

4. Γογγυσμὸς, οῦ, le murmure.

5. (*gén.* ητος, ὁ.)

6. (*gén.* ου, ὁ.) Γομφίος, dent mâchelière: γομφιάζω, avoir mal aux dents.

7. *gén.* γόνυος, γουνὸς, et même γόνατος, pris de γόνας. Métaph. nœud d'un chalumeau, d'un jet d'arbre, ou semblable: γουνάζομαι, et -όζομαι, se jeter à genoux, embrasser et supplier. γουνοῦμαι, se nouer, faire des nœuds: εὐγόνατος, qui a de beaux nœuds et bien arrangés: ἐπιγουνὶς, -γουνατίς, et γουνατὶς, ίδος, l'os qui couvre tout le genou, latin, *mola, patella*, le muscle du genou, genou même: πρόγνυ, au lieu de πρόγονυ, à genoux; entièrement, de fond en comble.

9. Γραῦς, αὸς, le même; *d. pl.* peau ridée qui se fait sur la bouillie.

10. *d. pl.* graver, tracer, tirer des lignes; faire une description; peindre, crayonner: γράμμα, lettre, écrit, livre; science; écriture; peinture; livre de comptes; acte de notaire, patente; sort; juridiction: γραφὴ, ῆς, écrit, écriture, peinture, tableau, accusation: ἀπογράφω et -ομαι, transcrire, prendre sur l'original; mettre sur des tablettes, écrire sur son livre de compte; faire une table; compter; remarquer; proscrire, condamner, accuser; s'enrôler, donner son nom parmi ceux qui prétendent à quelque chose: διαγράφειν, décrire; aller à travers l'écriture, la bâtonner, la rayer.

XLII.

1. Γράω, manger, être sculpteur.
2. Γρίπος, rets, filets à pêcheur.
3. Γρὺ rien *sera*. * Γρύζω, grouine.
4. Γρυπός, nez en forme aquiline.
5. Γύη, champ, arpent *ou* chemin.
6. Γῦιον, membre, le pied, la main.
7. Γυμνός, nu, découvert, sans armes.
8. Γύνη, femme, *sujette aux larmes*.
9. Γυρός, rond, cercle. 10. Γὺψ, vautour.
11. Γωνία, coin, lieu loin du jour.

DÉRIVÉS.

1. Περίγρα, ἡ un compas.
2. (*gén.* οὐ, ὁ.) Γρῖπος, le même; *d. pl.* question embarrassée, énigme : γριφεύω, expliquer les énigmes : γριπεύς, un pêcheur.
3. * *d. pl.* bâiller, ouvrir la bouche ; gronder, murmurer ; pleurer : γρύπη, des nippes, choses de néant : ἀγρυξία, profond silence, lorsqu'on n'ose pas seulement ouvrir les lèvres.
4. *d. pl.* tout ce qui est courbé, crochu : sa racine proprement est γρὺψ, υπὸς, grifon, oiseau qui a le nez crochu comme l'aigle.
5 Γύα, γύης, le même, et *d. pl.* le cou, le gosier; la partie de la charrue où l'on met le coûtre : γύαια, τὰ, les cordes, avec lesquelles on lie la pouppe sur la terre ; les voiles de l'antenne.
6. *d. pl.* tout le corps : γυιόω, estropier : γυιὸς, estropié, boiteux : ἀμφίγυος, qui peut blesser des deux côtés : ἀμφιγυήεις, blessé ou estropié des deux côtés, boiteux des deux hanches : ὑπό-γυιος ou γυος, qui est présent, sous la main, venant d'être fait.
7 Γυμνόω, dépouiller, ôter, dénuer, priver, épuiser : γυμνάζω, exercer : γυμνάζομαι, s'exercer, lutter, s'escrimer : γυμνάσιον, lieu d'exercice.
8. (*gén.* αιχός.) Ἀνδρογύνης, homme à demi femme, faible, mou, efféminé, lâche et sans cœur : νεογύνης, nouveau marié.
9 latin *gyrus*, tour, circonférence ; *d. pl.* courbe, voûte, une fosse : γυρῖνος, petite grenouille ronde, qui n'a pas encore de pieds.
10. On peut rapporter ici αἰγυπιὸς, le même : γυπή, nid de vautour : *d. pl.* lieu resserré et étranglé
11. *d. pl.* angle : γωνιαῖος, angulaire : γωνιώδης, le même : γωνιωσμὸς, l'angle ou coin que font deux murailles : ἀκρογωνιαῖος λίθος, pierre angulaire : εὐγώνιος, qui fait un angle droit : τετράγωνος, quadrangle, carré.

XLIII.

* Δ *pour chiffre* quatre *doit faire.*
1. Δαὴρ *s'appelle* le beau-frère.
2. Δαίδαλος, artiste, beau, fin.
3. Δαίμων, Dieu, sort, esprit malin.
4. Δαίειν, apprend, brûle *et* festine.
5. Δάκνω, mord *comme une mâtine.*
6. Δάκρυ larme *signifiera.*
7. Δάκτυλος doigt, datte, *prendra.*
8. Δαμάω, dompte, afflige, opprime.
9. Δάνος don, prêt, usure *exprime.*

DÉRIVÉS.

* Les Chaldéens disaient *Delta* comme les Grecs; les Hébreux *Daleth*.

1. (*gén.* έρος.)
2. (*gén.* ου.) *proprement Dædalus*, nom de l'ouvrier qui fit le labyrinthe; *d. pl.* le même que δαιδαλέος, bien fait, bien travaillé.
3. (*gén.* ονος.) *d. pl.* génie, intelligence; fortune, destinée; dans l'Ecriture il se prend toujours pour le diable : δαιμόνιος, divin, vénérable; admirable; bienheureux; misérable, infortuné : δεισιδαιμονία, superstition, scrupule, crainte superstitieuse des dieux ou des diables : κοιλιοδαίμων, qui fait son dieu de son ventre.
4. *d. pl.* diviser, couper comme ceux qui servent à table : δαίμων, docte, savant, expert : δαίς, *gén.* δαιτός, et δαίτη, ης, festin : δαίζω, diviser, déchirer, tuer, mettre en pièces : δάζομαι, le même, *d. pl.* assigner; approprier : δατέομαι, le même : δαίησις, division, partage.
5. (*fut.* δήξω.) Δακνάζω et -ομαι, le même : δῆξις, εως, morsure : δάξ, δηκός, ver qui ronge le bois.
6. (*gén.* υος, τό.) Δάκρυον, le même : ἀδάκρυτος, qui ne pleure point, qui pleure beaucoup ; qu'on doit pleurer beaucoup : ἀδακρυτί, sans larmes.
7. (*gén.* ου, ὁ.) *d. pl.* dactyle, *pied de vers ;* coquille de mer : δάκτυλος, un anneau, une bague.
8. *d. pl.* tuer : δαμάζω, δαμνάω et -νημι, le même : δμητήρ, dompteur ; δμητός, maître, seigneur : δάμαρ, *gén.* δάμαρτος, femme mariée : δαμάλη et δαμαλις, génisse ou veau : δμώς, *gén.* -ωός et δμωός, οῦ, serf, esclave, valet.
9. (*gén.* εος.) *d. pl.* un présent : δανείζω, donner à usure ou simplement prêter : δάνεισμα, usure, intérêt : δανειςής, usurier : καταδάνειος, chargé de dettes, ruiné d'usures.

XLIV.

1. Δαπανᾶν, en frais dépenser.
2. Δάπεδον, l'aire, le plancher.
3. Δάπτω, mange, engloutit, déchire.
4. Δαρθάνω sommeiller *veut dire*.
5. Δασύς, dru, velu, hérissé.
6. Δάφνη, le laurier *si prisé*.
7. Δαψιλής, qui largement donne.
8. Δείδω, s'épouvante *et* frissonne.
9. Δεικνύω, faire voir, montrer.
10. Δείλη, le temps d'après dîner.

DÉRIVÉS.

1. (*άω, fut. ήσω, infinitif αεῖν.*) Δαπάνη, frais, dépense : δαπανηρὸς, somptueux, magnifique : εὐδάπανος, qui dépense facilement, libéral, magnifique : συνδαπανάω, faire une partie de la dépense.

2. *d. pl.* terre, région : ἀλλοδαπὸς, étranger, d'autre pays : παντοδαπὸς, de toutes façons, comme qui dirait de toutes sortes de pays : ποδαπὸς, de quel pays : ποταπὸς, quel? de quelle façon ? τηλεδαπὸς, qui est de fort loin : ὑμεδαπὸς, *vestras*, qui est de votre pays.

3. (*fut.ψω, du pr. form. δάπτω.*)

5. (*gen.* έος, ὁ.) *d. pl.* épais, couvert, ombragé. δάσος, εος, lieu planté d'arbres.

6. Δαφνῶν, ῶνος, *lauretum*, lieu planté de lauriers.

7. (*gén.* έος.) abondant, fertile, libéral : δαψίλεια, abondance : δαψιλεύομαι, donner abondamment.

8. (*fut.* σω, du présent formateur δείω.) *d. pl.* craindre, avoir peur : δεῖμα, crainte, épouvante, danger : δειμαλέος, timide ou qui intimide : δεδίττω et -ομαι, étonner, épouvanter, craindre : δίω, craindre : δέος et δεῖος, εος, crainte : ἄδεια, sécurité, hardiesse, liberté, immunité, exemption, licence.

9. (*fut.* δείξω, du présent formateur δείκω.) Δεῖξις, démonstration, preuve, accusation : ἀποδείκνυμι, démontrer, prouver ; exprimer ; représenter ; faire et rendre tel ; créer, élire, désigner ; déclarer tel, enfanter, mettre au jour : ἀποδεικτος, brave ; remarquable, qu'on montre pour servir d'exemple.

10. (*gen.* ης.) Δείλον, le goûter : δειελήσαι, goûter, faire collation, souper : εὐδείελος, bien tourné vers le soleil couchant : προδείελος, matinée, temps d'avant midi ou temps d'avant le soir.

XLV.

1. Δειλὸς, craintif, misérable homme.
2. Δεῖνα, quelqu'un *sans qu'on le nomme.*
3. Δεινὸς, grand, habile, effrayant.
4. Δεῖπνον souper, festin *se rend.*
5. Δεῖσα, fumier, *aux champs a vogue.*
6. Δέκα, dix, d'où vient Décalogue.
7. Δέλεαρ, viande, amorce, appât.
8. Δελφὶν Dauphin *tu traduiras.*
9. Δέλφαξ, cochon qui vient de naître.
10. Δελφὺς, matrice, *où l'on prend l'être.*

DÉRIVÉS.

1. (*gén.* οῦ.) *d. pl.* lâche ; faible, infirme ; méchant : δειλιάω et -άζω, être lâche, fuir la peine et le danger : δείλαιος, ου, malheureureux, misérable ; qui fait peur : δειλαίνω, être timide : témoigner qu'on a peur : δειλόομαι, avoir peur.
2. (*gén.* δεῖνος.)
3. (*gén.* οῦ.) *d. pl.* terrible, vénérable, majestueux ; qui a l'esprit vif, fin et fourbe ; expert, habile ; admirable : δεινότης, fierté, cruauté, vivacité d'esprit : δεινόω, aigrir, irriter, exagérer : δείνωσις, exagération ; manière d'aigrir les choses ; δεινάζω, s'indigner.
4. *d. pl.* la viande même, et le fourrage des bêtes : δειπνέω, souper, manger : δειπνίζω, convier, donner à souper : φιλόδειπνος, qui aime les festins, qui aime à souper avec ses amis.
5. le fumier dont on fume les terres.

6. Δέκατος, dixième : δεκατεύω et -έω, décimer, prendre le dixième : δυωδέκατος et δωδέκατος, douzième : δεκάζω, corrompre les juges, qui étaient au nombre de dix : δεκασμὸς, corruption de juges. (Quelques-uns font dériver δεκάζω de δέχομαι, ion. pour δέχομαι, d'où l'on tirerait la signification propre de *faire accepter;* mais le latin *decuriare,* qui se dit de la corruption des tribus dans les élections, prouve que δέκας est la véritable étymologie de δεκάζω.)

7. (*gén.* δελέατος, τό.) Δελήτιον, le même : δελεάζω, amorcer, attirer : δελεαςρεὺς, έως, qui amorce et prend à la pipée.

9. (*gén.* ακος.) proprement ce sont de petites truies de lait.

10. (*gén.* υός, ἡ.) *vulva,* le ventre, la matrice où se forme le petit : ὁμέδελφος, utérin, de même mère.

XLVI.

1. Δέμας *en grec* le corps *se dit*.
2. Δέμνιον *se prend pour* un lit.
3. Δέμω, je bâtis, j'édifie.
4. Δένδρον un arbre *signifie*.
5. Δέννος, opprobre diffamant.
6. Δεξιά, main droite *se rend*.
7. Δέπας, un pot, *ou* vase, *ou* tasse.
8. Δέρας, cuir, peau qu'un tanneur passe.
9. Δέρη cou, haut*, colline *on rend*.
10. Δέρκω, voit, a l'œil vif, perçant.

DÉRIVÉS.

1. (*indécl.*) des choses tant animées qu'inanimées : ἀδέμκτος, qui n'a point de corps.
2. Φυγοδέμνιος et -μνος, qui fuit le lit.
3. Δόμος, *domus*, et δῶμα; dôme, maison : δομὴ, bâtiment, édifice, muraille, forme, aspect; le corps, à cause de sa structure : δωμάω, bâtir : βυσσοδομεύω, penser profondément à quelque chose, dresser quelque dessein en son esprit : μεσόδμη, pour μεσοδόμη, la poutre qui passe au milieu d'un logis, et qui soutient tout; la grosse pièce du fond d'un vaisseau, qui soutient les autres, et qui porte le mât : φιλοικοδόμος, qui aime à bâtir.
4. Δένδρεον, ου, et δένδρος, εος, τὸ, le même : δενδρών, ώνος, bocage, lieu planté d'arbres : δενδρίζω, devenir un arbre : δενδριάζω, se cacher dans les arbres
5. (*gén.* ου, ὁ.) affront.

6. *d. pl* la foi, la parole donnée : δέξιος, *dexter*, qui est du côté droit, favorable, de bon présage; de bon esprit; subtil, adroit, ingénieux, bien fait, civil, de bonne grâce: δεξιόομαι, et -άομαι, toucher dans la main droite, prendre la main droite, recevoir civilement quelqu'un, lui parler agréablement ; briguer les charges, tâcher de les avoir.
7. (*gén.* κτος, τό.)
8. (*gén.* κτος, τό.)Δέρμα, τὸ, le même : δερρίς, εως, le même ; *d. pl* vêtement de poil, cilice : δέρω, écorcher ; découvrir, dire ouvertement; battre, maltraiter: δορά, peau ou écorchure.
9. (*gén.* ης, ἡ.) * le haut d'une montagne : δέρκιον, un collet : δειράς, άδος, ἡ, sommet d'une montagne : δειρὸς, colline . δολιχόδειρος, qui a un long cou.
10. Δέργμα. aspect, regard : δέρξις, vision : ὀξυδερκέω, avoir l'œil perçant et subtil.

XLVII.

1. Δεσπόζω, domine, a l'empire.
2. Δεῦκος chose douce *veut dire*.
3. Δεῦρο, viens ici, jusqu'ici.
4. Δεύτερος second *marque aussi*.
5. Δεύω, mouille, teint, mêle, arrose.
6. Δέφειν, écorche, cuir dispose *.
7. Δέχομαι, prend, soutient, attend.
8. Δέω, lie, a manque, est absent.
9. Δηλεῖν, trompe, est fourbe *et* nuisible.
10. Δῆλος, clair, apparent, visible.

DÉRIVÉS.

1. (*fut.* ώσω, du présent formateur δεσπόω.) Δεσπόζεσθαι, être soumis à la puissance d'autrui, être possédé, être acquis, Bud. : δεσπότης, seigneur, maître, possesseur.

2. (εος, τό.) Ἀδευκὴς, έος, désagréable, difficile, fâcheux, aigre; amer; surprenant, non attendu.

3. Δεύρω, δευρί, les mêmes : δεῦτε, *au pluriel*, venez ici.

4. *d. pl.* postérieur, inférieur : δευτερχῖος, qui agit le second jour : δευτερεῖον, τὸ, le second lieu, le second prix, le second honneur.

5. (*fut.* σω.) *d. pl.* pétrir.

6. (*fut.* δέψω.)* corroyer, passer et accommoder le cuir; *d. pl.* amollir, rendre maniable : δεψέω, le même : ἀδέψητος, rude, qui n'a pas été passé, qui n'est pas maniable.

7. (*fut.* ξομαι.) *d. pl.* recevoir, admettre, approuver, vouloir; promettre, se charger : δέχομαι, ion., le même : ἐνδέχομαι, admettre, recevoir ; ἐνδέχεται, il se peut faire, il est possible, il arrive, il est permis.

8. (*fut.* ήσω ou δεήσω, du prés. formateur δεέω.) *d. pl.* arrêter, mettre en prison, avoir besoin : δέομαι, le même ; *d. pl.* prier, requérir, implorer : δεῖ, il faut, il est nécessaire : δέον, οντος, ce qui manque, ce qu'il faut, ce qui est nécessaire.

9. (*prés.* έω, *fut.* ήσω.) *d. pl.* blesser, faire du mal : δηλαίνω, le même : δηλητήριον, un poison.

10. (*gén.* ου.) Δηλόω, manifester, déclarer, rendre visible : δήλωμα, signe manifeste, marque qui fait connaître, ce qui fait voir et découvre : ἄδηλος, obscur, occulte, caché, incertain, douteux, ténébreux.

XLVIII.

1. Δῆμος peuple *et* tribu*fera*.
2. Δῆνος conseil *s'expliquera*.
3. Δῆρις, débat, petite guerre.
4. Διαίνειν, humecte la terre.
5. Δίαιτα, vivre, état qu'on suit.
6. Διδάσκω, montre, enseigne, instruit.
7. Δίδυμος, est jumeau, jumelle.
8. Δίδωμι, donne *à tel ou telle*.
9. Δίζω, chercher. 10. Δίκη, procès.
11. Δίκω, jeter; 12. δίκτυον, rets.

DÉRIVÉS.

1. *d. pl.*, pris adjectivement, qui est du menu peuple; mais δημὸς signifie de la graisse : δημόσιος, public : δῆμιος, le même; *d. pl.* un bourreau : δημοτικὸς, populaire, qui est du peuple, qui aime le peuple : δημοσιόω et δημεύω, publier, divulguer : δημοσιεύω, le même; *d. pl.* gouverner la république, administrer quelque charge.

2. (*gén.* εος, τό.) Ἀδηνέως, sans dessein, sans fraude, simplement.

3. *d. pl.* querelle, dispute : ἀδηρίτως, sans débat, sans controverse, sans contention, sans dispute : πολύδηρις, contentieux.

4. (*fut.* ανῶ.) *d. pl.* arroser : δίημι, le même; *d. pl.* répandre, verser, divulguer.

5. (*gén.* ης.) genre de vie, façon de vivre, régime, diète; demeure; arbitrage : διαιτάομαι, vivre ou demeurer quelque part.

6. (*fut.* ξω, du présent formateur διδάχω.) Διδάσκομαι, être instruit; apprendre, donner à instruire : διδακτικὸς, propre à montrer ou à être montré : διδαχὴ, science, doctrine.

7. *d. pl.* double : διδυμάονες, jumeaux.

8. (*fut.* δώσω, du présent formateur δόω.) Δόσκω, le même; *d. pl.* marier sa fille; offrir, présenter, livrer; se donner, s'abandonner : δόμα, τὸ, un don; δόσις, donation, don, présent, portion, dose : δοτικὸς, porté à donner : δώσων, qui promet toujours, et ne donne rien : ἀποδίδωμι, rendre, payer, donner, attribuer, assigner, déférer, rapporter; permettre; raconter, expliquer, exprimer nettement.

9. *d. pl.* imaginer, inventer, trouver.

10. *d. pl.* droit, justice, assignation, ajournement, supplice, peine, punition : δικάζω, rendre justice, accorder et terminer un différend : δίκαιος, juste, équitable.

12. de grands filets.

XLIX.

1. Δίνη, gouffre, ondes agitées.
2. Διπλόος, double, à deux pensées.
3. Δίς, δίχα, pour deux fois se met.
4. Δίσκος, discus, plat, rond, palet.
5. Διστάζειν, en doute se trouve.
6. Διφάω, cherche, tâte, éprouve.
7. Διφθέρα, cuir ou fait de peau.
8. Δίψα, soif, court au pot à l'eau.
9. Δίω, chasse, craint et vacille.
10. Διώκω, poursuit, chasse, exile.

DÉRIVÉS.

1. d pl. tourbillon de vent: δῖνος et δεῖνος, ου, le même; d pl. vertige, trouble d'esprit; sorte de danse; sorte de vase; δινέω et δινῶ, tourner comme un tourbillon: δινωτός, tourmenter; faire tourner: θεόδινος, agité et poussé de Dieu: ὀκρόδινος, grêle, menu, agile; léger, souple; remuant; faible, imbécile.

2. (contr οῦς.) d. pl. large, grand; fourbe, dissimulé: δίπλαξ, le double; duplicité, finesse, fourberie: δίπλωμα, vase double à l'usage des bains; lettres patentes du souverain, bulle du pape. etc.: δίπλαξ, robe doublée ou double.

3. lat. bis: δίχα, doublement, par moitié; séparément. à part: διχάζω, diviser, couper en deux.

4. d. pl. le rond du soleil.

5. (pres. διστάω, fut. ήσω.) Δισταγμός, οῦ, doute, incertitude.

6. Διώκτωρ, qui cherche: πραγματοδίφης, qui cherche le fond des procès, un avocat, un procureur.

7. d. pl. peau, parchemin, livre, tente; sac de cuir, robe de fourrure ou de cuir: διφθερίας, ου, qui porte de telles robes.

8. (gén. ης) Δίψος, εος, τό. le même: δίψας, άδος, siticulosa, celle qui a soif, qui aime à boire, qui est sèche; espèce de vipère qui cause la soif par sa morsure; sorte d'épine: διψάω et -ῶ, avoir soif; avoir envie, désirer ardemment: ὑδροδίψος, qui craint la soif, se dit de celui qui a été mordu par un chien enragé, de même que ὑδρόφοβος.

9. Δίεμαι, le même; d. pl poursuivre, repousser, mettre en fuite, persécuter.

10. fut. ξω. d. pl. poursuivre en justice, accuser, faire condamner; décrire et exprimer de point en point dans son discours: διωγμός et δίωξις, persécution, poursuite, vexation, accusation: ἰωχή, ἰῶξις, le même. (Ce dernier exprime uniquement l'action de persécuter.)

L.

1. Δνόφος *pour* ténèbres *se prend*.
2. Δοκάζω, juge, observe, attend.
3. Δοκέω, croit, estime *et* pense.
* Δόγμα, dogme, *et* δόξα, sentence.
4. Δοκός une poutre *est rendu*.
5. Δολιχός, en long étendu.
6. Δόλος, dol, fourbe, tromperie.
7. Δόναξ un roseau *signifie*.
* Δονεῖν, secouer, agiter.
8. Δόρξ, chevreuil *ou* le daim léger.

DÉRIVÉS.

1. le même que γνόφος, ci-dessus : ἀνοφερὸς, ténébreux.
2. (*fut.* άσω, du présent formateur δοκάω.) d. pl. penser, être d'avis : δοκεύω et -άω, le même. et d. pl. surprendre, dresser des embûches : παρα-δοκέω, attendre avec impatience, comme qui dirait lever continuellement la tête pour voir si l'on vient : ὁδοιδόκος, qui assiège les chemins, et dresse des embûches aux passans : προσδοκάω attendre, espérer, se confier, croire, penser.
3. (*fut.* ήσω.) d. pl. être en quelque estime : δοκιμάζω, éprouver, examiner, faire l'essai ; juger à propos, croire utile.
* (ατος.) dogme, enseignement, maxime : décret, arrêt : δογματίζω, enseigner, dogmatiser, introduire quelque nouvelle doctrine, décréter, ordonner ; défendre quelque doctrine : δόκιμος et -μιος, bon, approuvé, estimé, illustre, remarquable, considéré : δοκιμή, ή, épreuve, essai, expérience ; preuve, marque ; instruction : τὸ δοκίμιον le même : δοκιμαστής, οῦ, enseur, approbateur, examinateur, arbitre : δόξα, sentence, opinion, gloire, honneur, réputation, renommée ; attente ; axiome, proposition assurée.

4. (gén. οῦ, ἡ.)
5. (gén. οῦ, ὁ.) mais δόλιχος signifie course, espace ; sorte de légume : δολιχεύω, courir un certain espace de douze, ou selon les autres, de vingt-quatre stades ; fournir sa carrière.

5 (gén. ου, ὁ.). lat. dolus : δολόω, surprendre, corrompre, user de finesse : δόλιος, fourbe, trompeur, corrompu : δολιεύομαι, agir par fraude : δόλων, ωνος, bâton qui a une épée ou un poignard caché en dedans ; aiguillon de mouche.

7. (ακος, ὁ.) d. pl. plume à écrire ; instrument de musique ; sorte de poisson.

* (prés. ἐω. fut. ήσω.) Δονέω, le même : δόνημα, agitation, mouvement.

8. (gén. δορκὸς, ἡ.) δόρκος, ου, ὁ ; δόρκων, ωνος, ὁ ; δορκάς, άδος, ἡ, le même : δορκαλίδες, fouets de cuir de chèvre.

DES RACINES GRECQUES.

LI.

1. Δόοπον, δόρπος, souper s'explique.
2. Δόρυ, bois, pertuisane ou pique.
3. Δοῦλος, esclave au joug réduit.
4. Δοῦπος, chûte avec un grand bruit.
5. Δράκων un dragon se doit rendre.
6. Δράσσω, saisir, empaumer, prendre.
* Δραχμή, drachme, pièce d'argent.
7. Δράω, fait, sert, suit prestement.
8. Δρέπω, fauche et marque assemblage*.
9. Δριμύς, aigre, âpre, aigu, fin, sage.

DÉRIVÉS.

1. δόρπη, ἡ, le soir, le temps où l'on soupe d'ordinaire : δόρπηςος, l'heure du souper : ἐπιδορπίς, dessert.

2. (gen. δόρατος, de δόρας, inus. On dit aussi δορὸς et δουρὸς.) Δοῦπον, le même : δορύσσω, combattre de la pique : ἐπιδορατίς, pointe de la pique : ἀδορατία, ἡ, cessation d'armes, paix ; oisiveté, lâcheté : δορατίζομαι, combattre de la pique.

3. (gen. ου, ὁ.) Δούλη, ης, et δουλίς, ίδος, servante : δουλεύω, servir : δουλόω, réduire en servitude : δουλεία, servitude : ἀμφίδουλος, né de père et de mère esclaves : ἱερόδουλος, esclave attaché au service d'un temple, d'une église : εὐθυμόδουλεία, service rendu avec soin et diligence, fait à la vue du maître.

4. (gen. ου, ὁ.) Ἐπίδουπος, qui fait du bruit en murmurant : ἐριγδουπος et ἐρίδουπος, qui fait grand bruit : κατάδουπος, chûte bruyante, d'où vient catadupe du Nil.

5 (gen. οντος.) d. p. chaînes, pendans d'oreilles, bracelets, agraffes ; souche de vigne, à cause de la ressemblance.

6. (fut. ξω.) Δράγμα, manipulus, une gerbe, une poignée d'épis, le blé même ; prémices des fruits : δράξ, ακὸς, ὁ, une poignée. ἀποδράττω, cueillir.

* d. pl. sorte de poids : δραχμιαῖος, du poids ou de la valeur d'une drachme : δίδραχμος, qui vaut on pèse deux drachmes.

7. d. pl. agir ; commettre ; sacrifier : δρᾶμα, drame, narration, représentation, action : δραστήρ et δραστικὸς, actif, prompt, industrieux : δραπέτης, fugitif, transfuge.

8. * comme cueillir, recueillir, ramasser, vendanger : δρέπανον, une faux ; un cimeterre.

9. (gen. εος, ὁ.) d. pl. piquant, violent, ardent, furieux.

LII.

1. Δρόσος rosée *exprimera*.
2. Δρύπτω, déchire, *écorchera*.
3. Δρῦς chêne *ou* tout arbre *désigne*.
4. Δύη, travaux, malheur insigne.
5. Δύναμαι, peut, est sain, fort, grand.
* Δύναμις, art, médicament.
6. Δύνω, vêt, entre, plonge en l'onde;
* Δυσμή, coucher de l'œil du monde.
7. Δύω, deux; δοιάζω, douter.
8. Δῶρον, don, *de* δόω, donner.

DÉRIVÉS.

1. (*gén.* ου, ἡ.) Δρόσοι, les larmes : δροσσεις, εντος; δροσερός, οῦ, et δροσώδης, εος, couvert de rosée.

2. (*fut.* ψω, du présent formateur δρύπω.) *d. pl.* égratigner, mettre en pièces.

3. (*gén.* υος, ἡ.) Δρυμός, forêt, proprement de chênes : δρύον et δρίος, le même; *d. pl.* petit bois, pépinière : γουνοί pour δρυνοί, vieilles souches de chêne ou d'autre arbre; δρυάδες, dryades, nymphes des bois : ἁμαδρυάδες, hamadryades, qu'on croyait naître et mourir avec les chênes.

4. *d. p.* pauvreté : δυάω, jeter dans la misère; accabler de maux.

5. (*fut.* ἡσομαι, du pr. δυνάομαι.) *d. pl.* être estimé, avoir autorité.

* (*gén.* εως, ἡ.) *d. pl.* puissance, faculté, force, autorité; science; remède; troupe, armée; ἀδύνατος, qui ne peut, ou qui est impossible.

6. *d. pl.* ceindre, environner, disparaître : δύω, δῦμι, le même.

* le coucher du soleil; fin de la vie : δύτης et δύπτης, plongeur : δυτικός, qui aime à plonger; occidental : ἀναδύομαι, sortir de l'eau; rejeter, refuser; changer, se dédire : ἀποδύομαι, se dépouiller; refuser, ne pas accepter; recevoir, entreprendre, commencer, se disposer : νήδυμος, creux, profond, dont on ne saurait sortir: χηραμοδύτης, qui entre dans les tanières.

7. Δοίη, doute, incertitude, quand deux choses se présentent à notre esprit : συνδύω, deux à deux : συνδυάζω, mettre deux à deux.

8. *d. pl.* palme, largeur de la main : δωρέω, faire présent : δώρημα, présent : δωρητός, qui se peut gagner par présens, à qui on fait des présens : δωροδοκέω, recevoir ou faire des présens pour corruption : δωροδοκία, corruption par présens.

LIII.

E cinq 1. Ἒ du deuil *est le signe.*
2. Ἔαρ, ἦρ, printemps *te désigne.*
3. Ἐάω, permet, laisse, omet.
4. Ἐγγύη, promesse qu'on fait.
5. Ἐγγὺς *pour* proche, auprès, *s'usite.*
6. Ἐγείρω, pousse, éveille, excite.
7. Ἐγκώμιον éloge *aura.*
8. Ἐγρηγορέω, veillera.
9. Ἔγχελυς anguille *s'explique.*
10. Ἔγχος *ou* javeline *ou* pique.

DÉRIVÉS.

Cette lettre s'appelle ἐψιλὸν, *é* bref et délié, pour la distinguer de l'ἦτα, qui est un *é* long et ouvert.

1. Ἒ, hé, particule de douleur: ἕ, se, soi, *accus.* : ἑός, suus, sien, propre et particulier : σφέτερος, le leur : σφετερίζω, s'approprier, prendre pour soi: σφετεριςής, οῦ, qui détourne le bien d'autrui à son profit.

2. (*gén.* ἔαρος, τό.) *d. pl.* sang, graisse; temps frais du matin : ἐαρίζω, passer le printemps; avoir une fraîcheur de printemps : ἠέριος, du matin; haut, élevé. (De là vient le latin *ver*, en ajoutant à ἦρ le digamma éolien, Fἦρ, ioniq. βῆρ.

3. (*fut.* ἄσω.) *d. pl.* cesser, désister.

4. Ἔγγυος, caution, répondant : ἐγγυάω, donner sous caution, livrer, mettre entre les mains; fiancer, marier; promettre, donner parole : ἐχέγγυος, homme de parole, à qui l'on peut se fier.

5. Ἐγγίζω, approcher : ἐγγύτης, voisinage, proximité.

6. (*fut.* ἐρῶ.) Ἐγείρομαι et ἔγρομαι, le même : ἐγρήσσω, Hom., veiller : ζωγρέω, vivifier, ressusciter. ἔγερσις, réveil, résurrection; le lever; élèvement, exaltation.

7. *d. pl.* louange : ἐγκωμιάζω, louer, relever de paroles : φιλεγκώμιος, qui aime à être loué.

8. Γρηγορῶ, le même : ἐγρήγορος, vigilant.

9. (*gén.* υος.) Ἔγχελις, le même : ἐγχελεών, ῶνος, vivier d'anguilles.

10. (*gén.* εος, τό.) *d. pl.* une épée : ἐγχεία et -είη, le même; *d. pl.* le fer de la pique, et l'art de la bien manier ; χαλκέγχης, εος, qui a une pique ferrée ou garnie d'airain; brave soldat, belliqueux.

LIV.

1. Ἔδνα, ce que donne l'époux.
2. Ἔδω, je mange, *est su de tous.*
3. Ἔζομαι, s'assied ; ἕδρα, chaire.
* Ἔνεδρον, embûche ; ἔδος, terre.
4. Ἔθειρα, perruque, cheveux.
5. Ἐθέλω, j'ordonne, je veux.
6. Ἔθνος, peuple, *d'où vient ethnarque.*
7. Ἔθος la coutume *te marque.*
8. Εἴδω, je vois. j'entends, je sais.
* Εἶδος, forme, espèce, beauté.

DÉRIVÉS.

1. (τά.) présens faits à une fille qu'on recherche : ἔεδνα, le même, et d.pl. la dot d'une fille.
2 (parf. ἐδήδοκα d'ἐδηδόω.) en latin aussi, edo, manger, ronger : ἔδεσμα, ἔδαρ, ἐδητύς, ἐδωδή, viande ; manger : θριπόδεστος, rongé des vers.
3. (fut. 2 εδοῦμαι.) d. pl. faire asseoir, placer (de la forme active ἕζω ou ἑζέω vient le latin sedeo) : ἕδρα, chaire, siège, place, demeure, séance, assemblée :
* ἕδος, εος, τό. siège, base, terre, fondement, temple, chapelle; retardement, lenteur, paresse : ἔδαφος, terre, fonds, plancher : ἀλλοδαπὸς, étranger, d'autre pays :* ἐνέδρα, -δρον et -δρία, embûches : ἐνεδρεύω, dresser des embûches : ἐξέδρα, un portique, un vestibule : ἐφεδρος, qui est assis, mis ou placé dessus ; qui dresse des embûches ; qui attend et épie l'occasion ; qui attend et est de réserve pour venir au besoin ; adversaire, ennemi ; successeur, qui est mis en la place.

4 Ἐθειράζω, avoir soin de ses cheveux, les laisser croître.
5.(fut ἥσω.du présent θελέω.) d. pl. pouvoir ; avoir coutume : θέλω, le même, θέλημα, volonté ; ἀγαθοθέλεια, le désir des bonnes choses.
6.(gén. εος. τό.) d. pl. nation, race, lignée ; sexe : ἐθνικὸς, particulier à quelque nation ou famille ; gentil, profane, païen : ἐθνάρχης, ethnarque, gouverneur d'une nation (pris d'ἔθνος, et d'ἀρχή, pouvoir, puissance, ci-dessus).
7. (gén. εος. τό.) Ἔθω, ἐθίζω, faire par usage : ἐθίζω, accoutumer ou avoir coutume : ἐθισμὸς, usage.
8. ἴδε et ἰδοῦ, voyez, voilà.

* d. pl. face, surface, apparence, stature ; vinaigre ; chaleur, ardeur : εἰδάλλομαι, ressembler ; εἴδωλον, simulacre, ressemblance, figure ; idole ou image d'un faux dieu ; conception, pensée.

LV.

1. Εἰκῆ, par hasard, par rencontre.
2. Εἴκοσι deux fois dix *te montre*.
3. Εἴκω, ressemble *et* cède à tous :
* Ἐπιεικής, convient, est doux.
4. Εἰλεῖν, *doux*, presse, amasse *et* serre.
* Εἰλεῖν, entoure *et* roule *à terre*.
5. Εἵλως, peuple, *à Sparte est* valet.
6. Εἰνάτηρ belle-sœur *se met*.
7. Εἴργω, j'enferme *et* j'emprisonne.
* Εἴργω défendre, empêcher, *donne*.

DÉRIVÉS.

1. *d. pl.* témérairement : εἰκαῖος, téméraire, inconsidéré, vain, léger; commun, vulgaire, méprisable.

2. *c.-à-d* vingt : εἰκάς, άδος; une vingtaine ou le vingtième.

3. (*fut.* ξω.) proprement se conformer, être condescendant : εἰκός, vraisemblable, croyable, raisonnable : εἰκών, simulacre, image, statue, représentation : εἰκάζω, imiter, rendre semblable; comparer; conjecturer, penser, s'imaginer : εἴκελος et ἴκελος, semblable : ἀεικής, disproportionné; indécent, honteux, indigne; rude, sévère.

* convenable; *d. pl.* proportionné, qui aime la justice; aimable, accommodant; modeste, facile, commode.

4. (*prés.* έω, *fut.* ήσω.) Εἰλέω, avec l'esprit doux, en tirant, enfermer, réduire à l'extrémité; avec le rude, rouler, entourer, envelopper; mettre au soleil : εἴλη et ἴλη, troupe, troupeau, compagnie, escadron : εἴλη, avec l'accent circonflexe, éclat du soleil : εἴλυμα et -σις, enveloppe : εἶλιξ et ἕλιξ généralement tout ce qui enveloppe, ou tourne en rond, et principalement les volutes d'une colonne.

* (*prés.* έω, *fut.* ήσω.)

5. (*gen.* ωτος.) Hilote, nom d'un peuple dont les Lacédémoniens prenaient leurs esclaves un valet.

7. (*fut.* ξω.) *d. pl.* mettre, tenir, garder en prison : εἱρκτή, prison : ἕρκος, εος, clos, mur, rempart.

* (*fut.* ξω.) repousser, arrêter au passage, défendre d'approcher.

LVI.

1. Εἰρήνη, paix, *fait tout fleurir.*
2. Εἶρος, laine, *est bonne à vêtir.*
3. Εἴρω, parle, interroge *et* noue.
4. Εἴρων, dissimule *et se joue.*
5. Εἷς, un seul, *fait* οὐδεὶς, pas un.
6. Ἑκὰς, loin. 7. Ἕκαστος, chacun.
* Αὐθέκαστος, exact, sévère.
8. Ἑκάτερος, tous deux *doit faire.*
9. Ἑκατὸν un cent *se traduit.*
10. Ἕκηλος, paisible *et* sans bruit.

DÉRIVÉS.

1. Εἰρηνικὰς, paisible, pacifique : εἰρηνεύω, vivre en paix; pacifier.

2. (*gén.* εος, τό.) Εἴριον et ἔριον le même : ἔριθος, ὁ et ἡ, qui travaille en laine : ἐριθεύω, filer de la laine, travailler, servir; tâcher : ἐριθεύεσθαι, racheter, obliger, engager, attirer en promettant récompense : εὔεριος et εὔερος, bien couvert de laine, bien habillé.

3. *d. pl.* faire un tissu, entrelacer; dire, annoncer : ἀπερέω, notifier, déclarer; défendre, empêcher; s'abattre, se décourager : κατερέω, dire le contraire, répliquer, parler contre quelqu'un; quereller, accuser; déférer, indiquer, déclarer.

4. (*gén* ωνος.) Εἰρωνεία, ironie, dissimulation : εἰρωνικῶς, par feinte, en se moquant : κατειρωνεύομαι, se jouer de quelqu'un, le railler, s'en moquer.

5. (*gén.* ἑνός.) Μία, ᾶς; ἓν, ἑνὸς, un seul, l'autre, quelqu'un :

ἑνόω, unir, mettre en un : εὖνις, privé, destitué; orphelin : καθεῖς, chacun, séparément, un à un : μηδεὶς et οὐδεὶς, personne, nul : ἐξουδενέω et -ιζω, n'estimer rien, réduire à rien.

6. Ἀνέκαθεν, d'en-haut, dès la source, dès l'origine.

7. Ἑκάστοτε, toujours, partout; καθεκάστην, *sous-ent.* ἡμέραν, chaque jour, tous les jours.

8. *d. pl.* l'un ou l'autre, l'un des deux : ἑκατέρω, pour et contre, en l'une et l'autre manière : ἑκατέρωθεν, de part et d'autre : ἑκατέρωθι, de l'un et de l'autre côté.

9. Ἑκατοστὸς, centième : διακόσιοι, deux cents.

10. *d. pl.* doux, pacifique, qui aime la paix : ἐκηλία, repos : εὐκηλεία, le même : πανεύκηλος, qui est en paix de tous côtés : ἀκήλια, τὰ, les choses qui sont dans le trouble et dans l'agitation; quelquefois aussi ce qui est rude, pénible, fâcheux.

LVII.

1. Ἑκυρός *marque* le beau-père.
2. Ἑκών, de bon gré, volontaire.
3. Ἐλαία, l'olivier, son fruit.
4. Ἐλάτη le sapin *se dit*.
5. Ἐλαύνω, pousse, chasse, incite :
* Ἐλατήρ, qui chevaux agite.
6. Ἔλαφος, cerf, *semble voler*.
* Ἐλαφρός, comme un cerf léger.
7. Ἐλαχύς, petit, qu'on rejette.
8. Ἔλδομαι, desire et souhaite.

DÉRIVÉS.

1. (*gén.* οῦ; ὁ.) Ἑκυρά, Ion. -ρή, belle-mère.
2. (*gén.* όντος.) Ἑκούσιος, volontaire, fait de propos délibéré : ἑέκων et ἄκων, forcé, involontaire, malgré soi, sans y penser : ἀεκούσιος, forcé, non volontaire, à regret, ou par hasard, et sans y penser.
3. l'olivier et l'olive : ἐλαιών, ῶνος, lieu planté d'oliviers ; cellier où l'on serre l'huile : ἐλαιώδης, onctueux, huileux, gras : κηρέλαιον, du cérat, onguent fait de cire et d'huile.
4. *d. pl.* un rejeton de palme, pelure d'une palme ; bout d'un rameau, pique, lance ou long bois : κεδρελάτη, grand cèdre, haut comme un sapin.
5. (*fut.* άσω du *prés.* ἐλάω.) *d. pl.* tirer à la rame ; conduire une armée ; tourmenter, donner de l'exercice ; poursuivre en justice, forger, frapper du marteau ; tirer une muraille, un fossé, etc. ; traiter avec quelqu'un, transiger ; marcher, avancer : ἔλασις, agitation, course, exercice, expédition, tire de rames ; la chasse qu'on donne aux animaux.
* (*gén.* ῆρος.) écuyer, cocher, charretier ; qui chasse les chevaux : ἐλατήριον, remède purgatif.
6. Ἐλαφέω, donner la chasse, épouvanter, faire fuir comme un cerf.
* *d. pl.* qui n'est pas pesant, et qui n'est ni incommode ni fâcheux.
7. *d. pl.* moindre, inférieur, méprisable : ἐλαττοῦμαι, être diminué ; souffrir de la perte, du désavantage, du dessous, tomber dans l'incommodité.
8. Ἐέλδωρ, désir ou ce qu'on désire.

LVIII.

1. Ἔλεγος, deuil, lugubre chant.
2. Ἐλέγχειν, convainc *et* reprend.
3. Ἔλεος, compassion tendre.
4. Ἐλεύθερος libre *on doit rendre.*
5. Ἐλέφας, ivoire, éléphant.
9. Ἔλη, chaud du soleil ardent.
7. Ἐλιννύειν, cesse *ou* diffère.
8. Ἕλκος, *ulcus*, *est* un ulcère.
* Ἕλκω, traîner ; ὁλκός, sillon.
9. Ἕλλην, Grec, des Gentils le nom.

DÉRIVÉS.

1. (gén. ου, ὁ.) de ἒ, signe de douleur, et de λέγω ; de là vient *élégie.*
2. (fut. ξω.) d. pl. réprimer, rebuter, mépriser ; s'enquérir: ἔλεγχος, ὁ, indice, preuve ; enseignement ; modèle ; démonstration, examen ; question, torture ; accusation ; opprobre, honte, turpitude : ἔλεγχος, ους, τὸ, opprobre, ignominie : ἐλεγχής, έος, digne de honte et de confusion.
3. (gén. ου, ὁ.) d. pl. miséricorde. Mais ἐλεὸς est une table de cuisine : ἐλεέω, ῶ et ἐλεέω, avoir pitié ; ἐλεημοσύνη, miséricorde, aumône, assistance : νηλεὴς, έος, cruel, impitoyable, sans compassion : ἀνηλέητος, indigne de compassion.
4. d. pl. qui est sans empêchement, exempt ; honnête, d'un esprit noble : ἐλευθέριος, honnête homme : ἐξελεύθερος, *libertus*, affranchi : ἐξελευθερικὸς, *libertinus*, fils d'un affranchi.
5. (gén. αντος.) d. pl sorte de vase ; lèpre, maladie : ἐλεφαντιάω, être lépreux ; avoir la peau rude comme un éléphant.
6. (gen. ης.) Εἴλη, le même ; mais εἴλη signifie multitude, assemblage : εἰλέω, exposer au soleil. Voyez LV, 4.
7. d. pl. faire cesser, apaiser.
8. (gén. έος.) Ἑλκέω, ῶ, ulcérer, blesser ; aigrir, irriter.
* Ὁλκός, sillon ; trajet d'un vaisseau, d'un serpent, d'une flèche, etc. ; courant d'eau ; trait ou corde à tirer ; sorte d'herbe et d'araignée ; l'estomac ; le corps : ὁλκὴ, trait de la balance ; inclinaison, pente ; suite, traînée ; force, poids, ce qui entraîne : ὅλκιον, gouvernail d'un vaisseau : ὁλκὰς, άδος, navire de charge : ἑλκέω et ἑλκύω, irriter, déchirer, mettre en pièces ; violer, corrompre ; solliciter, attirer au mal.
9. (gén. ηνος.) Les Grecs ont pris ce nom d'Hellen, fils de Deucalion. Mais ἕλλην dans l'Écriture se prend aussi pour *Gentil*, opposé à *Juif*.

LIX.

1. Ἕλος, un marais, eau dormante.
2. Ἐλπὶς, espoir *ou* simple attente.
3. Ἐμέω vomir *marquera*.
4. Ἐμπάζομαι, grand soin prendra.
5. Ἐναίρειν, perd, dépouille *et* tue.
6. Ἐναργὴς, clair, frappant la vue.
7. Ἐνιαυτός : 8. Ἔνος l'an *fait*.
9. Ἔνιοι quelques-uns *se met.*
10. Ἐννέα *pour* neuf *tu dois prendre*.
11. Ἐντὸς dans, dedans *se peut rendre*.

DÉRIVÉS.

1. (*gén.* εος, τό.) Ἕλειος, de marais, qui est ou qui vient dans les marais : ἑλειὸς, un loir, un écureuil.

2. (*gén.* ἰδος, ἡ.) *d. pl.* crainte : ἐλπίζω, espérer : ἔλπω, donner espérance, faire espérer : ἀνέλπιςος, non espéré, non attendu, désespéré; de qui l'on n'espère plus rien ; qui s'abat et se desespère : ἀπελπίζω, désespérer, perdre espérance, faire perdre espérance ; concevoir espérance de quelqu'un ou de quelque lieu : εὐέλπις, qui a bonne espérance ; εὐέλπιςος, le même.

3. Ἐμετὸς, vomi, rejeté ; mais ἔμετος, vomissement : ἐμετικὸς, vomitif ou sujet à vomir : ἐμετικὸς οἶνος, vin émétique, qui fait vomir.

4. avoir soin, avoir égard, avoir en révérence : ἐμπὰξ, curateur : ἔμπαιος, expert, savant : κατεμπάζω, presser, hâter ; corriger.

5. (*fut.* ἐναρῶ.) Ἔναρα, τὰ, dépouilles.

6. (*gén.* έος.) *d. pl.* évident, exposé à nos yeux : ἐνάργεια, évidence, lumière.

7. (*gén.* οῦ, ὁ.) Ἐνιαυτίζω, passer l'année, durer un an : ἐνιαύσιος, annuel, qui arrive tous les ans ; qui dure un an, qui n'a qu'un an.

8. on ἔνος et ἔννος et ἕννος, l'an ou l'année, ou bien annuel, qui dure un an ; *d. pl.* vieux, ancien : ἦνις, ιδος, ἡ, génisse qui n'a qu'un an : ἐνάενος, qui a un an, qui est de l'année : διενος et διετὴς, de deux ans.

10. ἔννατος et ἔνατος, neuvième : ἐννακόσιαι, neuf cents.

11. Ἔντερον, entrailles : ἐντόσθια, intestins : ἐντερώνη, le dedans, le milieu, la moëlle : δυσεντερία, colique, tranchées, dyssenterie : μεσεντέριον, le mésentère, membrane qui entretient les rameaux de la veine porte.

LX.

1. Ἐνυώ, déesse de sang.
2. Ἔξ, sex, six, au nombre a son rang.
3. Ἑορτή jour de fête exprime.
4. Ἐπείγω, pousse, presse, anime.
5. Ἐπηρεάζω, fâche et nuit.
* Ἐπήρεια perte on traduit.
6. Ἐπίκουρος, qui secours donne.
7. Ἐπιπολῆς surface ordonne.
8. Ἐπιτηδής, propre, agissant.
9. Ἑπτά, sept ; ἕβδομος s'en prend.

DÉRIVÉS.

1. (gén. όος, οῦς, ἡ.) Enyo, Bellone, déesse de la guerre : ἐνυάλιος, Mars ; belliqueux, guerrier.

2. Ἑξήκοντα, soixante : ἑξακόσιοι, six cents.

3. (gén. ῆς.) d. p. célébrité ; jour solennel, où l'on ne fait rien.

4. (fut. ξω.) d. pl. poursuivre de près ; se hâter : ἐπείκτης, ου, et ἐπειγεύς, έος, qui presse et se hâte, qui avance l'ouvrage, qui se hâte.

5. (fut. άσω, du prés. form, ἐκηρεάω.) d. pl. incommoder, faire peine ; offenser, injurier, faire affront.

* d. pl. dommage, dégât, violence, injure, affront : εὐεπηρέαςος, à qui l'on peut aisément nuire.

6. proprement dans la guerre : ἐπικουρέω, secourir, assister : ἐπικουρία, secours. (ἐπικούρησις exprime l'action de secourir.)

7. (adv.) sur la surface, sur l'extérieur : ἐπιπόλαιος, qui n'est que superficiel, qui ne fait qu'effleurer ; qui n'est pas profond ; commun, ordinaire ; extérieur, évident, non caché : ἐπιπολάζω, être sur la surface, nager ou paraître dessus ; se faire voir, se relever, aller en haut, regorger, être en abondance : ἐπιπολαςικὸς, flottant, nageant ; regorgeant, abondant.

8. (gén. έος.) Ἐπιτηδές, exprès, à dessein : ἐπιτήδειος, proportionné, convenable, à propos ; ami, affectionné, de notre parti : ἐπιτηδεύω, faire exprès, de propos délibéré, s'étudier, tâcher ; s'attacher, être assidu, faire sa cour, honorer et chérir, ne bouger d'auprès de quelqu'un : ἐπιτήδευμα, τὸ, le soin, l'affection, la diligence, l'application qu'on apporte à faire quelque chose soit bien, soit mal : τὰ ἐπιτήδεια, les commodités, ou nécessités de la vie.

9. Ἕβδομος, septième : ἑβδομάς, espace de sept jours, une semaine : ἑβδομήκοντα, soixante-dix : ἑβδομάκις, sept fois : ἑβδομηκοντάκις, soixante-dix fois.

LXI.

1. Ἔπω, dit, fait, traite, a l'empire:
* Ἔπος, mot, poème *s'en tire*.
2. Ἔρα, terre *on rend par ce mot*.
3. Ἔρανος, festin par écot.
4. Ἐράω, aime. 5. Ἔργον, chose, ouvrage.
6. Ἔρεβος, infernale plage.
7. Ἐρέθω, pique, irrite, aigrit.
8. Ἐρείδω, soutient, affermit.
9. Ἐρεί-κω, rompt : 10. -πω, bat muraille.
11. Ἐρέπτω, mange *et* fait ripaille.

DÉRIVÉS.

1. *d. pl.* gouverner; disposer, avoir soin : ἕπομαι, suivre, accompagner : διέπω, administrer : περιέπω, poursuivre, courir après; protéger, favoriser; chérir, honorer; administrer.

* (*gén.* εος, τό.) parole; poème héroïque, d'où vient *épique* : ἔσπω et ἐψίω, dire : ἐψία, conversation : ἐνέπω, dire, chanter, mettre en vers; calomnier, dire des injures : ἀπείπειν, interdire, défendre; rétracter, se dédire; succomber, s'abattre, perdre courage; ne pouvoir plus dire un mot.

2. (*gén.* ας.) Ἔραζε, par terre : ἔνερθε et νέρθε, en bas, dessous : ἐξεράω, évacuer, vider, tirer hors, épuiser : ἐξέραμα, ce qu'on a tiré et mis hors, ce qu'on a vomi et rejeté : καταράσαι et μεταράσαι, vider, désemplir, verser d'un vaisseau dans un autre.

3. (*gén.* ου, ὁ.) généralement, contribution, quête; *d. pl.* bienfait, faveur, prix, récompense : ἐρανίζω, faire la quête, recueillir et ramasser; mendier; payer son écot, contribuer.

4. (*prés.* άω, *fut.* άσω.) *d. pl.* désirer, rechercher : ἐραστής, ami, affectionné : ἔρως, ωτος, ὁ, amour, passion, désir : ἔρος, ου, le même.

5. *d. pl.* action, entreprise, affaire : ἀργὸς et ἀεργός, fainéant, paresseux, exempt de travail; inculte; *d. pl. vif.* agissant : ῥᾳδιουργός, méchant, trompeur, flatteur; ἀργαλέος, difficile, fâcheux, incommode.

6. (*gén.* εος, τό.) l'enfer; noirceur, obscurité.

7. Ἐρεθίζω, le même.

8. (*fut.* σω. du prés. form. ἐρείω) *d. pl.* appuyer, mettre contre, attacher; s'appliquer fortement conduire à sa fin; ficher; coucher, et mettre par terre; tirer des flèches; menacer, fondre dessus.

9. (*fut.* ξω.) *d. pl.* briser, piler; se rompre, se briser.

10. (*fut.* ψω.) Ἐρείπω, battre et frapper une muraille, démolir, abattre, ruiner.

11. proprement c'est paître comme les bêtes,

LXII.

1. Ἐρέσσω, rame, est serviteur.
2. Ἐρεσχελεῖν, raille, est menteur.
3. Ἐρεύγω, roter *en infâme.*
4. Ἔρευθος, rougeur, peur du blâme.
5. Ἐρευνᾶν, cherche à gauche, à droite.
6. Ἐρέφω, couvre; * ὄροφος, toit.
7. Ἔρημος, désert, solitaire.
8. Ἐριννύς. furie *ou* colère.
9. Ἔρις, débat *ou* contredit.
10. Ἔριφος; le chevreau *se dit.*

DÉRIVÉS.

Att. ἐρέττω. *d. p.* agiter, mouvoir : ἐρεσία et εἰρεσία, l'action de ramer : ἐρετικὴ, l'art de ramer : ἐρετμός, οῦ, une rame, un aviron : ἐρετμόω, garnir de rames ou ramer : ὑπηρέτης, ministre, serviteur; huissier, officier, sergent : ἐπίρης, prêt, préparé, *proprement* à la navigation.

2. (*prés.* ἐω, *fut.* ἤσω.) *d. pl.* se jouer, se moquer, chicaner, disputer.

3. (*fut.* ξω.) latin *eructare;* d. pl. bruire, former quelque son, prononcer un mot; jeter ses ondes dans la mer, parlant des fleuves : ἐρυγγάνω, le même.

4. (*gén.* εος, τό.) Ἐρυθρὸς, rouge : ἐρυθριάω, rougir, devenir rouge : ἐρυσίβη, rouille, nielle des blés.

5. (*prés.* ἀω, *fut.* ἤσω.) Fouiller partout : ἔρευνα, recherche, poursuite : δυσερεύνητος, difficile à reconnaître et rechercher; difficile à pénétrer.

6. (*fut.* ψω.) Ὀροφὴ, converture ou toit : ὄροφος et ὀρόφωμα, le même, ou une voûte.

7. (*gén.* ου, ὁ, ἡ.) *d. pl.* seul, délaissé, inhabité, en friche : un homme abandonné de tous : ἐρήμη, suppl. δίκη, condamnation par défaut : ἐρήμην ἑλεῖν, condamner par défaut : ἐρημία, désert, solitude : ἐρημάζω, vivre en solitude : φιλέρημος, qui aime la solitude : ἐξερημόω, déserter; ravager, gâter, piller.

8. (*gén.* υος, ἡ.) latin *Erinnys.*

9. (*gén.* ιδος, ἡ.) Ἐρίζω. débattre, disputer, chicaner : ἐριστικὸς, contentieux, qui aime les disputes : ἐριςὸς et ἀμφήριςος, contentieux; qui n'est pas clair ni certain : ἐριδῶ et ἐριδαίνω, disputer, le même qu'ἐρίζω; ἐριδμαίνω, irriter, attaquer, provoquer la dispute : ἔριθος et ἐρίθεια, contention.

10. (*gén.* ου, ὁ.)

LXIII.

1. Ἕρμα, base, appui, ferme assiette.
2. Ἑρμηνεύς est un interprète.
3. Ἑρμῆς, Mercure ; ἑρμᾶς, rocher:
* Ἕρμαιον, gain, sans le chercher.
4. Ἕρνος ou branche ou germe ou plante.
5. Ἕρπω, rampe, glisse et serpente.
6. Ἔρρω, triste et dolent s'en va.
7. Ἕρση, la rosée on dira.
8. Ἐρύκειν, empêche et retarde.
9. Ἐρύειν, traîne, sauve et garde.

DÉRIVÉS.

1. (gén. ατος, τό.) d. pl. soutien, colonne ; métaph. confiance ; le sable ou gravier dont on remplit le fond des vaisseaux; latin saburra ; rocher, bancs de sable ; pendant d'oreille : ἑρμάζω, soutenir, appuyer, affermir ; ἑρματίζω, charger le fond d'un vaisseau ; ἑρμίν, ῖνος, le pied d'un lit.

2. (gen. έος, ὁ.) Truchement : ἑρμηνεύω, interpréter, expliquer; δυσερμήνευτος, difficile à expliquer.

3. (gén. οῦ.) Messager des dieux ; d. pl. la première portion de la viande ; le dernier coup qu'on boit à souper ; une partie du temple d'Apollon à Athènes : ἑρμαί, statues de Mercure mutilées ; branches d'arbres coupées : ἑρμᾶς, rocher caché dans la mer : * ἕρμαιον, gain non espéré, bien qu'on n'attendait pas, bonne rencontre, bonne occasion : εὐερμής, heureux : εὐερμία, bonheur, bonne fortune.

4. (gén. εος, τό.)

5. (fut. ψω.) latin serpo : ἑρπετός, οῦ, reptile, animal rampant : ἕρπης, ητος, ulcère qui s'étend : ἑρπύζω, le même qu'ἕρπω : ἑρπύλλον et ἕρπυλλος, serpyllum, serpollet : ἕρπις, du vin

6. (fut. σω.) d. pl. périr, tomber en décadence, se perdre, se détruire.

7. (gén. ης.) Ἐέρση, le même : ἐερσήεις, mouillé de la rosée : ἕρσαι, petits chevreaux, ou agneaux tendres et délicats.

8. (prés. κω, fut. ξω.) d. pl. retenir, retirer en arrière, repousser, chasser : ἐρυκάκω et κατέω, le même.

9. (prés. ω fut. σω.) Défendre, protéger : ἐρύομαι, défendre, conserver, protéger, observer ; délivrer, racheter ; éviter, se donner de garde : ἔρυμα, mur, rempart, défense, citadelle, forteresse.

LXIV.

1. Ἔρχομαι, vient, arrive *et* va :
* Ἐλεύθω *ses temps y joindra*.
2. Ἐρωεῖν, court, recule, arrête.
3. Ἐρωτᾶν, demande *et* s'enquête.
4. Ἐσθλός, bon, vaillant au danger.
5. Ἔσθω, *comme* ἐσθίω, manger.
6. Ἕσπερος, astre au soir rayonne ;
* Ἑσπέρα *vêpre ou* couchant *donne*.
7. Ἑςία, foyer *ou* banquet.
8. Ἐσχάρα foyer *aussi fait*.

DÉRIVÉS.

1. Ἔρχομαι emprunte beaucoup de temps d'ἐλεύθω : ἔλευσις, ἤλυσις, arrivée, allée et venue : ἀπέρχομαι, s'en aller, se retirer, sortir ; mourir ; revenir ; s'enfuir, s'évader : διέρχομαι, passer au travers, passer outre, parcourir, discourir, raconter : ἐξέρχομαι, sortir, s'en aller ; passer ; se promener ; lire et repasser une chose ; raconter ; s'en aller contre l'ennemi : ἐπεξέρχομαι, le même ; *d. pl.* se venger, appeler en justice : μετέρχομαι, aller vers, approcher ; entreprendre ; venir sus ; se venger ; faire venir, appeler ; supplier ; parler à quelqu'un, l'entretenir ; poursuivre, briguer ; passer outre, aller plus loin.

2. (*prés.* ἔω, *fut.* ἤσω.) Il se dit de l'eau qui coule, ou de ceux qui s'emportent avec impétuosité ; *d. pl.* reculer, se retirer ; *d. pl.* arrêter on soi, c'est-à-dire cesser, désister, se reposer ; ou les autres, c'est-à-dire empêcher, détourner, repousser : ἐρωή, effort, impetuosité, courage, violence ; fuite, retraite, cessation.

3. (*prés.* ἀω, *fut.* ἤσω.) *d. pl.* proposer : ἐρώτημα, interrogation, demande, question, proposition : ἐρώτησις, l'action d'interroger.

4. (*gén.* οῦ.) *d. pl.* bon ménager : ἐσθλωμα, action de bonté, fait mémorable.

5. rac. ἔδω, le même, d'où vient le latin *edo*.

6. (*gén.* ου, ὁ.) L'étoile du coucher, Vénus ; *d. pl.* le soir, comme ἑσπέρα, *vespera*, le coucher du soleil, l'occident.

9. *d. pl.* feu ; dieu domestique ; maison ; *Vesta*, autel, asyle : ἑςιάω, retirer chez soi, traiter, réjouir : ἐφέςιος, qui est auprès du feu ; qui a une maison, citoyen, habitant, domestique.

8. le même qu'ἑςία ; *d. pl.* un gril ; une partie du bain ; piscine où les ordures qui s'y lavent ; les lèvres d'une plaie, et la croûte qui se fait aux bord : ἐσχάριον, encensoir ; machine à tirer les vaisseaux dans la mer ; fondement sur lequel on bâtit.

XLV.

1. Ἔσχατος, dernier, qui termine.
2. Ἐτάζω, recherche, examine.
3. Ἑταῖρος, ami, compagnon :
4. Ἔτης *est presque un même nom.*
5. Ἕτερος, l'autre *ou* qui diffère.
6. Ἕτοιμος, prêt, prompt à bien faire.
7. Ἔτνος, purée. 8. Ἔτος *est* l'an.
9. Ἔτυμος vrai *toujours se rend.*
10. Εὐδία l'air serein *s'expose.*
11. Εὕδω, καθεύδω, dort, repose.

DÉRIVÉS.

1. (*gén.* ου, ὁ.) *d. pl.* le plus haut *ou* le plus bas : ἐσχάτη, la fin : ἐσχατιά, extrémité, lieu profond et retiré, solitude.

2. (*f.* σω, du prés. form. ἐτάω.) Ἐξετάζω, examiner, rechercher, discuter; faire expérience; donner des preuves; estimer, comparer; faire revue, compter : ἐξετασμὸς, inquisition, discussion, recherche. ἐξέτασις, le même; *d. pl.* comparaison, confrontation, revue; recrue de soldats; preuve de son industrie.

3. (*gén.* ου.) Ἑταιρία, société, compagnie.

4. (*gén.* ου.) néanmoins ἑταῖρος, marque plus de familiarité.

5. Ἑτεροῖος, différent, d'autre façon : ἅτερος, dor. pour ἕτερος, fém. ἁτέρα, neut. θάτερον : οὐδέτερος, *neuter*, ni l'un ni l'autre.

6. *d. pl.* qui est présent, qui est en main : ἑτοιμάζω, préparer, tenir tout prêt.

7. (*gén.* εος, τό.) *d. pl.* pois passés.

8. Ἀέτεκ, *horna*, de même année : ἐτησίαι, vents qui soufflent en certain temps de l'année : ἀμφιετηρίς, ίδος, fête qui se célèbre tous les ans : διετία, *biennium*, espace de deux ans : διετήσιος, qui dure toute l'année : διετίζω, accomplir toute l'année ; *et même* durer deux ans : διετής, *æqualis*, qui est de même âge : τῆτες *et* τῆτα, cette année.

9. Ἐτήτυμος, le même : ἐτητυμία, ἡ, vérité : ἐτυμολογία, origine de quelque mot et raison de sa signification.

10. *d. pl.* un beau temps, le calme, la chaleur du jour : εὔδιος et εὐδιεινὸς, serein, tranquille : εὐδιαῖος, cheville ou bondon du trou par lequel on vide la sentine.

11. (*fut.* εὑδήσω.) *en prose on dit plutôt* καθεύδω, dormir : ἀποκαθεύδω, dormir à part, coucher seul; s'endormir, sommeiller, être sujet à dormir.

LXVI.

1. Εὐθύς, droit; εὐθύ, sur-le-champ.
2. Εὐνή, lit *ou* tente d'un camp.
3. Εὔριπος, flux, reflux *d'Eubée.*
* Εὐριπώδης, âme agitée.
4. Εὑρίσκω, trouve en recherchant.
5. Εὐρύς, grand, large. 6. Εὐρώς, relent.
7. Εὖς, bon; εὖ, bien; εὖγε *loue*.
8. Εὔχομαι, promet, prie *et* voue.
9. Εὔω, chauffe *et* dans le feu met.
10. Εὐωχία, festin, banquet.

DÉRIVÉS.

1. (*gén.* εος, ὁ.) *fém.* εὐθεῖα, *neut.* εὐθύ; εὐθής, εος, d'où vient l'accus. εὐθῆ et le neutre εὐθές, qui plaît : εὐθύ, *rectà*, tout droit, tout d'un coup, sans attendre : εὐθύνω, régler, redresser, diriger, corriger, reprendre, accuser, condamner, mettre à l'amende, faire enquête de la vie de quelqu'un, faire venir en justice, exercer la charge de juge et de censeur : εὐθυνσία, extension en ligne droite, soit en longueur ou en hauteur.

2. *d. pl.* sépulcre; demeure; une ancre : εὐνάω et -άζω, endormir, assoupir, faire coucher : εὐνέτης, ου, le mari : εὐνέτις, ιδος, la femme : εὖνις, ὁ, ἡ, le mari *ou* la femme ; *d. pl.* veuf, particulier : χαμεύνη et -να, un lit d'herbe, *subadium*, un petit lit par terre : χαμευνία, l'action de coucher à terre ; la natte ou le jonc sur quoi l'on couche à terre.

3. (*gén.* ου, ὁ.) Euripe, flux et reflux d'un bras de mer, comme celui qui est entre l'île d'Eubée et l'Attique, qui se fait sept fois le jour

*. (*gén.* εος, ὁ et ἡ.) *d. pl.* qui est agité et troublé.

4. (*fut.* ἥσω *du prés. form.* εὑρέω) *d. pl.* inventer, venir à bout de quelque chose : εὕρημα et -ενα, invention.

5. (*gén.* εος, ὁ.) Εὖρος, εος, τὸ, grandeur, largeur : εὖρος, ου, ὁ, Eurus, vent d'Orient.

6. (*gén.* ῶτος, ὁ) *d. pl.* moisissure, pourriture, putréfaction : εὐρωτιάω, être moisi, sentir le relent, se gâter, se pourrir.

7. (*gén.* έος.) Εὖγε, euge, bon, oh çà, courage, mot pour louer et encourager.

8 *d. pl.* se flatter, se vanter, s'en faire accroire : εὐχή, prière, vœu : εὖχος, τὸ, vanité, gloire, honneur.

9. (*fut.* σω.) *d. pl.* brûler, mettre le feu à quelque chose

10. proprement un festin public et magnifique : εὐωχέω, traiter, régaler quelqu'un. (Ce mot paraît composé de εὖ et de ἔχω, d'où vient ὀχή.)

LXVII.

1. Ἔχθος, haine. 2. Ἔχις, la vipère.
3. Ἐχῖνος hérisson *doit faire*.
4. Ἐχυρός, lieu sûr, fort, château.
5. Ἔψω, cuit *et* fait bouillir l'eau.
6. Ἔχω, σχῶ, j'ai ; *ses sens varie :*
* Σχῆμα mine, habit, *signifie*.
7. Ἔω, *(doux)* être, aller, venir.
* Ἕω, *(rude)* envoyer, vêtir.
** Ἐσθὴς robe *est interprétée*.
8. Ἕωλος, viande réchauffée.

DÉRIVÉS.

1. (*gén.* εος, τό.) *d. pl.* inimitié, refroidissement : ἔχθρα et ἔχθημα, le même : ἐχθραντέος, qu'on doit haïr et tenir pour ennemi : ἔχθρος, ennemi, qui hait ou est haï : ἐχθραίνω, ἔχθω, ἐχθαίρω, haïr, tenir pour ennemi : ἐχθρεύω, être ennemi, être mal avec quelqu'un : εἰδεχθής, difforme, hideux à voir, qui fait peur.

2. (*gen.* ιος, ὁ.) ἔχις est le mâle ; ἔχιδνα, la femelle.

3. (*gén.* ου, ὁ.) *d. pl* par rapport et ressemblance, ventre d'un bœuf, mors d'une bride, pot ou vase de cuisine, vase à mettre les suffrages; sorte d'herbe.

4. (*gén.* οῦ, ὁ.) Ὀχυρός, le même : ὀχύρωμα, munition, fortification, forteresse : ἐνέχυρον, gage, otage : ἐνεχυράζω, prendre les sûretés de part et d'autre, recevoir ou donner en gage ou en otage.

5. (*fut.* ἕψω.)

6. (*fut.* ἕξω.) Avoir, posséder, tenir, retenir : ἀγκυλωτήσιν ἔχω, je me fâche : ἔχω εὐνοϊκῶς πρός σε, j'ai de l'affection pour vous : ἔχω διὰ σπουδῆς, j'ai cela à cœur, je travaille à cela ; *d pl.* soutenir, porter, supporter ; environner ; agiter ; lancer un cheval ; tendre vers quelque lieu , y arriver ; demeurer, habiter ; pouvoir, avoir en sa puissance : ἔχομαι, passif d'ἔχω ; *d pl.* entreprendre quelque chose, et se désister, se retenir : ἕξις, habitude du corps ou de l'esprit.

* Extérieur, port, posture, apparence, prétexte, personnage, dignité, forme, figure.

7. εἰμί, être : οὐσία, essence, substance, être, biens : εἶμι, aller : εἴεν, hé bien, soit : ἵημι, je vais, je pars : ἐτός, *adv.* témérairement.

* ἵημι, envoyer, jeter : ἵεμαι, désirer, être porté : ἧμαι, je suis assis : εἷμαι, je suis vêtu.

** (*gén.* ἐσθῆτος, ἡ.)

8. métaph. ce qui est vieux, inutile et hors d'usage.

LXVIII.

* Ζῆτα *vaut* sept; σίγμα ταῦ, six.
1. Ζάω *pour* vivre *sera mis.*
2. Ζεύγνυμι, ζεύγω, joint, assemble :
* Συζύγοι, deux liés ensemble.
3. Ζεὺς, Διός, le dieu Jupiter.
4. Ζέφυρος, zéphir, un doux air.
5. Ζέω bouillonner *signifie.*
6. Ζῆλος, zèle, ardeur, jalousie.
7. Ζημία, perte *et* détriment.
8. Ζητέω, trouve en recherchant.

DÉRIVÉS.

* Les cinq lettres précédentes marquent de suite les cinq premiers nombres ; mais pour six les Grecs prennent ς, et pour sept ils ont le ζ.

1. (*fut.* ήσω.) Ζωή, la vie ; ζῶον, animal : ζωτικός, qui vivifie, qui donne la vie : ζωδιακός, zodiaque, cercle où sont les signes de la sphère.

2. (*fut.* ξω.) Ζεῦγμα, conjonction, connexion, assemblage : ζεῦγος, εος, τὸ, joug, harnachure, couple ou volée de chevaux : ζυγός, ὁ, joug, servitude ; poignée d'un luth ; rang d'une armée; banc de rames dans un vaisseau; balance, trébuchet, poids; courroie de soulier : ἄζυξ, υγος, ὁ et ἡ, qui n'est point encore lié, qui n'est point sous le joug, fille qui n'est point mariée : ἀζυγία, l'état de n'être pas lié, de n'être pas sous le joug ; de n'être pas marié, le célibat.

3. Διάσια, πάνδια et διπόλια, Jovialia, fêtes en l'honneur de Jupiter.

4. (*gén.* ου, ὁ.) Ὤὰ ζεφύρια, œufs vides ou sans germe.

5. (*fut.* έσω.) Ζεννύω et -νυμι, le même : ἐκζεμα, ce qui sort par bouillons : ζεμὸν, le chaud : ζεςὸς, chaud, échauffé, ardent.

6. (*gén.* ου, ὁ.) Ζηλόω, être plein d'émulation, vouloir imiter, tâcher de faire, s'adonner à quelque chose ; louer, approuver, préconiser, regarder comme heureux, porter envie, être jaloux : ζηλωτὴς, jaloux, émulateur, sectateur, imitateur : ζηλωτὸς, digne d'être imité.

7. *d. pl.* amende, punition, supplice.

8. (*fut.* ήσω.) Trouver, chercher ; disputer, mettre en question ; chercher ce qu'on a perdu ; s'étudier, tâcher, vouloir, désirer, s'efforcer : ζητητὴς, commissaire inquisiteur : ζήτημα, question, ce qu'on cherche.

LXIX.

1. Ζιζάνιον l'ivraie *est dite*.
2. Ζόφος *pour* un temps noir *s'usite*.
3. Ζῦθος, bière, *d'orge se fait*.
4. Ζύμη *pour* le levain *se met*.
5. Ζωμὸς, potage *et* chair bouillie.
6. Ζωννύω ceindre *signifie*.
* Ζωςὴρ, ceinture *ou* baudrier.
** Ζωνίτης *est* le ceinturier.
7. Ζωρὸς, vin pur, sans eau mêlée :
* Ἄζωρος, boisson non trempée.

DÉRIVÉS.

1. lat. *lolium*, zizanie.
2. (*gén.* ου, ὁ.) Ζοφόεις, εντος ; ζόφεος ου ; ζοφώδης, εος, et ζοφερὸς, οῦ, noir, ténébreux, plein de brouillards.
3. (ὁ et τό.) Le même s'appelle βρύτον, βύνη, βυνεὺς, πῖνον et même κρίθινος οἶνος.
4. ζυμόω, faire lever la pâte, aigrir, corrompre : ζυμίζω, ressembler au levain, être comme le levain : ἄζυμος, qui n'est point levé, qui n'a point de levain, qui n'est point altéré ni corrompu : ἄζυμα, τὰ, la fête qui précédait la pâque des Juifs, en laquelle ils s'abstenaient de pain qui eût du levain.
5. (*gén.* οῦ, ὁ.) *d. pl.* une cuillerée ou bouchée de quelque chose : ζωμεύω, faire cuire, faire bouillir, assaisonner : ζωμίδιον, un petit potage.
6. (*fut.* ζώσω. du prés. form. ζώω) Ζώννυμι et ζωννύσκω, ceindre : ζώννυμαι, être ceint, être armé, être équipé pour la guerre : ζώνη, zona, ceinture, bandelette, la partie du corps qui est ceinte, toute l'armure d'un homme de guerre ; robe de pourpre ; force, faculté, puissance ; zone du globe céleste ou terrestre : ἄζωςος, qui n'est pas ceint, qui n'a point de ceinture : ἀποζωννύω et -νυμι, ôter la ceinture ou le baudrier, dégrader un soldat : εὔζωνος, propre, dispos, leste, bien ajusté, bien accommodé.

* (*gén.* ῆρος.)
** (*gén.* οῦ, ὁ.)

7. (*gén.* οῦ, ὁ.) *merum*. Quelques-uns le prennent au contraire pour du vin bien trempé : εὔζωρος, vin pur, bien fort : μελίζωρον, hydromel, eau mêlée avec du miel et qui en a pris la force.

* dans Constantin ; Scapula au contraire le prend pour boisson trempée.

LXX.

* Η *fait* huit, *et prend divers sens.*
1. Ἥβη, jeunesse *et* jeunes gens.
2. Ἡγέομαι, conduit, ordonne.
3. Ἡδύς doux, agréable, donne.
4. Ἦθος, mœurs, esprit, lieu, maison
5. Ἡθῶ, passe eau par un chausson.
6. Ἤθεος *est* jeune d'âge.
7. Ἠιών, le bord, le rivage.
8. Ἥκω, venir *ou* s'approcher.
9. Ἠλακάτη, bois pour filer.

DÉRIVÉS.

* H. ses divers sens se peuvent voir ci-après dans les particules indéclinables.

1. (*gén.* ης, ἡ.) Ἡβητήριον, lieu où l'on exerce et instruit la jeunesse ; lieu de plaisance, où l'on reçoit et où l'on traite le monde : ἡβητής et ἡβητήρ, jeune homme : ἡβάω, ἡβάσκω, ἡβυλλιάω, entrer en puberté ; commencer à avoir de la barbe : ἔφηβος, qui n'est plus enfant, qui entre dans l'adolescence ; c'est aussi une sorte de vase.

2. (*fut.* ἡσομαι.) *d. pl.* commander, présider, croire, estimer, être d'avis : ἡγηλάζω, ἡγεμονεύω, conduire, servir de guide : ἡγεμών, gouverneur, président, chef, magistrat, capitaine : ἀρχηγούμαι, conduire, aller devant, gouverner ; raconter : ἐξηγητής, qui se rend l'auteur et le chef de quelque chose ; qui expose, explique et interprète : προηγέομαι, croire, avancer, aller devant, conduire ; être le premier, tenir le premier lieu.

3. (έος, ὁ.) *d. pl.* gai, joyeux, de bonne humeur : ἡδονή, joie, réjouissance, plaisir, volupté : ἤδυσμα, chose agréable, douceur, suavité, assaisonnement, parfum : ἥδος, τὸ, suavité, plaisir.

4. (εος, τό.) Ἠθικὸς, moral : συνήθης, accoutumé, ordinaire, familier.

5. (*fut.* ἡσω.) plus souvent ἡθέω, colo, couler, passer : ἡθίζω, le même : ἠθμὸς, οῦ, colum, une chausse ou instrument à passer des liqueurs.

6. (*gén.* ου.) *d. pl.* qui n'est pas marié ; qui garde virginité.

7. (*gén.* όνος, ἡ) ἤιων, le même : ἠόνιος, de rivage, qui est sur le bord.

8. (*fut.* ξω.) *d. pl.* appartenir, concerner : καθήκω, toucher, s'étendre jusqu'à ; convenir, être bienséant, être du devoir.

9. une quenouille ; *d. pl.* une partie du mât, un roseau, une flèche, un fuseau et la laine même ou filasse qu'on file.

LXXI.

1. Ἡλάσκω, tourne, erre, est volage.
2. Ἡλεὸς *d'un sot est l'image*.
3. Ἡλίθιος, sot, sans honneur.
4. Ἡλικία, taille, âge en fleur.
5. Ἡλίκος combien grand *doit faire*.
6. Ἥλιος, soleil, *tout éclaire*.
7. Ἧλος un clou *se traduira*.
8. Ἧμαι, κάθημαι, s'assiéra.
9. Ἡμεκτεῖν, se fâche, est en peine.
10. Ἡμέρα le jour *nous amène*.

DÉRIVÉS.

1. *d. pl.* voltiger, se détourner, éviter un coup.

2. (*gén.* οῦ) c-à-d. représente ou signifie un sot ; folâtre, fou, badin, niais, ou celui qui rend sot, qui fait devenir fou : ἠλός, le même.

3. (*gén.* ου.) *d. pl.* lâche : ἤλιθα, en grand nombre, en monceau ; en vain ; sottement ; inutilement : ἠλιθιάζω, faire le folâtre et le badin.

4. (*gén.* ας, ἡ.) Ἧλιξ, qui est de même âge : ἄμφηλιξ, jeune homme, enfant déjà grand, ou même vieillard cassé : ἀρχῆλιξ, qui a passé sa jeunesse ou qui n'est pas encore en âge de puberté : παρῆλιξ, qui vient sur l'âge, qui a passé la jeunesse : μεσῆλιξ, de moyen âge.

5. *d. pl.* qui est de même âge, et quelquefois *tantus*, aussi grand : πηλίκος, combien grand ? en interrogation, quel âge a-t-il ? quel est-il ? τηλίκος, tel, si grand, de tel âge, répondant aux précédens.

6. (*gén.* ου, ὁ.) Ἡλικία, lieu découvert où l'on rendait la justice à Athènes : ἀπηλιαστής, ennemi des procès : ἔρηλις, ιδος et ιος, ἡ, hâle du visage provenant de l'ardeur du soleil.

7. (*gén.* ου. ὁ.) Ἐφηλίς, clou, agrafe : προσηλοῦσθαι, être cloué en croix, être attaché à quelque chose, n'en pas bouger.

8. Ce verbe vient d'ἕω : καθήμαι, s'asseoir ou coucher par terre, demeurer et attendre, être oisif et sans rien faire ; camper, assiéger une place : καθήμενον πεδίον, lieu uni, grande plaine.

9. Περιημεκτεῖν, s'indigner, se fâcher, avoir peine et douleur.

10 (*gén.* ας, ἡ.) *d. pl.* le temps ou la durée du temps : ἧμαρ, ατος. le même : ἡμέριος, ἡμερινός, ἡμάτιος, journalier, qui est de jour, qui dure un jour : ἐφημερίς, ιδος. journal, ce qui contient les choses ou actions de chaque jour : ἐφημερία, charge ou fonction de chaque jour.

LXXII.

1. Ἥμερος, doux, facile, aisé.
2. Ἥμισυς, demi, la moitié.
3. Ἡμύω, penche, tombe, accable.
4. Ἠνεκής, grand, long et durable.
5. Ἡνία, bride, *est aux chevaux*.
6. Ἧπαρ; le foie aux animaux.
7. Ἤπειρος, continent, non île.
8. Ἤπιος, doux, clément, facile.
9. Ἥρα, l'*orgueilleuse* Junon.
10. Ἡρέμος, doux, paisible *et* bon.

DÉRIVÉS.

1. *d*, *pl.* privé, apprivoisé; il se dit de même des arbres et des plantes : ἡμερότης, douceur : ἡμέρωμα, adoucissement, apprivoisement : ἀνήμερος, rude, revêche, farouche : δυσεξήμερος, difficile à apprivoiser.

2. (*gén.* εος.) Ἡμίνα, ἡ, demi-setier.

3. (*fut.* ὑσω.) Penser, cheoir, tomber, fondre dessus.

4. (*gen.* έος.) *d pl.* étendu, continuel : διηνεκής, le même : διηνεκῶς, par une suite continuelle, sans interruption : δουρηνεκής, de la longueur, *de* la portée du trait.

5. Ἀφηνιάζω, secouer et rejeter la bride, prendre le frein aux dents : δυσήνιος, qu'on ne peut pas retenir, ni réfréner, fâcheux, de mauvaise humeur, impatient : πειθήνιος, qui est soumis, obéissant, docile.

6. (*gén.* ατος, τό.) Ἡπατηρὸς et ἡπατικὸς, hépatique, qui appartient au foie ou qui le concerne.

7. (*gén.* ου, ἡ.) Ἡπειρώτης, qui demeure en terre ferme ; *d. pl.* qui est d'Epire : ἠπειρωτικὸς, qui appartient à la terre ferme.

8. Ἡπιότης, clémence, douceur, humeur facile.

9. Il se prend aussi pour l'air, auquel Junon préside.

10. Ἠρέμα, doucement, peu à peu, insensiblement, légèrement; ἠρεμία, repos : ἠρεμέω, se reposer, demeurer en repos : ἠρεμίζω, apaiser, mettre en repos.

LXXIII.

1. Ἠρίον, tombeau, *mort enserre*.
2. Ἥρως, héros, brave à la guerre.
3. Ἥσσων, ἥττων, moindre, abattu.
4. Ἥσυχος paisible *est rendu*.
5. Ἦτορ le cœur, *où naît la joie*.
6. Ἤτριον, fil, tissu, le foie.
7. Ἥφαιςος, Vulcain, forgeron.
8. Ἦχος, (*d'où vient* écho) le son :
* Ἀπήχημα, voix finissante.
9. Ἠώς, l'aube, au matin brillante.

DÉRIVÉS.

1. (*gén.* ου) Κενήριον, un tombeau vide, où il n'y a rien dedans, cénotaphe.
2. (*gén.* ωος.) Ἡρῷον, monument ou temple dressé à quelque héros : ἡρῷα sont aussi les festins qu'on faisait en l'honneur des héros.
3. (*gén.* ονος.) *d. pl.* inférieur, sujet, esclave de quelque passion : ἡσσάομαι et ἡττάομαι, avoir du dessous, être inférieur, vaincu, surmonté, condamné ; succomber, se rendre, s'abattre, se laisser aller : ἥττημα, perte, défaite : ἀήττητος, invincible, indomptable.
4. (*gén.* ου.) *d. pl.* tranquille, qui est en repos, qui aime la paix : ἡσυχαῖος et ἡσύχιος, le même : ἡσυχῇ, doucement, peu à peu, insensiblement, paisiblement : ἡσυχία, tranquillité, repos, trêve, paix, silence, sommeil : ἡσυχάζω, demeurer en repos et en silence.
5. (τό.)
6. (τό) *d. pl.* laine, ou la filasse qu'on emploie, l'étoffe ou la toile.
7. (*gén.* ου.) *d. pl.* le feu et la flamme, auxquels il préside.
8. (*gén.* ου.) Ἠχώ, ους, ἡ, son de la voix, écho ; *d. pl.* les rochers creux et les vallons où se forme l'écho ; *d. pl.* façon de parler.
* (τό.) *d. pl.* dissonnance, disconvenance ; son mourant ; dernière condition ; restes, vestiges ; un contre-coup : κατηχέω, sonner, faire résonner ; enseigner de vive voix, faire retentir aux oreilles, donner les premières règles d'un art ou d'une science : κατηχίζω, le même, d'où vient *catéchiser* : κατήχησις, instruction des premiers fondemens de quelque science : κατηχιστής, celui qui instruit.
9 (*gén.* οος, contract οῦς.) *en prose*, ἕως, ἕωος, *contr.* ἕως, l'aurore, l'aube du jour : ἠῶθεν et ἕωθεν, dès la pointe du jour : ἠῷος et ἕως, matinal, oriental.

LXXIV.

* Θῆτα, neuf. 1. Θαιρός, essieu, gond.
2. Θάλαμος, lit, chambre *ou* maison.
3. Θάλασσα, mer, liquide plage.
4. Θάλλω, pousse fleurs *ou* branchage.
5. Θάλπω, couve, échauffe, entretient.
6. Θαμά, fréquemment, *d'ἅμα vient*.
7. Θάμβος, l'horreur qui nous étonne.
8. Θάμνος, plant d'arbrisseaux *te donne*.
9. Θάπτειν, enterre, ensevelit.
10. Θάρσος, cœur ferme *et* ferme esprit.

DÉRIVÉS.

* *De l'Hébreu*, Thet, *ou du vieux Syrien* Théta; *dans les jugemens il marquait la mort*, θάνατον.

1. (*gén.* οῦ, ὁ.) *d. pl.* l'essieu d'une roue.

2. (*gén.* οῦ, ὁ.) *proprement* lit de gens mariés; *d. pl.* lieu où se mettent les rameurs d'un vaisseau : θαλάμιος, rameur du dernier rang : θαλαμίτης et θαλάμαξ, le même : θαλάμαι les narines : ἐπιθαλάμιος λόγος, épithalame, discours fait sur le sujet des noces.

3. (*gén.* ης ou ας, ἡ.) *d. pl.* eau marine ou salée ; canal, aquéduc : θαλάσσιος et -ττιος, marin, de mer : θαλαττεύω, être souvent sur mer, n'en bouger : θαλασσόω, faire naufrage, être submergé.

4. (*fut.* θαλῶ.) *d. pl.* pulluler, fourmiller ; θαλλός, οῦ, ἡ, et θαλλός, τό, rameau vert, particulièrement d'olive; premier jet d'un arbre : θαλέθω, θαλέω, τηλεθάω et τηλέθω, verdoyer, germer, pulluler : θάλεια et θαλία, festin en l'honneur des dieux ; jour de fête et de réjouissance ; état de vie heureux et florissant.

5. (*fut.* ψω.) θάλπος, τό, chaleur

6. Θαμής, dru, fréquent : θαμειός et θαμινός, le même : θαμινά, souvent : θαμίζω, fréquenter ; arriver souvent : θάμυρις assemblée solennelle.

7. (*gén.* εος, τό.) Admiration, horreur, étonnement, saisissement : θαμβέω, être saisi d'étonnement ou d'horreur ; épouvanter, frapper d'étonnement.

8. (*gén.* ου, ὁ.) Verger, pépinière : ἐκθαμνίζω, défricher.

9. (θάπτω, f. ψω.) *d. pl.* s'étonner, être saisi d'horreur : τάφος, sépulchre ; fossé, fortification, τάφρος, creux, fossé.

10. (*gén.* εος, τό.) Confiance, assurance, hardiesse, fermeté et présence d'esprit : θάρσος, τό, le même : θαρσέω et θαρσέω, se confier, avoir confiance : θαρσύνω, donner courage.

LXXV.

1. Θαυμάζω, prise, estime, admire.
2. Θεᾶσθαι contempler *veut dire*.
3. Θείνω frapper *en vers se lit*.
4. Θέλγω, touche, attire, adoucit.
5. Θέμηλον, fondement *qu'on pose*.
6. Θέμις loix, droit, justice *expose*.
7. Θέναρ, la paume de la main.
8. Θεός, Dieu, l'être souverain.
9. Θεράπων serviteur *s'appelle*.
10. Θέρος, été, moisson nouvelle.

DÉRIVÉS.

1. (*fut.* άσω.) d. pl. révérer, honorer, priser beaucoup : Θαυμάσιος, admirable, estimable ; d'où vient *Thomas* : Θαῦμα, τό, admiration.

2. (*fut.* άσομαι.) Θεάομαι, *inf.* Θεάεσθαι, Θεᾶσθαι, contempler, regarder, considérer ; voir les jeux : Θέατρον, un théâtre, lieu d'où l'on regarde un spectacle : Θεατρίζω, monter sur un théâtre, y réciter, représenter, montrer ou faire voir quelque chose, exposer à tout le monde : Θέα, ἡ, aspect, regard ; considération ; spectacle, jeux ; mais Θεά, déesse, *vient de* Θεός.

4. (*fut.* ξω.) toucher et émouvoir quelqu'un : Θελκτήριος, flatteur, attrayant, trompeur : Θέλγητρον, et Θέλκτρον, attrait, plaisir.

5. Fondement, base, soutien : Θέμηλον, le même : Θεμελιόω, fonder, jeter les fondemens.

6. (*gén.* ιςος et ιτος.) d. pl. la déesse de la justice ; tribut, impôt : Θεμιςεύω, rendre justice ; commander, gouverner ; rendre des oracles, prophétiser : Θέμιςός et -ιτός, conforme aux loix, permis.

7. (*gén.* Θέναρος, τό.) d. pl. le pied.

8. Θεῖος, divin ; d. pl. oncle : Θεῖον, τό, divinité, puissance divine ; du souffre : ἄθεος, athée, impie, qui n'a point de Dieu : ἔνθεος, divin, qui a Dieu en soi : ἐνθουσιώδης, plein d'enthousiasme et d'un transport divin : ζάθεος, et ἠγάθεος, tout divin : ἰσόθεος, égal à Dieu : φιλόθεος, qui aime Dieu.

9. (*gén.* οντος.) Θεραπεύω, servir, rendre ses devoirs, faire sa cour, honorer ; chérir, révérer, respecter ; traiter un malade ; entreprendre le soin de quelque chose.

10. (*gén.* εος, τό.) Θερίζω, et par sync. Θρίζω, passer l'été quelque part, moissonner, recueillir, couper : Θεμιστής, moissonneur.

LXXVI.

1. Θέρω, rend chaud, panse *et* guérit.
2. Θεσμὸς, la loi qu'*on établit.*
3. Θέσπις, oracle, prophétie.
4. Θέω, court ; Θῶς loup *signifie.*
5. Θεωρὸς contemplateur *veut.*
6. Θήγειν aiguise, incite, émeut.
7. Θηλὴ, le bout de la mamelle.
8. Θῆλυς, de femme *ou* de femelle.
9. Θὴρ, bête farouche *ou* lion.
10. Θὴς d'un mercenaire *est le nom.*

DÉRIVÉS.

1 (*fut.* Θερῶ.) Θερμὸς, chaud, ardent, fervent, prompt, violent, hardi, entreprenant : Θέρμος, lupins, sorte de légume chaud : Θερμαίνω, chauffer, échauffer, inciter : Θερμεύνεσθαι, vivre délicatement, être bien à son aise.

2. (*gén.* οῦ.) Θέσμιος, légitime ou commandé par la loi.

3. (*gén.* ιος.) Θεσπίζω, rendre des oracles, prophétiser : Θεσπέσιος, divin.

4. (*fut.* Θεύσομαι. du prés. for. Θεύω.) Καταθέω, courir tout un pays, ravager : παραθέω, accourir, courir après, suivre de près, attraper presque, surpasser : Θῶς, ωὸς, loup cervier.

5. *d. p.* celui qui vient pour voir des jeux ; qui voyage pour apprendre les mœurs des peuples ; qui est élevé dans la contemplation, qui approche de Dieu ; qui a le soin des choses sacrées ; qui offre les sacrifices : Θεώρημα, spectacle, ce qu'on contemple et considère : Θεωρία, contemplation, méditation, théorie, spéculation : παραθεωρέω, contemple de près, considérer une chose près d'une autre, comparer, confronter ; penser légèrement quelque chose, mépriser, ne tenir compte.

6. (*fut.* ξω.) Θῆξις, moment point ; vitesse, activité.

7. Θηλάζω, donner à tetter tetter, sucer : Θηλάσρια, nourrice.

8. (*gén.* εος, ὁ, ἡ.) d. pl. ef féminé, mou, lâche, tendre, délicat.

9. (*gén.* Θηρὸς, ὁ.) Θηρίον, le même : Θηριακὰ φάρμακα, thériaque, composition contre les morsures des bêtes : Θηριώδης, farouche, cruel : Θήρα, chasse, gibier, venaison.

10 (*gén.* Θητὸς, ὁ.) Ouvrier, artisan, mercenaire, qui sert ou se loue pour un salaire : Θητικὸς, propre aux artisans ; composé d'artisans et d'ouvriers : Θητεύω, servir pour de l'argent : Θῆσσα et Θῆττα, servante.

LXXVII.

1. Θησαυρὸς trésor *représente.*
2. Θίασος, chœur, troupe dansante.
3. Θίβη corbeille d'osier *prend.*
4. Θίγω, touche, tance *ou* reprend.
5. Θὶν tas, amas *ou* bord, *figure.*
6. Θλάω, rompt, froisse *et* fait fracture.
7. Θλίβω, presse, étreint, fait souffrir.
8. Θνήσκειν, ἀποθνήσκειν, mourir.
9. Θοίνη, festin, viande apprêtée.
10. Θολὸς, bourbe qu'on a troublée.

DÉRIVÉS.

1. (δ.) *d. pl.* ce qu'on réserve pour le lendemain : θησαυρίζω, amasser, thésauriser.
2. (δ.) *proprement* une troupe de bacchantes, et *généralement* assemblée, multitude ; festin.
3. (*gén.* ης.)
4. (*fut.* ξω.) d'où vient *tango* : θιγγάνω, le même : εὔθικτος, facile à toucher, ou qui touche adroitement ; qui est subtil à dire le petit mot.
5. (*gén.* ινὸς, ὁ.) Θήν, θηνὸς, tas de sable ; rempart : θὴν, *quidem*, certes, ou particule explétive : τὰ ἀκροθίνια, les prémices, comme qui dirait τὰ ἄκρα θινὸς, sommet du tas : εὐθηνέω, avoir la fortune favorable, être en prospérité : εὐθηνία, abondance, prospérité, bon succès ; κακοθηνέω, être malheureux.
6. Θλάσμα, τὸ, contusion, fracture : θλάσις, ἡ, l'action de fléchir, de courber, de briser.
7. (*fut.* ψω.) *d. pl.* affliger, maltraiter : θλίψις, tribulation, affliction, saisissement de cœur.
8. (*fut.* θανοῦμαι et θνήξομαι.) *d. pl.* cheoir, périr : θνητὸς, mortel : θάνατος, la mort ; crime capital et digne de mort : θανατάω, désirer la mort : θανατόω, causer la mort, faire mourir ; mortifier : ἀθάνατος, immortel, durable, éternel, qui ne change point.
9. (*gén.* ης, ἡ.) Εὔθοινος, ου, festin magnifique.
10. (*gén.* οῦ, ὁ.) *d. pl.* l'humeur noire que jette la sèche, poisson ; mais θόλος, avec l'accent aigu sur la première, est le dôme ou la lanterne d'un bâtiment, la clef ou pierre qui est au centre d'une voûte ; lieu à Athènes où soupaient les juges ; garde-manger ; le lieu rond dans les bains ; sorte de bandelette à lier les cheveux au haut de la tête : θολόω, troubler, rendre trouble ; exciter des troubles ; gâter, corrompre : θολερὸς, trouble, sale, vilain, bourbeux : θολία, ἡ, chapeau pointu, parasol, coffre dont le couvercle est en dôme.

LXXVIII.

1. Θοός vîte *et* prompt *se traduit.*
2. Θόρυβος, tumulte, grand bruit.
3. Θόρω, saute. 4. Θραύω, fracasse.
5. Θράω, sied, *et* sur trône a place.
6. Θρέω, tempête d'un haut ton.
7. Θρῆνος, pleurs, lamentation.
8. Θρησκεύω, bien, mal, Dieu révère.
9. Θρίαμβος triomphe *doit faire.*
10. Θριγκός, des murs le chaperon.
11. Θρὶξ *des* cheveux *sera le nom.*

DÉRIVÉS.

1. (*gén.* οῦ, ὁ.) *d. pl.* fort, généreux ; subtil : Θοάζω, se remuer avec agilité, subtilité et vitesse ; s'asseoir, ou *proprement*, sauter légèrement sur son siége : Θοάσσω, s'asseoir : Θᾶκος, Θῶκος, poët. Θόωκος, un siége : φιλόθακος, fainéant, qui n'aime qu'à être assis, paresseux.

2. (*gén.* ου, ὁ.) *d. pl.* acclamation, cri de joie : Θορυβέω, exciter du tumulte, troubler, faire des acclamations et des applaudissemens : Θορυβέομαι, le même ; et *d. pl.* être abattu, être ému, être troublé en soi-même ; être troublé par les autres, voir des troubles excités contre soi, être reçu avec acclamation.

3. *d. pl.* se jeter dedans ou dessus : Θορέω, le même : Θοῦρος, impétueux.

4. *d. pl.* rompre, ruiner, réduire en poudre : Θραῦσμα, fragment, morceau ; espèce de sel ammoniac : Θραύσσω, mettre en pièces ou en morceaux : Θραυς, facile à rompre.

5. (*fut.* ἴσω.) Θρᾶνος et Θρανίον, banc, siége, marche-pied ; métier où l'on étend les peaux et le cuir ; moule où l'on forme les tuiles ; escabelle, chaise percée ; banc des rameurs ; cheville : Θρόνος, thrône, siége royal ; grandeur, dignité ; sorte de pain.

6. Crier, tempêter : Θρόος, bruit, clameur : Θρέω, le même que Θρέω : ἄθροος, qui ne fait aucun bruit.

7. (*gén.* ου, ὁ.) Πολύθρηνος, lamentable.

8. (*fut.* σω.) User de cérémonies superstitieuses ; honorer, révérer : Θρησκεία, culte, honneur, révérence, religion, superstition, : Θρῆσκος, religieux, pieux, superstitieux : ἐθελοθρησκεία, ἡ, culte, religion, cérémonie que chacun invente à sa mode, superstition.

9. (*gén.* ου, ὁ) Θριαμβεύω, triompher.

10. (*gén.* οῦ, ὁ.) *d. pl.* mantelet d'un rempart, enclos, boulevart.

11. (*gén.* τριχός, ἡ.) Ἔντριχος, qui ayant peu de cheveux, prend une perruque ou une tresse, *metaph.* faible, débile.

LXXIX.

1. Θρομβός amas, grumeau *figure*
2. Θρῦλλος, son, bruit, rumeur, murmure.
3. Θρύπτω, rompt, en délices vit.
4. Θρώσκω *pour* sauter *sera dit.*
5. Θυγάτηρ la fille *s'appelle.*
6. Θύελλα, tempête cruelle.
7. Θυμιᾶν, encense, offre odeur.
8. Θύλακος, sac. 9. Θυμός, grand cœur.
10. Θύρα porte *en français veut dire ;*
* Θυρεός, bouclier, *s'en tire.*

DÉRIVÉS.

1. (*gén.* οῦ, ὁ..)
2. (*gén.* ου, ὁ.) *d. pl.* tumulte, confusion : θρυλέω, répandre un bruit, faire courir une nouvelle, vanter et dire partout : θρυλλίζω, murmurer ; *d. pl.* rompre.
3. (*fut.* ψω. du présent formateur θρύπω.) Fracasser, mettre en pièces, réduire en petits morceaux ; corrompre de mollesse et de délices : θρύπτομαι, être rompu ; être corrompu, vivre dans le luxe et la dissolution ; faire le délicat, l'affété ; se faire prier : τρυφή, luxe, délices, mollesse : τρυφάω, vivre mollement, dans le luxe ou dans la débauche ; être poli, ajusté, riant, joyeux
4. *d. pl.* Sauter dessus ou dedans.
5. (*gén.* έρος et τρός.) Θυγατριδοῦς, petit-fils du côté de la fille.
6. (*gén.* ης.)

7. (Θυμιάω, infinitif άειν, ᾶν) *d. pl.* exhaler des odeurs, parfumer : θυμίαμα, ατος, parfum, bonne odeur : θυμιατήριον, encensoir ; signe céleste ; un autel : ὑποθυμίδες, couronnes ou chapeaux de fleurs.
9. *d. pl.* l'âme, la vie ; présence et vivacité d'esprit ; hardiesse, assurance ; mais θύμος ou θύμον, avec l'accent sur la première, est du thym ; une sorte d'ognons ; petite pustule ou marque élevée sur la chair, et les parties glanduleuses de la gorge ; auquel sens on écrit aussi θυμός : καταθύμιος, qui nous plaît, qui est selon notre esprit.

* *proprement* c'est un grand bouclier plus long que large, comme est une porte ; *d. pl.* une pierre qui bouche l'entrée d'une caverne.

LXXX.

1. Θύειν, immoler, se ruer :
* Θυσία, victime à tuer.
2. Θῶ, trait, nourrit, court, punit, pose.
3. Θωὴ, l'amende qu'on impose.
4. Θωμίζω, de cordes liera.
5. Θώπτω, flatte *et puis* raillera.
* Θὼψ, flatteur, *faussement l'admire.*
6. Θώραξ, la poitrine *veut dire* :
* Θώρηξις, vin *pour conforter.*
7. Θωΰσσω, crier, tempêter.

DÉRIVÉS.

1. (*fut.* ύσω.) d'où vient tuer.
d. pl. s'emporter, devenir furieux : θύνω, le même : θῦμα et θύος, εος, victime, hostie, sacrifice, parfum.
* *ἆ. pl.* l'action du sacrifice : θυμέλη, autel ; farine dont on use dans les sacrifices ; tribune où se mettaient les chœurs des tragédies : θύσθλα, τὰ, gâteau ou feuillages et rameaux que portaient les prêtres de Bacchus.

2. il est inusité au présent ; venant de θάω, c'est nourrir, alaiter ; traire ; souper, faire festin ; voir, jouir ; venant de θέω, c'est courir ; mettre, imposer, condamner à l'amende, punir.

3. (*gén.* ῆς, ἡ.) *d. pl.* punition : ἀθῶος, qui n'a point été condamné ni puni, innocent : ἀθωόω, absoudre, délivrer.

4. ou θωμίσσω, lier, garrotter ; picoter ; flageller : θῶμιγξ, de la ficelle.

5. Θωπεύω, user de flatterie et mignardise ; honorer ; caresser : θωπεία, ἡ, flatterie, caresse, mignardise.

6. (*gén.* ακος, ὁ.) L'estomac ; *d. pl.* le vêtement ou l'armure qui couvre cette partie ; espèce de ceinture et de tour ; sorte de pot dont on s'armait dans les festins : θωρίσσομαι, être armé de cuirasse ; boire pour conforter l'estomac : θωράκιον, une cuirasse ; le chaperon d'une muraille ; certaine machine à attaquer les murailles, une palissade de guerre ; une tour, une forteresse ; une petite voile qui se mettait sur la grande au haut du mât, le haut du mât même.

7. (*fut.* ξω.) *d. pl.* chanter ; prêcher ; aboyer, s'emporter et s'élancer impétueusement : θωϋκτὴρ, ῆρος, chien qui aboie.

LXXXI.

* Ι dix *au nombre signifie.*
1. Ἰαίνω, chauffe *et* liquéfie.
2. Ἰάλλω, jette, frappe, étend.
3. Ἴαμϐος, pied d'un vers mordant.
4. Ἰᾶσθαι, guérit, panse *et* traite.
5. Ἰάππω, blesse, nuit *et* jette.
6. Ἰαύω, s'amuse, est dormant.
7. Ἰάχω, fait bruit en criant.
8. Ἴδιος propre, à soi, *s'explique.*
9. Ἰδνόω, courbe, *et* rend oblique.

DÉRIVÉS.

*De l'hébreu *jod*, ou du vieux syrien *jota*; *d. pl.* un accent ou petite marque.

1. *d. pl.* dissoudre, ramollir; verser, répandre; réjouir, remplir de joie: ἰαίνομαι, être échauffé; devenir tiède; se fondre et se liquéfier, se répandre, s'épanouir, se réjouir.

2. (*fut.* αλῶ.) *d. pl.* courir, voler : ἴαλλος, brocard, moquerie: προϊάλλω, tirer dehors, mettre ou jeter dehors: ἐπιπροϊάλλω, proposer, représenter.

3. (*gén.* ου, ὁ.) pied composé d'une brève et d'une longue: *d.pl.* le vers même; un bouffon qui contrefait ou représente les actions des autres : les poèmes de telles gens : ἰαμϐίζω, dire des injures, être mordant et injurieux : ἰαμϐισταὶ, poètes iambiques, qui font des satyres de ces vers mordans : ἰαμϐηλὸς, injurieux, insolent.

4. (*fut.* ἄσομαι.) Ἰάομαι, ἰαρρεύω, le même; ἴαμα, médicament, remède: ἴασις, εως, ἡ, l'action de guérir : ἰατρὸς, médecin : ἰατρεῖου, laboratoire de chirurgien ou d'apothicaire.

5. (*fut.* ψω.)

6. *d. pl.* demeurer, passer le temps, dormir : ἰαυθμὸς, demeure, maison, étable

7. Ἰαχὴ et ἰάχημα, clameur, grand cri : ἴακχος, Bacchus ou l'hymne de Bacchus; *d. p. rarement* un porc, et un grand tumulte : ἰακχάζω, crier comme les bacchantes, faire du bruit.

8. (*gén.* ου.) *d. pl.* particulier, spécial, singulier : ἰδιώτης, particulier, qui mène une vie privée, qui n'est point en charge; un homme du commun, un idiot, un ignorant : ἰδιωτεύω; mener une vie privée et particulière, être ignorant : ἰδιωτεία, vie privée : ἰδιάζω, être en son particulier, vivre séparé des autres, faire à sa fantaisie.

9. Ἰδνόομαι, se courber, se baisser, se plier.

LXXXII.

1. Ἴδος, * ἰδρὼς, sueur *se dit*.
2. Ἱδρύω, fait seoir, affermit.
3. Ἱέραξ, faucon *ou* semblable.
4. Ἱερὸς, saint, inviolable.
5. Ἵζω faire asseoir *marquera*.
6. Ἰθὺς droit, juste *et* long *serv*.
7. Ἱκανός *est* propre *et* capable.
8. Ἱκέτης, supplie en coupable.
9. Ἰκμὰς humeur, vapeur, *se pren'*.
10. Ἱκνεῖσθαι, vient, est suppliant.

DÉRIVÉS.

1. (*gén*. εος, τό. * ῶτος, ὁ.) *d. pl.* un air chaud et étouffant : ἰδάλιμος, chaud, qui fait suer : ἰδίω, suer : * ἰδρόω ou όω, le même : ἰδρωτικὸς, sujet à suer ou qui fait suer : ἀνιδρωτὶ, sans peine, sans travail, sans sueur.

2. (*fut*. ύσω,) *d. pl.* placer, établir : ἵδρυμι et ἰδρύνω, le même : ἵδρυμα, structure, bâtiment, fondement, siége ; temple ; ἀνίδρυτος, qui n'a nul fondement, qui n'est pas stable.

3. (*gen*. ακος, ὁ.) comme un épervier ou autre oiseau de proie ; poisson ravisseur.

4. *d. pl.* grand, excellent, surpassant les autres de son espèce ; utile aux hommes : ἱερὸν, saint, sacré, sacrifice, hostie, victime, temple, église, chapelle : ἱερόομαι, être sacré, dédié, consacré : ἱερόομαι, être fait prêtre, ou être prêtre, exercer les fonctions sacerdotales : ἱερατεύω, le même : ἱερεύω, sacrifier, offrir ou tuer une victime ; dédier, consacrer : ἱερεὺς, prêtre : ἱέρεια, prêtresse.

5. (*fut*. σω.) *d. pl.* asseoir : ἱζάνω, le même : καθίζω, placer, constituer, établir ; s'asseoir, se mettre à table; épier, attendre en embuscade, assiéger.

6. (*gén*. εος, ὁ.) Ἰθύω, aller droit, s'étendre en long ; s'emporter avec impétuosité, avoir passion pour quelque chose : ἰθύνω, le même ; *d. pl.* redresser, corriger, punir, châtier : ἰθὺς, ύος, ἡ, l'impétuosité avec laquelle on se porte à quelque chose.

7. *d. pl.* suffisant, assez nombreux ; assez grand, digne : ἱκανῶς, suffisamment, assez ; abondamment, beaucoup.

8. (*gén*. ου.) Ἱκετηρία, rameau d'olivier entortillé de laine qu'avaient coutume de porter ceux qui suppliaient ; une supplication, une prière : ἱκετεύω, prier, supplier.

9. (*gén*. άδος ; ἡ.)

10. (*fut*. ἵξομαι.) *d. pl.* venir, parvenir, arriver ; se glisser, surprendre, envahir ; supplier, conjurer. [Voy. ἵκω.]

LXXXIII.

1. Ἵκω, vient. 2. Ἴκτερος, jaunisse.
3. Ἱλᾶν, est gai, doux *et* propice.
4. Ἴλλος, l'œil; ἴλλω, tournoyer.
5. Ἰλύς, lie, ordure *et* bourbier.
6. Ἱμάς, lanière dont on fouette.
7. Ἱμείρω, désire *et* souhaite.
8. Ἰνέω, purge un corps replet.
9. Ἰξός, glu, *aux oiseaux lacet*.
10. Ἴον, *la douce* violette.
11. Ἰός, venin; tout trait qu'on jette.

DÉRIVÉS.

1. Ἱκάνω, le même : καταπροΐκομαι, passer outre; échapper à la punition.
2. *d. pl.* certain oiseau jaune.
3. (*prés.* ἀω, *fut.* ἠσω.) Ἵλαος et ἕως, favorable, miséricordieux: ἱλαρός, *hilaris*, gai, joyeux.
4. Ἴλλω, tourner les yeux, faire semblant de ne pas voir; rouler, entortiller, lier, garrotter, enfermer : ξενδίλλω, jeter la vue de côté et d'autre, cligner un œil pour mieux viser : ἐξίλλω, chasser, mettre dehors, débusquer : ἐξούλης δίκη, action intentée contre celui qui nous a chassés de notre bien : lat. *judicium unde vi* (sup. *dejecti sumus*): ἰλλαίνω, faire signe de moquerie en remuant les yeux, se railler de quelqu'un, le jouer, le piquer : ἰλλώπτω, être louche, regarder de travers : ἰλλωπέω et -ίζω, cligner les yeux : ἰλλαίνω, les rouler et tourner.
5. (*gén.* ύος, ἡ.)
6. (*gen.* ἄντος, ὁ.) *d. pl.* escourgée, étrivière, câble, bandage de roue, ceinture; mal de gorge lorsqu'elle devient maigre et qu'elle se dessèche : ἱμονία, corde de cuir, corde à puits : ἱμάσσω, donner les étrivières, fouetter, déchirer de coups : ἱμάω, tirer ou puiser avec une corde.
7. Ἵμερος, désir, envie, convoitise, cupidité, passion, amour, le dieu Cupidon ; ce qu'il y a de charmant et d'attrayant dans les yeux : *et adject.* aimable, agréable, désirable.
8. *d. pl.* vider, faire évacuer : ἰνηθμός, purgation, évacuation.
9. (*gén.* οῦ, ὁ.) *métaph.* chiche, tenant, ménager, sordide, vilain ; *d. pl.* perche d'oiseleur; sorte d'herbe qui a l'humeur gluante; une varice : ἰξία, le même.
10. Ἰάσμη, parfum fait de violettes blanches.
11. (*gén.* οῦ, ὁ.) *d. pl.* rouille des métaux : ἴος, ἴα, ἴον, seul, unique : ἀνίωτος, qui n'est point sujet à se rouiller.

LXXXIV.

1. Ἵππος, cheval; Philippe* *en vient.*
2. Ἵπταμαι, vole, en l'air se tient.
3. Ἵπτω, blesse, nuit, est funeste.
4. Ἶρις, herbe, oiseau, l'arc céleste.
5. Ἴς, fibre *ou* nerf : * Ἴνις, enfant.
6. Ἴσημι, connaît, est savant.
7. Ἰσθμός, entre mers terre étroite.
8. Ἴσος égal, pair, *s'interprète.*
9. Ἵςημι, met, pose, établit.
10. Ἵςωρ, habile, histoire écrit.

DÉRIVÉS.

1. (*gén.* ου.) *d. pl.* une cavale; de la cavalerie ; certain poisson ; clignement et agitation des yeux : ἱππὰς, άδος, l'ordre des chevaliers: ἱππασία, l'action d'aller à cheval : ἱππαςὶ, adverbe, en cavalier : *Φίλιππος, c'est-à-dire qui aime les chevaux, qui est curieux de chevaux, qui est généreux et propre à la guerre.

2. (*fut.* πτήσομαι, du présent formateur πτάομαι.) Πτηνὸς, οῦ, oiseau.

3. Ἰπνὸς, four, fourneau, cloche; tourtière; cheminée; cuisine; lampe ; partie du navire : ἶπος, souricière; lieu où l'on foule les draps; peine, supplice; le prétoire; boisson : ἶπος, *circonfl.*; serrement, pressurage.

4. (*gén.* ιδος, ιος et εος, ἡ.) *d. pl.* Iris, messagère des dieux ; renommée ; humeur crystalline de l'œil; nom de pierrerie, de gâteau et de fleuve.

5. (*gén.* ἰνὸς, ἡ.) *d. pl.* la force : * Ἴνις, fils, enfant.

6. Ἴδμων et ἴδρις, expert, savant : ἀδμολία et ἀδρεία, ignorance, imprudence : ἐπίςαμαι, savoir, avoir expérience.

7. (*gén.* οῦ, ὁ.) Un isthme : *d. pl.* le gosier, passage étroit des alimens, la gorge d'un vase ou son bouchon; un crible, tamis, passoir, etc. ἰσθμίον, un collier de perles.

8. Ἰσάκις, ἰσίρης, εος, le même: ἰσότης, égalité.

9. (*fut.* ςήσω.) *d. pl.* élever, exciter; réprimer, empêcher ; peser, balancer : ἵςαμαι, être debout, se tenir ferme; désister ; arrêter, insister, presser : *d. pl. act.* placer, établir ; *et pass.* être placé et élevé : ἐφίςαμαι, poursuivre, fondre dessus; avoir l'intendance; s'appliquer, s'arrêter; nager dessus : ςάσις, position, posture, consistance, repos, affermissement , stabilité, constance ; *d. pl.* l'action de se tenir debout, et *par extension* sédition.

10. (*gén.* ορος.) *d. pl.* témoin, juge, arbitre, qui connaît d'une chose.

LXXXV.

1. Ἴσχις cuisse *ou* les reins *figure*.
2. Ἰσχνός, maigre *ou* corps sans charnure.
3. Ἰσχῦς, force ; ἰσχυρός, puissant.
4. Ἰτέα, saule, tôt naissant.
5. Ἴτης, hardi, plein d'insolence.
6. Ἴτυς, rondeur, circonférence.
7. Ἴφι, de grand cœur, fortement.
8. Ἰχθὺς *pour* un poisson *se prend*.
9. Ἴχνος, trace, du pied la plante.
10. Ἰχὼρ sang aqueux *représente*.

DÉRIVÉS.

1. Ἴσχιον, la cuisse, les jointures de la cuisse avec la hanche : ἰσχίας νόσος, douleur dans les hanches.

2. (*gén.* οῦ, ὁ.) Ἰσχὰς, άδὸς, figue sèche ; sorte d'herbe ; olive ; une ancre.

3. (*gén.* ύος, ἡ.) *d. pl.* puissance, valeur : ἰσχυρός, robuste, fort, puissant : ἰσχυρίζομαι, tâcher, s'efforcer, s'opposer, s'opiniâtrer, vouloir emporter, assurer, soutenir : κατισχύω, être fort, avoir des forces contre quelqu'un ; être plus fort et plus puissant; et *actiu.* fortifier, s'efforcer; environner, surprendre.

4. (*gén.* ας, ἡ.) Etym. ἴενκι, *ire*, parce qu'il vient vite : ἰτέη, le même.

5. (*gén.* ου, ὁ.) qui s'expose et entreprend facilement ; *d. pl.* un mendiant : ἰτητικὸς et ἰταμὸς, le même qu' ἴτης.

6. (*gén.* υος, ἡ.) Il se prend pour le moyen d'une roue et pour la circonférence, pour un bouclier et pour un tourbillon ou tournoiement.

7. (*adv.*) Ἴφθιμος, fort, puissant, robuste, généreux.

8. (*gén.* ύος, ὁ.) *d. pl.* le marché au poisson : ἰχθυνήματα, écailles de poisson : ἰχθύδιον, petit poisson.

9. (*gén.* εος, τό.) Vestige, impression du pied ; *d. pl.* le pied même : ἰχνάομαι et ἰχνεύω, suivre à la piste, chercher en suivant la trace : ἴχνευμα, *indagatio*, recherche, poursuite : ἴχνευσις, l'action de rechercher, d'aller à la piste : ἰχνεία, le même ἰχνευτὴς, οῦ, et ἰχνευτὴρ, ῆρος, celui qui cherche et découvre.

10. (*gén.* ῶρος, ὁ.) Sang qui n'est pas formé, qui se tourne tout en eau, les sérosités du sang, espèce de sanie et sang corrompu; sang des dieux, dans Homère.

LXXXVI.

* Κάππα *pour* vingt *au nombre est pris.*
1. Καγχάζειν, excède en son ris.
2. Κάδος, baril, seau, cruche *encore*.
3. Κάζειν, orne, embellit, décore.
4. Καθαίρω, je rends pur et net.
5. Καινός récent, nouveau, *se met*.
6. Καίνω, tue, *et* καινίς, tuerie.
7. Καιρός temps propre *signifie*.
8. Καίω, brûle; καῦμα, chaleur.
9. Κακός, méchant, lâche *et* sans cœur.

DÉRIVÉS.

* Héb. *Cap* ou *Caph.*; Chaldéen, *Kappa* : καππατίκς, cheval marqué d'un K.

1. (*fut.* άσω.) lat. *cachinnari*. rire immodérément, se moquer : καγχλάζω et καγχάομαι, le même.

2. (*gén.* ου.) lat. *cadus*, une caque : καδίσκος et καδίσκος et καδίον, dimin. petite caque, petit baril, petit vase où l'on mettait les suffrages.

3. usité au prétérit et partic. passif : κεκασμένος, ajusté, bien paré : λακάζω, tromper, attirer par ses atours.

4. (*fut.* αρῶ.) *d. pl.* expier, fouetter, châtier : κάθαρμα, purgation, expiation, tout ce qui sert à l'expiation; le rebut, la lie, ce qu'il y a de plus vil; celui qui se dévoue pour sa patrie; lat. *sacer* : καθαρός, pur, net, serein, vide, seul, simple; sans mélange, ingénu, libre, sans tache et sans crime : καθάρσιος, purgatif, expiatoire, qui a la force de purifier et nettoyer : καθαρεύω, purement, être net : καθαρίζω rendre net, purger, nettoyer, rifier.

6. (*gén.* ου, ὁ.) Ἐγκαινία, dicace, consécration; apprentiss

7. (*gén.* ου, ὁ.) Commod occasion, conjoncture; mérité, modération; mais και e t le fil de la trame d'un ti rand.

8. *l rl.* brûler un mort : στικός, οῦ, caustique, chaud, a la force de brûler : καυτήρος, instrument de chirurgie mettre le feu et brûler : καυμιον, un cautère, ou l'instrum ou médicament avec lequel on fait : κρωτός, εος, odoriféra κήλεος, chaud, brûlant, respi dissant : ὁλοκαυστον, victime q brûle tout-à-fait.

9. (*gén.* ου, ὁ.) *d. pl.* nicieux, lâche, fainéant, mal bile, ignorant : κακίζω, ren vil, blâmer, condamner, mépriser, ravaler.

LXXXVII.

1. Κάλαθος, un panier *doit faire*.
2. Κάλαμος, la canne légère.
3. Καλεῖν, appelle, implore *aussi*.
4. Κᾶλον, bois ; *et* * καλία, nid.
5. Καλὸς beau, bon, brave, *s'expose*.
6. Καλύπτω, couvre; *et* κάλυξ, rose.
7. Κάλως, câble pour ancre ou mâts.
8. Κάμαξ, bois, pieu, perche, échalas.
9. Κάμηλος chameau *représente*.
10. Κάμινος, fourneau, flamme ardente.

DÉRIVÉS.

1. (*gén.* ου, ὁ.) *d. pl.* une corbeille où les dames mettent leur laine ; certain vase pour les sacrifices ; les parties de la tête qui sont au-dessus du visage.
2. (*gén.* ου, ὁ.) *d. pl.* chalumeau, chaume, roseau : καλαμίζω, jouer de la flûte ou d'un chalumeau : καλαμίς, ίδος, ligne de pêcheur; écritoire; vase à mettre du lait; aiguille de tête ou ornement de tête ; une seringue : καλάμη, chaume, *métaph.* corps cassé, sec et usé : καλαμεύω, ramasser, moissonner; pêcher : ἐκκαλαμάομαι, aller glaner, arracher; pêcher à la ligne.
3. (*prés.* έω, *fut.* ήσω.) *d. pl.* nommer : κλητεύω, appeler en justice, donner jour et assignation : ἐγκαλέω, accuser, faire venir en justice..
4. * *d. pl.* maison, *proprement* de bois : καλιὰς, άδος, cabane, chaumière, dans l'Anthologie.
5. *fém.* ὴ, *neut.* ὸν. Κάλλος, εος, beauté ; barbe d'un coq : φιλοκαλέω, aimer la beauté et l'honnêteté ; tâcher, s'efforcer.
6. (*fut.* ψω.) Κάλυμμα, voile, couverture, la paupière : κάλυξ, le calice d'une fleur, bouton de rose clos et fermé, coquille de noix, noisette ou semblable; sorte d'herbe ; un nœud, ornement de femme : κέλυφος, écorce, brou de noix : ἀποκαλύπτω, découvrir, manifester, révéler; ôter le voile: ἀποκάλυψις, révélation, d'où vient apocalypse.
7. (*gén.* ω.) Καλώδιον, corde de nautonnier ou autre.
8. (*gén.* ακος, ἡ.) *d. pl.* le bois d'une pique.
9. (*gén.* ου.) mais κάμηλος est un câble. *Suid.*
10. (ὁ, ἡ.) *d. pl.* ardeur; partie de vaisseau : καμινεύω, faire cuire ou rougir dans le feu : καμινεύτρια, cuisinière, fille de chambre, qui ne bouge d'auprès du feu de sa maîtresse.

LXXXVIII.

1. Κάμνω, peine, est las, abattu.
2. Κάμπτω, fait courber, rend tortu.
3. Κάνης, corbeille *ou chose telle*.
4. Κάνθαρος escarbot *s'appelle*.
5. Κανών, canon, règle, décret.
6. Κάπηλος trafiqueur *se met*.
7. Καπνός fumée *a pour partage*.
8. Κάπρος, le sanglier sauvage.
9. Κάπτειν, engloutir, dévorer.
* Κάψα, cassette à tout serrer.

DÉRIVÉS.

1. (*f.* καμῶ.) *d. pl.* travailler à une chose, prendre peine ; être malade : κάματος, ου, fatigue, travail et ce qu'on a acquis par son travail : ἀκμής, ῆτος et ἄκμητος, ου, qui n'est pas fatigué : ἄκμων, ονος, enclume.
2. *d. pl.* détourner, faire tourner comme un carrosse ou un vaisseau ; fléchir, émouvoir : γνάμπτω, κνάμπτω, le même ; *d. pl.* être plus fort, avoir le dessus ; carder la laine ; arracher, déchirer.
3. (gén. ητος, ὁ.)
4. (gén. ου, ὁ.) *d. pl.* sorte de vase et de poisson.
5. (gén. όνος, ὁ.) *proprement* c'est le haut de la balance qui règle tout, et fait l'équilibre ; lat. *examen* ; *d. pl.* navette de tisserand ; les brides ou baguettes avec lesquelles on tenait le bouclier pour être droit ; un bois droit ; un espace mesuré ; un ordinaire réglé, lat. *demensum* ; un tribut ou taxe ordinaire ; la supputation des temps ; pieu, long bois ; quenouille de lit ; niveau de maçon, mesure d'un saut ; étendue de terre et de juridiction ; treillis des loges de bêtes. Dans les auteurs ecclésiastiques il se prend 1° pour les règles et maximes quoique non écrites, de la tradition apostolique ou discipline de l'église ; 2° pour les canons des sacrés conciles ; 3° pour le catalogue des livres sacrés ; 4° pour celui des ministres de l'église ; 5° pour celui des morts, particulièrement des évêques et des martyrs, d'où vient canoniser ; 6° pour la forme de la liturgie, d'où vient le canon de la messe.
6. *d. pl.* un tavernier.
7. (gén. οῦ, ὁ.)
8. (gén. ου.) *d. pl.* poisson, et maladie des abeilles.
9. De là vient le latin *capio* lequel dans son sens primitif signifie contenir ; *d. pl.* souffler, respirer : κάπη, auge, crèche, lieu où l'on mange.

LXXXIX.

1. Καρδία, cœur, le corps anime.
2. Κάρηνον, κάρη, tête *exprime*.
3. Καρκαίρω, renvoie le son.
4. Καρκίνος, *cancer*, mal, poisson.
5. Κάρος, sommeil, assoupit l'homme.
6. Καρπός, fruit, comme poire ou pomme.
7. Κάρσιος, oblique *ici vois*.
8. Κάρφω, sèche. 9. Κάρυον, noix.
10. Καρχήσιον, la hune *ou* tasse.
11. Κασσίτερος *pour* l'étain *passe*.

DÉRIVÉS.

1. (*gén.* ας, ἡ.) *d. pl.* l'orifice de l'estomac, la moëlle d'un arbre : καρδιακὸς, cardiaque, qui a mal au cœur : κραδία, par métathèse, le même que καρδία; *d. pl.* l'âme, l'esprit, les sens : ἀκάρδιος, qui n'a point de cœur, lâche, timide : εὐκάρδιος, qui a un bon cœur, qui est fort généreux : ὑψηλοκάρδιος, qui a le cœur haut, superbe, arrogant : σκληροκαρδία, dureté de cœur.

2. Κὰρ, κάρα et κάρηαρ, τό; κράας et κράς, ατὸς, ὁ : κράνον, τὸ, le même : κράνιον, le crâne, la tête; sorte de pot et d'arbrisseau.

3. Résonner, retentir ou faire résonner.

4. (*gén.* ου, ὁ.) Un chancre, une écrevisse ; *d. pl.* signe du zodiaque, sorte de bandelette coupée en plusieurs parties; espèce de chaussure : καρκίνοι, les deux os qui se joignent vers les tempes.

5. (*gén.* ου, ὁ.) Assoupissement, engourdissement, éblouissement; indigestion d'estomac : καρωτικὸς, qui engourdit, qui assoupit.

6. (*gén.* οῦ, ὁ.) *d. pl.* semence; utilité, usufruit; la jointure de la main avec le bras ou le creux de la main : καρπόομαι, jouir, tirer avantage, acquérir, venir à bout, épuiser, consommer, manger tout.

7. Ἐγκάρσιος, de travers ; traversant.

8. *d. pl.* rendre sale et crasseux : κάρφος, τὸ, de la paille, petits éclats de bois, foin sec, écorce, pelure : κάρφη, le même : καρφύραι, des nids; des halliers ou taillis.

9. Καρύα est le noyer, et κάρυον, la noix : καρύωτις, *caryota*, le fruit de la palme : καρυκὸν, médicament où il entre des noix : καρύκη, sorte de hachis ou de mets où il entrait quelques noix ou marrons.

10. Le haut du mât, la corde qui passe par le haut du mât.

11. (*gén.* ου, ὁ.)

XC.

1. Κασσύω, ravaude *et* recout.
2. Καυλός, tige d'herbe *ou* de chou.
3. Καυχάομαι, se glorifie.
4. Κέαρ, κῆρ, le cœur *signifie*.
5. Κέγχρος graine *ou* millet *se rend*.
6. Κεῖμαι, gît, est posé, dépend.
7. Κείρω, tond ; κόρση, chevelure.
8. Κέλαδος bruit *ou* son *figure*.
9. Κελαρύζω, coule avec bruit.
10. Κέλευθος chemin *se traduit*.

DÉRIVÉS.

1. (*fut.* ύσω.) Κάσσυμα, cuir, vieille savate, piége, fourberie.

2. (*gén.* ου, ὁ.) *d. pl.* bout du bois d'une flèche ou d'une pique, qui entre dans le fer; la garde d'une épée; tuyau d'une plume.

3. *d. pl.* se vanter, se réjouir : καύχημα, καύχησις et καύχη, gloire, vanterie, vanité : ἐπικαυχάομαι et κατακαυχάομαι, insulter quelqu'un.

4. (*gén.* ατος, τό.) Κραίνω, penser et repenser à une chose : νῶκαρ, mort, pâmé, sans cœur; *d. pl.* assoupissement, *lorsqu'il vient de* κάρος; invincible, qu'on ne peut surmonter, *lorsqu'il vient de* σκαίρω.

5 (*gén.* ου, ὁ.)) *d. pl.* sorte de diamant, ornement d'habit, grains de la figue : κεγχρώματα ou κέγχροι, petits trous ou clous dorés à la circonférence du bouclier.

6. Être couché, jeté par terre : être mort, enterré, opprimé; être lâche et oiseux, être posé et placé; être posé pour axiome, être proposé; être serré, mis en réserve; être de reste; se contenir, être dépendant ou renfermé dans une chose : κειμήλιον, biens immeubles ou choses précieuses qu'on reserve soigneusement : διάκειμαι, être établi, ordonné, résolu; être en tel état ou disposition : πρόκειμαι, être proposé, mis en avant ou devant; être exposé, objecté, mis, situé, placé.

7. *d. pl.* retrancher, couper; ravager, piller; manger goulûment : κάρσις rasure, tonsure : κόρση, Att. κόρρη, cheveux; la tempe, joue, mâchoire, toute la tête avec le cou; créneaux d'une tour, qui font comme une couronne.

8. (*gén.* ου, ὁ.) *d. pl.* harmonie.

9. (*fut.* ύσω. du prés. formal κελαρύω ; Κελάρυσμα, le bruit d'une eau qui coule.

10. (*gén.* ου, ἡ.) *d. pl.* route soit sur mer ou sur terre.

XCI.

1. Κέλης, sauteur, cheval de guerre.
2. Κέλλω, vient au port, et prend terre.
3. Κέλω, commande, exhorte, induit.
4. Κενός ou vide ou vain se traduit.
5. Κεντέω fait κέντρον, et pique.
6. Κέραμος terre à pots s'explique.
7. Κεράννυμι, l'eau mêle au vin.
8. Κέρας, corne. 9. Κέρδος, le gain.
10. Κεραυνός, foudre, que Dieu jette.
11. Κέρκος, queue; 12. et Κερκίς, navette.

DÉRIVÉS.

1. (gén. ητος, ὁ.) lat. celes; d. pl. petit vaisseau à une rame: κέλητες, cavaliers qui n'ont qu'un cheval.
2. (fut. λῶ.) d. pl. démarer, courir vite: ὀκέλλω, faire aborder, mener au port.
3. Κελεύω, le même; d. pl. demander, permettre; être d'avis; commander; exhorter, crier comme les nautonniers font aux matelots pour les encourager: κέλευσμα, τὸ, voix, cris, exhortation, commandement: κέλωρ, cri, voix; fils; eunuque.
4. Κενεών, ῶνος, grand, vaste; creux; le ventre.
5. (fut. ήσω.) Κεντέω, piquer: κέντρον, piquant, aiguillon, pointe, centre, points cardinaux du ciel: κέντρων, ωνος, cento, habit de divers morceaux; poèmes de pièces ramassées: κεστός, ὁ, brodé, fait à l'aiguille, piqué.
6. Tuile, vase ou autre chose de terre; toute vaisselle de table.

7. (fut. άσω.) d. pl. tempérer, mixtionner: κρᾶμα et κρᾶσις, mélange: ἄκρατος, pur et sans mélange, fort, vaillant; rude, cruel, impétueux.
8. (gén. ατος, τό.) d. pl. pots ou instrumens de corne; ailes d'une armée, bras d'une rivière, embouchures des fleuves; moustaches, touffes de cheveux, antenne et tout ce qui a quelqu'étendue et longueur: κερατίζω, dissiper, ravager.
9. (gén. εος, τό.) Κερδαλέος, lucratif, utile; fin, rusé.
11. (gén. ου, ἡ.) d. pl. petite bête qui ronge les vignes; sorte de vase: κέρκωψ, qui a une grande queue; fin, fourbe, trompeur.
12. (gén. ίδος, ἡ.) Navette de tisserand: d. pl. pilon, cuiller à remuer le pot; radius, le grand os des jambes, le plus court os du bras; cheville ou clou qui tient le joug.

XCII.

1. Κεύθω, cache, met à quartier.
2. Κεφαλή, tête *et* l'homme entier.
3. Κέω, fendre avec violence.
4. Κῆδος, soin, deuil, mal, alliance.
5. Κηλεῖν, **charme**, attire, est trompeur.
6. Κηλὶς, tache ; 7. *et* Κήλη, tumeur.
8. Κημὸς, frein. 9. Κῆπος jardin *donne*.
10. Κὴρ, sort. 11. Κηρὸς cire *s'ordonne*.
12. Κῆρυξ héraut *s'expliquera*.
13. Κῆτος baleine *on traduira*.

DÉRIVÉS.

1. (*fut.* κεύσω.) Κευθμὸς, οῦ, κευθμών, ῶνος et κεῦθος, εος, lieu secret à se cacher.
2. (*gén.* ῆς, ἡ.) Κεφάλαιον, tête, haut, principal de quelque chose, sommaire, abrégé, chapitre, source, origine : κεφαλαία, ας, migraine, grand mal de tête : κεφαλισμὸς, multiplication des chiffres simples, c'est-à-dire depuis 1 jusqu'à 9 : κεφαλαιόω, toucher sommairement, réduire par articles ; blesser à la tête.
3. Κείω, le même ; mais κείω, désirer se coucher, *vient de* κεῖμαι, *et* κείω, brûler, *de* καίω.
4. (*gén.* εος, τό.) *d. p.* perte, affliction, enterrement, soin des funérailles : κήδομαι, avoir soin, se mettre en peine, être triste, faire des funérailles : κηδεύω, contracter alliance, être parent : κεδνὸς, οῦ, digne d'être soigné et chéri, estimable, vénérable, sage, prudent, vertueux, homme de bien.
5. (*prés.* έω *fut.* ήσω.) Κηλέω se dit proprement de la douceur chant ou de la voix ; *d. pl.* nui de la κηληδόνες, syrènes, d Pindare.
6. (*gén.* ίδος, ἡ.) *d. pl.* ulcè cicatrice, difformité ; déshonne
7. (*gén.* ης, ἡ.) *d. pl.* une h nie et descente.
8. *d. pl.* espèce de nasse, c vercle d'osier pour l'urne des s frages.
9. *d. pl.* espèce de tonsure couronne de cheveux.
10. (*gén.* ρὸς, ἡ.) *d. pl.* per calamité, peste, maladie : κη νω, tuer, corrompre, faire m rir, ou se mourir. Il a une au signification venant de κέαρ, dessus.
11. (*gén.* οῦ, ὁ.)
12. (*gén.* υκος, ὁ.) *d. pl.* crie sergent ; certain poisson et seau : κηρύσσω, crier, prom guer, convoquer, citer, dénonc faire publier, vendre à l'enca divulguer, invoquer.
13. (*gén.* εος, τό.)

XCIII.

1. Κηφὴν, bourdon, gronde et murmure.
2. Κίβδηλος, métal plein d'ordure.
3. Κιβωτὸς, coffre, arche *ou* coffret.
4. Κίδαρις *pour* tiare *on met*.
5. Κιδάφη, renard *ou* finesse.
6. Κιθάρα, harpe enchanteresse.
7. Κίκιννος, des cheveux frisés.
8. Κίκυς force *vous traduirez*.
9. Κινάβρα *marque* odeur puante.
10. Κίνδυνος péril *représente*.

DÉRIVÉS.

1. (*gén.* ῆνος, ἡ.) grosse mouche qui bruit, mais qui n'a pas d'aiguillon, et ne pique point.
2. (*gén.* ου, ὁ, ἡ.) *a. pl.* tout ce qui est impur, corrompu et falsifié : κιβδηλία, défaut ou impureté de quelque métal; l'écume, l'ordure qui s'y rencontre ; méchanceté, falsification, corruption : κιβδηλιάω, pâlir, métaphore prise de l'or blaffard et mélangé: ὀκίβδηλος, qui n'a plus d'écume ni d'impureté, sincère et épuré.
3. (*gén.* ου, ἡ.) Τὴν κιβωτὸν τῆς διαθήκης, Hébr., 9, l'arche de l'alliance : κιβώτιον, *diminutif*, coffret, cassette.
4. Chapeau royal ou sacerdotal ; sorte de danse : ἀποκιδαρόω, ôter la tiare.
5. Κίδαφος, le même ; et adjectivement un fourbe, malicieux, trompeur, affronteur : κιδαφεύω, tromper, surprendre, agir en renard.
6. (*gen.* ας, ἡ.) Κίθαρις, le même ; *d. pl.* l'art de jouer de la guitare : κιθαρίζω, jouer des instrumens ; chanter : κιθαριστής, joueur d'instrumens : κιθαριςὺς, ύος, l'art de jouer des instrumeus.
7. *lat. cincinnus.*
8. (*gén.* υος, ἡ.) Κικύω, être fort et robuste ; se hâter, avancer.
10. (*gén.* ου, ὁ.) Hasard, danger : κινδυνεύω, s'exposer, se mettre en danger, ou bien être en danger ; courir quelque fortune, encourir quelque disgrâce, être accusé, appelé en justice, combattre ; *d. pl.* sembler, approcher, s'en falloir peu. Κινδυνεύω ἀγνοεῖν ὅτι..., *Platon*, il semble que je ne sache pas que... Κινδυνεύεις ἐπιδεῖσαι, οὐ χρηςὸς εἶναι, *Xénoph.*, il semble que vous veuillez faire voir que vous êtes homme de bien. Νῦν δὴ, ὦ Ἱππία, κινδυνεύω μανθάνειν ὃ λέγεις, *Platon*, enfin, Hippias, je commence presque à entendre ce que vous dites.

XCIV.

1. Κινέω, mouvoir, agiter.
2. Κινύρομαι, se lamenter.
3. Κίρκος, cercle ; 4. *et* Κὶς, ver, dévore.
5. Κίσσα, pic *et* dégoût *encore*.
6. Κισσός *est* le lierre *rampant*.
7. Κιχέω, trouve, atteint, comprend.
8. Κίχλη, grive; 9. *et* Κίων, colonne.
10. Κίω marcher, sauter, *te donne*.
11. Κλάδος, rameau. 12. Κλάζω, fait bruit.
13. Κλαίω, pleuré ; *et* κλαῦμα *produit*.

DÉRIVÉS.

1. (*fut.* ήσω.) *d. pl.* émouvoir, changer : κίνδαξ, agile, souple, remuant : κινηθίζειν, remuer ; chanter : παρακινέω, remuer inutilement ; témoigner de l'inconstance, légéreté, indécence ; devenir fou, corrompre, gâter.

2. Κινυρός, plaintif, querelleur, lamentable ; funeste : κινύρα, instrument triste et mélancolique.

3. (*gén.* ου, ὁ.) *d. pl.* sorte d'épervier, cirque et lieu rond : κρίκος, cercle, anneau.

4. (*gén.* κιὸς, ὁ.) Petit ver qui ronge le blé ou le bois : κίσσηρις, εως, pierre ponce, parce qu'elle semble mangée des vers.

5. Κισσάω, être dégoûté, et avoir des appétits de femme grosse; concevoir, devenir grosse.

6. Κισσαρός, le même : κισσεὺς, Bacchus : κισσόω, environner et parer de lierre.

7. (*fut.* ήσω.) Ἀκίχητος, incompréhensible.

8. (*gén.* ης, ἡ.) latin *turdus*. *d. pl.* certain poisson : κιχλίζειν, se nourrir de grives, être gros et gras ; rire aux éclats et sans modération.

9. (*gén.* ονος, ὁ, ἡ.) *d. pl.* la luette ; l'entre-deux des narines; calendre, petite bête qui ronge le blé : ἀκροκίοντον, le haut des colonnes.

10. Κηκίω, sauter en haut : κηκὶς, nidor, l'odeur et fumée qui s'élève des choses brulées, la suie de cheminée : pommes de chêne, noix de galle : ἀνακηκίω, aller en haut, s'élever.

11. *proprement* ceux qui sont tendres et flexibles : κλαδαρός, qui a plusieurs rameaux, qui est souple, fragile.

12. Κλαγγή, clanger, bruit, comme celui d'une trompette, d'une grue ou d'une oie.

13. (*fut.* αύσω.) *d. pl.* déplorer; être puni : se plaindre : κλαῦμα, κλαυθμὸς et κλαυθμονή, pleurs, grands cris, lamentations : κλαυθμυρίζω, sangloter, jeter de grands cris et de grands soupirs.

XCV.

1. Κλᾶν briser, rompre, *signifie*.
2. Κλείω, ferme à clef, glorifie.
3. Κλέπτω, dérobe, est fin, secret.
4. Κλῆμα pampre en la vigne *fait*.
5. Κλῆρος, sort, partage, héritage.
6. Κλίβανος, four pour le ménage.
7. Κλίμαξ, degré. 7. Κλόνος, grand bruit.
9. Κλίνειν, pencher, *et* Κλίνη, lit.
10. Κλύζω, lave, *et* clystère *exprime*.
11. Κλύειν, écoute, est dans l'estime.

DÉRIVÉS.

1. (*fut.* σω, *prés.* κλάω, *infinitif* κλάειν, κλᾶν.) Κλάσμα, éclat, fragment, rupture : κλάσις, l'action de briser : κλάςης, qui coupe ou qui rompt : κλαστάω, rompre.

2. *d. pl.* raconter, réciter : κλεὶς *et* κληΐς, ῖδος, clef, barre, verrouil, tout ce qui sert à fermer ; la clavicule du gosier, une porte d'agraffe ; siége, banc : κλῆθρον et κλῄθρον, clos, cloître, clôture ; serrure ; le milieu du gosier.

3. *d. pl.* détourner, cacher, supprimer, dire ou faire à la dérobée, tromper : κλέμμα, τὸ, vol, larcin.

5. *d. pl.* le clergé : κληρωτί, *adv.* par sort : κληρικὸς, clerc, ecclésiastique, qui est du clergé, *c'est-à-dire qui est l'héritage du Seigneur, ou qui a pris le Seigneur pour son héritage,* S. Jér. : ἐπίκληρος, ἡ, une héritière, fille unique, et *aussi* une orpheline, ou une fille qui n'a rien.

6 lat. *clibanus*, proprement four où l'on cuit l'orge ; *d. pl.* pot de terre.

7. *d. pl.* sorte de lutte ou de jeu d'escrime : κλιμακτὴρ, échelon, degré : κλιμακτῆρες, années qui vont en montant par certains degrés ou nombre d'années.

8. *d. pl.* trouble, tumulte, agitation : κλονέω, agiter, émouvoir ; troubler, secouer.

9. (*fut.* κλινῶ.) *d. pl.* incliner; s'appuyer ; mettre en fuite, détourner, repousser, faire plier l'armée ; abaisser, plier, courber, fermer, décliner ; s'abaisser, diminuer.

10. Laver, nettoyer ; faire un bruit comme celui des flots : κλύδων, flots ; agitation, grand mouvement, tumulte.

11. *d. pl.* être prêt à faire, obéir, entendre et comprendre : κλυτὸς, parlant, résonnant, qu'on peut ouïr ; célèbre, renommé. Lat. *inclytus* : θεοκλυτέω, écouter Dieu ;, invoquer Dieu, faire qu'il nous exauce.

XCVI.

1. Κλώθω, filer. 2. Κλών, rejeton.
3. Κνάπτω, carder drap en foulon.
4. Κνάω, gratte, frotte, égratigne.
5. Κνέφας les ténèbres *désigne*.
6. Κνήμη, cuisse; κνημός, hauteur.
7. Κνίσσα, du rôti *c'est* l'odeur.
8. Κνώδαλον bête, insecte, *expose*.
9. Κόβαλος, fin, qui flatte, impose.
10. Κοῖλος concave *ou* flancs *se rend :*
* Κοιλία *pour* ventre *se prend.*

DÉRIVÉS.

1. (*fut.* κλώσω.) *d. pl.* dévider: κλωθώ, οῦς, *Clotho*, l'une des trois parques : κλῶσμα, fil autour du fuseau : κλωστήρ, le même, et particulièrement le fil des parques.

2. (*gén.* ωνός.) proprement rameau inutile qu'on a accoutumé de couper : κλωνίζω, élaguer.

3. Γνάπτω, le même ; κναφεὺς et γναφεὺς, foulon qui carde et peigne le drap avec des chardons.

4. *d. pl.* raser, chatouiller, couper : κνέω et κνῦμι, le même, *d.pl.* racler; fâcher, attrister, opprimer, affliger; détruire : κνίζω, le même ; *d. pl.* scarifier, piquer: κνύθω, frotter, gratter, égratigner, exciter une démangeaison, chatouiller, irriter, émouvoir, provoquer, mettre en colère : κνύω, le même que les précédens : κνυζόω, donner la gale, rendre galeux, difforme et hideux : κνυζάω et -ζέω, grogner, se plaindre ou flatter : κνίδη, ortie.

5. (*gén.* ατος, τό.) *d. pl.* le point du jour, crépuscule.

6. (*gén.* ης, ἡ.) *d. pl.* la jambe κνημίς, ίδος, bas, botte ; rayon de roue : κνημός, οῦ, tout ce qui est au-dessus du pied de la montagne.

7. Κνισσός, οῦ, friand, qui est attiré par l'odeur du rôti.

8. proprement bête marine, et aussi bœufs, chevaux, serpens, vers, etc.

9. Fourbe, malicieux, grand causeur, imposteur, charlatan, esprit malin.

10. Κοίλωμα, creux, concavité; ulcère dans le blanc de l'œil : κοιλαίνω, creuser, caver : κοιλάς, άδος, vallée creuse et profonde : κοιλίς, ίδος, le sourcil, la paupière de dessus.

* *d. pl.* la capacité du cœur, du cerveau ou semblable; l'estomac, les intestins; un canal; un corps mort.

XCVII.

1. Κοιμᾶν, couche *et* fait dormir l'homme.
2. Κοινός commun, impur, *se nomme*.
3. Κοίρανος, prince *et* souverain.
4. Κοίτη, lit ; 5. *et* κόκκος, un grain.
6. Κολάζω, punit *et* châtie.
7. Κόλαξ un flatteur *signifie*.
8. Κολάπτω, frappe, incise *et* bat.
9. Κολετρᾶν, foule aux pieds, abat.
10. Κόλλα de la colle *veut dire*.
11. Κολλύριον, onguent, collyre.

DÉRIVÉS.

1. (ἀω, *fut.* ήσω, *infin.* άειν.) *d. pl.* mettre au lit, assoupir : κοιμάομαι, se coucher, dormir, passer la nuit, mourir : κοιμητήριον, dortoir ; cimetière : κοιμίζω, faire dormir, assoupir, causer le sommeil : κεμάς, άδος, faon de biche, un petit de daim ou de chèvre, *ainsi nommé parce qu'il n'ose encore sortir, et est toujours couché dans sa tanière.*

2. *d. pl.* vulgaire, ordinaire ; qui aime à être en compagnie ; profane : κοινωνικός, qui aime la vie commune, la société ; qui appartient à la communauté.

3. *d. pl.* seigneur, gouverneur, régent : κοιρανίδης, ου, le même : κοιρανέω, commander, régner, gouverner, primer, l'emporter sur les autres, être supérieur, excellent.

4. *d. pl.* lit ou canal d'une rivière : κοῖτος, le même ; *d. pl.* sommeil ; petit poisson qui se cache sous les pierres dans les rivières : ἄκοιτον, miel.

5. *d. pl.* pepins de grenade.

6. *d. pl.* refréner, réprimer, modérer : κολασμός, châtiment, retenue : ἀκόλαςος, intempérant, lascif.

7. *d. pl.* parasite : κολακεύω, flatter, être complaisant : κολακεία, flatterie.

8. Κόλαφος, soufflet ; ἐγκολάπτω, graver, ciseler, entailler, couper, creuser.

9. (κολετράω, άειν contr. ἄν.) Fouler aux pieds ; *d. pl.* frapper sur le derrière ou sur le ventre.

10. *d. pl.* le cuir du dos d'un bœuf : κόλλοψ, le même cuir ; *d pl.* le sein ; enfant endurci dans le vice ; petites clefs d'une guitare avec lesquelles on tend les cordes : κόλλαβος, le même ; *d. pl.* espèce de pain.

11. Mais κολλυρίων, *gén.* ονος, ὁ, est un certain oiseau.

XCVIII.

1. Κόλλυβος monnaie *on traduit.*
2. Κολοιός, geai ; κολωός, bruit.
3. Κόλον, viande ; εὔκολος, commode.
4. Κόλοσσος, colosse de Rhode.
5. Κολούω, coupe bras ou main.
6. Κολοφών, le haut. 7. Κόλπος, sein.
8. Κολυμβᾶν, dans l'eau plonge *et* nage.
9. Κολωνὸς tertre *a pour partage.*
10. Κόμβος nœud, houppe *et* bourse *est dit.*
11. Κομεῖν, a soin, orne *et* nourrit.

DÉRIVÉS.

1. *proprement* monnaie marquée d'un bœuf : κολλυβιστής, banquier, changeur.
2. *d. pl.* pie, corneille : κολωός, ᾠὸν et ὠίον, bruit, trouble, tumulte : κολωᾶν, faire grand bruit, criailler.
3. *d. pl.* l'intestin. Εὔκολος, *proprement* facile à nourrir, *métaph.* accommodant, de bonne humeur, prêt à tout : δύσκολος, difficile à nourrir, qui a mauvais estomac ; fâcheux, de mauvaise humeur, à qui tout déplaît ; il se dit aussi des choses difficiles : διαβουκολέω, tromper, amuser, nourir d'espérance. (Ἀποβουκολέω, *proprement* écarter du troupeau, et *figurément* laisser aller, laisser perdre).
5. *d. pl.* tronquer, écourter, rompre, appetisser : κόλος et κόλοβος, estropié : κολόβιον, petite tunique courte et sans manches dont se servaient les moines.
6. (*gén* ὦνος, ὁ.) Le faîte, le comble, la perfection, la dernière main.
7. (*gén.* ου, ὁ.) Golfe, détroit, le creux des mamelles, fond d'une plaie, repli des habits.
8. (ἀω, *fut.* ήσω *infin.* άειν.) Κόλυμβος et κολυμβητής, οῦ, plongeur : κολυμβήθρα, lieu où l'on peut nager, piscine, lavoir.
9. Hauteur, colline, sommet, la cime d'une montagne : κολώνη, le même.
10. *d. pl.* lieu élevé ; dent molaire : κομβέω, orner de nœuds : κόμβημα, une belle robe : ἐγκομβόομαι, lier, attacher, orner.
11. (έω, *fut* ήσω.) *d. pl.* chérir, élever avec soin, ajuster, bien parer : κομίζω, le même ; *d. pl.* porter, transporter, amener, porter en terre ; aller, se transporter, s'en revenir ; recevoir : κομιδῆ, particulièrement, extrêmement, entièrement, avec grand soin.

XCIX.

1. Κόμη, cheveux, tête ajustée.
2. Κόμμος, fard, parure affectée.
3. Κόμπος, bruit, discours insolent.
4. Κόμψος, beau, joli, fin, plaisant.
5. Κονάβος, bruit *ou* son *figure.*
6. Κόνδυλος, le poing, nœud, jointure.
7. Κονεῖν, court, sert, *et* diacre *fait.*
8. Κόνις *pour* poussière *se met.*
9. Κοντός, croc qui conduit la barque.
10. Κόπρος fumier, excrémens, *marque.*

DÉRIVÉS.

1. *d. pl.* perruque, et sorte d'herbe : κομάω poét. -όω, laisser croître ses cheveux ; s'élever, se remplir de vanité : κομήτης, chevelu ; comète ou étoile chevelue.

2. (*gén.* οῦ, ὁ.) Ajustemens superflus, beauté artificielle ; *d. pl.* lamentations, pleurs, partie de certaines tragédies ; *auquel sens il vient plutôt de* κόπτω.

3. (*gén.* ου, ὁ) *proprement c'est* le bruit que fait un sanglier en aiguisant ses dents: *d. pl.* bruit de gens qui dansent ; discours enflés, vanteries, paroles de vanité ; *mais* κομπὸς *et* κομπηρός, c'est celui qui se vante : κομπέω et -άζω, craquer, faire du bruit, choquer l'un contre l'autre ; faire des contes, se vanter.

4. (*gén.* οῦ, ὁ.) *d. pl.* causeur, vain, plein de vanteries : κομψεύω et -ομαι, dire le petit mot fort à propos, railler adroitement; s'ajuster et s'accommoder proprement.

5. (*gén.* ου, ὁ.)

6. (*gén.* ου, ὁ.) *d. pl.* le coude κονδυλίζω, donner des coups de poing : κονδυλόομαι, s'enfler, devenir gros comme les nœuds des doigts quand on ferme la main.

7. (έω, *fut.* ήσω.) *d. pl.* se hâter, faire promptement : διάκονος, ministre, serviteur, d. acre.

8. (*gén.* εως, ἡ.) *d. pl.* cendre, lessive : κόνις, ιδος, est une lente : κονίω et -ίζω, gâter, emplir de poussière ; se hâter ; combattre, mettre en bataille ; enduire, couvrir de poussière : κονία, le même que κόνις ; *d. pl.* chaux, plâtre, crépi ou enduit de murailles ; combat.

9. (*gén.* οῦ, ὁ.) lat. *contus:* κοντίλος, le même ; *d. pl.* une caille ; un serpent.

10. (*gén.* ου, ὁ et ἡ.) Κοπρών, fumier, lieu où on le resserre : κοπρίτης, un homme de néant : κοπράω, -έω, -όω, fumer.

C.

1. Κόπτω, couper, battre *et* blesser.
2. Κόραξ, corbeau, sait croasser.
3. Κορεῖν, tient propre *et* rassasie.
4. Κόρθυς terre, amas, *signifie*.
5. Κόρις, punaise *et* ver puant.
6. Κόρυζα rhume, orgueil, *on prend*.
7. Κόρυμβος, rameau, tige *et* faîte.
8. Κόρυς, casque à couvrir la tête.
9. Κορύνη *pour* massue *on met*.
10. Κορυφή, le haut, le sommet,

DÉRIVÉS.

1. (*fut.* ψω.) *d. pl.* rompre, déchirer, pousser, forger, secouer, agiter, importuner : κόμμα, τὸ, fragment, section, coupure; membre d'une période, virgule; le coin de la monnaie, la monnaie même, tranchée, conduit d'eau : κοπίς, ίδος, ἡ, épée, tranchoir, couteau, hache; mais κόπις, ὁ, railleur, mordant, etc. : κόπος, travail, fâcherie, affliction : κοπιάω, être en peine, être fâché, lassé, fatigué, abattu : κοπάζω, cesser, se rendre au travail, n'en pouvoir plus : κοπετὸς, pleurs, sanglots, lamentation.

2. (*gén.* ακος, ὁ.) *d. pl.* signe céleste; poisson; machine, marteau ou anneau d'une porte; bec d'un coq, sorte de supplice.

3. (*fut.* έσω *et* ήσω) *d. pl.* avoir soin : κόρη, fille ou jeune femme; sœur; prunelle de l'œil; vaisseaux nouvellement mis sur mer; sorte de monnaie; mille-pertuis, *herbe :* ὑποκορίζομαι, user de paroles flatteuses et complaisantes, de mots qui diminuent ou quelquefois qui exagèrent, persuader doucement, insinuer : κόρος, rassasiement, dégoût.

4. (*gén.* υος, ἡ.) *d. pl.* levée de terre, tas de quelque chose.

5. (*gén.* εως, ὁ, ἡ.) Mais κορίς signifie herbe et poisson.

6. (*gén.* ης, ἡ.) *d. pl.* faste, orgueil, sottise.

7. (*gén.* ου, ὁ.) *d. pl.* cheveux bouclés ou ornement de cheveux; extrémité du vaisseau; tige d'asperge, et ses grains; grains et bouquets de lierre.

8. (*gén.* υθος, ἡ.) *d. pl.* une alouette huppée : κορύσσω, armer de casque, *et généralement* armer, équiper, inciter, pousser au combat.

9. (*gén.* ης, ἡ.) *d. pl.* nœud d'un jet d'arbre; jointure du coude ou de l'épaule.

10. (*gén.* ῆς, ἡ.)

CI.

1. Κορώνη, corneille *ou* couronne.
2. Κόσκινον crible *ou* poule *donne*.
3. Κόσμος, ordre, monde, ornement.
4. Κότινος, olivier non franc.
5. Κότος, la vengeance cruelle.
6. Κοτύλη, cave, creux, écuelle.
7. Κοῦφος, léger, languissant, vain.
8. Κόφινος, panier, mannequin.
9. Κόχλαξ, *ou* gravier *ou* pierrette.
10. Κόχλω tournoyer *s'interprète*.

DÉRIVÉS.

1. (*gén.* ης, ἡ. Lat. *corona*.) Corbeau, plongeon, poule d'eau; marteau ou anneau d'une porte; extrémités de l'arc courbé où tient la corde; *en général* toute extrémité et courbure, sorte de tresse, rondeur de la pouppe du vaisseau, bout du bois qui est entre les deux bœufs à la charrue, bout rond de l'os de l'épaule, extrémité de l'os des mâchoires, sutures de la tête, une couronne: κορωνίς, ίδος, navire ou vaisseau noir ou courbé par les bouts; figure; cartouche ou marque à la fin des livres; faîte, extrémité, comble, fin, perfection de quelque chose; corniche et ornement de colonne.

2. (*gén.* οὐ, τό.) *d. pl.* table de multiplication des nombres; toutes volailles domestiques.

3. (*gén.* ου, ὁ.) *d. pl.* manière, conduite, raison, discipline, convenance; le genre humain; le ciel: κόσμιος, réglé, composé, modéré, modeste, de bonne vie: κοσμέω, orner, embellir; ordonner, arranger, disposer, distribuer; ajuster, appareiller; exercer une charge publique.

4. (*gén.* ου, ὁ.) *d. pl.* couronne d'olivier; pepins.

5. (*gén.* ου, ὁ.) *d. pl.* ressentiment, colère long-temps conservée: κοτέω et -ομαι, se fâcher, faire éclater la colère qu'on a long-temps couvée en son cœur.

6. (*gén.* ης, ἡ.) *d. pl.* le dedans de la cuisse ou des mains, emboîture des os; cymbale; sorte de mesure: κοτυληδών, ώνος, le même.

7. (*gén.* ου, ὁ.) Κουφίζω, lever, soulever, décharger, soulager, consoler, alléger.

8. (*gén.* ου, ὁ.) *d. pl.* certaine mesure des choses sèches ou liquides.

9. (*gén.* κος.) Κάχληξ, le même. *proprem.* le gravier qui se trouve sur le bord de l'eau.

10. Κόχλος et κοχλίας, *cochlea*, limaçon; vis de pressoir, ou autre; pompe à tirer de l'eau.

CII.

1. Κράδη, croc, du figuier rameau.
2. Κράζω, fait bruit, crie en corbeau.
3. Κραίνειν, règne, achève, a l'empire.
4. Κραιπάλη crapule *veut dire.*
5. Κραίπνος, prompt. 6. Κραῖρα, tête *et* haut.
5. Κράμβη, chou. 8. Κράμβος, sec *et* chaud.
9. Κράτος, force *et* pouvoir, puissance.
* Καρτερεῖν, avoir patience.
10. Κρέκω, touche instrument, fait bruit.
11. Κρεμᾶν suspendre *se traduit.*

DÉRIVÉS.

1. (*gén.* ης, ἡ.) *d. pl.* le figuier ou sa feuille, toute autre feuille ou rameau, tout ce qui a rapport à un rameau; comme un croc où l'on pend quelque chose, ou à un figuier, comme certaine machine de théâtre : κράδος, rameau, maladie du figuier : κραδάω, avoir cette maladie ; *d. pl.* secouer, agiter, lancer : κραδεύω, -δαίνω, secouer, ébranler.

2. (*fut.* ξω, du présent format. κράγω.) Κραυγὴ, cri, clameur, maladie des enfans.

3. (*f.* κρανῶ.) *d pl.* être présent : κραιαίνω, achever, perfectionner, mettre la dernière main: κραντήρ, qui achève et donne la perfection à quelque chose ; dent mâchelière :κράντωρ, roi, prince, souverain : κρείων, roi, régent, empereur.

4. (*gén.* ης, ἡ.) Κραιπαλάω, sentir quelqu'indigestion , avoir mal à la tête d'avoir trop bu, être ivre et avoir perdu la raison. (Ce mot est composé de κρὰς, tête, et de πάλλειν, mouvoir, agiter, parce que dans l'ivresse on ne peut tenir la tête droite et ferme.

5. *d. pl.* vif, léger, rapide.

6. Tête levée; haut du vaisseau, haut du mât, antenne : ὀρθόκραιρος, qui a la tête levée, qui dresse les cornes.

7. lat. *brassica.*

8. Rôti, gresillé, dit particulièrement des vignes lorsqu'après la rosée elles sont séchées par un trop grand soleil.

9. (*gén.* εος, τό.) *d. pl.* victoire : κάρτος, τὸ, le même : κραταιὸς, fort, robuste, vaillant : κρατύνω, fortifier, munir, confirmer, établir, donner grande force, affermir, consolider : κρατέω, commander, être souverain; jouir, avoir en sa puissance ; vaincre, avoir le dessus, surpasser, exceller ; être maître de ses mouvemens ; savoir fermement par cœur ; prendre , tenir ; durer, continuer un certain temps : καρτερέω, endurer patiemment, persister, être assidu , prendre courage, ne se point rebuter : κρείσσων, -ττων, plus fort, supérieur, meilleur : κράτιςος, très-fort, très-vaillant.

10. (*fut* ξω.)Κέρκω, le même; mais κέρχω *signifie* râler comme un mourant.

11. Κρεμαςὴρ, ῆρος, ce qui suspend quelque chose.

CIII.

1. Κρέμβαλον, hochet *ou* sonnette.
2. Κρήδεμνον, voile *et* bandelette.
3. Κρημνος, précipices, lieux hauts.
4. Κρήνη, fontaine, source d'eaux.
5. Κρηπις base *et* fondement *donne.*
6. Κριθή, l'orge; 7. *et* Κρίζω, résonne.
8. Κρίμνον *est* le son *au bluteau.*
9. Κρίνον, le lys à l'œil si beau.
10. Κρίνω, juge, élit, combat, pense :
* Κρίσις, jugement *et* sentence.

DÉRIVÉS.

1. *d pl.* une cymbale : κρεμβαλιαςῆς, οῦ, ὁ, qui sait bien jouer de la cymbale.
2. *d. pl.* couvercle d'un muid; mantelet ou créneaux d'une muraille.
3. (*gén.* οῦ, ὁ.) *d. pl.* lieu escarpé, roide à monter : κρημνοί, les lèvres d'une plaie : κρημνίζω, κρημνάω et κρήμνυμι, précipiter, jeter en bas : κρήμναμαι, pendre; être suspendu, de même que κρέμαμαι.
5. (*gén.* ῖδος, ἡ.) *d. pl.* pantoufle ; sorte de gâteau.
6 (*gén.* ῆς, ἡ.) *d. pl.* petit bouton qui vient à la paupière d'en-bas parmi les cils.
7. (*fut.* ξω.) lat. *strideo,* faire un cri rude.
8. Farine grossièrement passée.
9. *d. pl.* fleur de citrouille : κρίνον, sorte de danse. κρίνα, les pauvres.
10. (*fut.* νῶ.) *proprement c'est* séparer, diviser, discerner; *d. pl.* accuser, examiner, condamner; adjuger, établir, ordonner : κριτικὸς, qui sait bien juger, qui est propre à faire l'office de juge ; qui juge et détermine ; critique, qui censure les ouvrages d'autrui : ἐκκρίνω, séparer, ôter, retrancher, chasser, épuiser, rejeter, réprouver ; *d. pl.* approuver ; être en suspens, penser long-temps : ὑποκρίνομαι, feindre, faire semblant ; répondre, prononcer, estimer, penser, interpréter, expliquer, porter jugement, tirer conjecture d'un songe : εἰλικρινής, bien distinct et non confus ; pur, sincère, véritable, simple, non mixtionné ; ouvert, clair, manifeste : ἀκρισία, confusion, où il n'y a point de discernement ni de distinction ; chose douteuse et non décidée ; témérité, défaut de lumière et de discernement.

*(*gén.* εως, ἡ.) Jugement, sentence, action juridique ; estime, ou censure d'une chose, accusation, procès; fin et décision d'une affaire ou d'une bataille : crise dans les maladies.

CIV.

1. Κριός *est le nom d'un* bélier.
2. Κρόκη, trame *et* sable *ou* gravier.
3. Κρόκος safran jaune *dénote*.
4. Κρόνος, Saturne, *ou* qui radote.
5. Κρόσσος bord *ou* frange *on traduit*.
6. Κρόταφος, tempe ; 7. *et* Κρότος, bruit.
8. Κρουνός, fontaine d'eau saillante.
9. Κρούω touche *et* son *représente*.
10. Κρύος, glace *ou* grand froid, horreur.
11. Κρύπτω, cache, cèle en son cœur.

DÉRIVÉS.

1. (*gén.* οῦ, ὁ.) Certains navires qui avaient un bélier pour enseigne ; machine de guerre ; signe céleste ; et en architecture les vignes qui entourent les colonnes.
2. *d. pl.* bord ou rivage, le port: κροκίς et -ύς, la trame d'un tisserand.
3. (*gén.* ου, ὁ.) Κρόκον, le même, lat. crocus et -um ; *d. pl.* jaune d'œuf ; avoine.
4. *d. pl.* vieux fou qui radote ; morne et fâcheux.
5. (*gén.* οῦ ὁ.)
6. *d. pl.* agitation de l'air ou de l'eau ; frappement des pieds et des mains, applaudissement, louange, renommée : κροτέω, frapper, faire bruit, heurter, toucher un instrument, marmoter ou dire quelque chose, applaudir: συγκροτέω, heurter contre, entrechoquer, forger; composer, établir, assembler, ramasser ; indiquer, publier, assigner ; exciter, encourager.
8. (*gén.* οῦ, ὁ.) Κρουνηδὸν, *adv.*, comme une eau jaillissante.
9. (*fut.* σω.) *d. pl.* frapper, faire sonner et retentir; remuer, agiter; faire reculer une bête et un vaisseau : ἀνακρούω et -ομαι, le même ; *d. pl.* commencer, essayer : ἀνακρούεσθαι τὸ μέλος, faire le prélude, préluder : παρακρούω et -ομαι, repousser, rebuter, rejeter, répudier, refuser, réfuter ; détourner, éviter, éloigner de soi ; tromper, attaquer, supplanter ; et *passivement* être trompé.
10. (*gén.* εος, τό) Κρυερὸς, froid, gelé ; horrible, épouvantable.
11. *d pl.* voiler, couvrir, déguiser : ἀπόκρυφος, secret, resserré, précieux, caché ; mystérieux, inconnu ; d'où vient apocryphe (voyez ci-après la liste des mots français pris du grec) : ὑποκρύπτω et -ομαι, cacher, mettre à l'écart ; celer, dissimuler, se taire, ne dire mot.

CV.

1. Κρύςαλλος, du crystal *ou* glace.
2. Κρωσσός, pot; 3. *et* Κρώζω, croasse.
4. Κτᾶσθαι, posséder, acquérir.
5. Κτείνω, tuer, faire mourir.
6. Κτεὶς, un peigne à peigner la tête.
7. Κτῆνος, le bétail, une bête.
8. Κτέρεα funérailles *dit*.
9. Κτίζω, bâtit, crée, établit.
10. Κτίλος, bélier. 11. Κύαθος, tasse.
12. Κύαμος *pour* la féve *passe*.

DÉRIVÉS.

1. (*gén* ου.) lat. *crystallus*, toujours fém, quoiqu'en grec il soit toujours masc. pour la glace, et quelquefois fém. pour le crystal.

4. (*prés.* κτάομαι, *fut.* κσομαι.) *d. pl.* avoir : κτῆμα, possession, acquisition, biens, richesses, terre, héritage : κτῆσις, possession, richesse : κτητὸς, qu'on peut acquérir, ou qu'on a acquis ou acheté, qu'on possède : ἀνακτάομαι, recouvrer, recevoir, réparer, refaire, recréer, faire revenir à soi, remettre, rétablir, réconcilier, gagner, se faire ami, s'approprier, jouir : ἀκτήμων, pauvre, qui n'a rien : ἀκτέανος, le même : φιλοκτησία, amour du bien, avarice.

5. (*fut.* ενῶ.) Ἀποκτείνω, le même; *d. pl.* condamner à mort : αὐτοκτόνος, qui s'est tué lui-même : λιμοκτόνος, qui tue par la faim : νεόκτονος, qui vient d'être tué.

6. (*gén.* κτενὸς.) *d. pl.* les dents de devant ; sorte de poisson ou d'écaille qui a des dents : κτενίζω, peigner : κτενωτὸς, bien peigné, ajusté : ἀκτένιςος, qui n'est point peigné.

7. (*gén.* εος, τό.) Κτηνώδης, qui est du bétail, qui appartient au bétail; grossier, brutal, qui est comme une bête : ἀποκτηνοῦμαι, devenir bête.

8. (τά.) Κτερείζω et -ρίζω, faire des funérailles : κτεριςὴς, crieur d'enterrement ou celui qui ensevelit les morts, *libitinarius*.

9. (*fut.* ίσω.) *d. pl.* donner logement, ou rendre habitable : κτίσμα, τό. chose créée, créature : κτίσις, εως, création, l'action de créer ; κτιςὴς et κτίτης, créateur, auteur.

10. (*gén.* ου, ὁ.) *d. pl.* doux, apprivoisé, mignard.

11. *Cyathus*, tasse, godet, mesure.

12. (*gén.* ου, ὁ.) Sort ou suffrage, *parce qu'autrefois on tirait au sort avec des féves ;* enflure de la mamelle qui commence à avoir du lait ; cloportes, petites bêtes qui naissent dans les lieux humides : πυκνὸν et πύκμος, feve, légume.

CVI.

1. Κύανος, bleuâtre en couleur.
2. Κυβερνᾶν, gouverne, est recteur.
3. Κύβη la tête *représente*.
4. Κύβηλις, la hache tranchante.
5. Κύβος *pour* cube *ou* dé *se prend*.
6. Κυδοιμὸς, trouble *et* mouvement.
7. Κῦδος, gloire, honneur; infamie.
8. Κυκᾶν, mêle *et* liqueurs allie.
9. Κύκλος *pour* cercle *tu mettras*.
10. Κυλίω, rouler haut et bas.

DÉRIVÉS.

1. *Cœruleus* ; *d. pl.* pierre précieuse ; fleur ; eau de mer ; oiseau.
2. (*prés.* άω, *fut.* ήσω.) *propr.* diriger un vaisseau ; *d.pl.* conduire, commander : κυβερνητὴς, κυβερνητὴρ et κύβερνος, gouverneur : ἀκυβέρνητος, qui n'a point de gouverneur, qui a besoin d'un conducteur.
3. Κυβιςάω, sauter sur la tête, faire la culbute.
5. (*gén.* ου, ὁ.) *d. pl.* l'unité qui est sur le dé, le jeu même des dés ; pain carré ; les vertèbres du dos ou du cou ; la cavité des reins ; sorte de monnaie ; marque sur les habits ; un plat : κυβεύω, jouer aux dés, s'exposer au danger, courir fortune.
6. (*gén.* οῦ, ὁ.) *d. pl.* tumulte : κυδοιμέω, causer du trouble et du tumulte : κυδοιδοπᾶν, brouiller les affaires.
7. (*gén.* εος, τό.) Φιλοκυδὴς, qui aime la gloire, qui est avide d'honneur : κυδαίνω, rendre glorieux ; orner, embellir ; honorer, louer, relever, nommer par honneur.
8. (*prés.* άω, *fut.* ήσω.) *d.p.* généralement troubler et confondre : κυνεών, ῶνος, mixtion, boisson, breuvage, médecine, confusion, mélange.
9. *d. pl.* cycle ou révolution ; cirque, circonvallation, anneau ; assemblée ; une assiette : ἐγκύκλιος, circulaire, rond, qui revient à son point, annuel, commun, vulgaire, de petit prix.
10. *d. pl.* tourner, vautrer : κυλινδέω et καλινδέω, le même : καλινδέομαι, être roulé et tourné de tous côtés ; *d. pl.* être attaché à quelque chose, et n'en bouger : κύλιξ, un calice, une tasse, verre à boire, un bouton de rose, ce qui couvre la fleur : μετακυλινδῶ, rouler d'un lieu en un autre.

CVII.

1. Κυλλὸς, boiteux. 2. Κῦμα flot *marque*.
3. Κύμβος, cavité : κύμβη, barque.
4. Κυπάρισσος cyprès *sera*.
5. Κύπτω, tête en bas baissera.
6. Κῦρος *est* l'autorité pleine.
* Κύριος, maître; -ία, domaine.
7. Κυρτὸς, courbé, bossu, penchant.
8. Κύρω, trouve par incident.
9. Κύστις *s'appelle* une vessie.
10. Κύτος cavité *signifie*.

DÉRIVÉS.

1. *d. pl.* courbé, tortu, manchot, faible, impotent.

2. *d. pl.* onde, vague; grande peste, mortalité : κυμαίνω, s'enfler, grossir ses flots, exciter la tempête, se mettre en colère : κυματίζω, exciter des vagues.

3. *d. pl.* le fond d'un pot au feu : κύμβη, *cymba*, barque, petit vaisseau; *d. pl.* vinaigrier, sorte de pot ou de vase; la tête : κύμβαλον, cymbale; hochet : κύμβαχος, cimier, aigrette : κύμβαχος, πίπτειν, tomber sur l'extrémité de la tête.

4. (*gén.* ου, ἡ.)

5. Baisser la tête, regarder en bas : κυπτάζω, s'arrêter, s'amuser à quelque chose : ἀνακύπτω, lever la tête comme font les oiseaux en buvant, regarder en haut; sortir, naître, paraître; reprendre courage, relever ses espérances : παρακύπτω, regarder de côté en baissant la tête, voir comme en passant; avancer la tête pour voir dedans.

6. (*gén.* εος, τό.) *d. pl.* foi donnée ou ratifiée; capital, principal; de là vient *Cyrus*, grand roi de Perse.

* Κύριος, seigneur, qui a pouvoir et autorité; ancien; authentique, propre : κυρία (supl. ἡμέρα), jour prescrit et assigné, jour d'audience, jour de la mort; domaine, puissance : *d. pl.* maîtresse; mère de famille.

7. (*gén.* οῦ, ὁ.) *d. pl.* creux, voûté, convexe; mais κύρτος, ου, ὁ, une nasse, un filet : κύρτη, un panier, une cage.

8. (*fut* κύρσω.) Arriver, échoir, rencontrer, trouver : κυρέω, le même; *d. pl.* être.

9. (*gén.* ιος, ἡ.)

10. (*gén.* εος, τό.) *d. pl.* corps, masse; capacité; profondeur.

CVIII.

1. Κύψελη, ruche à miel serrer.
2. Κύειν, être enceinte *et* porter.
3. Κύων, chien ; cynique *s'en tire*
4. Κώδων cloche *ou* causeur *veut dire*.
5. Κώθων, pot, festin de buveurs.
6. Κωκύω, lamente, est en pleurs.
7. Κῶλον membre, intestin *s'explique*.
* Κωλικὸς *en vient*, la colique.
8. Κωλύειν, empêche, défend.
9. Κωλώτης un lézard *se rend*.

DÉRIVÉS.

1. (*gén.* ης, ἡ.) *d. pl.* sorte de vase ou de mesure de blé ; le dedans de l'oreille, et l'ordure qui s'y amasse.

2. (*prés.* ύω, *fut.* σω.) *d. pl.* κῦμω, caresser : κυέω, le même ; *d. pl.* concevoir ; accoucher : κύημα et κῦμα, enfant, germe : κυνέω, le même que κυέω ; *d. pl.* adorer, faire la révérence : προσκυνέω, le même.

3. (*gén.* κυνός.) *d. pl.* canicule, signe céleste ; bolus ou mie de pain pour nettoyer les mains, et qu'on jetait ensuite aux chiens ; étincelles qui sautent quand on bat le fer rouge ; cynique, impudent : κυνέη (*sup.* δορά), peau de chien ou de loutre dont les anciens se couvraient la tête, un casque, un chapeau, un bonnet : κυνῆ, le même : κυύζω, gronder comme un chien ; irriter : σκύμνος, le petit d'une lionne, d'une ourse ou autre bête.

4. (*gén.* ωνος, ὁ.) *d. pl.* le bout d'en bas d'une trompette, et toute la trompette même : κωδωνίζω, tinter et sonner une cloche, sonner la trompette.

5. (*gén.* ωνος, ὁ.) Κωθωνίζω, boire ensemble.

6. (*fut.* σω.) Pleurer, se lamenter : κωκυτός, pleurs, lamentation ; Cocyte, un des fleuves qui tombent dans l'Achéron.

7. *d. pl.* un os ; le pied ; les artères, membres d'oraison, de poëme ou de période : κωλῆν, os de la jambe.

* Ce nom est adjectif : κωλικὸς, *sup.* ὀδύνη, *douleur*, c'est-à-dire douleur d'intestins, c'est la colique : κωλικὸν φάρμακον, remède pour la colique.

8. (*fut.* ύσω.) *d. pl.* réprimer, repousser : ἀκώλυτος, qui n'est point arrêté ni empêché, libre, délié, absous, qui peut assister aux saints mystères.

9. (*gén.* ου, ὁ.) *d. pl.* Bacchus : κωλωτή, un oiseau.

CIX.

1. Κῶμα, sommeil dur, léthargique.
2. Κῶμος, luxe, excès impudique.
3. Κώμη rue *ou* village *on dit*.
4. Κῶνος, cône, en pointe finit.
5. Κώνωψ, mouche, *fait* conopée.
6. Κώπη, rame, en l'onde occupée.
7. Κώρυκος d'un sac *est le nom*.
8. Κῶς, peau de brebis, la toison.
9. Κωτίλλω, cause, dit sornette.
10. Κωφὸς sourd *ou* sot *s'interprète*.

DÉRIVÉS.

1. (*gén.* ατος, τό.) Grand assoupissement, léthargie; *d. pl.* leurre, amorce, tromperie.
2. (*gén.* ου, ὁ) *d. pl.* festin, débauche, danse, réjouissance, fête publique; chanson lascive; Comus, le dieu qui préside à toutes ces choses.
3. (*gén.* ης. ἡ.) *d. pl.* chemin public : κωμήτης, paysan; voisin; χιλιόκωμος, qui a mille villages, ou mille rues.
4. (*gen.* ου, ὁ.) Tout ce qui va en pointe, comme un sabot à jouer, un casque, une borne, etc. : κωνάω, faire tourner : κώνειον, de la ciguë, herbe qui occasionne des vertiges et des convulsions à ceux qui en mangent.
5. (*gén.* ωπος, ὁ.) Moucheron, cousin : κωνωπεῖον, conopée, rideau pour se défendre des moucherons; pavillon, tente : κωνωπεών, instrument avec lequel on chasse les mouches.
6. (*gén.* ης, ἡ.) *d. pl.* garde d'une épée, manche d'un couteau : κώπεα et κώπα, collier, ornement du cou.
7. (*gén.* ου, ὁ.)
8. (*gén.* κῶος, τό.) Κῶας et κῶος, τὸ, et κωίδιον, le même : κῶος, ου, ὁ, jet de dés valant six.
9. Κωτίλος, causeur; qui chante bien; complaisant, qui fait l'agréable : κωτιλάδες, hirondelles.
10 (*gén.* οῦ.) *d. pl.* hébété, sans esprit, mal bâti, muet; qui est sans pointe et sans vigueur : κωρότης, surdité : κωρόω et άω, rendre sourd ; κωφέω et -εύω, être sourd, ne rien dire : ἐθελόκωφος, qui veut être sourd, qui ne veut pas entendre : καράκωφος et ὑπόκωφος, qui est un peu sourd, qui entend dur.

CX.

* Λ *en chiffre pour* trente *on prend.*
1. Λάας, pierre ; 2. *et* Λάβρος, gourmand.
3. Λάγηνος, pot, bouteille antique.
4. Λάγυης, lâche, infâme, impudique.
5. Λαγχάνω, par le sort obtient.
* Λῆξις, lot ; λόγχη, lance *en vient.*
6. Λαγὼν, flanc ; λαγαρὸς, mou, vide.
7. Λαγωὸς, le lièvre timide.
8. Λάζομαι, se saisit *et* prend.
9. Λαῖλαψ, un tourbillon, grand vent.

DÉRIVÉS.

*Λάμβδα, de l'hébreu *Lamed*, ou plutôt du Chaldéen *Lambda*.
1. Λᾶας, λάαος, contract. λᾶς, λᾶος, pierre, caillou, rocher : λαΐνος et λαΐνεος, fait de pierre : λεύω, lapider, accabler de pierres : λευσμὸς, l'action de lapider; accablement de maux : λευςὴρ, celui qui lapide ou qui mérite d'être lapidé.
2. Λαβρεύομαι, λαβρύσσω et λαβράζω, manger ses mots, parler trop vite.
3. (*gén.* ου, ἡ.) *Lagena* : λάγυνος, le même.
4. (*gén.* ου, ὁ.)
5. *d. pl.* venir à bout; être dans la jouissance; faire part, rendre participant : λαγχάνει βουλεύειν, il a été créé ou désigné sénateur ou conseiller : λαχὼν, qui a obtenu quelque chose, qui a eu quelques voix : λαγχάνειν δίκην, intenter un procès, avoir action contre quelqu'un ; obtenir une audience, *et* donner soi-même une audience.
* Λῆξις et λᾶξις ; *d. pl.* héritage, *et même* cessation, venant de λήγω : λόγχη, sort, portion ; lance, javelot, fer de la lance : ἀπολαγχάνω, n'être pas heureux dans son choix ou partage, être vaincu par le sort ; *d. pl. simplement* partager, jeter au sort.
6. (*gén.* όνος, ου) entrailles : λαγαρὸς, lâche, mou, vide ; il se dit aussi d'un vers qui n'est pas égal, mais qui est trop lâche au milieu : λαγαρόομαι, devenir lâche, se vider, s'évaporer, se diminuer.
7. (*gén.* οῦ, ὁ.) *d. pl.* signe céleste : λάγιον, λαγῴδιον et λαγίδεος, levraut : λαγῶος, λαγεῖος, et λαγώεις, *leporinus*, de lièvre.
8. Λάζυμαι, le même : ἀντιλάζομαι et -υμαι, prendre, se saisir ; entreprendre.
9. (*gén.* απος, ἡ.)

CXI.

1. Λαιμὸς, gosier, faim sans mesure.
2. Λαιὸς, gauche *et* non droit *figure*.
3. Λάκκος *ou* fosse *ou* puits *se rend*.
4. Λαλεῖν, parle *et* cause souvent.
5. Λαμβάνω, recevoir *et* prendre.
* Εὐλαβὴς pieux *doit s'entendre*.
6. Λάμπω, luit, brille, *et* lampe *fait*.
7. Λαμυρὸς, joli, dameret.
8. Λὰξ, du talon ; λακτίζω, rue.
9. Λαὸς, peuple, est souvent bien grue.

DÉRIVÉS.

1. (*gén.* οῦ, ὁ.) *d. pl.* une fosse, un égout, un évier : λαιμάσσω, manger goulument.
2. Λαισήϊον, un petit bouclier ou rondache.
3. (*gén.* ου, ὁ.) *d. pl.* une citerne ; dans les psaumes il se met pour mort ou danger.
4. (*fut.* ήσω.) *propr.*, parler inconsidérément : λάλημα, entretien, causerie : λάλος, qui parle, causeur : λάλαξ et λαλαγὴ, clameur.
5. (*fut.* λήψομαι.) *d. pl.* entreprendre, se charger, surprendre, envahir, se saisir ; obtenir, venir à bout, emporter ; prendre sur le fait, convaincre, accuser, condamner ; concevoir : λῆμμα, présent, ce qu'on reçoit ; sujet qu'on entreprend de traiter : λαϐὴ, prise, empoignement, accès de fièvre ; anse, poignée, manche de quelque chose : εὐλαβὴς, *propr.* qui a une bonne anse, qu'on peut prendre facilement ; *d. pl.* qui se prend bien à quelque chose, qui n'entreprend qu'avec circonspection et avec une crainte respectueuse, qui a de la piété et de la religion pour les choses saintes : διαλαμβάνω, prendre séparément, se saisir et surprendre, diviser, séparer, distinguer ; interrompre ; comprendre, assembler, ramasser, serrer, lier ensemble ; régir, gouverner ; concevoir, comprendre, juger, estimer ; croire, être d'avis ; consulter ; délibérer, disputer ; traiter, expliquer.
6. (*fut.* ψω.) Λαμπὰς, άδος, une lampe, un flambeau ; une sorte de tourment : λαμπρὸς, clair, lumineux, illustre, splendide.
7. (*gén.* ου, ὁ.) Qui parle bien, de bonne compagnie, folâtre ; impudent, audacieux.
8. Λάκτις, fouet, escourgée ; aiguillon, pilon, cuiller à remuer dans le pot.
9. (*gén.* οῦ, ὁ.) att. λεὼς, *gén.* ώ : ἀρχέλαος, gouverneur du peuple.

CXII.

1. Λαπίζω, parle insolemment.
2. Λάπτω, laper avidement.
* Λαπάζω tout vider *doit faire*.
3. Λαρινός, gras, doux, qui sait plaire.
4. Λάρναξ, coffre, arche. 5. Λαρὸς, doux.
6. Λάρυγξ, gosier, devant du cou.
7. Λάσιος hérissé *veut dire*.
8. Λάσκειν, parle, *et souvent* déchire.
9. Λάτρης, esclave *et* serviteur.
* Λατρεύειν, être adorateur.

DÉRIVÉS.

1. Λαπιςής, vain, glorieux, qui se vante; folâtre, badin, menteur; téméraire; délicat, lâche, efféminé.

2. Il se dit des autres animaux et des hommes ; s'enivrer, boire par excès, vider tout.
* *d. pl* ramollir, rendre mince et délié : ἀλαπάζω, le même ; *d. pl.* ravager, démolir : λάκκθος, fosse, conduit; oseille, patience, herbe qui ramollit et qui lâche le ventre. λαπαρὸς, vide, creux, mou, délié : λαπαρὴ, la partie du corps qui est entre les fausses côtes et les flancs, ainsi nommée parce qu'elle est vide : ἀλαπαδνὸς, exposé au ravage et pillage, facile à ravager, aisé à prendre et à vaincre.

3. Λαρινεύω, engraisser.
5. *d. pl.* joyeux, agréable, qui plait; de bonne humeur : λάρος,

oiseau carnassier; un avare, un stupide.

6. (*gén.* λάρυγγος, ὁ.) Λαρυγγίζω, crier à pleine gorge.

7. *d. pl.* velu, épais ; plein de poil, ce qui est une marque de force, d'où vient que le cœur s'appelle λάσιον, plein de courage : λασίωνες, lieux épais, pleins de buissons et de halliers : λαισήϊον, petit bouclier ou rondache couverte de cuir avec son poil.

8. Déchirer, parler mal de quelqu'un.

9 (*gén.* ου, ὁ.) Λάτρις, ιος, ἡ servante : λατρεύειν, servir, s'accommoder à; *d. pl.* vénérer, adorer : λατρεία, servitude, culte, adoration, sacrifice; *d. pl.* une servante : εἰδωλολάτρης, idolâtre, qui adore les idoles : εἰδωλολατρῶ, *Basil.*, être idolâtre, idolâtrer.

CXIII.

1. Λαῦρος, grand, large; et λαύρα, place.
2. Λαφύσσω, mange, tout fricasse.
3. Λαχαίνω, fouit; λάχανον fait.
4. Λάχνη marque le poil follet.
5. Λάω, voit, jouit de la chose :
* Λαύω de λάω se compose.
6. Λέγω, dit, parle, enjoint, unit.
7. Λεία, proie *ou* corps qu'on ravit.
8. Λείβειν, offre, épand, sacrifie.
9. Λειμών le verd pré *signifie*.

DÉRIVÉS.

1. (*gén.* ου, ὁ.) *d. pl.* abondant, copieux : λαύρα, place, rue, chemin, couvent.

2. (*fut.* ξω, du prés. form. λαφύγω.) *d. pl.* avaler, engloutir : λαφύκτης, ου, gourmand : λάφυρα, τά, dépouilles, butin.

3. Λάχανον, des herbes potagères : λαχανεύω, être bon à manger comme des herbes, ou bien vivre d'herbes, ou cueillir des herbes.

4. (*gén.* ης, ἡ.) *d. pl.* l'écume de la mer; le coton des herbes ou des fruits : λαχναῖος, cotonneux, velu, chevelu.

* Λαύω et ἀπολαύω, jouir, avoir l'usufruit, ou recevoir du mal : ἀπόλαυσις, jouissance, commodité, usufruit, plaisir, volupté. Sa vraie racine est λάω, *capio, accipio*, d'où λάβω, plus usité, λαμβάνω, *accipio* et λαύω, dont le composé est ἀπολαύω, *fruor*.

6. (*fut.* ξω.) *d. pl.* cueillir, ramasser, faire coucher : λέκτρον et λέχος, τό, un lit : ἀλέκτωρ, femme mariée (d'ἀ collectif); fille non mariée (d'ἀ privatif);

un coq, qui éveille le matin; pierre qui se trouve dans le ventre des vieux chapons : ἐκλογή, églogue; choix, option, élection. récolte : λέξις, εως, diction, mot, parole, discours, oraison, style, beauté ou élégance de style : λόγος, le même; *d. pl.* sentence, proverbe; bruit, renommée; livre, écrit, traité; opinion, raison, proportion; esprit, pensée : λόγοι, lois, études, belles-lettres, arts libéraux, comptes : λογικὸς, qui sait parler et raisonner, éloquent : λόγιμος, digne qu'on parle de lui, célèbre, mémorable, estimable : λόγιος, célèbre, qui est habile dans les coutumes de son pays, et les sait interpréter; disert, éloquent, qui s'explique bien; magnifique; devin, interprète : λόγιον, τό, un oracle divin.

7. (*gén.* ας, ἡ.) *d. pl.* troupeau qu'on emmène : ληϊστὴς ou λῃστής, voleur, larron.

8. (*f.* ψω.) Λείβω et εἴβω, le même.

9. (*gén.* ῶνος, ὁ.) Λειμάξ, ακος, et λειμάς, άδος, le même.

CXIV.

1. Λεῖος, uni, non raboteux.
2. Λείπω, laisse, est défectueux.
3. Λείχω, lèche ; *et* Λιχμῶ *s'en tire.*
4. Λέκιθος jaune d'œuf *veut dire.*
5. Λέμβος *pour* brigantin *se met.*
6. Λεπρὸς, rude, âpre ; lèpre *fait.*
7. Λεπτὸς, mince *et* tendre *s'appelle.*
8. Λέπειν, ôte l'écorce, *et* pèle.
9. Λέσχη, vain, frivole entretien :
* Ἀδόλεσχος, diseur de rien.

DÉRIVÉS.

1. Τὰ λεῖα, choses broyées ou déliées ; pierres que les tisserands attachent à leur toile pour bander les fils : λεῖα, ἡ, instrument à polir les pierres.

2. (*fut.* ψω.) lat. *linquo;* d. pl. être moindre, être absent, manquer : ἔκλειψις, défaut, défaillance, éclipse, omission, absence : ἐλλείπω, laisser passer, omettre, manquer ; avoir faute ; être absent, être de manque : ἔλλειψις, omission, manque, défaut ; ellipse, figure de grammaire.

3. lat. *lingo* : λιχμάζω et -μάω, ῶ, le même.

4. (*gén.* ου, ἡ.) au masculin il marque un pois, une lentille cuite, de la purée ; et l'on trouve aussi λέκυθος, le même.

5. (*gén.* ου, ὁ.) lat. *lembus*, une barque, petit bateau.

6. Λέπρα, lèpre, dureté et rudesse de la peau, qui se coupe par écailles.

7. (*gén.* ου, ὁ.) d. pl grêle, maigre, défait, délié, transparent, clair, subtil : λεπτότης, délicatesse, subtilité, transparence : λεπτύνω, atténuer ; rendre mince, délié, transparent.

8. (*fut.* ψω.) d. pl. écailler : λέμμα, écorce, pelure, petite tunique qui enveloppe la plante ou le grain : λέπισμα et λέπος, τὸ, le même ; et *d. pl.* écaille : λεπίς, le même ; *d. pl.* lame de cuivre ou autre ; gratelle : λοπὰς, poêle qu'on met sur le feu, pot au feu ; sorte d'écaille ; maladie des arbres provenant de trop de chaleur : λωπὰς, αδος ; λῶπος, εος, et λώπη, vêtement délié.

9. Discours, fable ; *d. pl.* lieu public où l'on s'entretient : ἀδολεσχος, grand causeur : ἀδολεσχέω, causer, niaiser, parler beaucoup ; contempler, prier, louer Dieu, méditer continuellement : ἀδολεσχία, causerie, badinerie, légèreté.

CXV.

1. Λευκὸς, blanc. 2. Λέχριος, oblique.
3. Λεύσσω, voit, *mais est poétique.*
4. Λέων, l'intrépide lion.
5. Λήγω, cesse, est sans action.
6. Λήθειν, est caché, cèle, oublie.
7. Λήϊον le blé *signifie.*
8. Λήκειν, fait bruit, craque en rompant.
9. Λήκυθος, burette, ornement.
10. Λῆμα, fermeté généreuse.
11. Λήμη, d'œil l'humeur chassieuse.

DÉRIVÉS.

1. (*gén.* οῦ.) *d. pl.* clair, transparent, visible; beau, serein, heureux, favorable, joyeux, agréable : λευκαίνω, blanchir : λευκόω, le même.

2. Λέχρις et λικριφὶς, de travers.

3. (*fut.* λεύξω. et suivant d'autres λεύσω.)

4. (*gén.* οντος, ὁ.) *d. pl.* signe céleste; sorte de serpent, de poisson et de danse; ladrerie.

5. (*fut.* ξω.) *d. pl.* finir ou faire finir : λῆξις, fin, cessation, terminaison ; *d. pl.* sort, *venant de* λαγχάνω. Ἀληκτώ, οῦς, ἡ, *Alecto,* l'une des furies, ainsi dite parce qu'elle ne cesse de poursuivre les méchans.

6. (*fut.* σω.) Λήθω et λανθάνω, lat. *lateo,* être caché, inconnu ; où cacher, celer, ne pas connaître, ne se pas souvenir : ἔλαθον ξενίσαντες ἀγγέλους, Hébreux 13, *ils reçurent des anges sans les connaître :* τουτὸ μ' ἐλελήθει, Arist., *je n'avais pas su cela :* λήθη, oubli, abolition : λάθαργος et λαίθαργος, secret, clandestin ; chien qui mord en traître : ἀλάστωρ, qui fait des maux dont on se souvient long-temps; esprit malin, méchant, qui est la peste et la ruine des autres.

7. (*gén.* ου, τό.)

8. Λακὶς, ίδος, fracture, déchirure ou morceau déchiré.

9. (*gén.* οῦ, ὁ.) lat. *lecythus,* cruche, pot à l'huile, vase de parfums ou de fard; ornement du discours, figure d'éloquence.

10. (*gén.* ατος, τό.) *d. pl.* présence et force d'esprit; esprit lâche et timide ; volonté ; dessein, conseil, entreprise : ληματόω, donner du cœur et du courage.

11. (*gén.* ης, ἡ.) Chassie, ordure des yeux : λημάω, ῶ, être chassieux, avoir mal aux yeux : γλάμη, le même que λήμη.

CXVI.

1. Λημνίσκος, rubans colorés.
2. Λῆνος, pressoir; creux dans les prés.
3. Λῆρος, sottise, niaiserie.
4. Λιάζω, court, fait brouillerie.
5. Λίβανος, l'encens, qui sent bon.
6. Λίγγω, fait bruit clair ou doux son.
7. Λίγδην, à fleur. 8. Λιγνὺς, la suie.
9. Λίθος, pierre, âme abâtardie.
10. Λιλαίομαι, veut. 11. Λικμὸς, van.
12. Λιμὴν, port. 13. Λίμνη, lac, étang.

DÉRIVÉS.

1. (*gén.* ου, ὁ.) Bandelettes de couleur, qui pendaient des couronnes de fleurs; bande qui enveloppe une plaie.

2. (*gén.* ου, ὁ.) Lieux creux dans les prés, lac, une fosse; fond du charriot où l'on resserre tout, creux où entre le mât du vaisseau. *Dans l'écriture il se prend pour* l'église : ληνος, εος, τὸ. est de la laine : ληναῖος, Bacchus, qui préside aux pressoirs. Σειληνὸς, *Silenus*, le nourricier de Bacchus.

3 (*gén.* ου, ὁ.) *d. pl.* sottise, folie; niais, badin, causeur; sot, folâtre : ληρέω et ληραίνω, niaiser, radoter.

4. (*fut.* σω.) *d. pl.* agiter, troubler, se hâter trop, se diligenter; séparer : ὀλίαςος, inévitable, qui ne cesse point, violent, qui ne diminue point.

5. (*gén.* ου. ὁ.) *d. pl.* l'arbre où croît l'encens : λιβανωτὸς et -ὸν, le même : λιβανωτὶς, romarin : χαλκολίβανον, sorte d'ambre plus précieux que l'or.

6. (*fut.* ξω.) Λιγὺς, υος, *stridus*, qui fait un petit bruit doux et agréable.

7. *d. pl.* superficiellement, doucement, en passant : ἐπιλίγδην, le même.

8. (*gén.* ύος, ἡ.) *d. pl.* la fumée ou la flamme noire.

9. (*gén.* ου, ὁ.) *d. pl.* caillou, rocher, pierre de touche, pierre précieuse; ancre; plat; lieu où l'on vend les esclaves : λίθοι, gens stupides et grossiers : λίθαξ, ακος, lieu rude et pierreux : λιθιάω, avoir la pierre ou la gravelle : λιθίασις, la pierre, la gravelle, petits grains blancs qui viennent sur les paupières : χρυσόλιθος, pierre d'or ou de couleur d'or.

10. *poét.* désirer ardemment : *d. pl.* se dépêcher, se hâter.

11. (*gén.* οῦ, ὁ.) Λίκνον, le même; *d. pl.* berceau, panier; crible : λικμάω, vaner, cribler, nettoyer, purger.

12. (*gén.* ενος, ὁ.) Λιμνίζω, être au port.

13. (*gén.* ης, ἡ.) *d. pl.* marais, eau dormante ou croupissante; il se prend même pour la mer : λιμνάζω, croupir comme une eau dormante.

CXVII.

1. Λιμὸς, faim, la famine triste.
2. Λιπαρὴς, qui presse et persiste.
3. Λίπος, graisse ; et Λιπαρὸς, gras.
4. Λίπτω, souhaite, n'ayant pas.
5. Λίσσομαι, λίττομαι, supplie.
6. Λισσὸς, lisse, surface unie.
7. Λιτός, vil. 8. Λίτρα livre *on prend*.
9. Λιχανὸς, le doigt tout montrant.
10. Λοβὸς *est* le bout de l'oreille.
11. Λοιγὸς, mort, mal grand à merveille.

DÉRIVÉS.

1. (*gén.* οῦ, ὁ.) Λιμαίνω et λιμώττω, avoir faim : λιμώδης et λιμηρὸς, affamé : βούλιμος, qui a une grande faim : ἐκλιμος, atténué de jeûnes, amaigri, exténué par la faim.

2. (*gén.* εος.) Constant, assidu : λιπαρέω, être assidu, persévérer, demander instamment, prier continuellement : ἀρχολίπαρος, qui fait de grandes instances pour avoir une charge, qui brigue assidument ; qui se met bien et s'ajuste proprement pour cela ; *et alors il peut venir aussi du mot suivant.*

3. (*gén.* εος, τό.) Λιπαρὸς, gros et gras ; onctueux, dégoûtant de graisse ; beau, bien fait ; heureux.

5. Λιτάζομαι, le même : λιτὴ, prière, procession : λιτανεία, litanie, prière ; λιτανεύω, le même que λίτομαι : τρίλλιστος, demandé trois fois ; fort désiré.

6. (*gén.* οῦ, ὁ.)

7. (*gén.* οῦ, ὁ.) *d. pl.* simple, nu, négligé, petit, méprisable, de nulle valeur : λιτότης, ητος, ἡ, simplicité, frugalité, diminution.

8. (*gén.* ας, ἡ.) lat. *libra*.

9. (*gén.* οῦ, ὁ.) lat. *index* ; λίχανος, certain son d'un instrument : λίχνος de λείχω, λιχμῶ, qui lèche ses doigts, friand, gourmand : λίχνευμα, friandise.

10. (*gén.* οῦ, ὁ.) *d. pl.* les cosses qui enferment le grain : ἐλλόβιον, pendant d'oreille : πρόλοβος, le gésier des oiseaux.

11. (*gén.* οῦ, ὁ.) ᾳθηρηλοιγὸς, van, pris d'ἀθήρ, *arista*, épi ou barbe d'épi, parce qu'il est comme leur ruine, rejetant la paille et ne retenant que le bon grain : βροτολοιγὸς, qui cause la mort aux hommes, homicide, peste et ruine du genre humain : λευγαλέος, pernicieux, fâcheux, difficile, mauvais, méchant, misérable, malheureux, infortuné, faible, infirme, sans force.

CXVIII.

1. Λοίδορος *est* un médisant.
2. Λοιμὸς, peste, homme pestilent.
3. Λοίσθιος le dernier *s'explique*.
4. Λοξός, tortu, non droit, oblique.
5. Λούω, laver ; λουτήρ, bassin.
6. Λόφος, cou, colline *ou* le crin.
7. Λόχος, embûche, troupe en guerre.
8. Λύγη, ténèbres. 9. Λύγδος, pierre.
10. Λυγρός, fâcheux. 11. Λύγος, osier.
12. Λύζω, sangloter *et* crier.

DÉRIVÉS.

1. (*gén.* ου, ὁ) Λοιδορία, médisance, injure : λοιδορέω, mépriser, injurier, reprocher, insulter, faire honte, couvrir de confusion : ἀλοιδόρητος, à qui l'on ne peut rien reprocher, qui est hors d'atteinte aux injures.

2. (*gén.* οῦ, ὁ.) Λοιμικὸς et λοιμώδης, pestilentieux, contagieux, mortel : λοιμώττειν, avoir la peste.

3. (*gén.* ου, ὁ et ἡ.) Λοίσθημα, fin, extrémité.

4. (*gén.* οῦ, ὁ.) Λοξεύω et -όω, rendre courbé ou tortu.

5. (*fut.* σω.) Laver, baigner, dit proprement du corps, comme νίπτω, des mains, πλύνω, des vêtemens : λουτήρ, ῆρος, ὁ, bassin à laver : λούτριον, l'eau dont on s'est lavé ; sorte de médicament : λοῦτρον, lavoir, bain ou l'eau dont on lave, l'action de laver ; le baptême dans le nouveau testament.

6. (*gén.* ου, ὁ.) *d. pl.* aigrette, houppe, haut ou sommet, chapeau, faîte, casque ou le haut du casque : λόφουρος, qui a une belle crête ou aigrette, qui lève la tête ou la crête, superbe, orgueilleux : λοφίζω et -έω, exalter, relever : λοφάω, avoir une crête, houppe, ou aigrette.

7. (*gén.* ου, ὁ) mais λοχὸς, οῦ, ἡ, une accouchée : λοχίζω, ranger par compagnies, par cohortes ; mettre en embuscade : λοχάω, dresser des embûches : λόχμη, lieu propre à dresser des embûches.

8. (*gén.* ης, ἡ.) *d. pl.* obscurité, ombre, noirceur.

9. (*gén.* ου, ὁ.) *Lygdus*, sorte de pierre fort blanche, plus estimée que le marbre et que l'albâtre.

10. (*gén.* οῦ, ὁ.) *d. pl.* difficile, affligeant, funeste, qui porte malheur ; humide.

11. (*gén.* ου, ἡ.) *d. pl.* arbrisseau, baguette, houssine, bâton : λυγόω et λυγίζω, plier, rendre souple, vaincre, surmonter : λυγισμα, souplesse, flexibilité, agilité, contorsion.

12. (*fut.* ξω.) Λύττω, -στω, *lugeo, -ere :* λυγμὸς et λύγξ, -γγος, sanglot : λυγδήν, en sanglottant, avec sanglots.

CXIX.

1. Λυκός, loup. 2. Λύθρον, sang, poussière.
3. Λῦμα, l'ordure à mettre arrière.
4. Λύμη, mal, peste, grand malheur.
5. Λύπη, peine d'esprit, douleur.
6. Λύσσα, la rage. 7. Λύρα, lyre.
7. Λύχνος lampe *ou* clarté *veut dire.*
9. Λύω, délie, ôte, affranchit.
10. Λῶ, veut; λῷων meilleur *est dit.*
11. Λώβη, tache, injure sensible.
12. Λωφᾶν, respire, *et* rend paisible.

DÉRIVÉS.

1. *d. pl.* frein ou mors; sorte de fleur, d'oiseau, de poisson, d'araignée; instrument de cuisine; pastille; le soleil, *dans Marube:* λυκόω, dévorer, déchirer: λύκη, faux jour qui précède le lever du soleil: ἀμφίλυκος, la fin de la nuit, lat. *antilucanus*, qui précède la lumière du jour.

2. lat. *cruor.* sang mêlé avec la poussière: λυθρόω, *cruentare*, ensanglanter.

3. *d. pl.* excrémens: λυμαίνω, purifier, purger.

4. *d. pl.* affront, traitement injurieux: λυμαίνω et -ομαι, perdre, corrompre, violer, gâter, ravager, ruiner, blesser, battre, défigurer, traiter ignominieusement: λυμαντήρ, peste, corrupteur: λυμαντής et -τήριος, pernicieux: ἀλύμαντος, à qui on ne peut nuire.

5. Λυπρός, fâcheux, affligeant: λυπρός, le même; *d. pl.* maigre, sec, défait, méprisable.

6. (*gén.* ης, ἡ.) *d. pl.* un petit ver qu'on ôte de la langue des petits chiens, ce qui les empêche de devenir jamais enragés.

7. (*gén.* ας, ἡ.) lat. *lyra; d. pl.* signe céleste; certain poisson: λυρίζω, jouer de la lyre.

8. (*gen.* ου, ὁ.) lat. *lychnus:* λυχνία et λυχνίον, un chandelier.

9. (*fut.* σω.) lat. *solvo; d. pl.* relâcher, remettre quelque chose, dissoudre, *diluo*, effacer, abolir; partir du port; être utile, être avantageux: ἄλυσις, une chaîne: ἀπολύω, délier, lâcher, relâcher, séparer, dénouer, absoudre, mettre en liberté, mettre hors de cour et de procès, remettre, pardonner, laisser aller, renvoyer, repudier.

10. Λωΐων, le même: λωῖςος, et λῶςος, très bon.

11. *d. pl.* perte, accident; mal des oreilles: λωβάομαι, déshonorer, défigurer, maltraiter.

12. (*fut.* ήσω.) Cesser, se reposer, être en repos ou faire cesser mettre en repos.

CXX.

* M *pour* quarante *au nombre on prend.*
1. Μάγγανον, fourbe, enchantement.
2. Μάγειρος cuisinier *s'explique.*
3. Μάγος, savant dans l'art magique.
4. Μάγνης de l'aimant *se traduit.*
5. Μαδός, sans poil. 6. Μάζα, biscuit.
7. Μαζός la mamelle *doit faire.*
8. Μαῖα, sage-femme *ou* grand'mère.
9. Μαίνομαι, se mettre en fureur.
* Δοξομανής, est fou d'honneur.

DÉRIVÉS.

* Μῦ, Ion μῶ, de l'Hébreu *Mem*, ou du Chald. *Me.*
1. *d. pl.* subtilités, adresses, tours de passe-passe, chose inopinée et surprenante ; le verrou ou la barre d'une porte : une machine, *Hésych.* : μαγγανεύω, machiner quelque chose, user de fourberie ou d'enchantement.
2. Μαγειρεῖον, une cuisine.
3. (ὁ et ἡ) proprement *magus*, mage, le même parmi les Perses que *philosophe* parmi les Grecs ; mais, parce que ces Mages étaient ordinairement savans dans l'art magique, il se prend aussi adjectivement pour ceux qui en font profession.
4. (*gén.* ητος, ὁ.) lat. *magnes*, pierre qui attire le fer.
5. Chauve : μαδάω, être chauve, n'avoir point de poil ; *d. pl. madeo*, être humide ou mouillé.
6. *d. pl.* galette, gâteau.
7. (*gén.* οῦ, ὁ.) Μαζὸς ou μασθὸς, le même ; *d. pl.* tertre, colline ; sorte de pot.
8. (*gén.* ας, ἡ.) *d. p.* nourrice ; mot d'honneur dont on se sert à l'égard des personnes âgées ; lat. *matrona.*
9. (*fut.* οὔμαι.) Être furieux, en colère, fou, passionné pour quelque chose : μανία, manie, fureur, passion, fantaisie, folie, sottise : μανικός, fou, insensé : μάνης, ου, un valet, un esclave : ἱππομανής, passionné pour les chevaux ; excessivement fou : ἱππομανὲς, τὸ, herbe qui fait devenir folles les jumens qui en mangent : καρπομανής, qui produit excessivement de fruits : ξενομανής, passionné pour les choses étrangères.

CXXI.

1. Μάκαρ, μάκαρς, heureux *veut dire.*
2. Μαλάσσω, mollit ; * μάλθα, cire.
3. Μάλη *pour* l'aisselle *se prend.*
4. Μάλκη, froid, engourdissement.
5. Μαλλός laine *ou* long poil *doit faire.*
6. Μαλός, tendre ; 7. *et* Μάμμη, grand'mère.
8. Μανδάκη, le cuir *ou* la peau.
9. Μάνδρα, parc, l'étable au troupeau.
10. Μανθάνειν, apprend, étudie.
11. Μανός large *et* clair *signifie.*

DÉRIVÉS.

1. (*gén.* αρος.) Μακάριος, le même : μακαρία, ἡ (sup. χώρα), lieu de la félicité: μακαρίζω, estimer heureux.

2. *ou* -ττω, amollir : μαλάχη, mauve : μαλακός, mou, non dur ; doux, accommodant ; lâche, efféminé, paresseux, languissant. * μαλθακός, le même : μαλθακόω et -θακίζω, amollir, adoucir, gagner, fléchir : μαλθόω, manier et amollir comme de la cire.

4. Μαλκέω, avoir les pieds et les mains gelées, transies, engourdies de froid.

5. (*gén.* οῦ, ὁ.) *d. pl.* touffe de cheveux, moustache : ϛρεψίμαλλος, qui a le poil ou la laine mêlée ou entortillée : *métaph.* fourbe, trompeur.

6. (*gén.* οῦ, ὁ.) *d. pl.* blanc ; pernicieux.

7. (*gén.* ης, ἡ.) *d. pl.* maman, mot des enfans : μάμμα et μαμμαία, le même.

9 *d. pl.* caverne, pressoir : αρχιμανδρίτης, un abbé, maître d'un cloître.

10. (*fut.* μαθήσομαι, du présent formateur μαθέω) *d. pl.* enseigner, interpréter, connaître, découvrir, reconnaître, s'informer, entendre, comprendre : μαθητής, disciple : μαθητεύω, être disciple ou enseigner : ἀμαθής, έος, qui n'a pas étudié, ignorant, qui ne sait rien, sans art, sans expérience, grossier, rustique : δυσμαθής, qui a peine à apprendre, *ou passivement* qui est difficile à apprendre ; le contraire est εὐμαθής : νομομαθής, savant dans la loi : ὀψιμαθής, qui a commencé tard à étudier : πολυμαθής, savant, qui a appris beaucoup de choses : χρηςομαθής, qui a appris des choses bonnes et utiles.

11. Clairsemé, lâche, mou, qui n'est point pressé : μανώδης, le même : μανόω, rendre lâche, clair et mou : μανάκις, rarement.

CXXII.

1. Μάντις, un devin qui prédit.
2. Μαραίνω, dépare *et* flétrit.
3. Μάργος, fou, tête écervelée :
* Στόμαργος, langue débordée.
4. Μάρη, main, εὐμαρής produit.
5. Μαρμαίρω, rayonne *et* reluit.
6. Μάρναμαι, combat. 7. Μάρπτω, prendre.
8. Μάρσυπος bourse *se doit rendre.*
9. Μάρτυρ, un témoin, un martyr.
10. Μασᾶσθαι, manger, engloutir.

DÉRIVÉS.

1. (*gén.* εως ou ιος.) Μαντὴς, οῦ, le même : μαντοσύνη, l'art de deviner, divination : μαντεύω, deviner, prédire, prendre augure, rendre des oracles ; *d. pl.* aller au devin, consulter l'oracle: βελομαντία, divination par les flèches, *quand on en mettait plusieurs dans le carquois marquées du nom des villes, afin de voir par celle qu'on prendrait quelle ville on devait attaquer la première*; νεκρομαντεία, divination qui se fait en évoquant les morts, necromancie.

2. (*fut.* ανῶ.) *d. pl.* faner, faire sécher : μαρασμὸς, flétrissure, sécheresse, aridité, abattement : μάρανσις, le même : ἀμάραντος, qui ne se flétrit point, amarante, fleur qui dure toujours.

3. *d. pl* impétueux inconsidéré, débordé.

4. Εὐμαρής, facile, qui est en main.

5. (*fut.* αρῶ.) Μάρμαρος, blanc, éclatant, luisant ; fragment d'un marbre qu'on polit : μαρμάρεος, marmoreus, de marbre, ou luisant comme le marbre.

6. *d. pl.* se battre, en venir aux mains ; *car il est pris de* μάρη, selon Eustathe.

8. (*gén.* οῦ, ὁ.) lat. marsupium, sac, besace, poche.

9. (*gén.* υρος.) Μάρτυρος, ου, le même : μαρτύριον, témoignage, signe, indice, lieu où sont les reliques des martyrs : μαρτυρέω, rendre témoignage, servir de témoin ; assurer, certifier ; honorer quelqu'un de son approbation ; se rendre à l'avis ou à l'opinion d'un autre ; montrer, déclarer, faire voir ; être martyr, souffrir le martyre.

10. Μασάομαι, *infin.* μασάεσθαι, *contr.* ᾶσθαι, manger : μάσταξ, mâchoire, lèvre d'en-haut, moustache ; viande ; sauterelle.

CXXIII.

1. Μάσσω, pétrit, essuie, exprime.
2. Μάστιξ, fouet, peine pour le crime.
3. Μαστεύω, cherche avec désir.
4. Μαστρωπός, attire au plaisir.
5. Μασχάλη l'aisselle *on expose*.
6. Μάτην, 7. Μὰψ, en vain *et* sans cause.
8. Μάχλος, lascif, incontinent.
9. Μάχομαι, combat vivement.
10. Μάω, veut, cherche *et* met en peine.
11. Μεγαίρω, porte envie *ou* haine.

DÉRIVÉS.

1. (*fut.* ξω, du présent formateur μάγω.) att. μάττω, d. pl. toucher: μάγμα, le marc, le fond: μάκτρα, huche où l'on pétrit; baignoire; μαγίς, ίδος, le même: d. pl. plats, bassins de balance.

2. (gén. ιγος, ἡ.) d. pl. courroie, sangle, étrivière; vengeance divine, maladie; châtiment: μαςιγίας, ου, qui se fait continuellement fouetter: μαςιγιάω, avoir besoin de châtiment; μαςιγόω, ῶ, μαςίω et -ίζω, châtier, battre, fouetter.

3. Ματεύω, le même: μαςὺς, υος, recherche: μαςευτὴς, μαςὴρ et μάςωρ, celui qui recherche.

4. ou μαςροπὸς, *leno*, corrupteur de jeunesse.

5. d. pl. l'épaule, le creux qui est entre le tronc et les branches; partie de la feuille d'olivier, partie de la proue; les ailes du vaisseau; une grue (machine), une branche ou feuille de palmier:

μασχάλιον, panier ou corde de feuilles de palmier: μασχαλίζω, mutiler, déshonorer, couper les extrémités des membres: μασχαλιςὴρ, corde à attacher le cheval à la charrette: μασχαλὶς, ίδος, le même que μασχάλη, *axilla*.

6. d. pl. témérairement, faussement: μάταιος, vain, inutile, fou; méprisable, de nulle valeur.

7. Μαψίδιος, μάψωτος, vain, inutile.

9. (*fut.* οῦμαι.) Μάχη, bataille, escarmouche, dispute, altercation: μάχαιρα, épée, couteau, coutelas, dague, poignard: ἄμαχος, sur quoi on ne peut pas contester; indomptable, qu'on ne peut vaincre, dont on ne peut venir à bout; incomparable, qui ne combat point.

10. Désirer passionnément, rechercher diligemment: μαιάω, le même.

11. d. pl. avoir égard, respecter; priver, ôter: ἀμέγαρτος, qui n'a point d'envie; grand, nombreux.

CXXIV.

1. Μέγας, grand : * μέγεθος, grandeur.
2. Μέδω, commande, est empereur.
3. Μέθυ, vin, *d'où* μέθη *se tire*.
4. Μειδᾶν *est* doucement sourire.
5. Μειλίσσειν, est doux, attrayant.
6. Μείραξ, jeune homme *ou* jeune enfant.
7. Μείρω, partage, acquiert *ou* prive :
   * Μοῖρα sort, destin, *s'en dérive*.
8. Μειών *est* moindre, inférieur.
9. Μέλας, noir ; μελασμὸς, noirceur.

DÉRIVÉS.

1. (*gén.* μεγάλου.) *d. pl.* violent, furieux, puissant : μείζων, plus grand : μέγιςος, très-grand, etc. μεγαλύνω, relever de parole, louer.
* (*gén.* εος, τό.) *d. pl.* hauteur, véhémence, force, gravité, majesté, magnanimité, dignité, amplitude : μέγαρον, maison, palais, hôtel d'un grand.

2. *d. pl.* avoir soin : μεδέω et -εύω, le même : εὐρυμέδων, dont la puissance s'étend bien loin.

3. (*gén.* υος, τό.) *d. pl.* cidre et tout ce qui peut enivrer : μέθη, ivresse : μεθύω, être ivre : μεθύσκω, enivrer, combler, remplir, imbiber, verser abondamment, noyer.

4. Μειδάω ou -έω, μειδιάω ou -άω, le même : ἀμειδὴς, qui ne rit jamais : καταμειδιῶ, se rire, se railler, se jouer de quelqu'un : φιλομειδὴς, qui aime à rire.

5. (*fut.* ξω, du présent formateur μειλίχω.) Μείλιχος, doux, gracieux, aimable.

6. (*gén.* ακος, ὁ.) Μειρακίον, μειρακίσκος, μειρακύλλιον, diminutifs : μειρακιεύομαι et -κεύομαι, faire l'enfant, être tout enfant.

7. *d. pl.* rencontrer, obtenir, trouver : μέρος, τό, et μερὶς, ἡ, part, portion, partage, partie ; un parti : μόρος, ου, portion, sort, destinée, la mort, malheur, accident, infortune, supplice.
* Μοῖρα, le même : *d. pl.* compagnie de soldats ; degrés des cercles de la sphère : μοιραῖος, fatal : μοιρίδιος, le même ou qui vient par quelque fatalité : μοιράομαι, diviser, partager : ἀμείρω, priver, *comme qui dirait* ne pas faire part : ἄμοιρος, à qui il n'est rien échu : μεμψίμοιρος, plaintif, non content de ce qui lui est échu.

8. Μειοῦσθαι, être moindre, être de pire condition, *et passiv.* s'amoindrir, empirer.

9. (*gén.* ανος. ὁ.) Μελαντηρία, suc noir, encre qui s'engendre sur le métal : μελανινὸς, noir, obscur, horrible.

CXXV.

1. Μέλδω, fait bouillir, liquéfie.
2. Μέλεος vain, sot, *signifie*.
3. Μελεδαίνω, 4. Μέλει, soigner :
* Μελετᾶν, penser, s'exercer.
5. Μέλι, le miel, doux à la bouche :
*. Μέλισσα, mellifique mouche.
6. Μελία, frêne, arbre à darder.
7. Μέλλειν, devoir être *ou* tarder.
8. Μέλος, membre, vers, mélodie.
9. Μέλπω, chante hymne, *et* versifie.

DÉRIVÉS.

1. *d. pl.* amortir, consumer.
2. (*gén.* ον, ὁ.) *d. pl.* malheureux, infortuné : μέλεον, τὸ, ce qui est vain, sans effet.
3. Μελέδημα, soin, désir, passion, inquiétude : μελεδών et μελεδωνή, le même.
4. Μέλει, curæ est, on a soin : μέλομαι, j'ai soin : μέλημα et μελέτη, soin : μελετάω, penser, méditer; avoir soin, exercer, s'exercer; déclamer : ἀμελής, négligent, qui n'a point de soin : ἐπιμέλεια, grand soin, diligence ; affection : μεταμέλομαι et -οῦμαι, je me repens : μεταμέλεια, repentir : τημελῶ, avoir soin de ce qui regarde le corps, s'ajuster, se parer; recevoir et traiter humainement: τημελής, soigneux, diligent : ἀμελητέος, dont on n'a pas soin, qui est négligé, ou qu'on doit négliger : ἀμελέτητος, qui n'est point versé ni exercé, ignorant; qui n'est point préparé.
5. (*gén.* ιτος, τό.) Μελιτόω, confire dans le miel.
* Μελίσσιον, une ruche.

6. (*gén.* ας, ἡ.) Frêne propre à faire des flèches ou des dards ; les flèches et les dards mêmes ; μελία est aussi une sorte de fruit; *Eustathe.* Μελίαι sont les muses, à cause qu'elles se plaisent à cet arbre. *Id.*
7. (*fut.* ήσω.) *d. pl.* s'amuser, s'arrêter, différer, cesser; sembler, paraître, être estimé : μελλητής, lent, qui s'amuse, paresseux : μελλητιάω, chercher à s'amuser.
8. (*gén.* εος, τό.) Μελίζω, couper par membres; chanter mélodieusement, mesurer des vers : μέλισμα, cantique, chanson, poème : ἐμμελής, doux, harmonieux, fait par nombre et mesure; propre, ajusté, beau, bien fait, qui sied bien, qui est bien proportionné, modeste, sage, composé, retenu : πλημμελής, tout le contraire du précédent, venant de la particule πλὴν, *præterquàm*.
9. Μολπή, chant, chanson, hymne, chœur, musique.

CXXVI.

1. Μέμφομαι, se plaint *et* reprend.
2. Μένος, l'âme *et* son mouvement.
3. Μένω, demeure, attend *et* dure.
4. Μέρδω, prive *ou* voit, fait injure.
5. Μέριμνα *pour* le soin *se dit*.
6. Μερμαίρω, se bande l'esprit.
7. Μέσος milieu; neutre, *nous forge*.
8. Μεστός, plein, rempli, qui regorge.
9. Μετέωρος, haut, élevé.
10. Μέτρον, mesure *et* vers nombré.

DÉRIVÉS.

1. *d. pl.* se fâcher, faire des reproches, blâmer : μέμφω, se trouve aussi pour λαμβάνω, prendre, *dans l'étym.* : ἄμεμπτος, de qui on ne se peut plaindre, qui vit sans reproche, irrépréhensible ; qui n'est point querelleur ni plaintif.

2. (*gén.* εος, τό.) *d. pl.* l'impétuosité et l'ardeur de l'esprit, force, courage : μενεαίνω, s'emporter dans ses désirs ou dans sa colère : δυσμενής, mal affectionné, ennemi : δυσμεναίνω, vouloir du mal à quelqu'un, le traiter en ennemi : εὐμενής, ami, affectionné, plein de douceur.

3. Μίμνω, le même : μονή, demeure : ὑπμένη, combat, bataille : ἀμενητί, avec impatience.

4. (*fut.* σω.) Σμέρδω, voir ; σμερδνός, σμερδαλέος; terrible à voir, redoutable.

5. *d. pl.* inquiétude, peine d'esprit : μεριμνάω, penser attentivement, s'inquiéter, avoir grand soin.

6. Penser fortement à quelque chose, vouloir trouver quelque chose ; être en peine, en inquiétude : μέρμερος et -ριος, curieux, rêveur, qui fait recherche de quelque chose : μερμερίζω, rêver profondément à quelque chose, inventer, trouver.

7. (*gén.* ου, ὁ.) *d. pl.* médiocre, entre deux : τὸ μέσον, la moitié : μεσηγύ, *adv.*, entre deux ; cependant.

8. Μεσόω, emplir.

9. *d. pl.* élevé, qui se redresse, qui vient en haut, qui est sur la surface, qui nage dessus, qui est en haute mer; contemplatif, méditatif, esprit élevé ou rêveur, qui est en suspens, flottant, indéterminé, qui est emporté par son désir, qui se flatte de quelque espérance : τὸ μετέωρον, qui tient le monde en suspens et dans l'attente : μετεωρίζω, élever en haut, aller en haut, prendre l'essor, relever, donner courage.

10. Μέτριος, médiocre, modeste, modéré, retenu : μετρίως, convenablement, suffisamment, assez.

CXXVII.

1. Μῆδος conseil et soin veut dire :
* Μηδικός, médecin, s'en tire.
2. Μηκάομαι, s'en va bêlant.
3. Μῆκος, longueur : * μακρός, long, grand.
4. Μήκων, pavot, fait dormir l'homme.
5. Μηλέα, pommier : μῆλον, pomme.
6. Μήν, mois : 7. μήνη, lune, reluit :
* Νεομηνία, s'en produit.
8. Μῆνις, la colère envieillie.
9. Μηνύειν, apprend, certifie.

DÉRIVÉS.

1. (gén. εος, τό.) Μῆδος, ου, ὁ, Mède, qui est de Médie : μήδομαι, avoir soin; consulter, délibérer, penser, méditer, rechercher, rêver à quelque chose.
* C'est aussi ce qui est propre aux Mèdes, qui vient de Médie.
2. Μηκάζω, le même : μηκάδες, chèvres, petits agneaux.
3. (gén. εος, τό.)
* (gén. οῦ, ὁ.) d. pl. haut, qui dure long-temps, qui est nombreux, haut, élevé; creux, profond : μάσσων pour μακρότερος, plus long, plus grand.
4. d. pl. certain excrément des poissons à coquille, vessie que le polype a sous le ventre, et dans laquelle il porte son encre ou humeur noire; certain sable qui se trouve parmi les métaux : μήκωνες, οἱ, certains poissons qui vont par troupes.

5. lat. malus, le pommier; et malum, la pomme; d. pl. toute sorte de fruit; la joue, la saillie de l'œil hors de la tête; certaines chairs rouges et rondes sous les glandes, les lèvres; brebis, troupeau.
6. (gén. ηνός.)
7. Μηνοειδής, εος, lune en croissant. Basil., ou plutôt de croissant, en forme de croissant.
* Νεομηνία, mois nouveau, premier jour du mois, nouvelle lune.
8. (gen. ιδος, ἡ.) Μηνίω, avoir une haine couverte, une secrète aversion; d. pl. manger ou mâcher.
9. Μήνυμα, ατος, τὸ indice, découverte, dénonciation, signe, marque : μήνυτρον, le prix qu'on promet à celui qui découvrira quelque chose.

CXXVIII.

1. Μηρὸς la cuisse *marquera*.
2. Μηρύω, tourne *et* filera.
3. Μήτηρ, mère, aime avec tendresse.
4. Μῆτις, le conseil, la sagesse.
5. Μηχανή machine *et* l'art *fait*.
* Ἀμήχανος est au rouet.
6. Μιαίνω, gâte avec souillure.
7. Μίγνυμι mêler *te figure*.
8. Μικρός, petit, de peu de nom.
9. Μίλτος *marque* le vermillon.

DÉRIVÉS.

1. (*gén.* οῦ, ὁ.) *d. pl.* la jambe.
2. *d. pl.* dévider : μήρυμα et -νσμα, le fil qu'on roule autour du fuseau en filant : μηρύκω et μηρυκάζω, μηρυκίζω, μηρυκάομαι, ruminer, remâcher ce qu'on a déjà avalé.
3. (*gén.* τέρος, τρός.) Δημήτηρ, Cérès, déesse de la terre : φιλομήτωρ, qui aime sa mère.
4. (*gen.* ιος, ἡ.) *d. pl.* intelligence, prudence, finesse : μῆτος, εος, le même : μητιέτης, sage, prudent, qui donne conseil : πολύμητις et πολύμητης, plein d'adresse, avisé.
5. (*gén.* ῆς, ἡ.) *d. pl.* adresse, artifice, invention : μῆχος, τὸ, et μῆχαρ, τὸ, le même.
* Ἀμήχανος, simple, idiot, qui n'a nulle adresse, ni invention ; qui est au bout de son rôlet ; qu'on ne peut prendre par adresse ni par machine, méchant, malicieux, inventeur de maux : βιομήχανος, qui cherche toutes sortes d'inventions pour gagner sa vie.
6. (*fut.* ανῶ.) *d. pl.* profaner : μίασμα, souillure, tache, profanation, crime, méchanceté : μιαρὸς, méchant, impie, souillé, impur.
7. (*fut.* μίξω, du présent formateur μίγω.) *d. pl.* confondre, mettre ensemble : μιγνύω, le même : ἴγδη, mortier, pilon ; sorte de danse : ἰγδίζω, se remuer et courber, comme ceux qui pilent quelque chose dans un mortier : προσμίγνυμι, mêler avec, ajouter, appliquer, joindre, tenir contre, combattre : παμμιγὴς et παμμικτὸς, composé et mêlé de toutes sortes de choses : παντομιγὲς, un composé de toutes sortes de choses.
8. *d. pl.* de peu de prix, de peu de conséquence ; peu, en petit nombre : σμικρὸς, le même que μικρός.
9. lat. *minium* ; *d. pl* rouille qui vient aux blés.

CXXIX.

1. Μιμεῖσθαι, contrefait, imite.
2. Μισθός, loyer, prix du mérite.
3. Μινυός, μινυρός, petit :
* Μινύθω, décroît, affaiblit.
4. Μῖσος la haine *on doit traduire*.
5. Μιστύλλειν, en pièces déchire.
6. Μίτος, trame du tisserand.
7. Μίτρα, la ceinture *ou* turban.
8. Μνᾶσθαι, se souvient, recommande :
* Μνηστήρ, une épouse demande.

DÉRIVÉS.

1. (Μιμέομαι, *fut.* μιμήσομαι.) *d. pl.* exprimer, faire de même : μῖμος, *mimus*, qui contrefait, qui imite, bouffon, gesticulateur : παντόμιμος, qui contrefait toutes sortes de gestes.

2. (*gén.* οῦ, ὁ.) Récompense : μίσθιος, mercenaire : μισθόω, louer, donner à faire ou prendre pour de l'argent.

3. Μινυόν, *minium*, vermillon : * μινύθω, *minuo*, diminuer, amoindrir ; se diminuer, décroître, sécher : μινυθάδιος, qui est de courte durée : μινυρίζω, se lamenter d'une voix claire et délicé, chanter d'une voix claire et lamentable.

4. (*gén.* εος, τό.) Μισέω, haïr, avoir aversion, porter envie : μισητὸς, odieux, vilain, qui est en horreur : μισητίζω, haïr : Θεομισής, que Dieu hait : Θεομίσης, qui hait Dieu.

5. *d. pl.* couper en petits morceaux, émietter.

6. (*gén.* ου, ὁ.) Μίτοι, cordes d'instrument : μιτόω, tendre la trame d'un tisserand ou les cordes d'un instrument.

7. *d. pl.* baudrier, mitre, ruban, habillement de tête : Θηλύμιτρος, lâche, efféminé, coiffé en femme.

8. (μνάομαι, *fut.* ήσομαι.) *d. pl.* raconter, faire mention ; avoir soin ; demander en mariage ; rechercher, désirer : μνήμα, ce qui fait ressouvenir, monument, sépulchre : μνημονεύω, savoir par cœur, retenir, se ressouvenir : μνηστεύω, rechercher, demander en mariage ; acquérir.

* *d. pl.* celui qui est l'entremetteur du mariage : μνήστωρ, celui qui fait quelque présent de la part de l'accordé, et *d. pl.* savant, docte, expert : πολυμνήμων, qui se souvient de beaucoup de choses : ὑπομνηςεύω et ὑπομνηςεύομαι, promettre en mariage, fiancer.

CXXX.

1. Μόγος, travail, affliction.
2. Μόθαξ, serf né dans la maison.
3. Μόθος, 4. Μόλος, travail *doit faire*.
5. Μοιχός, impudique, adultère.
6. Μολγὸς sac de cuir *marquera*.
7. Μολέω, μολίσκω, vient, va.
8. Μόλιβδος *pour le* plomb *s'usite*.
9. Μολοβρὸς, gourmand, parasite.
10. Μολύνω gâter, souiller, *prend*.
11. Μόνος, seul : μόνον, seulement.

DÉRIVÉS.

1. (*gén.* ου, ὁ.) Μογερὸς et -ηρὸς, laborieux, malheureux : μογέω, être en peine, souffrir, endurer, supporter ; être las, abattu : μόγις, vix, à peine, difficilement.

2. lat. *verna* : μόθων, le même ; *d. pl.* laquais de personnes de condition ; vain, fanfaron, badin, causeur, importun : μοθωνικὸς, insolent, superbe.

3. (*gén.* ου, ὁ.) *d. pl.* guerre, combat, tumulte.

4. le même : μόλις, le même que μόγις.

5. Μοιχὰς, άδος, ἡ, femme adultère : μοιχαλὶς, ίδος, le même.

6. lat. *bulga*, *culeus* : μολγὴς, méchant, malin, corrompu.

7. *d. pl.* courir : αὐτόμολος, qui va de lui-même, transfuge, soldat qui passe vers l'ennemi : αὐτομολίχι dans les vignes sont les rejetons qui poussent du pied.

8. Μολίβος, le même : μολιβ- δὶς et -υβδὶς, *gén.* ίδος, latin, *moles*, boule, masse ou lame de plomb : μολίβδαινα et -υβδαινα, le même : *d. pl.* vase de plomb ou de métal, certaine herbe.

10. Μολυσμος, οῦ, ὁ, souillure, corruption : μολύνσις, εως, le même : ἀμόλυντος, sans tache, sans corruption.

11. *d. pl.* un, unique, singulier, désert, séparé, abandonné : μοῦνος, le même : μοναχὸς, unique, moine, solitaire : μονὰς, άδος, unité : μοναδὸν, seulement : μονάζω, vivre solitairement : μονιὸς, οῦ, sauvage, solitaire, qui aime les déserts ; *d. pl.* mo- nile, bracelet, collier, ornement : μονοῦμαι, être abandonné, délaissé ; être seul : μουνὰξ, séparément, solitairement, seulement : μούνας et καταμόνας, le même : μονόω, ῶ, laisser seul, abandonner : ἐπιμονόω, le même, et *d. pl.* désoler, rendre désert, rendre seul.

CXXXI.

1. Μορμύρω, fait bruit *et* murmure.
2. Μορμώ, marmot, spectre, figure.
3. Μορύσσω, rend sale, infecté.
4. Μορφὴ, forme, mine *et* beauté.
5. Μόσσυν rempart, tour, *signifie*.
6. Μόσχος, neuf, veau. 7. Μοτὸς, charpie.
8. Μοῦσα, Muse, chante des vers :
* Μουσικὴ, musique, art des airs.
9. Μόχθος, travail, misère *encore*.
10. Μυδάζομαι, rejette, abhore.

DÉRIVÉS.

1. Μορμυρίζω, imiter le son que fait un ruisseau sur les cailloux.
2. (*gén.* οῦς, ἡ.) Μορμολύττομαι, faire peur, épouvanter, chasser par spectres ou figures horribles ; *d. pl.* craindre, avoir peur: μορμολυκεῖον, spectre, mascarade, acteur de théâtre.
4. Forme, (pris du grec par transposition): μορφήεις, beau : μόρφωσις, formation : μεταμόρφωσις, métamorphose, transformation, changement de forme.
5. Tour, particulièrement de bois : *d. pl.* siége, tribunal.
6. (*gén.* οῦ, ὁ.) *proprement* tout ce qui est neuf, jeune et nouveau, comme un germe ou rejeton, un veau ou jeune bœuf ou génisse; du musc, c'est-à-dire une liqueur précieuse qui sort de dessous le ventre d'un certain animal des Indes : μοσχίον, petit veau ou agneau nouveau-né, petit rejeton: μοσχεύω, faire des provins, marcotter ou planter des branches : ὄσχος, le même que μόσχος.
7. (*gén.* οῦ, ὁ.)
8. Μουσάω, mettre en cadence, donner la grâce et le nombre, rendre beau : μουσικὸς, musical, accordant, harmonieux; qui sait l'art de chanter, qui chante bien, qui aime à chanter.

* Μουσικὴ, *supl.* τέχνη, l'art de chanter, la musique : ἄμουσος, mal instruit, mal formé, grossier, ignorant, qui ne sait pas chanter: παράμουσος, dissonnant, qui ne s'accorde pas, qui ne sait pas la musique, étranger aux beaux-arts, qui ne sait rien, qui n'est bon à rien.
9. (*gén.* ου, ὁ.) Μοχθηρὸς, laborieux; malheureux, misérable; méchant, corrompu : μοχθηρία, malice.

CXXXII.

1. Μυδᾶν, moisir. 2. Μύδρος, brûlant.
3. ʽΜυελὸς *pour* la moëlle *on prend*.
4. Μυεῖν, choses saintes explique :
* Μύςης, aux mystères s'applique.
5. Μύζω, se plaint, suce *et* gémit.
6. Μῦθος, fable, ce que l'on dit.
7. Μυῖα, la mouche, à tout s'attache.
8. Μυκάω, meugle en bœuf ou vache.
9. Μύκης, le trompeur champignon.
10. Μυκτήρ, nez, aime à sentir bon.

DÉRIVÉS.

1. (*fut.* ήσω.) Μυδάω, se moisir, sentir le relent : μυδαλέος, humide, moisi : μυδαίνω, humecter, pourrir.
2. (*gén.* ου, ὁ.) Fer rouge, boule de feu, braise ardente.
3. (*gén.* οῦ, ὁ.) Μυελόεις, moëlleux : μυελώδης, qui ressemble à de la moëlle : μυελόω, emplir de moëlle.
4. (*prés.* μυέω, *f.* ήσω.) Sacrer, ordonner, instruire des saints mystères, enseigner les choses saintes et honnêtes : μυςήριον, mystère, secret, chose cachée et connue de peu.
* (*gén.* ου, ὁ.) Qui est reçu aux saints mystères, qui apprend les choses saintes, qui y est savant : μυςικὸς, mystique.
5. *Proprement c'est* faire un son par le nez, en fermant les lèvres : μυγμὸς, un tel son ou celui qu'on fait en suçant fort quelque chose : μυχθίζω, gémir, soupirer.
6. (*gén.* ου, ὁ.) *d. pl.* discours, entretien ; conte fait à plaisir ; conseil, persuasion ; sédition, faction : μυθητὴς, orateur, parleur : μυθίζω, parler, dire, gronder.
7. Μυῖαι, les vers que font les mouches sur la viande.
8. Il se dit aussi des ânes, chameaux et autres bêtes : μυκημα, mugissement : μυκητὴς, meuglant : μυκητίαι σεισμοὶ, tremblemens de terre qui se font avec bruit.
9. (*gén.* ητος et ου, ὁ.) *d. pl.* la suie épaisse qui s'amasse à la mèche d'une lampe, que les Latins appellent aussi *fungus*.
10. (*gén.* ῆρος, ὁ.) Nez ou narine : *d. pl.* la trompe d'un éléphant : σμυκτήρ, le même : σμυκτηρίζω, se moquer, railler, piquer.

CXXXIII.

1. Μύλη meule à moudre *désigne*.
2. Μυλλός, tortu, louche, œil qui guigne.
3. Μύνομαι prétexter *est mis*.
4. Μύξα, morve; 5. *et* Μύρμοι, fourmis.
6. Μυρίος, sans nombre, dix mille.
7. Μύρον, parfum de baume ou d'huile.
8. Μύρτος, μυρσίνη, myrte *on rend*.
9. Μύρω, distille, coule, épand.
10. Μῦς, souris, au lard formidable.
11. Μῦσος, crime horrible, exécrable.

DÉRIVÉS.

1. (*gén.* ης, ἡ.) *d. pl. mola salsa*, sorte de galette qu'on mettait sur la victime; faux germe; sorte d'herbe; dent molaire : μυλιάω, casser avec ses dents; grelotter de froid.
2. *d. pl.* espèce de pâtisserie; mais μύλλος est un certain poisson.
3. Μύνη, prétexte, excuse.
4. Morve, pituite, fluxion; l'humeur qui se trouve dans les huitres; moucheron d'une lampe ou chandelle.
5. Μύρμος, une fourmi : μύρμοι, des fourmis : μυρμηδών, une fourmillière : μύρμηξ, le même que μύρμος : μυρμήκιον, sorte de bataillon ou phalange : μυρμηκίαι, des poreaux ou verrues.
6. Μυρίος, infini, innombrable, excessif, très-grand, très-haut, très-éloigné : μυρίοι, infinis, innombrables : μύριοι, dix mille : μυριάς, άδος, nombre de dix mille.
7. Μύρρα on σμύρνα, de la myrrhe, herbe semblable à la ciguë : μυρίνης οἶνος, vin mêlé de liqueur odoriférante.
8. Μυρτίτης οἶνος, vin mêlé de grains de myrte.
9. Μύρομαι, le même : *d. pl.* pleurer, gémir, se lamenter.
10. (*gén.* υὸς, ὁ.) *d. pl.* un muscle : μυῶν, partie charnue et pleine de muscles.
11. (*gen.* εος, τό.) Μῦσος, εος, τὸ, le crime : μυσὸς, οῦ, homme exécrable : μυσαρὸς, le même : μυσάζω, gâter, souiller; avoir en horreur, détester : μυττωτὸν, mets faits d'aulx et d'autres ingrédiens de forte odeur : θεομυσὴς, que Dieu a eu exécration, méchant, malheureux.

CXXXIV.

1. Μύσσω, trompe, est fin, est adroit.
2. Μυχός, lieu secret ou détroit.
3. Μύω fermer, taire, *désigne*.
* Σκαρδαμύσσω, l'œil souvent cligne.
4. Μῶκος, moqueur : μωκᾶν, moquer.
5. Μῶλος tumulte *doit marquer*.
6. Μώλυς, sot, lâche, âme hébétée.
7. Μώλωψ, des coups trace restée.
8. Μῶμος, blâme, opprobre infamant.
9. Μωρός, fat, sans entendement.

DÉRIVÉS.

1. Ἀπομύσσω et -ττω, *emungo*, tromper, attraper par adresse et par finesse : ἀπομυξία, ce qu'on a tiré ainsi par surprise.
2. (*gén.* οῦ, ὁ.) *d. pl.* golfe : ἐνδόμυχος, intérieur, caché, secret.
3. (*fut.* σω.) Fermer et serrer les lèvres, les yeux, etc. : καταμύω et καμμύω, le même.
* Σκαρδαμύσσω et -υκτέω, cligner les yeux, faire semblant de ne voir pas, faire signe des yeux : ἀσκαρδαμυκτέί et -κτὶ, d'un œil fixe ; sans remuer les paupières.
4. (*gén.* ου, ὁ.) Μωκάω, μωκάειν, μωκᾶν, se moquer.
5. (*gén.* ου, ὁ.) *d. pl.* guerre, combat ; (Voyez μόλος et μόθος, cxxx , 3 et 4.) *d. pl.* loge sur le bord de la mer ; port fait à la main ; masure ; poids, petite pierre.
6. *d. pl.* ignorant ; fainéant, paresseux, languissant, imbécille : μώλυξ et μωλύτης, ου, le même.
7. (*gén.* ωπος, ὁ.) *Vibex*, la marque des coups qu'on a reçus.
8. (*gén.* ου, ὁ.) *d. pl.* le dieu Momus, qui se moquait des autres ; un moqueur, railleur : μωμέομαι et μωμεύω, reprendre, blâmer, railler : μώμημα, réprehension, raillerie, moquerie : μωμίσκος, dent molaire : ἄμωμος, irrépréhensible, exempt de faute : φιλόμωμος, qui aime à reprendre, porté à la médisance.
9. (*gén.* οῦ, ὁ.) Μωρώσις, folie : μωραίνω, être fou, faire des sottises : μωραίνομαι, devenir fou : μώριον, espèce de mandragore qui fait devenir fou.

CXXXV.

* N, cinquante. 1. Ναίειν, habite.
** Νάω pour s'écouler s'usite.
2. Νάκος, toison. 3. Νάνος, un nain.
4. Ναὸς, un temple, un lieu divin.
5. Νάπος forêt, grand bois, s'explique.
6. Νάπυ, moutarde en langue attique.
7. Νάρθηξ pour férule se dit.
8. Νάρκη, la torpille, engourdit,
9. Νάσσειν, aplanit et rabote.
10. Ναῦς, vaisseau : ναύτης, le pilote.

DÉRIVÉS.

Νῦ, de l'Hébreu Noun, qui a retenu le vieux nom chaldéen.
1. Ναιετάω, le même.
* De là vient le mot de Naïades, nymphes des fontaines : νᾶμα et νασμὸς, source, origine, ruisseau : ἀείναος, qui coule toujours; perpétuel.
2. (gén. εος. τό.) d. pl. toute peau avec son poil.
3. (gén. ου, ὁ.)
4 (gén. ου, ὁ.) Att. νεὼς, ὼ : πρόνκος, qui est devant le temple, le parvis.
5. (gén. εος, τό.).d. pl. descente ou vallée pleine de bois : νάπη, ης, le même.
6. (gén. υος, τό.) Νάπεια, le même.
7. (gén. ηκος, ὁ) Proprem. c'est une sorte d'arbrisseau, une canne : ναρθήκιον, boête à mettre des onguens ou livres qui traitent de remèdes.
8. lat. torpedo, poisson qui engourdit la main de ceux qui veulent le prendre : d. pl engourdissement, assoupissement ; sorte d'herbe : ναρκάω, être engourdi et pesant : ναρκόω, rendre pesant et assoupi : νάρκισσος, narcisse, fleur dont l'odeur assoupit.
9. (f. νάσω et -ξω.) d. pl. battre, rendre uni, mettre en presse : νακτὸς, bien battu, pressé, uni, épais, massif ; sorte de gâteau fort pesant, de miel et autres drogues.
10. (gén. υκὸς, att. νεὼς ; ion. νηῦς, gén. νηός.) Ναυτία, ion. ναυσία, nausea, envie de vomir, pareille à celle qu'éprouvent ceux qui naviguent sur mer : ναῦλον et ναῦσθλον, naulum, prix du passage ou transport; sorte d'instrument pour lequel on dit plus souvent ναῦλας ου νάβλας, ὁ : νεὼν, ῶνος, port, Lâvre, rade : νεώριον, lieu où l'on bâtit et où l'on radoube les vaisseaux.

CXXXVI.

1. Νεϐρός, un faon. 2. Νεκρός, un mort.
3. Νεῖκος, dispute à droit, à tort.
4. Νεμεσᾶν, justement s'indigne.
5. Νέννος, oncle *ou* sot *te désigne.*
6. Νέμω, donne, habite, est recteur :
* Νομεὺς, dispensateur, pasteur.
7. Νέος, nouveau, dans le jeune âge :
* Νεάζειν, en jeune homme est sage.
8. Νεοσσός, poussin, le petit.
9. Νεῦρον nerf *ou* force *se dit.*

DÉRIVÉS.

1. (*gén.* οῦ, ὁ.) Νεϐρίς, ίδος, peau de faon ou de petit cerf : νεϐρίζω, porter une telle peau.

2. Νέκυς, υος, le même : νεκρόω, mortifier, faire mourir : νέκας, άδος, tas de corps morts : κενεϐρία, chair de corps morts, boucherie : νεκυία, nécromancie ou traité des mânes ; manière de faire revenir les morts pour savoir d'eux les choses futures.

3. (*gén.* εος, τό.) Différend, querelle, contention : προύνεικος, querelleur, insolent ; *d. pl.* crocheteur, porte-faix, de πρὸ, et ἐνέγκω, porter : φιλόνεικος, qui aime la dispute, contentieux, envieux, zélé, affectionné.

4. (*fut.* ήσω.) *d. pl.* porter envie, décrier ; craindre la réprimande *ou simplement* craindre : νεμεσίζω et -ομαι, le même : νέμεσις, indignation, réprimande, vengeance divine : δυσνεμέσητος, à qui l'on ne porte nulle envie, à qui l'on n'a rien à reprocher.

5. Νέννος, oncle : νεννός, fou, *voi.* Ce dernier a pour rac. νὴ, part. priv., et νόος, ου, esprit, sens.

6. (*fut.* νεμῶ, *d. pl.* diviser, distribuer, posséder, avoir, cultiver, défricher ; paître : νέμησις, νομή, distribution, part ou partage ; νομάω, le même que νέμω, *d. pl.* agiter, remuer, manier, lancer : νομάς, άδος, qui regarde le pâturage.

* Νομεὺς, donateur, distributeur, possesseur : νομὸς, ὁ, distribution ou rétribution ; pâturage, pâture, fourrage ; charge, gouvernement.

7. Νεὸς, terre nouvellement ensemencée : νεοχμὸς, νεαρὸς, νεαρός, νεαλής, nouveau, frais, récent.

* Νεάζω, faire le jeune homme, passer sa jeunesse, être fort et robuste comme un jeune homme : νεωτερίζω, introduire des nouveautés, avoir de nouveaux desseins ; changer, innover, faire ou parler comme les jeunes gens.

8. (att. -ττὸς, *gén.* οῦ.) *d. pl.* jaune d'œuf : νεοσσιά, le nid.

9. *d. pl.* corde d'instruments νευρὶς et νευρά, le même.

CXXXVII.

1. Νεύω, tend, penche, accorde, incline.
2. Νέφος, la nuée argentine.
3. Νεφρὸς, reins; néphrétique *en vient*.
4. Νέω, nage, file, *et* va, vient.
5. Νηδὺς, ventre *et* sein de la mère.
6. Νήπιος enfant, sot, *doit faire*.
7. Νῆσος *pour* île *sera mis*.
8. Νῆςις, à jeun, qui n'a rien pris.
9. Νῆσσα, cane ou canard qui nage.
10. Νήφω, veille, est sobre *et* bien sage.

DÉRIVÉS.

1. (*fut.* σω.) *d. pl* faire signe; promettre; permettre; regarder, tourner vers, tendre à; de là vient *annuo*, *innuo*, etc.: νεῦμα *nutus*, inclination, penchement, signe de la tête: νεῦσις, ἡ, l'action de pencher, d'incliner: νευςάζω, pencher, branler, avertir par signe.

2. (*gén.* εος, τό.) *d. pl.* une foule de monde: νεφέλη, ης, nuée; abattement des yeux dans la tristesse; ce qu'il y a de plus épais dans l'urine, et qui nage; la mort: συννεφέω, ῶ, assembler les nuées, obscurcir le temps; se couvrir; devenir sombre: συννεφόω, rendre sombre et couvert de nuées, avoir une mine triste.

3. (*gén.* οῦ, ὁ.) Νεφρῖτις, sup. νόσος, douleur néphrétique ou de reins.

4. (*fut.* ἴσω et εύσω.) Nager; aller et venir; filer, lat. *neo*, dévider; amasser, accumuler: νευςὸς et νευςικὸς, qui nage ou qui peut nager: νήχω et -ομαι, nager.

5. (*gén.* υὸς, ἡ.) Le ventre, pour l'estomac, où se fait la digestion, et pour le sein de la mère, *d. pl.* un creux, une concavité: νηδύϊα, intestins.

6. *d. pl.* fou, badin: νηπιάζω, faire l'enfant et le badin: νηπίη, une femme qui n'est pas sage: νηπίεη, enfance, folie: νηπίαχος et νηπύτιος, le même que νήπιος.

7. (*gén.* ου, ἡ.) *d. pl.* une robe bordée de pourpre: χερρόνησος ou χερσόνησος, Chersonnèse, presqu'île.

8. (*gén.* εως.) *d. pl.* le second intestin, qui est toujours vide; sorte de poisson: νηςεύω, jeûner, s'abstenir.

9. Il vient de νέω, nager.

10. Νηφάλιος, sobre, vigilant, prudent, sage, circonspect, attentif: νηφαντικὸς, le même: νηφαίνω, le même que νήφω: ἀνανήφω, retourner à la sobriété, revenir en son bon sens, se repentir, ou faire qu'on se repente, qu'on se convertisse.

CXXXVIII.

1. Νικᾶν, surmonte, est le vainqueur.
2. Νίπτω, lave, ôte la noirceur.
3. Νίφω neiger, mouiller, *exprime.*
4. Νόθος, bâtard, illégitime.
5. Νόμος, loi, coutume, airs ou chants.
6. Νόος, νοῦς, esprit, conseil, sens.
7. Νόσος, *ou* vice *ou* maladie.
8. Νοςεῖν retourner *signifie.*
9. Νόσφιν, à part, séparément.
10. Νοτὶς humidité *l'on rend.*

DÉRIVÉS.

1. (*prés* ἀω. *fut.* ἤσω.) *d. pl.* gagner sa cause, l'emporter, avoir ce qu'on prétend : νίκημι, le même : νίκημα, τὸ, et νίκη, ἡ, victoire : νικητήριον, palme ou prix de la victoire.
2. (*fut.* ψω.) Νίζω, le même.
3. *d. pl.* humecter, mouiller, arroser : νιφὰς, άδος, neige qui tombe à gros floccons.
4. *Nothus* : νοθεύω, abâtardir, corrompre, gâter, tromper, flatter : ὀθνεῖος, étranger, comme qui dirait νοθεῖος : ἀνόθευτος, non bâtard, non corrompu, pur, sincère.
5. (*gén.* ου, ὁ.) vient de νέμω : νομίζω, ordonner, faire une loi, régler et former : νόμιμος, légitime, juste, équitable : νόμισμα, coutume, usage reçu, monnaie qui a cours, lat. *numisma* : νοῦμμος, *nummus*, argent monnayé.
6. (*gén.* οὸς, et οῦ.) *d. pl.* prudence, intelligence, vivacité, raison, cause : νοέω, penser, s'appliquer, avoir en l'esprit, vouloir, comprendre; être sage; voir, reconnaître : νοέω et -άω, le même : διάνοια, agitation d'esprit, pensée, raisonnement, imagination, entendement, sens, sentence.
7. (*gén.* ου, ἡ.) *d. pl.* peste, défaut : νοσέω, être malade, être triste, affligé, atteint d'hérésie, passionné pour quelque chose, affamé, en désordre.
8. (*prés.* έω, *fut.* ήσω.) Νοςέω, quelquefois partir, aller : νόςος, retour : νόςιμος, qui peut ou qui doit revenir, qu'on désire et attend; qui est doux, agréable, désirable : τὸ νόςιμον, la moëlle, suc, fleur, crême, le meilleur de quelque chose.
9. (*adv.*) Νόσφι, le même; *d. pl.* sans, dehors : νοσφίζομαι, être à part, destituer, abandonner, avoir en aversion; priver, ôter, prendre.
10. (*gén.* ἰδος, ἡ.) Νοτίζω, mouiller, humecter : νοτέω, être moite et humide.

CXXXIX.

1. Νότος vent du midi *s'appelle*.
2. Νύμφη, bru, l'épouse nouvelle.
3. Νὺξ, la nuit : νύκτωρ, nuitamment.
4. Νύσσω, pique, *et* blesse en perçant.
5. Νυὸς, femme du fils, du frère.
6. Νυστάζω sommeiller *doit faire*.
7. Νώγαλα, tout mets doux, friand.
8. Νωθής, tardif, stupide *et* lent.
9. Νωλεμὴς, assidu, de suite.
10. Νῶτος, dos : νωτίζω, prend fuite.

DÉRIVÉS.

1. (*gén.* ου, ὁ.) lat. *notus*, *auster* : νότιος, austral, méridional : λιβόνοτος, vent qui vient d'entre la Libye ou Afrique et le Midi.

2. *d. pl.* Nymphe; fourmi ailée, petite guêpe, abeille, ou semblable mouche, qui commence à avoir des ailes; bouton de rose qui commence à éclorre, le creux de la lèvre d'en-bas, l'extrémité du soc de la charrue : γυμρίος, νυμφευτὴρ, l'époux : νυμφεύω, marier, donner sa fille en mariage : νυμφεύτρια, *pronuba*, celle qui accompagne la nouvelle mariée : νυμφαιῶν, le temple des nymphes.

3. (*gén.* κτὸς, ἡ.) Νύχος, le même : νυκτερὶς, ίδος, chauve-souris; poisson qui ne va que la nuit : νύχιος, qui se fait la nuit : νύχευμα, les veilles de la nuit.

4. (*fut.* ξω.) *d. pl.* pousser, choquer, heurter : κατάνυξις, componction, douleur, regret : νύσσα, *meta*, la fin de la carrière, vers laquelle les coureurs approchant, piquent les chevaux plus fort; but ou fin qu'on se propose.

5. (*gén.* οῦ, ἡ.) lat. *nurus*, bru ou belle-sœur; *d. pl.* épouse.

6. *Nuto*, dormir en laissant aller la tête; s'endormir dans une affaire, être négligent : νυςαγμὸς et νύςαγμα, assoupissement : νυςακτής et νυςαλέος, qui dort, qui s'endort, sujet à s'endormir.

7. (τά.) Sauce, assaisonnement.

8. (*gén.* έος.) *d. pl.* fainéant, paresseux : νωθρὸς, le même : νωθρεύω et νωθριάω, être lent, paresseux.

9. (*gén.* έος.) *d. pl.* qui ne cesse point.

10. (*gén.* ου.) Νῶτον, τὸ, le même : νωτίζω, *terga verto*, s'enfuir; *d. pl.* laisser derrière; mettre en fuite, en déroute, chasser, poursuivre

CXL.

* Ξ *pour* soixante *on écrira.*
1. Ξαίνω, carde, déchirera,
2. Ξανθός, jaune, roux ; couleur telle *.
3. Ξένος hôte, étranger, *s'appelle.*
4. Ξέω, racle et taille en gravant :
* Ξύειν *en vient*, *qui* ξύσμα *prend.*
5. Ξηρός *est* tout sec, tout aride.
6. Ξίφος, une épée homicide.
7. Ξύλον bois *doit signifier.*
8. Ξυνός, commun, non singulier.

DÉRIVÉS.

1. (*fut.* ανῶ.) Blesser, frapper : ξανάω, se lasser à carder la laine, et généralement être las et fatigué : ξανίον, instrument à carder la laine ; table de cuisine, où l'on coupe la viande.

2. (*gén.* οῦ, ὁ.) * comme blond, brun, brillant, couleur de feu : ξουθός, le même : ξανθίζω, devenir jaune ou rendre jaune : ξανθικὸς, le mois d'avril.

3 *d. pl.* barbare : ξένον, τό, inoui, nouveau : πρόξενος, qui loge les étrangers, qui procure quelque chose à quelqu'un, qui fait gagner et acquérir; qui est cause : ἀποξενόομαι, être exilé, s'en aller hors de son pays, être accusé d'avoir violé le droit d'hospitalité, faire semblant d'être étranger.

4. (*fut.* ήσω.) Polir, aplanir.
* Ξύω, *fut.* ύσω, le même : ξυράω et -έω, raser, faire le poil : ξύσμα, raclure, la poudre ou l'ordure qu'on emporte en raclant : ξυσμὸς, démangeaison, désir, envie : ξύμη et ξύσμη, le même : ξύστρα et ξυστρίς, une étrille : ξυστίς, le même, et *d. pl.* robe déliée et de diverses couleurs.

5. Ξηρὰ (sous-entendu γῆ, ἡ), arida, la terre : ξηραίνω, sécher rendre sec : ξήρανσις, sécheresse, aridité, desséchement : ξηρασία, le même, et *d. pl.* maladie qui fait que les cheveux deviennent secs comme de la laine.

6. (*gén.* εος, τό.) Epée, poignard dont on tue, pointe, glaïeul, herbe qui ressemble à une épée, museau pointu d'un certain poisson : ξιφίζω, sauter en relevant la main, ou l'étendant en forme d'épée.

7. Ξυλεία, l'action de ramasser le bois.

8. Ξυνόω, conjoindre, allier, rendre commun, communiquer.

CXLI.

* Ο se doit compter pour septante.
1. Ὀβελὸς, la broche tournante.
2. Ὀβολὸς d'obole est le nom.
3. Ὀγκᾶσθαι, brait comme un ânon.
4. Ὄγκος, tumeur, poids, vaine enflure.
5. Ὁδὸς voie et chemin figure.
6. Ὀδύνη, douleur. 7. Ὀδοὺς, dent.
8. Ὀδύρομαι, crie en pleurant.
9. Ὄζος nœud d'arbre et branche donne.
10. Ὄζω, sent odeur forte ou bonne.

DÉRIVÉS.

* Ὁ avec l'aspiration seule est l'article masc. le; il se prend quelquefois pour αὐτός, *ipse*, lui, ou pour οὗτος, *hic*, celui-ci, ou enfin pour ὅς, *qui*, lequel.

1. (gén. οῦ, ὁ.) d. pl. petite virgule dont on marque les livres : ὀβελίσκος, petite broche; lame d'épée, obélisque ou pierre en forme de petite pyramide.

2. (gén. οῦ, ὁ.) Petite monnaie, moitié d'un denier : ὀβολιςική, l'art de faire profiter son argent, usure.

3. Ὀγκάομαι, *infin.* -άεσθαι, -ᾶσθαι, braire comme un âne.

4 (gén. ου, ὁ.) d. pl. éminence, apparence, grandeur, faste, orgueil, fierté, gravité, majesté, bonne mine : ὄγκη, *uncus*, hameçon : ὀγκηρὸς, enflé, grand, plein de faste : ὀγκόω, enfler, agrandir, élever : ὀγκύλλομαι, s'élever, s'enfler, lever la tête, marcher avec faste; se vanter; avoir de grands desseins.

5. (gén. οῦ, ἡ.) d. pl. manière de vie; secte; provision de vivres pour le chemin; embûches dressées sur le chemin : ὁδεύω, cheminer : ὁδόω, conduire, servir de guide : ὁδάω et -έω, donner la provision pour le chemin; vendre : πάροδος, entrée; chemin, passage; *adject.* placé sur le chemin : πρόοδος, sortie; avancement; *adject.* qui va devant.

6. Ὠδὶν, ῖνος, travail de l'enfantement.

7. (gén. ὀδόντος, ὁ.) d. pl. un pilon : ὀδὰξ, *mordicùs*, à belles dents : ὀδαξέω et ἀδαξέω, sentir de la douleur d'une morsure; démanger, chatouiller : ὀδύσσω, se fâcher, se mettre en colère.

8. (*fut.* ὀδυροῦμαι.) Se lamenter, gémir, pleurer une chose.

9. d. pl. une massue.

10. (*fut.* ἤσω et ἔσω, comme venant du prés. form. ὀζέω.) Sentir bon ou mauvais : ὀσμὴ, odeur, senteur, puanteur.

CXLII.

1. Οἴ *fait* οἰμώζω, lamenter.
2. Οἴαξ, gouvernail, *fait aller*.
3. Οἴγειν, ouvre porte et serrure.
4. Οἰδεῖν, s'enfle : οἴδημα, l'enflure.
5. Οἰζύς, fâcheux accident.
6. Οἶκος, maison, biens, bâtiment.
7. Οἶκτος compassion *veut dire*.
8. Οἴμη, chemin : * οἰμάω *s'en tire*.
9. Οἶνος, vin. 10. Οἶος seul *se met*.
11. Οἶος, quel. 12. Ὄϊς brebis *fait*.

DÉRIVÉS.

1. (*fut.* ξω, du présent formateur οἰμώγω.) Οἴ, *hei!* hélas : οἰμώζω, se lamenter, pleurer, crier; être puni : οἰμωκτί, *adv.*, en pleurant : οἰμωγή et οἰμωγμά, pleurs, soupirs, gémissemens.

2. (*gén.* ακος, ὁ.) Οἰακίζω, gouverner, conduire : κεροίαξ, les bouts de l'antenne.

3. (*fut.* ξω.) ou toute autre chose : ἀνοίγω et γνύω, le même; *d. pl.* aller en pleine mer : πιθοιγία, l'ouverture des tonneaux; fête de Bacchus.

4. (*prés.* έω, *fut.* ήσω.) Οἴδημα et οἴδμα, tumeur, enflure; orgueil; haute mer.

5. (*gén.* ύος, ἡ.) Οἰζυρός, misérable.

6. (*gén.* ου, ὁ.) *d. pl.* famille : οἰκέω, habiter, demeurer; vivre quelque part; gouverner, administrer : οἰκεῖος, domestique, particulier, familier, ami, parent, allié; propre, proportionné, commode : οἰκειόω, rendre ami et familier, unir, proportionner, s'approprier, faire sien : διοικέω, demeurer séparément; placer donner à chacun son logement ordonner, établir, disposer, instituer, juger.

7. (*gén.* ου, ὁ.) *d. pl.* miséricorde, lamentation, mouvement d'un discours qui porte à la compassion : οἰκτίζω et οἰκτείρω avoir compassion, faire miséricorde.

8. Οἶμος, le même; *d. pl.* chemin, sentier; verge, baguette rangée; cercle. * (*prés.* άω, *fut.* ήσω.) Οἰμάω, se ruer, se jeter avec impétuosité : οἴμη, chant, chanson, discours, histoire, parole : παροιμία, proverbe, parole qu'on dit communément : προοίμιον, exorde, commencement coup d'essai que donnent les joueurs d'instrumens.

9. Οἰνάς et οἰνιάς, pigeon ramier, à cause de sa couleur.

11 Οἶον, *adv.* de même que, comme, tel que, comme si.

12. lat. *ovis*. Οἴα, ὤα et ὄα, peau de brebis; bord ou frange d'une robe; cormier.

CXLIII.

1. Οἶστρος, fureur; le taon qui pique.
2. Οἶτος mort, misère, *s'explique*.
3. Οἴχομαι, va, fuit, disparaît :
* Οἰχνεῖν, aller, errer, *en naît*.
4. Ὀΐω, pense, croit, soupçonne.
5. Οἰωνός augure, oiseau, *donne*.
6. Ὀκλάζω, se mettre à genoux.
7. Ὀκρίβας lieu haut, vu de tous.
8. Ὄκνος, la crainte *et* la paresse.
9. Ὄλβος, bonheur, bien *et* richesse.

DÉRIVÉS.

1. (*gen.* ου, ὁ.) lat. *œstrus* ou *um*; *d. pl.* passion; oiseau : οἰστράω et έω, être transporté de fureur ou de passion : οἰστρόω, mettre en fureur, rendre furieux : οἴστρημα et -ησις, aiguillon, emportement, fureur, frénésie.

2. (*gén.* ου, ὁ.) *d. pl.* calamité, infortune, fatalité : δροίτη, urne où l'on mettait les cendres des morts; une baignoire ou cuve à se baigner.

3. Partir, s'en aller, s'absenter, s'évanouir, disparaître, mourir, n'y être plus.

* Οἰχνέω, le même; *d. pl.* aller de côté et d'autre : ἐποίχομαι et ἐποιχνέω, aller contre, se jeter dessus, attaquer; aller vers, approcher.

4. *d. pl.* Estimer être d'avis, espérer : οἴομαι et οἶμαι, le même : οἴημα, opinion, pensée; fantaisie, imagination. Il y a encore un autre οἴω, porter, inusité, qui donne le futur οἴσω, du verbe φέρω: οἰςέος, qu'on doit supporter : ὀϊςός, une flèche : ὀϊςεύω, tirer, frapper d'une flèche.

5. (*gén.* οῦ, ὁ.)

6. *d. pl.* Chanceler, branler, défaillir, n'en pouvoir venir à bout, perdre courage : ὀκλαςί, ὀκλάξ et ὀκλαδὸν, à genoux.

7. (*gén.* αντος.) Pupitre; *d. p.* certain instrument des peintres; bélier sauvage; échelle.

8. (*gén.* ου, ὁ.) *d. pl.* espèce de héron : ὀκνέω, être paresseux ou craintif, n'oser plus, rechigner, avoir peur, ne pouvoir; fuir, se lasser, se comporter lâchement : κατοκνῶ, être lent et paresseux, se déplaire, craindre, n'oser, ne pouvoir.

9 Ὄλβιος, bienheureux, riche, à son aise : ὀλβίζω, rendre heureux ou estimer heureux : τρισόλβιος, très-heureux.

CXLIV.

1. Ὀλίγος peu *tu traduiras*.
2. Ὄλισθος, chute *ou* mauvais pas.
3. Ὄλλυμι, tuer, perdre *ou* nuire.
4. Ὀλολύζω, crie *et* soupire.
5. Ὅλος, tout. 6. Ὀλόπτω, pincer.
7. Ὀλοφύρομαι, lamenter.
8. Ὁμαλός, plat, surface unie.
9. Ὅμηρος, otage. 10. Ὄμβρος, pluie.
11. Ὅμιλος assemblée *on rend*.
* Ὁμιλεῖν, parle en conversant.

DÉRIVÉS.

1. *d. pl.* petit, délié, menu : ὀλίγον, τὸ, peu, presque, peu s'en faut : ὀλίγοι, les grands, les premiers. *optimates* : ὀλίζων, le même qu'ὀλίγος.

2. (*gén.* ου, ὁ.) *d. pl.* danger de tomber, lieu périlleux.

3. Ἀπόλλυμι et ἀπολλύω, le même (*fut.* ὀλέσω, du prés. form. ὀλέω) : ὀλετήρ, destructeur : ὄλεθρος, perte, destruction, mort ; ὀλέκω et ὀλοθρεύω, le même qu'ὄλλυμι : ὀλοὸς et ὀλωΐος, pernicieux : οὐλοὸς, οὖλος, οὔλιος, οὔλιμος et οὐλόμενος, le même : τριξώλης, très-digne de supplice, méchant. L'on peut rapporter ici δλμος, un mortier, selon Eustathe, parce qu'il sert à briser et détruire tout ; mais il se dit encore par ressemblance d'un tronc d'arbre et du corps humain.

4. (*fut.* ύξω, du prés. form. ὀλολύγω.) Ὀλολυγὴ, ὀλόλυγμα et

ὀλολυγμός, hurlement, clameur, sanglots.

5. *d. p* universel, général, entier, pur, sans mélange : ὅλως, entièrement, en un mot ; certes.

6. *d. pl.* peler, écorcher.

7. (*fut.* οῦμαι.) *d. pl.* crier, pleurer, déplorer, plaindre, avoir pitié : ὀλοφύζω, le même.

8. Ὁμαλὴς, έος, le même : ὁμαλίζω et -ύνω, aplanir, égaler ; être égal : ἀνώμαλος, inégal, raboteux, irrégulier.

9. (*gen.* ου, ὁ.) *d. pl.* gage ; aveugle ; Homère, nom propre : ὁμηρεύω, être donné en otage ; ὁμηρέω, convenir, s'assembler, se ramasser en un lieu.

10. lat. *imber* : ὄμβριμος, impétueux, violent, fort, puissant.

11. (*gén.* ου, ὁ.) *d. pl.* troupe, multitude : ὁμιλία, fréquentation, hantise, habitude ; entretien, discours, instruction, prédication, harangue ; assemblée.

CXLV.

1. Ὀμίχλη nuage *figure.*
2. Ὄμνυμι, *comme* ὀμόω, jure.
3. Ὁμός, pareil : * ὁμοῦν, unit.
4. Ὀμφαλός le nombril *est dit.*
5. Ὀμόργνυμι, nettoie, imprime.
6. Ὄμφαξ le raisin vert *exprime.*
7. Ὀμφή, voix, oracle divin.
8. Ὄναρ, sommeil *ou* songe vain.
9. Ὄνειδος, un reproche infâme.
10. Ὀνήμι, sert, donne aide, *et* blâme.

DÉRIVÉS.

1. Ὀμιχλώδης, obscur, ténébreux, plein de brouillards.
2. Ἀπόμνυμι, abjurer, nier par serment : διόμνυμι, jurer, protester soit pour nier ou pour assurer : ἐπωμοσία, jurement, serment, protestation.
3. *d. pl.* semblable, égal. (* Ὁμόω, *inf.* όειν, par contr. οῦν, *fut.* όσω.) unir, mettre en un : ὁμοῖος, semblable, égal, pareil ; utile, propre, proportionné : ὅμαδος, multitude, tumulte causé par la multitude : ὁμῶς, semblablement, pareillement : ὅμως, toutefois : ὁμοῦ, ensemble, en même temps, en même lieu ; presque, environ.
4 (*gén.* οῦ, ὁ.) *d. pl.* le milieu d'un bataillon entre les deux ailes ; le centre d'un bouclier, d'une bouteille, de la couverture d'un livre, etc., le nœud d'une figue, pomme, poire, etc. ; la clef d'une voûte.
5. (*fut.* ξω. du prés. format. ὁμόργω.) *d. pl.* essuyer ; marquer ; empreindre ; remplir.
6. (*gen.* ακος, ἡ.) *d. pl.* olive, grain de laurier et toute sorte de fruit non encore mûr : ὀμφακίς, la tasse d'un gland.
7. Ὀμφήεις, ήεντος, et ὀμφητήρ, ῆρος, devin, prophète.
8. (*indécl.*) Ὄνειρος, songe vrai ou faux : ὀνειρώττω, songer, rêver, avoir quelque songe.
9. (*gén.* εος, τό.) *d. pl.* honneur, louange : ὀνειδίζω, blâmer, noircir, diffamer.
10. Ὀνίνημι, le même : ὀνίσκω, aider, servir : ὄνησις, εως, ἡ, et ὄνειαρ, ὀνείατος, τό, aide, utilité, fruit : ὀνοτός, digne de réprehension : ὀνοτάζω, reprendre, blâmer : κατονέω, le même.

CXLVI.

1. Ὄνθος, des bœufs le fumier gras.
2. Ὄνομα le nom *tu diras*.
3. Ὄνος, l'âne, qui si bien chante.
4. Ὄνυξ l'ongle *te représente*.
5. Ὀξύς aigre, aigu, vîte, *on rend*.
6. Ὀπάζω, suit, donne, est suivant.
7. Ὀπή, caverne 8. Ὄψ, voix humaine.
9. Ὄπις, vengeance, soin *ou* peine.
10. Ὀπίσω derrière *se prend*.
11. Ὅπλον, arme *et* tout instrument.

DÉRIVÉS.

1. (ὁ.)
2. (τό.) *d. pl.* célébrité, renommée; prétexte : ἀνώνυμος, anonyme, qui n'a point de nom, inconnu, peu célèbre; certain arbre : ἐπώνυμος, ajouté au nom; qui tire son nom de; *éponyme*, titre à Athènes du premier des Archontes, qui donnait son nom à l'année de sa magistrature : εὐώνυμος, de bonne réputation; gauche, malencontreux; nom d'un certain arbre.
3. (*gén.* ου, ὁ, ἡ.) *d. pl.* sorte de poisson; sauterelle; porcelets ou cloportes; essieu ou moulinet avec lequel on tire les muids de vin; fuseau à filer; sorte de vase; l'unité au jeu de dés; celui qui, étant vaincu en certain jeu, est obligé de faire tout ce qu'on lui dit; la meule d'en-haut ou même celle d'en-bas : ἡμίονος, un mulet.
4. (*gén.* υχος, ὁ.) *d. pl.* crochet; sorte de tourment; le bout blanc d'une feuille de rose; l'onglet, pus qui vient sur la cornée de l'œil; partie du cœur; sorte de pierre précieuse et de marbre, ou albâtre et le vase qui s'en fait; nacre de perle; petit arbrisseau :

ὀνυχίζω, couper ou rogner ses ongles; marquer de l'ongle; exiger rigoureusement, examiner exactement.

5. (*gén.* έος, ὁ.) *d. pl.* prompt, subit, coléré; nom d'herbe, les reins : ὀξίς, ίδος, ἡ, un vinaigrier.
6. (*fut.* άσω, du prés. format. ὀπάω.) Ὀπαδὸς, valet de pied : ὀπάζομαι, être poursuivi, se faire suivre ou accompagner ὁπποδέω, -ηδέω, -ηδεύω, suivre accompagner.
7. Ὀπήτιον, une alêne. Le mot ὀπή signifie proprement *foramen per quod videri potest*, et dérive d'ὄπτομαι, *video* ou plutôt d'ὄπω, inusité.
8. (ἡ) *vox*, de ἔπω *loquor* : ὄψ, *oculus*, de ὄπτομαι, *video*.
9. (*gén.* ιδος, ἡ.) Ὀπίζομαι, avoir soin; révérer; se donner garde; rendre la pareille.
10. (*adv.*) *d. pl.* après : Ὄπισθεν, par derrière.
11. Ὁπλίτης, soldat : ὁπλότερος, plus jeune : ὁπλότατος, très-jeune, comme qui dirait qui peut déjà porter les armes.(*Eustathe*), ou qui a besoin de protection; (*étym.*) ὁπλή, ῆς, l'ongle de bêtes, ou la corne du pied.

DES RACINES GRECQUES.

CXLVII.

1. Ὀπὸς, suc que d'un arbre on tire.
2. Ὀπτᾶν, fait rôtir *ou* fait cuire.
3. Ὄπτομαι voir *signifiera* ;
* Ὀφθαλμὸς, ὢψ, ὀπὴ, *fera*.
4. Ὀπώρα l'automne *doit faire*.
5. Ὁρᾶν, voit, pèse *et* considère ;
* Τιμωρεῖν, en *vient*, qui punit.
6. Ὄργανον *pour* organe *on lit*.
7. Ὀργᾶν, avec ardeur désire.
8. Ὀργή la colère *veut dire*.

DÉRIVÉS.

1. (*gén.* ου, ὁ.) *d. pl.* benjoin ; lait du figuier propre à faire prendre le lait : ὀπίζω, recueillir le suc qui coule d'un arbre : ὄπιον, suc de pavot pour endormir.

2. (*prés.* άω, *fut.* ήσω, *infin.* άειν.) Rôtir : ὀπτάνιον, cuisine, rôtisserie.

3. (*fut.* ὄψομαι, du prés. form. ὄπτω.) Ὄμμα, vision ; spectacle ; aspect ; apparence ; œil : ὄψις, εως, action de voir ; œil, aspect, vision, songe ; personnage de théâtre : ὢψ et ὀπὴ, œil : ὀπτικὸς, optique, visuel.

* Ὀφθαλμὸς, œil ; métaph. présence du maître ; espion ; préfet des festins ; sorte de bandage ; vue de l'esprit ; trous par où l'on passe les avirons ; où l'on insère l'ente ou greffe d'un arbre ; l'embouchure d'une rivière ; certain poisson : ὄσσος, poét., l'œil : ὄσσομαι, voir, prévoir ; *d. pl.* conjecturer, deviner ; voyez ὄσσα, ci-après : κνώσσω, dormir profondément, ronfler, de κενὸς et ὄσσος, Eustach., parce qu'alors les yeux sont sans action. (Cette composition paraît forcée, d'autres font venir κνώσσω de κνάω, κνῶ, sans cependant être certains de cette étymologie.) Ὑποπτεύω, soupçonner, se défier, tenir suspect ; espérer ; baisser la vue : δυσωπέω, causer de la pudeur ; obtenir, persuader, étonner ; être surpris, avoir peur, se défier, regarder avec étonnement.

4. *d. pl.* les fruits de l'automne : ὀπωρίζω, cueillir et manger des fruits.

5. (*prés.* άω, *prét.* ἑώρακα, *fut.* ὄψομαι pris d'ὄπτομαι.) Ὅραμα, vision, ce qu'on voit : ἔφορος, qui voit, qui visite, éphore, magistrat des Lacédémoniens.

* (*prés.* έω, *fut.* ήσω.) Punir, venger ; *d. pl.* secourir, défendre, protéger.

6. *d. pl.* instrument.

7. (*prés.* άω, *infin.* άειν, *contr.* ᾶν.) Il se dit de même des choses inanimées : ὀργάζω, inciter, animer, rendre prompt ; pétrir, amollir.

8. *d. pl.* l'esprit, l'humeur, le naturel, ion., de la poix : ὀργίζω, irriter, enflammer.

CXLVIII.

1. Ὀρέγω, présente, offre, étend.
* Ὄρεξις l'appétit *se rend*.
2. Ὀρθὸς, droit ; * ὀρθῶ, met droiture.
3. Ὄρθρος, point du jour *te figure*.
4. Ὅρκος, jurement *et* serment.
5. Ὅρμαθὸς, ordre, enchaînement.
6. Ὁρμὴ, l'effort ; * ὁρμᾶν, se jette.
7. Ὅρμος un collier *s'interprète*.
8. Ὄρνις, volaille, poule, oiseau.
9. Ὄρος, haut, montagne *ou* coupeau.

DÉRIVÉS.

1. (*fut.* ξω.) *d. pl.* désirer, avoir envie, exciter ; de là ὀρέγνυμι, le même : ὀρεκτὸς, long, étendu : ὀρεκτικὸς, qui désire : ὀρέχθέω, désirer ; être touché et ému ; soupirer, gémir, résonner, faire bruit.
* (*gén.* εως, ἡ.) *d. pl.* désir, envie.

2. (Ὀρθόω, *fut.* ὡσω.) dresser, rendre droit, mettre à plomb, élever, pousser en ligne droite : πτόρθος, rameau, jet d'arbre : κατορθόω, ériger ; rétablir, renouveler ; réussir heureusement ; ordonner ; pacifier : κατόρθωμα, belle action, grande entreprise, chose qui a heureusement réussi : ὀρθεύω, ériger, élever.

3. Ὀρθρεύω et -ίζω, faire quelque chose de grand matin.

4. Ὁρκόω et -ίζω, faire jurer, obliger à faire serment.

5. (*gén.* οῦ, ὁ.) *d. pl.* suite ; tresse, ligne, traînée ; caverne, lieu caché.

6. *d. pl.* impétuosité, mouvement ; le choc d'une armée ; départ, commencement, entreprise ; désir, inclination, transport. * Ὁρμάω, (*fut.* ήσω.) s'emporter, se ruer, se jeter ; se laisser emporter à sa passion ; pousser, exciter : ἀφορμὴ, (quand il se dit de l'esprit c'est le contraire de ὁρμὴ,) résistance, fuite, retardement, subterfuge ; aversion, froideur, lenteur ; mais il signifie aussi impétuosité, attaque, refuge, secours : *d. pl.* matière, occasion, rencontre, conjoncture ; argent mis à la banque.

7. *d. pl.* sorte de danse ; station des vaisseaux, rade, hâvre, port.

8. (*gén.* ιθος, ὁ, ἡ.)

9. (*gén.* εος, τό.) *d. pl.* faîte, sommet : le coude-pied ; le bois qui écache les olives au pressoir ; un pot de chambre : οὖρος, ion., ὦρος, dor. le même : ὀρεὺς, έως, un mulet, animal propre pour les montagnes : ὀρεινὸς ; montueux, plein de montagnes ; montagnard, qui croît ou qui demeure dans les montagnes.

CXLIX.

1. Ὅρος, fin, but, règle *et* manière.
* Ὁρίζω, borne l'hémisphère.
2. Ὀρρὸς le lait clair *se traduit*.
3. Ὄρτυξ, caille. 4. Ὀρυμαγδὸς, bruit.
5. Ὀρύσσω, fouit *et* creux veut faire.
6. Ὀρφανὸς, sans père et sans mère.
7. Ὄρφνη, ténèbres *et* noirceur.
8. Ὀρχεῖσθαι, sauter en danseur.
9. Ὄρχος arbres en ordre *exprime*.
10. Ὄρω, pousse, émeut, trouble,

DÉRIVÉS.

1. (*gén.* ου, ὁ.) *d. pl.* frontière; définition ; borne, limite ; détermination, estimation ou prix d'une chose engagée. (Οὖρος, Ion. le même que ὅρος.)
* *d. pl.* finir, borner, terminer, d'où vient *l'horizon*, le cercle qui termine notre hémisphère ou la partie du ciel que nous voyons; *d. pl.* diviser, déterminer, poser une borne; joindre ensemble, faire tenir : ἀφορίζω, terminer, finir, limiter; séparer, mettre à part; arrêter, déterminer, désigner, attribuer, définir, donner la définition; exterminer, chasser, répudier, excommunier : ἀφορισμὸς détermination, distinction, nette explication; aphorisme, ou courte sentence qui comprend nettement la propriété d'une chose.
2. (*gén.* οῦ, ὁ.) Ὀρρὸς ou ὀρὸς, l'accent *sur la fin*, lait clair, poix qui coule de l'arbre : ὄρρος ou ὄρος, l'accent *sur la première*, le croupion : ὀρρωδέω et ὀρωδέω, craindre, suer de peur : ἀρρωδέω, n'avoir pas peur.
3. (*gén.* υγος, ὁ.)
4. (*gén.* οῦ, ὁ.)
5. Ὄρυγμα, creux, fossé : ὀρυξ, fossoyeur, pionnier.
6. Orphelin; privé de quelque chose qu'on aimait.
7. Μορφνὸς, le même : *d. pl.* blond, jaune; espèce d'aigle.
8. (*prés.* ἔομαι, *fut.* ἥσομαι.) *d. pl.* se mouvoir, se remuer; faire sauter en haut : ὀρχηθμὸς, danse.
9. *d. pl.* jardin, les rangs des vignes : μετόρχιον, l'intervalle qui est entre les rangées d'arbres ou de vignes.
10. (*fut.* ὀρῶ ou ὄρσω. Ὀρώρω, ὄρνυμι, ὀροθύνω, le même : ὀρίνω, émouvoir, persuader : ὀρούω, irruo, se ruer, se jeter, marcher à grands pas.

CL.

1. Ὅσιος pur, saint, juste, *on rend.*
2. Ὄσσα, voix. 3. Ὅσος, combien grand.
4. Ὀστέον, os, *qui moelle enserre.*
5. Ὄστρακον, vaisseau fait de terre.
6. Ὄστρεον, huître *et sa couleur.*
7. Ὀσφραίνομαι, sentir odeur.
8. Ὀσφῦς, reins. 9. Ὄτοβος bruit *porte.*
10. Ὀτρύνω, pousse, incite, exhorte.
11. Οὔας, * οὖς, *pour* l'oreille *on met.*
12. Οὖδας, terre. * οὐδὸς le seuil *fait.*

DÉRIVÉS.

1. *d. p.* profane, public : ὁσία, ας, sainteté, piété, justice divine, chose juste et licite ; funérailles ; sacrifice d'expiation : ἀροσιόομαι, expier, dédier, consacrer, faire des funérailles ; rendre ses devoirs, s'acquitter d'un vœu, d'une obligation ; faire négligemment ; avoir en horreur, détester ; acquitter une dette.

2. *d. pl.* renommée, prédiction, oracle, présage : ὄσσομαι, deviner, prédire ; feindre, inventer ; voir, prévoir : ὀττεία, divination, religion, superstition.

3. en interrog. πόσος, combien, ou combien grand ? lequel ? quantième ? ποσὸς, quelque peu, en certaine quantité : si grand, tel : τοσοῦτος, tant, si grand.

4. contract. ὀστοῦν.

5. *d. pl.* coquille de poisson ou d'œuf : ὀστρακίζω, condamner en jetant des coquilles dans l'urne : ὀστρακισμὸς, ostracisme, condamnation ou relégation faite par tel jugement : c'était un éloignement pour dix ans, auquel le peuple d'Athènes obligeait ceux dont la grandeur lui était suspecte.

6. lat. *ostreum*, pour l'huître ; *ostrum*, pour la couleur faite de leur sang.

7. (*fut.* ὀσφρανοῦμαι.) Ὀσφράομαι, le même.

8. (ύος, ἡ.) *d. pl.* l'épine du dos, vertèbres, les flancs, les côtés.

9. (*gén.* ου, ὁ.) *d. pl.* tumulte, son, fracas.

10. (*fut.* υνῶ.) *d. pl.* presser, encourager.

11. (*gén.* ὤατος, τό.* *gén.* ὠτὸς, τό.) *d. pl.* délateur ; il se prend aussi pour l'anse des vases : ἀμφῶτις, ιδος, pot à deux anses : ἀμφωτὶς, oreillettes à couvrir les oreilles : παρώτιον, pendant d'oreille, le coin de l'œil qui est vers l'oreille.

12. (τὸ, *ind.*) *d. pl.* plancher. (* *gén.* εὸς, τό.) Ὀδὸς, le même, le seuil ou pas de la porte, l'entrée.

CLI.

1. Οὖθαρ, *pour* mamelle *on doit prendre.*
2. Οὖλος, sain, entier, frisé, tendre.
3. Οὐρὰ, queue; * αἴλουρος, minon.
4. Οὐρανός *du* ciel *est le nom.*
5. Οὖρον, l'urine, qui se jette.
6. Οὖρος bon vent, garde, *interprète :*
* Φρούρος, θυρωρός, *en sont pris.*
7. Οὐτάω *pour* blesser *est mis.*
8. Ὀφείλω devoir *signifie.*
9. Ὀφέλλειν, augmente, amplifie.

DÉRIVÉS.

1. (*gén.* οὔθατος, τό.) *d. pl.* sorte de viande ou mets exquis, lat. *sumen* ; fertilité, abondance.

2. *d. pl.* tas de gerbes; hymne de Cérès : οὐλὴ, cicatrice ; orge ; οὐλόω, refermer une plaie : ὔπουλος, caché sous la cicatrice ; sous quoi il y a quelque mal caché; fourbe, couvert, trompeur : οὖλον, la gencive, ainsi nommée *parce que c'est une chair tendre:* οὐλότης, chevelure frisée : οὐλαμὸς, bataillon serré, troupe de cinquante chevaux, essaim d'abeilles : ἴουλος, *subst. et adj.* frisé ; chanson de celles qui filent la laine; poil follet qui vient aux joues, coton de certains fruits; petites bêtes à plusieurs pieds ; les entrailles de la terre.

3*. *c'est-à-dire* un chat ; ἀρκτοῦρος, *arcturus*, étoile à la queue de la grande ourse : κόλουρος, courtaud, sans queue : κόλουροι, les colures, deux cercles de la sphère qui s'entrecoupent.

4. *d. pl.* haut de l'air ; palais de la bouche.

5. lat. *urina* : *d. pl.* borne, limite, *lorsqu'il est mis pour* ὅρος.

6. *métaph.* bonne fortune ; il se dit aussi pour ὅρος, *terminus* : οὔριον, œuf, dont il ne s'engendre rien.

* Φουρὸς, gardien : φρουρὰ, garde, prison : θυρωρός, portier, qui garde la porte : σκευωρέω, garder des meubles ou ustensiles ; *d. pl.* avoir soin, faire recherche, fureter partout, dresser des embûches.

7. *d. pl.* frapper : ὠτειλὴ, plaie.

8. *d. pl.* pour *debeo* et *oportet;* être mis à l'amende, la payer ou l'avoir encourue, y être condamné ou l'avoir méritée : ὄφλω, ὀφλίσκω et -άνω, le même.

9. *d. pl.* amasser, accumuler, aider, assister, être utile; *et aussi* devoir, comme ὀφείλω.

CLII.

1. Ὄφις, serpent, mal, ornement.
2. Ὀφρὺς, sourcil, faste insolent.
3. Ὀχετὸς le canal *désigne*.
4. Ὀχθέω, se fâche *et* s'indigne.
5. Ὄχθη, bord. 6. Ὀχλεύω, mouvoir:
* Μοχλὸς gond, levier, *veut avoir.*
7. Ὄχλος, troupe ; ennui, trouble *et* peine.
8. Ὄχος, le charriot qui nous mène.
9. Ὄψ, voix. 10. Ὀψὲ, tard, hors de temps.
11. Ὄψον, mets, assaisonnemens.

DÉRIVÉS.

1. (*gén.* εως, ὁ.) Certain mal de tête ; bracelet ou ornement du bras ; *d. pl.* astre ; poisson.

2. (*gen.* ύος, ἡ.) *d pl.* tertre, colline, le haut du bord d'une rivière : ὀφρυώδης, qui ressemble aux sourcils : ὀφρυόεις, sourcilleux, orgueilleux ; plein de collines et de rochers ; qui est sur les montagnes ; grand, haut, élevé : σύνοφρυς, qui a les sourcils joints ensemble ou qui relève les sourcils, superbe, triste.

3. (*gén.* οῦ, ὁ.) *d. pl.* ruisseau, aquéduc, cloaque, égout.

4. Ὀχθίζω, le même.

5. Ὄχθος, le même ; *d. pl.* colline, hauteur, tumeur ; lèvres d'une plaie dures et relevées ; travail.

6. Ὀχλίζω, remuer, lever avec un levier : ὀχλεὺς et μοχλὸς, levier, gond, peinture, lien, ligature, barre ou verrou : μοχλεύω, lever avec un levier, fermer avec une barre ou un verrou.

7. (*gén.* ου, ὁ.) Ὀχλικὸς, populaire, turbulent, fâcheux : ὀχλοῦμαι, être ému, être troublé : ὀχληρὸς, turbulent, pénible, fâcheux.

8. (ὁ et τό.) *d. pl.* le cours de l'eau : ὀχέω, porter, faire voiturer ; supporter, souffrir ; aller à cheval : ὄχημα, charriot.

9. *d. pl.* chant. V. ὄπτομαι ; ἔλλοψ, qui manque de voix, muet ; un poisson : ἔνοψ, harmonieux, clair, visible : ὑπεροπεύω, tromper, enjoler, jouer par de belles paroles : μέροψ, qui a la voix articulée ; *épith.* de l'homme ; nom d'oiseau : φύλοπις, combat, bataille, cri militaire.

10. Ὄψιμος et ὄψιος, du soir.

11. *Opsonium* ; *d. pl* du poisson : le marché d'Athènes : ὀψάριον, *diminutif,* tout ce qu'on mange avec le pain.

CLIII.

* Π *pour* quatre-vingt *l'on avoue.*
1. Παίζω, se moque, raille *et* joue.
2. Παῖς, enfant, esclave, valet.
3. Παίω, frappe *ou* prestement fait.
4. Παλάθη, le cabas de figues.
5. Παλάμη, paume, art, mains, intrigues.
6. Παλεύω, trompe en alléchant.
7. Πάλη lutte *ou* combat *se rend.*
8. Πάλλαξ, jeune, en l'adolescence.
9. Πάλλω, pousse, agite, émeut, lance.

DÉRIVÉS.

* Πῖ, de l'Hébreu *Phe*, dont on a ôté l'aspiration.

1. (*fut.* ξω; du prés. format. παίγω, et -σω, du prés. format. παίω.) Παῖγμα, jeu : παιγνία, τὰ, délices : παιδιὰ, ας, divertissement, récréation.

2. (*gén.* δὸς, ὁ, ἡ.) *d. pl.* fils dans le bas âge : ἐν παιδὶ, dans l'enfance : παιδικὸς, puéril, qui regarde les enfans ou l'enfance : παιδικὰ, τὰ, tout ce qu'on aime tendrement : παιδεία, instruction, institution, éducation, discipline; science; châtiment : παιδεύω, enseigner, instruire, former ; châtier : Θεοπαῖς, enfant de Dieu.

3. *de plus* secouer, agiter; manger.

4. Παλαθὶς, ίδος, ἡ, le même.

5. lat. *palma*; *d. pl.* adresse ou manière de conduire une affaire : παλαμάομαι, machiner et inventer quelque chose, faire, administrer, accomplir : παλαμναῖος, meurtrier, qui a souillé ses mains dans le sang : πυρπαλάμης, fin, fourbe, subtil, actif, remuant, toujours en action comme le feu.

6. *d. pl.* attirer dans le panneau, faire tomber dans le piége.

7. *d. pl.* cendre ou farine déliée : παιπάλη, le même, et *d. pl.* neige qui tombe menu, chose de néant ou fort petite; fin, rusé, délié : παλαίστρα, palæstra, lutte, lieu de la lutte, carrière : παλύνω, asperger, répandre, humecter, blanchir : ἀντίπαλος, adversaire, antagoniste, ennemi, envieux, imitateur, rival; égal en force ou en puissance.

8. (*gén.* ακος, ὁ.) Παλλακὴ, jeune fille.

9. (*fut.* παλῶ.) *d. pl.* trembler de peur : πάλος, ου, agitation, branle, secousse, lancement, sort : παλάσσω, jeter au sort : παλτὸν, sorte de dard : παλμὸς, agitation, élancement, palpitation : δυσπαλίζω, rejeter avec les mains, secouer, hocher, ruer.

7*

CLIV.

1. Πάππας, papa ; πάππος, aïeul.
2. Παπταίνω, cherche en tournant l'œil.
3. Παρειά se nomme la joue.
4. Παρθένος, vierge, à Dieu se voue.
5. Πᾶς, ἅπας, tout *signifiera*.
6. Πάσσαλος pieu *se traduira*.
7. Πάσσω, répand, diversifie.
8. Πάσχω, souffre, *en ses sens varie*.
9. Πατάσσειν, avec bruit frapper.
10. Πατεῖν, fouler, se promener.

DÉRIVÉS.

1. Πάππος, aïeul, grand-père ; *d. pl.* cotou sur les chardons et autres herbes ; poil follet de la lèvre inférieure.

2. (*fut.* ανῶ.) *d. pl.* voir simplement, considérer.

3. (*gén.* ᾶς, ἡ.) *d. pl.* la proue d'un vaisseau : καλλιπάρηος et καλλιπάρειος, beau, bien fait, qui a de belles joues.

4. (*gén.* ου, ἡ.) *d. pl.* chose neuve, et qui n'a point servi : παρθένειος, -νιος et -νικός, virginal, propre ou appartenant aux vierges : παρθενεία et -νία, virginité : παρθενών, ῶνος, et παρθένευμα, τό, monastère de vierges : φιλοπάρθενος, qui aime les vierges ou qui aime la virginité.

5. (*fém.* πᾶσα ; *neutre*, πᾶν ; *gén.* πάντος.) *d pl.* chacun, quiconque : τὸ πᾶν, le sommaire, le tout, *ou bien* entièrement, de tous côtés : πάνυ, entièrement, tout à fait, fort, très, extrêmement, presque.

6. (*gén.* ου, ὁ.) *d. pl.* cheville : πατταλίαι, petit faons, dont les cornes sont comme deux chevilles.

7. (*att.* -ττω, *fut.* πάσω, du *prés. form.* πάω.) *d. pl.* asperger, éparpiller ; tacheter : goûter, tâter, *Eustathe :* παςᾶς, ᾶδος, lit de noces ; portique, place publique où l'on harangue le peuple : ἐμπάσσω et -ττω, saupoudrer, asperger ; enlacer.

8. *d. pl.* être en telle ou telle disposition : κακῶς ou κακὸν πάσχω, être indisposé, abattu, mélancolique : εὐ πάσχειν, être bien, être à son aise, être en bonne posture : τί γὰρ καὶ ἂν πάθοι τὶς, car qu'y ferait-on ? πάθος, εος, souffrance, affliction, mort, accident, maladie, chagrin, trouble d'esprit, passion, émotion, impudicité, mollesse ; mouvement, ce qui anime un discours ; accidens d'une chose : πάθη, calamité, malheur, accident ; malice ; meurtre.

9. (*fut.* ξω, du *prés. form.* πατάγω.) *d. pl.* haleter, palpiter : πατάγω, faire bruit, craquer.

10. (*prés.* έω ; *fut.* ήσω ; *infin.* εῖν.) *d. pl.* mépriser, manier, feuilleter un livre.

CLV.

1. Πατὴρ, père: * ἀπάτωρ, sans père.
2. Παύω, finit, cesse de faire.
3. Πάχνη de gelée est le mot.
4. Παχὺς, gros, épais, riche et sot.
5. Πάω, goûte, acquiert, et s'allie.
6. Πέδη, cep, fer qui les pieds lie.
7. Πέδιλον, soulier ou chausson.
8. Πέδον, terre, logis, maison.
9. Πέζα du pied la plante exprime.
10. Πείθω, fait faire, pousse, anime.

DÉRIVÉS.

1. (gén. τέρος, τρός.) Πατρὶς, ίδος, patrie : πατρία, ας, famille, maison, tribu : φιλοπάτωρ, qui aime son père.
* (gén. ορος.)
2. en latin cesso; d. pl. faire cesser; priver : παῦλα, intermission; fin, repos : παῦρος, peu, en petit nombre, petit, court : ἀνάπαυσις, repos, cessation, soulagement, récréation, sommeil : ἀνάπαυλα et ἀνάκαυλις, le même; et d pl. demeure, lieu de repos.
3. Παχνόω, geler, glacer, condenser : δροσοπάχνη, rosée à demi gelée, gelée blanche.
4. d. pl. gras, replet, embonpoint : πάχος, εος, grosseur, épaisseur; lie, ordure, stupidité, grossièreté.
5. d. pl. manger de quelque chose : πᾶος, parent, allié : πάμμα et πᾶσις, possession : παμπησία, possession universelle de toutes choses : παμπήδην, entièrement, universellement : πώϋ, ὒος, troupeau.
6. (gén. ης, ἡ.) Πεδάω et -ῶ, mettre les fers aux pieds, embarrasser, empêcher : πέδιον, petit lien : ἱστοπέδη, pied du mât.
7. Il se prend souvent pour les ailes que Mercure mettait à ses talons ; lat. talaria; d pl. sabots, sandales, escarpins, patins, etc.
8. Πέδιον, champ, plaine, le dessus du pied : πεδιὰς, άδος, ἡ, vaste plaine : ἔμπεδον et ἐμπέδως, fermement, sûrement ; ἠπεδανὸς, boiteux, faible, imbécile, idiot.
9. d. pl. frange d'une robe ; région, pays : πέζος, fantassin, qui va à pied; metoph. bas, commun, vulgaire : πεζὸς λόγος, de la prose.
10. d. pl. persuader, informer d'une chose, attirer à son opinion: πείθομαι, être persuadé, croire, se rendre, obéir, suivre ; parf. m. πέποιθα, je suis assuré, je me persuade, j'espère : πίστις, foi, assurance, confiance, autorité, preuve, argument : πιστὸς, croyable, digne de foi ; certain, assuré, sûr, indubitable; fidèle, de confiance; ferme, plein d'assurance.

CLVI.

1. Πείκω, peigne *et* tond poils trop grand.
2. Πεῖνα, la faim aux longues dents.
3. Πεῖρα dessein, épreuve, *explique:*
* Πειρᾶν, tente, *et fait* empirique.
4. Πείρω transpercer *se traduit:*
* Πόρος, trajet, voie *ou* conduit.
5. Πέλαγος, mer, des poissons mère.
6. Πέλαργος, cicogne, aime père.
7. Πέλας, près : πλησίος, parent.
8. Πέλεκυς, hache, le bois fend.

DÉRIVÉS.

1. (*fut.* ξω.) *d. pl.* carder : πέχω et πεκτέω, le même : πέκος et κίσκος, τὸ, ποκος, ὁ, toison : πόξ, le même : ποκάζω et -ίζω, tondre, arracher.

2. De là πειναλέος, affamé.

3. *d. pl.* entreprise, expérience, fourbe, *finesse, tentation.
* (*prés.* άω, *fut.* ήσω.) Πειράω et -άζω, tâcher, s'efforcer, essayer, éprouver, solliciter : ἐμπειρικὸς, empirique, médecin qui n'a que l'expérience : πειραςῆς, tentateur : πειρατὴς, pirate.

4. (*fut.* ερῶ.) *d. pl.* passer.
* (*gén.* ου, ὁ.) *d. pl.* canal, lit d'une rivière ; flûte, tuyau ; trou, porte, passage ; manière de faire réussir, gain, secours, profit ; armée ; lieu pierreux : πορεύω, passer, transporter, envoyer, faire partir : πορίζω, faire passage, ouvrir chemin ; chercher, inventer, trouver, préparer, fournir : πορσύνω et -σαίνω, le même ; *d. pl.* faire agir, administrer, honorer, orner, inciter, inviter, nourrir : πορεία, passage, chemin, départ ; pas, démarche, progrès, avancement, entrée ; manière de vie, façon de faire : πορθμὸς, trajet, détroit : πορθμίον, bac, vaisseau où l'on passe, et le prix du passage.

5. (*gén.* εος, τὸ.) lat. *pelagus.*

6. (*gén.* οῦ, ὁ.) Oiseau qu'on dit nourrir son père et sa mère dans leur vieillesse : πελαργικὸς νόμος, loi qui oblige les enfans à nourrir leur père et leur mère : ἀντιπελαργέω et -όω, témoigner de la reconnaissance à ses parens, reconnaître une faveur.

7. Πελάω et -άζω, approcher ou faire approcher : πλάω et -άθω, le même : πλησιάζω, approcher, être près, être familier ; suivre, poursuivre, s'attacher, s'étudier, s'accoutumer.

8. Πέλυξ et πέλυς, le même ; *d. pl.* un bassin, un casque : πελεκχόν, le manche d'une hache.

CLVII.

1. Πελεμίζειν, ébranle, agite.
2. Πέλμα dessous du pied *s'usite*.
3. Πελός, noir, brun, livide chair.
4. Πέλτη, dard, lance, écu léger.
5. Πέλωρ, monstre effroyable, énorme.
6. Πέμπειν, envoyer; πομπὴ *forme*.
7. Πέμφιξ, pustule, souffle *ou* vent.
8. Πενθερὸς beau-père *se rend*.
9. Πένθος, deuil *ou* tristesse amère.
10. Πέντε cinq *au nombre doit faire*.

DÉRIVÉS.

1. (*fut.* πελεμίξω.)
2. (τό.) Plante du pied, semelle de soulier : καταπελματόω, raccommoder ou ressemeler des souliers.
3. Πέλειος, πέλιος, πέλλος et πελιδνὸς, le même : πελιδνόω, ῶ, noircir, meurtrir : πελία, noirceur, meurtrissure : πέλεια et πελειὰς, άδος, des pigeons de couleur plombée.
4. lat. *pelta*, petit écusson en demi-lune; *d. pl.* certain poisson : καταπέλτης, *catapulta*, machine et javelot; sorte de supplice : καταπελτάζω, assiéger, attaquer, courir sus; maltraiter.
5. (*gén.* ωρος, τό.) Πέλωρος, effroyable : πελώριος, le même ; *d. pl.* admirable : πελωρίγος, le même.
6. *d. pl.* laisser aller, éloigner, emmener, quitter, mettre dedans : πομπὴ, mission, instinct, mouvement, passeport, sauf-conduit, pompe, appareil, solennité : πομπεύω, envoyer, transporter, conduire, faire porter; marcher avec pompe, mener en triomphe; s'élever, s'estimer, se plaire en soi-même, triompher; se railler, dire des injures : παρακέμπω, envoyer loin, au-dehors, négliger, laisser là; s'adonner à quelque chose, s'y appliquer : ordonner, mander; conduire, accompagner, amener, apporter : διακέμπω, envoyer hors, éloigner, faire retirer, repousser, négliger, ne tenir compte.
7. (*gén.* ιγος, ἡ) *d. pl.* un rayon du soleil; nuée, goutte, bulle qui se fait sur l'eau : πομφόλυξ, le même.
8. Πενθερὰ, belle-mère.
9. (*gén.* εος, τό.) *d. pl.* tristesse : πενθήριος, triste, éploré; πένθιμος, le même.
10. Πεντήκοντα, cinquante : πεντακόσιοι, cinq cents ; πεντηκοντὴρ, ῆρος, capitaine de cinquante soldats : πεντηκοςὴ (sup. ἡμέρα), cinquantième jour, pentecôte.

CLVIII.

1. Πένομαι, se travaille, agit :
* Πένης, πενιχρὸς, pauvre est dit.
2. Πέπλος, voile, les femmes couvre.
3. Πέπερι, poivre, appétit ouvre.
4. Πέπτω, digère viande, et cuit.
5. Πέρα, πέραν, outre on traduit.
6. Πέρας fin, terme, représente.
7. Περᾶν, passe, porte, offre en vente :
* Πορνεύω, se prostituer.
8. Πέρθω piller, rompre et tuer.

DÉRIVÉS.

1. d. pl. faire, effectuer ; prendre peine, être pauvre : πενέςης, valet : πόνος, travail, application, soin, affaire ; fâcherie, peine, affliction, maladie, douleur ; défaut, éclipse de lune ou de soleil : πονέω, travailler, faire, s'appliquer; supporter, surmonter le travail ; s'abattre et succomber au travail, se rendre, n'en pouvoir plus, être accablé ; être malade ou dans l'affliction.

2. (gén. ου, ὁ.) lat. peplum; d. pl. drap de mort ; certain arbrisseau.

3. (gén. εως, τό.) lat. piper.

4. (éol. πέσσω; att. πέττω; fut. πεψω, du prés. form. πέπω.) d. pl. guérir : πέπων, ονος, ὁ, cuit, mûr, tendre, mou, doux, agréable : πέμμα, τὸ, tout ce qui est cuit, certaine pâtisserie.

5. d. pl. excessivement, outre mesure, outre que, plus que ; au-dessus, au-delà : πέραν est le même ; mais il ne se dit que du lieu : περάτη, ης, fin, borne, terme : περαῖος et περαίτερος, plus éloigné.

6. (gén. ατος, ὁ.) d. pl. but, et adverbialement, enfin : περατεύω et -όω, finir, terminer : περαίνω, le même; d. pl. accomplir, achever, finir, rendre parfait ; conclure, inférer ; combler de gloire.

7. (prés. άω, fut. άσω et ήσω, infin. άειν ou ᾶν.) d. pl. surmonter : πρήσσω, présent formé par syncope du futur περήσω, passer par : διαπρήσσω, le même: πέρασις, passage, fin, issue : πρᾶσις, vente, enchère, encan : πιπράσκω fait par rédupl. de πράω, pour περάω, vendre : περνάω et ημι, le même.

* Πόρνη, une débauchée.

8 (fut. πέρσω.) Πορθέω, le même : πέρσις et πόρθησις, ravage, perte, saccagement, ruine, démolition : πορθήτωρ, destructeur, qui ravage : πορθητής, le même : πτολίπορθος, preneur de villes, destructeur de villes.

CLIX.

1. Περὶ pour, à cause, *veut dire:*
* Περισσὸς, excellent, *s'en tire.*
2. Περιστερά, le doux pigeon.
3. Πέρκος, noir: *et* πέρκη, poisson.
4. Περόνη, boucle, *dans Homère.*
5. Πέρπερος, léger, téméraire.
6. Πέρυσι, dans cet an dernier.
7. Πεσσὸς, dame, jeu de damier.
8. Πετᾶν, ouvre, *et marque* étendue.
9. Πέτομαι, vole, court, se rue.

DÉRIVÉS.

* Περισσοτὴς, ήτος, excellence, surcroît, avantage : περισσεία, abondance.

2. (*gén.* ᾶς, ἡ.) Περιστερὸς se dit aussi pour le mâle, *Eustath.*, de même que les Latins ont dit *columbus* : περιστερεὼν, ῶνος, un colombier : περιστέριον, petit pigeon.

3. *d. p.* tacheté, marqué, divers en couleurs : πέρκη, poisson qui a des taches noires : περκάζω, commencer à noircir, comme le raisin quand il mûrit.

4. *d. pl.* agrafe, épingle, aiguille; l'os extérieur de la jambe, cheville du pied : περονητρὶς et περονατρὶς, sorte de robe qui s'agrafait par-devant : προσπερονάω, agrafer.

5. d'où le lat. *perperàm*; *d. pl.* étourdi, badin, grand parleur : περπερία, témérité; excès de propreté et d'ajustement : ῥωποπερπερήθρας, ου, vain, suffisant, fanfaron.

6. Περυσινὸς, qui est de l'année passée.

7. (*gén.* οῦ, ὁ.) *d. pl.* pierre carrée et cubique ; l'humeur noire qui environne la prunelle: tente de laine que l'on met avec l'onguent dans les plaies : πεσσεύω et -ττεύω, jouer aux dames : πεττειάω, le même.

8. (*prés.* άω ; *fut.* άσω : *inf.* άειν, ᾶν.) Ouvrir, étendre, éclore, développer : πετάζω, -αννύω et -άννυμι, le même : πέτασος, *petasus*, grand et large chapeau, parasol ; sorte de tissure et d'herbe à grandes feuilles : πέταλον, le même ; *d. pl.* lame, feuille d'or ou semblable : περιπέτασμα, voile, tapisserie, couverture, rideau, courtine ; sens mystique qui couvre le spirituel : πέταχνον et πέταχνον, vase large et mince.

9. Πετάομαι, le même : πετεινὸς, oiseau ; *poët.* πετεηνὸς : ἀεροπότης, qui s'élève en haut par son vol : ἰθυπτίων, qui va droit et ruide en volant.

CLX.

1. Πέτρος, πέτρα, *pour* pierre *on met.*
2. Πεύκη poix-résine, amer, *fait.*
3. Πηγή, source, eau qui sort de terre.
4. Πηγνύω, fiche, assemble *et* serre.
5. Πηδᾶν, saute *et* fait jaillir l'eau.
6. Πηδός, bois, *â*me d'un vaisseau.
7. Πήληξ le casque *en vers figure.*
8. Πηλός, boue *et* la noire injure.
9. Πῆμα perte *et* tout ce qui nuit.
10. Πῆνος toile *et* fil *on traduit.*

DÉRIVÉS.

1. Lat. *petra* : πετρόω, lapider ; pétrifier ou changer en pierre : ὑπόπετρος, sous lequel il y a des pierres.

2. Il marque amertume *dans quelques dérivés et composés comme* ἐμπευκής, έος, amer : περιπευκής, très-amer : πευκεδανός, amer ; dangereux : ἐχεπευκής, amer ; mortel.

3. *d. pl.* les coins des yeux qui sont vers le nez : πηγάζω, sourdre : πήγασος, cheval ailé qu'on feint être né près les sources de l'océan ; καμπήγην, parmi les fontaines.

4. (*fut.* πήξω, du prés. form. πήγω.) *d. pl.* composer, bâtir, former ; faire prendre et cailler : πήγνυμι et πήσσω, -ττω, le même : πῆγμα, ce qui tient, qui est pris et caillé ; assemblage, composition ; machine à soutenir les statues : πηγάς, άδος, glace ; rocher : παγός, οῦ, serré, solide ; noir ; *d. pl.* blanc comme la glace ; *d. pl.* du sel : πηκτίς, ίδος, gelée ; flûte ou instrument de musique ; couteau à couper la viande : πάγη, lacet, filet, rets ; lieu élevé : πάγος, hauteur, colline ; humeur gelée, glace du sel : πάγνος, fixe, ferme, assuré : παγιόω, rendre fixe, ferme et assuré ; établir, confirmer.

5. (*prés.* άω, *fut.* ήσω, *inf.* άειν.) Πιδύω, le même : πιδύεις, plein de fontaines jaillissantes.

6. (*gén.* ου, ὁ.) Sorte de bois ; le bout large d'un aviron, fait ordinairement de ce bois : πηδάλιον, gouvernail ou timon d'un vaisseau.

7. (*gén.* ηκος, ἡ) Χρυσοπήληξ et -σεοπήληξ, qui a un casque d'or ou doré.

8. (*gén.* οῦ, ὁ.) *d. pl.* bourbier, limon, mortier, terre à pot : πηλακίζω, couvrir de boue, déshonorer, traiter ignominieusement.

9. (*gén.* τό.) *d. d.* défaite, malheur, accident : πημονή ; le même : πημαίνω, blesser, faire mal, nuire.

10. *d. pl.* sorte de fuseau : τήνισμα, laine ou fil autour du fuseau.

CLXI.

1. Πήρα, besace à qui mendié.
2. Πηρὸς estropié *signifie*.
3. Πῆχυς coude *ou* coudée *on dit*.
4. Πιδαξ, fontaine, eau qui jaillit.
5. Πιέζω, presse, serre, opprime.
6. Πικέριον du beurre *exprime*.
7. Πίθηξ, singe. 8. Πίθος, tonneau.
9. Πικρὸς, amer. 10. Πῖλος, chapeau.
11. Πιμελὴ la graisse *s'appelle*.
12. Πίναξ, table, tablette, écuelle.

DÉRIVÉS.

1. lat. pera; d. pl. sac, poche, malle.
2. d. pl. muet, aveugle, impotent, troublé de sens, privé de quelque faculté : πηρόω, estropier, couper, affaiblir : ἄπηρος, qui n'est point estropié ou qui n'a point de poche, *venant de* πήρα.
3. (*gén.* εως.) d. pl. une équerre ; le manche d'un luth ; la partie de l'arc qui soutient la flèche : πηχυὸς et χναῖος, qui est d'une coudée.
4. (*gén.* ακος, ὁ, ἡ.) Πιδακόεις et -κώδης, aqueux, humide, plein de petites sources.
5. d. pl. tourmenter, maltraiter, tenir ferme : πιέζω et πιάζω, le même : ὑποπιέζω, supprimer ou exprimer, faire sortir en pressant ; mais ὑποπιάζω, meurtrir de coups, frapper sur le visage, *vient d'*ὄπτομαι, voir ; ὤψ, l'œil ; ὑπωπία, τὰ, la partie qui est sous l'œil.

7. (*gén.* ηκος.) d. pl. un petit homme : πίθηκος, ου, et πίθων, le même.
8 (*gén.* ευ, ὁ.)
9. d. pl. rude, fâcheux, piquant, déplaisant : πικρότης, πικρία, amertume : πικρόω et πικραίνω, rendre amer, aigrir : πικρίζω, devenir amer.
10. lat. pileus et -eum ; d. pl. feutre, laine pressée, chaussons, couvertures, tapis, corps ou pourpoints bourrés et piqués ; une balle ; petites boules ou flocons de laine qui viennent sur certains chênes ; un pilon, une massue, *Lucien :* πιλόω et -έω, piler, fouler, serrer, presser.
11. Πιμελὴς et πιμελώδης, gros et gras.
12. (*gén.* ακος, ὁ.) d. pl. ais, tablettes à écrire, la table d'un livre, tableau ou écriteau exposé en public : plat pour servir la viande.

CLXII.

1. Πίνος *pour* crasse, ordure, *est mis.*
2. Πίνω, boit : πότον *en est pris.*
3. Πίπτω, tombe. 4. Πίσσα poix *donne.*
5. Πίτυλος, bruit quand l'eau résonne.
6. Πίτυρον, son. 7. Πίτυς pin *prend.*
8. Πίων, gras. 9. Πλάδον humeur *rend.*
10. Πλάγιος, de travers, oblique.
11. Πλάζω, fait errer lunatique.
12. Πλάνη, l'erreur, l'égarement
13. Πλάσσω, forme, enduit, fait semblant.

DÉRIVÉS.

1. ou πῖνος (*gén.* ου, ὁ); *d. pl.* homme malpropre : πίνος orationis, discours qui ressent l'antiquité, *dit en bonne part* : πίνον, τὸ, de la bierre : πίνος, ἡ, pin.

2. (*fut.* πώσω, du présent formateur πόω.) Πότον, potus, boisson : πότος, festin, collation : πόσις, εως, ἡ, boisson ; *d. pl.* le mari : πιπίσκω, donner à boire, abreuver ; sucer, tetter, tirer. *Il signifie aussi* piailler *comme font les poussins et oiseaux* ; *mais alors il vient de* πῖπος, pipus, oiseau de mer.

3. (*fut.* πέσω, du présent formateur πέω.) *d. pl.* succomber ; être tué, jeté par terre, mis en déroute ; pencher, être soumis ; se ruer, se jeter sur : μεταπίπτω, tomber en arrière, perdre espérance, décliner, aller de bien en pis, ou de mal en mieux, changer d'une espèce en une autre : προσπίπτω, arriver, échoir, tomber ; être ; supplier, se jeter aux genoux ; se ruer sur ; rencontrer.

4. Πισσίζω, ressembler à la poix : πισσόω, enduire de poix ; πιττάκιον, tablette de poix pour écrire, tablette, emplâtre, pièce.

5. (*gén.* ου, ὁ) comme celui qu'on fait en ramant ; *d. pl.* l'action de ramer, agitation fréquente, remuement.

6. Le son qu'on sépare de la farine ; *d. pl.* la crasse qui tombe de la tête ; lie de l'urine.

8. Πιώδης, πιήεις, πιαλέος et πίαλος, le même : πῖος, εος ; πιότης, ητος, et πῖαρ, τὸ, graisse.

9. Πλαδαρὸς, fort humide, suant, plein d'humeurs ; lâche, mou, flasque.

11. (*fut.* πλάσω, du prés. form. πλάω.) *d. pl.* chasser de côté et d'autre : πλαγκτὸς, qui erre ou qui va de côté et d'autre ; fou, lunatique, qui a le sens égaré.

12. Πλάνης, ητος, vagabond : πλανίτης, le même ; *d. pl.* planète, étoile errante.

13. *d. pl.* feindre et controuver : πλάσμα, ouvrage de terre ; fiction, chose controuvée.

CLXIII.

1. Πλατὺς large, ample, *te figure*.
2. Πλέθρον, arpent, de champ mesure.
3. Πλέκειν, enlacer, joindre, unir.
4. Πλέος, plein; πληρόω, remplir.
5. Πλευρὰ, côte, *fait* pleurésie.
6. Πλέω naviguer, *signifie*.
7. Πλήσσω, frappe; *et* πλήστιγξ, un fouet.
8. Πλίνθος la tuile *ou* brique *fait*.
9. Πλίσσω, va, marche avec adresse.
10. Πλοῦτος, dieu de l'argent, richesse.

DÉRIVÉS.

1. (*gén. έος.*) d'où vient *latus*, *d. pl.* grand, spacieux : πλὰξ, ακὸς, *tabula*, table; plaine, campagne : πλακόεις, εντος, *contract.* πλακοῦς et πλακώδης, εος, large, plat comme une croûte, d'où vient en latin *placenta*, un gâteau.

2. Πελέθρον, *poét.*, le même.

3. (*prés.* κω, *fut.* ξω.) *lat.* plecto : πλέγμα, τὸ, tissure, enlacement : πλεκτάνη, ἡ, le même; *d. pl.* les pieds du polype; touffe de cheveux, rets, filets : πλοκὴ, ἡ, nœud, tissu, composition, argument, tromperie; certaine figure de rhétorique : πλόκος, ὁ, et -ιον, τὸ, touffe de cheveux.

4. (*gén. ου; att. έως, gén. ω.*) Πλήθω, remplir, combler, inonder : πληθωρέω, le même : πληθώρα, plénitude d'humeurs, réplétion : πλῆθος, le même; *d. pl.* multitude, menu peuple; grandeur, excès : πλήμη, πλημύρα et -μμύρα, le flux et reflux de la mer, inondation de la mer ou d'un torrent, *S. Basile* : πλήμνη, le moyeu d'une roue.

5. Πλευρὸν, le même : εὐράξ, pour πλευράξ, de côté : πλευρῖτις, *sup.* νόσος, pleurésie, mal de côté.

6. (*fut.* εύσω, du présent formateur πλεύω.) Πλόος, *contract.* πλοῦς, navigation, route, chemin, expédition :πλώω et -ώμι ,πλωΐζω et -ίζομαι, le même que πλέω, naviguer; mais πλέω est encore le génit att.de πλέος, plein (V.ci-dessus); et *d. pl.* est un accus. sing. masc. ou un neutre pluriel pris de πολὺς, plus; comp πλείων, qui fait πλείονα, πλεῖσα, πλείω et πλέω.

7. *d. pl.* rompre et pleurer : πλῆκτρον, fouet, escourgée; archet de violon; la langue; un ergot de coq; le haut de la cuisse qui s'emboîte dans la hanche : πληγή, *plaga*, plaie, blessure; perte, accident; défaite.

8. Πλίνθιον, petite tuile; carré non cube; bataillon rangé en carré; sorte de machine.

9. *propr.* c'est aller l'amble; marcher dru, battre la terre des pieds.

10. *lat. Plutus* : πλουτεὺς, έως, et πλούτων, ωνος, Pluton, dieu des enfers : πλούσιος, riche, opulent.

CLXIV.

1. Πλύνω, lave : *et* πλυντήρ, laveur.
2. Πνέω, souffle, exhale une odeur.
3. Πνίγειν, étrangle tant il serre.
4. Πόα, l'herbe qui croît sur terre.
5. Πόθος, désirs, souhaits couverts.
6. Ποιῶ, fait. 7. Ποικίλος, divers.
8. Ποιμήν, pasteur ; 9. *et* Ποινή, peine.
10. Πόλεμος, la guerre inhumaine.
11. Πόλειν, tourne, *et* pôle *en est pris*.
12. Πολιός, à poil blanc *ou* gris.

DÉRIVÉS.

1. *dit proprement des véte-mens; d. pl.* laver la tête à quelqu'un, *pour* lui dire des injures ; se vautrer ; souiller : πλυντήρ, celui qui lave, ou le lavoir où on lave.

2. (*fut.* εύσω, du présent formateur πνεύω.) *d. pl.* respirer, vivre : πνεῦμα, τὸ, vent, souffle, haleine, difficulté de respirer ; esprit ; période nombrée : πνοὴ, souffle, vent : πνόος, le même ; *d. pl.* son, bruit : πνευςτιάω, souffler, être hors d'haleine, avoir la courte haleine : πινύω, -ύσσω et -ύσκω, donner des avis, rendre sage : πινὺς et κίννυσις, prudence, sagesse, intelligence.

3. (*prés.* γω, *fut.* ξω.) *d. pl.* suffoquer : πνιγμὸς, οῦ; πνίξ, ιγός, ἡ, suffocation, suppression: πνῖγος, τὸ, le même ; mais il se dit particulièrement de la chaleur d'été, qui nous étouffe.

4. Πο<ὰ, le même ; *d. pl.* l'année : λεχεποίης, *Hom.*, qui porte de l'herbe propre à faire de petits lits.

5. (*gén.* ου, ὁ.) *d. pl.* passion, amour caché, cupidité; fleur d'été : τριπόθητος, très-désirable:

ποθέω, désirer, souhaiter ; aimer, être passionné pour quelque chose.

6. (*prés.* ἐω, *fut.* ήσω.) *d. pl.* créer ; faire des vers, composer, écrire ; être utile, efficace, avantageux ; supposer, feindre ; accorder ; mettre, placer : ποίησις, action, créature ; poésie : ἀποποιέομαι, rejeter, renvoyer loin de soi, refuser.

7. *d. pl.* varié de diverses couleurs, fait de plusieurs espèces, de pièces rapportées ; fin, rusé, fourbe, plein d'artifices : ποικίλλω, varier, diversifier, changer, contrefaire, user de fourberie ; prendre diverses formes.

8. (*gén.* ενος.) Ποιμαίνω, paître, conduire ; avoir soin.

9. *lat.* pœna, peine, vengeance, supplice, amende.

10. (*gén.* ου, ὁ.) *d. pl.* combat, bataille : πτόλεμος, le même, d'où vient *Ptolémée.*

11. (*prés.* ἐω, *fut.* ήσω.) *d pl.* labourer, paître : πόλος, pôle du monde ; sommet de la tête ; cadran solaire.

12. *d. pl.* blanc, pâle, jaune.

CLXV.

1. Πόλις, ville. 2. Πόλτος, bouillie.
3. Πολὺς maint, fréquent, *signifie*.
4. Πόντος, mer. 5. Ποππύζω, siffler.
6. Πόρπη, boucle, agrafe à lier.
7. Πόρτις, veau, génisse meuglante.
8. Πορφύρα, la pourpre éclatante.
9. Ποσειδῶν *pour* Neptune *on prend*.
10. Ποταμός, un fleuve, un torrent.
11. Πότερος, lequel des deux? quelle?
12. Πότμος, sort, chose casuelle.

DÉRIVÉS.

1. (*gén.* εως, ἡ.) *d. pl.* sorte de jeu: πολίτης, bourgeois, citoyen: πολιτικός, civil, politique: πολιτεύω, administrer, servir la république, être en charge; vivre dans une république ou selon ses loix.
2. (*gén.* ου, ὁ.)
3. *d. pl.* beaucoup, nombreux, grand, ample, spacieux; excellent, véhément, puissant: οἱ πολλοί, la plupart, la plus grande partie, la multitude, le peuple, le monde: πλείων et πλέων, plus ample, plus grand, plus abondant: οἱ πλείονες, le peuple, la multitude: πλείων est l'année: πλεονάζω, être plus grand ou plus fréquent qu'il ne faut, avoir plus, s'accroître, s'enrichir, faire fortune, s'élever, devenir insolent, multiplier. De πλέω vient πλειάς, άδος, pléiade, constellation de plusieurs étoiles.
4. lat. *pontus*.
5. *d. pl.* flatter par un son de la bouche, comme on fait les chevaux.
6. *d. pl.* l'anneau du bouclier: πόρπαξ, le même; πόρπημα, vêtement qui s'agrafe: πορπακίζω, πορπάζω, -πάω et -πῶ, agrafer.
7. (*gén.* ιος, ὁ et ἡ.) *d. pl.* bouvillon: πόρις et πόρταξ; le même.
8. lat. *purpura*, certaine huître marine, couleur faite du sang de ce poisson.
9. (*gén.* ῶνος.)
10. Ποταμηδόν, comme un fleuve: παραποτάμιος, qui est proche de la rivière.
11. Πότερος, α, ον, *uter, utra, um*, lequel des deux ou laquelle? *en interrogeant*: πότερον et πότερα, *utrùm, an*, savoir si: ὁπότερος, lequel des deux, *sans interrogation*.
12. *d. pl.* la mort: βαρύποτμος, malheureux, qui a un mauvais sort: δευτερίποτμος, qui revient de loin après avoir été cru mort: ταχύποτμος, qui meurt vite, ou qui est mort subitement: ὑστερόποτμος, à qui on a dressé le bûcher durant sa vie; les secondes noces. *Hésych.*

CLXVI.

1. Πούς, ποδός, pied *signifiera*.
* Ποδίζω, les pieds lie, *ou* va.
2. Πότνιος, auguste, honorable.
3. Πρᾶος, doux, bon, clément, affable.
4. Πραπίδες, l'estomac, le cœur.
5. Πράσον, porreau, vert en couleur.
6. Πράσσω, fait, exige *et* pratique.
7. Πρέμνον tronc, racine, *s'explique*.
8. Πρέπειν, est beau, propre *et* séant.
9. Πρέσβυς, vieillard, légat *et* grand.

DÉRIVÉS.

1. (ὁ) lat. *pes, pedis*; d. pl. un pied de mesure; le pied d'une montagne, d'une table, d'un vers, etc.; les cordes d'un vaisseau; le gouvernail : χειρὶ καὶ ποδὶ, de toutes ses forces, de toute son industrie : ἀνὰ πόδα, à reculons : ἐκ ποδὸς, sur-le-champ : ἐν ποσὶ, devant nous; tout ce qui se présente et se rencontre, ce qui est commun et ordinaire : κατὰ πόδα, de près; sur les talons : ἀνδράποδον, un esclave.

* Ποδίζω ; d. pl. mesurer au pied.

2. Ποτνιάω, prier, implorer, demander humblement : ποτνιάομαι, le même; d. pl. s'indigner, se plaindre, murmurer.

3. quelquefois πρᾶος, souscrit: πραΰς, -έος, le même : πραότης et -ύτης, douceur.

4. (αἱ.) d pl. les entrailles, l'esprit, l'industrie.

5. Πρασώδης, πράσινος et -ιος, vert, de couleur de porreau.

6. (*fut.* ξω, du présent formateur πράγω.) d. pl. manier, administrer; passer sa vie; être de telle profession, exiger, contraindre : πράττω, attique, le même : πρᾶξις, action, négoce, affaires; sort, condition, état; trahison, exaction, pratique : πρᾶγμα, chose, affaire, procès : πραγματεύομαι, entreprendre, s'efforcer de faire, inventer, rechercher, composer, travailler, s'appliquer; gagner, faire ses affaires.

7. d. pl. fondement; l'extrémité du blanc de l'œil : πρεμνίζω, arracher le tronc avec la racine.

8. (*prés.* πω, *fut.* ψω.) d. pl. exceller : πρέπει, il est bienséant, il est à propos, il est bon: τὸ πρέπον, l'honnêteté, la bienséance : θεοπρεπής, qui a quelque chose de divin : θεοπρόπος, le même; et *d.* pl. un devin, un prophète; celui qui consulte les prophètes : θεοπροπέω, prophétiser, rendre ses oracles.

9. d. pl. ministre, prêtre, intercesseur; c'est aussi le nom d'un oiseau.

CLXVII.

1. Πρήθω *pour* enflammer *s'usite*.
2. Πρηνὴς, penchant, se précipite.
3. Πρίαμαι *nous marque* acheter.
4. Πρῖνος, chêne ; 5. *et* Πρίω, scier.
6. Πρὸ, devant ; * πρωτεύω, commande.
7. Πρόβατον, brebis, marche en bande.
8. Προῖξ, don, mariage *et* présent.
9. Πρυμνὸς, dernier, pouppe *et* fin *prend*.
10. Πρύτανις, chef, qui doit conduire.
11. Πρωῒ, πρὼ, du matin *veut dire*.

DÉRIVÉS.

1. *d. pl.* souffler, enfler : πρη-ςῆρ, ῆρος, qui met le feu, qui enflamme ; serpent qui cause une soif ardente par sa morsure ; le dessous de la gorge, qui s'enfle dans la colère.

2. (*gén.* έος.) *d. pl.* qui penche et est près de tomber : πρανὴς, le même : πρηνίζω et πρανίζω, précipiter, jeter la tête devant.

3. *d. pl.* entreprendre, comme *redimo* en lat. : ἐκπρίαμαι, racheter, délivrer ; corrompre par argent : ἐκπριόω, racheter.

4. (*gén.* ου, ἡ.) lat. *ilex*, sorte de chêne nommé yeuse.

5. *d. pl.* serrer, étrangler : πρίζω, le même : πρίων, ονος, une scie ; sorte d'argument captieux : πρίσμα, poudre de bois que fait tomber la scie ou les vers ; certaine figure de géométrie.

6. Πρότερος, *prior* : πρῶτος, *primus*, le premier : πρόσθεν, devant, en présence, par-devant : πρόσω, πρόσσω et πόρρω, en devant, loin, dans un grand éloignement.

* Πρωτεύω, commander, tenir le premier lieu, avoir l'autorité : πρωτεῖον, primauté, autorité.

7. *d. pl.* toute bête à quatre pieds : προβατικὸς, qui appartient au bétail : προβατικὴ κολυμβήθρα, Jean, 5., piscine où l'on abreuvait le bétail, ou bien où on le lavait.

8. (*gén.* κὸς, ἡ.) Généralement c'est toutes sortes de dons, faveurs et libéralités dont on prévient un autre, Martin ; *et particulièrement* la dot et le mariage d'une fille : προῖκα, gratuitement.

9. Γλωσσαπρυμνὴ, l'extrémité de la langue : πρύμνα, le même ; *d. pl.* le navire : πρυμνήτης, pilote, conducteur.

10. (*gén.* εως, ὁ.) *d. pl.* administrateur, dispensateur, préfet, gouverneur, gardien, protecteur : πρυτάνεις, les cinquante premiers juges d'Athènes, qui se prenaient chaque mois de la cour des cinq-cents. V. Budé.

11. Πρώϊος, matineux, hâtif, qui mûrit vite.

CLXVIII.

1. Πρώρα, proue et bec, pointe ou front.
2. Πτέρνα, talon, bas, pied d'un mont.
3. Πταίρειν éternuer veut dire.
4. Πταίω, choppe : et πταῖσμα s'en tire.
5. Πτερὸν pour aile ou rame on met.
6. Πτίσσω, pile ; et tisane fait.
7. Πτοέειν, épouvante, étonne.
8. Πτύσσω, plie ; et δίπτυχος donne.
9. Πτύω, crache : 10. et Πύθω, pourit.
11. Πύκα, dru. 12. Πύλη porte on dit.

DÉRIVÉS.

1. *métaph.* les joues, le visage ; *d pl.* faîte, sommet, extrémité : καλλίπρωρος, qui a une belle proue ; *métaph.* beau de visage.
2. (*gén.* ης, ἡ.) *d. pl.* le pied du mât ; les pas ou vestiges ; fourberies, tromperies : πτερνίζω, donner un coup de pied ou de talon ; supplanter, tromper, faire succomber.
3. (*fut.* πταρῶ.) Πτάρνυμαι, le même : πτάρμικα, plante dont l'odeur fait éternuer.
4. (*fut.* πταίω.) *d. pl.* heurter, se blesser, chanceler, tomber, être frustré et trompé : πταῖσμα, choc, chute, blessure, offense, infortune, accident : προσπταίω, se heurter contre, faire quelque faute en parlant, offenser, encourir l'indignation, faire mal ses affaires.
5. *d. pl.* la voile d'un vaisseau ; côté de la proue ; ailes d'un bâtiment ; nageoires d'un poisson ; plume, oiseau, volaille ; parasol, pavillon : πτέρυξ, le même ; *d.*
pl. repli d'un vêtement ; scolopendre, herbe.
6. (*fut.* πτίσω.) *d. pl.* écorcer ou écosser : πτισάνη, tisane.
7. (*prés.* έω *fut.* ήσω.) Πτοιέω et πτύρω, le même : πτόησις, terreur, crainte, épouvante : πτήσσω, être saisi de crainte, avoir horreur, s'enfuir, se cacher ; et *activement* faire peur : πτώσσω, le même : *d. pl.* mendier : πτωχός, οῦ, mendiant.
8. (*fut.* ξω, du prés. form. πτύγω.) *d. pl.* faire des plis ou des rides : πτύξ, υχός, et πτυχή, ῆς, plis, rides, replis, ondes, cannelures, coupeaux de montagnes, creux et cavités des vallées ; battans de portes ; ouverture des huîtres : δίπτυχος, double, pris deux fois.
9. *métaph.* rejeter, mépriser.
10. Πυθμήν, ένος, fond, creux ; le bas.
11. *d. pl.* exactement, prudemment : πυκνὸς, épais, fréquent, solide, plein, gros et gras ; prudent, sage, ferme.

CLXIX.

1. Πυνθάνομαι, sait *ou* demande.
2. Πύξ, du poing. 3. Πῦρ, fièvre grande.
4. Πύργος, tour. 5. Πυρὴν, le noyau.
6. Πυρὸς, froment, blé le plus beau.
7. Πώγων la barbe *représente*.
8. Πωλεῖν, vend, monopole *enfante*.
9. Πῶλος, poulain, enfant, ânon.
10. Πῶμα, couvercle, pot, boisson.
11. Πωρὸς, aveugle *pourra faire* :
* Ταλαίπωρος, plein de misère.

DÉRIVÉS.

1. (*fut.* πεύσομαι.) *d. pl.* ouïr dire, interroger, s'enquérir, s'assurer d'une chose : πύςις, bruit, renommée, enquête, information : πεύθη, le même : πευςὸς, obéissant.

2. (*adv.*) Πυγμὴ, le poing : πύκτης, qui se bat à coups de poings.

3. (*gén.* πυρὸς, τό.) Feu, fièvre ardente ; lat. *æther*, empyrée, le haut de l'air : πύρωσις, cuisson, épreuve par le feu ; embrasement : πυρόω, enflammer : πυριάω, fomenter, échauffer : πυρσὸς, flambeau : πυρρὸς, roux : πυρετὸς, fièvre, inflammation : πυρεῖον, matière sèche propre à prendre feu ; poêle à feu, réchaud ; fusil, pierre à feu.

4. (*gén.* ου, ὁ.) *d. pl.* citadelle, fortification ; cornet à jouer aux dés ; lat. *pyrgus*, machine de guerre ; bataillon carré ; partie du navire.

5. (*gén.* ῆνος, ὁ.) *d. pl.* le plus petit bout de la sonde d'un chirurgien, pepin : grain ; perle : πυρινή, le même.

6. Σπυρὸς, le même : πύρινος et πύρνος, de froment : πυραμίς, gâteaux de froment et de miel ; grenier à blé en Egypte ; *d. pl.* pyramide (d'autres font venir ce mot de πῦρ, feu) : σπυρίς, une corbeille.

7. (*gén.* ωνος, ὁ.) Πωγωνίας, ου, barbu : πωγωνίτης, le même.

8. (*prés.* έω, *contr.* ῶ.) Μονοπωλία et -ιον, monopole, usurpation ou privilége par lequel on prétend avoir seul le droit de vendre : βιβλιοπώλης, libraire, vendeur de livres.

9. (*gén.* ου, ὁ, ἡ.) Πωλεύω, dompter et former les poulains.

10. (τό.) *d. pl.* datte cueillie en sa maturité.

11. Πωρὸς, aveugle · πῶρος, cal, durillon ; affliction, misère.

* Τὸ ταλαίπωρον, persévérance dans le travail : ταλαιπωρέω, être misérable, être mal dans ses affaires.

CLXX.

* Ρῶ *dans les nombres fait* un cent.
1. Ῥάβδος verge *ou* bâton *se rend*.
2. Ῥᾴδιος facile *s'expose.*
3. Ῥαίνω, répand, asperge, arrose.
4. Ῥαίω, corrompt, perd *et* détruit.
5. Ῥάμνος blanche épine *on traduit*.
6. Ῥαπίς verge *te représente*.
7. Ῥάπτω, coud, refait, maux invente.
8. Ῥάσσω, briser *et* renverser.
9. Ῥέζω, faire : 10 *et* Ῥέγχω, ronfler.

DÉRIVÉS.

* Ρῶ, de l'hébreu Resch, ou du vieux syrien Rœ.
1. (*gén.* ου, ἡ.) *d. pl.* baguette, houssine, rameau, branche, sarment ; hampe de pique ou javelot ; poignée d'un bouclier ; certains phénomènes ; veines de terre dans le métal, certaines traces de couleur dans une étoffe ou un habit, petites lignes que font les critiques dans les livres : ῥαβδίζω, fouetter, donner des coups de bâton : ῥαβδεύω, secouer ou battre avec une houssine.
2. (*gén.* ου, ὁ.) *d. pl.* enclin, porté à quelque chose : ῥᾴων, plus facile, plus fort, meilleur : ῥᾷςος, très-facile : ῥᾳςώνη, facilité, soulagement, méthode ou moyen aisé, douceur, bonté, chose favorable, allégement de la douleur, relâchement d'esprit, divertissement ; repos, loisir, paresse, lâcheté : ῥᾳςωνεύω, languir dans l'oisiveté, se plaire à la paresse ; ῥαΐζω, revenir en santé, recouvrer ses forces.

3. (*fut.* ῥανῶ.) Ῥάζω, le même que ῥαίνω : ῥαντήρ, l'endroit de l'œil d'où sortent les larmes.
4. (*fut.* σω.) Ῥαιςὴρ, ῆρος, un maillet.
5. Ὁ ῥαμνος, petit rameau.
6. (*gén.* ίδος, ἡ.) *d. pl.* pantoufle ou sandale ; boucle : ῥάπισμα, coup de baguette ou bâton : ῥαπίζω, frapper avec une houssine, donner des coups de bâton.
7. Ῥάμμα, couture, suture, trame, fil, boucle ou lacet : ῥαφίς, une aiguille.
8. *d. pl.* ruiner, abattre : καταρράκτης ou καταρρώκτης, cataracte, cascade, chute d'eau ; verrou ou barre à fermer une porte ; oiseau carnassier : συρράσσω, s'entre-heurter et choquer.
9. *d. pl.* sacrifier, comme *facio* en lat. : ἔρδω fait par métath., et béot. ῥέδω, le même.
10. Ῥέγχος, ῥάγχος, ῥυγχος et ῥέγξις, ronflement, bruit qu'on fait en ronflant.

CLXXI.

1. Ῥέμβω tourner, errer, *veut dire*.
2. Ῥέπω, penche, incline *et* désire.
3. Ῥέω, coule, parle *et* répand.
4. Ῥάσσω, ῥηγνύω, brise *et* fend.
5. Ῥῖγος, froid horrible et qui perce.
6. Ῥίζα, racine, en fruits diverse.
7. Ῥικνός, courbé, ridé du front.
8. Ῥίν, nez. 9. Ῥινός, peau. 10. Ῥίον, mont.
11. Ῥίνη *pour* la lime *s'usite*.
12. Ῥίπτω, jette à bas, précipite.

DÉRIVÉS.

1. *d. pl.* rouler, entortiller; irriter; chanceler: ῥόμβος, rond, rhombe; roue, sabot à jouer, fuseau à filer; certain poisson: ῥεμβάζω, rêvasser, avoir l'esprit égaré.

2. (*fut.* ψω.) Ῥοπή, inclination, trait de la balance; moment, péril; ce qui a la force de porter à quelque chose: ῥόπαλον, massue, houssine, bâton, épée: ἰσόρροπος, qui est dans l'équilibre, égal, de même force, indéterminé: ἀντίρροπος, qui penche de l'autre côté, qui fait le contrepoids. Souvent il est le même que ἰσόρροπος.

3. (*fut.* εύσω du présent formateur ῥεύω.) ὅεῦμα, cours ou courant d'eau, flot, fleuve, rhume, fluxion: ῥόος, cours ou courant d'eau: ῥοϊκός, courbé, tortu: ῥύσις, flux, coulant, fluxion, cours, chute, bras de rivière; note d'or: διάρροια, cours, passage, conduit, flux de ventre: ῥῆμα, τό, mot, parole, sentence, discours, chant, cantique, hymne,

poème: ἀπόρρητος, défendu, interdit, secret; ineffable, qu'on ne peut dire ni exprimer, indigne d'être dit.

4. (*fut.* ξω, du présent formateur ῥήγω.) *d. pl.* frapper un grand coup; teindre, tremper; pousser, chasser dehors: ῥώξ, rupture, pepin, grain et tunique du raisin; sable, rocher; petite araignée: ῥάγις, l'épine du dos: ῥαχία, le même: *d. pl.* le dos; lieu élevé, montagne, rocher, bord de l'eau plein de gravier et de pierres; bruit, flux de la mer; bancs de sable, terre de métaux; plants d'arbres.

5. (*gén.* εος, τό.)

7. *d. p.* voûté, ridé, ratatiné, petit, vieux: ῥικνόομαι, être tout rompu, disloqué et tourmenté en diverses manières.

8. (*gén.* ινός, ἡ.)

9. (*gén.* οῦ, ὁ et ἡ.) *d. pl.* cuir, bouclier.

10. (*gen.* ου, τό.) Le sommet d'une montagne, un promontoire.

LE JARDIN

CLXXII.

1. Ῥοά, grenade *et* grenadier.
2. Ῥόδον, rose ; ῥόδη, rosier.
3. Ῥόθος, bruit des flots et de l'onde.
4. Ῥοῖζος, bruit qui siffle *ou* qui gronde.
5. Ῥοφεῖν, absorbe, avale l'eau.
6. Ῥύγχος, le bec, muffle *ou* museau.
7. Ῥυθμὸς, nombre, justesse *et* rime.
8. Ῥύπος ordure, épargne, *exprime*.
9. Ῥύω, traîne, en sûreté met.
10. Ῥωννύω, rend fort, Rome *fait*.

DÉRIVÉS.

1 Ῥοιὰ, le même : ῥοΐσκοι, les pommes de grenade qui étaient au bas du vêtement du grand-prêtre.

2. Ῥοδωνιὰ, lieu planté de rosiers.

3. lat. *rota* ; *d. pl.* tumulte, agitation, impétuosité : ῥοθέω, être porté avec impétuosité : ῥοθιάζω, ramer avec grande vitesse: ῥοχθέω, faire grand bruit, comme les flots de la mer.

4. (*gén.* ου, ὁ.) lat. *stridor* : ῥοῖϐδος, le même : ῥοιζέω, bruire ; gronder, aboyer.

5. (*prés.* έω et άω, *fut.* ήσω.) *d. p.* puiser, épuiser : ῥόφω, le même : ῥόφημα et ῥόμμα, potion, bouillon, tout ce qu'on avale.

6 (*gén.* εος, τό.) *d. pl.* l'ouverture de la bouche.

7. (*gén.* οῦ, ὁ.) *d. pl.* cadence et tout ce qui se fait par certain ordre et proportion : ἄρῥυθμος, qui n'a nul ordre ni proportion, mal fait, qui n'a point de grâce : ἀρυθμητικὸς, en nombre (ce mot est très-suspect) : μεταρῥυθμίζω, réformer, corriger, changer.

8. *propr.* les ordures qui s'engendrent au bout des doigts, ou qui sortent du corps par la sueur ; *métaph.* avarice, mesquinerie ; *d. pl.* la cire avec laquelle on scelle : ῥυπαρὸς, vilain, sale, sordide, avaricieux : ῥυπάω et -όω, être sale et malpropre : ῥυπαίνω, rendre sale, salir, gâter, tacher ; décrier, rendre infâme.

9. (*fut.* ύσομαι ; on dit plutôt ῥύομαι.) *d. pl.* conserver, protéger, défendre, délivrer : ῥύω, couler, vient de ῥέω : ῥῦμα, trait ou trainée ; corde à tirer : ῥύμη, rue, chemin passant : ῥυμὸς, la flèche d'un charriot : ῥυτὴρ, celui qui tire ; une bride, un licou : ῥυσσὸς, ridé : ῥυσσόω, rider le front : ῥυτιδόω, devenir ridé : ῥυςάζω, tirer, prendre, emporter.

10. plutôt ῥώννυμι : ῥώμα, force, puissance, d'où vient Rome. ῥωμαλέος, fort, robuste.

CLXXIII.

* Σίγμα *de* deux cents *est figure.*
1. Σαίρω, bouche ouvre, ôte l'ordure.
2. Σάλος, mer, agitation.
3. Σάλπιγξ *de* trompette *est le nom.*
4. Σανὶς, ais. 5. Σὰρξ, chair, corps, tout l'homme.
6. Σάττω, charger bête de somme.
7. Σαφὴς, clair, sans lieu d'en douter.
8. Σβεννύειν, éteindre, étouffer.
9. Σέβω, révère, admire, adore.
10. Σειρὰ, chaîne *et* frein, corde *encore.*

DÉRIVÉS.

*Σίγμα de l'Hébreu *Samech*; les Doriens l'appellent σὰν : σίζω, siffler : σιγμὸς, sifflement.

2. (*fut.* σαρῶ.) *d. pl.* balayer, nettoyer ; rire, montrer les dents : σαρόω, le même : σάρος et σάρωθρον, un balai : σήραγγες, crevasses, ouvertures de la terre, cavernes, sinuosités, veines, fistules : σείριος, *sirius*, la canicule ; il se dit aussi du soleil : σειριάω, éclairer, faire des éclairs ; avoir grand mal de tête, avoir la tête toute en feu : σιρὸς, cave ou fosse en laquelle on serre le blé.

2. (*gén.* ου, ὁ) *d. pl.* tempête ; soin, souci : σαλεύω, flotter, être agité, ou ébranler, agiter.

3. (*gén.* ιγγος, ἡ.) *d. pl.* nom d'oiseau et de poisson.

4. (*gén.* ίδος, ἡ.) *d. pl.* table ou tablette, livre, porte ou battans d'une porte.

5. (*gén.* κὸς, ἡ.) Σαρκάζω, décharner, ronger un os, brouter l'herbe ; faire la nique à quelqu'un, lui montrer les dents :

σαρκασμὸς, dérision, moquerie, sarcasme, figure de rhétorique : πυκνόσαρκος, qui est bien nourri, qui a la chair ferme.

6. (*fut.* ξω, du prés. format. σάγω.) *d. pl.* combler, fouler, fourrer, emplir, farcir : σάγμα, charge, fardeau, balle, amas, tas ; étui d'armes : σάκος, εος, τὸ, écusson, bouclier : σάκκος, ου, ὁ, sac, cilice.

7. (*gén.* έος.) Σαφῶς, clairement, manifestement, certainement, ouvertement, indubitablement.

8. (*fut.* σβέσω, du prés. for. σβέω.)

9. Σεβαςὸς, digne de vénération, auguste, majestueux : εὐσεβὴς, pieux, religieux ; dévot : Θεοσέβεια, culte qu'on rend à Dieu, la prière envers Dieu.

10. (*gén.* ᾶς.) *d. pl.* serrure ; farcin qui vient aux jambes des chevaux : σειρεύω, enchaîner, lier, attacher : σειρὴν, monstre marin qui attirait le monde par son chant.

CLXXIV.

1. Σείειν, ébranle, agite, induit :
* Σήθω, σαίνω, σόω, *produit*.
2. Σέλας clarté, flamme, *veut dire* :
** Σελήνη, la lune, *s'en tire*.
3. Σέλινον persil *marquera*.
4. Σελὶς ligne, espace, *fera*.
5. Σεμνός, grave, saint, vénérable.
6. Σηκὸς, maison, nid, temple, étable.
7. Σῆμα, signe, étendard, drapeau.
8. Σήπω pourit ; Σὴς, vermisseau.

DÉRIVÉS.

1. (*prés.* είω, *fut.* είσω.) d. pl. calomnier, Suid : εἴω, poét., le même : σεισμὸς, agitation, tremblement de terre : σείω et -ομαι, ébranler, poursuivre, mettre en fuite.

* Σήθω, cribler : σινιάζω, le même, Hésych. : σαίνω, secouer, émouvoir, troubler ; remuer la queue, flatter : σόω et σόω, chasser, faire courir, mettre en fuite : σῶτρον, le tour d'une roue : θεοτ-σύτος, divin, qui est poussé et mu par l'esprit de Dieu.

2. (*gén.* αος, τό.) Σελάω et -αγέω, briller.

** Σελήνιον, lumière de lune.

4. (*gen.* ίδος, ἡ.) L'espace entre les bancs ou entre les lignes : d. pl. une page, un livre ; le fond d'un vaisseau : εὔσελμος, bien espacé, bien disposé, qui a de bons bancs : σέλμα, τὸ, le même que σελίς.

5. d. pl. fâcheux, qui est à charge : σεμνόω et -νύνω, rendre vénérable, embellir, ajuster, mettre en charge : σεμνεῖον, lieu saint, auguste, sacré ; monastère : ἄσεμνος, qui n'est point grave ni vénérable, mal fait, sale, déshonnête.

6. (*gén.* οῦ, ὁ.) d. pl. poids ; olivier sacré : σήκωμα, équilibre ; temple : σηκὶς, ίδος, servante, celle qui a soin du ménage.

7. d. pl. prodige, monstre, augure ; sépulcre ; trophée ; forme, apparence : σημεῖον, le même ; d. pl. image, statue, conjecture, marque, indice, point, cachet : σημειόω, marquer, rendre visible, remarquer, mettre dans ses mémoires : σημαίνω, donner le signal, signifier, commander, donner l'ordre : σημαντὴρ et -τωρ, qui donne le signal ; pasteur, chef, capitaine.

8. Σαπρὸς, puant, vieux, moisi, pourri : σαθρὸς, vieux, tout mourant, sans vigueur, faible, languissant : σηπία, sepia, sèche, poisson qui jette une humeur sale et noire quand il a peur.

CLXXV.

1. Σθένω, peut, a force *et* puissance.
2. Σιγάω, se tait ; σιγή, silence.
3. Σιαγών *pour* mâchoire *on prend*.
4. Σίαλον salive *se rend*.
5. Σίδηρος le fer inflexible.
6. Σιχχὸς *est* fâcheux *et* pénible.
7. Σίκυος *pour* concombre *est dit*.
8. Σιμός, camus, nez trop petit.
9. Σίνω, nuit, blesse, *et* σίντης *forme*.
10. Σιπαλὸς, hideux *et* difforme.

DÉRIVÉS.

1. Σθένος, τὸ, force, puissance: ἀσθενής, infirme, imbécile : ἀσθένεια, faiblesse, imbécillité, maladie : ἀσθενέω, être faible, languissant : ἀσθενόω, rendre faible et languissant : ἐπισθενής, très-fort, courageux.

2. (prés. άω, fut. ήσω.) Σιγαλόεις, qui tient tout le monde dans l'admiration et dans le silence par sa beauté; qui est si tendre qu'il ne fait point de bruit quand on le rompt : σιγάζω, faire taire, imposer silence : σιγημονάω, se taire, garder le silence : σιγηλὸς, muet, morne, silencieux.

3. (gén. όνος, ἡ.)

4. Σίαλος, un porc engraissé, sain-doux : σιαλιστήρια, τὰ, le mors d'une bride, *parce qu'il fait venir l'écume à la bouche du cheval :* περισιαλόω, embellir, diversifier, enrichir de diverses choses.

5. (gén. ου, ὁ.) Σιδηρεύω, travailler en fer, manier le fer : σιδηρόω, armer ou garnir de fer : σιδηρίτης, de fer ou qui regarde le fer ; la terre qui porte les mines de fer ; la pierre d'aimant, qui attire le fer ; une herbe qui referme les plaies.

6. *d. pl.* faible, imbécille, grêle, menu : σίκχας, αντος, ἡ, sorte de pantoufle ou d'escarpin.

7. (gén. ου, ὁ.) Σίκυα, une calebasse ; une ventouse de chirurgien.

8. *d. pl.* sorte de poisson ; lieu roide et élevé : ἀνάσιμος, plat, camus, laid, difforme : ἀποσιμόω, rendre camus, aplatir, lever en haut, élever.

9. Σίντης, nuisible : σίνος, τὸ, mal, perte, dommage : σίνις, ιδος, malencontreux, qui porte malheur.

10. Σιφλὸς, le même ; *d. pl.* languissant, faible, estropié : σίφλος, l'accent sur la première, réprimande, moquerie : σιφλόω, déshonorer, rendre laid et infâme : affaiblir : siffler : ἐπισίφλιον, digne d'être moqué et sifflé.

CLXXVJ.

1. Σῖτος, blé, pain, vivres gardés.
2. Σίφων tuyau *vous traduirez*.
3. Σιωπᾶν, garder le silence.
4. Σκάζω, boite, est sot. 5. Σκαίρω, danse.
6. Σκάλλω. 7. Σκάπτω, fouir, *tous deux :*
* Σκάφη l'esquif au ventre creux.
6. Σκάριφος, pinceau, plume antique.
9. Σκεδᾶν perdre, épandre, *on expliqu*
10. Σκέλλω, sèche; *et* squelete *en vient.*
11. Σκέλος, cuisse, le corps soutient.

DÉRIVÉS.

1. (*gén.* ου, ὁ.) *d. pl.* pension des veuves : σιτέομαι, manger, prendre sa réfection : σιτώ, οῦς, ἡ, Cérès, déesse des blés : σιτεύω, nourrir, engraisser : σιτιςὸς, nourri, engraissé : παράσιτος, parasite.

2. (*gén.* ωνος, ὁ.) Syphon ; *d. pl.* vaisseau à blé; moucheron; sorte d'herbe : σιφωνίζειν, tirer dehors, verser, faire sortir.

3. (*prés.* άω. *fut.* ήσω.) Se taire, ne dire mot : σιωπή, le silence : σιωπηλὸς et σιωπηρὸς, taciturne, silencieux.

4. Σκαιὸς, gauche, maladroit, sot, grossier; malheureux, de mauvais présage; ombragé, sombre, couvert : σκάνδαλον, piége, scandale : σκαιρὸς, qui va de travers, courbe, tortu.

5. *d. pl.* sauter, bondir : σκαρίζω et σκιρτάω, le même : σκαλμός, scalmus, la cheville où tient l'aviron : σκίναρ, le petit qui est dans le ventre : σκίναξ, agile, bondissant : σκαῦρος, scaurus, qui a les talons gros, qui ne peut sauter : νῶκαρ, qui ne peut être surpassé par aucune force : συσκιρτάω, sauter ; congratuler. Basil.

6. *d. pl.* sarcler, labourer : σκαλεύω et ·ίζω, le même.

7. *d. pl.* creuser, caver; enterrer : σκαπάνη et σκαφὴ, l'action de creuser, en un hoiau.

* Σκάφη, ἡ, et σκάφος, ·εος, τὸ, esquif, petit vaisseau ; bandelete.

8. (*gén.* ου, ὁ.) *d. pl.* un stylet à écrire, un fétu, un sarment : σκαριφισμὸς, le premier crayon, la première esquisse d'une peinture.

9. (*prés.* άω. *fut.* άσω.) *d. pl.* dissiper : σκεδάζω, σκεδιάω; κεδαίω et κίδνημι, le même.

10. *d. pl.* σκλέω et σκλῆμι, le même : σκελετὸς, sec, desséché : σκελετὸν (sup. σῶμα.) squelette, corps sec ou desséché, qui n'a que les os : σκληρὸς, dur, âpre, cruel.

1. (*gén.* εος, τό.) *d. pl.* le genou, le jarret : σκέλεαι, haut ou bas de chausses, sorte de souliers : σκελὶς, ίδος, jambon.

CLXXVII.

1. Σκέπαρνον la hache *doit faire*.
2. Σκέπτομαι, pèse *et* considère.
3. Σκέπω, couvre, munit, défend.
4. Σκεῦος, vase, arme, habillement.
5. Σκηνή, tente. 6. Σκήπτω, s'appuie.
7. Σκιά l'ombre *et* mort *signifie*.
8. Σκίρος *est* du marbre un fragment.
9. Σκολιός oblique *se rend*.
10. Σκόλοψ, aiguillon, pieu qui perce.
11. Σκορπίζω, dissipe *et* disperse.

DÉRIVÉS.

1. *d. pl.* une scie, une serpe, etc.; grand bandage : σκεπαρνισμὸς, fracture du têt, quand on fend la tête en deux.

2. *d. pl.* aller voir, rendre visite : σκοπὸς, but, fin qu'on se propose ; *d. pl.* espion qui considère, découvre et regarde ; préfet, gouverneur : σκοπὴ, guette ; lieu d'où l'on découvre loin ; spéculation, méditation, regard, vue : σκόπελος, *scopulus*, lieu élevé, rocher dans la mer : ἐπίσκοπος, qui voit, regarde et considère ; qui a charge et intendance ; gardien, administrateur ; évêque.

3. *d. pl.* prétexter : σκεπάω et -άζω, le même : σκέπη, voile, vêtement, couverture ; prétexte : σκεπαστὴς, protecteur, défenseur.

4. (*gén.* εος, τό.) Σκεύω et -άζω, préparer, disposer, accommoder, achever : ἀποσκευάζω, plier bagage, emporter ; décharger son ventre, aller à la selle ; jeter, répudier, éloigner, envoyer en exil ; faire mourir, détruire, démolir ; réfuter, convaincre.

5. (*gén.* ῆς, ἡ.) *d. pl.* pavillon ; festin ; scène de comédie : σκῆνος, -εὸς, le même ; *d. pl.* voile ou ornement de femme.

6. *d. pl.* tomber, se ruer sur, se jeter avec impétuosité : σκήπτομαι, le même ; *d. pl.* alléguer quelque prétexte, feindre : σκῆπτρον, sceptre, bâton ; σκηπτὸς, la foudre, le tonnerre, éclair, tempête, bourrasque.

7. *d. pl.* compagnon de celui qui est convié, comme en lat. *umbra* : σκιαὶ, les mânes, ombres des morts : σκίρον ou σκίρρον, un parasol ; l'ordure de dessus un fromage.

8. (*gén.* ου, ὁ.) *d. pl.* tumeur dure et sans douleur ; moëllons, blocailles, plâtre.

9. *d. pl.* tortu, de travers.

10. (*gén.* οπος, ὁ.) *d. pl.* éclat ou rejeton pointu, aiguilles

CLXXVIII.

1. Σκορπίος scorpion *produit*.
2. Σκότος, ténèbres, noire nuit.
3. Σκύβαλον, fumier, pire ordure*.
4. Σκυδμαίνω s'indigner *figure*.
5. Σκύλλω *pour* donner peine *on met*.
6. Σκύτος, cuir *ou* peau, tête *et* fouet.
7. Σκώληξ, un ver. 8. Σκύφος, un verre.
9. Σκώρ, excrément qu'on cache en terre.
10. Σκώπτω railler, piquer, *se dit*.
11. Σμαραγεῖν, fait bruit, retentit.

DÉRIVÉS.

1. (*gén.* ου, ὁ.) lat. *scorpius*; nom d'un serpent; signe céleste; poisson; plante; moustache et machine de guerre : σκορπιώδης, qui ressemble ou qui tient du scorpion; facile à irriter; venimeux, pernicieux.

2. (ὁ et τό.) *d. pl.* brouillards : σκοτώδης, σκοτόεις, σκοταῖος, σκοτεινὸς et σκότιος, ténébreux : σκοτόω, -ίζω et -άζω, obscurcir : σκοτεύω, s'enfuir de nuit, s'échapper : σκότωμα et -ωσις, tournoiement de tête, obscurcissement d'esprit : ἐπισκοτέω, couvrir de ténèbres, répandre des brouillards, obscurcir.

3. * c'est-à-dire des excrémens et toute sorte d'ordure : σκυβαλίζω, rejeter comme de l'ordure.

4. (*fut.* ανῶ.) *d. pl.* faire triste mine : σκύθομαι, le même : σκυθρὸς, rechigné, qui a une triste mine : σκύθραξ, jeune homme, qui vient en âge de puberté.

5. *d. pl.* tourmenter, fatiguer.

6. (*gen.* εος, τό) *d. pl.* le derrière de la tête, la peau du cou et de la tête; la paupière; la moelle du dos; escourgée, fouet de peau : κύτος, le même : σκυτάλη, fouet ou sac de cuir; massue, bâton, levier, rouleau; scytale, lettre secrète des magistrats de Lacédémone, écrite sur une bandelette de peau; sorte de serpent.

7. (*gén.* ηκος, τό.) Σκωληκιάω, fourmiller de vers, engendrer des vers : σκωληκίζω, ressembler à un ver : σκωληκίζομαι, remuer comme un ver : σκωληκόω, infecter de vers : σκωληκόομαι, être infecté et tourmenté par les vers.

8. (*g.* ου. ὁ, *g.* εος, τό.) lat. *scyphus*; *d. pl.* tasse ou godet à boire.

9. *Stercus* : σκωρία, l'écume du métal, ordure, excrémens.

10. Σκῶμμα, brocard, raillerie : σκῶψις, l'action de railler : σκωπτικὸς, railleur, mordant, piquant : φιλοσκώμμων, qui se plaît à picoter et à railler.

11. (*prés.* ἐω, *fut.* ήσω.) Σμαραγίζω, le même : ἐπισμάραγος, qui querelle et fait grand bruit : πυρισμάραγος, qui fait bruit dans le feu.

CLXXIX.

1. Σμᾶειν essuyer *s'interprète*.
2. Σμῆνος, essaim. 3. Σμίλη, lancette.
4. Σμύχω, brûle, altère et corrompt.
5. Σμώχω, mange et moque, bat, rompt.
6. Σοβεῖν, chasse, pousse, s'agite :
* Σοβαρός, altier, qui va vite.
7. Σόος sain et sauf *est rendu* :
** Ἄσωτος, vicieux, perdu.
8. Σορός, cercueil, la bière triste.
9. Σοφός, sage, *d'où vient* sophiste.

DÉRIVÉS.

1. on dit σμάω et σμέω ; d. pl. nettoyer, purifier : σμήχω, le même : ἀποσμάω, essuyer, ôter en frottant.

2. (gén. εος, τό.) d. pl. une ruche ; multitude ; douceur du parler.

3. (gén. ης, ἡ.) d. pl. rasoir, canif, burin, tranchet, couteau.

4. d. pl. consumer, user, exténuer : σμυγερός, malheureux, misérable, qui est dans de continuelles misères : ἀποσμύχω, dévorer, consumer par le feu.

5. d. pl. frapper, briser ; faire avec ardeur ; polir, fourbir.

6. (prés. έω, fut. ήσω.) d. pl. chasser devant soi, faire avancer ; faire faire place, repousser ceux qu'on rencontre ; émouvoir, exciter ; se hâter, marcher avec activité : σόβη, instrument à chasser les mouches ; la queue du cheval, avec laquelle il chasse les mouches ; un casque fait de crin de cheval : σόβοι, les satyres, parce qu'ils vont vite : σοβάς, άδος, celle qui va vite ou qui marche insolemment.

* d. pl. actif, remuant ; insolent, qui pousse tous ceux qu'il rencontre, fier, superbe, arrogant.

7. d. pl. entier, parfait : σόω, σώω, σώζω, sauver, conserver ; guérir, rendre sain et entier, défendre, protéger : σωτήρ, sauveur, conservateur : σαός, σῶος, le même que σόος : σαόω et σαώζω, le même que σώζω.

** Ἄσωτος, le même que ἄσωτος ; qui ne peut être guéri ni conservé ; perdu ; déplorable ; gâté, indigne d'être conservé, vicieux, débauché.

8. (gén. οῦ, ἡ.) métaph. une vieille qui est sur le bord de sa fosse, *Luc.* : σορηδόν, adv. comme un bûcher, comme un sépulcre.

9. Σοφίζομαι, trouver et inventer ingénieusement, controuver malicieusement, user de fourberie, chercher de faux prétextes : σοφιστής, sage, expert ; ingénieux, docte, savant ; sophiste, trompeur, imposteur,

CLXXX.

1. Σπάθη, spatule à chirurgien:
* Σπαθᾶν, fait toile, *et* perd son bien.
2. Σπαίρω, tremble, est ému, palpite.
3. Σπανός, rare, de prix, d'élite.
4. Σπαράσσω, déchire en morceaux.
5. Σπάργανον, langes *et* drapeaux.
6. Σπαργᾶν être enflé, plein, *veut dire.*
7. Σπᾶν, fait sortir, arrache, attire.
8. Σπεῖρα, cercle, entortillement.
9. Σπείρω, sème, éparpille, épand.

DÉRIVÉS.

1. Un bâton ou cuiller à remuer et écumer ce qu'on fait cuire; espadon, lance ou pique; peigne; os des côtes; instrument dont le tisserand bat et presse les fils de la toile; les épaules; l'endroit d'où pend le fruit du palmier, ou sa petite écorce; le palmier même.
* (*prés.* άω, *fut.* ήσω, *inf.* άειν, ᾶν.) *proprement* mettre trop de fils à la trame; *métaph.* faire des dépenses inutiles, vivre avec profusion et en délices: σπαταλάω et κατασπαταλάω, le même: σπατάλη, délices, bonne chère.
2. se dit *proprement* de ceux qui sont à l'agonie: σπαρίζω et ἀσπαρίζω, le même.
3. *d. pl.* en petit nombre, clair, non dru, non serré: σπανίζω, manquer, n'avoir point.
4. (att. ττω, *fut.* ξω, du prés. form, σπαράχω.) Σπάραγμα, morceau, loque: σπαραγμὸς et -ράξις, déchirure.
5. *d. pl.* bande avec laquelle on entoure les langes: σπαργανίζω et -νόω, emmailloter.

6. (*prés.* άω.) *d. pl.* brûler de quelque passion: σπαργάνωσις, trop grande réplétion des mammelles.
7. (*prés.* άω, *fut.* άσω, *infin.* άειν.) *d. pl.* tirer, serrer, resserrer; bander; humer, avaler; traîner, entraîner: σπάδιξ et σπάλαξ, branche de palmier: σπάλαξ et ἀσπάλαξ, une taupe, parce qu'elle fouille toujours la terre: σπαλαξία, aveuglement, tel qu'est celui des taupes.
8. *d. pl.* latin *spira*, ligne spirale; replis d'un serpent; câble, cheveux entortillés; sortes de gâteaux; nœuds d'un arbre; cohorte, légion, multitude, assemblée: σπείραμα et -ρημα, le même: σπειράω, tourner en ligne spirale: σπειρόω, environner d'une ligne spirale.
9 (*f.* σπέρω et σπέρσω.) Σπέρμα, semence, graine, fruit, postérité, enfans, descendans: σπαρτός, semé, produit, engendré: σπαρτοί, hommes venus des dents de serpent que sema Cadmus.

CLXXXI.

1. Σπένδω, fait pacte, *et* sacrifie.
2. Σπέος caverne *signifie*.
3. Σπέρχω, pousse, excite, est pressant.
4. Σπίζειν, ouvre, élargit, épand.
5. Σπεύδω, se hâte, a promptitude :
* Σπουδάζειν, a soin, met étude.
6. Σπῖλος *pour* tache *ou* roche *est pris*.
7. Σπινθήρ *pour* étincelle *est mis*.
8. Σπλάγχνον, entrailles, amour tendre.
9. Σπλήν, la rate ; 10. *et* Σπόδος, la cendre.

DÉRIVÉS.

1. (*fut.* σπείσω, du présent formateur σπείω.) *d. pl.* tuer, immoler : σπονδή, libation, sacrifice ; pacte, accord, trève : σπονδεῖος, qu'on emploie d'ordinaire dans les libations ; d'où vient spondée, certain pied de vers.

2. (*gén.* έεος, τό.) Σπήλαιον, le même.

3. *d. pl.* mettre en fuite ; se fâcher : σπέρχνω, le même : σπερχνὸς, prompt, soudain, vif, chaud, qui s'attache avec affection à ce qu'il fait.

4. Σπιδὴς, σπίδιος et σπιδόεις, large, ample, étendu.

5. (*fut.* σω, du présent formateur σπεύω.)*d. pl.* presser, hâter : σπεύδομαι, exhorter, inciter : σπουδή, hâte ou l'action de hâter, diligence, empressement, étude, affection, désir, passion, attache ; fait ou dit sérieux.

* Σπουδάζω ; *d. pl.* travailler assidument, faire effort, chercher les moyens, faire ou dire sérieusement : σπευδάζω, inciter, presser : σπεδανὸς, grand travailleur, entreprenant, attentif, infatigable.

6. (*gén.* ου, ὁ) *d. pl.* terre à pot, lieu pierreux : σπίλωμα, le même : σπιλὰς, le même ; *d. pl.* gravois, terre graveleuse ; tourbillon, tempête, *procella*. (Glossar. Cyr.)

7. (*gén.* ῆρος, ὁ.)

8. *d. pl.* le cœur, compassion : σπλαγχνεύω, prendre et serrer les entrailles, être participant des entrailles de la victime ; prédire par l'inspection des entrailles des victimes : σπλαγχνίζω, être ému de compassion.

9. (*gén.* ηνὸς, ὁ.) *d. pl.* emplâtre pour la rate.

10. (*gén.* ου, ἡ.) *d. pl.* chose de néant, malheur : σποδίζω, cuire sous la cendre : σποδέω, couvrir de cendre chaude ; nettoyer les autels ; battre pour faire sortir la poussière.

CLXXXII.

1. Σπογγὸς, éponge, l'eau contient.
2. Στάζω, dégoutte ; *et* goutte * *en vient.*
3. Στάμνος pot, vase, urne, *doit faire.*
4. Σταυρὸς, poteau, croix salutaire.
5. Σταφὶς, raisin sec et hâlé.
6. Στάχυς *marque* l'épi de blé.
7. Στέγω, couvre, contient, endure.
8. Στείβω, foule ; *et* ** στοιβὴ, verdure.
9. Στείχω, va, marque ordre, élément.
10. Στέλεχος tronc de l'arbre *on rend.*

DÉRIVÉS.

1. (*g.* οῦ, ὁ.) Les glandules de la gorge : σφόγγος et -γίχ, le même.
2. Σταλάζω, le même. * Στάγμα, une goutte : ϛακτὴ, eau, cendre ou chaux de lessive : ϛαλαγμὸς, distillation.
3. (ὁ et ἡ.) Καταϛαμνίζω, verser dans un vase ou tonneau ; serrer.
4. (*gén.* οῦ, ὁ.) Σταυρόω, planter le gibet, attacher au gibet, crucifier.
5. (*gén.* ιδος, ἡ) Αϛαρὶς, le même : ϛαφυλὴ, grappe de raisin ; enflure de la luette : ϛαφύλη, un plomb, un niveau : ϛὲμφυλα, τὰ, le marc de raisin ou d'olives.
6. (*gén.* υος, ὁ.) *d. pl.* étoile brillante dans le signe de la vierge ; sorte d'herbe et de ligature : ἄϛαχυς, le même : εὔϛαχυς, qui a de beaux épis, fertile en épis.
7. *d. pl.* cacher, défendre, mettre à couvert ; retenir, empêcher, resserrer ; soutenir, supporter, souffrir ; ϛέγος, τὸ, toit, maison : ϛέγη, le même ; *d. pl.*

le ventre : ϛεγχνὸς et ϛεγνὸς, couvert, caché ; serré, solide, massif : τριϛέγον, τὸ, le troisième étage : προϛέγιον, l'entablement ; l'égout : ὑποϛέγος, qui est sous le toit.

8. *d. pl.* condenser, rendre fort et épais, comme on fait en foulant les choses : ϛιβὸς, sentier, chemin battu et frayé : ϛιβεὺς, un foulon. * Στοιβὴ, herbe propre à faire de petits lits, et dont on remplissait même les matelas ; composition, structure : ϛοιβὰς et ϛιβὰς, petit lit d'herbe, une jonchée : ϛιορὸς, ferme, épais, charnu, fleuri, serré, ramassé, dur, sec.

9. *Proprement* marcher en ordre et en rang. *d. pl.* aller, avancer, s'approcher, arriver : ϛίχος et ϛοῖχος, ordre, rang, rangée : ligne ; vers : ϛοιχεῖον, élément, principe, lettre ; style d'un cadran : σύϛοιχος, qui est de même ordre, mis en même rang, en même ligne, etc.

10. (*gén.* εος, τὸ.)

CLXXXIII.

1. Στέλλειν, équipe, envoie, arrête.
2. Στέμβω, déshonore *et* maltraite.
3. Στενός, étroit ; στένω, gémit.
4. Στέργειν, aime, embrasse *et* chérit.
5. Στερεός, solide, immobile.
6. Στερεῖν, prive ; *et* στεῖρα, stérile.
7. Στέρνον basse poitrine *est mis*.
8. Στῆθος *pour* la plus haute *est pris*.
9. Στέφω, ceint, orne, emplit, couronne.
10. Στήλη, pierre en vue *ou* colonne.

DÉRIVÉS.

1. (*prés.* στέλλω, *fut.* στελῶ.) *Proprement* naviguer, faire voile, équiper un vaisseau ; *d. pl.* envoyer, porter, conduire ; aller ; transporter ; orner, habiller, parer ; tirer, resserrer ; plier la voile ; réprimer, refréner, arrêter : ςόλος, départ, chemin, provision, voyage, navigation, flotte ; passeport ; *d. pl* appareil, ornement, ajustement : ἀποςέλλω, envoyer, envoyer en ambassade ou avec commission ; diriger la route d'un vaisseau on y établir un pilote ; envoyer loin ou dans un autre pays : διαςέλλω, mander, publier, envoyer des courriers de tous côtés ; ordonner, destiner ; étendre, ouvrir, lâcher, allonger ; diviser, séparer, distinguer ; assigner, attribuer.

2. *d. pl.* remuer souvent.

3. *d. pl.* serré : ςενόω, serrer, réduire à l'étroit : ςένω, ςείνω et ςενάζω, gémir, soupirer, pleurer

4. (*prés.* γω, *fut.* ξω.) *d. pl.* se plaire à une chose, s'en contenter ; prier, souhaiter, demander : ἄςοργος, insensible, froid, sans affection.

5. *d. pl.* entier parfait, ferme, inébranlable.

6. (*prés.* έω, *fut.* έσω et ήσω) Στερίζω et -ίσκω, le même : ςεῖρα, stérile ; *d. pl.* le fond du vaisseau ; sorte de coëffure

7. *d. pl.* le cœur, la pensée.

8. (*gen.* εος, τό.) *d. pl.* le gros de la main en-dedans vers le pouce, le gros de la plante du pied vers les doigts, et toute la plante du pied ; bancs de sable et rochers cachés dans la mer.

9. (*f.* ψω.) *C'est* emplir jusqu'au haut, comme dans Virgile, *et vina coronant* : ςέμμα, couronne, chapeau de fleurs ; laine autour de la quenouille ou de la baguette des suppliants ; bandelette, ruban, armoirie, ornement, image : ςέφος, ςεφανος et -άνη, couronne, rond, tour et cercle, enceinte.

CLXXXIV.

1. Στηρίζω, rend ferme, *et* soutient.
2. Στίζω, pique; *et* stigmate *en vient*.
3. Στόα, portique; 4. *et* Στίλβω, brille.
5. Στόμα, bouche; 6. *et* Στλεγγὶς, étrille.
7. Στόμαχος l'estomac *se dit*.
8. Στορεῖν, à terre étend, fait lit.
9. Στοχάζομαι, vise *et* s'applique.
10. Στραγγὸς, tortu, biaisant, oblique.
11. Στράγξ, goutte *et* tout corps dégouttant.
12. Στρατός troupes, armée, *on rend*.

DÉRIVÉS.

1. (*fut.* ξω, du prés. form. στηρίγω.) *d. pl.* ficher, fonder, appuyer, établir, se tenir ferme et en bonne assiette: ϛήριγμα, appui, soutien: ϛήριγξ, le même.

2. (*fut.* ξω.) *d. pl.* imprimer quelque marque, distinguer par des points; faire de la miniature; *métaph.* piquer et mordre quelqu'un, diffamer: ϛιγμὴ, point, moment: ϛίγμα, stigmate, marque ou tache imprimée sur quelque chose: ϛιγματίας, ου, marqué, qui a quelque marque empreinte.

3. Στοαὶ, greniers à blé: ϛοῖχοὶ, οἱ, les stoïciens, sectateurs de Zénon, qui donnait ses leçons sous un portique.

4. *d. pl.* luire, resplendir, être beau, net et poli; nettoyer, et rendre clair et luisant: ϛτίλϐόω, le même: ϛίλϐη, splendeur, lueur, lustre, miroir, lampe, lumière.

5. (*gén.* ατος, τό.) *d. pl.* ouverture, entrée, gueule; parole; tranchant, fil: ϛόμιον, *dimin.*; *d. pl.* le mors d'une bride: ἀναϛομόω, élargir la bouche, relâcher, ouvrir, déboucher; *d. pl.* resserrer et faire finir en rétrécissant; donner goût, aiguiser l'appetit;donner le fil ou la trempe à un ferrement: ϛωμύλος, causeur, grand parleur, trompeur: gai, de bon entretien, agréable.

6. (*gén.* ἰδὸς, ἡ.) *d. pl.* frottoir; lame d'or qu'on portait sur la tête; petite écumoire; goutte d'huile; vase à puiser l'eau: ϛελγὶς, le même.

7. (*gén.* ου, ὁ.) *d. pl.* le gosier.

8. (*prés.* έω, *fut.* έσω.) Jeter une chose en sorte qu'elle s'étende. Il se dit aussi du vent qui s'étend sur la mer, et la rend calme: ϛρωννύω et -ὺμι, étendre: ϛρῶμα, couverture, lit, matelas.

9. (*fut.* άσομαι, du prés. form. στοχάομαι.) *d. pl.* se proposer un dessein, conjecturer, voir à peu près.

10. (*gén.* οῦ.)

11. (*gén.* γὸς, ἡ.) Στραγγίζω et -γεύω, presser, faire dégoutter, exprimer: ϛρεύγω, faire mal; effacer; retarder, s'amuser.

12. (*gén.* οῦ, ὁ.) Στρατεία, expédition, campagne; exercice de guerre: ϛρατιώτης, soldat.

DES RACINES GRECQUES.

CLXXXV.

1. Στρέφω, tourne, fait fourberie.
2. Στρῆνος délices *signifie*.
3. Στρογγύλος, rond, plein, gros rouleau.
4. Στρουθός, autruche, herbe *et* moineau.
5. Στυγεῖν, hait, a frayeur, abhorre.
6. Στύλος, colonne *et* style *encore*.
7. Στύπη l'étouppe *ou* le tronc *fait*.
8. Στύραξ, gomme, arbre, *ou* pointe *ou* trait.
9. Στύφειν, astreint; στυφλὸς, sévère.
10. Συκῆ, figuier, pin; mal, ulcère.

DÉRIVÉS.

1. *d. pl.* courber, faire pencher, faire tourner; forcer et tortuer, tourmenter, maltraiter, rouer de coups, mettre en fuite; penser, rouler en son esprit; revenir; s'en retourner; agir finement et couvertement : ϛροφὴ, tour, détour; pli, courbature; maniement, ce que disent les chœurs d'une comédie ou tragédie, tournés vers les spectateurs; les couplets ou versets d'une ode, d'une hymne; conversion, révolution; tergiversation, fourberie : ϛρεβλὸς, courbé, tortu, plein de replis, de détours; fin, fourbe, malicieux : ϛρεβλόω, tourmenter, tordre, rompre; corrompre, dépraver : ϛροβέω, tourner; jeter à tour de bras, agiter, tourmenter, troubler : ϛρόβιλος, tourbillon, tempête; sabot à jouer; pomme de pin, les pignons qui sont dedans, l'arbre même; sorte de chardons; certaines coquilles de mer; sorte de danse.

2. (*gén.* εος, τό.)

3. *d. pl.* rond, en forme de cylindre ou de colonne : γογγύλος, le même.

4. (ὁ, ἡ.) L'autruche se nomme aussi ϛρουθοκάμηλος et ϛρουθιοκάμηλος; mais ϛρουθίον et -άριον est un moineau.

5. (*prés.* έω, ῶ, *fut.* στύξω.) *d. pl.* s'attrister : ϛυγνὸς et ϛυγερὸς, odieux, horrible, terrible, triste, mélancolique : Στὺξ, le Styx, fontaine horriblement froide en Arcadie, ou le marais d'enfer; horreur, frissonnement.

6. (ὁ.) Style, tant pour l'instrument avec lequel on écrit que pour le discours et la manière d'écrire : ϛυλὶς, petite colonne, petit vaisseau, l'entre-deux des narines : ϛυλίτης, stylite, qui est sur une colonne.

8. (*gén.* ακος, ὁ.) Du storax.

9. (*prés.* φω, *fut.* ψω.) *d. pl.* épaissir, presser, condenser : ϛυφελὸς, ϛυφλὸς et ϛυφρὸς, dur, sévère, revêche, difficile, turbulent, endurci, rude.

10. Σῦκον, une figue.

CLXXXVI.

1. Σύλη, dépouille; * asyle *fait.*
2. Σύρβη, τύρβη, bruit, trouble *met.*
3. Συρίσσω, siffle *et* flûte *en maître.*
4. Σῦς, porc domestique *ou* champêtre *.
5. Σύρω, nettoyer, *et* traîner.
6. Σφαδάζω, s'aigrir, trépigner.
7. Σφάζω, tue, égorge victime.
8. Σφαῖρα sphère, rond, balle, *exprime.*
9. Σφάλλω, supplante, abat, séduit.
10. Σφάραγος, du gosier le bruit.

DÉRIVÉS.

1. Σύλα, ας; σύλον et σκύλον, le même : συλάω, έω, εύω, piller, ravager, dépouiller, ravir, ôter; *Ἄσυλος, qui est en sûreté, à couvert du pillage, et exempt de violence, d'où vient *asyle*, une retraite assurée.
2. lat. *turba*; *d. pl.* flûte ou l'étui de la flûte.
3. *d. pl.* siffler et se moquer de quelqu'un : συρίζω, le même : σύριγξ, ιγγος, ἡ, flûte, tuyau, roseau, chalumeau; seringue; bâton de casse; gaîne ou lieu à resserrer la lance; conduit de l'épine du dos; moyeu de la roue où passe l'essieu; les veines de la gorge quand on a le cou coupé; fistules ou ulcères profonds; longues cavités sous l'artère; l'âpre artère; concavités du poumon; une boucle ou agrafe.
4. *(gén.* υὸς, ὁ, et ἡ.) c'est-à-dire le sanglier : σῦς ἄγριος, ou κάπριος ὗς, le même que σῦς : συῆλαι, bourbier où se vautre le cochon : συηνὸς et συβάξ, grossier, vilain comme un cochon : συβήνη, gaîne de cuir de truie; javelot à percer les sangliers : σιβήνη, σιβύνη, σίγυνος, σιγύνης, σιγύνον et σίγυμνον, le même.
5. (*fut.* ῥῶ.)
6. (*fut.* σω, du prés. form. σφαδάω.) Il se prend aussi pour marquer la joie lorsqu'on ne peut se contenir; et se dit encore d'un mourant qui se remue et s'agite.
7. (prés. ττω, *fut.* ξω, du prés. form. σφάζω.) Σφαγή, mort, massacre, égorgement; la gorge, le gosier; les entrailles : φάσγανον, épée, couteau; sorte d'herbe.
8. Σφαιρόω, mette en rond ou en pelote: σφαιρίζω, jouer à la balle.
9. (*fut.* λῶ.) Σφάλμα, τὸ, faute, erreur, chute, méprise, accident, infortune, péché : σφέλας, ατος, τὸ, banc, escabelle; boule creuse.

CLXXXVII.

1. Σφενδόνη fronde *se doit rendre*.
2. Σφὴξ, guêpe ; 3 *et* Σφὴν, un coin à fendre.
4. Σφίγγω, serre ; et *σφιγξ *en descend*.
5. Σφραγὶς, sceau. 6. Σφόδρος, véhément.
7. Σφριγᾶν, est plein, de santé crève.
8. Σφύζω, tressaille, bat, s'élève.
9. Σφύρα *pour* un marteau *se met*.
9. Σχᾶν, incise, transporte, omet.
* Σχαστήριον, fer scarifie.
11. Σχαλὶς fourche à rets *signifie*.

DÉRIVÉS.

1. *d. pl.* le chaton d'un anneau; ce qui contient la prunelle de l'œil; certain ornement de femme : σφενδονάω et -έω, fronder, tirer de la fronde; poursuivre à coups de fronde; lancer en tournant comme une fronde.
2. (*gén.* ηκὸς, ὁ.) *d. pl.* coin de bois ; *étym.* : σφηκὸς, οῦ, qui est long et étroit, qui a le ventre serré et petit; *d. pl.* fort, robuste ; de diverses couleurs; l'aigrette du casque : σφηκόω, amenuiser en coin; lier, *étym.*
3. (*gén.* ηνὸς, ὁ.) *d. pl.* instrument à donner la torture : σφηνόω, fendre avec un coin; boucher avec un tampon; serrer, presser, tourmenter.
4. *d. pl.* presser, lier, embrasser, contraindre : *Σφίγξ, ιγγος, et φὶξ, ιχὸς, monstre ou devin, qui embarrassait le monde par ses énigmes ; qui parle obscurément et par énigmes, qui attrape le monde; une perdue, une débauchée.
5. (*gén.* ιδος, ἡ.) *d. pl.* cachet, marque, pierrerie ouvragée, baudrier, tortue, terre sigillée ; pâtes médicinales, tablettes imprimées de quelques marques.
6. (*gén.* οῦ, ὁ.) *d. pl*, violent, impétueux, robuste : σφόδρα, fort, beaucoup, avec violence.
7. (*prés.* άω, *fut.* ήσω.) *dit proprement* des mamelles qui ont trop de lait; *d. pl.* être en vigueur; sauter, frétiller, ne demander que bon temps.
8. comme le pouls et les artères; *d. pl.* palpiter, briller, s'enflammer, désirer ardemment, s'emporter de passion; éviter.
9. Σφύρον, la cheville du pied, le talon, tout le pied et la jambe; le pied d'une montagne.
10. (*prés.* άω, *fut.* άσω.) *d. pl.* scarifier; battre ; lâcher, laisser aller : σχάζω, le même; *d. pl* retirer, abattre, supprimer ; arrêter, empêcher.
*Σχαστήριον, lancette, poignard, instrument à couper, déchiqueter, scarifier; *d. pl.* partie d'un vaisseau; hâvre ou port.
11. (*gén.* ιδος, ἡ.) Bâton, pieu ou fourche à soutenir les rets ou filets : ςάλιξ, ιχος, qu'on fait venir d'ἵςημι, le même.

CLXXXVIII.

1. Σχεδὸν, près ; σχέδιον, billet ;
* Σχεδιάζω, sur-le-champ fait.
2. Σχέτλιος, méchant, misérable.
3. Σχίζω, fend ; σχιστὸς, bois fendable.
4. Σχοῖνος, jonc, mesure et longueur.
5. Σχολὴ, loisir, repos, lenteur :
* Σχολάζω, s'amuse ou s'applique.
6. Σωλὴν canal, tuyau, s'explique.
7. Σῶμα, corps ; εὔσωμος, fort, gras.
8. Σωρὸς, monceau, mis en un tas.

DÉRIVÉS.

1. (*adv.*) *d. pl.* près, presque, environ : σχεδόν τι, peut-être : σχέδιος, proche ; *d. pl.* fait à la hâte, fait sur-le-champ, simple, sans façon. : σχεδία, navire fait à la hâte : σχέδη, *scheda*, papier, cédule, tablette, mémoire, billet : σχέδιον et σχεδάριον, *dim*.

*Σχεδιάζω ; *d. pl.* faire à la hâte, agir inconsidérement, témérairement, avec précipitation, faire grossièrement, ébaucher : αὐτοσχεδιάζω, le même ; et *d. pl.* faire à sa tête, sans prendre conseil.

2. *d. pl.* malheureux ; cruel, fâcheux, intraitable, hardi, entreprenant, laborieux, méchant, déterminé, scélérat, σχετλιάζω, se plaindre, se lamenter, faire qu'on souffre de grandes misères.

3. *d.pl.* couper, diviser : σχίσμα, fente, coupure, division, schisme : σχίδαξ, ακος ; σχίδος, -εος ; σχίδιον ; σχίζα et -ζη, éclat, copeau, petit ais : σχινδαλμὸς et -αλαμὸς, le même ; *d. pl.* un fétu, et *métaph.* qui chicane pour de petites choses.

4. (*gén.* ου, ἡ.) *d. pl.* corde de jonc : σχοινισμὸς, mesurage, arpentage ; sorte de tourment.

5. *d. pl.* pièce travaillée à loisir, lieu où l'on travaille : σχολαῖος, lent, tardif, paresseux : σχόλιον, scolie, glose ou explication des mots faite à loisir, ou faite pour ce qu'on lit doucement et à loisir.

*Σχολάζω, être de loisir, n'avoir rien à faire ; ou s'appliquer et s'adonner à quelque chose : σχολάζουσα ἐκκλησία, église destituée de pasteur : ἀσχολέω, donner des affaires, tailler de la besogne, faire de la peine, occuper, tenir dans le travail, détourner de l'oisiveté.

6. (*gén.* ῆνος, ὁ.) *d. pl.* une sonde de chirurgien.

7. *d. pl.* σώματα, τὰ, sont les domestiques, les esclaves : σωματικὸς, οῦ, corporel, qui regarde le corps, qui a un corps, qui est attaché au corps, gros et gras, charnel.

8. (*gén.* οῦ, ὁ.) Σωρηδὸν, par monceaux, par tas : σωρεύω, entasser, amasser ; accabler.

CLXXXIX.

✶ Τ trois cents *au nombre figure*.
1. Ταλᾶν, τλᾶν, ὀτλεῖν, souffre, endure.
2. Τάλαντον, balance *et* talent.
3. Ταμίας, qui garde, intendant.
4. Ταπεινὸς, humble *ou* méprisable.
5. Τάπης, tapis pour murs, lits, table.
6. Ταράσσω, trouble, émeut, fait peur.
7. Τάρϐος, peur. 8. Τάρφος, épaisseur.
9. Τάριχος mets salé *s'expose*.
10. Τάσσω, régit, ordonne, impose.

DÉRIVÉS.

*Ταῦ, *Tau*, de l'hébreu *Tau*, qui a retenu l'ancien nom syrien.
1. Ταλάω, *fut.* άσω, et τλάω, *fut.* ήσω, souffrir ; *d. pl.* oser, entreprendre : ὀτλέω et -εύω, souffrir, endurer : ταλαὸς et τάλας, ανος, misérable, malheureux : ἄτλητος, intolérable : παντλήμων et παντάλας, entièrement misérable.

2 *d. pl.* tout ce qu'on pèse ou qu'on met dans la balance, et particulièrement le poids de cent vingt-cinq livres.

3. (*gén.* ου, ὁ.) Celui qui resserre, conserve et a soin de quelque chose ; maître d'hôtel, sommelier, trésorier, questeur, administrateur, protecteur, arbitre.

4. *d. pl.* bas, petit : ταπεινόω, humilier, rabaisser.

5. (*gén.* ητος, ὁ.) c'est-à-dire les tapisseries, les tapis, couvertures, courtepointes, etc. ; *d. pl.* les housses qu'on met sur les chevaux et mulets : τάπις et δάπις, le même.

6. (*att.* ταράττω, *fut.* ξω, du présent formateur ταράγω.) Τάραξις, ταραχὴ, ταραχὸς et ταραγμὸς, émotion, trouble, agitation : Θράσσω et -ττω, troubler, inquiéter, harceler, picoter.

7. (*gén.* εος, τὸ.) *d. pl.* crainte, terreur : τάρϐη et ταρϐοσύνη, le même : ταρϐαλέος, terrible, qui fait peur ou qui a peur.

8. *particulièrement* celle d'une forêt sombre : ταρφὸς et ταρφὺς, έος, épais, dru, serré ; qui arrive souvent.

6. (*g.* ου, ὁ, et *g.* εος, τό.) *particulièrement* poisson ; *d. pl.* chose confite, viande vieille : φιλοτάριχος, qui aime les choses salées.

10. (τάττω, *fut.* ξω, du prés. form. τάγω.) *d. pl.* mettre et placer en ordre, établir et donner charge ; définir, arrêter, assigner, déterminer : τεταγμένος, composé, réglé, modeste : ταγὸς, préfet, gouverneur, général d'armée.

CXC.

1. Ταχὺς, vite; 2. *et* Ταῦρος, taureau.
3. Τέγγω, teint, mouille, arrose d'eau.
4. Τείνω, tend, tâche, étend, *et* chante.
5. Τείρω, bat, afflige, *et* tourmente.
6. Τεῖχος muraille *et* rempart *prend.*
7. Τεκμὰρ, fin, but, signe constant.
8. Τέλλω faire sortir *veut dire* :
* Ἀνατολὴ, , levant, *s'en tire.*
9. Τέλος, fin, impôt, magistrat.
10. Τέμνω, coupe, fend, brise, abat.

DÉRIVÉS.

1. (*gén.* εος, ὁ.) *d. pl.* vif, léger, prompt, ardent : ταχυὺς, le même : ταχὺ, ταχέως, vitement : τάχα, le même ; *d. pl.* peut-être : τάχος, τὸ, vitesse, activité.

2. (*gén.* ου, ὁ.) Il se prend pour l'animal, le signe céleste ; une montagne et un fleuve ; autrefois toutes les grandes choses s'appelaient ταῦροι.

3. *d. pl.* amollir, délayer, pétrir : τέναγος, εος, τὸ, lieu humide, limon, boue.

4. (*fut.* τενῶ.) *d. pl.* aller; s'étendre; toucher; bander; s'appliquer; serrer, presser : τόνος, tension, extension, contention, application, étendue, effort ; ton, son, harmonie ; vivacité ; bel œil ; air de la peinture ; cordes ou nerfs tendus : τονέω, assurer, fortifier, augmenter.

5. (*fut.* τερῶ.) *d. pl.* subjuguer, dompter, mater, abattre, broyer : τέρην, ενος, tendre, mou, lâche, délicat : τεράμων, ονος, le même, dit *propr.* des légumes à cuire.

6. Τείχισμα, le même : τειχωρυχ, machine à saper les murailles : τειχέω, enfermer de murailles. Voyez τοῖχος ci-après.

7. *d pl.* prodige, monstre : τεκμαίρω, prouver par certains signes : τεκμήριον, signe constant et indubitable.

8. * Ἀνατολὴ, orient, le lever du soleil, d'où vient Anatolie, partie de l'Asie mineure à l'orient de la Grèce : ἐντέλλω et -ομαι, enjoindre, commander, donner charge et commission.

9. (*gén.* εος, τὸ.) *d. pl.* frais, dépense ; légion, escadron ; mystère : εὐτελὴς, frugal, heureux dans sa fonction ; *d. pl.* vil, qui est à bon marché : τελέω, ῶ, achever, perfectionner, mettre la dernière main, conduire à sa fin, finir, terminer ; faire célébrer, consacrer, initier, sanctifier ; payer ; obéir, être soumis, être sous la puissance de, être taxé, mis à la taille, mis en tel ou tel rang.

10. (*fut.* τεμῶ.) *d. pl.* aller son chemin, faire alliance en tuant des victimes ; dédier, consacrer.

CXCI.

1. Τένδω, mange, est gourmand à table.
2. Τέρας, prestige, monstre et fable.
3. Τερεῖν, perce; et τερηδών, ver :
* Τορεύειν, pénètre, et rend clair.
4. Τέρμα, fin, chose terminée.
5. Τέρπω, plaît, charme, attire, agrée.
6. Τέρσω, sèche; * et ταρσὸς claie a.
7. Τέσσαρες quatre on traduira.
8. Τέττιξ la cigale s'explique.
9. Τεύχω, travaille en bois, fabrique.

DÉRIVÉS.

1. d. pl. ronger, engloutir : τενδεύω, le même; d. pl. mettre le premier la main au plat, prendre les meilleurs morceaux: τένθης, gourmand : τενθρήνη et τενθρηδών, mouches semblables aux guêpes. L'on peut rapporter ici ἀνθρήνη, un bourdon.

2. (gén. ατος, τό.) d. pl. signe commun et naturel : τερατώδης, τερατικὸς, τεράτειος et τεράσιος, monstrueux, prodigieux.

3. (prés. τερέω, fut. έσω.) d. pl. tourner au tour, polir, faire un trou, blesser : τερηδών, όνος, ver qui ronge le bois ; d. pl. humeur qui carie les os.

* Τορεύω et -έω, le même ; d. pl. pénétrer, éclaircir, rendre net, expliquer clairement.

4. Terme, borne ; d. pl. bas d'une montagne, plante du pied, le pied même : τέρμις et -μων, le même.

5. d. pl. réjouir : τερπνὸς, agréable, plaisant : τέρψις et τερπωλή, délectation, plaisir.

6. Τερσαίνω, le même. * Ταρσὸς (gén. οῦ, ὁ), une claie sur laquelle on fait sécher les choses; d. pl. une aile d'oiseau; les rangs des rames ou avirons; la main avec les doigts ; la plante des pieds avec les doigts, tout le pied ; le soulier ou chaussure ; tout ce qui est plat et large comme la plante du pied ; le bord des paupières où les cils sont attachés, l'arrangement de ces mêmes cils ; enlacement des racines d'un arbre.

7. att. τέτταρες. De là vient τεσσαράκοντα, quarante : τεταρταῖος, qui arrive ou fait quelque chose le quatrième jour.

8. (gén. ιγος, ἡ.) d. pl. un valet de cuisine : τερετίσματα, chant de la cigale, chanson importune ou déshonnête, bruit des instrumens.

9. (fut. ξω) Τεύχομαι, être ; être fait ; être armé: τευκτὸς, fait, fabriqué : τεῦχος, εος, vase, instrument ; livre : τέκτων, charpentier, menuisier.

CXCII.

1. Τέφρα de la cendre *se dit.*
2. Τέχνη, l'art, adresse d'esprit.
3. Τήκω, se sèche *et* liquéfie.
4. Τῆλε loin, avant, *signifie.*
5. Τηρεῖν, garde, *et* met en prison.
6. Τητᾶν, prive, cherche à tâton.
7. Τίθασσος privé, doux, *s'expose.*
8. Τίθημι, met, fait, *et* suppose.
9. Τίκτω, mettre au monde l'enfant.
* Τόκος, usure, enfantement.

DÉRIVÉS.

1. Τέφρα, ion, le même : τέφρος, cendreux, couvert de cendres : τεφρίζω, tirer sur la cendre, être de couleur de cendre : τεφρόω, réduire en cendre.

2. *d. pl.* fourbe, tromperie : τεχνίτης, artisan : τεχνιτεύω, τεχνάω et -άζω, machiner, faire, inventer : ἀτέχνως, sans art, tout naturellement, sans artifice : ἀτεχνῶς, certes, assurément.

3. (*fut.* ξω.) *d. pl.* se faner et flétrir : τήκομαι et τακέομαι, Bas. être liquéfié, tomber en langueur, se mourir : τακερός, liquéfié, mortifié, mou, tendre, délicat, sec, atténué, qui sèche et abat : τήγανον, poêle à frire : τηγανίζω, cuire dans la poêle.

4. Τηλοῦ, le même : τηλικώτατος, fort éloigné, fort avancé.

5. (τηρέω. *fut.* ήσω.) *d. pl.* conserver, mettre en réserve, défendre, protéger; observer, épier.

6. (*prés.* άω, *fut.* ήσω.) Τητῶμαι, être privé, n'avoir pas : τήτη, privation, pauvreté.

7. *d. pl.* apprivoisé ; *métaph.* franc ; cultivé.

8. *d. pl.* poser, proposer, assigner, attribuer; mettre en gage, en dépôt ; établir, fonder, ériger; ordonner, estimer, être d'avis, priser, mettre en tel ou tel rang : θέμα, thème, proposition, sujet, ce qu'on pose pour fondement : θέσις, thèse, position, principe, déposition, imposition, question indéterminée, situation : ἀνατίθημι, mettre à part, élever en haut, suspendre et consacrer; charger sur quelqu'un, imposer, enjoindre ; exposer, raconter; attribuer, rapporter ; accorder, favoriser, se porter pour, transporter; différer, prolonger, retarder.

9. (*fut.* τέξω, du présent formateur τέκω.) Enfanter, accoucher : τεκνόω, le même : τοκεύς, έως, le père : τέκος, τὸ, la portée, le petit, le fruit, enfant soit petit ou grand : τέκνον, le même.

* Τόκος, ὁ ; *d. pl.* le fruit, ce qui est né : τοκάω, être près d'accoucher : τοκίζω, donner à usure.

CXCIII.

1. Τίλλω, pique, mord, rompt, divise.
2. Τινάσσω, branle, darde, et brise.
3. Τίτανος, plâtre, chaux, enduit.
4. Τίτθος la mamelle on traduit.
5. Τιτρᾶν, perce en façon de crible :
* Τρανός, clair, disert et visible.
6. Τιτρώσκω percer, blesser, dit.
7. Τίω, paie, honore, et punit.
8. Τοῖχος, mur ; * τοιχεῖν, un mur faire.
9. Τόλμα, l'audace téméraire.

DÉRIVÉS.

1. Τίλμα et τιλμάτιον, de la charpie : τιλτός, arraché, déchiré, mis en charpie.
2. (fut. τινάξω.) Τίναγμα et ἀκίναγμα, choc, branle, agitation.
3. (gén. ου, ἡ.) d. pl. la poudre ou l'ordure dont sont couverts les sculpteurs et tailleurs de pierres. Lucien.
4. (gén. οῦ, ὁ.) Τειθή, mamelle et nourrice : τίτθις, nourrice, tante : τίθη, tante et grand-mère : τιθή et τιθήνη, nourrice : τιθηνέω nourrir, élever ; caresser.
5. (infin. άειν, fut. τρήσω, du prés. form. τράω.) faire des trous, percer à jour : τιτραίνω et τετραίνω, le même.
* d. pl. manifeste, ouvert : τρανότης, clarté ; Basile : τρανόω et -έω, rendre clair et visible, déclarer, expliquer, faire entendre, rendre illustre.
6. (fut. τρώσω, du prés. form. τρώω.) Τρῶμα et τραῦμα, trou, plaie, blessure ; calamité, perte, accident : τρωτός, blessé ou qui n'est pas invulnérable : ἐκτιτρώσκω, faire avorter.
7. d. pl. estimer, faire cas ; venger, châtier, rendre la pareille : τιμή, peine, punition, vengeance ; amende ; taille, tribut, impôt ; honneur, culte, révérence ; empire, charge, puissance ; prix, estimation : τιμάω, honorer, priser, estimer, juger digne : τίμημα, prix, estimation ; amende, punition : τίνω, τιννύω et -νμι, payer, rendre : τιταίνω, punir : τιέω, tourmenter.
8. (gén. ου, ὁ.) d. pl. les côtés d'un vaisseau, d'un vase, du corps. V. τεῖχος ci-dessus. * Ἀντιτοιχέω, être jeté tantôt contre un côté du vaisseau, tantôt contre l'autre.
9. d. pl. fermeté, constance, patience : τολμάω, oser, entreprendre, se montrer hardi ou téméraire : τόλμημα, action hardie, entreprise, témérité.

CXCIV.

1. Τόξον, arc; * τοξεύειν, tirer.
2. Τόπος, lieu; * τοπεῖν, se douter.
3. Τράγος, bouc, une odeur puante.
4. Τραπέζα table *représente.*
5. Τραυλός, bègue; 6. *et* τράχηλος, cou.
7. Τραχὺς *est* rude, âpre *et* non doux.
8. Τρεῖς, trois; θρίον, feuille diverse.
9. Τρέπω, tourne, agite, *et* renverse.
* Τρόπος, les mœurs. 10. Τρέφω, nourrir.
11. Τρέχω, *joint à* δρέμω, courir.

DÉRIVÉS.

1. *d. pl.* le carquois et l'art de tirer : τοξικὸν, venin, parce que les flèches étaient empoisonnées.
* (*prés.* εὔω, *fut.* εὔσω.)
2. *d. pl.* lieu des argumens, sujet dont on parle.
* (*prés.* ἔω, *fut.* ἤσω.)
3. *d. pl.* sorte de vaisseau, de poisson, d'éponge, de blé, d'herbe et de bouillie; bout de l'oreille vers la tempe : τραγίζω, imiter ou sentir le bouc; avoir la voix rude et aigre.
4. (*gén.* ης, ἡ.) *d. pl.* le couvert et ce qu'on sert sur la table; théatre, échafaud; la largeur du foie et celle des épaules vers le dos : τραπεζίτης, banquier, changeur : τραπεζείτης et τραπεζεὺς, qui suit toujours la table des autres, parasite.
5. Τραυλίζω, bégayer.
6. *d. pl.* la gorge, le gosier, l'âpre artère, les vertèbres; le dessus des huîtres et écailles; l'entrée d'une vessie ou d'un vase étranglé, le milieu d'un mât : τραχηλίζω, tordre ou serrer le cou, étrangler, tirer par le cou; *d. pl.* exposer, faire voir.
7. (*gén.* έος.) *d. pl.* pierreux, rompu, raboteux, revêche, de mauvaise humeur : τρήχω et -έω, être âpre et pierreux. V. τρέχω, ci-après.
8. Τρίχα, triplement, en trois.
9. *d. pl.* changer, retourner; mettre en fuite; considérer, examiner.
* Mœurs, coutume, manière, humeur, autorité; dessein, désir; genre de vie.
10. (*fut.* θρέψω.) *d. pl.* élever; croître, avoir : θρέψις, nourriture; éducation : τροφός, nourricier.
11. (*fut.* θρέξω.) Τρέχω prend divers temps de δρέμω, courir, aller, encourir : comme l'aor. 2 ἔδραμον, fut. 2 δραμῶ, etc. : τρόχος, course, courrier; charriot, lieu où l'on court.

CXCV.

1. Τρέω, τρέμω, craint, s'épouvante.
2. Τρίβω, brise, bat, rompt, tourmente.
3. Τρίζω, fait bruit, grince des dents.
4. Τρύγη, blé, vin; tout fruit des champs.
5. Τρύπα, trou. 6. Τρύω, τρύχω, brise :
* Τρυτάνη pour balance est mise.
7. Τρώγω, mange ou ronge ; et τρώξ, ver :
* Τρώκτης, mangeur ; τρωκτά, dessert.
8. Τυγχάνειν, est, obtient, arrive :
* Τύχη, fortune, s'en dérive.

DÉRIVÉS.

1. lat. *tremo ; d. pl. s'enfuir de peur, trembler simplement : τρομέω et τετρεμαίνω, le même : τρήρων, une colombe : ἀτρεμάς, qui ne craint rien : ἀτρεμία, repos, immobilité.

2. (fut. ψω.) d. pl. user, frotter l'un contre l'autre, atténuer, épuiser : τρίβος, sentier, chemin frayé; coutume, usage ; τρίβων, un homme rompu dans les affaires; vieux manteau ou casaque: διατρίβω, consommer, épuiser, abattre ; * demeurer, passer le temps, s'exercer, s'adonner à quelque chose.

3. lat. strido : τρύζω, murmurer, faire un bruit sourd : τρυγών, une tourterelle.

4. d. pl. vendange ; aridité, sécheresse : τρυγάω, cueillir les fruits, vendanger, moissonner : τρύξ, υγὸς, vin doux, lie de vin ou d'huile; écume de fer.

5. d. pl. une tarière : τρυπάω et -ανίζω, trouer, percer : τρύπανον et -άνη, tarière.

6. d. pl. rompre, abattre, user, consommer ; tourmenter, affliger, pousser à bout, faire mourir : τρυχόω et -χνόω, le même : *lat. trutina : τρυτανεύω, balancer, peser, examiner.

7. Τρώξιμος, tout ce qui est bon à manger, particulièrement la chicorée : *τρώκτης, mangeur, gourmand ; d. pl. fourbe, malicieux ; τρωκτός, τρωγάλιος, le même que τρώξιμος, particulièrement les fruits crus : τρωκτά, τά. le dessert : τρωγλῆται, hirondelles qui font leurs nids dans des trous.

8. d. pl. échoir ; jouir, venir à bout de ce qu'on désire; encourir, rencontrer quelque malheur: τυγχάζω, le même : ἐντυγχάνω, avoir à sa rencontre, aller voir, parler, entretenir, tomber sur quelque propos ; hanter, avoir commerce ; se trouver présent, se rencontrer.

*Τύχη, hasard, fortune, rencontre bonne ou mauvaise : ἀτυχέω être malheureux : δυςτυχέω, le même : εὐτυχέω, être heureux, faire bien ses affaires.

CXCVI.

1. Τύλος cal, cheville, *fera*.
2. Τύμβος tombeau, bûcher, *sera*.
3. Τύπτω battre et frapper *l'exprime :*
* Τύπος, la forme qui s'imprime:
4. Τύραννος, tyran, roi *jadis*.
5. Τυρός *pour le* fromage *est mis*.
6. Τύφω, jette fumée, enflamme.
* Τύφος, fumée, orgueil de l'âme.
7. Τυφλός aveugle *ou* sourd *se rend*.
8. Τωθάζω, mord, pique en raillant.

DÉRIVÉS.

1. (ὁ.) *d. pl.* le poil des sourcils : τύλη et τύλη, le même ; *d. pl.* peau du dos d'un chameau ; matelas, lit de plumes, couverture, courtepointe : τυλόω, endurcir, faire venir des durillons : τυλίττω, rouler comme un lit de plumes ; fouiller, rechercher, fureter.

2. (ὁ) d'où vient une *tombe :* τυμβεύω, enterrer, ensevelir, mettre sur le bûcher.

3. Τυπέω, -όω, -άζω, et κτυπέω, le même : τύμμα, coup, plaie, blessure.

*Τύπος, marque, signe, impression, vestige, image, représentation ; original, chose à imiter, chose ébauchée et grossièrement faite ; état ou disposition par où l'on juge d'une maladie ; certain jugement qui défendait à ceux qui n'avaient pas payé leurs dettes d'entrer au barreau : τύμπανον, bâton, tambour, cloche : τυμπανίζω, charger de coups de bâtons, tympaniser, sonner une cloche ou battre le tambour.

4. Τυραννίς, τυραννία, tyrannie, gouvernement cruel ; *et généralement* royaume, empire, règne, autorité, puissance souveraine.

5. Τυρόω, faire prendre et cailler, *d. pl.* agiter, remuer, brouiller et confondre : τυρεύω, le même ; *d. pl.* faire construire, inventer.

6. (fut. θύψω.) Τυφόω, le même *d. pl.* enfumer, faire mourir dans la fumée, donner de la vanité, rendre insolent.

*Τύφος, fumée ; *d. pl.* vanité, arrogance, faste, insolence, étonnement : θυμάλωψ, un tison brûlant.

7. *d. pl.* obscur, caché, secret, invisible : τυφλόω, aveugler, rendre aveugle, crever les yeux : τυφλώττω, être aveugle, ne voir goutte.

8. Ἐπιτωθάζω, se moquer, railler, dire des injures, rire à gorge déployée ; flatter : φιλοτωθάζω, se plaire à dire des paroles piquantes, faire métier de railler,

CXCVII.

* Υ quatre cents, *au chiffre enserre*.
1. Ὕαλος, du crystal, du verre.
2. Ὕϐρις, injure *et* déshonneur.
3. Ὑγιής, sain, dans la vigueur.
4. Ὑγρὸς, humide, coulant, moite.
5. Ὕδω, dit, chante ; * ὑδής, poète.
6. Ὕδωρ, eau, l'hydre ; hydrie *a fait*.
7. Ὕθλος *pour* niaiserie *on met*.
8. Ὑιὸς fils, race, *signifie*.
9. Ὑλᾶν, aboie, *ou* gronde, *ou* crie.

DÉRIVÉS.

* Les Eoliens l'appelaient ὑμ selon Eustathe.

1. (*gén.* ου, ἡ.) Ὕελος et ὑάλη, le même : ὑάλεος, contr. οῦς, fait de crystal ou de verre : ὑαλὸς et ὑάλινος, le même.

2. (*gén.* εως, ἡ.) *d. pl.* affront, violence, mauvais traitement ; insolence, orgueil : ὑϐρίζω, faire injustice, traiter injurieusement, se comporter avec insolence, être impétueux ; porter trop de bois et trop de feuilles : ὑϐριςὴρ et -ςὴς, violent, insolent, qui fait affront et injure : ὑϐριςικὸς, porté à faire injure.

3. (*gén.* εος.) Ὑγιαίνω, -άζω, -άω, être sain, en bonne santé, ou être bon pour la santé ; être en bonne disposition de corps ou d'esprit : ὑγιεινὸς, sain, en bonne santé, ou capable de santé, donnant la santé, marquant la santé.

4. (*gén.* οῦ) *d. pl.* mouillé, dégouttant, tendre, mou, souple, agile, lâche, glissant : ὑγρότης, humidité : ὑγραίνω, humecter, mouiller : πάρυγρος, humide, un peu mouillé : ςενυγρὸς, étroit, serré, *dit propr. d'un détroit de mer ou d'un fleuve.*

5. *d. pl.* prononcer, célébrer ; louer : ὑδέω, le même. * Ὑδής, (*gén.* ου.) un poète, qui fait ou chante des vers ; *d. pl.* sage, intelligent, prudent : ὕμνος, un hymne : ὑμνέω, le même que ὕδω ; *d. pl.* dire des injures, accuser, noircir, diffamer, comme en lat. *cantare, dans Hor.* ; déplorer, se lamenter.

6. (*gén.* ὕδατος, τό.) *d. pl.* la mer, la pluie ; l'hydropisie : ὕδρος et -ρα, hydre, *serpent aquatique :* ὑδρία, hydrie, aiguière, pot à l'eau : ὑδρώδης, εος ; ὑδρεις, -εντος et ὑδρηλὸς, οῦ, humide, aqueux : ὑδραλὴς, serpent d'eau ; *d. pl.* frétillant, changeant.

8. Ὑιεὺς, le même : ὑιὴς, le même ; *d. pl.* une vigne qui monte le long d'un arbre.

9 (*prés.* άω, *inf.* άειν. *fut.* άσω.) Ὑλακτέω et -ίζω, ὑλακόω, le même : σκύλαξ, chien ; poisson ; chaine de fer ; vieux, fort âgé.

CXCVIII.

1. Ὕλη, matière, bois, forêt.
2. Ὑμήν, peau, l'hyménée *en naît.*
3. Ὕννος, poulain, bidet, mazette.
4. Ὕπαρ, vision claire et nette.
5. Ὑπέρ, dessus ; * ὕπατος, grand.
6. Ὕπνος, somme, assoupissement.
7. Ὕπτιος sur le dos *s'exprime.*
8. Ὕστερος, qui jamais ne prime.
9. Ὑφᾶν, tresser. 10. Ὕψος, sommet.
11. Ὕω, pleut ; *les* hyades *fait.*

DÉRIVÉS.

1. *d. pl.* les méchantes herbes et chardons dans les blés ; les vivres et alimens ; viande digérée, ou excrémens ; les souillures qu'on contracte dans le monde : ὑλάζω, ramasser et porter du bois : ὑλίζω, purifier, épurer, passer, couler.

2. (*gén.* ένος, ὁ.) Petite peau comme la tunique de l'œil, ou celle qui enveloppe le fœtus ; hyménée ou chanson nuptiale ; *d. pl.* le Dieu des nôces : ὑμέναιος, hyménée ou chanson nuptiale, les nôces mêmes et le dieu des nôces.

3. (*gén.* ου.) Ἴννὸς, γίννος, le même ; *d. pl.* un âne ; un avorton, un petit garçon : ἴννη, petite fille ; prunelle de l'œil.

4. (τὸ, *indécl.*) Ὕπαρ ou καθ' ὕπαρ, en dormant, en songe.

5. Voy. part. *indécl.* ci-après : * (*gén.* ου.) Ὕπατος, *sync.*, pour ὑπέρτατος, grand, relevé, suprême souverain ; consul, premier magistrat ; *d. pl.* creux, profond : ὑπατεύω, être consul, gouverner, administrer.

6. (*gén.* ου, ὁ.) Ὑπνέω,-άω,-όω et -όω, s'endormir, s'assoupir ou faire dormir : ἄϋπνος et ἄγρυπνος qui ne dort point : ἀγρυπνία, veille, insomnie : ἐνύπνιον, songe, vision.

7. Couché sur le dos ; exposé en vue ; *d. pl.* fainéant : τὰ ὕπτια, choses plates et étendues, choses hautes, élevées, ou choses basses et pendantes en bas ; le dessus ou le dessous.

8. *d. pl.* dernier, inférieur ; qui doit arriver, qui est proche : ὑστερέω, être le dernier, avoir le dessous, être négligé ; être frustré, ne pas venir à bout, ne pas réussir ; manquer, n'avoir pas.

9. Ὑφάω et -όω, ourdir.

10. (*gén.* εος, τὸ.) *d. pl.* hauteur, grandeur, sublimité : ὑψηλὸς et ὑψιστὸς grand, haut ; élevé, sublime : ὑψιστὸς, très-haut, il se prend pour Dieu.

11. Ὑάδες, hyades, étoiles qui amènent la pluie.

CXCIX.

* Φ cinq cent *a pour son partage.*
1. Φάγω, mange ; *et fait* l'œsophage *.
2. Φαίνω, luit, éclaircit *l'obscur :*
* Ἄφνω, soudain ; ἀκραιφνής, pur.
3. Φαιός, brun, couleur sombre et grise.
4. Φακός lentille ou cruche *est mise.*
5. Φάκελλος fagot, paquet, *prend.*
6. Φάλαγξ *pour* phalange *s'entend.*
7. Φαλακρός chauve *s'interprete.*
8. Φαλός, clair, beau, blanc ; casque, aigrette.

DÉRIVÉS.

1. Il est inusité au présent; mais de lui vient le fut. 2. φαγῶ et φάγομαι (pour φαγοῦμαι) et l'aor. 2. ἔφαγον. * L'œsophage; c'est le conduit par où passe ce qu'on mange : φάγαινα et φαγέδαινα, grande faim, faim canine : φάγος, gourmand, grand mangeur.

2. (*fut.* φανῶ.) *d. pl.* éclairer, briller ; apparaître, se montrer, se déclarer ; accuser, déférer : ἀφανής, qui s'est évanoui ; invisible ; obscur, caché : φανερός, apparent, visible, manifeste, clair ; célèbre, illustre, connu : θεοφάνεια, ἡ, apparition de Dieu, manifestation par laquelle Dieu se fait connaître à nous par ses écritures, Denis : θεόφαντος, déclaré et manifesté par Dieu : συκοφάντης, sycophanta, calomniateur, dit premièrement de ceux qui accusaient quelqu'un d'avoir transporté un figuier de l'Attique (ce qui étoit défendu) ; puis ensuite de tous les calomniateurs : φαντάζω, faire paraître, montrer.

* Ἄφνω, pour ἀφανῶς, soudain, tout d'un coup, inopinément ; contre toute espérance : ἀκραιφνής, pour ἀκεραιοφανής, pur, sain et entier.

4. (*gén.* οῦ, ὁ.) Φακός, lentille crue ; tache noire sur l'œil ; urne à mettre les cendres des morts ; pustule au visage.

5. (*gén.* ου, ὁ.)

6. (*gén.* αγγος, ἡ.) Phalange où légion, bataillon à la macédonienne, plus long que large ; le travers d'une balance ; les jointures des doigts ; sorte d'araignée ; rouleaux à faire aller les choses pesantes : φαλάγγιον, le même.

7. Φαλάκρα, terre nue, où il ne croît rien.

8. *d. pl.* brillant, luisant, poli, bruni ; petit bouclier luisant ; rocher qui paraît dans la mer ; la cime du casque, où se met l'aigrette : φάλαρα, τά, phalera, harnachure ou bride des chevaux.

CC.

1. Φάραγξ, précipice ou vallon.
2. Φαρκίς de la ride est le nom.
3. Φάρμακον, venin; drogue bonne.
4. Φᾶρος robe ou voile te donne.
5. Φάρυγξ gorge, âpre-artère, on dit.
6. Φαῦλος, vil, bas, méchant, petit.
7. Φάτνη la crèche signifie.
8. Φάω, luit, dit, ôte la vie:
* Φημί, parle; et φήμη, rumeur.
9. Φέβομαι, fuit, craint; φόβος, peur.

DÉRIVÉS.

1. (gén. αγγος, ἡ.) d. pl. un goinfre, ivrogne, qui mange tout.
2. (gén. ίδος, ἡ.) Φαρκιδούμενος, refrogné, rechigné.
3. Il se prend pour le poison ou pour le remède; d. p. couleurs, peintures ou teintures: φαρμάσσω, empoisonner, envenimer; dorloter; farder; falsifier, corrompre; teindre, tremper, imbiber.
4. (gén. εος, τό.) Il se prend pour une robe, un manteau d'homme ou de femme, et pour la voile d'un vaisseau, ou le voile de la tête.
5. (gén. υγγος, ὁ et ἡ.)
6. d. pl. simple, médiocre, ridicule, méprisable, gâté, corrompu: φλαῦρος, le même.
7. Il se prend pour une constellation nommée la crèche; d. p. pour une étable ou écurie, pour une table où l'on mange, et pour les trous des gencives où les dents sont insérées.
8. d. p. briller, enflammer; rompre: φάος, εος, τό, lumière, lever du soleil, œil, jour; salut, secours, victoire, joie: φῶς (circonflexe), φωτός, τό, le même; mais φώς, φωτός, τό, est un homme dans les poètes: φωτίζω, illuminer, rendre lumineux, mettre au jour; conférer la grâce du baptême: φάσκω, φαύω et φαύσκω, luire: πρόφασις, prétexte, occasion, excuse: κατηφής, honteux, triste, abattu, qui n'ose regarder, ni lever les yeux.

* Φημί, parler, dire, confesser; d. pl. être d'avis, penser; commander; déclarer, prononcer; célébrer; témoigner: φάσκω, πιφαύσκω et πιφάσκω, le même: φήμη, fama, renommée, bruit qui court, rumeur, nouvelle, discours; dénomination; opinion, estime: ὀδυνήφατος, qui fait cesser ou qui apaise la douleur: φώζω, φωγνύω et -νυμι, brûler, rôtir: φωτδές et φῶδες, les marques qui viennent aux jambes quand on s'est trop chauffé: ἀρήφατος, tué au combat: ἀρείφατος, le même, et d. pl. belliqueux; qui s'est fait et passé dans un combat.

9. Φόβερος, formidable.

CCI.

1. Φέγγος, jour, splendeur qui rayonne.
2. Φείδομαι, s'abstient *et* pardonne.
3. Φέλλος liége, écorce *l'on rend.*
4. Φέναξ, fourbe, imposteur, méchant.
5. Φένω, πέφνω, tue *et* saccage.
6. Φερνή, la dot, le mariage.
7. Φέρβω, nourrit, entretient, paît.
8. Φεύγω, s'esquive *et* disparaît.
9. Φέρω, porte, obtient, paie, enfante :
* Φέρτερος plus fort *représente.*

DÉRIVÉS.

1. (*gén.* εος, τό.) C'est la lumière ou les rayons du soleil; *d. pl.* la vie : φέγγω, rendre lumineux, communiquer sa lumière.

2. *d. pl.* épargner, se priver : φειδώ, οὖς, ἡ, épargne et ménage.

3. (*gén.* οῦ, ὁ.)

4. (*gén.* ακος.) *d. pl.* un menteur : φενάκη, une perruque : πενίκη et πηνίκη, le même.

5. Φονεύω, commettre un meurtre : φονάω et -νόω, être porté au meurtre, avoir envie de tuer : φόνος, meurtre, homicide, défaite; sang répandu, lieu souillé de sang.

6. Φερνίζω, doter, marier une fille.

7. (*fut.* ψω.) Φορβή, fourrage, pâture, aliment, nourriture : φορβειά, le même; *d. pl.* un licou.

8. *d. pl.* s'évader, s'enfuir, se cacher, s'absenter, aller en exil, éviter, détourner, se donner garde; cesser, refuser, se retirer, ne vouloir pas, rejeter; être coupable de quelque crime, être recherché, être accusé : φύγω, περιφύγω et φύξω, le même : φεύγων δίκην, qui est accusé, ou qui se défend d'un crime qu'on lui impute : φεύγων φόνου, accusé de meurtre : φυξηλις et φυγάς, banni, fugitif; timide, honteux, qui se cache : φύξιμος, qu'on doit ou qu'on peut éviter, vers qui on peut se réfugier : φύξιμος, le même, et, *d. pl.* qui met en fuite.

9. (*fut.* οἴσω, du présent formateur ὀίω.) *d. pl.* servir à quelque chose; remporter, proférer; produire et porter; emporter, ravir; donner, conférer; tenir en sa main : φορέω, porter: φορός, qui porte ou emporte : φόρος, le tribut, la taille et le marché : ἀναφέρω, porter, soulever, lever en haut; produire, pousser hors; offrir et consacrer à Dieu; reporter ce qu'on a pris, rapporter et attribuer; faire son rapport d'une affaire, raconter et exposer; transférer et rejeter sur quelqu'un; se récréer, se divertir; se recueillir.

* φέρτερος ou φερέτερος, plus fort, *comme q. d.* qui peut porter davantage; plus puissant, plus vaillant, plus utile, meilleur : φέρτατος et φέριςος, *superlat.*

CCII.

1. Φέψαλος, étincelle, ardeur.
2. Φηγός, hêtre ; 3. et Φῆλος, trompear.
4. Φθάνω, prévient, obtient, arrive.
5. Φθέγγω, parle, et son s'en dérive.
6. Φθέω, sèche, mange, et corrompt.
7. Φθόνος l'envie au pâle front.
8. Φιάλη, verre ou pot d'argile.
9. Φιλὶς, flûte ou canne fragile.
10. Φίλος, ami ; * φιλεῖν, aimer.
11. Φιλύρα tilleul doit marquer.

DÉRIVÉS.

1. (gén. ου, ὁ.) Φεψαλόω, brûler, faire jeter des étincelles.
2. lat. fagus; d. pl. le gland du hêtre.
3. Φήληξ, le même ; d. pl. une fausse figue.
4. (fut. φθάσω, du prés form. φθάω.) d. pl. être plus tôt ; venir à bout, pouvoir, parvenir à.
5. d. pl. proférer, rendre un son, crier, énoncer, dire : φθογγὴ et φθόγγος, son : δίφθογγος, diphthogue, qui a double son.
6. (fut. ήσω.) d. pl. faire sécher, faire mourir ; prévenir, rompre : φθίω et -ίνω, le même : φθινύθω et φθείρω, le même ; d. pl. gâter, ravager, ruiner, mettre en désordre : φθαρτὸς, corruptible, sujet à la corruption : φθαρτικὸς, qui corrompt, dangereux, malencontreux : φθόη et φθίσις, corruption, exténuation, amaigrissement, langueur, fièvre lente ; rétrécissement de la prunelle : φθείρ, un pou ; le milieu du gouvernail ; certain poisson : φθισικὸς, phthisique, pulmonique, languissant : φθορὰ, corruption, perte, mort, mortalité, maladie : φθόρος, ὁ, le même.
7. (gén. ου, ὁ.) d. pl. jalousie, médisance : φθόνον ἔχειν, porter envie : οὐδεὶς φθόνος, très-volontiers : φθονέω, porter envie, nier, refuser, ne vouloir pas se compromettre par envie : ἄφθονος, sans envie, qui n'est point envié, dont il y a abondance, que tout le monde peut avoir aisément : ἐπίφθονος, exposé à l'envie ; odieux, blâmable, digne de réprimande.
8. d. pl. phiole, tasse, godet : ὑπερφίαλος, perfide, qui viole la foi donnée, superbe, arrogant, excessif, immodéré.
10. Qui aime ou est aimé ; d. pl. agréable, plaisant : * φιλέω, aimer, baiser, témoigner affection ; d. pl. se plaire, vouloir ; avoir coutume : φιλότης, amour, bienveillance : φίλος, qui est au nombre des amis, qui est allié ; qui préside à l'amitié : φιλιόω, tendre ami, réconcilier : φιλιάζω, contracter amitié.
11. lat. tilia, arbre.

DES RACINES GRECQUES.

CCIII.

1. Φιμός, bride, frein, muselière.
2. Φλάζω, bredouille, est en colère.
3. Φλάω, rompt, brise, en morceaux met.
4. Φλέγω, brûle; et Φλοξ flamme fait.
5. Φλέψ, veine, a fait phlébotomie.
6. Φλέω, φλύω, dit niaiserie.
7. Φλιδᾶν, se ride, et se pourrit.
8. Φλοιός écorce en l'arbre est dit.
9. Φλοῖσβος, son de l'onde bruyante.
10. Φοῖβος, pur, clair; Phœbus enfante.

DÉRIVÉS.

1. (gén. οῦ, ὁ.) d. pl. licou, ficelle, cordons d'un sac avec lesquels on le ferme: φιμόω, mettre un frein ou un bâillon dans la bouche, fermer, serrer, boucher, empêcher de parler.

2. d. pl. brûler, bouillir; faire du bruit: παφλάζω, le même; d. pl. être ému comme une mer agitée.

3. d. pl. battre et ramollir, rendre lâche; dévorer, être gourmand: φλαδιάω, le même.

4. d. pl. mettre le feu; être tout en feu; rendre clair et lumineux; irriter, mettre en colère; brûler de passion: φλεγέθω, le même; d. pl. s'enfler, devenir gros, être bouffi, être superbe, arrogant: φλέγμα, ardeur, inflammation, incendie; phlegme et pituite: φλεγυρός, ardent, brûlant, brillant, lumineux; insolent, dangereux: φλογίς, ίδος, ἡ, du rôti: φλογιάω, s'enflammer, devenir rouge: φλογόω, brûler, enflammer.

5. (gén. εδός, ἡ.) Φλεβοτομία, saignée, évacuation, venant de φλὲψ et de τέμνω, couper.

6. d. pl. être plein, regorger, abonder en fruits: φλύω et -ύζω, le même; d. pl. être chaud, bouillir, brûler à petit feu: φληναφέω et φληναφάω, niaiser, parler sottement: φλῦος, niaiserie: φλύαρος, badinerie, chose de néant; adj. badin, folâtre.

7. (prés. άω.) d. pl. crever, se rompre ou déchirer: φλιδάνω et περιφλιδάω, le même.

8. Φλοός, οῦς, le même; d. pl. la peau: φλοίω et -ίζω, peler.

9. (gén. ου, ὁ.) Πολύφλοισβος, qui résonne et fait grand bruit, se dit de la mer.

10. d. pl. chaste, vierge, prophète, devin, d'où vient Phœbus, Apollon: φοιβίζω, deviner, prédire; purger, purifier: φοιβάω, purifier, rendre beau et luisant: φοιβαίνω, le même que les deux précédens.

CCIV.

1. Φοῖνιξ, palme, rouge couleur.
2. Φοιτᾶν, va, voit son précepteur.
3. Φολίς, peau, bigarrure, écaille.
4. Φόλλις, soufflet, sac, bourse *et* maille.
5. Φόρμιγξ, harpe, charme souci.
6. Φορμὸς, panier *et* natte *aussi*.
7. Φόρτος poids, charge, ennui, *figure*.
8. Φορύω, pétrit, fait souillure.
9. Φράζω, parle, énonce, éclaircit.
10. Φράσσω, ferme, enceint *et* munit.

DÉRIVÉS.

1. (*gén.* ικος, ὁ.) *d. pl.* le palmier et son fruit; sorte d'herbe; phénix, oiseau de couleur de palme, unique en son espèce; Phénicien; instrument de musique propre aux Phéniciens; rouge, de couleur de sang: φοινικίνη νόσος, Hippocr., lèpre, ladrerie: φοινίσσω, rougir, ensanglanter.

2. (*prés.* άω, *infin.* άειν, *fut.* ήσω.) Aller et venir; aller à l'école; *d. pl.* voir souvent, rendre visite; radoter, être fou, être furieux: φοιτίζω, le même: φοιτάλέος, fou, furieux: συμφοιτητής, condisciple.

3. *d. pl.* nageoires de poisson.

4. c'est-à-dire une maille ou obole; *d. pl.* de la monnaie, de l'argent, et certain tribut qui se payait sous les empereurs.

5. (*gén.* ιγγος, ἡ.) Harpe ou guitare: φορμίζω, jouer de la guitare.

6. (*gén.* οῦ, ὁ.) *d. pl.* corbeille, mesure de blé: φορμίον, φορμίσκος et -ίσκιον, le même.

7. (*gen.* ου ὁ) φορτίζω, charger, accabler: φορτικῶς, d'une manière odieuse, fâcheuse, ridicule, insolente, insupportable. φορτίς, navire de charge.

8. *d. pl.* mêler, confondre, gâter, souiller, salir, altérer, corrompre: φορύνω et φορύσσω, le même: φόρυτος, tas d'ordures, ramas; cordes de jonc, teille ou autre chose pliante; couverture faite de ces sortes de tissus; fondrière ou lit d'un torrent; le même alors que χαράδρα, *étym.*

9. (*fut.* σω, du présent formateur φράω.) *d. pl.* raconter, dire, annoncer, faire savoir, ordonner, commander: περιφράω, le même: φραδεύω, dire: φραδάω, interpréter: φράδη, prudence: φραδής et περιφραδής, sage, prudent, expérimenté: περιφράζω, expliquer en plusieurs mots, et par périphrase; considérer, peser, examiner: παραφράζω, parler selon le sens, mais en d'autres termes, faire une paraphrase.

10. (*fut.* ξω, du prés. form. φράγω.) *d. pl.* boucher, fortifier, épaissir, rendre solide.

CCV.

1. Φρατρία, tribu, l'assemblée.
2. Φρέαρ, puits, fosse en bas creusée.
3. Φρήν, esprit : σώφρων, doux, prudent.
* Φρονεῖν, goûte, a tel sentiment.
4. Φρίξ, le bruit des flots qui résonne.
* Φρίσσειν, a frayeur, *et* frissonne.
5. Φροντὶς pensée *et* soin *se dit.*
6. Φρυάττω, s'élève *et* frémit.
7. Φρύγω, frit, rôtit, *et* fricasse.
8. Φῦκος, fard à peindre la face.

DÉRIVÉS.

1. *d. pl.* voisinage, confrérie : φράτριος, qui appartient à la confrérie : φράτηρ et φράτωρ, qui est de même tribu, de même quartier.

2. (*gén.* ατος, τό.) Φρεατιαῖος et φρεατίδινος, de puits.

3. (*gén.* ενὸς, ἡ.) *d. pl.* pensée, raison, intellect : φρένες, la prudence ; le cœur et les entrailles : σώφρων et σαόφρων, sage, avisé, prudent, doux, modéré, modeste, honnête, vertueux : bien réglé, chaste, plein de pudeur et de retenue : φρενόω, faire rentrer en soi-même, rendre sage, châtier.

* (*prés.* έω, *fut.* ήσω.) Être sage, avoir du sens, de l'esprit, de la prudence ; penser, délibérer, être d'avis, être de tel sentiment ; épouser un parti, favoriser ; connaître, goûter, savourer ; s'appliquer ; concevoir, comprendre : μεγαλόφρων, généreux, magnanime : μετάφρενον, le milieu du dos ou des épaules, les reins.

4 Φρίκη, le même ; *d. pl.* saisissement de froid, frisson de la fièvre, tremblement ; horreur, épouvante.

* (*fut.* ξω, du prés. form. φρίγω) Φρίσσω et -ττω, dit proprement de la mer et ensuite d'autres choses ; *d. pl.* se hérisser, être surpris de quelque mouvement de crainte ou de joie.

5. (*gén.* ίδος, ἡ.) Φροντίζω, penser, méditer, songer, avoir soin, s'appliquer : φρόντισμα, pensée, méditation, invention : ἀφρόντις, qui n'a point de soucis : ἀφρόντιςος, le même ; et *d. pl.* dont on n'a point de soin, qu'on néglige ; plein de soins et d'inquiétudes.

6. (*prés.* σσω ; *fut.* ξω.) Plus souvent φρυάττομαι, dit propr. d'un cheval qui hennit avant le combat *et métaph.*, s'élever, devenir insolent et furieux ; donner de l'épouvante.

7. (*prés.* σσω ou ττω, *fut.* ξω.) Φρύγανον, sarment, éteule, c'est-à-dire chaume ou tige de blé coupé, fagot, tout ce qui est facile à brûler.

8. (*gén.* εος, τό.) lat. *fucus* ; certaine herbe à teindre les laines, et dont les femmes se fardaient le visage.

CCVI.

1. Φυλάσσω, garde, observe, et fuit.
2. Φυλὴ tribu, race, on traduit.
3. Φύλλον une feuille s'expose.
4. Φύρω, mêle, pétrit, arrose.
5. Φυσᾶν, souffle et remplit de vent.
6. Φωλεὸς caverne, antre, on rend.
7. Φύειν, produire, engendrer, naître.
   * Φύσις, naissance, nature, être.
8. Φωνὴ, voix, langue, bruit, rumeur.
9. Φὼρ, fur, mouche, espion, voleur.

DÉRIVÉS.

1. (ou -ττω, fut. ξω, du présent formateur φυλάγω.) d. pl. veiller, être en sentinelle, épier, attendre l'occasion; éviter, se donner garde : φυλακτήριον, lieu où l'on pose les sentinelles, corps de garde, citadelle, fortification, munition, défense; contre-poison, antidote, préservatif : φύλαξ.ακος, gardien, sentinelle, surveillant, soldat de la garde : φυλακὴ, garde; l'action de garder, conservation, défense; la personne ou l'officier qui garde; la prison ou le lieu où l'on garde; précaution; sûreté, veille ou quatrième partie de la nuit : φυλακίζω, jeter en prison.

2. d. pl. nation; armée navale : φῦλον, le même; d. pl. genre, sexe.

3. d. pl. herbe : φύλλιον, le même : φυλλὰς, αδος, tas de feuilles ou d'herbes.

4. (fut. φύσσω et φυρῶ.) d. pl. délayer ou battre ensemble, mixtionner; gâter, corrompre; amortir : φύραμα, masse, pâte, levain, terre à pot, mortier et toute autre chose qui se peut pétrir ou délayer : φύρσιμος, mêlé, confus.

5. (prés. άω, infin. άειν, ᾶν, fut. ήσω.) d. pl. enfler, jeter par les narines; s'enfler, devenir insolent : φύσημα, souffle, enflure, bouteille ou bouillon; poix-résine; vanité; orgueil : φῦσα et φύσσα, soufflet, ballon, vessie, souffle, enflure, insolence; poisson; outre, seau, bouteille d'airain, etym.

6. d. pl. hallier où se retirent les bêtes; école.

7. (prés. ύω, fut. σω.) d. pl. être né pour quelque chose, faire naturellement, produire, pousser, être comme enté et enraciné.
   *d. pl. complexion, constitution; vertu; espèce, forme, sexe, structure, figure, substance, esprit, naturel.

8. Ἀντιφωνέω, rendre un son contraire, ou à l'opposite; répondre, répliquer, se rendre caution.

9. lat. fur, larron, voleur, et frélon, grosse mouche; d. pl. espion, avant-coureur.

CCVII.

* X six cents *en nombre doit rendre.*
1. Χάζω, céder, priver, comprendre.
2. Χαίνω, s'entrouvre, a grand désir.
3. Χαίρω, χαῖρε, se réjouir.
4. Χαίτη crin de cheval *s'appelle.*
5. Χαλάζα, grêle aux champs mortelle.
6. Χαλᾶν, descend, lâche, amollit.
7. Χαλέπτω, perd, rompt, fâche, *et* nuit.
8. Χαλινός, frein. 9. Χάλιξ, la pierre.
10. Χαλκός, airain. 11. Χαμαί, par terre.

DÉRIVÉS.

1. *d. pl.* se retirer, reculer, éviter; contenir, avoir certaine capacité; être en peine et plein de soucis : χανδάνω, contenir.
2. (*fut.* ανῶ.) *d. pl.* ouvrir la bouche, parler; courir après quelque chose, *inhiare* : χάσκω et χασκάζω, le même : χάσμα, fossé, grand trou, casemate : χάος, le même; *d. pl.* le chaos et la confusion du monde.
3. (*fut.* χαρῶ et χαιρήσω.) Χαῖρε, le bonjour, adieu, je vous baise les mains, *mot pour saluer, prendre congé, rejeter et marquer du mépris* : χαίρειν, le même : χαρά, joie, réjouissance : χαρτός, joyeux, qui cause de la joie.
4. *d. pl.* cheveux et perruque; feuilles de vigne : ἀγχαιτίζω, se cabrer, prendre le mors aux dents; se révolter, secouer le joug, désobéir; réprimer, retirer, arrêter comme par le crin ou les cheveux, rappeler, dissuader.
5. *d. pl.* ampoules, vessies qui viennent sur la peau ou sur les lèvres; ladrerie de cochons; germe d'un œuf.
6. (*prés.* άω, *inf.* άειν, *fut.* άσω.) *d. pl.* relâcher, débander, ouvrir, laisser aller, lâcher le ventre; descendre avec une corde; abattre et caler la voile : rendre fluide; se relâcher, cesser, se désister, céder, quitter : κα/χαλάω, sauter de joie, rire, se réjouir.
7. *d. pl.* ruiner, renverser, χαλεπός, fâcheux, pernicieux, insupportable, dur, cruel, colère, revêche; difficile; de grande entreprise.
8. *d. pl.* puissance, empire; les dents; les coins de la bouche; câble de marine, ancre.
9. (*gén.* ικος, ὁ) *propr.* petits cailloux, moellons, ou blocailles; il se prend aussi pour du vin pur, et pour Bacchus, de même que χάλις.
10. *d. pl.* ce qui est d'airain ou de cuivre, armes, monnaie.
11. *d. pl.* en terre ou à terre.

CCVIII.

1. Χαράσσω, marque en imprimant.
2. Χάρις, grâce, amour, agrément.
3. Χατεῖν, manque, est dans l'indigence.
4. Χαῦνος, lâche *et* plein d'arrogance.
5. Χεῖλος *pour* la lèvre *s'entend.*
6. Χεῖμα, l'hiver, tempête, *on rend.*
7. Χείρ, main; *le* chirurgien *s'en tire;*
* Χερνής *est* pauvre; *et* χείρων, pire.
8. Χελιδών hirondelle *aura.*
9. Χέλυς tortue *ou* luth fera.

DÉRIVÉS.

1. (*prés.* -ττω. *fut.* ξω, du présent formateur χαράγω.) *d. pl.* graver, creuser, scarifier : χαρακτήρ, caractère, marque, impression, lettre, figure, image, linéament, représentation, cérémonie; sexe, forme, différence; description : χάραξ, sillon, fosse ou fossé, ou boulevart, retranchement, forteresse; pieu pointu; arbrisseau piquant.

2. (*gén.* ιτος, ἡ.) *d. pl.* beauté, bonne mine; bienfait, récompense: χαρίζομαι, gratifier, faire plaisir, récompenser; gagner les bonnes grâces; pardonner : εὐχαριςία, gratitude, reconnaissance, action de grâces; eucharistie.

3. Χατεύω et -ίζω, le même.

4. *d. pl.* poreux, mou : χαυνόομαι, être lâche, s'enfler de vanité : χαυνιάζω, tromper, faire tomber dans l'erreur.

5. (*gén.* εος, τό) *par métaph.* il se dit des vases, pots, navires, fosses et rivières, pour marquer les bords : χεῖλος et χελώνη, *cymi.*, le même.

6. (*gén.* ατος, τό.) Χειμών, ῶνος, le même : χειμετλιάω, avoir des engelures aux pieds ou aux mains.

7. (*gén.* ειρός, ἡ.) *d. pl.* le bras; la trompe d'un éléphant; l'écriture de quelqu'un; troupes, comme *manus* en latin; puissance; sorte d'onguent : χειρουργός, (pris de χείρ, et d' ἔργον, travail) qui opère de la main, artisan, chirurgien.

* (*gén.* ῆτος.) *d. pl.* mendiant, artisan, manœuvre : χείρων, ονος, pire, inférieur, plus faible, *comme q. d.* qui n'a pas de si bons bras.

8. (*gén.* όνος, ἡ.) *d. pl.* certain poisson; nid d'hirondelle, *et par ressemblance* creux de la corne du pied des chevaux, le dedans du coude, voûte ou chambre voûtée; ornement de femme; barbare, qui ne sait pas parler; figue attique.

9. (*gén.* υος, ἡ.) Certaine machine, buse; estomac : χελώνη le même; siège, *d. pl.* escabelle.

CCIX.

1. Χέρρος, désert, inculte terre.
2. Χέω, fond, répand, tient, enterre.
3. Χηλὴ, pince, ongle, sourcil, dent.
4. Χὴν, une oie ; 5. et Χῆρος veuf prend.
6. Χθὲς, hier. 7. Χθὼν, terre *figure*.
8. Χιλὸς, fourrage et nourriture.
9. Χίλιοι mille *au nombre fait*.
10. Χιὼν *pour* la neige *se met*.
11. Χιτὼν, tunique intérieure.
12. Χλαῖνα, la robe extérieure.

DÉRIVÉS.

1. (*gén.* ου.) *d. pl.* terre *simplement* : χέρσος, le même : χερσαῖος et -ινος, terrestre : χερσεύω, être en friche, être abandonné, négligé, non cultivé : χερσόω, ruiner, rendre désert.

2. (*fut.* έσω et είσω, du présent formateur χείω et χεύσω, du présent formateur χεύω.) *d. pl.* verser, jeter en fonte : χείω, le même que χέω ; *d. pl.* tenir, contenir : χύω et -ύνω, répandre, fondre : χυτὸς, jeté en fonte, fossoyé : χοάνη et χώνη, χόανος et χῶνος, creuset ; *d. pl.* fossé ; colline, éminence : χωνεύω, fondre, jeter en fonte : χοῦς, levée de terre, chaussée, boulevart, rempart : χῶμα et χῶμος, le même : χόω, χοννύω et -νυμι, faire une levée de terre : χοεύς, -έος, et χοῦς, -όος, congius, certaine mesure de choses liquides : χεία et -η, trou de couleuvre, retraite de serpent : χηλὸς, coffre ou cassette.

3. *proprement* les pinces des écrevisses, l'écrevisse même ; signe céleste, *dans Aratus* ; l'ongle fendu des animaux ; les sourcils qui se joignent quand on ferme les yeux, les dents ou mâchoires ; instrument de chirurgien ; grandes pierres qui avancent hors des digues pour rompre la force des flots.

4. (*gén.* ηνός.) Χηνέω, se moquer, rire et siffler quelqu'un ; χηνίζω, jouer de la flûte.

5. *d. pl.* délaissé, abandonné, nécessiteux : χηρὰ, une veuve.

6. Χθεσινὸς, d'hier ; vieux ; gardé.

7. Χθόνιος, terrestre, mortel ; qui est de tel ou tel terroir ; fourbe, qui va sous terre.

7. Χιλωτὴρ, sac plein d'avoine qu'on attache au museau des bêtes.

9. Χιλιοςὺς, -ύος, le millième ou la millième partie ; régiment de mille soldats : χιλιόω, condamner à mille drachmes.

11. Chemise, chemisette ; *d. pl.* tunique extérieure, hoqueton de guerre.

12. *lat.* læna, manteau, robe de chambre.

CCX.

1. Χλευὴ, ris ; χλευάζω, se rit.
2. Χλιαίνω rendre tiède *on dit*.
3. Χλίω, χλιδᾶν, au luxe attire.
4. Χλόα l'herbe verte *veut dire*.
5. Χναύω, poil arrache, est friand.
6. Χοῖρος, pourceau, sale et gourmand.
7. Χολὴ, bile, fiel, dégoût, ire.
8. Χορδὴ corde, intestin, *veut dire*.
9. Χόνδρος grain, cartilage, *aura*.
10. Χόρτος foin, herbe, *exprimera*.

DÉRIVÉS.

1. *d. pl.* raillerie, moquerie, parole injurieuse.
2. *d. pl.* échauffer, fomenter : χλίασμα, fomentation, remède chaud : χλιαρὸς, tiède.
3. Χλίω, corrompre de délices, ramollir, efféminer, etc. : χλιδάω, vivre mollement et dans les délices : χλιδὴ, χλίδημα et χλῖδος, τὸ, mollesse, délices, luxe, excès, vanité dans les habits, les chevaux, etc. : χλιδῶνες, οἱ, colliers, bracelets, perles, bijoux.
4. *d. pl.* du foin : χλοώδης et χλοηρὸς, vert, verdoyant ; nouveau, tendre, délicat : χλωρὸς, le même ; *d. pl.* verd pâle ; ce qui perd ou fait perdre couleur.
5. *d. pl.* fripper quelque chose ; être gourmand : χνόος, contr. οὖς, rasure, poil follet, coton ou laveton qu'on met dans les matelas ; écume de la mer ; bruit, confusion : χνόη, bruit, confusion ; moyeu de la roue où entre l'essieu, le bout de l'essieu même.
6. *d. pl.* certain poisson : χοιρὰς, άδος, truie ; rocher qui paraît un peu sur l'eau ; écrouelle.
7. Χόλος, le même : χολέρα, colère, effusion de bile : χολόω et χώω, enflammer, mettre en colère : μελαγχολία, mélancolie, fureur ou folie provenant de bile noire.
8. Corde à boyau, corde d'instrument : ἀκροχορδὼν, ἡ, verrue, poreau, cors aux pieds : δεκαχόρδος, instrument à dix cordes.
9. *d. pl.* grumeaux de sel, d'encens ou autre chose ; froment, fleur de farine.
10. *d. pl.* fourrage, pâture, nourriture ; haie, claie et clôture : χορτάριον, le même : χορτάζω, repaître, fouler, engraisser : χόρτασμα, nourriture : χορτασμός, replétion.

CCXI.

1. Χορός, chœur, danseurs, danse *encore*.
2. Χρᾶν, prête, prédit, perd, colore :
* Χρηστός, bon ; ἀποχρᾷ, suffit.
3. Χρεία, besoin ; l'usage *on dit*.
4. Χρέος, dette ; * *et* mort nécessaire.
5. Χρῆμα, biens, chose, oracle, affaire.
6. Χρεμετίζειν, hennir, crier.
7. Χρέμπτομαι, tousser *et* cracher.
8. Χρίμπτω, fait approcher, arrive.
9. Χρίω, frotte, oint : Christ *s'en dérive*.

DÉRIVÉS.

1. *d. pl.* lieu où l'on danse : χόριον et χορεῖον, tunique extérieure qui enveloppe le fétus ; farce de lait et de miel : χορεύω, danser.

2. (prés. άω, infin. άειν, fut. ήσω.) *d. pl.* prononcer un oracle ; se jeter avec furie ; perdre, tuer, blesser, gâter, couper ; posséder, *étym.* : κιχράω et -ημι, prêter : χράομαι, emprunter ; se servir ; avoir : χρῆσθαι λόγω, user de raisonnemens, raisonner, parler, dire ses raisons, répondre à celles d'un autre.

* *d. pl.* utile, commode ; fort, généreux, doux, agréable, obligeant, facile, léger : χρῆσις, créancier, traitant, usurier ; débiteur : ἀποχρᾷ, c'est assez, cela suffit.

3. *d. pl.* avantage, commodité, utilité ; nécessité, devoir, affaire ; sentence ou action remarquable : χρήζω et -ήζω, avoir besoin, désirer, vouloir ; prier, requérir :

χρή, il faut, il est à propos, il est besoin.

4. * lat. *fatum* ; *d. pl.* devoir, charge, obligation, nécessité, besoin ; chose, affaire, procès ; utilité ; oracle, prédiction, prodige : χρεών, τὸ, *neutre et indéclinable*, avec l'article, se prend pour la mort ou la destinée, sans l'article, χρεών, suppl. ἐςὶ, il est nécessaire, il est à propos.

5. *d. pl.* nécessité, indigence ; instrument, meuble, argent, marchandise : χρηματίζω, rendre des oracles, rendre justice, ordonner, haranguer devant le peuple, délibérer, parler et traiter avec quelqu'un ; prendre quelque titre ou qualité s'appeler tel.

8. *d. pl.* aborder ; appliquer ; s'appuyer, aller au-devant ; rejeter ; oindre, frotter.

9. *d. pl.* teindre, colorer ; piquer, exciter : χρίσμα, crème, parfum, liqueur, huile ; onction : χριςός, oint, Christ.

CCXII.

1. Χρόα, couleur; χροῦς, χροός, chair.
2. Χρόνος, temps; χρονίζω, durer.
3. Χρυσός, l'or tant prisé veut dire.
4. Χυλός, chyle, humeur, suc qu'on tire.
5. Χύτρος marmite et pot on rend.
6. Χωλός, boiteux, qui va clochant.
7. Χωρεῖν, va, comprend, cède, enserre.
8. Χωρίς, sans; χωρὶς γῆς, sans terre.
9. Χῶρος, χώρα, lieu, pays, champ:
   Χωρίτης est un paysan.

DÉRIVÉS.

1. d. pl. surface, coloris, extérieur, peau : χροιά, le même; mais χρόα est aussi l'accusatif de χροῦς, gén. χροός, la peau, la chair, le corps : χροΐζω, χρώζω, colorer, teindre : χρόω, χρωννύω et -υμι, le même; d. pl. farder, embellir; souiller, gâter, tacher : χρῶμα, couleur, beauté, netteté, embellissement, peau, surface; ornement du discours; prétexte; air de musique, roulement et fredonnement de la voix.

2. d. pl. durée, âge ; χρονίζω, durer long-temps, vieillir, tarder.

3. Χρύσεος, contr. οῦς, d'or ou doré.

4. d. pl. saveur.

5. d. pl. fête de Bacchus et de Minerve ; bains d'eau chaude.

6. d. pl. imparfait, défectueux: χωλαίνω et -λεύω, être boiteux, clocher.

7. d. pl. se produire; se répandre; s'évader, se retirer : ἀναχωρητής, retiré, éloigné, solitaire, anachorète : συγχωρέω, convenir, consentir, accorder, faire grâce, pardonner.

8. d. pl. séparément, à part : χωρίζω, séparer, distinguer, mettre à part.

9. d. pl. place, espace, terre, héritage, région, province : χωρίον, le même; d. pl. place forte, château, citadelle ; l'aire ou contenu d'une figure géométrique; passage d'un auteur; membrane extérieure qui enveloppe le fétus. Martin. Voyez χόριον, dans χορός, ci-devant : χωριαμὸς, coffre, panier, armoire. Martin. On peut rapporter ici χηραμός, creux, caverne, antre, tanière des animaux.

CCXIII.

* Ψ, sept cents. 1. Ψακάς, la rosée.
2. Ψαθυρός, chose à rompre aisée.
3. Ψάλιον, frein et bracelet.
4. Ψαλὶς forces, ciseaux, se met.
5. Ψάλλω, touche un luth, psalmodie.
6. Ψάμμος du sable signifie.
7. Ψάν, racle, essuie, approche, unit.
8. Ψέγω blâmer, reprendre, on dit.
9. Ψελλὸς bègue ou brouillon s'expose.
10. Ψεύδω, feint, trompe, attrape, impose.

DÉRIVÉS.

1 (gén. άδος, ή.) d. pl. goutte : ψέκας, le même; d. pl. miette, petit grain : ψακάζω et ψεκάζω, faire de la rosée, bruiner, dégoutter, distiller, asperger, arroser.

2 proprement, facile à casser, à piler, à broyer, à mettre en poudre, à émietter; d. pl. sablonneux; faible, imbécile; sec; crasseux, moisi, pouri, gâté.

3. d. pl. collier, chaîne, anneau : ψέλλια, le même.

4. (gén. ίδος, ή.) d. pl. voûte, arcade; mouvement prompt et subit.

5. et généralement frapper, mouvoir; d. pl. louer, rendre grâces, chanter des vers et des hymnes : ψάλμα et ψαλμὸς, chant; psaume, chanson : ψάλτης, chantre, joueur d'instrument : ψάλτρης et -τρὶς, une harpe.

6. (gén. ου, ή.) Άμμος, le même : ψάμαθος et ἄμαθος, le même : ἀμαθύνω, réduire en poudre; raser, détruire.

7. (prés. άω, infin. άειν, fut. ήσω.) d. pl. flatter, adoucir, aplanir, casser et réduire en poudre; brûler, échauffer, fomenter : ψήχω, raser, frotter, essuyer; flatter : ψαίω, ψαίρω, le même que ψάω et ψήχω : d. pl. hocher, ébranler, tirer, entraîner, souffler, éventer, enflammer : ψαιδρὸς, uni, poli, fin, délié, clair, transparent : ψαύω, toucher, tâter, serrer : παλίμψηστος, raclé pour la seconde fois, comme un parchemin dont on efface l'écriture pour y écrire autre chose.

8. (fut. ξω.) Ψόγος, blâme, répréhension, reproche.

9. Qui a peine à parler ou à prononcer, qui parle gras.

10. (fut. ψεύσω, du présent formateur ψεύω.) Ψεύδομαι, le même; et pass., être trompé; d. pl. ne pas tenir, garder, ni observer : ψεῦδος, τὸ, mensonge; pustule dans le nez : ψύθω, le même que ψεύδω : ψυθίζω, grouder, murmurer.

CCXIV.

1. Ψέφος, ténèbres, temps peu clair.
2. Ψηνὸς *est* chauve. 3. Ψὴν, un ver.
4. Ψῆφος petite pierre *donne* :
* Ψηφίζω, compte, arrête, ordonne.
5. Ψιά, jeu. * Ψιάς goutte *on rend*.
6. Ψίθυρος, son, bruit, médisant.
7. Ψίαθος, natte de jonc faite.
8. Ψιλὸς, mince, âpre *et* nu. 9. Ψίξ, miette.
10. Ψίμμυθος, fard. 11. Ψόφος, son, bruit.
12. Ψόλος la fumée *on traduit*.

DÉRIVÉS.

1. (*gén.* εος. τό.) *d. pl.* fumée, *et adjectivement*, ténébreux, obscur : ψεφαρῶς et ψεφηνός, obscur, noir.

2. *d. pl.* clair, délié ; railleur, joyeux : ψηνίζω, raser.

3. *d. pl.* moucheron qui vient sur les figuiers.

4. (*gen.* ου, ἡ.) *d. pl.* calculus, jeton, suffrage, compte, chose délibérée par les suffrages ; dame ou pierrette à jouer ; pierre précieuse : ψηφίς, le même.
* *proprement*, prendre les voix, compter les suffrages : ψηφάω, penser, compter, raisonner, avoir soin : καταψηφίζομαι, condamner par son suffrage, condamner simplement ; être d'avis, et n'être pas d'avis de quelque chose.

5. (ἡ.) *d. pl.* joie, plaisir :
* (*gen.* άδος, ἡ.) *proprement*, petite pluie ou rosée qui rejouit la terre.

6. *d. pl.* chuchoteur, qui parle bas, qui sème des bruits : ψιθυρίζω, parler bas, murmurer, médire, semer des bruits.

7. (ὁ et ἡ.) Le jonc même.

8. *d. pl.* sans armes, sans poil ; terre en friche : ψιλόω, dépouiller, mettre à nu, priver, ôter, raser, arracher les cheveux : ψιλώθρον, médicament à faire tomber le poil ; vigne blanche, propre à ce médicament.

9 (*gen.* ιχός.) Ψίχη, le même : ψιχίον, petite miette.

1. *d. pl.* céruse : ψιμύθιον et ψιμμύθιον, le même : ψιμμυθιόω, farder, frotter de céruse.

11. *d. pl.* fracas : ψοφέω, faire du bruit, du fracas : ψοφητικός, qui fait grand bruit.

12. *d. pl.* la flamme et la suie : ψολόεις, εντος, fumeux ou enfumé ; qui fait flamme ; plein de suie.

CCXV.

1. Ψιττάκη perroquet *s'explique*.
2. Ψύλλος, puce, qui saute et pique.
3. Ψυχή, l'âme, esprit, l'homme entier :
* Ψυχικός, animal, grossier :
4. Ψύχω, rafraîchit, sèche, *et* vente.
5. Ψώα, l'odeur forte et puante.
6. Ψωμός bouchée *exprimera*,
* Ψωμίζω repaître *fera*.
7. Ψώρα la galle *signifie*.
8. Ψώχω, met en morceaux, émie.

DÉRIVÉS.

1. lat. *psittacus*.
2. (*gén.* ου, ὁ.) *d. pl.* pucerons qui gâtent les herbes : ψύλλιον, herbe à puce ; ψυλλίζω, faire la guerre aux puces.
3. *d. pl.* vie, raison, naturel, cœur, générosité, impétuosité; souffle, vent; un papillon; dans l'écriture il se prend pour l'homme : ψυχόω, vivifier, inciter, encourager.
Animalis, proprement animé, qui a une âme; qui regarde l'âme, qui appartient à la vie; dans l'écriture il est opposé à *corporel* : ἀποψυχέω, tomber en défaillance; être lâche et paresseux, perdre courage; mourir, rendre l'âme ; μικροψυχία, pusillanimité, bassesse : φιλόψυχος, qui aime les âmes; qui tient à la vie.
4. *d. pl.* souffler : ψυχρός, froid, gelé, ou qui cause le froid : *métaph.*, froid, sans action, lâche, misérable : τὸ ψυχρὸν, le froid, la gelée ; l'eau : ἀναψύχω, refroidir, rafraîchir ; essuyer, sécher, réchauffer; remettre, récréer, faire revenir, faire revivre : ἀποψύχω, rafraîchir, éteindre, sécher, rendre net ; rendre l'âme, s'évanouir ; aller à la selle.
5. Ψώϊκ et ψῶζα, le même.
6. Ψώμισμα, le même : ψωμίον, morceau qu'on met en la bouche.
*(fut. ίσω, att. ιῶ.) Servir, tailler ou choisir les morceaux à quelqu'un, appâter, faire paître, nourrir, manger, consumer.
7. *d. pl.* gratelle, ébullition : ψωριάω, avoir la gratelle : ψωραλέος, ψωρώδης et ψωρὸς, galeux.
8. *d. pl.* laver, polir : ψῶχος, terre sablonneuse, gravier.

CCXVI.

* Ω *fait* huit cents. 1. Ὠθεῖν, pousser.
2. Ὠκύς, vite, actif, prompt, léger.
3. Ὠλένη, coude, aûne, mesure.
4. Ὠμός, cru, cruel, âme dure.
5. Ὦμος, *circonflexe*, épaule *a*.
6. Ὠνέομαι, j'achèterai.
7. Ὤον, haute chambre *et* demeure.
8. Ὠόν, œuf. 9. Ὥρα, temps, âge, heure.
10. Ὤρα, soin. 11. Ὠρύειν, hurler.
12. Ὠχρός, pâle. 13. Ὠφελεῖν, aider.

DÉRIVÉS.

1. (*fut.* ὠθήσω *et* ὤσω, *d'* ὤθω.) *d. pl.* rejeter, chasser, éloigner de soi : ὠθίζω, le même : ὠθίζω, le même, *d. pl.* frapper, maltraiter : ὠσμός, impression, impulsion, choc, renversement : ὤθησις *et* ὦσις, l'action de pousser, de choquer : ὤστης, qui pousse : ὠθισμός, effort qu'on fait pour repousser quelque chose.

2. (*gén.* έος, ὁ.) *compar.* ὠκύτερος, *superl.* ὠκύτατος, pour lesquels on dit aussi ὠκίων, ὤκιστος ; ὠκύτης, vitesse, diligence : ὠκέως, vitement.

3. *d. pl.* le bras, la main ; *étym.*, l'étendue des bras : ὠλλός *et* ὠλλόν, *Hésych.*, le replis du bras.

5. Ὠμίας, ου, qui a de larges épaules, fort, robuste : ἐπωμίς, le haut de l'épaule, l'épaule même ; robe de femme ; partie du vaisseau.

6. (*fut.* ἤσομαι.) Ὤνησις, achat, vente : ὦνος, le prix et l'achat :

ὠνητός, acheté : ὤνιος, exposé en vente : ὀψώνης, maître d'hôtel, qui achète à manger : ὀψώνιον, mets, manger, provision ; ce qu'on donne aux soldats tous les mois, récompense, salaire. *Rom.*, 6.

7. Ὤον, le même : ὑπερῷον, chambre haute, galetas ; le cénacle. *Act. des Ap.*

8. soit d'oiseau, de poisson ou de serpent : ἐπωάζω, couver.

9. *d. pl.* saison, jour, fleur de l'âge, beauté, embonpoint : ὡραῖος, de saison, à temps ; qui est en âge nubile ; beau, florissant, bien fait.

10. Ὠρέω, avoir soin, veiller, conserver : ὠρακιάω, se chagriner, sécher de soins.

12. *Mais* ὠχρός circonflexe *est* la pâleur : ὠχρομα, le même.

13. *d. pl.* être utile. (*Voyez* Ὀφέλλω.) Ὠφελεία, utilité, avantage ; assistance.

SECONDE PARTIE,

Contenant les racines qui sont moins importantes, avec les Pronoms et quelques autres mots qu'on n'a pas jugé à propos de mettre dans les Vers précédens. On y a joint leurs Etymologies, pour les retenir plus facilement, et on a marqué les plus considérables par une étoile.

A

Ἄβαρ, αρος, τὸ, sorte de gâteau.

Ἄβρα, jeune servante, suivante. Racine ἁβρὸς, *mollis, delicatus.*

Ἀβρότονον, *abrotonum*, herbe nommée auronne, qui est toujours verte: rac. α priv. et βροτὸς, *mortalis.*

Ἄβρυνα, τὰ, espèces de mûres: rac. présumée ἁβρὰ, *mollia, delicata.*

Ἀβυρτάκη, ης, ἡ, sorte de potage, ou nourriture des barbares.

Ἀγάλλοχον, bois d'Inde et d'Arabie, odoriférant et astringent, aloès.

Ἀγαρικὸν, agaric, certaine racine, ou sorte de champignon qui croît sur les arbres.

Ἀγκουλλὶς, arbrisseau avec sa racine dont on tire la gomme ammoniaque.

Ἀγλὴ, ἡ, taie ou cicatrice blanche à l'œil.

Ἄγλιθες, αἱ, les caïeux de l'ail.

Ἄγνος, οῦ, petit arbrisseau nommé vulgairement *agnus castus*: rac. ἁγνὸς, chaste.

Ἄγνυθες, pierres que les tisserands pendent à leurs fils pour les tirer, λεῖα, τὰ.

Ἀγοστὸς, ὁ, le dedans de la main ; l'étendue des bras ou des mains ; l'extrémité des mains ou le coude.

Ἀδάρκης, certaine humeur salée et congelée, qui croît autour des roseaux, et empêche de les voir: rac. α priv. et δέρκω, *video.*

Ἀδὴν, ἐνος, glande: rac. ἁδὶς, *densus.*

*Ἄησυλος, méchant, malicieux: rac. α priv et ἧσις, *oblectatio.*

*Ἄητος, insatiable, qu'on ne peut emplir, grand, nombreux, terrible: rac. α priv. et ἄδω, *expleo.*

Ἀθειρὶς, exact, excellent, *exquis.*

*Αἰανὸς, οῦ, ou bien αἰανὴς, ἐος, triste, fâcheux, incommode, qui est à charge. D'Ἀῖ, ha, et Ἀιάζω, pleurer.

*Αἴγειρος, ου, ἡ, peuplier noir; (car le blanc s'appelle λεύκη.) αἰγειρὼν, ῶνος, lieu planté de peupliers.

Αἰγιθαλὸς, ὁ, parus, oiseau ennemi des mouches à miel.

*Αἰγίζω, déchirer, mettre en pièces. D'αἰγὶς, tempête, rac. αἴσσω, irruo.

*Αἰγυπιὸς οῦ, vautour. De Γὺψ, le même.

Αἰγωλιὸς, un hibou. D'ἀεὶ, toujours, et γωλεά, τὰ, trous, cavernes.

*Αἰζηὸς, οῦ, jeune homme fort et robuste, à la fleur de son âge. D'ἀεὶ, toujours, et ζέω, être bouillant.

*Αἰθυία, ἡ, mergus, un plongeon, oiseau. D'Αἴθω, uro, parce qu'il est de la couleur de feu.

Αἴκλος, ου, qui vient ou se fait tard, sur le soir. D'ἀεὶ et κλείω, claudo, parce que c'est le temps de fermer le logis. αἴκλον, τὸ, souper: ἐπαίκλεια et ἐπαικνία, τὰ, dessert.

*Αἶρα, marteau, maillet, rac. αἴρω, tollo, parce qu'on l'élève pour frapper ; ou par transposition de ῥαίω pour ῥαία, d'où vient aussi ῥαιστὴρ, qui est le même. C'est aussi de l'ivraie, herbe qui gâte le blé, et alors il vient d'ὀαίω, corrompre, gâter : αἰρώδης, tout plein d'ivraie.

Αἰσάλων, ωνος, espèce d'épervier. D'ἀεὶ σύλων, parce qu'il va toujours à la chasse.

*Αἰσυμνήτης, ου, et αἰσυμνητὴρ, ῆρος, qui préside aux jeux, ou qui les procure, et en fait les frais, d'αἶσαν νέμειν, distribuer justement, et selon le mérite de chacun. Autrefois on appelait les rois de ce nom : αἰσυμνῆτις, ιδος, la reine : αἰσυμνητὴρ, ῆρος, ou αἰσυμνῆτης, jeune homme fort et robuste, honnête, modéré, pasteur, berger ; et aussi le même qu'αἰσυμνήτης.

Αἴτης, ου, celui qu'on aime et qu'on recherche. D'αἰτέω peto.

*Ἀκαδήμεια ou ἀκαδημία, académie, lieu d'exercices, université : rac. présumée, ἄκος δήμου, populi medicina, parce que c'est d'où les peuples tirent le remède de leur ignorance.

Ἀκαλανθὶς, ιδος, chardonneret : ἀκανθυλλὶς, le même : — petit chien qui court doucement, et qui flatte de la queue.

Ἀκινάκης, ου, ὁ, acinaces, épée à la persienne, cimeterre, coutelas D'ἀκὴ, pointe.

Ἀκκὼ, ἡ, nom d'une femme qui n'était pas sage, et qui, s'amusant à parler avec son image dans un miroir, faisait semblant de refuser ce qu'elle désirait avec le plus de passion ; d'où vient ἀκκίζομαι, faire semblant de refuser, user de simagrées et de déguisemens.

Ἄκορνα, ἡ, chardon bénit, d'ἀκὴ, pointe.

*Ἄκοστη, ης, orge ; viande, nourriture, aliment. D'ἀκὴ, (parce que l'épi d'orge a des pointes ; ou bien d'ἄκος et ὀξέον, οῦν, parce que la nourriture donne de la force) : ἀκοστέω, s'engraisser, se bien nourrir, manger excessivement ; se gâter et salir, se négliger, s'abattre de tristesse, se vautrer, se coucher indécemment, se reposer.

*Ἀκρέμων, ονος, ὁ, la principale branche, et la plus haute ; houssine, baguette ; fenouil ; sommet, faîte, comble. D'ἄκρος, summus.

*Ἄκυλος, gland du chêne nommé yeuse.

*Ἀλάβαστρον et ος, ου, alabaster, albâtre ou vase d'albâtre.

Ἄλιξ, alica, fromentée. D'ἀλέω, moudre.

Ἀλκιβιάδιον ou ἀλκίβειος, (s.-ent. βοτάνη, orcanette, herbe ainsi nommée d'un certain Alcibiade, qui, étant mordu d'un serpent, se guérit en en mangeant.

Ἀλὸη, ἡ, aloès, herbe amère

Ἀλὸη, bois dans lequel entre le manche de la charrue.

*Ἄλφα, nom de la première lettre : d. pl. celui qui tient le premier lieu en quelque chose ἄλφω, ἀλφάω, inventer. Trouver : ἀλφαίνω et -κάνω, le même.

Ἄλφος, ου, sorte de dartre ou tache blanche; racine ἄλφος, adject. blanc.

*Ἀκχιμάχετος, ardent à la guerre, invincible, racine μάχομαι, combattre.

*Ἀμάλθεια, ας, chèvre céleste qui nourrit Jupiter, et dont on dit que les cornes furent abondantes en toutes sortes de biens. D'où vient que Cicéron appelle ἀμάλθεια et ἀμαλθεῖον, une bibliothèque remplie de toutes sortes de livres: ἀμαλθεύω, nourrir, enrichir, rac. ἅμα, simul, et ἄλθω, augeo.

*Ἀμαλλα, gerbe de blé; racine ἅμα, simul.

Ἄμαξυξ, sorte de raisin, vigne qui monte sur les arbres: d'ἀμμιξαι pour ἀναμιξαι, parce que, montant ainsi sur les arbres, elle se mêle dans leurs branches.

Ἀμανῖται, espèce de champignons: rac. amanus, mont sur lequel il s'en trouvait beaucoup.

*Ἀμάρακος et ον, marjolaine.

*Ἀμβη, ης, et ἄμβων, ωνος, le sommet d'une montagne ou d'une roche, un pupitre, lieu élevé: rac. ἀναβαίνω, pour ἐκ-βαίνω ascendo.

*Ἄμβιξ, ικος. pot, vase, tasse, verre.

Ἀμία, ας, sorte de poissons qui vont en troupe: d'α privatif, et μία, una.

Ἀμίς, ίδος, vase à uriner.

Ἄμμιον, minium, du vermillon, racine αἷμα, sanguis, parce qu'il est rouge.

Ἀμνίον, la membrane qui enveloppe tout le fœtus: racine ἅμα εἶναι, simul esse, parce qu'il est tout ramassé là-dedans.

Ἄμορα, pâtisserie faite avec du miel.

Ἀμυγδάλεα, Ion. -έη, et par contract -ῆ, amygdalus, amandier: ἀμυγδάλη et -ον, une amande.

Ἀμφιμέτωται, valets de campagne.

Ἀμφιμάντωρ, qui est mort malheureusement; qui a père et mère, ou qui les a perdus; sorte de gâteaux.

Ἀμφιτρίτη, la mer.

*Ἄμωμον, arbrisseau dont le bois est odoriférant.

Ἀνάκεια, τά, la fête de Castor et Pollux; ἀνάκειον, τό, leur temple; ἄνακες, οἱ, Dioscuri, Castor et Pollux.

Ἀναφάλαντος, chauve. Lév. 13: ἀναφαλαντίας, ου, Lucien, le même: rac. φαλακρός, calvus.

Ἀνδηρον, τό, faîte, sommet, chaussée, bord d'un fleuve, muraille: rac. ἄνω et δέρη, cervix, parce qu'il marque toujours quelque chose de haut.

Ἄνηθον, anethum, aneth.

*Ἄνισον, ου, anis: racine quia habet folia ἄνισα, parce qu'il a les feuilles inégales.

*Ἄντυξ, υγος, tour et circonférence, un chariot: d'ἄνω, sursum, et τεύχω, fabricor, parce que c'est quelque chose d'élevé; ou d'ἀνά et d'ἴτυς, qui marque le tour de la roue. Martin.

Ἀπάφω, et ῶ, tromper, abuser: d'ἀπατῶ, decipio ou d'ἀπό, et φῶ quasi malè dico.

Ἀπέλλαι, temples, assemblées: d'ἀπό, et ἔλω, id est, κατέχω, contineo. Martin.

Ἄπελος, plaie, ulcère, blessure qui divise la peau: racine α priv. et πελάζω, appropinquo, ou d'ἀπελῶ, pour ἀφελῶ, aufero, ou d'ἀπολύω, solvo, ou d'ἀπόλλυμι, perdo, parce qu'elle corrompt la chair.

Ἀπήνη, carrosse, litière: d'ἀπιεναι, abire.

*Ἄπιος, poirier franc: d'Apia, province du Péloponèse où il y en avoit en abondance. Martin.

Ἄπος, εος, τό, travail, hauteur: d'ἀπό, marquant l'éloignement du lieu.

Ἄππας, papa, père: d'ἀποιέω, engendrer, faire naître, ou ἀπρά, mot de tendresse d'un frère envers sa sœur ou d'une sœur envers son frère.

Ἀρακτός, ου, battement du cœur après un grand exercice : d'ἀράσσω, *pulso*: ἀρακτέω, troubler, exciter, émouvoir.

Ἄρακτον, οῦ, certaine encre ou teinture pour le cuir.

Ἀρβύλος, ου, tranchet de cordonnier : d'ἀρβύλη.

Ἀρβύλη, ης, sorte de chaussure ou soulier : d'ἄρειν πηλῷ, bon pour aller dans la boue.

Ἀργάς, sorte de serpent, bête maligne : d'ἀργὸς, *malus*.

*Ἄργιλος, argile, terre à pot : d'ἀργὸς, *albus*.

Ἀρδίς, ιος, pointe d'une flèche.

*Ἄρις, ιδος, instrument de fer : d'υἵω, *tollo*.

*Ἄρκευθος, *juniperus*, genièvre : ab ἀρὰν κεύθειν, *maledictionem pellere*, parce qu'il chasse les serpens.

Ἄρκυς, υος, ἡ, rets, filets.

Ἀρδίχασθαι, grimper en haut : d'ἀράχνης, araignée.

Ἀρτάβη, ης, mesure persique : d'ἀρτάω, *suspendo*, *elevo*.

Ἄρταμος, ου, boucher, cuisinier : d'ἄρτια τέμνειν, couper les membres par pièces.

*Ἀρτεμής, έος, sain, entier : d'ἄρτιος, parfait.

*Ἀρτέμων, ονος, ὁ, *artemo*, la grande voile d'un vaisseau, d'ἀρτάω, *suspendo*.

*Ἀρτέομαι, οῦμαι, préparer : d'ἄρω, *apto*.

Ἀρτηρία, ἡ, artère, vaisseaux qui renferment les esprits dans le corps : d'ἀέρα τηρεῖν, *aëra servare*.

Ἀρωνία, néflier.

Ἀσαλαμίνιος, qui ne sait pas la marine : d'α priv. et de σάλος, la mer.

*Ἀσάμινθος, ου, un cuvier à se baigner, un bassin, un vase : d'ἄσιν μινύθειν, ôter et diminuer l'ordure.

Ἄσαρον, sorte d'herbe : d'ἄση ὅρον, *limo aptum*, parce qu'elle vient bien dans les marais : d. pl. certain pavé, *quasi ἀσάρωτον*, qui ne se balaie point, parce qu'on le nettoie avec des éponges.

Ἀσίνη, sorte d'herbe qui s'entortille aux autres : d'α et σίνειν, *multùm nocere*, parce qu'elle les empêche de profiter.

Ἄσιραχος, sorte de sauterelle.

Ἄσις, εως, limon, boue, proprement celle qui est sèche : d'ἄζω, *sicco*.

Ἀσκάλαβος, un lézard : d'ἄκακα λως βαίνειν, parce qu'il va doucement et sans bruit.

Ἀσκάλαρος, certain oiseau, *quasi* ἄσκαλος ἀρῆ, *durus tactu*, Suid.

Ἀσκαλώπας, oiseau gros comme une poule, qu'on nomme aussi σκολόπαξ : de σκόλοψ, οπος, *praeacutus palus*, parce qu'il a le bec long et pointu.

Ἀσκάντης, grabat, petit lit : d'α et σκηνή, tente.

Ἀσκαρίς, ίδος, sorte de ver : ἀσκαρίζω, sauter, remuer.

Ἀσκυρον, sorte de millepertuis, herbe.

Ἀσπάλατος, aloès, plante dont les feuilles sont pleines de piquans : d'α privatif, et σπάω, *vello*, parce qu'elle n'est pas facile à arracher.

*Ἀσπάραγος, asperge ; premier germe d'une plante, *quod nondùm σπείρει*, qui ne porte pas encore de graine.

Ἀσίοχος, vase rond que les anciens emplissaient de poix, de soufre et d'étoupe, et y mettant le feu, le jetaient comme on fait de nos grenades ; d. pl. sorte de pierre ou de bois enduit de poix.

Ἀστράβη, selle à cheval faite de bois, bât d'âne; bête de somme : de ςορέω et βάω, *sterno et eo*.

*Ἀστράγαλος, ου, vertèbre, osselet qui se trouve dans la jointure de la cuisse et de la jambe, ou au bout d'une éclanche de mouton, et dont on joue: d'α et ςέρ η, *verto* ; d. pl. astragale d'architecture; chiche sauvage (herbe ou légume).

*Ἄσφαλτος, ου, bitume : d'α privatif et de σφάλλω, everto, parce qu'il lie fermement les pierres ensemble.

Ἀσφόδελος, ου, ὁ, asphodèle, herbe qu'on nomme aussi σπόδελος; racine σπάττω, jugulo, parce que fleurissant, elle ressemble au fer d'une pique.

Ἄτμενος, ου, ὁ, et ἀτμήν, ένος, valet, quasi ἄτιμος, sans honneur : ἀτμεύω, servir : ἀτμενία, servitude; malheur, calamité.

*Ἄτρακτος, ου, ὁ et ἡ, un fuseau, une flèche, un javelot, la partie d'un mât qui surpasse l'antenne : d'ἀεὶ ταράσσεσθαι, semper moveri.

Ἀτράφαξις et -ξυς atriplex, arroche, herbe : d'α aug. et τροφὴν αὔξειν, parce qu'elle nourrit beaucoup.

*Ἄττα, quelqu'un, un certain mot d'honneur dont les jeunes usent envers les anciens : d'ἔτη τίω, annos honoro.

Ἀττάγας et ἀτταγήν, oiseau peint sur le dos, d'où vient qu'il se prend pour un esclave, marqué sur le dos : racine ἄδδην, et γονή, parce qu'il est très-fertile. Martin.

Ἀττάραγοι, petites égrignotures du pain qui est trop cuit : d'ἄττω, prosilio, et ἀράσσω, amputo.

Ἀττέλαβος et -λεβος, espèce de petites sauterelles : d'ἄττω, prosilio.

*Ἀὔτμή, souffle, haleine, vent, vapeur, fumée : le même que ἀτμός; racine ἄω, spiro, flo.

Αὐτοκάβδαλον, farine pétrie à demi et à la hâte; il se dit aussi des autres choses faites à la hâte.

Αὐτόματος, qui fait et agit de soi-même, d'où vient automate : de αὐτὸ μάτην, ce qui se fait fortuitement et de soi-même, de son propre mouvement, par hasard, par accident : αὐτοματία, hasard, fortune, accident.

*ΑΥΤΟΣ, ἡ, ὁ, ipse, a, um, lui ou elle; il se met aussi à toutes les personnes, moi-même, vous-même, lui-même, le même : rac. οὗτος, hic, ego. Αὐτὸς, signifie aussi qui fait ou agit de lui-même; seul, et qui n'a besoin de personne. Ταυτίζω, être du même avis, convenir : αὐτόθι, là, ici, en ce lieu : αὐτόθεν, de là, d'ici, de ce lieu, depuis ce temps-là; sur-le-champ, à l'heure même dès ce moment : φίλαυτος, qui s'aime soi-même : φιλαυτία, amour de soi-même.

Ἀφάκη, sorte de vesce.

Ἀφάρκη, arbre toujours verdoyant.

*Ἀφαῦρος, tendre; imbécille : d'α aug. et παῦρος, parvus, vel φλαῦρος, vilis.

Ἄφθαι, αἱ, aphthes, pustules qui viennent à la bouche : dartres, feu sauvage, fistules du poumon : rac. ἅπτω, accendo.

Ἀφία, certaine plante qui fleurit en même temps qu'elle commence à pousser : d'ἀφίημι, emitto.

Ἀχάνη, certaine mesure de froment chez les Perses.

Ἀχάτης, agate. Voy. recueil des mots français ci-après.

Ἀχερδός, sorte d'épine : d'α priv. et χείρ, la main, parce qu'elle est difficile à manier.

Ἀχερωΐς, peuplier blanc : d'Ἀχέρων, parce que selon la fable Hercule l'apporta de l'Achéron.

Ἀχράς, άδος, poirier sauvage : rac. quod ferè sit ἀχρεία, parce qu'il est inutile.

Ἀχώρ, ῶρος, ulcère qui coule de la tête, crasse ou ordure qui tombe de la tête : rac. ἄχυρον, acus, paille, ordure.

*Ἀψίνθιον, absinthe, herbe fort amère.

B

Βκάρας, certaine racine, ainsi nommée d'un lieu de même nom.

Βάρεἰξ, la mâchoire : rac. βάω, vado, et βρχὰ, cibus.

*Βαιὸς, οῦ, bas petit, peu, seul, en petit nombre : racine παύω, cesso, ce qui est peu ou petit, qui finit bientôt.

Βαΐς et βαΐον, rameau de palme : rac. βίχ, vis ; parce qu'on a peine à l'arracher.

Βαῖτα et βαίτη, robe entrelacée de peaux.

Βαιών, όνος, poisson semblable au goujon.

Βάκκυον, sorte de rave ou de chou ou leur graine ; remède hépatique, quasi βάκχην ἀνιείς, parce que cette graine chasse l'ivresse.

Βάκηλος, grand niais ; ennuque, efféminé.

Βάκκαρις, et -χαρις, gants Notre-Dame, fleur.

*Βάκχος, Bacchus ; démoniaque, transporté de fureur, certain poisson, de βάζω, loquor. Βακχεύω et ομαι, bacchor, faire le fou et le démon ; être en furie, ou mettre en furie.

Βαλαύστιον, fleur de grenadier sauvage : de βλαςεῖν, germinare.

Βαλλοτὴ, ῆς, du marrube noir, herbe.

*Βάραθρον, barathrum, creux, fosse profonde, caverne, ouverture de terre ; malheur, infortune ; sorte d'herbe.

*Βάρβαρος, barbare ou qui parle mal : βαρβαρίζω, favoriser ou imiter les barbares : βαρβαρόω, rendre farouche et barbare.

Βάρεθος, pêcher sauvage et venu du noyau d'une pêche.

Βάρβιτος et -ον, barbitus et -num, instrument de musique à plusieurs cordes ; quasi βαρύμιτος. Eol. βάρμιτος, à cause des grosses cordes.

Βάρις, ιδος, ἡ, vaisseau, navire ; muraille, portique, cour, tour, maison.

Βάταλος, bateleur ; lâche, impudent, efféminé.

*Βάττος, ου, nom d'un certain roi des Cyrénéens, qui étoit bègue : βατταρίζω, bégayer, hésiter, parler mal.

*Βαυβάω, dormir ou endormir.

Βαυκὸς, οῦ, ὁ, joyeux, délicat, bien fait : βαύκαλος, le même ; βαυκίδες, sorte de chaussure délicatement faite : βαυκίζεσθαι, se réjouir, se divertir, passer agréablement son temps.

Βαῦνος, cheminée, forge : rac. αὔω, uro.

Βεβράδες, certains poissons : βεμβράς et μεμβράς, le même : βράχων et βεβράχων, le même.

Βέρβερι, bois d'Inde ; écaille ; poisson à coquille.

Βέττον, certaine herbe que quelques-uns prennent pour le dictame.

Βεῦδος, ου, ὁ, couverture, ou vêtement de pourpre, ou mêlé de diverses couleurs : racine εὕδω, dormio.

Βήρυλλος, ου, ὁ, ou ἡ, beryllus, pierre précieuse, et sorte d'herbe.

Βῆσσαι, αἱ, saltus, halliers, lieux pleins de broussailles dans les montagnes et vallées : rac. βάω, vado

*Βίκος, ου, ὁ, cruche ou pot qui a des anses.

Βλάττιον βυζάντιον, le premier os des narines du poisson, dont on teint la pourpre.

Βλαῦται, αἱ, et βλαῦδες, espèce de chaussure : βλαυτίον, sandale ou pantoufle.

Βλίτον, blitum, certaine herbe fade et sans goût, d'où vient le proverbe *blito despectior*: rac. βάλλω, *jacio*, quasi βλητόν.

Βόνασος ou Βόνασσος, *bonasus*, animal sauvage qui a des cornes: rac. βοῦς, *bos*, c'est une espèce de bœuf.

Βορβορύζω, gronder, bruire, faire un bruit sourd, comme les intestins qui se remuent dans le ventre: rac. βόρβορος, *limus*, *fimus*.

*Βορέας, ου, ὁ, *boreas*, le vent de bise, du septentrion: rac. βορὰ, *esca*, parce qu'il donne de l'appétit.

Βουβὼν, ῶνος, ὁ, l'aine, ou les glandes et tumeurs qui viennent à l'aine: il se prend même pour toute autre bube ou tumeur.

Βούρασσος ou βόρασσος, fruit de la palme enveloppé dans le rameau ou dans son écorce.

Βράβυλα, τὰ, prunes de damas, qui sont laxatives: rac. βοράν βάλλειν, parce qu'elles lâchent le ventre.

Βράθυ et βράθυς, *sabina*, savinière, herbe: le mot latin vient des Sabins, selon Martinius.

Βράχω, craquer, faire bruit.

Βρέτας, τὸ, simulacre, image, statue: rac. βροτὸς, *mortalis*.

Βριμόομαι, οῦμαι, frémir, bouder, gronder, être en colère: rac. βρέμω, *fremo*.

Βρίσσος, hérisson de mer: Βρύσσος et βρύσσος, de même.

Βροῦχος, espèce de sauterelle: rac. βρύκω, ronger.

Βρῦν, voix des enfans qui ne savent pas encore parler, quand ils demandent à boire: βρύλλω, buvotter: rac. βρύω, *scaturio*.

*Βρῦτον, τὸ. ou βρῦτος, ὁ, sorte de boisson d'orge, bière: racine βρύω, *scaturio*.

*Βυκάνη, *buccina*, une trompette: rac. βύζω, *gemo*.

Βύνη et βύνες, breuvage fait d'orge, bière ou tisanne; orge germé ou mouillé et préparé pour faire la bière; la mer: rac. βύω, *impleo*, parce que l'orge mouillé s'enfle.

Γ

Γαγάθης, nom de pierre précieuse: rac. Γάγης, fleuve de Lycie où elle se trouve.

Γάγγαμη et γάγγαμον ou γαγγαμών, certains rets ou filets: rac. γῶ, *capio*, Martin.

Γαγγίτις ou ίτης, certaine pierre précieuse qui se trouve sur le Gange.

Γαγγλίον, contorsion de nerfs γαγγλίον, dans Hesychius.

Γάγγραινα, gangrène: racine γράω et γραίνω, *voro*.

Γαῖσος *gaesum* ou *gesum*, épieu, certaine arme ou bâton de guerre.

Γαλιόψις, grande herbe, comme de l'ortie, qu'on nomme aussi γαλεόβδολον: rac. γαλέη ὄψις, *figura mustelæ*, représentée en quelque sorte par sa fleur; ou γαλέης βδόλος, *crepitus mustelæ*, à quoi ressemble la puanteur de ses feuilles quand on les manie.

Γάλλος, ου, eunuque, prêtre de Cybèle, mère des dieux; ainsi nommé du fleuve *Gallus*, en Phrygie, sur lequel ils faisaient leurs cérémonies.

*Γάλως g. γάλω, ou γάλωος gén. γάλως et aussi γάλωος, *glos*, belle-sœur: γάλωνη, le même. Rac. γάλα, *lac*, et γαλήνη, *serenitas*, à cause de l'amitié sincère qui doit être entre si proches parens.

* Γαργαρεών, ῶνος, ὁ, la gorge, l'artère par où l'on respire: γαργαρίζω, gargariser sa gorge.

Γάρον, *garum*, liqueur, ou saumure de poisson. Rac. Γάρος, poisson.

* Γαυλὸς, une terrine à traire le lait. Rac. Γάλα, lait : γαυλος, un petit navire, à cause de la ressemblance.

Γαυσὸν, courbé, tortu, voûté : γαυσόω, courber, abaisser.

* Γεγωνέω, crier haut, de γέγωνα, prét. moyen de γνόω, fait par métathèse pour γέγνωα ; γεγώνω, le même, faisant un présent de ce prétérit. Rac. Γνόω, undè γνώσκω, nosco, quasi clamore notifico.

Γέεννα, mot hébreu, géhenne, torture, supplice, enfer.

Γέλγη, ης, couleur, teinture ; toutes sortes de marchandises.

Γάλγις, ιος, et γελγίς, ίδος, caïeu de l'ail.

Γέντα, les entrailles. Rac. ἐντὸς, intus.

Γεντιανή, ῆς, gentiana, gentiane, herbe.

Γέρρον, ου, écusson à la persienne.

* Γίγαρτον, τὸ, pepins de raisin.

Γίγας, αντος, un géant. De γῆ, et γάω, parce que les géants sont fils de la Terre, selon la fable.

Γίγγρας, ου, une petite flûte qui a un son triste et lamentable : γιγγραίνω, gingrio, se dit proprement du cri des oies.

* Γλήχων, pulegium, du pouliot, herbe, le même que βλήχων. Rac. Βληχάομαι, bêler, parce qu'il fait bêler les brebis.

Γλῖνος, et Γλεῖνος, sorte d'érable fort blanc. Rac. γέλη, splendor.

* Γλουτὸς, ου, ὁ, clunes, le derrière. De γλοιὸς, sordidus.

Γόγγρος, conger, poisson.

Γόγγρα, canal, tuyau, aqueduc. Rac. Γῆ, terra, et ὀρύσσω, fodio.

Γράτιον, bois de chêne, ou d'yeuse, ou même de l'arbre qui porte la poix dont on faisait les torches ou flambeaux.

Γράσος, ordures qui s'amassent à la laine des brebis, puanteur qui s'engendre sous les aisselles.

Γράνθον, l'apprentissage ou ce qu'on montre d'abord à ceux qui veulent jouer des instrumens. Rac. Γρὺ, minimum quid, et τόνος, tonus, intentio.

Γρόσσος, ου, proprement, c'est le fer de la lance qu'on fiche en terre ; le même que κρόσφος. Rac. Κροσσὸς, fimbria, parce qu'il est au bas, comme la frange est au vêtement. d. pl. un dard, une flèche, un javelot.

* Γρώνη, ης, caverne, lieu creuse dans le roc. Rac. Γράω, exedo : γρῶνος, creux, large.

* Γύαλον, ου, concavité, creux, le dedans de la main. Rac. Γυῖον, manus, membrum.

Γύλιος, ου, ὁ, coffre, manne ou panier dans quoi les soldats resserraient ce qui leur était nécessaire.

* Γυργαθος, panier d'osier, corbeille. Rac. Γυρὸς, curvus.

* Γύρις, εως, fleur de farine. Rac. Γυρὸς, gyrus, nempè molæ.

* Γύψος, gypsum, du plâtre. De γῆ, terra, et ἑψέω, coquo, parce que ce n'est que comme une terre cuite. Martin.

Γωλεὰ, τὰ, tanières, et retraites des bêtes. Rac.Γῆ et ἀλέω, αλύω, ou κοῖλον, cavum.

Γωράω, se railler et moquer.

Γωρυτὸς, Lucien, carquois, De χωρεῖν τὰ ὀντα, c'est à dire τὰ ἐνοντα βέλη, parce qu'il contient les flèches.

Δ

Δαγὺς, υδος, glace, crystal, ornement de femme ; poupée ou image de cire. Rac. Δαῦγος, densus.

Δαδὺξ, υκος, certaine mesure : rac. Δαίω et δκδέομαι, divido.

Δακνύσσω, ξω, troubler, tourmenter, confondre ; tirailler,

déchirer. Rac. Δκίω, δκδέομκι, divido.

Δάκαρ, sorte de casse.

Δακασώνιον, sorte d'herbe. Rac. Δκράω, άσω, domo, parce qu'elle surmonte la force du venin.

Δανάη, ή, herbe; quelques-uns la prennent pour le laurier.

* Δασπλής, -ήτος, plein de maux, de difficultés, difficile, fâcheux, cruel. De δὰ et πλάω, impleo.

Δατισμὸς, οῦ, ὁ, vice de langage, imitation d'un certain Datis, qui, voulant remplir son discours de synonymes, y faisait des solécismes.

Δαῦκος, hardi, audacieux. Rac. Δαίω, uro; d pl. certaine herbe.

Δἀλετρον, lanterne, flambeau. Rac. Δαίω, accendo.

* Δέλτα, nom de la quatrième lettre; partie d'Egypte: δέλτος, ου, ἡ, quelquefois ὁ, livres, tablettes, testament, tableau, parce qu'autrefois tout cela se faisait en forme de Δ : δωδεκάδελτος νόμος, la loi des douze tables.

* Δελφίς, et -ίν, ίνος, dauphin: δελφίνιον, temple d'Apollon, herbe qui a la feuille en forme de dauphin.

Δενδαλίδες, certains gâteaux ou galettes. Rac. Τένδω, edo.

Δέστος, le mois de juin.

* Δέω, trouver. De δὴν, diu, quasi diu quæsitum: δηώ, όος, ἡ, Cérès, ainsi nommée parce qu'elle chercha longtemps sa fille Proserpine.

Διαδεσμα, ατος, τό, mauve de jardin.

Διάζομαι, ourdir une toile. De διά, au travers, et ἕζω, met-

tre: δίασμα, la trame d'un tisserand.

* Διαττάω, cribler. Rac. Διάττω, de ἄττω, prosilio.

* Δίκελλα, hoiau à deux pointes, fourche. De δὶς, bis, et κέλω, moveo.

Δίκταμον, τό, et δίκταμνος, ἡ, dictame, certaine herbe. De Dicta, mont de Crète.

* Διόνυσος, Dionysius, Bacchus. Rac. parce que, venant au monde, femur Διὸς ἔνυξεν, il ouvrit la cuisse de Jupiter, selon la fable. Ou bien, quasi διδοίνυσος, de διδόναι οἶνον, qui donne du vin, selon Platon; διονύσιος, bacchicus, qui appartient à Bacchus: διονύσια, les bacchanales.

* Δουπκλάζειν, faire bruit et frapper des mains. Rac. δουπ πλάσσεις, manibus agito.

Δοῦλα, ας, ἡ, julep, apozème, ou potion où il y entre neuf sortes de simples. Il vient du latin dodrans, neuf onces.

* Δοθίην, ήνος, un clou, tumeur pointue et enflammée. Rac. Δόω, dono, et θίς, acervus, à cause de l'amas de pus qui s'y fait.

* Δοίδυξ, un pilon, ou une cuiller à remuer les choses dans le mortier. Rac. Δινδέσσω, turbo.

Δόχμιος, et -μιος, ου, oblique, de travers, tortu, plein d'inégalités; pieds de cinq syllabes. Rac. Δέχομαι, capio, ou parce que ce qui est ainsi peut plus facilement être pris, ou parce qu'il peut comprendre diverses choses dans ses replis. Martin.

Δρῖλος, un ver.

Δρῶπαξ, ακος, ὁ, certain onguent, ou médicament à faire tomber les cheveux. De δρέπω, vello.

Ε

* Ἕ, se, soi. ἑὸς, suus, sien, σφέτερος, le leur.

Ἔβενος, et -νος, ébène, bois.

L'ἔβισκος, certaine herbe; quelques-uns la prennent pour la mauve sauvage. Le même qu'ἱσκος Rac ἴδυς, *multus*, parce qu'elle est de grand usage dans les blessures.

* Ἔγκατα, τὰ, *intestina*, les intestins.

Ἐγκισσάω, concevoir, devenir grosse. Rac. ἐν et κίσσα, appétit désordonné.

Ἐγκρίς, ίδος, ἡ, pièce de four, avec miel et huile. Rac. ἐγκεράω, *immisceo*, vel ἐγκρίνω, *incerno*. Martin.

* ἘΓΩ, Att. ἔγωγε, je, moi, pronom de la première personne: ἐμὸς, οῦ, *meus*, le mien ; νωΐτερος, *noster*, le nôtre à nous deux: ἡμέτερος, le vôtre à plusieurs.

* Εἰαμενή, lieu humide, aquatique, verdoyant; un pré. Rac. εἴα, *gramen*.

* Εἰλαπίνη, ης, beau et magnifique festin. Rac. εἴλη, troupe de conviés, et πίνω, boire, ou parce que εἴλε τὴν πεῖναν, il chasse la faim.

* Εἰλείθυια, ας, Lucine, déesse des accouchemens. Ἐλεύθω, ὁος, οῦς, le même. Rac. ἐλεύθω, *venio*, parce qu'on l'invoquait pour faire venir l'enfant au monde.

Ἐκεῖνος, lui, κεῖνος, le même: τῆνος, Dor. le même : ἐκείνη, par ce moyen: ἐκεῖ, là, τηνεί, le même.

Ἐλεᾶς, certain oiseau. Rac. ἕλος, τὸ, *palus*, parce qu'il se plaît dans les marais.

Ἐλεδώνη, espèce de polype à sept pieds. Rac présumée, ἐεδώνη, *quia ἑαυτὴν ἔδει*, il se mange lui-même les pieds.

Ἑλένη, Hélène, d. p. sorte de vase ; lampe ; la lune : ἐλένιον, certaine herbe qu'on dit être née des larmes d'Hélène.

Ἐλεσπίδες, certains lieux plantés d'arbres ou marécageux ou escarpés et pleins de précipices.

* Ἐλεραίρω, tromper, porter dommage, être nuisible. Rac. λάφυρα, dépouilles.

* Ἕλινος, rameau. Rac. εἰλεῖσθαι, *circumagi*, parce qu'il est agité par les vents.

Ἐλλέβορος, ellébore, herbe. On trouve aussi ἐλλέβορος.

* Ἑλλός, οῦ, ὁ, un petit faon de biche; d. pl. muet. Rac. ἔλλω, *contineo*.

Ἕλμινς, ινθος, ἡ, *vermis*, un ver. Rac. εἰλεῖν, *volvere*.

* Ἔλωρ, ωρος, τὸ, proie, venaison. Rac. ἕλω, *capio*.

Ἐμπίς, ίδος, ἡ, un moucheron, cousin. Rac. ἐμπίνω, *bibo*, parce qu'il boit le sang.

Ἔμπουσα, ης, ὁ, spectre, représentation hideuse qu'Hécate faisait aux malheureux, et qui avait un pied d'airain. Rac. ἓν ποδίζουσα, parce qu'elle n'avait plus qu'un pied pour marcher.

* Ἔνδιος, ου, *meridianus*, qui arrive sur le midi. D'ἐν et διός, de ζεὺς, pris pour l'air ; ou d'ἐν et ἰδίω, *sudo* : ἐνδιάω, prendre la méridienne, dormir à midi ; être présent, être dedans, demeurer.

* Ἔντεα, contr. ἔντη, τὰ, *arma*, armes, armure, vaisselle de table, batterie de cuisine. Rac. ἐντύω, *instruo*, vel ἀντία, *opposita*.

Ἔξαστις, les filamens d'une bande ou d'un linge déchiré ; la frange et le bord de quelque chose. D'ἐξέσθαι, pris de ξέω, *rado, carmino*.

Ἐπείσιον, le bas-ventre.

Ἐπίδα, le quatrième jour d'une certaine fête chez les Athéniens, qu'on appelait ἀπατούρια, dont le premier s'appelait δόρπεια, le second ἀνάρρυσις, et le troisième κυρεῶτις.

Ἐρέβινθος, ου, ὁ, pois chiches. Rac. Ὄροβος, *ervum*, ers, petite graine.

* Ἐρητύω, ύσω, empêcher, réprimer. Rac. ἐρέω, *dico*, *quasi verbis reprimo*.

Ἐριθάκη, ης, espèce de gomme que les mouches apportent sur leurs pates, et dont elles enduisent leurs ruches ; sorte de miel dont elles se nourrissent. Rac. ἔρευθος, *rubedo*. Martin. : ἐρίθκκος, certain oiseau solitaire.

* Ἐρινεὸς et ἐρινὸς, οῦ, figuier sauvage ou la figue sauvage, qu'on nomme plutôt ἐρινεὸν et ἐριγόν.

Ἐρρῶς, οῦ, sanglier, ou belier. Rac. ὀροὐω, *irruo*.

Ἐρωδὰς et ἐρωδιὸς, héron, oiseau. Rac. ἔρως, *amor*.

Εὐλαὶ, αἱ, les vers qui s'engendrent dans le corps ou dans un ulcère. Rac. εἰλεῖσθαι, *volvi*.

Εὐλάκα, ης, ἡ, le coûtre de la charrue, un boïau. Rac. εῦ, *bene*, et λακὶς, *fissura*.

Εὐληρὰ, τὰ, *habenæ*, une bride, un licou, une courroie. Rac. εἰλεῖθαι χερσὶ, *manu volvi*, Martin.

Εὐπατόριον, certaine herbe : ἡπάτωριον, le même. Rac. ἦπαρ, le foie.

Εὐρικλῆς, Euriclès, nom propre ; il se prend aussi pour un sorcier ou magicien, homme qui parle du ventre, et qui a le diable dans le ventre, lequel rend les réponses de ce qu'on demande, ou qui devine avec un plat, un bassin, ou autre vase. Car γαςὴρ, qui signifie le ventre, se prend aussi pour une sorte de vase.

* Εὐρὼς, ῶτος, relent, moiteur, moisissure, putréfaction. Rac. ῥυέω, *fluo* ; εὐρώεις, εντος, et εὐρώδης, εος, moisi, pouri, puant ; εὐρωτιάω, se pourir et gâter.

Εὐρώτας, ου, ὁ, fleuve de Laconie.

Z

Ζάγκλη, ης, ἡ, une faulx. Rac. ζὰ, et ἀγκύλος, courbé ; *d. pl.* ville de Sicile.

Σάλεια, ἡ, laurier d'Alexandrie.

* Ζάλη, ης, tourbillon, tempête, agitation. De ζέω, *ferveo*.

* Ζαφελὴς, ἑος, fort simple ; fort dur, grossier, rustique, revêche, fâcheux ; *d. pl.* fort grand, augmenté, violent. Rac. ζὰ, et ἀφελὴς, *simplex et integer*.

Ζέα et ζειά, espèce de blé, de l'épeautre, de la vesce, du fourrage, Rac. ζέω, *ferveo*, ou ζάω, *vivo*.

Ζειρὰ, ᾶς, ἡ, sorte de vêtement large, ou ornement de tête ; chaîne, ceinture.

* Ζιγγίβερις, gingembre.

H

Ἤλιψ, ιπος, soulier. Rac. ἀλείφω, *ungo*, parce qu'on graisse le cuir, ou que les anciens s'oignaient les pieds.

Ἠμεντέω, être fâché, s'indigner, se mettre en colère.

Ἠπᾶσθαι, recoudre, raccommoder, percer d'une alène. Rac. ὀπὴ, *foramen*.

Ἠπίαλος, sorte de fièvre lente et continue qu'on nomme aussi ῥυγοπύρετος. Rac. ἤπιος, *mitis*.

Ἦτρον, le bas ventre : ὑπήτριον, la panse.

Θ

Θαργηλία, ἡ, s ent. ἑορτή, et Θαργήλια. τὰ, s. ent. ἱερὰ, fête en l'honneur d'Apollon et de Minerve. Rac. θέρω, calefacio, et γῆ, terra, parce qu'on y faisait des sacrifices pour la maturité des biens de la terre.

Θάσος, île qui tient à la Thrace.

Θάψος, ου, ὁ, bois de Scythie, semblable au bois de gaïac.

Θήπω, admirer, flatter; tromper, Lucien. : θηπήτης, fourbe, imposteur, Hésychius.

Θιϐρὸς, rôti, tendre, mou; beau, vénérable.

Θρὰξ, Poét. θρῇξ, κος, qui est de Thrace.

Θρίδαξ, ακος, ἡ, laitue. Rac. τρεῖς, trois, parce que quand elle commence à pousser, elle n'a que trois feuilles.

Θρόνον, ου, τὸ, fleur, fard; poison. Rac. θράω, sedeo, quòd insideat plantæ. Martin.

Θρυαλλὶς, ίδος, mèche ou lumignon d'une lampe, certaine herbe propre à brûler à la lampe. Rac. θέρω et ἅλλομαι, quòd caleat et subsultet.

* Θρυγανάω, ῶ, frotter, gratter, ratisser, racler, faire crier une porte qui n'est pas bien graissée. Rac. θύρα, janua. γράω, gemo.

* Θρύον, du jonc.

* Θύσανοι, οἱ, nœuds, franges, cordons ou pendans d'une bourse ; d. pl. ailes, plumes. De θύω, movere.

I

* Ἴα, voix, clameur, violence. Rac. ἴς, vis ; d. pl. seule, une, venant d'ἴος, solus ; des violettes, étant le pluriel d'ἴον, viola.

Ἰάλεμος, Ialème, fils de Calliope, très-inepte à la versification; d. pl. une chanson lugubre; d. pl. misérable, faible, orphelin, délaissé.

Ἴαπυξ, Iapyx, vent d'Occident, vent qui vient de la Pouille, nommé Ἰαπυγία, laquelle est située au couchant de la Grèce.

Ἰασιώνη, certaine herbe. Rac. ἴασις, medela.

Ἴασπις, ιδος, jaspe.

Ἰϐώδης, ου, ὁ, la cheville qui est au fond du vaisseau par où l'on vide la sentine.

Ἴϐις, ιδος, ou ιος, ἡ, ibis, oiseau qui dévore les serpens.

Ἰϐίσκος, espèce de mauve sauvage. V. ἐϐίσκος.

Ἴϐυξ, certain oiseau criard. Métaph. une trompette. Rac. ἰέω, clame, Hésych.

Ἴδα, ης, ἡ, Mont Ida en Phrygie et un autre en Crète ou Candie : Ἰδαῖος, ιδαια, épith. de Jupiter, qui avait été nourri sur le Mont Ida, et qui y était adoré.

Ἰθυμϐοι, sortes de danses en l'honneur de Bacchus. Rac. ἰθ θύω βοή : sonare, ἰ. Martin.

* Ἰκρίον, ais, plancher, lambris, échaffaud, théâtre, pieux, perches, solives ; voiles du navire. Rac. ἱκνέομαι, ire; ἐκίκετο, l'antenne où tient la voile.

Ἰκτὶν, ῖνος, et ἰκτῖνος. ου, ὁ, un milan, oiseau de proie, espèce de loup. Rac. ἱκνέομαι, venio.

Ἰκτὶς, et κτὶς, ιδος. une belette, une souris, un furet, Rac. ἰκτὶν, ῖνος.

Ἴν, certaine mesure : fibre de nerfs.

Ἰνδικὸν, οῦ, du poivre ; sorte de couleur et de remède.

Ἴξ, κὸς, petit ver qui ronge la vigne.

Ἰξύς, ύος, ἡ, les reins. Rac. ἰσχὺς, robur.

Ἴουλος, ου, ὁ, poil follet, ou racine du poil qui commence à venir. Rac. ἴον, viola et ἄν θος, flos; d. pl. celui qui a les jambes tortues.

Ἴορχοι, οἱ, sorte de chèvres. De δόρχος, capra. Rac. δέρχω, video.

Ἴρυγγες, les artères; quasi ἀέρυγγες, quia aer ibi agitur. Mart.

Ἶρος, ου, nom propre; un mendiant.

Ἰσάλη, ης, ἡ, robe fourrée, ou faite de peau de chèvre; le même que ἰξάλη. Rac. ἴξαλος, impetuosus, épithète d'une chèvre.

Ἰσάτις, nom d'herbe. Rac. ἴσον, æquale, parce qu'elle aplanit les tumeurs.

Ἴσικος, ὁ, et -κον, τὸ, hachis de viande. Le mot est latin, insicium, ab insectâ carne. Mart.

Ἴτριον, certain pâtisserie délicate et aisée à rompre.

K

Καβάλλης, ου, ὁ, caballus, cheval à porter les paniers.

Κάγχαμον, larme d'un bois d'Arabie. Rac. καγχαίνω, calefacio, parce qu'elle est chaude.

Καγχαίνω, chauffer, sécher. Rac. κάω et καίω, uro.

Καδύτας, ου, ὁ, herbe qui s'entortille aux arbres et aux épines; le même que κασύτας.

Καιάδης, ου, ὁ, certain cachot où l'on mettait les malfaiteurs à Athènes.

Καικίας, ου, Cæcias, vent du lever d'été.

* Καῖρος, ου, ὁ, le fil de la trame d'un tisserand; mais Καιρὸς, temps, occasion. Voyez ci-dessus LXXXVI. 7.

* Κακκάβη, une perdrix, ainsi nommée de son chant.

* Κάκκυβος, ου, ὁ, caccabus, un pot de terre à mettre au feu.

Κακᾶν, faire caca, mot des petits enfans. Rac. κακὸς, malus, quia κακόν τι. Martin.

Κάκτος, certaine plante piquante qui croît particulièrement en Sicile. Rac. καίω, uro, parce qu'elle pique et écorche.

Κάλαϊς, certaine pierre; la voile d'un vaisseau. Rac. καλὸς, pulcher.

Καλάσιρις, habit de lin qui va jusqu'aux talons. Rac. χαλάω, deorsùm mitto, vel καλὸν σύρω, pulchrum traho, à cause de sa belle frange.

Καλαυρῖτις, l'écume de l'argent purifié.

Κάλπη, ης, ἡ, cruche, seau, vase. Rac. κόλπος, sinus.

Κάλχη, ης, ἡ, fleur ou poisson dont on teint la pourpre. Rac. κάλυξ, rosa, qui se prend aussi pour cette fleur ou ce poisson: κάλχιον, la pourpre même.

Καμάρα, camera, voûte, chambre voutée, sorte de charriot couvert. Rac. κάμνω, laboro.

Καμασῖνες, et -σίνες, poissons. Rac καμάσσειν, movere, apud Hesych.

Κάγχθος, une poupée. Rac. κάννα, canna, à cause du bois qu'on mettait dedans, et autour duquel on ajustait la cire. Mart.

Κάνδυς, υος, ἡ, habillement à la persienne.

Κανθὸς, οῦ, le coin de l'œil, la bande de fer d'une roue. Rac. κνήθω, démanger, à cause de la démangeaison qui s'excite souvent au coin de l'œil.

* Κάνθων, ωνος, un âne; un escarbot. Rac. κονεῖν, laborare, et νωθὴς, piger.

Κάνναβις, εως, ἡ, cannabis, du chanvre. Rac. κάννη, canna.

Κάννη, ης, et κάννα ou κάνα, espèce de natte ou de roseau.

Κάνωπιν, la fleur du sureau.

Κάππαρις, capparis, câprier, petit arbrisseau qui porte des câpres

Κάραβος, ὁ, sorte d'écrevisse

de mer. Rac. *quia τῷ κάρα βαίνει, capite incedit.*

Κάρδαμον, ου, du cresson alenois. Rac. *quia κάρα δάκνᾶ, caput tentat.*

Κάρδοπος, ου, ἡ, mactra, une huche où l'on pétrit le pain. Rac. *καρέω, misceo*, et *δέψω, subigo,* parce qu'on mêle et pétrit la farine avec l'eau.

* Καρίναι, pleureuses, femmes de Carie qui suivaient le corps à l'enterrement avec cris et gémissemens.

Καρνεῖος, épithète d'Apollon : κάρνεια, τὰ, jeux, fêtes et sacrifices en l'honneur d'Apollon.

Κάρπαι ou κάμπαι, αἱ, certains vers qui s'engendrent dans les olives. Rac. *κάμπτω, flecto.*

Καρπαία, ας, ἡ, sorte de danse.

Κάρπασος, ου, ὁ, certaine drogue venimeuse. Rac. *κάρος,* et *ποιέω,* causer un assoupissement. Martin.

Καρπήσιον, petites cannes, ou brins de bois semblables à la cannelle, et qui approchent de sa force et vertu. Rac. *κάρφος, festuca.*

* Κάρταλλος, ου, ὁ, petit panier serré et pointu. Rac. *καρτός, scissus,* parce qu'il se fait d'osier fendu.

Καρύκη, ἡ, sorte de hachis ou assaisonnement avec noix ou marons. Rac. *κάρυον, nux.*

Κασάλβη, ης, et κασαλβάς, άδος, une courtisanne. Rac. *κάσα,* le même, et *λώβη, contumelia.*

Κάσας, ὁ, un tapis velu de part et d'autre.

Κάσις, frère ou sœur, cousin de même âge. Rac *γάω, genero,* comme s'il y avait *γάσις.*

* Κάσσα, une coureuse, une perdue. Rac. *κάζω, orno.*

Κασσία, de la casse.

Καταῖτυξ, γος, ἡ, sorte de casque fort bas et sans crête. Rac. *κάτω τετύχθαι, quòd deorsùm sit fabricata.*

Κατήλιψ, πος et φος, plancher, poutre, toit; échelle. Rac. *καταλείπω, relinquo,* parce que c'est sur quoi on laisse poser les choses.

Καύηξ ou καύηξ, certain oiseau carnassier; le même que κάβηξ. Rac. *κάβη, cibus.* Mart.

Καυκαλίς, ίδος, certaine herbe à manger, vieille myrrhe noire et toute sèche. *καίον καυλίον, urens herba.*

Καυκίς, ίδος; sorte de chaussure, le même que βαυκίς V. βαυκός, ci-dessus.

Καῦνος, ου, sort, partage.

Κάχληξ, ηκος, ὁ, petites pierres ou cailloux, particulièrement celles qui se trouvent dans l'eau; le même que κόχλαξ.

Κάχρυς ou χάχρυς, υος, ἡ, orge rôtie dans le four, pour pouvoir plus facilement être broyée. Rac. *κάω, uro,* et *χρόα, color; d. pl.* graine de romarin, qui est caustique.

Κεάνωθος, certaine épine. Rac. *κέει* et *ἄνωθεν,* elle pique et fait mal par le bout.

Κέδματα, τὰ, grandes incommodités provenantes des fluxions qui tombent sur les hanches, ou dans toutes les jointures. Rac. *κάω, uro.*

Κέδρος, cèdre; κεδρία, poix qui découle du cèdre; κεδρίς, ίδος, fruit du cèdre. Rac. *κάω, uro,* parce que c'est un bois chaud et sec qui s'enflamme aisément.

Κελεὸς, oiseau d'une très-grande vitesse; galion, brigantin, petit vaisseau. Rac. *κέλλω, celeriter curro.*

Κένδυλα, sorte de scie à faire des navires. Rac. *κέειν, secare.*

* Κέπρος, ου, ὁ, certain oiseau de mer, qui est facilement emporté par le vent; un homme léger, fou, badin. Rac. *κοῦρος, levis: κεπρόω,* tromper, abuser, faire évanouir.

Κέρασος, ου, ὁ, *cerasus,* cerisier.

DES RACINES GRECQUES. 231

Κέςρα, ας, ἡ, sorte de dard dont on brûlait la pointe. Rac. κάω ; d. pl. sorte de poisson qui a le bec pointu; un marteau.

* Κέςρον, certaine herbe; instrument à creuser l'ivoire, sorte de dard ou flèche. Rac. κάω, uro.

Κῆϐος, ου, ὁ, cebus, sorte de singes.

* Κιϐιον et κηθάριον, vase où l'on jette les suffrages. Rac. κεῖσθαι, jacere, ut fit pro κέιτιον.

Κήλαςρος, arbre qui produit fort tard son fruit, comme le genièvre, le chêne-vert, etc. Rac. χηλὰς, hiberna dies : χηλάςραι, αἰ, petits esquifs, vaisseaux de pasteurs faits de ce bois.

Κηνύσσομαι, s'évanouir en ombre ou en fantôme : κίννυμα, spectre, ombre, idole.

Κηρύϐια, l'écorce d'une fève qui s'enlève quand on la cuit. Rac. κείρω, tondeo, abscindo.

Κίϐισις, sac, besace Rac. ubi κεῖται βόσις, où l'on met la nourriture.

Κιϐώριον, fève d'Egypte, sorte de pot, ciboire.

Κίγκλος, un hochequeue, oiseau qui remue toujours la queue. Lat. motacilla. Rac. κινέω, moveo, et κλέξ, Mart. : κιγκλισμὸς et κίγκλισις, agitation, changement, vicissitude.

Κικκαϐαῦ, cris des chats-huans : κικκαϐὴ, un chat-huant.

Κιλλιϐάντης, bois appuyés sur trois pieds, où l'on mettait les boucliers pour se reposer. Rac. κιλλὸς, asinus, et βάσις, quasi asinina basis, ou de ξύλον, lignum.

Κιλλὸς, οῦ, un âne.

Κιμϐέρινον, sorte d'habillement.

Κίμϐηξ ou κίμϐιξ, sorte de guêpe ou mouche à miel; sordide, avare. Rac. κεῖμαι et βαίνω, parce qu'elles resserrent les moindres choses, ou de βέμϐιξ, turbo, qui est aussi une sorte de guêpe, ainsi nommée, parce qu'elle se tourne et bruit en volant.

Κιμωλία, s ent. γῆ, terre de l'île de Cimole, rouge ou blanche.

Κίγκλος, τὸ, renard, fin, rusé. Rac. κινεῖθαι ἄδην, valdè moveri, ou de κύων, canis, parce que les renards sont une espèce de chiens.

Κίνδαλοι, clous ou chevilles. Rac. κινεῖν, movere.

Κίννα, ης, ἡ, certaine herbe qui vient en Cilicie, qui échauffe les bœufs quand ils en mangent. Rac. κάειν, urere.

Κιννάϐαρι, τὸ, et κινναϐαρις, εως, ἡ, cinabre, minéral croissant en Libye, plus rouge que le vermillon. Rac κινάϐρα, fœtor, à cause de la mauvaise odeur qu'il exhale quand on le tire.

Κίνναϐος, original, modèle que se propose le sculpteur.

Κιννάμωμον, cinnamomum, petit arbrisseau de l'écorce duquel se prend la cannelle ; d. pl. certain oiseau.

Κιρκαία, ας, ἡ, circæa, sorte d'herbe.

Κιρρὸς, roux, jaune ou jaunâtre, couleur de feu. Rac. καίω, uro.

* Κιρσὸς, οῦ, grosse veine enflée de sang, varice. Rac. à κιρρῶ, colore. Martin.

Κιςὴ, cista, cassette, manne, panier. Rac. κεῖσθαι, jacere, à cause de ce qu'on y resserre.

Κίςος, cistus, certain arbrisseau. Rac. κίσσος, hedera. L'on dit aussi κίσθος, κίσσαρος, κίσθαρος : κίςαρος et κίθαρος, le même.

Κίτρια, citronier : κίτριον, un citron.

Κιχώρη, chicorée sauvage. Rac. κιεῖν, ire, et χωρίον, locum, parce qu'elle s'étend fort.

Κλαμϐὸς, qui a les oreilles coupées ou mutilées. Rac. κλάω, frango.

Κλιϐάδιον et κλίϐατις, de la pariétaire, herbe.

Κλωϐός, cage d'oiseau. Rac. κλείω, claudo, ou de κᾶλον, lignum, et ὄπη, foramen, parce qu'elle est à jour.

*Κλωζω, closser comme un geai ; d. pl. siffler quelqu'un, le chasser du théâtre.

Κνῆκος, ου, ἡ, certaine semence, ou herbe semblable au safran : κνηκός, οῦ jaune, blanchâtre, couleur de safran.

Κνίδιον, τὸ, certaine, graine fort chaude. Rac. κνιδή, urtica.

Κοαλέμος, ου, ὁ, sot, fou, insensé. Rac. κωλύων τὸν ἄνεμον, qui empêche et veut retenir le vent, ou bien de κόω, pour νόω, intelligo ; et ἀλώμενος, errans, qui se trompe dans son jugement.

Κοϐϋλις, εος, ἡ, racloire à ratisser du fromage : κυϐηλις, le même. Rac. quasi καϐϐάλις, à καϐϐάλω, Æol. pro. καταϐάλλω, rejicio ; ou bien il viendra simplement de κόπτω, couper.

Κοδομεύω, faire cuir ou rôtir de l'orge au four, ou dans un vaisseau. Rac. κάω, uro.

*Κοθορνος, ου, ὁ, cothurnus, sorte de chaussure.

Κοῖξ, ικος, ὁ, espèce de palme. Rac. κυέω, fœta sum, parce qu'elle est fort fertile.

Κοισύρα, ας, nom d'une dame d'Athènes, qui vivait dans le luxe : κοισυροῦσθαι, vivre dans le luxe et dans la vanité.

Κοκυαι, οἱ, les aïeux, les ancêtres. Rac. κόπτομαι, lugeo, rescindor, quasi κεκομμένοι, qui sont morts et retranchés du monde, qui sont pleurés et regrettés.

Κόκκυξ, υγος, ὁ, un coucou.

Κόλαρις, ὁ, animal ennemi des hiboux, d'où vient qu'ils lui font la guerre et le dévorent.

Κολεὸς, οῦ, ὁ, une gaîne, un fourreau ; d. pl. un cercueil, et certain oiseau.

Κολερᾶϊ, s. ent. ὄϊες, brebis ondues, ou bien qui ont la laine fort courte et frisée. Rac. κυλαϊ, mutilæ.

Κολίας, certain poisson ou saline. Rac. κοιλία, venter, parce qu'il a le ventre fort grand.

Κόλλοψ, οπος, ὁ, le plus dur cuir du dos ou de la gorge des bœufs ; chevilles d'un luth à bander des cordes, qu'on fa sait ordinairement de ce cuir. Rac. κολλα, et ἕψω, coquo, parce qu'en le faisant bouillir on en tire de la colle.

Κολλυρᾶ, ας, ἡ, petit pain, ou morceau de pain coupé pour les enfans. Rac. κόλον, cibus, κόλος, mutilus ; et ἄρω, apto, ce qu'on coupe proportionnément pour quelqu'un.

Κολλυρίων, certain oiseau, mais κολλυριον, collyrium. V. XCVII, 11.

Κολοκασία, ἡ, et κολοκάσιον, τὸ, racine de fève d'Egypte, ou la plante entière. Rac. κόλον, intestinum, et κάζω, orno, parce qu'elle est fort bonne pour la colique et pour la dyssenterie.

Κολοκύνθη, et -τη, cucurbita, une courge: κολοκυνθίς, le même. Rac. κοιλίαν κινεῖν, ventrem movere, parce qu'elle lâche le ventre.

Κολουτέα, ας, ἡ, certain arbre. Rac. κολούω, mutilo, parce qu'il meurt lorsqu'on en coupe quelque branche. Martin.

Κολχικον, οῦ, τὸ, certaine herbe vénéneuse qui se trouvait dans la Colchide.

Κόμαρος, ὁ, certain arbre toujours vert. Rac. κομη, coma.

Κόμμι, gummi, gomme. Rac. quia fluit ex κόμματι (incisione) arboris.

Κονδυ, sorte de vase des Barbares ou des Perses.

Κονίλη, ης, ἡ, cunila, herbe.

Κόνναρος, certain arbre dont le fruit est fort agréable. Rac. κόννος, gratia.

Κόννος, ου, ὁ, la barbe, la

moustache, la bonne mine. χάρις, gratia. Hésych.

* Κοράλλιον, corail. Rac. κόρη ἁλὸς, pupilla maris; d. pl. petits grains d'un certain arbrisseau; l'arbrisseau même; chose semblable au corail.

Κόρδαξ, ακος, ὁ, sorte de danse. Rac. quasi χόρδαξ, de χορὸς, chorus.

* Κορδύλη, ης'ἡ, une massue, petit thon, poisson qui a la tête grosse.

Κορύβας, αντος, ὁ, les prêtres de la déesse Rhea ou Vesta. Rac. κορύπτω, cornu peto.

* Κόρυκος, ου, ὁ, sac, malette, ballon à jouer : κώρυκος, le même. Rac. χωρέω, capio.

Κόρχορος, ου, ὁ, certaine herbe sauvage et de peu de valeur : racine κάρχαρος, asper.

Κοσκυλμάτια, τα, rognures de peaux ou de cuirs : rac. κῶς, pellis, et σκύλλω, lanio.

Κότταβος, Att. κότταβος, jeu usité dans les festins, qui se faisait ou en versant le reste du pot de haut et avec bruit, ou en mettant de petits vases vides sur une cuvette ou bassin plein d'eau, et y versant le reste après l'avoir bu; de sorte que celui qui enfonçait le plus de ces petits vaisseaux demeuroit le victorieux. C'est aussi le reste du vin qu'on versait ainsi, qui s'appelait aussi λάταξ, λαταγή : rac. κοττεῖν vehementer verberare, pour κόπτειν. Hesych.; κοτταβεῖον, le bassin dont on se servait en ces jeux, les petits vases qu'on mettoit sur l'eau, le prix que remportait celui qui gagnait.

Κόσσυρος et κόττυρος, ου, ὁ, un merle; un certain poisson : rac. καῦσις, ustio, et ὑφὴ, textura, parce qu'il a les plumes noires comme un charbon.

Κόστος, ου, ὁ, costus, da coq, herbe aromatique.

Κόσυμβος, ου, ὁ, nœud, rose, houppe, touffe de cheveux, robe : rac. κόμβος, nodus.

Κότνη, ης, ἡ, la tête : racine quasi κοίτη, cubile sensuum.

Κοῦρμι, curmi, certaine boisson d'orge ou de blé, comme bière ou liqueur semblable : rac κεράω, misceo.

Κόχος, humeur qui coule en abondance ou avec bruit : rac. fundo; κοχύω, κοχυδέω, couler en abondance ou avec bruit.

Κοχώνη, la jointure de la hanche avec la fesse, les parties charnues du derrière.

Κόψιμος, certain arbre qui a les feuilles découpées : racine κόπτω, scindo.

Κόψιχος et κόψυχος, certain oiseau; le même que κόσσυρος, ci-dessus.

Κράβατος ou κράββατος, petit lit, grabat : rac κρεμᾶν τὰς βάσεις, à suspendendo gradus.

Κράγγονες, sorte de poissons à coquilles : rac. κέρας et ἐγγὺς, parce qu'ils ont des cornes au front fort proches les unes des autres.

Κρανεία, ας, ἡ, cormier : rac. κρανίον, caput.

Κράστις, εως, ἡ, foin vert ou à demi sec, le même que γράστις : rac. γράω, comedo.

* Κραῦρος, sec, aisé à mettre en poudre.

* Κρέας, ατος, caro, chair.

Κρήγυος, ου, ὁ, joyeux, agréable : rac. κῆρι ἡδὺς, cordi gratus.

Κρήθμον, ου, τὸ, certaine herbe qui a les feuilles découpées : rac. κείρω, scindo.

Κρησέρα, ας, ἡ, tamis, bluteau, crible, passoire, chausse à couler quelque chose : rac. κρίνω, secerno, d'où vient aussi cribrum, un crible.

Κρίζω, strido, criailler, crier, faire bruit.

Κρόμμυον et κρόμυον, cæpa, un ognon : rac. κάρα, la tête, de même que cæpa vient de caput.

* Κρότων, ωνος, ὁ, ricinus, tique, vermine qui tourmente les chiens : rac. κρατεῖν, tenere, par-

ce qu'elle s'attache terriblement; *d. pl.* un arbrisseau qu'on appelle *palma Christi*, qui porte du grain semblable à ces vermines; partie de l'oreille; les ventouses du poumon.

Κροτώνη, ἡ, maladies des arbres, surtout des oliviers: rac. κρότων, à cause de la ressemblance.

Κρώβυλος, ου, ὁ, moustaches et touffes de cheveux des enfans; ou petit réseau qui enferme les cheveux: racine κάρα, *caput* ou κέρας βάλλω, *cornua jacio*.

Κρώμαξ et χλώμαξ, un tas, un amas de pierres.

Κρώπιον, une faux: racine quasi δρώπιον, à δρέπω, *meto*.

Κύαρ, le trou d'une aiguille; le conduit intérieur de l'oreille: rac. κέω, *findo*.

Κύβιτον, le coude: rac. κυβῶ, *converto; vel* κύπτω, *pro* κάμπτω, *curvo*.

Κυγχνίς, ίδος, ἡ, une grande tasse ou coupe: μακρὰ κύλιξ, *apud Galen.*, où les autres lisent σμικρὰ, petite.

Κυγχραμος, ου, ὁ, oiseau guide des cailles.

Κυδώνιος, coignassier.

Κύκαι, αἱ, espèce de palmes qui ont continuellement du fruit: rac. κύω, *concipio*.

*Κύκνος, *cygnus*, un cygne, et une sorte de vaisseau qui avait cet oiseau sur la proue: rac. κύδνος, *candidus*. Martin.

Κύλα, τὰ, et κυλάδες, αἱ, les creux des yeux qui sont sous les paupières.

Κυμινδίς, εως ou ίδος, ἡ, oiseau; quelques-uns le prennent pour le hibou: rac. κρύπτειν et ἰδεῖν, *quòd occultet sui visionem*.

Κύμινον, du cumin, herbe: rac. κύμα, *fœtus*, parce que cette herbe est fort fertile.

Κύπαρος, grande coupe ou vaisseau creux: rac. κύω, *caverna*; *d. pl.* la première fleur du pin ou de l'arbre qui porte la poix.

Κυπὰς, άδος, ἡ, manteau; couverture de lit, courtepointe.

Κυπασσίς, ὁ, ἡ, sorte de chemise ou habillement de lin, comme pourrait être un rochet, sinon qu'il était particulier aux femmes: rac. κυπὰς, *pallium*.

Κύπειρος, ἡ, sorte de jonc: rac. κύπρος, ci-après.

Κύπελλον, une tasse ou godet, une coupe: rac. κύπος, *curvus*, *quasi* κύπελλον.

Κύπρος, certain arbre qui a les feuilles semblables à l'olivier; l'île de Cypre; sorte de mesure.

Κυρβασία, ας, ἡ, une crête de coq; une tiare; un casque avec l'aigrette: rac. κάρα, *caput*, et βαίνω, *incedo*.

Κύρβεις, εως, ὁ, certaines tables triangulaires en forme de pyramides, où l'on écrivait les loix ou les fêtes des dieux: rac. κυροῦν βίον, *sancire vitæ leges*.

*Κυρεβάω, combattre ou frapper des cornes: rac. κέρας, *cornu*.

Κυρήβια, τὰ, la petite paille, ou pelure de l'orge, qui s'en va quand on la fait cuire: rac. *quasi* κύρας ἥβη, *Cereris pubes*. Voyez ci-dessus κηρύβια.

Κυσθος, κύσαρος et κύσος, οῦ, ὁ, le derrière, le trou par où se purge le ventre.

Κύτινοι, fleurs de grenadier: rac. κύω, *concipio*; *est enim* κύμα ῥοᾶς, *fœtus mali punici*. Martin.

Κύτισος, *cytisus*, certaine herbe ou arbrisseau.

Κύφι, civette, pastille, parfum.

Κωβιός, *gobius*, goujon, poisson: rac. κυβή, *caput*.

Κώδεια et κωδία, tête de pavot, petite boule: rac. κῶμα, *somnus*, et δέω, *ligo*, parce qu'il endort.

Κωχάλια, τὰ, animaux à coquille, *quasi* κογχύλια.

Κωλακρέτης, ὁ, maître d'hôtel, dépensier, trésorier des amendes ou de l'argent des dieux, proprement celui qui τὰ νῶτα (*victimarum reliquias*) *Sacerdotibus distribuebat.*

Κωμακὸν, certain parfum.
Κώαυς, υθος, ἡ, laurier qui est devant la porte; botte de foin.

Λ

Λαϐύρινθος. ου, ὁ, labyrinthe, lieu plein de détours, dont il est difficile de s'échapper: rac. τὸ μὴ λαϐεῖν θύραν, *Suid.*, ne pouvoir trouver la porte. Ou de λάϐιρος *fovea*, Mart., le prenant premièrement pour des lieux creux et souterrains; ou enfin de λαϐεῖν, *accipere*, et ῥινᾶν, *decipere*, *idem*, parce que ceux qui y entrent se trouvent attrapés; *d. pl.* nasse de poisson; grand parleur, mais obscur dans ses discours.

Λάγανον, ου, τὸ, certains gâteaux: rac. λαγαρὸς, *cavus, laxus*. Casaub.

Λάθυρος, sorte de légume: rac. λαϐεῖν, *latere*, parce qu'aussi-tôt qu'il est mûr, il tombe, et se perd.

Λαιδρὸς, οῦ, impudent, hardi, audacieux, qui porte malheur: rac. λὰ, *valdè*, et ἴδον, *vidi*, parce que les impudens regardent hardiment. De λὰ et δράω, *facio*, parce que les audacieux sont entreprenans; et de λαὶ, pris de λαιὸς, *lævus*, et du même δράω.

Λαῖφος, εος, τὸ, vêtement délié; voile: rac. λεῖον ὕφος, *lævis textura.*

Λάκαρθον, ου, τὸ, sorte de parfum.

*Λακέρυζα, causeuse, badine, médisante, babillarde. Λακερύζομαι, *garrio*. De λὰ et κράζω, *clamo*.

Λακία, certain animal ou poisson: rac. λαιμὸς, *gula*, à cause de sa grande gueule.

Λάπη, ης, ἡ, pituite, *quæ lapassetur, evacuatur è corpore.* Martin.

Λάρκος, ου, ὁ, corbeille d'osier: rac. λὰ, et ῥικνὸς, *curvus*. Mais λὰρ marque aussi quelque courbure, comme dans λάρναξ, *capsa*, étant fait peut-être par contraction de λυγαρ, pris de λύγος, *vimen*. Martin.

*Λάτανον, le derrière, *quia*, δασὺ, *densum*. Hésych.; *d. pl.* un bassin de chambre, chaise percée; privé, cloaque.

Λάσθη, ης, ἡ, mépris, affront, moquerie; λάσθω, se moquer: rac. λάζω, *illudo.*

Λάταξ, αγος, ce qu'on verse du pot avec bruit, ou le bruit même que fait ce qui tombe. Voyez κόσσαϐος: rac. λὰ et στάζω, *stillo.*

Λάτος, certain poisson exquis et délicat: rac. λάω, *volo*, parce qu'il est de recherche.

*Λαυκανία, ας, ἡ, gorge, gueule ou gosier: rac. λαύω, *fruor.*

*Λεϐηρὶς, ίδος, ἡ, dépouilles d'un serpent, peau qu'il quitte; écorce de fève cuite: rac. λέπω, *decortico, exuo.*

*Λέϐης, ητος, ἡ, *lebes*, un chaudron, un bassin à laver les mains ou les pieds: rac. λείϐω, *fundo*.

Λέγνον, ου, frange ou bord d'un vêtement: rac. λέγω, *colligo.*

*Λείριον, *lilium*, lis, fleur; narcisse: rac. λεῖος, *lævis.*

*Λειχὴν, ῆνος, ὁ, *lichen*, dartre, feu sauvage: rac. λείχω, *lingo*, parce qu'elle se guérit en la léchant à jeun; *d. pl.* cal qui vient aux jambes des chevaux; herbe nommée hépatique.

*Λεκάνη, plat, bassin, grand vase; rac. λὰ et χαίνω, *hisco*, à cause que l'ouverture en est large. Ainsi en latin *patina* vient de *pateo*.

Λεσβιάζω, imiter les Lesbiens, être vilain et mal appris comme un Lesbien.

Λῆδον, arbrisseau dont la gomme s'appelle *Ludanum*, laquelle se prend aux barbes des chèvres ou laines des brebis quand elles passent près de cet arbrisseau.

Λῆδος, τὸ, vêtement usé ou fort délié.

Λίγδος, un mortier, un creuset, une fournaise : rac. λειοῦν, broyer, consumer.

Λιγνωτὸς, οῦ, ὁ, qui paraît gras : rac. λιγνὺς, *fumus*, *fuligo*.

Λικλὶγξ, la moindre voix d'un oiseau : rac. λίγγω, *strido*.

Λίνον, ου, τὸ, *linum*, du lin : rac. λεῖον, *læve; d. pl.* corde d'instrument ou autre.

Λίρος ou λιρὸς, ὁ, impudent, audacieux : rac. λίαν ὁρᾷν, *valdè videre*.

*Λὶς, λιτὸς, ὁ, linge clair et délié : rac. λίνον.

Λίσπη, ης, ἡ, certain animal fort maigre et délié ; d'où vient que ceux qui ont les cuisses fort grêles s'appellent λίσποι et λισπόπυγοι. Λίσπος, ου, ὁ, usé : rac. λὶς, delié.

Λίςρον, ου, τὸ, une batte, instrument à unir, enfoncer et égaliser le pavé ; c'est aussi une ratissoire : rac. λισσὸς, uni.

Λόγγης, sépulcre, bûcher.

Λορδὸς, οῦ, ὁ, voûté, courbé, qui a la tête penchée en bas ; un lourdaut.

Λύσσον, τὸ, *lyssum*, du gui de sapin : rac. λεύσσω, *video*, parce que cela paraît blanc entre ses branches.

*Λὺγξ, κὸς, ὁ, *lynx*, animal tacheté qui a la vue fort perçante : rac. λυκη, *lux*.

Λύθρον, *cruor*, sang qui sort d'une plaie, sang mêlé avec la poudre et la sueur.

*Λυκάβας, αντος, ὁ, an, année : rac. λύκος, *sol*, et βάσις, *cursus*.

Λῶμα, ατος, τὸ, frange, bord, broderie : rac. κλώθω, *glomero*, *quasi* κλῶμα.

Λῶος, mois répondant au mois d'août : rac. λωΐων, *melior*, parce qu'il est plus utile que les mois précédens, à cause de la moisson.

Λωτὸς, οῦ, ὁ, certain arbre dont le fruit était fort agréable ; herbe ou tige qui lui ressemble : rac. λῶ, *volo*, à cause de l'excellence de son fruit.

M.

Μαγὰς, άδος, ἡ, le dessus d'un luth ou d'une harpe, où l'on tend des cordes ; μάγαδις, ἡ, et μάγαδος, ὁ, instrument de musique.

Μαγύδαρις, racine d'une herbe d'où vient le benjoin.

Μακκοᾶν, être fou, radoter, faire le badin : rac. *quasi* μὴ κοεῖν, *non sapere*.

Μαμμᾶν, mot des enfans qui demandent du pain : rac. μάω, *quæro*, ou μάμμη, *nutrix*, parce que la nourriture du pain succède à celle du lait.

Μὰν ou μάννα, manne, tant celle dont il est parlé dans l'écriture que celle dont se servent les médecins, qui est de miettes d'encens.

Μάννος ou μάνος, ου, ὁ, espèce de bracelets ou colliers : rac. μήνη, *luna*.

Μάραγδος ou σμάραγδος, *smaragdus*, une émeraude : racine μαίρω, *splendeo*.

Μάραγνα, ὁ, un fouet ; σμάραγνα, Hésych., le même : rac. σμαραγεῖν, *crepitum edere*.

Μάραθρον, ου, τὸ, du feno. il

rac μαίρω, splendeo, parce qu'il est bon pour la vue.

*Μάργαρον, ου, τὸ, perle : rac. μαίρω, briller.

Μαριανδυνοί, esclaves, gens réduits en servitude par ceux d'Héraclée, comme les Ilotes par les Spartiates.

Μαρίλη et -ίλη, ης, ἡ, flammèche et cendre qui tombe des charbons : rac. μαίρω, niteo.

Μάρις, εως, ὁ, certaine mesure des choses liquides : racine μείρω, divido.

Μάσθλη, ης, ἡ, et μάσθλης, ητος, ὁ, courroie, étrivière, bride, cuir amolli; peau, sorte de soulier : rac. μάσσω, mollio.

Μάσπετα, τὰ, les premières feuilles de l'herbe du benjoin ou sa tige.

Μαςίχη, ης, ἡ, mastic, gomme qui dégoutte du lentisque, arbre qui croît trois fois l'an : rac. peut-être de μαςίζω, flagello, parce qu'il ne dégoutte de cet arbre qu'après qu'on l'a découpé. Martin.

Μάτιον, mesure de ceux qui vendent, comme taverniers ou a ttres.

*Ματρυλλη, ης, ἡ, lena, une méchante femme qui corrompt et prostitue la jeunesse : rac. μίτηρ, qui se matrem fingit.

Μέδιμνος, ου, ὁ, medimnus, mesure attique de choses sèches.

*Μείων, ονος, moindre ; d. pl. meon, certaine herbe ; μειοῦσθαι, être moindre ou inférieur, avoir le dessous, être désavantagé.

*Μέλαθρον τὸ, maison; proprement c'est la poutre du milieu où pendait la lampe, ainsi dite de μέλας, noir, parce qu'elle était noircie de fumée.

Μέλεθρον, ου, τὸ, piége, entraves, liens ou fers à garrotter les membres : rac. μέλος, τὸ, membrum.

*Μέλεος, ου, ὁ, vain, vide, fou, malheureux : rac. μέλας, niger, vel μὴ λάων, non videns.

Μένδης, un bouc ou le dieu Pan, qui a des pieds de chèvre.

*Μέρμις, ιθος, ἡ, corde, fil, ficelle : rac. μέρμα, filum, μηρύω, glomero

Μεσπίλη, ης, ἡ, mespillus, mesplier ou neflier.

*Μέταλλον, ου, τὸ, metallum, métal : rac. μετὰ ἄλλα; parce qu'il a été inventé après les autres choses qu'on donnait en nature pour le commerce; d. pl. une mine d'où l'on tire le métal, ou mine à renverser les villes et forteresses. Μεταλλάω, fouiller, creuser, pénétrer, chercher curieusement ; μεταλλεύω, travailler aux mines, tirer le métal.

Μέταξα, ης, ἡ, de la soie ; μέταξον, τὸ, le même.

Μῆλος, ου, ἡ, Melos, île, l'une des Cyclades : rac. μῆλον, malum, une pomme, parce qu'elle est ronde. Martin.

*Μῆνιγξ, γγος, ἡ, meninx, membrane, et particulièrement celle qui enveloppe extérieurement le cerveau : rac. μένω, maneo, parce qu'elle est la demeure du cerveau ; ou μένος, robur, parce qu'elle lui donne force ; d. pl. la lie du vin dans le tonneau avant qu'il ait commencé à bouillir.

*Μήρινθος, ου, ὁ, ficelle, petite corde, ligne à pêcher : rac. μηρύω, glomero.

Μίλος, jet de dés; petite bête, ver qui ronge les fèves : μίω, edo; c'est aussi le nom d'un roi de Phrygie.

Μίλφαι, μίλφωσις et μαδάρωσις, chute des poils des paupières lorsqu'elles deviennent rouges et enflammées : rac. μίλτος, vermillon, et φάω reluire.

Μὶν, indécl., ejus, de lui ou d'elle ; et ipsum, am, um, ou ipsos, as, a, lui ou elle, eux ou elles. C'est un mot dorien, qui vient de ἵ, pour ὅς. (d'où semble être encore demeuré le latin is, ea, id,) dont l'accusatif serait ἱν, et de là μὶν ou νὶν

Μίνθα et -θη, ης, ἡ, mentha,

menthe, herbe : rac. μένος, animus, et θύω, *cum impetu feror*, parce qu'elle éveille l'esprit : μίνθος et μίνθα sont aussi les excrémens du corps : μινθῶσαι, gâter d'ordure.

Μίσκοι, ce qui tombe du souper, ou ce qu'on jette, et qu'on balaie ensuite : μισκελός, avare, sordide, qui ramasse jusqu'aux miettes.

Μίσυ, suc congelé qui se trouve dans les métaux.

*Μίσχος, ου, ὁ, la queue des feuilles ou des fruits par où ils pendent à l'arbre.

*Μίτυλος et μύτιλος, *mutilus*, qui n'a point de cornes : rac. μίνυον, *minor*, et τύλος, *callus, vel clavus ligneus*.

Μνᾶ, ᾶς, ἡ, *mina*, mine, poids parmi les Grecs, qui revenait à peu près à la livre des Romains.

Μνησίον, certaine mesure ou certaine herbe douce, bonne à manger.

Μνοῦς, premier poil, poil follet : μνίον, de la mousse.

Μογγός, qui a la voix grosse et basse.

Μόδιος, ου, ὁ, *modius*, un muid. Du latin, *modus*.

*Μορέα, un mûrier, qui s'appèle aussi συκάμινος.

Μόροχθος, ου, ὁ, certaine pierre d'Egypte dont on se sert pour blanchir les vêtemens.

Μουνυχία, ας, ἡ, le port d'Athènes, où il y avait un temple de Diane qui servait d'asile aux coupables : rac. de Diane surnommée *Munichia*, *quòd* μούνη νύχια, *sola noctu sit*.

Μυκλαι ou μυκλοι, raies noires qui sont au col ou sur la peau des ânes.

Μυρίκη, ης, ἡ, *myrica*, arbruge, arbrisseau semblable à la bruyère, mais plus grand ; on l'appelle vulgairement *tamaris*.

Μυςίλη ou μιςύλη, ης, ἡ, cuiller de pain : μυςρον, le même : rac. μῦς, pris *pro musculo conchilium*. Martin.

Μύτιλος, ου, ὁ, certain poisson à coquille.

Μύτις, ιδος, ἡ, nez, ou narine, ou museau, particulièrement des poissons de mer : rac. μύσσω, *emungo*.

Μῶλυ, *moly*, certaine herbe : rac. μωλύνω, *mollio*.

Μώλυζα, la tête de l'ail.

N

Νάβλα, *nablium*, certain instrument de musique ; νάβλας, ου, ὁ, le même.

Ναῖρον, sorte de parfum ou d'odeur : rac. peut-être de νάω, *fluo*, d'où vient νηρὸν, *humidum*.

Νάννη et νέννη, tante du côté du père ou de la mère : νάννος et νέννος, oncle.

Νάρδος, ου, ὁ, nard, arbrisseau.

Νάρκαρθον, sorte de parfum ou plante odoriférante : rac. νάρδος, et καίω, *uro*.

Νάρτη, le même : rac. νάρδος.

Νάρθα, naphthe, espèce de bitume qui prenait feu à le voir seulement de loin.

Νέκταρ, τὸ, boisson des dieux : rac. νὴ, particule privative, et κτέω, *occido*, parce qu'il marque l'immortalité.

Νευτηλος, aveugle, fou, étonné, étourdi.

*Νηγάτεος, nouveau fait : rac. νέος, *novus*, et γάω, *fio*.

Νηρὸς, οῦ, ὁ, creux, humide : rac. νέω, nager.

*Νιν dans les poètes se prend pour *ipsum, am, um*, lui ou elle-même. Voyez μὶν ci-dessus.

Νίτρον, nitre, suc ressemblant à du sel : ἀφρόνιτρον, l'écume du nitre : rac. νίζω *pro* νίπτω, *lavo* : le nitre sert à nettoyer

Ξ

Ξίρις, sorte d'herbe qui a la feuille piquante : ξυρίς, le même: rac. ξυρός, acutus, de ξύω, seco; rac. ξέω, rado.

O

* Ὁ, avec la seule aspiration, est l'article masculin *le*, dont le féminin est ἡ, le neutre τό. Ὅ, avec l'esprit et l'accent, est le neutre du relatif *lequel*, *qui*. Voyez ὅς ci-après. L'article se joint aussi aux adverbes, et alors il leur donne la force d'un nom, comme ὁ πάλαι, l'ancien. Il se joint avec μέν et δέ dans les divisions : ὁ μέν, ὁ δέ, *hic quidem, ille verò*. Il est quelquefois démonstratif dans les poètes, et signifie *lui* ou *celui*; quelquefois relatif, *lequel* ou *qui*. Τοῦ, gén., et dans les poètes τέω, se prend pour τίνος, *cujus*, duquel; et τοῦ sans accent est pour τινός, *alicujus*, de quelqu'un. Τῷ, poét. τέῳ, est un ablatif de la manière, *hoc*, sous-entendant τρόπῳ, *modo*, τόπῳ, *loco*, χρόνῳ, *tempore*, etc. Et de même τῇ, qui sous-entend ὁδῷ ou semblable : *hâc, hâc viâ, hâc ratione*; *hic, huc, illic, illâc, eò, ibi*. Τῇ καὶ τῇ, *hâc, illâc*; τῇ μέν, τῇ δέ, suppl. μερίδι, *partim quidem, partim verò*.

* Ὄβρυζον, *aurum, obryzum*, or fin et bien purifié : rac. Ὄρριζον, *ab Ophir insulâ*, *vel quasi* ἄβρυζον, *sincerum*.

* Ὄγμος, sillon que fait la charrue, chemin : ὀγμεύω, faire des sillons : rac. ἄγω, *frango*, ou bien οἴγω, *aperio*.

Ὄγχνη ou ὄχνη, poirier sauvage : rac. ἄγχω, *suffoco*, parce que son fruit est âpre. Il se prend aussi quelquefois pour un poirier franc.

Ὅδε, ἥδε, τόδε, *hic, hæc, hoc*, celui-ci ou celle-ci. Hors la composition, ὁ δέ venant après, μέν s'explique par *hic quidem, ille verò*. Voyez ὁ ci-dessus. Ὧδε, adverbe, est proprement un ablatif de la manière, venant de ὅ, suppl. τρόπῳ, *hoc modo*, ainsi. Voyez ὁ ci-dessus.

* Ὀδύσσω, se fâcher, se mettre en colère : rac. ὀδύνη, *dolor*.

* Ὄθη, soin, raison : ὀθέω et -εύω, avoir soin : ὄθομαι, le même; d. pl. être ému.

* Ὀθόνη, drap, linceul; voile de navire : ὀθόνιον, diminutif.

Οἰσύα, saule, osier : οἰσυΐνος, fait d'osier : rac. ἔω, *fut.* εἴσω, parce qu'il vient vite.

* Ὀκτώ, *octo*, huit : ὀκτάκις, huit fois : ὀκτακόσιοι, huit cents: ὄγδοος, huitième : ὀγδοήκοντα, octante, quatre-vingt.

Ὀλόσχοι, la queue des fruits : rac. présumée ὄσχη ὄλλυνται, parce qu'on les fait tomber en cueillant les fruits.

* Ὄλπη, cruche à l'huile; vase où l'on verse du vin : ὀλπίς, ίδος, le même : rac. ἐλαίου ὀπῷ, *olei succo*.

Ὄλυμπος, l'Olympe, mont de Thessalie, si élevé qu'il semblait toucher le ciel. Il a été ainsi nommé comme qui dirait ὁλόλαμπος, tout brillant ; c'est pourquoi il se prend souvent pour le ciel dans les poètes : Ὀλυμπία, ας, lieu de l'Élide où il y avait un temple dédié à Jupiter ; l'art de combattre aux jeux olympiques : ὀλύμπια, τά, les jeux ou combats olympiques : ὀλυμπιὰς, άδος, victoire remportée aux jeux olympiques; olympiade, espace de quatre années.

Ὄλυνθος, ου, ὁ, grossus, fausse figue, figue verte et non mûre. rac. ὀλεῖν ἄνθος, qui coule, et perd sa fleur.

Ὄλυρα, sorte de grain qui est entre l'orge et le froment.

Ὀμιχεῖν, pisser, uriner.

Ὀπυίω, être marié, avoir une femme : rac. ὄπις, soin, et υἱὸς, fils, parce que le mariage est établi pour l'éducation des enfans.

Ὀργὰς, άδος, ἡ, lieu consacré à Dieu, qu'il n'est pas permis de labourer : rac. ἀργὸς, otiosus. d. pl. terre labourable, vigne, verger. rac. ἔργον, opus.

* Ὄργια, τὰ, les mystères de Bacchus: rac. ὀργὴ, ira, impetus, à cause du transport où étaient ceux qui les célébraient; ou ὄρος, mons, parce que les anciens sacrifiaient ordinairement sur les montagnes : ὀργιάζω et -ιάω, célébrer les orgies, faire des sacrifices, apaiser Dieu, initier dans les cérémonies : ὀργιασμὸς, célébration des mystères, les mystères mêmes : ὀργεών, ῶνος, prêtre, celui qui célèbre les mystères.

* Ὀργυιὰ, ᾶς, ἡ, mesure de six, de dix et de trois pieds; une aune, une toise : rac. ὀρέγω, extendo, et γυῖον, pes, manus: ὀργυιόω, étendre les bras : τριακαιδεκόργυιος, long de treize toises, ou de cent trente pieds.

Ὀρείγανον et ὀρίγανον, origan, marjolaine bâtarde : rac. ὄρος, mons, et γάνος, lætitia, parce qu'elle se plaît sur les montagnes.

Ὁρμιὰ, ᾶς, ἡ, ligne de pêcheur : rac. εἴρω, necto.

Ὄροβος, ου, ὁ, ervum, ers, sorte de légume : rac. ἐρέπτω, edo.

Ὀρόδαμνος, ου, ὁ, jet d'arbre ou rameau : rac. ὀρούειν, irruere, parce qu'il croit vite ou ; ῥάδαμνος, ramus tener.

* Ὄρπηξ, rejeton qui pousse du pied : rac. ἕρπω, serpo.

* Ὀρταλὶς, ίδος, ἡ, poule ou poulette : ὀρτάλιχος, poulet qui n'a point encore de plume : ὀρταλίζω, commencer à étendre les ailes, commencer à s'agrandir et à s'élever. rac. ὄρω, excito.

Ὀρφὸς ou ὀρφώς, certain poisson: rac. ὄρφνη, tenebræ, vel ὄρφνος, lucis expers, parce qu'il se tient caché tout l'hiver dans les cavernes.

Ὅς, gén. οὗ, etc., article relatif ; fem. ἥ, n. ὅ, lequel, laquelle, qui. On dit aussi ὅτου, pour οὗ, duquel : ὅτῳ, pour ᾧ, auquel; et au plur. ὅτων, pour ὧν, quorum, desquels, ou quorumcumque, de chacun, de qui que ce soit. Ὅς se met aussi pour τίς, quis, qui, et pour τὶς, enclitique, aliquis, quelqu'un ; pour οὗτος, hic, ille, lui; pour ἑὸς et σφέτερος, suus. Οὗ, ubi, où; ποῦ, le même, en interrogation : ὑἢπου, certes, oui, à savoir : ὅπου, où. ὡς, en tant que, comment, de même que, c'est pourquoi, et partant, à cause de quoi : πῶ, interrogat., comment : ᾗ, le même. V. ὅ, ci-dessus.

Οἷ, (indéfini) où : ποῖ, interr., le même.

Ὅθεν, indéf. d'où : πόθεν, interrogat., le même.

* Ὄσπριον, sorte de légume : rac. σπείρω, semino.

* Ὀςυγξ, υγγος, étincelle, flamme agitée; cheveux frisés : rac. αὔω, accendo, et λίχν, valde.

Ὀσφὺς, ύος, ἡ, les flancs ou les reins : rac. quasi ὀςοφυής, parce qu'ils sont tout pleins d'os; ou d'ἲς, vis, et φύω, nascor, parce que c'est là que réside la force.

* Οὗτος, (pronom démonstratif) lui, celui-ci : avec un verbe de la première personne, il s'unifie moi, je : νοῶ, οὖτος, j'entends, je sais ; et avec la seconde, tu, ou vous : rac. ὁ, article usité, et τός, ancien article : ταύτῃ, par ici, ainsi, en tant que, par ce moyen : οὕτω et οὕτως, ainsi ; quelquefois pour jurer, quelquefois pour marquer désir, et quelquefois pour répondre affirmativement.

Π

Παιάν, ᾶνος, *Pæan*, hymne en l'honneur d'Apollon ; Apollon même ; tous ceux qui se mêlent de médecine ; certain pied et cadence de vers : παιών, ῶνος, le même : παιώνιος, propre à la médecine : rac. παύω, *sedo*, ou παίω, *sano*, dans Eusthat. parce qu'il apaise et guérit les maux.

Παίπαλα, τὰ, lieux escarpés, rudes et pierreux, inaccessibles : rac. αἰπύς, *altus* ; ou παιπάλη, *farina tenuissima*, *pulvis*, à cause de la poudre qu'on excite en marchant.

Παλαιστὴ, *palmus*, la largeur de quatre doigts : παλαιστὶς, ίδος, le même ; mais παλαιστής, lutteur, vient de πάλη, *lucta* : rac. πάλλω, *vibro*, d'où vient aussi παλάμη, *palma manûs*.

Πὰν, ανὸς, ὁ, *Pan*, le dieu des bergers : rac. πάω, *pasco*.

Πανδελέτειος, méchant, fourbe, malin : rac. d'un certain *Pandeletus*, grand fourbe.

Πανδοῦρα et -ρις, certain instrument de musique : πανδουρίζω, jouer de tel instrument.

Πάπυρος, ου, ὁ et ἡ, *papyrus*, arbrisseau d'Egypte, dont on prenait l'écorce pour écrire, d'où vient le mot de papier : rac. πάω, *pasco*, et πῦρ, *ignis*, parce qu'ils se servaient de ses racines pour entretenir le feu. *Martin*.

Παράδεισος, *paradisus*, jardin, verger, lieu de plaisance, paradis ; félicité, béatitude.

Παρασάγγας et -ης, ου, ὁ, parasange, mesure de chemin chez les Perses, qui contient trente stades.

Παρδακὸς et πορδακὸς, οῦ, humide, moite, mouillé : rac. ἄρδω, *irrigo*, ou de παρὰ et δεύω, *madefacio*.

Πάρδος, *pardus*, un léopard, une panthère : πάρδαλις et πόρδαλις, le même : rac. παράλλομαι, ou παρὰ δὲ, et ἅλλομαι, *salio*.

Πάρνοπες, οἱ, certaines sauterelles. Le singulier serait πάρνοψ, quia πείρει ὄψει, *facilè penetrat*, parce qu'elle ronge les blés.

Πείρινς, ινθος, on trouve aussi πείρινθος et -θα au nominatif, coffre ou panier d'une voiture : rac. πεῖρας pour πέρας, *terminus*, parce qu'on le met au bout du chariot ; ou de ῥὶψ, l'osier dont sont faits les paniers.

Πέλανος, ὁ, espèce de gâteaux qu'on offrait en sacrifice ; suc ou gomme qui sort de certains arbres ; écume prise et condensée ; une obole : rac. παλύνω, *conspergo*, ou πλατύνω, *latè diduco*.

Πέλλα ou πέλλη, vaisseau à traire le lait : rac. πελεκάω, *excavo*, parce qu'il était de bois creusé ; ou πλέος, *plenus*, parce qu'on l'emplissait de lait.

Πέλω et πέλομαι, *sum*, Poët. être, être fait, devenir ; venir, tourner, approcher contre, faire approcher : rac. πέλας ἔω, *præsto sum* ou *propè venio* : ἐπιπελόμενος, pour ἐπιπελόμενος, qui est, qui passe, qui dure, qui vient.

* Πέπερι, *piper*, du poivre.

* Πέρδιξ, ικος, ὁ, ἡ, une perdrix : rac. πέδον, *solum*, parce qu'elle vole bas ; ou περισσῶς πηδῶν, parce qu'elle saute d'un lieu en un autre.

* Πέρδω et πέρδομαι, *pedo*.

Πέρσης, ου, ὁ, nom propre ; un Perse; le roi de Perse; un jet, un coup de dé, qui prend son nom d'un certain Perse. *Martius* περσικὸς, qui est de Perse, ou propre aux Perses.

Πέταυρον, perche ou bois sur lequel les poules dorment ; espèce de lacet ; certain instrument: rac. τὸ ἐν αὔραις πετᾶσθαι, être étendu et suspendu en l'air.

Πίννη ou πίννα, *pinna*, sorte d'huître ou d'écaille : πίνα, le même : rac. πίνος, *sordes*, à cause du limon qui les environne.

Πίπος, *pipus*, oiseau de mer : πίποι, petits qui sont encore dans le nid.

Πιςάκια, τὰ, fruit semblable à celui du térébinthe.

Πίσυγγος, un savetier : rac. πίσσα ὑγρὰ, parce qu'il amollit la poix en la maniant.

Πίτανα, troupe, cohorte, compagnie. Rac. Πιτάνη, ville des Éoliens.

* Πόποι, les démons, les dieux : rac. ἐπόπτομαι, *inspicio*, pour ἔποποι, parce qu'ils voient toutes choses.

Πόρκης, l'anneau qui joint le fer de la lance avec son bois : rac. περικεῖσθαι, *circumjacere*, parce qu'il environne le tout.

Πόρκος, le même. *Suid* ; et *d. pl.* rets ou panier à pêcher ; tout ce qui est rond : rac. περικεῖσθαι, à cause de ce qu'il enferme ; ou περάω, *transporto*, *vendo*.

Πρασιὰ, ᾶς, planche ou partere d'un jardin : rac. présumée, περασία, de περαίνω, *determino*.

Πρηών, le haut d'une montagne, la coupe : rac. πρὸ, *ante*, et εἰμί, *sum*.

Προηγορεών, la gorge, le gosier, le gésier des oiseaux ; gourmandise : rac. *ubi esca* προχειρίζεται, *præcolligitur*.

* Πρόξ, οκὸς, faon ou espèce de cerf, de daim : rac. πρὸ, et αἴσσω, *ruo*, à cause de sa légèreté.

* Πρόσπατος, nouveau, frais, venant d'être fait : rac. πρὸς, παῖς, *puer*.

Προύνη, ης, ἡ, prunier.

Πρύλης, εος, ὁ et ἡ, troupe ramassée, infanterie : πρῦλις, la même ; *d. pl.* danse de gens de guerre.

Πτελέα, orme: rac. πέταλον, *folium*, comme s'il y avait, πέταλεα.

Πτιλὸς, à qui le poil des sourcils est tombé : rac. πίπτω, *cado*, πτίλον, fausses ailes, comme en ont les insectes, ou les oiseaux qui n'ont pas encore mué : πτίλωσις, la mue des oiseaux.

* Πυγή, ῆς, *nates*, le derrière : rac. πήγω, *compingo*, *quia compacta ibi caro ad commoditatem sedendi*.

* Πυελὸς, lavoir, auge, baignoire : rac πούς, *pes*, et λούω, *lavo* ; *d. pl.* coffre, cassette, caisse, le chaton d'un anneau.

Πυνδάξ, le fond de quelque chose : le manche d'un couteau, la garde d'une épée.

Ρ

* Ῥάδαμνος, germe, rameau tendre, nouveau jet : rac. ῥέα δαμᾶται, on le plie aisément, on en fait tout ce qu'on veut ; ou bien ὀξύτης.

Ῥαδινὸς, mou, tendre : rac. ῥέον δονεῖται, *facilè circumagitur*.

Ῥαδίξ, ικος, rameau : rac. ῥάδιος, *facilis*, et δίκω, *jacio*, parce qu'il est facilement agité par le vent

* Ῥάθαγος, bruit ; proprement celui que fait un bâton dont on frappe l'eau : rac. ῥόθος, *fluctus*, et ἄγω.

* Ῥαθάμιγξ, une goutte d'eau:

rac. ῥαίνειν, aspergere, et θα-μὰ, crebrò.

Ῥαιβός, courbé, tortu; cagneux, qui a les jambes tortues: rac. ῥαίειν βάσιν, corrumpere gressum.

Ῥάμφος, τὸ, le bec d'un oiseau : rac. ῥαίω, corrumpo, parce que les oiseaux gâtent tout avec leur bec : ῥαμφή, épée, couteau.

Ῥάρις et-ιος, le ventre, et adject. fort, robuste ; ῥάριον, enfant.

Ῥάφανος, rave ou raifort : rac. ῥάφυς, rapus.

* Ῥέθος, τὸ, membre ou partie du corps : rac. ῥέζω, facio, parce qu'on agit avec les membres ; ou ῥέω, fluo, et ἦθος, indoles, parce que les inclinations se répandent sur l'extérieur, et se font voir.

Ῥῆκες, solives, étais, ce qu soutient et appuie ; tibicines Virg.

Σ

Σάγαρις, εως, ἡ, sorte de hache que portaient les amazones.

* Σάκχαρ et σακχάριον, saccharum, sucre.

Σαλάκων, pauvre orgueilleux et qui fait semblant d'être riche, qui fait des dépenses inutiles : rac. σαλεύω, jacto : σαλακωνία, vanité dans la pauvreté, vanterie, profusion faite mal à propos.

* Σάλγαμα, τὰ, confitures, et tout ce qui se réserve en des vases ou pots pour manger.

Σαμβύκη, sambuca, instrument de musique; machine de guerre.

Σάμψυχον, marjolaine : σαμψυχίζω, avoir l'odeur de marjolaine.

Σανδαράκη, minéral, appellé arsenic rouge : σάνδυξ, υκος, ἡ, sandyx, céruse brûlée.

Σαρδώ, οῦς, et Σαρδών, όνος, ἡ, Sardaigne, île.

* Σατράπης, ου, ὁ, Satrape, prince ou gouverneur de province chez les Perses.

* Σάτυρος, Satyre; mordant, aigre.

* Σαῦλος, ου, mou, délicat, lâche, léger, fainéant; qui aime le repos ; σαυνὸς, le même.

* Σαῦρος, ὁ, un lézard, et une sorte de poisson.

Σαυσαρισμὸς, οῦ, sécheresse de langue, hésitation : rac. σαυσαρίζω, susurro, de σαυσαρὸς, susurrus.

* Σεμίδαλις, farine de seigle ou de méteil.

Σέρις, εως, espèce de chicorée.

Σερίφιον, absinthe de mer.

Σέριφος, fille qui vieillit dans la virginité : rac. σερίφη, Suid. locusta terrestris.

* Σέρφος, sorte d'insecte, moucheron ou fourmi : rac. σύρω, traho.

* Σῆρες, οἱ, peuples ou vers qui font la soie.

Σητάνη, espèce de blé d'Inde : σησαμίς, gâteau fait de miel et de la farine de ce blé.

Σίγλαι, αἱ, pendans d'oreille : σίγλαι, chiffres, abréviations, notes pour écrire en abrégé : rac. σιγάω, sileo.

* Σιδη, grenade, ou grenadier.

Σίλιγνις, siligo, farine de pur froment. Le grec semble avoir été formé du latin.

Σίλφη, ver, tigne, cloporte, insecte qui sent mauvais, et quitte sa peau.

Σίλφιον, laserpitium, herbe d'où provient le benjoin : σιλφίου ὀπός, laser, benjoin.

Σίμβλον, ruche de mouches à miel : rac. σιμαί, apes, et βάλλω, jacio, parce que les abeilles y portent leur miel.

* Σινδών, όνος, ὁ, sindon, habit de linge, fin lin.

* Σίνηπι, ιος, τὸ, sinapi, de la moutarde : rac. σίνει ὦπας, lædit oculos.

Σίον, laver, de la berle, herbe.

* Σιπύη, coffre, huche à mettre le pain : ὁμοσίπυοι, gens mariés, parce qu'ils vivent du même pain.

Σίρκιον, sapa, defrutum, vin cuit.

Σίσαρον, siser, chervi.

Σισύμβριον, serpolet sauvage.

Σισύρα, robe ou habit de peau de chèvres : σύρα, le même.

Σιφνὸς, οῦ, vide : Σίφος, île, l'une des Cyclades : σιφνίος, qui est de l'île de Siphe; d. pl. vilain, déshonnête.

Σκαμμωνία, scammonée, herbe.

Σκάνδιξ, ικος, ὁ, herbe comme le cerfeuil : rac. σκέω, pour ξέω, seco, parce qu'elle a la graine pointue et piquante.

Σκάρκβος, escarbot, sorte d'insecte.

* Σκέθρος, exact, exquis, recherché, excellent : rac. σχέω, habeo.

Σκίγγος ou σκίγκος, crocodile terrestre.

Σκίλλα, scilla, squilla, ognon marin : rac. σκέω, seco, quia admodùm incidentem habet facultatem. Mart.

Σκιμαλίζω, tâter les poules pour voir si elles pondront; montrer du doigt du milieu, en fermant les autres, ce qui était noter d'infamie.

Σκινδαψός, οῦ, ὁ, plante semblable au lierre, instrument de musique à trois cordes, sistre.

Σκινθοί, nageurs, plongeons, gens qui ont fait naufrage.

Σκίταλος, malotru, méchant, main.

Σκολόπενδρα, scolopendre herbe.

Σκόλυμος, sorte de chardon, certaine herbe : rac. σκόλος, sorte d'épine dont l'étymologie est σκάλλω, fodio, parce qu'elle pique.

Σκολύπτω, arracher, déchirer : rac. σκόλον ὁλόπτω, spinam excorio, evello : ἀνασκολύπτω, découvrir : ἀποσκολύπτω, ôter la peau ou l'écorce, couper, estropier.

Σκόμβρος, scombrus, maquereau, poisson de mer.

* Σκόροδον, de l'ail : rac. σκῶρ ὄζειν, quòd fœdè olent. Mart. : σκοροδινάομαι, s'étendre, bâiller.

Σκύνιον, cilium, la paupière : rac. σκηνᾶν, parce qu'elle couvre les yeux.

Σκῶλος, épine ou bâton durci au feu; dard, javelot : racine σκέλλω, exsicco; d. pl. embarras dans le chemin : rac. σκάζω, claudico, parce que cela empêche d'aller : σκόλος, se trouve aussi pour Hésychius pour une sorte d'épine.

Σμίλαξ, ακος, ἡ, taxus, If; d. pl. autre arbre qui a les feuilles semblables à l'yeuse ou chêne verd, herbe et arbrisseau : μίλαξ, pour σμίλαξ, sorte de lierre dont on couronne les poètes.

Σμύρις, smyris, pierre dont les lapidaires polissent les pierres précieuses.

* Σμώδιξ, ικος, et σμώδυγξ, υγγος, ἡ, vibex, la marque des coups qu'on a reçus, meurtrissure : rac. σμάω, abstergo.

Σόγχος, cucurbita, une courge, herbe sauvage bonne à manger.

* Σομφὸς, οῦ, vide, poreux, spongieux, mou.

Σοῦσον, un lys.

Σπάταγγος, espèce de hérisson : rac. πιτάω, expando.

Σπάτος, τὸ, cuir, peau : rac. σπάω, traho, parce que le cuir s'étend.

Σπέλεθος, ὁ, fumier, excrémens: πέλεθος et σπέλθος, le même : rac. σπίλος, sordes.

*Σπιθαμή, l'espace qui est entre le pouce et le petit doigt étendus, la mesure de douze doigts : rac. σπίζω, extendo.

*Σπολάς, άδος, ἡ, robe ou vêtement de cuir : rac. σπόλια, la laine qu'on tire des jambes des brebis ; l'étymologie est σπάω, traho.

*Σπόνδυλος et σφόνδυλος, ου, ὁ, spondyle, vertèbre, épine du dos ; façons dans l'architecture; jetons dont on se servait dans les suffrages, poids attachés au fuseau pour le faire mieux tourner; tête d'un artichaut. Rac. σφίγγω, constringo ou σπάω, traho.

Σπυρθία, ἡ, σπύρθος, ὁ et ἡ, et σπυράς ou σφυράς, άδος, fumier de chèvres.

Σταῖς ou ςαῖς, αιτός, τὸ, farine de froment délayée avec l'eau, pâte, levain, graisse : rac. ςάω, sto, parce que cela a consistance.

*Στάμνος, cruche, pot, vase, tonneau : rac. ςάω, sto.

*Στέαρ, ατὸς, τὸ, sain-doux, suif, substance onctueuse, graisse, pâte, levain : rac. ςάω, sto.

Στελὶς, ίδος, ce qui croît sur les arbres, comme le gui : rac. ςέλλω, mitto, parce que cela vient d'ailleurs, et n'est pas de l'arbre.

Στήτη ou ςῆτα, ης, une femme : ςήθη, mamma ou ςῆθος, pectus.

*Στία, une petite pierre : rac. ςάω, sto, parce qu'elle est immobile.

Στίλη, petite monnaie ou quelque chose fort petite, et comme un point : rac. ςίζω, pungo.

Στίμμι, τὸ, et ςίμμος, ἡ, stibium, est l'antimoine, quo aliquid ςείβεται, densatur.

Στόρθυγξ, le fer de la pique ; la corne d'un cerf, cheveux sales et mêlés : rac. ςορέω, sterno.

*Στρηνής, έος, âpre, rude, horrible, indompté; aigu, pointu, délié, clair, manifeste : ςρῆνος, τὸ, dureté, mauvais naturel ; orgueil, mollesse, délicatesse.

Στρίβος, la voix déliée des oiseaux : rac. ςίζω, ou τρίζω, strido.

Στρύχνος, solanum, morelle, herbe.

*Σὺ Dor. τὺ, tu, toi; σὸς, tuus, le tien. σφωΐτερος et σφέτερος, le vôtre à vous deux : ὑμέτερος, le vôtre à plusieurs.

Συβαρις, ville autrefois d'Italie, dans la Calabre, corrompue de mollesse et de délices : συβαρίζω, vivre dans la mollesse et dans le luxe.

Σύραι, αἱ, méchant petit manteau : rac. σύρω, traho : συριά, casaque grossière, sale, grasse ; herbe agréable aux abeilles.

Σύφαρ, la dépouille d'un serpent ou d'une cigale : la petite peau qui se prend sur le lait, la peau ridée des vieillards. Rac. présumée σύλη ὄφεως, serpentis spolium.

Σφάκελος et φάκελος, ὁ, inflammation de quelque partie, gangrène, putréfaction des os, feu sauvage. Il se dit aussi des chevaux, et des arbres mêmes quand la racine se noircit et se corrompt intérieurement. Rac. σφάκος, sauge, à cause qu'elle est d'une couleur pâle, et comme brulée ou σπάζω, eneco ; d. pl. le doigt du milieu ; sauge mâle.

Σφάκος, ὁ, de la sauge.

Σφένδαμνος, ου, ἡ, érable, arbre fort et dur ; sorte de chanvre : rac. σφέδανος, acer, durus.

Σφηττὸς, aigre, piquant, qui a de la pointe.

T

* Τάγγη, relent, moisissure : ταγγίζω, se moisir, se corrompre, se gâter : rac. τήκω, *marcesco.*

Τάμισος, ce qui est pris ou caillé; peau de bouc nouvellement écorchée : rac. τέμνω, *seco.*

Τάρταρος, *tartarus,* le lieu le plus profond des enfers : rac. ταράσσω, *turbo,* parce que tout y est en confusion.

* Ταρχεὰ, τὰ, funérailles, enterrement : rac. ταραχὴ, trouble, confusion.

* Τέλμα, ατος, τὸ, bourbier, marais : rac. τέλος, *finis,* parce que c'est où l'eau finit, comme la queue d'un étang : τελμίς, ῖνος, boue, fange : τελματιαῖος, bourbeux ou de marais.

Τελχὶν, ῖνος, furieux; enchanteur, sorcier, possédé; chose qui fait mourir.

Τερέβινθος, térébinthe, arbre.

* Τευθὸς et τευθὶς, sorte de sèche, poisson : rac. τχθὺς, *terra* ou *mare.*

Τευτάζω, avoir soin, s'appliquer, faire exactement : rac. τεύχω, *fabricor.*

Τεῦτλον, de la bette, herbe, attiq. pour σεύτλον : rac. σεύω, *moveo,* parce qu'elle croît fort.

* Τήβεννα, robe à la romaine; de *Tebennus* d'Arcadie, qui l'inventa.

Τηλέφιον, pourpier sauvage; de *Telephus,* nom propre.

Τηλία ou σηλία, vaisseau fait en forme de cuve ou seau, dans lequel on pétrissait la farine : rac. σέω, *moveo;* d. pl. une huche, un coffre à blé; une grande table où les boulangers laissent ressuyer leur pain; un coffre d'ais en carré dans lequel on rendait la farine, et dans lequel on faisait battre des coqs et des cailles; la circonférence d'un crible; le couvercle d'un alambic; table à jouer aux dés.

Τῆλις, εως et ιδος, *fœnum græcum,* du fénégré : rac. τῆλε, parce que cette herbe a de longues cosses. *Martin.*

Τήνιοι, amandes douces.

Τινελλα, ἡ, et τινελλος, ὁ, son de la lyre dans les victoires : τινελλος et -α, dans Hésychius le même.

* Τηύσιος, vain, inutile : rac. τίτη, *penuria.*

Τιάρα, tiare : rac. τίω, *honoro.*

Τιέην, trépied, pour τριβὴν, parce qu'il a trois bases ou trois pieds.

Τίγρις, ιδος et ιος, tigre.

Τιθαιβάσσω et τιθαιβώσσω, faire le miel : rac. τίθεναι βόσιν, *escam ponere.*

* Τίλος, excrément, ordure, vilenie.

Τευθλέος, chaud, tiède, bouillant : rac. τένθω, *edo.*

* Τις est ou interrogatif ou indéfini.

Τίς interrogatif est masc. et fém., qui? quelle? On dit aussi quelquefois ὅτις. Il s'explique quelquefois par *uter,* lequel des deux? par *qualis,* quel? Le neutre τί s'explique par *quod* ou *quid,* quoi? qu'est-ce que? pourquoi? Il se prend pour la substance et nature des choses; on dit aussi τίη ou τιή.

Τὶς indéfini est enclitique, et signifie quelqu'un, certain, quidam. Avec les noms de nombre il se prend pour presque, environ. Il se prend aussi pour marquer quelque grandeur ou excellence. Le neutre τὶ entre dans ces mêmes sens.

Ὅςτις ἥτις, ὅ τι, qui, quel, quelle. Il se prend quelquefois pour quiconque, chacun; et

DES RACINES GRECQUES

quelquefois il s'explique conditionnellement, si quelqu'un : ὅτις, οἱ. le même.

Οὔτις, nul, personne.

Τιτίζειν, crier comme font les petits dans le nid.

* Τιτύσκομαι, viser droit au but : rac. τάω, tendo.

* Τίρη, sorte de froment.

* Τῖφος, εος, marais, lieu humide : rac. τύφεσθαι, se corrompre

Τολύπη touffe de laine peignée et cardée, prête à filer; sorte de courges; 4, Reg., 4: rac. ταλάω, laboro, d'où vient aussi ταλάσιον, lana; τολυπεύω, devider, mettre en un peloton; faire un tissu, enlacer; tordre, faire, machiner, bâtir, entreprendre, réussir, achever; souffrir du mal, surmonter le travail et les difficultés.

* Τονθορύζω et -ρίζω, murmurer, gronder, parler bas et entre les dents : rac. τόνος, tonus, et θρόος, strepitus.

Τόρμη et -ος, le moyen de la roue, qu'on nomme aussi πλήμνη et χνόη; d. pl. barrière, fin, borne, course; l'impression que fait la roue sur la terre en allant : rac. τορέω, perforo.

Τόφος, tuf, pierre sèche et rude qui se réduit aisément en cendre.

* Τρύβλιον, Matth. 26, un plat, une écuelle, un petit pot, petit vase : rac. τρύω, tero, in quod βάλλονται τὰ τρυόμενα, intrita, intritae escae, d. pl. culeus, une mesure de deux boisseaux et demi.

* Τύνος ou τύννος, petit : τυννοῦτος, petit, peu.

Τυντλος, de la boue, un bourbier; tumulte, trouble.

Τύρσις, tour, forteresse, rempart.

Υ

Ὑάκινθος, hyacinthe, herbe, fleur et pierre précieuse; laine ou fil de couleur d'hyacinthe.

* Ὕπερος, un pilon.

Ὑπήνη, la barbe : ὑπηνήτης, jeune homme.

Ὕρον, essaim de mouches à miel : rac. εἴρω, necto, de même qu'apis vient de ἅπτω, ligo, parce qu'elles s'attachent les unes aux autres.

Ὑρχή, une truie : ὕρχη, un levier, ou autre instrument avec quoi les nautonniers lèvent leurs fardeaux; un saloir de terre.

* Ὑσσός, flèche, dard.

Ὕσφαρ, αρος, τό, sorte de gomme ou de glu, qui vient au sapin : rac. ὑφ-αιρεῖσθαι, tolli, parce qu'on la peut ôter sans nuire à l'arbre.

Φ

* Φαιδρός, gai, joyeux, de bonne humeur, beau, brillant, apparent : rac. φάω, luceo.

Φαικάσιον, souher ou sabot.

Φάλαινα, cicindela, moucheron qui vient voler autour de la chandelle : rac. φάω, luceo.

* Φαρέτρα, pharetra, carquois à mettre les flèches : rac. φέρω, et τρώω, vulnero, parce qu'il porte des armes offensives.

Φάσηλος, sorte de légumes qui sont longs : φάσηλος, un petit vaisseau qui est long.

* Φελλός, du liége : rac. φλοιός, cortex.

Φίρεα, τὰ, tumeurs et enflures de nerfs.

Φιϐαλέη, figue sèche.

Φιλὶς, ίδος, canne, roseau.

Φιλλυρεα, philyrea, arbre: rac. φύλλον, folium.

Φιλύκη, arbre toujours verdoyant, semblable au laurier.

Φίντις, auriga, cocher, modérateur.

* Φλιὰ, ᾶς, les jambages d'une porte, le linteau, le pas de la porte, le vestibule: rac. φλάω, c'est-à-dire θλάω, percutio, parce qu'on y frappe souvent. d. pl. les montans d'une échelle.

Φολύνω, le même que μολύνω, corrompre, gâter; d. pl. emplir, rac. φόρυξ, podex: φορύω, inquino.

Φόλυς, roux.

Φοξὸς, qui a la tête ronde et pointue comme un pain de sucre: rac. ὀξὺς, acutus.

* Φρέω, et φρημὶ, emitto, mettre, ou pousser dehors: rac. φέρω, fero: εἰσφρέω, recevoir, admettre.

Φρυνὸς, rubeta, sorte de grenouille venimeuse.

Φώκαινα, une baleine, ou poisson semblable à un dauphin.

X

Χαῖον, une houlette de berger.

Χαλϐάνη, galbanum, sorte de gomme.

Χαλὶς, vin pur: rac. χαλάω, laxo, quia solvit mentes; d. pl. fou, insensé, qui est hors de lui-même.

* Χάρτης, charta, charte, papier, quia litteris χαράσσεται, inscribitur.

* Χάρυϐδις, charybdis, gouffre dans la mer: rac. quia in χάος ῥᾷον δύνει, in hiatum facilè mergit.

Χέζω, caco, aller à la selle rac. Χέω, fundo, nempe excrementa.

Χηραμὸς, οῦ, ὁ, une caverne, tanière de bêtes sauvages.

Χῖος, (supp. ἀςράγαλος.) l'as, l'unité dans le jeu de dés.

Χλάζω, siffler, faire bruit, parf. moyen κέχλαδα.

Χλαμὺς, ύδος, chlamys, sorte de vêtement, comme casaque, ou justaucorps.

Χοίνιξ, ικος, sorte de mesure.

Ψ

Ψαιδρὸς, clair, délié, qui a les cheveux clairs: rac. ψάω, comminuo.

Ψαυκρὸς, subtil, léger, délié, mince, agile, délicat, qui à peine touche la terre du bout des pieds en marchant: rac. ψάω, tango, et ἄκρος, summus.

* Ψαφαρὸς et Ψαφερὸς, sec, crasseux, malade, infirme, aisé à mettre en poudre, obscur, ténébreux: rac. ψάω, comminuo.

Ψεδνὸς, qui a les cheveux fort clairs, qui est chauve: rac. ψάω, comminuo.

Ψέδω, avoir soin, avoir charge.

Ψίδων, calomniateur, médisant.

Ψίζομαι, pleurer.

Ψίθος, injure, médisance.

Ψίναθος, une chèvre.

Ψίνεσθαι, pleurer.

Ψίνεσθαι, defluere, se dit de la vigne quand elle coule.

Ψίνθος, douceur, plaisir, d'où vient absinthe, herbe amère.

Ψινύθιος, vil, abject, méchant, méprisable.

Ψυδ'ρακες et ψυδράκια, pustules qui viennent sur la peau.

★ Ψώθιον, miette, petit morceau.

Φωλὸς, circoncis. d. pl. tison.

Ω

Ὠ6ὴ, tribu, partie du peuple.
Ὠ/υγιος, vieux, ancien, comme qui dirait du temps d'Ogygès.
Ὠκεανὸς, οῦ, l'Océan, la mer.

Rac. ὠγὴν, le même; ou bien, ὠκὺς, velox.

Ὠρίων, ωγος, Orion, constellation.

FIN DE LA SECONDE PARTIE.

TROISIÈME PARTIE.

TRAITÉ DES PARTICULES INDÉCLINABLES.

A

Ἀεάλε, plût à Dieu, ah, hélas!

Ἄγα, de l'adv. ἄγαν, ne s'emploie qu'en composition, et l'on donne au mot auquel il est joint une signification superlative, répondant à beaucoup, très, fort.

Ἄγχι, auprès, tout contre; bientôt, incontinent.

Ἀγχιτεύς, proche, allié, parent: ἀγχιτεύω, appartenir, être ou se porter pour héritier, rentrer dans un bien comme parent: ἐναγχος, naguères, peu auparavant.

Ἄδην ou ἄδδην, abondamment, en quantité, largement.

Ἀεί, toujours, sans discontinuer, sans interruption. Voyez dans la première partie en son lieu.

Ἀί. Dor. pour εἰ, si, ou pour εἴθε, plût à Dieu: mais αἱ avec l'esprit rude est le pluriel de l'art. fém.

Αἲ ou αἶ, hei, ah, hélas, haïe! αἰνός, cruel, déplorable.

Αἶψα, statim, incontinent.

Ἀλλά, mais, néanmoins, or, cependant; point du tout, au contraire, encore que, toutefois, mais aussi. Quelquefois il sert dans les interrogations pour *an*, *utrùm*, savoir.

Ἀλλὰ καί, mais aussi, et même.

Ἀλλὰ δὴ καί, bien plus, et qui plus est.

Ἀλλὰ γάρ, mais, or.

Ἀλλά γε, ἀλλ' οὖν γε, au moins, mais pour le moins, mais cependant.

Ἀλλὰ καὶ ἴσως, mais peut-être.

Ἀλλὰ δή, *at enim*, mais, en interrogation.

Ἀλλά τοι, ἀλλὰ μήν, mais cependant, car, or, or est-il.

Ἀλλὰ μέν τοι, or, mais cependant.

Ἀλλὰ νὴ Δία, mais sans doute.

νὴ Δί' ἀλλά, le même.

Ἀλλ' ἤ, sinon, si ce n'est, ou bien, mais cependant.

Ἀλλ' εἴπερ, si ce n'est.

Ἀλλ' ὅτι, si ce n'est que.

Ἀλλὰ μή, *numquid igitur*, mais ne dira-t-on pas?

Ἀλλ' ἄρα est presque le même, selon Budée.

Ἀλλ' οὐκ, non pas, mais non, non pas plutôt.

Ἅμα, en même temps, ensemble, sitôt que, incontinent.

Ἀμφί, préposition qui gouverne trois cas, et a grand rapport avec περί, dont nous parlerons ci-après. Elle marque ordinairement le circuit, le tour, les environs ; d'où vient qu'on l'emploie pour montrer la proximité, la convenance ou le rapport du temps et des choses, enfermant souvent relation à la chose marquée dans le cas qu'elle gouverne, comme on verra par les exemples suivans.

Avec le génitif.

Ἀμφὶ τῆς πόλεως, *Hérodote*, aux environs de la ville : ἀμφὶ πόνου ὁ πόνος, les travaux sont enchaînés les uns aux autres ; un travail en amène un autre.

Τῆς δ' ἀμφί, *Apollonius*, pour l'amour d'elle, en sa considération : Φοίβου τ' ἀμφί, *id.*, pour l'amour de Phébus.

Ἔστι δ' ἀνδρὶ φάμεν ἀμφὶ δαιμόνων καλά, *Pind.*, il est du devoir de l'homme de parler toujours bien des dieux.

Ἀμφὶ ἀστέρων ἡ γράφη, *Lucien*, cet écrit parle des astres.

Avec l'accusatif,

ce qui est plus ordinaire.

Ἀμφὶ κάμινον ἔχω τὰ πολλά, *Lucien*, je suis presque toujours occupé autour de ma forge : οἱ ἀμφὶ γῆν ἔχοντες, les laboureurs.

Ἀμφ' ἅλα ἕλσαι Ἀχαιούς, *Hom.*, pousser les Grecs vers la mer.

Ἀμφὶ τὰ ἑβδομήκοντα ἔτη, *Lucien*, environ soixante dix ans.

Νόμοι ἀμφί τι καθεστῶτες, *Denys d'Halic.*, les lois qui ont été faites touchant quelque chose.

Οἱ ἀμφὶ Πρίαμον, *Hom.*, ceux autour de Priam, pour dire *ipse Priamus*, Priam, selon *Eusth.*

Οἱ ἀμφὶ τὸν Κῦρον, Cyrus et ses soldats, Cyrus et toute sa suite.

Τοῖς ἀμφ' αὐτὸν δορυφόροις, *Eusèbe*, aux soldats qui étaient autour de lui. V. περί, ci-après.

Avec l'ablatif.

Ἀμφὶ μὲν μάχῃ τοσαῦτα εἰρήσθω, *Hérod.*, *atque hæc quidem de bello tot et tanta dicta sint*; c'est assez parlé de la guerre.

Ἀμφὶ δὲ τῷ θανάτῳ αὐτῆς, *id.*, pour ce qui est de sa mort.

Ἀμφὶ γυναικί, *Hom.*, pour une femme.

Ἀλλὰ καὶ ἀμφ' Ὀδυσεῖ, à cause ou pour l'amour ou en considération d'Ulysse.

Ἀμφὶ στήθεσι *circà pectus*, vers l'estomac, autour du ventre. *Hom. Theocr.*

Ἀμφ' ὤμοισιν ἐδύσατο τεύχεα καλά, *Hom.*, il avait endossé de belles armes.

Ἀμφίς, adv. de part et d'autre, des deux côtés, sans, séparément, hormis, excepté, entre, au milieu.

ΆΝ, conjonction qui quelquefois marque la possibilité, quelquefois sert aux interrogations, quelquefois est explétive ou surabondante, et quelquefois sert à abréger le tour et la phrase. V. Nouv. Méth. Grecq., liv. 8, chap. 5, et le traité d'Hooger.

ἈΝΆ, préposition, se joint presque toujours avec l'*accusatif*, et répond proprement à *per*, et *inter* des Latins. C'est pourquoi elle marque d'ordinaire quelque réitération ou continuité, et elle s'emploie aussi dans la durée, le trajet, dans les similitudes, soit pour marquer la ressemblance, l'égalité ou l'opposition, et dans les choses qui se font à plusieurs fois.

Ἀνὰ τὰ ὄρη, par les montagnes.

Ἀνὰ τὸν ποταμὸν πλέειν, *Hérodote*, monter contre le cours de l'eau.

Ἀνὰ χρόνον, avec le temps.

Ἀνὰ πᾶν ἔτος, tous les ans.

Ἀνὰ χεῖρα, en main.

Ἀνὰ κράτος, *Plut.*, par force, avec force, de toutes ses forces.

Ἀνὰ τὴν Ἑλλάδα, à travers la Grèce.

Ἀνὰ τὸν βίον, durant la vie.

Ἀνὰ τυχόντα, comme il arrive.

Ἀνὰ στόμα ἔχειν, avoir en la bouche, parler souvent de quelque chose.

Ἀνὰ στόμα εἶναί τινι, être souvent en la bouche de quelqu'un.

Ἀνὰ μέρος, *Hom.*, tour à tour, par partie, l'un après l'autre.

Ἀνὰ πρώτους, entre les premiers.

Ἀνὰ τὸν αὐτὸν λόγον, *Clém. Alexand.*, tout de même, en la même manière.

Κινναμώμου καὶ νάρδου ἀνὰ οὐγκίαν μίαν, une once de canelle et de nard; de chacun une once; dans lequel sens le prennent souvent les médecins.

Ὥστε καὶ Ῥωμαίοις ἀνὰ πέντε καὶ εἴκοσι δραχμὰς τελευτῶν καταλιπεῖν, *Xiph.* parlant d'Auguste, de sorte qu'il laissa aux Romains en mourant à chacun vingt-cinq dragmes par tête.

De même, ἀνὰ πέντε, cinq à cinq.

Ἀνὰ δηνάριον ἔλαβον, *Matth.*, 20, Ils reçurent chacun un denier.

Ἀνὰ μετρητὰς δύω, environ deux mésures ou chacun deux mesures.

Ἀνὰ μέσον, au milieu, entre deux, médiocrement, sans excès, modestement.

Ἀνὰ dans les poètes prend quelquefois l'*ablatif*, comme ἀνὰ βωμοῖς, sur les autels. Χρυσέῳ ἀνὰ σκήπτρῳ, avec un sceptre d'or.

On le trouve dans l'Apocalypse joint avec un nominatif; mais c'est par une ellipse de son propre cas. Ἀνὰ εἷς ἕκαστος τῶν πυλώνων ἦν ἐξ ἑνὸς μαργαρίτου, c'est-à-dire, εἷς ἕκαστος τῶν πυλώνων ἀνὰ ἕνα ἦν, etc., chacune de ses portes prise en paticulier, était d'une seule pierre précieuse.

Ἄνευ, *absque*, sans, hormis; ἄνις et ἄνευθε, le même.

ΑΝΤΙ, préposition, marque d'ordinaire quelqu'alternative, quelqu'opposition, quelque permutation ou comparaison des choses. Il gouverne toujours le génitif, et répond au *pro* des Latins : comme.

Εἷς ἀνθ' ἑνὸς, *unus pro alio*, l'un pour l'autre.

Ἀντὶ ἀγαθῶν κακοὶ γεγένηνται, *Thucyd*, de bons ils sont devenus méchans.

Βασιλεὺς ἀντὶ μυρίων ἐςὶ ςρατιωτῶν, le roi seul vaut dix mille hommes.

Οἱ ἀγαθοὶ ἀντὶ μικρῶν οἴδασι χάριν, *Stenelaidas apud Thucyd*, *lib.* 1. Les gens de bien sont reconnaissans, même pour les moindres choses.

Ἀντὶ ἐμοῦ, pour moi.

Ἀντὶ πολλῶν, pour plusieurs.

Ἀντὶ περιβολαίου, *pro velamine*, au lieu de voile.

Καλὸν ἀντὶ θνητοῦ σώματος ἀθάνατον δόξαν ἀντικαταλλάξασθαι, *Isocr.*, c'est un glorieux échange de perdre un corps mortel pour acquérir une gloire immortelle.

Ἀντὶ κακῶν ἁπάντων κἂν ἀγαθὸν ἕνα τιθείμην, je préférerais un homme de bien à tous les méchans du monde.

Ἀντὶ ποίου, en vertu de quoi?

Quelquefois il se prend pour *propter*; ἀνθ' ὅτου, *propter hoc*, en considération de cela, ἀνθ' ὧν, *propterea quòd*, à cause que.

Ἀντίος, contraire, opposé.

Ἀντιάω et -άζω, aller au-devant, attraper, obtenir, prier.

Ἀντικρὺ, vis-à-vis, à l'opposite; ouvertement, publiquement, entièrement.

Ἄντικρυς, le même; *d. pl.* presqu'entièrement, exprès, certainement.

Ἄντα, *ante*, devant, en présence.

Ἀντάω, aller à la rencontre.

Ἄνω, adv. en haut, au-dessus: ὁ ἄνω βασιλεὺς, le souverain roi: οἱ ἄνω χρόνοι, les temps supérieurs, le temps passé.

Ἀνώτερος, supérieur, qui est plus haut: ἀνώτατος, suprême.

Ἅπαξ, *semel*, une fois, entièrement, tout-à-fait: εἰσάπαξ, une fois seulement.

ΑΠΟ, préposition, qui répond à l'*à* ou *ab* des Latins, et marque d'où vient la chose, ou le terme du départ avec l'espace de temps ou de lieu qui le suit. Elle se joint d'ordinaire avec les choses inanimées, comme παρὰ, avec les animées, quoiqu'on les prenne quelquefois l'une pour l'autre.

Ἀπὸ νηῶν, *à navibus*, des vaisseaux.

Ἀφ' ἵππων ἐπ' ὄνους, *ab equis ad asinos*, des chevaux aux ânes, proverbe.

Ἀπὸ Θεοῦ χρὴ πάντα ἀρχόμενον ἀεὶ λέγειν τε, καὶ νοεῖν. *Platon*, il faut que Dieu soit le principe et le commencement de toutes nos pensées et de toutes nos paroles.

De là vient qu'elle marque la manière ou la cause et le temps; ἀπὸ τύχης, par hasard.

Ἀπὸ σπουδῆς, par affection.

Ἀπὸ τοῦ παραχρῆμα, sur-le-champ.

Ἀπὸ τοῦ φρονίμου, prudemment.

Ἀπὸ τοῦ προφανοῦς ou ἀπὸ τοῦ φανεροῦ, manifestement, ouvertement.

Ἀπὸ χαρᾶς, *præ gaudio*, de joie.

Ἀπὸ τοῦ βελτίςου, à bonne fin, à bonne intention.

Ἀπὸ τοῦ νῦν, *abhinc*, depuis cette heure.

Ἀπὸ προσώπου ὑβριςοῦ, Eccl., 8, *contra faciem contumeliosi*, contre l'homme injurieux et violent.

Souvent elle se prend pour marquer la profession ou condition des hommes, ou leur nation ou leur secte.

Οἱ ἀπὸ τῆς ςοᾶς, les stoïciens, *qui sunt ab eâ disciplinâ*, Cic., οἱ ἀπὸ τοῦ περιπάτου, les péripatéticiens.

Elle marque aussi ceux qui sont hors de charge. Οἱ ἀπὸ τῆς ὑπατείας, *Hérodien*, les hommes consulaires, ceux qui ont été consuls; οἱ ἀπὸ τῆς ςρατηγίας, *qui imperio defuncti sunt*, qui ont achevé le temps de leur charge.

Ἀπὸ παίδων, au sortir de l'enfance.

Ἀπὸ σάλπιγγος, après le son de la trompette, au son de la trompette.

Ἀπὸ δείπνου, *Hom.*, après le souper.

Ἀπὸ τῶν ὅπλων, sans armes. Elle se joint avec le passif, pour ὑπό. Ἐκλελεγμένοι ἀπὸ τοῦ Θεοῦ, *Clem. d'Alex.*, *electi à Deo*, élus de Dieu.

Ταύτας [παρθένους] φασὶν ἀπὸ τῶν ἀντιςασιωτῶν καταλευσθῆναι, *Paus.*, ils disent qu'elles ont été lapidées par ceux de la faction contraire.

Quelquefois elle retire l'accent, et alors elle semble marquer un plus grand éloignement, comme si elle étoit pour ἄποθεν, *procul*, de fort loin; comme,

Ὡς μέντοιγε ἄπο τῆς γῆς ἐγένοντο, *Xiphil.*, étant déjà fort éloignés de la terre.

Ἄπο σκοποῦ, bien loin du but, *præter scopum et præter intentionem*, dit Budée.

Ἄπο τρόπου, *alienum à moribus*, c'est-à-dire être absurde et tout-à-fait hors de propos, ou bien même très-éloigné des bonnes mœurs. *Budée.*

Le contraire est πρὸς τρόπου, qui est à propos et conforme à l'honnêteté.

Ἄπο πράγματος, hors de propos : ἄπο καιροῦ, à contre-temps ; ἄπο γνώμης, *à sententiá*, contre son sentiment.

Ἄπο εἰκότος, *non verisimile*, contre la vraisemblance.

Ἄπο θυμοῦ, *non ex animi sententiá*, qui nous déplaît, qui ne nous revient pas, qui est contre notre inclination.

Ἀπώτερος et -ώτατος, plus éloigné et très-éloigné ; ἄπιος, lointain, éloigné.

Ἄρα, particule souvent explétive. Quelquefois elle s'explique par *utique*, certes, *nempè*, savoir.

Ἄρα οὖν, ἄρα γε, donc, et partant.

Ἄρα (interrogat.) an, *utrùm*, savoir.

Ἄρι, particule inséparable qui, étant mise au devant des mots, en augmente la signification.

Ἄρτι, maintenant, un peu, devant, naguères.

Ἀτὰρ, mais, or, au reste, néanmoins.

Ἄτε, parce que, puisque, savoir, comme, en tant que, et certes.

Ἄτερ, sans, hormis, outre, excepté.

Ἀτταταί, *at at*, ha, ha.

Αὖ, derechef, encore une fois, en reculant, rétrogradant ; au contraire ; tour à tour : αὖτε, derechef, ci-après : αὖθις, αὖθι, et αὖθιν, le même.

Αὔριον, demain, le lendemain : αὐρίζειν, prolonger, différer, retarder ; mourir de froid.

Αὐτὰρ, *autem*, *item*, or, mais, aussi, *de plus*; ἀτὰρ, le même.

Ἄφαρ, incontinent, tout de suite, sans attendre.

Ἄψ, par derrière, derechef, pour la seconde fois, encore.

B

Βαβαί, *papæ*, hélas! voix de gens étonnés ou qui admirent.

Βοῖ, particule inséparable qui sert à augmenter la signification.

Γ

Γὰρ, car ; on s'en sert aussi en interrogation.

Γε, syllabe enclytique qui se joint aux mots ; souvent elle ne signifie rien ; quelquefois elle signifie au moins, pour le moins.

Δ

Δὲ, or, mais, particule qui a souvent μὲν pour adversative. Elles se mettent souvent toutes deux dans la distribution des membres, ὁ μὲν, ὁ δὲ.

Δὲ se met aussi sans qu'on fasse précéder μὲν, et alors il signifie mais, cependant, or. Il se répète aussi quelquefois en tous les deux membres, au lieu de mettre μὲν au premier. Il se met pour δὴ, certes, assurément.

Il se joint avec diverses parti

cules explétives, δέ γε, δέ τοι, δέπευ.

Il sert aussi dans les interrogations fréquentes et reitérées.

Δή, certes, assurément, or, mais, donc, c'est pourquoi, oui, aussi.

Καὶ δή, et même, incontinent, sur-le-champ, tout à l'heure.

Δή sert aussi aux interrogations.

Δῆθεν, savoir, à savoir.

Δῆτα, donc : εἰ δή, ensemble, en même temps.

Δήν, adv. poét. diu, long-temps : δηρά, le même : δηναιός, vieux, qui vit ou qui dure long-temps : δηρός, le même : δηθύνω, prolonger, faire durer, retarder.

ΔΙΑ, préposition, vient proprement de δύω, diviser. C'est pourquoi elle marque proprement le milieu, le travers et comme le passage des choses ou des actions.

De là vient qu'elle se joint avec les temps et avec les lieux, qu'elle marque la cause, la fin, la manière et le moyen de faire les choses, et qu'elle se prend en diverses autres significations, qui se verront mieux par les exemples.

Elle se joint avec le génitif et avec l'accusatif.

Avec le génitif.

Διὰ νυκτός, durant la nuit.

Δι' ἀγορᾶς, à travers le marché.

Διὰ δέκα ἐτῶν, ou bien δεκάτου ἔτους, de dix ans en dix ans.

Διὰ πέντε ἡμερῶν ou πέμπτης ἡμέρας, de cinq en cinq jours; et ainsi des autres nombres, où vous remarquerez qu'en ces façons de parler on met le génitif pluriel avec le nombre cardinal, ou le gén. sing. avec l'accusatif du nombre ordinal, comme on peut voir plus amplement dans la Nouv. Méth., l. 8.

Διὰ τέλους, continuellement, jusqu'au bout.

Δι' αἰῶνος, à jamais : διὰ παντός, pour toujours : διὰ χρόνου, durant un long temps ou après un long temps.

Διὰ σοῦ τοῦτο ἂν ἄμεινον γένοιτο, cela se ferait mieux par votre entremise.

Διὰ φοινίκων καὶ διὰ ῥόδων, médicament fait de palmes et de roses : διὰ βοτανῶν, fait d'herbes; διὰ χυλῶν, fait de divers sucs et liqueurs.

Βρώματα διὰ γάλακτος γινόμενα, Athenée, nourriture faite avec du lait.

Διὰ μέλανος γράφειν, écrire avec un charbon ou du noir.

Κῶμαι διὰ πολλοῦ, villages fort éloignés les uns des autres.

Θεωρεῖσθαι τὰ διὰ πλείστου, admirer les choses que nous ne voyons que par de grands intervalles : ce qui peut se dire et du temps et du lieu pour les choses que nous voyons rarement, ou qui sont fort éloignées de nous.

Διὰ πένθους τὸ γῆρας διάγων, qui passe sa vieillesse dans une tristesse continuelle.

Διὰ βραχέων εἰπεῖν, dire brièvement et en peu de mots; διὰ πλειόνων εἰπεῖν, dire amplement et au long.

Διὰ αἰσχύνης ἔχειν, avoir en respect et en reverence; δι' αἰσχύνης λαμβάνειν, prendre quelque chose à deshonneur.

Δι' οἴκτου λαβεῖν, avoir pitié.

Δι' ἀκριβείας λέγειν, parler exactement et pertinemment d'une chose.

Δι' αἰτίας ἔχειν, accuser, blâmer : δι' αἰτίας εἶναι, être accusé et blâmé.

Δι' οἰκείας τίθεσθαι, s'approprier quelque chose, et le convertir à son usage.

Δι' ἀθυμίας γίνεσθαι, être réduit au desespoir, à l'extremité.

Δι' ἀσφαλείας γίνεσθαι, être en sûreté.

Γίνεσθαι τὸ διὰ μέσου, être entre deux, tenir le milieu.

Μηδὲν γίνεσθαι τὸ διὰ μέσου, n'y avoir point de milieu.

Διὰ νήσων, parmi, au milieu des îles.

Διὰ πάντων ἄξιος θέας, *Hérodote*, digne d'être considéré parmi les autres.

Διὰ χειρὸς ou χειρῶν ἔχειν n'est pas seulement avoir en main ou entre les mains, mais aussi tenir la main à quelque chose, et en avoir soin.

Avec l'accusatif

il marque ordinairement la cause finale ou efficiente.

Διὰ σὲ ταῦτα γράφω, j'écris cela pour vous.

Οὐ δι' ἐμὲ, Dém., *non per me*, c'est-à-dire je n'en suis pas cause, ce n'est pas ma faute.

Δι' αὐτὸν, par son moyen, par son entremise, ou pour l'amour de lui, en sa considération, en son honneur. *Lucien*. Δι' ὃν τρόπον, par quel moyen, en quelle manière?

Ἀκούσατε ὁποῖα συμβουλεύομεν τοῖς πτωχοῖς διὰ τὴν ὑμετέραν ἀπανθρωπίαν, *Basil.*, considérez les avis que nous sommes obligés de donner aux pauvres à cause de votre dureté.

Διὰ τ' ἔντεα καὶ μέλαν αἷμα, *Homère*, au travers des armes et de ce sang noir et épais. Eustathe prétend que διὰ étant avec l'accusatif est pour κατά.

Νύκτα δι' ἀμβροσίην, *Od.*, Ο΄, *per almam noctem*, durant cette divine nuit.

Il se sous-entend quelquefois. Ἔρχονται πεδίοιο μαχησόμενοι περὶ ἄστυ, pour διὰ πεδίοιο, *Homère*, ils venaient à travers les champs pour combattre contre la ville.

Διαμπάξ, en tout, entièrement, universellement.

Δυς, particule inséparable, qui marque difficulté, peine ou malheurs.

E

Ἓα, particule explétive, *hé, ha*.

Ἐάν, *si*; ἂν et ἢν, le même: ἐάντε, soit, ou ἐάνπερ, *si*: κἂν pour καὶ ἂν, *etsi*, quoique, encore que, soit que, et même, au moins. Mais κἂν sans accent est pour καὶ ἐν, comme κἂν τούτῳ, et en cela.

Εἰ, si, pour voir si; que, qu'au moins, plût à Dieu; εἴθε et εἴτε, plût à Dieu.

Εἶα, *eia*, adv. pour exhorter, courage.

Εἶθαρ, incontinent.

ΕΙΣ ou ΕΣ, *in*, prépos., vient proprement d'εἶμι, *eo*; c'est pourquoi elle marque presque toujours le mouvement vers quelque terme ou quelqu'objet auquel la chose tend comme à sa fin, et ne gouverne que l'accusatif.

Εἰς ἐκκλησίαν, à l'assemblée, à l'église.

Εἰς ἄρχοντα, chez le prince: ἀνήνεγκεν εἰς τὸν ἄρχοντα, il en a fait son rapport au prince.

Εὔνους εἰς τὸν δῆμον, affectionné envers le peuple.

Ἁμαρτάνειν εἴς τινα, offenser quelqu'un.

Εἰς Βασίλειον λέγειν, prononcer un discours en l'honneur de S. Basile.

Ὕμνος εἰς τὸν Ἀπόλλωνα, hymne en l'honneur d'Apollon.

Εἰς ὕβριν, *in contumeliam*, en mauvaise part.

Εἰς δύναμιν ou εἰς τὸ δυνατόν, *pro viribus*, selon ses forces, autant qu'il pourra. Διαβεβλημένος εἰς τοὺς Μακεδόνας, *Pausa-*

nias, diffamé auprès des Macédoniens.

Βουλόμενος αὐτὸν εἰς τὴν Ἀθηναίων φιλίαν διαβάλλειν, *Thuc.*, tâchant de le diffamer à cause de l'union qu'il avait avec les Athéniens.

Ἐγκλήματα εἰς τοὺς Ἀθηναίους, *Thucydide*, accusations formées contre les Athéniens.

Εἰς τὸν δῆμον, contre le peuple.

Εἰς οὖς λέγειν, dire à l'oreille, chuchoter.

Εἰς ἑκατὸν, environ cent.

Εἰς θωπεύματα, pour servir à la flatterie.

Εἰς τὸ τυχεῖν, pour obtenir quelque chose.

Εἰς πόλεμον παρέχειν χρήματα, *Isocr.*, fournir aux frais de la guerre.

Εἰς τὰ πρότερον κατωρθωμένα ἐπανεῖσθαι, être loué pour ses belles actions passées.

Εἰς τόδε χρόνου, jusqu'à cette heure.

Εἰς ἐμὲ, *Hérod.*, jusqu'à moi ; jusqu'à notre temps.

Εἰς ὑπερβολὴν, jusqu'à l'excès.

Εἰς τριακοστὸν ἔτος, dans trente ans.

Εἰς ἐνιαυτὸν, durant toute l'année.

Εἰς δύω, deux à deux.

Εἰς ἕνα, un à un.

Cette préposition se met aussi pour ἐν.

Εἰς τὴν ἐκκλησίαν καθέζομαι, *Æsch.*, j'ai rang dans l'assemblée.

Εἰς ψάμμον οἰκοδομεῖν, bâtir sur le sable.

Ἦλθεν ὁ Ἰησοῦς καὶ ἔστη εἰς τὸ μέσον, Jésus vint, et se tint au milieu d'eux.

Elle se met quelquefois avec les adverbes, comme εἰς ἔπειτα, ou tout en un mot εἰσέπειτα, ensuite.

Εἰς ἅπαξ, pour une seule fois.

Εἰς ἀεὶ, pour toujours.

De même εἰς δύω, deux à deux : εἰς τρεῖς, trois à trois.

Εἰς δέον, comme il faut, fort à propos.

Elle se joint quelquefois avec le génitif, mais c'est en sous-entendant l'accusatif, comme εἰς ᾅδου, en enfer, supp. οἶκον, ou τόπον. Elle se sous-entend quelquefois elle-même, n'y ayant que son accusatif seul:

Ἐκείνῃ τὰ πλεῖςον ἄξια ἐχρῶντο, *Thucyd.*, ils s'en servaient (de cette fontaine) pour les choses les plus excellentes ; où τὰ est pour εἰς τὰ, de même que dans le membre suivant il a mis εἰς ἄλλα τῶν ἱερῶν, dans les autres cérémonies.

Εἰς ὅτε, contr. ἔςε, tandis, lors, alors.

EITA, après, ensuite, alors. Quelquefois il enferme quelque doute, d'autres fois quelqu'indignation, et quelquefois il est surabondant.

ἜΠΕΙΤΑ est presque le même qu'εἶτα.

EK devant une consonne, ou ἐξ devant une voyelle, préposition qui marque ordinairement le terme du départ, comme *ex*, *è*, *à*, en latin. C'est pourquoi on la dérive de εἴκω, *cedo*, céder, quitter, se retirer.

Elle se joint avec le génitif, et rentre souvent dans le même sens qu'ἀπό.

Ἐξ Ἀττικῆς, du pays d'Attique.

Ἐκ τῶν λειμώνων, de la prairie.

Οἱ ἐκ τῆς ςοᾶς, les stoïciens.

Οἱ ἐκ τῆς Ἀρειοπάγου βουλῆς, les aréopagistes.

Ἐκ φύσεως δοθεὶς, qui nous a été donné par la nature.

Οἱ ἐξ ἐκείνου, *nepotes illius*, descendans.

Ἐξ αἰῶνος, de tout temps.

Ἐκ παίδων, dès l'enfance.

Ἐκ χειρὸς, de la main, par la main, avec la main.

Ἐκ τῆς οὐρᾶς λαμβάνεσθαι, prendre par la queue.

Ἐκ τῶν νόμων, *ex legibus*, selon les loix.

Ἐξ ἀρίςου, *à prandio*, après le dîner.

Ἐκ τούτου, et au pluriel, ἐκ τούτων, *deindè*, ensuite de cela, ou même à cause de cela.

Ἐκ ἐπιπολῆς, sur la surface.

Ἐκ περιόδου, tour à tour.

Ἐκ πολλοῦ τοῦ περίοντος, avec beaucoup d'avantage.

Τὰς ἐκστρατείας ἐκ μεγίςων ἐποιήσατο συμφορῶν, *Thucyd.*, il a fait cette expédition avec beaucoup de perte.

Ἐκ τῶν ἐνόντων, autant qu'il est en moi, selon mon pouvoir.

Ἐκ τῶν ἐνδεχομένων, autant que je puis.

Ἐκ τοσαύτης ἐπιμελείας, avec un tel soin et une telle diligence.

Ἐκ ῥιζῶν, *radicitùs*, jusqu'à la racine.

Ἐκ Θεοῦ, *divinitùs*, divinement, par un secours extraordinaire de Dieu.

Ἐκ καρδίας ἐποίησε, il l'a fait de cœur.

Ἐκ πηλοῦ ἔπλασεν, il l'a formé de boue.

Ἐκ τῶν ἰδίων χρημάτων, de mon propre argent.

Quelquefois ἐξ marque l'excès:

Ἐξ ἁπάντων ὠχρὸς ἀεί. *Luc.*, *præter omnes perpetuò pallens*, toujours plus pâle que tous les autres.

ἙΞΩ, hors, hormis, au-delà, excepté, sans: ἐξώτερος, qui est plus extérieur: ἐξωτερικὸς, extérieur: ἔξωθεν, hors, de dehors.

Ἑκὰς, loin, de loin: ἕκαθεν, de loin.

Ἔμπας, toutefois, entièrement, de même que.

ἘΝ, *in*, préposition. Elle vient d'ἐς. Car le ς se changeait quelquefois en ν; et ceux de Crète disaient ἐν χόρον pour ἐς χορὸν, *in chorum*, dans l'assemblée. C'est par la même analogie que *in* en latin vient d'εἰς, duquel on a fait premièrement ἰς, puis enfin ἐν, d'où vient qu'Hésiode a dit ἐν φάος pour εἰς φάος. De même que nous disons *delphis*, ou *delphin*, un dauphin; et même *sanguis* ou *sanguen*, le sang. Elle marque ordinairement le terme de repos ou l'état auquel est une chose; c'est pourquoi elle ne gouverne que le datif.

Ἐν οἴκῳ, *in domo*, au logis.

Ἐν ἀγορᾷ, *in foro*, au marché; dans l'assemblée.

Ἐν ἑαυτῷ εἶναι, être en son bon sens, se posséder bien.

Ἐν ἐμοί ἐςὶ, *in me est*, cela dépend de moi.

Ἐν πέλταις καὶ ἀκοντίοις, *Xénoph.*, avec leurs boucliers et leurs javelots.

Ἐν τοσούτῳ (supp. χρόνῳ), cependant, sur ces entrefaites.

Ἐν τοσούτοις μάρτυρσι, en présence de tant de témoins.

Ἐν οἷς ἦν, entre lesquels il était.

Ἐν τοῖς δικαςαῖς, devant les juges.

Ἐν τούτοις ὑπάτοις, sous de tels consuls.

Ἡττημένος ἐν Μαντινείᾳ, *Xénoph.*, ayant été défait devant Mantinée, où il est pour *ad*, ou *circùm*.

Ἀποςελοῦντες ὁπλίτας ἐν τῇ Σικελίᾳ, *Thucyd.*, pour envoyer des hoplites en Sicile, où il est pour εἰς, *in*, avec mouvement.

Τὴν διαβολὴν, ἣν ἐν πολλῷ χρόνῳ ἔχετε, ταύτην ἐν οὑτωσὶ ὀλίγῳ χρόνῳ ἐξελέσθαι, *Platon*, de vous délivrer en ce moment de la calomnie qu'il y a si long-temps que vous souffrez; où l'on voit le premier ἐν pour la durée du temps et le second pour le temps précis, en même régime.

Ἐν φόβῳ εἶναι, être dans la crainte, avoir peur.

Ἐν ὀργῇ εἶναι τινι, être en colère contre quelqu'un.

Ἐν ἐγκλήματι εἶναι, être en peine de se justifier de quelque accusation.

Ἐν αἰτίᾳ εἶναι, être accusé, être en procès.

Ἐν δυνάμει εἶναι, être capable, être puissant, être en faveur.

Ἐν καιρῷ, vel ἐν καλῷ, à temps, à propos, dans une conjoncture favorable.

Ἐν τάχει, en diligence, à la première occasion.

Ἐν δίκῃ, justement, avec raison.

Ἐν τῷ ὤμῳ τὸν χεῖρα ἀποτμῶν, ex humero manum amputans, lui coupant le bras à l'épaule, depuis l'épaule.

Ἐν φαρμάκῳ ἐστί, tient lieu de médicament.

Ἐν υἱῷ ὑμῖν ἐλάλησε, Hebr., il nous a parlé par son fils.

Quelquefois l'ablatif se sous-entend : ἐν ᾅδου, supp. τόπῳ, dans les enfers ; ἐν διδασκάλου, supp. οἴκῳ, in doctoris, supp. domo, au logis du maitre.

Κἄν, sans accent, pour καὶ ἐν, comme κἄν τούτῳ et même en cela.

Ἔνδον, au-dedans, ἔνδοθι, le même.

Ἔνδοθεν, de dedans.

Ἔνδινα, τὰ, les intestins.

Ἐνδυκέως, promptement, avec grande inclination, avec grande affection, diligemment, soigneusement, exactement.

Ἔνδυν, vitement, diligemment.

Ἕνεκα et ἕνεκεν, pour l'amour, en considération.

Ἕνεκα τούτου, quelquefois signifie, pour éviter cela : τούτου ἕνεκα, parce que, d'autant que.

Ἔνθα, ici, là, en ce lieu-là ; quelquefois, où, alors, en ce temps. Il s'emploie aussi dans le mouvement.

Ἐνθάδε, là, ou ici, dans le repos ou dans le mouvement : ἔνθεν, ἐντεῦθεν et ἐνθένδε, d'ici, de là.

Ἑξῆς, ensuite, de suite, d'ordre, par degrés, par un enchaînement continuel : ἐφεξῆς, le même.

Ἐπεί, ἐπειδή, adv. après que, depuis ; sinon, autrement : ἐπεὶ τάχιστα sitôt que.

ΕΠΙ, préposition, vient d'ἕπω, sequor, et se joint aux trois cas, selon lesquels elle reçoit divers sens.

Avec le génitif

Elle marque le temps ou le lieu précis et la chose à quoi l'on a égard, répondant en latin à *sub, in* et *super*.

Ἐπὶ ἄρχοντος Πυθοδώρου, *sub principe Pythodoro*, sous le gouvernement de Pythodore.

Ἐπ' ἐμοῦ, *med ætate*, de mon temps.

Ἐπὶ τῆς γῆς, *super terram*, sur la terre.

Ἐπὶ ξένης εἶναι, supp. γῆς, être dans un pays étranger.

Ἐπὶ πολλῶν, parmi plusieurs choses ou touchant plusieurs choses.

Ἐπὶ τῆς ἡδονῆς, pour le plaisir, pour la volupté.

Ἐπὶ τοσούτων μαρτύρων, en présence de tant de témoins.

Ἐπὶ μὲν τῆς γνώμης σωφρονεῖν, ἐπὶ δὲ τῆς γλώττης σιγή, ἐπὶ δὲ τοῦ προσώπου αἰδώ. Ce sont les trois qualités que Plutarque désire dans les jeunes gens; la tempérance et la modération dans l'esprit, le silence sur la langue et la pudeur sur le visage.

Cette préposition marque souvent la charge et l'office de quelqu'un, de même qu'à ou *ab* en latin.

Ἐπὶ τῶν ἀποῤῥήτων, *à secretis*, un secrétaire.

Ὁ ἐπὶ τῶν βασιλικῶν σφραγίνων, *à regiis sigillis*, le garde des sceaux.

Ὁ ἐπὶ τῶν βασιλικῶν χρημάτων, le surintendant.

Οἱ ἐπὶ τῶν εὐθυνῶν ou bien δημοσίων λόγων, *à publicis rationibus*, les maîtres des comptes.

Οἱ ἐπὶ τῶν ἱκετηρίων ou bien ἱκετικῶν, les maîtres des requêtes.

Οἱ ἐπὶ τοῦ ταμείου, les trésoriers de l'épargne. *Bud.*

Οἱ ἐπ' ἐξουσίας ou bien οἱ ἐπ' ἀξιώσεως, les magistrats, ceux qui sont en charge, qui ont autorité.

Ἐπὶ τριῶν, ἐπὶ τεττάρων, trois à trois, quatre à quatre.

Ἐπὶ φάλαγγος ἄγειν, faire avancer l'armée par les deux ailes.

Ἐπὶ κέρως, *protenso cornu*, faisant avancer l'une des ailes.

Ἐφ' ἑαυτοῦ, de soi-même, de bon gré; et quelquefois chez soi, en son particulier.

Ἐπὶ τῶν ἑλληνικῶν πόλεων, *Arist.*, parmi ou entre toutes les villes de la Grèce.

Ἐπ' ἀναμφισβητήτου ἀποδείξεως, par un témoignage authentique, par une preuve indubitable.

Πίςεις δοὺς ἐπὶ θεῶν, prenant les dieux à témoins de sa promesse.

Ἐπὶ τῶν ἱερῶν ὀμόσαι, jurer sur les victimes sacrées.

Ἐπὶ τῶν τομίων, *super cæsis victimis*, sur les victimes immolées.

Quelquefois même ἐπὶ avec le génitif marque le mouvement:

Ἀποπλέοντες ἐπὶ οἴκου, tirant droit vers leur logis.

Κἀντεῦθεν ἐπὶ Θράκης ἐχώρει, *Zozim.*, et de là il s'en alla vers la Thrace.

Mais les poètes mettent plutôt l'ablatif en ce sens.

Ἐπὶ ναυσὶν ἐλαύνειν, piquer, courir vers les navires.

Avec l'accusatif

Il marque souvent le mouvement à quelque chose et quelquefois la situation vers quelque lieu, ou la proximité, ou bien même la durée du temps, et répond au *super* des Latins.

Ἐπὶ τὴν Ἀττικὴν ἐπορεύετο, il s'en alla au pays d'Athènes.

Ἐπὶ ποσὸν, pour combien.

Ἐπὶ αἶαν, sur terre.

Ἐπὶ τὰς ἡδονὰς ςρατεύομαι, je fais la guerre à la volupté, je combats contre la volupté.

Ἐπὶ τὴν ἑςίαν καθίζεσθαι, *Thucyd.* être assis auprès du feu, ou plutôt se tenir à l'autel des dieux pénates à cause du droit d'asile.

Τὴν πόλιν ἐφ' ἑαυτὸν ποιήσασθαι, réduire une ville en son obéissance.

Ἑαυτὸν ἐπ' ἐξουσίαν ποιήσασθαι, *Hérodien*, s'établir dans une souveraine puissance.

Κλίνειν, ςρέφειν, περισπᾶν ἐπὶ δόρυ, *flectere in hastam*, c'est à dire à droite, parce qu'on tenait la lance de la main droite; et au contraire, ἐφ' ἡνίαν ou ἐπ' ἀσπίδα, *in habenam*, *in clypeum*, c'est à dire à gauche, parce que la bride et le bouclier se tenaient de cette main-là *Bud.*

Ἐπὶ πόδα ἀναχωρεῖν, reculer sur ses pas.

Avec le datif ou l'ablatif

Il marque la fin, la cause ou la puissance, le lieu ou la suite du temps et des choses.

Ἐπ' ἀγαθῷ πάντα ἐποίει, il faisait tout pour le mieux.

Ἐπὶ τούτοις, après cela, *ou qui plus est.*

Ἐπὶ λόγοις, dans les arts.

Ἐπὶ τῷ κέρδει, pour le gain.

Ἐπὶ τῷ σῷ ὀνόματι, en l'honneur de votre nom. *Lucien.*

Ἄλλοι ἐπ' ἄλλοις, les uns après les autres.

Ὁ ἐπὶ πᾶσι ταχθεὶς, le dernier de tous.

Ἐπὶ παισὶ νεανίαις διαδόχοις ἀνεπαύσατο, *Hérodien*, il mourut laissant ses enfans pour successeurs de l'empire.

Ἐπὶ τούτῳ, là-dessus, sur ces entrefaites ; de même que ἐν τούτῳ, parmi cela.

Ἐφ' ἡμῖν ὑπάρχει, cela dépend de nous.

Ἐπὶ Τρώεσσι μάχεσθαι, combattre contre les Troyens.

Ἐφ' ἡμᾶς παρασκευάζεται, *Démosth.*, il se prépare contre nous.

Ποιεῖν ἐπί τινι, soumettre une chose au jugement d'un autre, ou la mettre à sa disposition.

Ἐπ' αὐτῷ ποιησώμεθα τὸ τοιοῦτο, *Lucien*, prenons son avis en ceci, suivons son sentiment, rapportons-nous en à lui.

Ἐπὶ ῥητοῖς, sous certaines clauses et certaines conditions exprimées.

Ἐπὶ τούτῳ ou ἐφ' ᾧ, à la charge que. S'il y a plusieurs conditions on met au pluriel ἐπὶ τούτοις, et dans la distribution, joignant chaque membre par une conjonction, ἐφ' ᾧ τε καὶ, etc., comme: ἐπὶ τούτοις ἔφη χαριεῖσθαι τὰς ἀναπαύλας τῶν πολεμῶν, ἐφ' ᾧ τε μηθὲν ἔτι παρακινεῖν, καὶ ἐπὶ τῷ, etc., *Den. d'Halic*, il répondit qu'il accordait une trève à ces conditions ; premièrement qu'ils ne remueraient rien à l'avenir; secondement, etc.

On dit aussi ἐφ' ᾧ ou ἐφ' οἷς seul, comme: τὴν εἰρήνην ἕρξουσιν, ἐφ' οἷς ἂν ποτε δικαίοις αὐτῆς τύχωσιν, *Id*, qu'ils seraient ravis d'avoir la paix, pourvu qu'ils la pussent obtenir à des conditions justes.

Ils disent encore : ἐπ' ἀγάθῃ ou αἰσίᾳ τύχῃ, à la bonne heure; et au pluriel ἐπ' ἀγάθοις ou αἰσίοις αἰωνοῖς, *bonis et secundis avibus*, avec de bons présages, de bons augures.

Ἐπὶ μεγίστῳ τῆς πόλεως ἀγαθῷ, pour le plus grand bien de la république.

Ἐπὶ τοσούτῳ στρατεύματι, *Thuc.*, avec une si grande armée.

Ἐπ' ἀδήλῳ, à l'incertain.

Ἐπ' ἀσφαλεςέρῳ, au plus sûr.

Ἐπὶ τύχῃ, au hasard

Ἐφ' ἡμέρᾳ, tout le long du jour

Ἐπ' ἐνιαυτῷ, tout le long de l'année.

Ἐπὶ τῷ ποταμῷ, auprès ou le long du fleuve. Et de même en composition, ἐπιθαλάσσιος, *Thucyd.*, qui est maritime, qui est proche de la mer.

Ἐπὶ marque aussi le terme de l'action, et surtout avec les verbes φονᾶν, ne respirer que le sang et le carnage, ou κηρύττειν, faire publier par un héraut. Ainsi φονᾶν ἐπί τινι, c'est se porter avec fureur contre quelqu'un pour lui ravir la vie. Ἀργύριον κηρύττειν ἐπί τινι ou bien τινι ἐπικηρύττειν, c'est le proscrire, mettre sa tête à prix d'argent, faire publier qu'on donnera une somme à celui qui apportera sa tête. *Bud.*

Ἔπι, particule inséparable qui augmente la signification.

Ἔτι, encore, et même, davantage, qui plus est, ensuite, ci-apres.

Εὐοῖ (comme qui dirait εὖ οἶ, *benè sit illi*) : evohe, cri de joie, clameur de bacchantes.

Εὖτε, quand, lorsque, comme, ainsi, de même que.

Z

Ζα, particule inséparable. Elle sert à augmenter la signification des mots auxquels on la joint.

Η

Η avec l'esprit doux et l'accent grave, signifie ou, ou bien, soit, autrement, sinon; en laquelle signification on le trouve avec un circonflexe, ἤ.

Il se prend aussi pour *an*, savoir, soit en interrogation ou hors de l'interrogation.

Il se prend pour *quàm*, que, en comparaison.

Η̈, ἤ, *he, he*, mot de réprimande quand on veut faire cesser une personne; ἤτε, ἤκεν, ἤτοι, ἤγουν, ἤπου, ou, ou bien.

Η, avec l'esprit doux et l'accent circonflexe, certes, assurément; il se joint même avec δή, πού, μήν, τε, et autres particules dans les poètes.

Il sert aussi aux interrogations (comme *an*, *utrùm* en latin, savoir

Η̨, avec l'ι souscrit, l'esprit rude et le circonflexe, signifie comment, en quelle manière, et est proprement l'abl. du relatif féminin.

Η, qui a le même esprit sans accent, est l'article féminin, la.

Ή, qui a aussi le même esprit avec un aigu ou un grave, est le relatif féminin, laquelle.

Mais ἤ est aussi le féminin d'ὅς, *suus*, son; et ἤ la troisième personne de l'aor. 2 du subj. d'ἵναι, envoyer.

Ἠδὲ, et, aussi, encore, dans les poètes.

Ἦκα, *adv.* doucement, tout bas, à petit pas, sans bruit, insensiblement, peu à peu : ἠκαλός, paisible, qui n'aime pas le grand bruit.

Ἤκιστος, ου, très-petit, très-lent, fort peu sensible.

Ἠμὲν, etc.; mais ἤ μεν pour ἤ μήν, certes, assurément.

Ἦμος, quand, lorsque.

Ἤν, si? ἤν μὴ, sinon.

Ἥν, laquelle, vient d'ὅς, qui.

Ἥν, pour ἑήν, la sienne, vient d'ἑός, *suus*.

Ἦν, *eram*, j'étais, ou *erat*, il était, vient d'εἰμί, *sum*, je suis : et quelquefois il se met pour ἐστί, il est; et pour ἐξῆν, *licebat*, on pouvait; même pour ἦσαν, ils étaient, et pour φῆν ou ἔφην, j'ai dit.

Ἠνὶ, en, voilà.

Ἡνίκα, quand, lorsque, hors l'interrog. πηνίκα, le même, en interrogation.

Θ

Θαμὰ, adverbe qui signifie souvent, fréquemment. Voyez dans la première partie Stance LXXIV, v, 6.

I

Ἰατταταί, *heu*, hélas.
Ἰxῦ, mot d'indignation et de colère.
Ἰεῦ, *hui*, voix d'une personne qui pleure.
Ἰή, voix d'une personne qui témoigne sa joie.
Ἵνα, pour, afin que, encore que : ἵνα μή, de peur que, sinon, si ce n'est que : ἵνατι ou ἱνατί, pourquoi, à cause de quoi : ἵνα, adv. de lieu, où, là, partout.
Ἰού, mot pour exprimer la douleur, hé, hélas, ha. Et quelquefois pour marquer la joie, auquel sens quelques-uns écrivent ἰοῦ.
Ἴφι, fortement, généreusement, avec force, courage : ἴφιος et ἴφθιμος, puissant, fort, robuste.

K

Καί, et, mais. Il prend après lui diverses autres particules : καὶ γάρ, καὶ γὰρ δή, car; καὶ δή, incontinent, tout de suite, sur-le-champ.
Καὶ μὴν δὲ καί, et parlant ainsi.
Καὶ εἰ, pour εἰ καί, et si, encore que, quoique.
Καὶ μάλα, et certes, et partant.
Καὶ μέντοι, καὶ ἄν, que si, mais si.
Καὶ μήν, et même.
Καὶ πάλαι, et il y a long-temps.
Καὶ πέρ, encore que.
Καὶ τί δή, et partant.
Καί τοι, encore que, quoique, mais cependant, or; et certes, et partant.
ΚΑΤΑ, préposition, qui reçoit différentes significations, et se joint ordinairement avec deux cas, savoir, le génitif et l'accusatif.

Avec le génitif

Elle marque souvent le terme où tend et arrive quelque chose, et le milieu où elle se fait, et par où elle passe, comme,
Κατὰ Αἰσχίνου λόγος, l'oraison contre Eschine.
Κατὰ τοῦ Κυρίου, contre le Seigneur.
Κατὰ σκοποῦ, contre le but.
Κατὰ γῆς κάθημαι, je suis assis contre terre ou sur la terre.
Κατ' ἀνθρώπου καὶ ἵππου τὸ ζῶον λέγεται, l'animal se dit de l'homme et du cheval.
Κατὰ πετρῶν, sur les pierres, ou le long des pierres. S. Matth., du haut ou le long des rochers.
Κατ' οὐρανοῦ, du ciel.
Κατὰ νώτου ou νώτων, par derrière.
Κατὰ κόρρης παίειν, Luc, donner sur la joue.
Καθ' ὑμῶν ἔσται χάρις, S. Jean, la grâce sera avec vous.
Τρία ἐγκώμια καθ' ὑμῶν τὰ κάλλιστα, Dem, les trois excellens éloges qu'on vous donne.
Κατὰ γῆς ἀποπέμπω, Aristoph., je l'envoie sous terre.
Κατὰ τοῦ μεγίστου Διός, Esop, par le grand Jupiter.
Οἱ κατὰ Λυσίου, ceux qui étaient du temps de Lysias.
Καθ' ὅλης Ἰουδαίας, Act., 9, par toute la Judée.
Κατὰ στήλης, auprès de la colonne.
Κατὰ παντὸς εἰπεῖν, dire en général.
Κατὰ πάντων κοινὸν ἐστί, Arist., cela est commun à tous.
Κατὰ τοῦ αὐτοῦ ὄντα, Gaz, qui sont de la même façon.

LE JARDIN

Avec l'Accusatif

Elle marque d'ordinaire quelque conformité ou quelque rapport soit de proximité, d'égalité, d'ordre ou de ressemblance; d'où vient qu'elle a même beaucoup d'expressions en ce régime qui reviennent à celles du génitif.

Κατὰ Ματθαῖον εὐαγγέλιον, l'évangile selon S. Matthieu.

Τὴν κατὰ σαυτὸν ἔλα, prenez une femme qui soit d'une condition pareille à vous.

Κατὰ γνώμην ou κατὰ νοῦν ἔκανε, il a réussi à souhait.

Κατὰ τὸν πορθμὸν ἐγένοντο, ils arrivaient près du port.

Αἱ κατὰ τὸ σῶμα ἡδοναί, les plaisirs et les voluptés du corps.

Κατ' εἰκόνα Θεοῦ, à l'image de Dieu.

Μεῖζον ἢ κατ' ἰδιωτικὴν τύχην, au-dessus de la fortune d'un particulier.

Κατὰ τοὐναντίον, au contraire.

Κατ' ὀλίγους, *Herodien*, peu à la fois, ou peu à peu.

Κατὰ πλῆθος, en grand nombre, en troupe, en corps.

Κατὰ ποσὸν εὐθαρσῶς εἶχον, ils étaient un peu plus hardis.

Καθ' ἕνα, un à un, et quelquefois *in unum*, en un; en gros, tout ensemble : καθ' ἕνα ἅπαντες γενόμενοι, s'étant ramassés tous ensemble dans un même lieu.

Κατὰ πόδα ou πόδας, ou même en un seul mot : κατὰ πόδας, *è vestigio*, sur les pas; comme κατὰ πόδας ἕπεσθαί τινι, suivre quelqu'un sur ses pas. Ce qui se trouve aussi dans le discours figuré. Τῇ δὲ κατὰ πόδας ἡμέρᾳ, *Hérod*, le jour suivant.

Κατὰ στόμα ᾄδειν, chanter de la bouche, avec la bouche.

Κατὰ στοῖχον, par ordre, par rang, par versets, par rangées.

Κατ' ἔπος, à chaque vers.

Κατὰ μικρὸν ἐπιπλεῖον est le même que ἐπιπλεῖον, de plus en plus, et κατὰ μικρὸν ἧττον, le même que ἧττον seul, de moins en moins.

Καθ' ἑαυτόν, de soi-même, en son particulier, tout seul.

Κατ' ἰδίαν, à part, à l'écart, séparément.

Κατ' ἐμέ, pour moi, quant à moi, selon mon jugement, ou bien, moi seul, selon mes forces, selon mon pouvoir.

Τὰ κατ' ἐμέ, supp. ὄντα, mes biens.

Κατὰ δύναμιν, selon ses forces.

Κατ' αὐτοὺς αἰὲν ὅρα, *Hom.*, il les regardait.

Κατὰ στῆθος ἔβαλε, il l'a frappé par l'estomac ou dans l'estomac.

Οἱ καθ' ὑπεροχὴν νόμοι, les lois touchant l'excès.

Κατὰ κράτος, par force, par violence.

Κατ' ἄνδρα, par tête.

Κατὰ φῦλα, par tribus.

Κατὰ μῆνα ou μῆνας, tous les mois.

Κατὰ πόλεις, de ville en ville.

Κατὰ πόλιν, dans la ville ou touchant la ville.

Κατὰ ῥωπήϊα, dans les broussailles, parmi les broussailles.

Ἀθηναίων κατὰ τὸ ὑπήκοον εἶναι, appartenir aux Athéniens, comme étant de leur obéissance.

Τὰ κατ' ἔμφασιν, les choses qui ne sont qu'en apparence.

Τὰ καθ' ὑπόστασιν, les choses sensibles ou solides, et qui sont effectivement.

Κατὰ βορέαν ἑστηκώς, *Thucyd.*, exposé au septentrion.

Κατ' ἔπος, à chaque mot.

Κατὰ νοῦν προχωρεῖ, succède à souhait.

Κατὰ βασιλέως γράμματα, selon les lettres du roi.

Καθ' ὁδόν, le long du chemin.

Κατὰ χώραν ἔμενον, ils s'arrêtèrent dans la campagne.

Κατὰ γῆν, sur terre.

Ὁ καθ' ἡμᾶς γεγονώς, ou seulement, ὁ καθ' ἡμᾶς, qui est né parmi nous, qui est de notre temps; οἱ κατ' ἐμέ, qui sont de même âge que moi, qui sont de mon temps.

Κατὰ πάντα, en tout et partout, entièrement, généralement, sans exception.

Κατὰ Θεὸν, divinement.

Κατὰ σπουδὴν, diligemment.

Κατὰ καιρὸν, fort à propos.

Κατὰ κόσμον, honnêtement.

Κατὰ λέξιν, à la lettre.

Κατὰ λόγον, raisonnablement, ou à proportion.

Κατὰ κάθετον, à plomb.

Κατὰ τοὺς νεκροὺς ὅπλα πλείω ἐλήφθη, *Thucyd.*, l'on a pris plus d'armes qu'il ne s'est trouvé de morts, *plus quàm pro numero mortuorum.*

Κατὰ τὴν ὑπάρχουσαν οὐσίαν, *pro facultatibus*, à proportion de ses biens.

Κατὰ τόπους, *pro locis*, selon la nature ou la situation des lieux.

Κατὰ πενίαν, *Thucyd.*, à cause de la pauvreté, par pauvreté.

Κατὰ se joint aussi quelquefois à *l'ablatif*, mais dans les poëtes seulement, où il se prend pour *in*, *ab* ou *de*, comme, κατ' ὄρεσσι, *in montibus*, *de montibus*, dans les montagnes ou des montagnes.

Il se prend aussi par périphrase avec l'article. Οἱ κατ' ἀγορὰν, c'est-à-dire ἀγοραῖοι, ceux du barreau ou du marché.

Il est souvent sous-entendu. Μέγας πλευρὰν βοῦς, ὑπὸ σμικρᾶς ὅμως μάστιγος ὀρθὸς εἰς ὁδὸν, un bœuf, quoique très-grand, se laisse pourtant conduire avec un petit fouet, *Soph.*, c'est-à-dire κατὰ πλευρὰν, *magnus per* ou *secundùm latus*, grand par les côtés. Et de même, Σύρος τ' ὄνομα καὶ τὴν πατρίδα, Syrien de nom et de pays. Et c'est d'où les Latins ont pris *cætera Graius*, *fractus membra*, etc. V. Meth. Lat. p. 438.

Κάτω, en bas, au fond, dessous, en descendant, vers la mer, en enfer.

Κάτωθεν, du creux, du fond, du bas.

Κὲ, particule poétique, de même qu'ἂν potentielle.

Λ

Λα, particule inséparable, qui augmente la signification.

Λίαν, fort, beaucoup.

Λίγδην, *strictìm*, à bord, à fleur, en effleurant.

M

Μάλα, *valdè*, fort, beaucoup, extrêmement.

Μᾶλλον, davantage, plus, plutôt.

Μάλιςα, principalement, surtout.

Μάτην, en vain, sans cause, inutilement, faussement, témérairement.

Μὰψ, en vain, inutilement.

Μὲν, certes, assurément. D'ordinaire μὲν est adversatif, et répond au δὲ, qui suit à l'autre membre, et s'explique, oui bien ceci, mais non pas cela ; ou par quelque tour semblable.

Μὲν γὰρ, car : μὲν δὴ, certes, donc, partant : μὲν οὖν, or, mais, partant, donc, au contraire.

Μέσφα, tandis, jusques-là, durant que.

ΜΕΤᾺ, préposition qui se joint ordinairement avec deux cas, le génitif et l'accusatif; et quelquefois même, dans les poëtes, avec l'ablatif.

Avec le Génitif

Elle marque l'union, de même que *cum* en latin.

Μεθ' ὧν τὸ δίκαιον ἐςὶ, μετ' ἐκείνων ὁ Θεὸς, ceux qui ont le droit et la justice pour eux ont aussi Dieu de leur côté, avec eux.

Μέτα τινός εἶναι, suivre le parti de quelqu'un, être avec lui, tenir pour lui.

Μεθ' ὅπλων, *cum armis, in armis*, en armes.

Μετὰ τοῦ γυμνάζεσθαι, avec l'exercice, en s'exerçant.

Avec l'accusatif

Elle prend divers sens, qui se réduisent presque tous à *circum, per, in, ad, post* ou *inter*. Βάκτρον ἦν αὐτῷ μετὰ χεῖρας, *Hérodien*, il avait un bâton à la main ou entre les mains.

Μετὰ δύω τῶν παλαιῶν, *Luc.*, avec ou au milieu de deux anciens amis.

Θρήϊκων ἔθνος μέγιςόν ἐςι μετά γε Ἰνδούς, πάντων ἀνθρώπων, *Hérodote*, les Thraces, après les Indiens, sont la plus grande nation du monde.

Μετὰ τὰ δεινὰ φρονιμώτερος, plus sage après les dangers.

Μετ' ὀλίγον, peu après.

Μετ' ὀλίγον τούτων, peu de temps après ceci ; μετὰ χρόνον, quelque temps après ; μετὰ τοῦτο, depuis cela.

Μετὰ τὸν βίον, durant la vie.

Μεθ' ἡμέραν, durant le jour.

Ὅς με μετ' ἔριδας βάλλει, qui me jette et m'engage dans des procès.

Μετὰ νῆας ἐλαύνειν. *Hom.*, piquer droit vers la flotte.

Μετά τε γῆν καὶ Θάλατταν ἡγεμόνα ἀναφρελεύσαντων, *Plut.*, le saluant et le déclarant lieutenant-général par mer et par terre. *gén abs.*

Ἥλιτε μετ' ἀθανάτους μάκαρας, *Hésiode*, il a péché contre les dieux immortels.

Avec l'Ablatif,

ce qui est rare, elle se prend pour *cum, in* ou *inter*.

Ἀρθμὸν ἔθεντο μετὰ σφίσιν, Apollon., *fœdus inierunt cum iis*, ils firent alliance avec eux.

Μετὰ δὲ σφίσιν ὅσσα δεδήει, Il., β, la renommée courait parmi eux.

Μεταξύ, parmi, entre, au milieu, durant, cependant.

Μεταξὺ λουόμενος, comme il se baignait.

Μεταξὺ πινόντος, comme il buvait.

Μεταξὺ ὀπτώμενα, comme on les faisait rôtir ; où l'on voit qu'il se joint à divers cas du participe.

Mais avec les autres noms il ne prend guère que le génitif.

Μεταξὺ λόγων, comme on parlait, en parlant, durant le discours.

Quelquefois il ne gouverne rien: πολλὰ μεταξὺ ὄρεα, il y a beaucoup de montagnes entre deux.

Μή, ne, non, ne, point du tout, sinon, si ce n'est, que ne, *quin*.

Μὴ φάσκω, μὴ λέγω, je le nie.

Μή, *numquid ?* n'est-il pas ?

Μὴ γὰρ δή, μὴ γάρ γε, μὴ δῆτα, à Dieu ne plaise.

Μὴ γὰρ ὅτι, car non seulement.

Μέν, particule qui répond quelquefois à μέν, et se prend souvent pour δέ. Quelquefois elle se prend pour *tamen*, toutefois, lors même qu'il y a un μέν auparavant.

Ἀλλὰ μήν, or, cependant, mais : γε μήν, mais, or : ἦ μήν, certes, assurément, vraiment : καὶ μήν, de plus, et même : καὶ μὴν δέ, mais.

Μῶν, *num ? numquid ? an, utrum*, particule d'interrogation.

N

Καί, *næ*, certes, oui, assurément, vraiment.

Νή, particule pour accorder ou assurer, et même avec jurement : νὴ Δία, certes par le grand Jupiter : νὴ Δία, suivi d'ἀλλά, signifie mais cependant, mais aussi. Quelquefois l'on met καί devant, c'est-à-dire, et partant. En composition il prive quelquefois ; comme νήκεστος, incurable, pris d'ἀκέω, panser, guérir ; et quelquefois il augmente, comme νήχυτος, qui coule fort, et s'étend, pris de χέω ou χύω, répandre.

Νόσφι et -φιν, séparément. V. CXXXVIII, 9.

Νῦν, *nunc*, maintenant, à cette heure, alors. Quelquefois on y joint l'article, τὰ νῦν, ou tout en un mot, τανῦν. On le joint à diverses particules : νῦν δή ou δέ, à cette heure : νῦν ἄρτι, dès à présent : καὶ νῦν, même à cette heure.

O

Ὁμαρτῆ, le même que ὁμοῦ, ensemble.

Ὅτε (poét. ὅττε ; dor. ὅκκα), quand, lorsque : ἔσθ' ὅτε, *est quando*, c'est-à-dire quelquefois : ὅτε μή, *quando non*, sinon, autrement : πάντοτε, toujours, en tout temps : ὅτε οὖν, puisque, ὅτε se prend aussi pour quelquefois, ou tantôt, dans les divisions ; (auquel sens on écrit aussi ὁτὲ,) pour parce que, puisque, lorsque.

Ὅτ' ἄν ou ὅταν, le même que ὅτε.

Πότε, en interrog., quand ?

Ποτέ, quelquefois ; il est aussi particule explétive.

Ὁπότε, quand.

Τότε, alors.

Ὅτι, que, parce que. Quelquefois il est superflu. Voyez Nouv. Méth. Gr., liv. 8., chap. 11.

Avec le superlatif il augmente, ὅτι πλεῖστος, *quàm plurimus*, beaucoup, en très-grande quantité.

Δηλονότι, savoir, à savoir.

Διότι, pourquoi ? que, parce que.

Καθότι, en tant que, comment, pourquoi.

Ὀττοταῖ, hélas : ὀττοτύζω, pleurer, se lamenter.

Οὐ, οὐκ, οὐχ et οὐχί, non ; ou bien en interrogeant, n'est-ce pas ? il se joint avec d'autres particules : οὐ γὰρ ἀλλά, car, cependant : οὔδεν, non, certes : οὐμενοῦν, néanmoins, cependant, non certes : οὐκοῦν, en interrog., n'est-ce pas ? cependant, certes, assurément, car, donc, partant : οὔκουν, ce n'est donc pas : οὐδέ et οὔτε, ni, non pas même : οὐχ ὅσον, non pas même, non seulement : οὐχ ὅτι, non seulement : οὐμέντοι, non toutefois, non pas : οὔ, *sui*.

Οὐαί, *væ*, ha, malheur, interjection.

Οὖν, donc, partant, enfin, toutefois.

Ὄφρα, adv. poét., afin que, jusqu'à ce que, cependant que, si : τόφρα lui répond, cependant, durant cela.

II

Πάλαι, autrefois, jadis : παλαιός, οῦ, ancien, du vieux temps : παλαιοῦμαι, je vieillis.

Πάλιν, derechef, encore un coup, de nouveau.

ΠΑΡΆ, préposition, qui se joint aux trois cas.

Avec le Génitif

Elle marque ordinairement le terme de départ, sur-tout d'auprès des personnes, ne se mettant guère pour les choses que dans les poëtes, comme,

Παρ' ἐμοῦ δοῦναι, donner de ma part, ou même, de mon argent, comme, *à me*, en latin.

Πορεύομαι παρά τινος, je viens de chez un tel.

Ἐγὼ δὲ οἶδα αὐτὸν, ὅτι παρ' αὐτοῦ εἰμί, Jean, 7, *ego scio eum, quia ab ipso sum*, je le connais, parce que je viens de lui.

Οἱ παρὰ σοῦ, vos gens, ceux qui venaient de votre part.

Τὰ παρ' ἐμοῦ, supp. γινόμενα ou ὑπάρχοντα, ce qui vient de moi, soit qu'on le prenne en bonne ou mauvaise part.

Τὰ παρ' αὐτῶν, *quæ apud illos sunt*, Luc, 10, 7, ce qu'ils vous présentent.

L'on dit aussi παρὰ τοῦ Θεοῦ, contre Dieu même.

Παρὰ θεῶν καὶ παρ' ἀνθρώπων, devant les dieux et devant les hommes.

Παρὰ πάντων θεολόγων, au-dessus de tous les theologiens.

Avec l'accusatif

Elle signifie d'ordinaire la cause, le moyen et comme le milieu ou l'instrument par lequel se fait et se communique quelque chose ; ou le mouvement qu'elle a vers un terme ou un objet ; et même le défaut ou l'excès qui se trouve dans ce mouvement, comme :

Παρά σε ἦλθον, je suis venu vers vous.

Παρὰ τὴν ἀξίαν δυςυχεῖς, tu es malheureux au-delà de ce que tu as mérité.

Παρὰ γνώμην, contre toute attente.

Παρὰ τοὺς νόμους, contre les lois.

Παρὰ μῆνα τρίτον, tous les trois mois.

Παρὰ τὸν καιρὸν, dans le moment favorable.

Παρὰ τὸ δεῖπνον, durant le souper.

Παρὰ τὴν ὁδοιπορίαν, dans le chemin, le long du chemin.

Παρὰ πόδας, aussitôt, incontinent.

Παρὰ τοὺς πόδας τῶν ἀποςόλων, Act., 4, aux pieds des apôtres.

Παρὰ τὸ λέγω γίνεται λόγος, de λέγω vient λόγος.

Παρὰ τὸ συμβεβηκὸς, par accident, selon les rencontres.

Παρὰ τί ; pourquoi ?

Παρὰ τὸ ἀδικεῖν ἡ τιμωρία, la peine a suivi l'injustice.

Παρὰ τοὺς υἱοὺς, plus que ou au-dessus de ses enfans.

Παρὰ τὰ δεινὰ φρονιμώτερος, plus prudent après les maux.

Κρίνει ἡμέραν παρ' ἡμέραν, fais discernement entre un jour et un jour.

Παρὰ δύναμιν, au-delà de ses forces, et aussi au-dessous de ses forces.

Παρ' ἐκεῖνον πάντα τῇ πόλει γίνεται τ' ἀγαθὰ, c'est par son moyen que la république reçoit tous les biens qu'elle a.

Παρὰ τοῦτον ἀθυμοῦσι πάντες, il est cause que tout le monde perd courage.

Παρ' ἅπαν τὸ ϛράτευμα, par toute l'armée.

Παρὰ τοῦτο γέγονε τὰ τῶν Ἑλλήνων πράγματα, c'est en cela que consiste toute la force des Grecs.

Τὸ παρ' ἡμᾶς, ce qui est en nous, ce qui dépend de nous, notre libre arbitre, notre volonté.

Παρὰ πολὺ, de beaucoup.

Περιεγενόντο παρὰ πολὺ τῶν Σαϐίνων, *Den. d'Halic.*, ils ont eu beaucoup d'avantage sur les Sabins.

Παρὰ πολὺ ἐϛιν, il s'en faut beaucoup.

Παρὰ πολὺ τῆς ἀξίας, beaucoup au-dessous de sa dignité.

Παρὰ πολὺ τῶν πέρυσι κατωρθωμένων ἦλθεν, il s'en faut beaucoup qu'il ait approché de la gloire des succès de l'année passée.

Παρὰ πολὺ ἑλέσθαι πόλιν ἦλθεν, il a été bien éloigné de prendre la ville, il n'était pas près de la prendre.

Le contraire de παρὰ πολὺ est παρὰ μικρὸν, παρ' ὀλίγον et παρὰ βραχὺ, comme παρὰ μικρὸν ἦλθον νίκης, *parùm afuere à victoriá*, il ne s'en fallut pas de beaucoup qu'ils ne demeurassent victorieux.

Παρ' ἐλάχιϛον ἐλθεῖν *proximè abesse*, en venir fort près.

Τὰ δὲ παρὰ σχεδὸν ἐλθόντες παθεῖν, *Denis d'Halicarnasse*, ayant déjà souffert beaucoup de choses, et en devant bientôt souffrir encore beaucoup d'autres.

Παρ' ὀλίγους, hormis peu, fort peu d'exceptés.

Παρ' ὀλίγον εἷλε τὴν δίκην, peu s'en fallut qu'il ne gagnât son procès.

Παρ' ὀλίγας ψήφους ἐτιμώθη, il ne tint qu'à peu de voix qu'il ne fût puni.

Παρ' ὀλίγον ἀπέφυγες ὄλεθρον, *Eurip.*, tu as été bien près de ta ruine, il s'en est fallu bien peu que tu n'aies été ruiné, ce qui est le même que s'il avait dit : παρ' ὀλίγον ἀπόλωλας ou bien ἤθες ὀλέσθαι.

Ἀεὶ γὰρ παρ' ὀλίγον ἢ διέφευγον ἢ ἀπώλλυντο, *Thuc.*, car pour l'ordinaire ou ils se perdaient, ou ils n'étaient qu'à deux doigts de leur ruine.

Παρὰ μικρὸν, παρ' ὀλίγον, παρὰ βραχὺ, παρὰ φαῦλον, avec les verbes ἄγειν, ἡγεῖσθαι, τίθεσθαι, ποιεῖσθαι signifie *parvi facere*, estimer peu. Et παρὰ πολὺ avec les mêmes verbes est *plurimi facere*, estimer beaucoup.

Παρ' οὐδὲν ἄγειν, ἡγεῖσθαι, ποιεῖσθαι, τίθεσθαι, *nihili facere*, n'estimer rien, ne tenir compte, ne faire aucun cas.

Παρὰ τοσοῦτον ἐτρυθεὶς ἀνεχώρησε, tant il était diminué de forces à son retour.

Παρὰ τοσοῦτον οὐκ ἔφευγε τοὺς διώκοντας, Hérodien, *tantum non effugit persequentum manus*, tant il s'en fallut peu qu'il ne tombât point entre les mains de ceux qui le poursuivaient; c'est-à-dire il y tomba, mais il s'en fallut peu qu'il ne s'échappât. Ce qui revient parfaitement au *tantùm* latin, qui signifie quelquefois si grand, et quelquefois seulement. *Tantùm non montes aureos pollicens*, Tér., ne lui promettant rien moins que des montagnes d'or, c'est-à-dire lui promettant tout, hormis seulement cela.

Παρὰ sert aussi dans les comparaisons, et ce en diverses manières.

Παρ' ἑαυτὸν μηδένα ἐπιτήδειον ἡγεῖτο, il ne trouvait personne capable de cela au prix de lui.

Τὸν ϛρατηγὸν παρὰ πάντας τοὺς ἐν τῷ πάλαι εὐδοκιμήσαντας ἐξετάζειν, comparer un capitaine avec tous ceux qui l'ont précédé.

Παρὰ τοὺς καιροὺς, selon le temps, dans les rencontres, selon les occasions.

Il marque aussi l'alternative : παρὰ τρεῖς ἡμέρας, ou bien τρίτην ἡμέραν, de trois jours en trois jours ; au lieu de quoi l'on dit aussi παρὰ τρίτην, en sous-entendant ἡμέραν. Et de même παρὰ μίαν, de jour en jour, de deux jours l'un.

Γέροντες καὶ νεανίαι παρ' ἕνα συμπορευόμενοι, les vieillards et les jeunes gens marchaient entremêlés l'un après l'autre, comme quand entre deux vieillards il y a un jeune homme, et entre deux jeunes hommes un vieillard.

Mais παρ' ἕνα le plus souvent signifie hormis un ou bien à cause d'un seul.

Ἑκατέρῳ πληγὴν παρὰ πληγὴν ἐντεινόμενος, donnant un coup à l'un et puis à l'autre.

Avec l'ablatif παρὰ marque ordinairement le terme de repos.

Παρὰ τοῖς ἐμφυλίοις πολέμοις, dans les guerres civiles.

Παρ' ἐμοὶ διατρίβει, il est chez moi.

Παρὰ βασιλεῖ κάθηται, il est assis auprès du roi.

Παρὰ σοί, cela dépend de vous.

Quelquefois néanmoins il marque aussi le mouvement en ce cas. Ἔφη χρῆναι ἰέναι παρὰ Τισσαφέρνει οὓς ἐκέλευε, *Xenoph.*, il disait qu'il fallait que ceux à qui il avait commandé d'aller vers Tissapherne y allassent.

En composition παρὰ quelquefois détruit ou diminue la force du simple ; comme παροράω, voir en passant, regarder négligemment : παρεισβάλλω, jeter dedans comme en passant, sans faire semblant de rien. Quelquefois il l'augmente, et marque un excès de témérité, comme παρακινδυνεύω, s'exposer témérairement aux dangers. Quelquefois il la ruine entièrement, comme παρανομέω, violer les loix. Quelquefois il marque la proximité, comme l'*ad* des Latins : παρέζομαι, *assideo*, je suis proche. V. Nouv. Méth. Grecq., l. 6., chap. 2.

Πέλας, adv. près, auprès, ὁ πέλας, proche, voisin, allié.

Πελάω, -άζω et -άθω, s'approcher, venir auprès, arriver, aborder, faire aborder.

Πελάτης, ου, qui arrive, qui vient à nous, qui s'approche de nous ; qui nous honore, et nous fait la cour.

Πλησίος, prochain ou proche.

Πλησιάζω, approcher, aborder, s'approcher familièrement, être ami, s'attacher à quelqu'un, suivre son parti, embrasser ses intérêts.

Πιλνάω, le même que πελάω. On dit aussi πίλνημι.

Πέρ, particule, qui, étant jointe à d'autres mots, signifie d'ordinaire, encore que, quoique, certes : καὶ πὲρ, et certes. Quelquefois elle a la même force que le *cumque* des Latins, comme ὅπου πὲρ ἐξί, *ubicumque sit*, quelque part qu'il soit. Bien souvent elle n'ajoute rien, comme ὅσπερ pour ὅς, qui : οὕπερ pour ᾗ, comment, etc.

Πέρα et πέραν, outre, plus loin, davantage, outre mesure, excessivement, plus que, au-dessus, par-delà, plus qu'il n'est à propos.

Πέρατος, plus éloigné.

Πέρατη, fin, extrémité.

Περαιόω, transporter.

ΠΕΡΙ, préposition qui gouverne trois cas, mais plus rarement l'ablatif, et reçoit divers sens.

Avec le génitif

Elle marque souvent la cause finale ; ce que nous dirions en français par *de*, *du*, *pour* ou *touchant* ; comme περὶ τῶν πρωτείων φιλονεικεῖ, il dispute du premier rang.

Περὶ πολλοῦ ἐστιν αἱρεῖσθαι τὸ χωρίον, il importe beaucoup que cette place soit prise.

Περὶ πολλοῦ ποιεῖσθαι ou τίθεσθαι ou ἡγεῖσθαι, *magni facere*, estimer beaucoup.

Μηδὲν ἔχω ποιεῖν περὶ τ' ἀνδρός, je ne sais que faire de cet homme-là.

Τί χρὴ ποιεῖν περὶ τῆς ἐγχειρήσεως, ce qu'il faut faire en cette entreprise.

Περὶ προδοσίας τοῦτον κρίνω, je l'accuse de trahison.

Δεδιὼς μὴ τι καὶ περὶ αὐτοῦ νεωτερίσειεν, *Herodien*, craignant que l'on ne remuât quelque chose contre lui.

Περὶ ὧν διήλλαξαν τοὺς Τυσκλάνων αἰχμαλώτους, *Den. d'Halycarnasse*, pour lesquels ils avaient donné en échange les prisonniers qui étaient de Tusculum.

Περὶ ἁπάντων ἄρχοντα τὸν Σικίννιον ἀποδείξαντος, *Den. d'Halicarn.*, donnant charge de toutes choses à Sicinnius.

Περὶ παντὸς θέλειν, vouloir absolument, désirer par-dessus toutes choses.

Τί ἂν εἴποιμεν Ἀνύτου καὶ Μελίτου περὶ τῶν ἐμοῦ κατηγορησάντων, *Lucien*, que répondrai-je à Anytus et à Mélitus, mes accusateurs?

Ἐρωτᾶν περί τινος, s'enquérir de quelque chose.

Περὶ ψυχῆς μάχεσθαι, combattre pour l'âme.

Περὶ σπείους, près de la caverne.

Avec l'accusatif

Elle marque toujours la proximité ou les environs ou l'état d'une chose à l'égard d'une autre.

Ἀγησίλαος περὶ ταῦτα ἦν, Agésilas ne pensait qu'à cela, il était tout occupé de cela.

Ὄντι περὶ τὴν ἀναγωγήν, *Démosthène*, étant tout près de partir.

Ἦν δὲ περὶ ἡδυπάθειαν, il était sujet à ses plaisirs (marquant plutôt l'habitude que l'acte).

Περὶ σπονδὰς καὶ κύλικας εἶχεν, *Hérodien*, il passait tout son temps à sacrifier et à boire.

Τὰ περὶ ἐμέ, les choses qui me regardent ; ou bien, quant à ce qui est de moi, pour moi. Au premier sens τὰ est un nominatif ; au second c'est un accusatif, qui suppose κατά.

Περὶ τὸ ὄρος, aux environs de la montagne.

Περὶ ἀρίστου ὥραν, durant ou environ l'heure du dîner.

Ὅτε περὶ τὴν πόλιν ἐγένοντο, lorsqu'ils étaient proches de la ville.

Πορφύρα περὶ πορφύραν δικαζέται, la pourpre doit être jugée et comparée avec la pourpre.

Τυφλοῦται τὸ φιλοῦν περὶ τὸ φιλούμενον, *Plat.*, l'amant est aveugle à l'égard de la chose aimée.

Τίκτει δὲ περὶ ἐννέα ὠά, elle pond environ neuf œufs.

Ἡ περὶ τοὺς θεοὺς εὐσέβεια, la piété envers les dieux.

Περὶ τοὺς ἑαυτοῦ γονέας κακουργεῖν, user de malice contre ses propres parens, envers ses parens.

Περὶ δύσιν ἡλίου, vers le soleil couché.

Ἤδη ἔτος ἤδη περὶ τοῦ ὀγδοηκοστὸν ἐπηκώς, *Hérod.*, ayant déjà atteint environ l'âge de quatre-vingts ans.

Περὶ πόδα, *ad pedem*, c-à-d. *apte, commode*, propre à son pied, conforme, à propos. Il se met aussi avec l'ablatif, non seulement dans les poètes, mais même dans les orateurs, quoique plus rarement : περὶ δουρί, *Hom.*, autour de la lance.

Περὶ τῇ χειρὶ χρυσοῦν δακτύλιον φέρειν, *Platon*, porter un anneau d'or à son doigt.

Περὶ δορατίοις διεφθείροντο, *Thucyd.*, ils étaient percés à coups de javelots.

Περὶ ταῖς φέρουσις, *Xénoph.*, à l'estomac.

Périphrase.

Οἱ περὶ τὰ ἱερὰ, ceux qui sont occupés aux choses sacrées, les prêtres, les ministres de l'autel.

Il se fait encore une périphrase ici de même que d'ἀμφί; de sorte que οἱ περὶ τὸν Ἀλέξανδρον, par exemple, signifie quelquefois Alexandre seul, quelquefois les gens d'Alexandre, et quelquefois Alexandre et ses gens tout ensemble. V. Nouv. Méth. Grecq, liv. 8, c. 12.

Πέριξ, aux environs, autour, auprès.

Περισσὸς et -ττὸς, qui excelle, qui surpasse, qui a quelque chose de plus que les autres, qui excède, qui est superflu et redondant, abondant, surabondant.

Περισσὸς ἀριθμὸς, nombre impair, ainsi nommé parce qu'il y a toujours une unité qui est comme surabondante.

Περισσεύω, être superflu, être surabondant, faire qu'il y ait en abondance, être de reste, être de surplus.

Πέρυσι, de l'année passée.

Πλὴν, adv. hormis, si ce n'est, excepté, mais, toutefois.

Πλὴν καὶ, et partant.

Πλὴν ἐὰν, si toutefois.

Πρὶν, devant, premièrement, auparavant, devant que, avant que.

Πρὶν πρὶν, plutôt que, devant que.

Πρὶν δὴ, jusqu'à ce que, etc.

ΠΡΟ, préposition, qui ne gouverne que le génitif, et répond à *ante*, *præ* ou *pro* des Latins; comme πρὸ θυρῶν, *præ foribus*, *ante januam*, devant la porte.

Πρὸ τοῦ πολέμου, avant la guerre.

Πόλεμον πρὸ εἰρήνης αἱρεῖται, *Hérodote*, il préfère la guerre à la paix.

Πρὸ τοῦ βασιλέως, en la présence du roi.

Πρὸ ὀφθαλμῶν devant ses yeux.

Πρὸ πολλῶν ἐτῶν, long-temps auparavant.

Πρὸ πολλοῦ γενόμενα *Hérodien*, les choses arrivées long-temps auparavant.

Πρὸ μιᾶς καλανδῶν μαρτίου, supp. ἡμέρας, le jour de devant les kalendes de mars : ou bien τῇ πρὸ μιᾶς καλανδῶν ἡμέρᾳ.

Ἠμύνοντο πρὸ τῶν ὑπάτων, *Hérodien*, ils défendaient les consuls.

Πρὸ τῶν ἰδίων μάχεται, il combat pour les siens.

Πρὸ δούλου δεσπότης, supp. ἐστὶ, le maître est préférable au valet, est au-dessus du valet.

Πρὸ παιδὸς θανεῖν, *Eurip.*, mourir pour ses enfans.

Οἱ πρὸ ἡμῶν, supp. γεγονότες, nos ancêtres, ceux qui ont été avant.

Πρὸ τοῦ, devant, auparavant, ci-devant.

Προτέρω, plus loin, devant soi, plus outre.

Πρότερος, *prior*, le premier.

Προτερέω, être le premier, devancer les autres, surpasser, vaincre, surmonter.

Πρῶτος, *primus*, le premier, le principal, qui tient le premier rang.

Πρωτεύω, être le premier, tenir le premier rang.

Πρόσθεν, en devant, par-devant, en présence, ci-devant, par le passé.

Πρόσω, devant soi, en devant, plus outre.

Πόρρω, le même.

Πορρώτερος, plus éloigné.

Πορρώτατος, très-éloigné.

ΠΡΟΣ, préposition, qui se joint avec les trois cas.

Avec le génitif,

Elle marque ordinairement le terme de départ, de même que ὑπὸ ou παρὰ, et répond à l'*a* ou *ab* des Latins; comme, πρὸς Θεοῦ τ' ἀγαθὰ, *bona quæ sunt à Deo*, les biens qui viennent de Dieu.

DES RACINES GRECQUES.

Ἐλεύθερον εἶναι πρὸς πατρός, être libre du côté de son père.

C'est en ce sens qu'il se met après les verbes passifs ; πρὸς ἁπάντων θεραπεύεσθαι, être honoré de tout le monde.

De là viennent aussi ces façons de parler excellentes :

Πρὸς τῆς βουλῆς ἐςὶ, è re senatus est, cela regarde le sénat, il est avantageux au sénat.

Πρὸς τῆς πόλεως, avantageux à la ville.

Πρὸς ἡμῶν ἐςὶ, cela nous regarde, cela est de notre devoir.

Πρὸς τοῦ φεύγοντος εἰπεῖν, parler en faveur de l'accusé, comme qui dirait, parler de sa part. D'où vient qu'un avocat appelle encore celui pour qui il parle sa partie.

Elle marque aussi la manière, la fin et le rapport.

Πρὸς ἀνδρὸς εὐγενοῦς, en homme généreux.

Πρὸς ἁλὸς, vers la mer, proche de la mer.

Πρὸς τίνος ἂν ἀγαθοῦ, à quoi bon cela ?

Πρὸς λόγου, fort à propos.

Οἱ πρὸς αἵματος, nos parens, ceux qui nous appartiennent, qui sont de même sang que nous.

Πρὸς κακόν ὂν, qui nuit, qui fait mal.

Elle se prend aussi quelquefois pour marquer la présence ; πρός τε θεῶν μακάρων, en présence des bienheureux ; et souvent pour jurer : πρὸς Θεοῦ, per Deum.

Πρὸς φιλίου, Luc., par le dieu qui préside à l'amitié.

Elle marque encore, après : πρὸς δίκης ςένεις, tu pleures après la punition.

Avec l'accusatif

Elle marque presque toujours quelque rapport ou quelque mouvement vers une chose, surtout animée, et se rapporte à l'*ad* des Latins.

Ἔρχομαι πρός σε, *ad te venio*, je viens à vous.

Τὰ πρὸς ἡμᾶς, ce qui nous regarde, ce qui nous touche.

Τὰ πρὸς σωτηρίαν φέροντα, ce qui concerne le salut.

Πρὸς κοινὰ ἱερὰ, dans les temples publics.

Πρὸς τὸ γῆρας, en la vieillesse.

Πρὸς τὸν βασιλέα, chez le roi, devant le roi.

Πρὸς βασιλέα γενόμεναι συνθῆκαι, les articles passés avec le roi.

Συνεταράχθησαν πρὸς τὸ ἀξίωμα τοῦ ἀνδρὸς, *Plut.*, ils furent troublés de la gravité de cet homme.

Οἱ διαφερόμενοι πρὸς τὸν Μάρκελλον, *Id.*, les ennemis de Marcellus, ceux qui étaient en différend avec lui.

Διατειχίζεται ἡ ἱστορία πρὸς τὸ ἐγκώμιον. *Lucien*, l'histoire est divisée comme par une grande muraille d'avec les louanges, c'est-à-dire il y a bien de la différence entre raconter les faits et louer les personnes.

Τινὰ πρὸς ἕτερον σκοπεῖν, comparer une personne avec une autre.

Ὡς τὰ δύο πρὸς τὰ τέσσαρα, οὕτω καὶ τὰ τέσσαρα πρὸς ὀκτὼ, comme deux sont à quatre, quatre sont à huit.

Πρὸς τὸν ἐχθρὸν διαλλάττεσθαι, se réconcilier avec son ennemi.

Πωλεῖται δὶς πρὸς τὸ ἀργύριον, il coûte deux fois autant.

Πρὸς χάριν, pour gagner l'affection, par complaisance.

Πρὸς ἄλλον ζῆν, vivre à la mode d'un autre.

Πρὸς ἔπος, fort à propos.

Ὁ πρός τι, qui a rapport à quelque chose. C'est ainsi que les philosophes appellent les relatifs. Mais πρὸς τί en interrogation se traduit par *quorsùm*, à quoi bon cela ? pourquoi cela ?

Γίνεσθαι πρός τι, s'occuper, ou s'adonner à quelque chose.

Ἡδέως ἔχειν πρὸς ἅπαντας, se rendre aimable envers tout le monde.

Τὰ χρήσιμα πρὸς ἄλλα καλὰ ἀλλάττονται, *Aristote*, ils font échange de leurs commodités avec celles des autres.

Πρὸς κέντρα λακτίζειν, regimber contre l'éperon.

Πρὸς ἀκροάτην, en faveur des auditeurs.

Πρὸς ὀργὴν, par colère.
Πρὸς βίαν, par force.
Πρὸς ὑπερβολὴν, par excellence.

Πρὸς φιλίαν, en ami.
Πρὸς ἀφθονίαν, en abondance.
Πρὸς καιρὸν, à temps, à propos.
Πρὸς ἀκρίβειαν, diligemment, exactement.

Πρὸς ἀλήθειαν, en vérité.
Πρὸς αὐλὸν, au son de la flûte.
Πρὸς ἡμᾶς φιλία, l'amitié qui est entre nous.

Πρὸς ὀρθὴν, (sous-entendez γραμμὴν), à plomb, perpendiculairement.

Πρὸς ταῦτα, là-dessus, sur ces entrefaites.

Πρὸς ἀξίωμα, selon la dignité.

Avec le datif

Elle marque ordinairement la proximité ou l'identité d'une chose avec une autre : πρὸς τοῖς ποσὶν, à ses pieds.

Πρὸς τῇ πόλει, auprès de la ville.

Πρὸς ἑαυτῷ, en soi-même.
Πρὸς τούτοις ὅλος ἐςί, *totus in illis, Hor.*, il est tout là-dedans, ne pense qu'à cela.

Πρὸς δὲ τούτοις, et qui plus est.
Πρὸς τούτοις signifie aussi chez eux.

Οἱ πρὸς ταῖς κύλιξι, *Herodien, qui sunt à poculis*, les echansons, les gentilshommes du gobelet.

Πρωΐ, le matin. V. CLXVII. 11.

Πύκα, d'une manière pressée et condensée, prudemment.

Πὺξ, du poing.

Πῶς, (adv. par interrog.) comment? Il se joint souvent à d'autres particules; comme, πῶς ποτε, comment donc? pourquoi donc: πῶς οὐ sert pour assurer dans les réponses ; comme, *nonne*, dit Budé : πῶς οὐκ ἀδικεῖς καὶ δεινὰ ποιεῖς, *Dém.*, n'es-tu pas un méchant? Quelquefois il sert d'admiration : πῶς δυσκόλως, *Marc*, 10, combien difficilement! Hors l'interrogation, il signifie en quelque sorte, en une certaine manière : οὐ γὰρ ἐπαινεῖται ὁ φοβούμενος, οὐδὲ ψέγεται ὁ ἁπλῶς φοβούμενος. ἀλλ' ὁ πῶς, car on ne loue pas un homme qui craint, et on ne le blâme pas aussi, s'il craint simplement, mais en une certaine manière : ὅπως, comment? en interrogeant, ainsi que, hors d'interrogation; souvent il signifie afin que : ὅπως ἀκούῃς, afin que tu entendes. Οὐκ ἔσθ' ὅπως, nullement, en aucune façon.

Λέων ὅπως, comme un lion.

Οἶδα ὅπως εἴην θαρραλέος, savez vous combien je serais hardi?

Ὅπως τάχιςα, *quàm celerrimè*, le plus vite qu'il est possible.

Οὐχ ὅπως, suivi d'ἀλλὰ, non seulement, mais aussi, tant s'en faut que même, etc.

P

Ῥα, poét. pour ἄρα, particule explétive, enclitique, signifiant tantôt cependant, peut-être ; tantôt donc, ainsi, et tantôt certes, assurément

Σ

Σαϐοῖ, voix des bacchantes répondant à εὐοῖ. Σαϐοί, prêtres, ou lieux consacrés à Bacchus.

ΣΎΝ, ait. ΞΎΝ, préposition qui gouverne l'ablatif, et répond entièrement au *cum* des Latins, avec.

Σὺν Θεῷ, *cum Deo*, Dieu aidant.

Σὺν λόγῳ, avec raison, conformément à la raison.

Σύν τινι εἶναι, être du parti de quelqu'un.

Σὺν τοῖς νόμοις, selon les loix.

Σὺν δυο, deux à deux.

Σὺν τρεῖς, trois à trois, etc. Cette préposition est souvent sous-entendue, comme :

Ἔλαϐεν αὐτῷ ϛρατηγῷ τὸ ϛρατόπεδον, *Plut.*, *Démet.*, il prit l'armée avec le général.

T

Τε, et, conjonction copulative et enclitique, et souvent même explétive, c'est-à-dire qui ne signifie rien, et ne sert que d'ornement.

Τῆλε, *procul*, loin.

Τοι, particule enclitique et explétive, qui se joint aux adverbes ou conjonctions. Avec les autres mots elle s'explique souvent par certes, partant, or, cependant, etc.

Υ

Ὕπαιθα, de travers, en présence, tout droit.

ΥΠΕΡ, *super*, dessus, préposition qui se joint avec le génitif et l'accusatif. Le sens en sera facile par les exemples suivans,

Avec le génitif :

Ὑπὲρ τῆς ϛέγης, dessus le toit.

Ὑπὲρ ὧν ἔπραξα ἐρῶ, je parlerai de ce que j'ai fait.

Εἰ ὁ Θεὸς ὑπὲρ ἡμῶν, τίς καθ᾽ ἡμῶν, *Rom.*, 8. si Dieu est pour nous, qui peut être contre nous?

Ὑπὲρ τῶν ἀποθανόντων ἐν τῷ πολέμῳ, *Den. d'Halic.* en la place de ceux qui étaient morts à la guerre.

Ὑπὲρ τοῦ λαθεῖν, pour pouvoir être caché.

Ὑπὲρ τῆς εἰς τὰ κοινὰ φιλοτιμίας, pour l'amour et pour l'affection qu'ils portaient à la république.

Avec l'accusatif :

Ὑπὲρ γῆν, sur la terre.

Ὑπὲρ τὰ μέτρα, outre mesure.

Τὰ ὑπὲρ ἡμᾶς οὐδὲν πρὸς ἡμᾶς, *quæ suprà nos nihil ad nos*, ce qui est au-dessus de nous ne nous touche pas.

Ὑπὲρ τὸν καιρὸν, *Lucien*, à contre-temps, mal à propos.

ΥΠΌ, *sub*, dessous, préposition qui se joint avec les trois cas, revenant au *sub* ou *ab* des Latins.

Avec le génitif :

Il marque d'ordinaire la cause efficiente : Νοσεῖ ὑπὸ πόνου, il est malade de trop travailler.

Ἀνάλωτος ὑπὸ χρημάτων, καὶ ὑπὸ ἡδονῶν, καὶ ὑπὸ φόβου, invincible à l'argent, à la volupté et aux menaces.

C'est pour cela qu'il se joint non seulement avec les verbes passifs, mais aussi avec les neutres, comme l'*ab* des Latins : Ἀπέθνεν ὑπὸ πυρετοῦ, il est mort de la fièvre : ἀπέθανεν ὑπὸ Μενελέω, il a été tué par Ménélas ; de même que Cicéron a dit, *nihil est valentius a quo intereat.* L'on dit aussi avec le verbe substantif, εἶναι ἐν δόξῃ ὑπὸ τινος, être honoré de quelqu'un, ou par quelqu'un.

C'est encore en un sens approchant de celui-là qu'il se prend pour *propter.*

Ὑπὸ τῆς ἀπεχθείας, à cause de la haine : ὑπ' ἐνδείας, *ab inopiâ,* Cic., à cause de la nécessité où je me trouve.

Mais il se prend encore de diverses manières, comme : τῆς συγκλήτου ἀνὴρ, ὑπ' ὑπατείας μὲν νεωςὶ, Hérodien, qui était sénateur, et nouvellement sorti du consulat.

Ὑπὸ σκότου, durant la nuit ou vers la nuit.

Il se met aussi pour ἀπό :

Ὑπὸ τραυμάτων δὲ ῥαπεύεσθαι, Plut., être guéri de ses plaies. Mais cela est rare ; il est plus ordinaire pour *sub*, qui vient de lui. Ὑπὸ τῆς ςέγης, *sub tecto*, dans la maison. Et même avec *l'accusatif* il se traduit presque toujours par cette préposition *sub*, soit qu'il marque le lieu ou le temps ou la puissance : ὑπὸ τὴν πόλιν, *sub urbem*, auprès de la ville.

Ὑπὸ τοὺς αὐτοὺς χρόνους, *sub idem tempus*, environ ce temps-là.

Ὑφ' ἑαυτὸν ποιεῖσθαι, réduire en son obéissance.

Οἱ ὑπὸ χεῖρας, Den. d'Halic., ceux qui sont sous la sujétion d'autrui.

L'on dit aussi ὑπὸ πόδα χωρεῖν, *pedem referre*, reculer.

Avec l'ablatif.

Il se peut encore rendre diversement.

Ὑπὸ γῇ, sous terre.

Ὑπὸ ῥάβδοις ὁμοῦ πάσαις καὶ πελέκεσι, Plut., avec tous leurs faisceaux de verges et toutes leurs haches.

Ὑπὸ Πέρσαις ἄρχεσθαι, commencer depuis les Perses.

Ἡ ὑπὸ Γαλλοῖς γενομένη ἅλωσις, la prise de cette ville par les Gaulois.

Ὑπὸ τοῖς οἰκείοις ἁμαρτήμασι, par ses propres péchés.

Ὑπὸ τῇ ποιήσει ἐπαινεῖσθαι, être loué pour la poésie, touchant la poésie.

Ὑπὸ αἰσχραῖς ἡδοναῖς, Hérodien, à cause de ses débauches, par suite de ses infâmes voluptés.

Ἐποίησεν ὑφ' ἑαυτῷ τὰ κατὰ τὴν Φωκίδα, il réduisit en sa puissance toute la Phocide.

Φ

Φεῦ, *heu, eheu*, hélas.

Χ

Χαμαὶ, *humi*, à terre, par terre, en terre.

Χθὲς, *heri*, hier : ἐχθὲς, le même : χθιζὸν, le même.

Χωρὶς, séparément, à part, en particulier, de côté, un à un, sans, hormis, sinon, excepté.

Ω

Ὦ avec l'esprit doux et l'accent circonflexe, est un adverbe pour appeler, et même pour interroger ou pour parler à quelqu'un.

Quelquefois aussi il marque admiration avec exclamation.

Ὦ peut être aussi le subjonctif d'εἰμί, *sum*, ou l'indicatif d'ἔω, *sum*, je suis.

Ὤ, avec un accent aigu ou un grave, marque admiration ou douleur.

Ὧ, ἧς, ἧ, est le subjonctif de ἵημι, *mitto*, envoyer.

Ὧ est aussi le datif du relatif ὅς, lequel ; et se dit encore pour ἑῶ, *suo*, au sien.

ζω, crier, parler, appeler.

ΩΣ, *ut*, particule, qui a divers usages.

FIN DE LA TROISIÈME PARTIE.

RECUEIL
DE MOTS FRANÇAIS
PRIS
DE LA LANGUE GRECQUE,

Ou qui y ont quelque rapport, soit par allusion, soit par étymologie.

A

ABAQUE, le couronnement du chapiteau d'une colonne : racine ἄβαξ, buffet, crédence ou table, parce que l'abaque a la figure d'une table carrée.

ABAT-VENT, charpente dans les ouvertures des clochers, qui sert à abattre le vent. Port-Royal donne pour racine βαθύς, profond, bas ; mais la composition d'abat-vent paraît tout-à-fait française.

ABIENS, s. m. pl. peuple de Scythie qu'Homère appelle les plus justes des hommes ; d'α privatif et de βία, violence.

ABREGER, abbreviare, de brevis, pris de βραχύς selon le grammairien Festus, changeant ν en χ, comme dans μαλάχη, malva, mauve : de là vient même brevia, des bancs de sable et breviarium, tablettes, abrégé, bréviaire.

ABROTONE, s. f. plante fibreuse et odoriférante nommée aussi aurone ; d' ἀβρότονον, composé d'α privatif et de βρότος, mortel, parce qu'elle conserve toujours sa verdure. Le mot français aurone vient lui-même d'ἀβρότονον, par syncope ἄβρονον, que les Grecs modernes prononcent avronone, d'où l'on a fait aurone.

ABSINTHE, herbe très-amère, d'ἀψίνθιον : rac. α privatif et ψίνθος, douceur, plaisir. V. la seconde partie à la lettre Ψ.

ABYDOS, s. f. ville maritime de l'Asie, d'α privatif et de βυθός, fond, parce que la mer était profonde en cet endroit.

ABYME, abyssus, ἄβυσσος, qui n'a point de fond : rac. βυθός, fond.

ACACIA, arbre épineux ; d'ἀκακία, formé par réduplication d'ἀκά, dor. pour ἀκή, pointe, à cause de ses épines.

LE JARDIN DES RACINES GRECQUES.

ACADÉMIE, tout lieu d'exercice, université, d'ἀκαδημία qui était proprement un lieu public, planté d'arbres, à Athènes, ainsi nommé d'un certain Academus, qui le donna.

ACAKIA, nom d'une famille de Paris, ainsi nommée d'*acakia*, médecin de François I, qui changea son nom françois *sans malice*, dit M. Ménage en ses origines, en celui de *Acakia*, qui en grec signifie la même chose: rac. α priv. et κακὸς, *malus*, κακία, malice, ἀκακία, esprit éloigné de toute malice.

ACAMAS, s. m. héros grec au siége de Troie ; d'ἀκάμας, qui ne se lasse point, infatigable, dérivé d'α privatif et de κάμνω, être las, abattu.

ACANTHE, plante épineuse nommée aussi branche ursine ; d'ἄκανθος, dérivé d'ἄκανθα, épine.

ACARIATRE, qui est d'une humeur farouche : rac. α privat. et χάρις, grâce ; d'où vient ἄχαρις, ιτος, opiniâtre, sans complaisance.

ACARNE, espèce de chardon, d'ἄκαρνα, chardon béni.

ACATALECTIQUE, adj.; d'α privatif et de καταληκτικὸς, incomplet. Vers acatalectique, c'est-à-dire complet.

ACAULE, adj. d'α privatif et de καυλὸς, terme de botanique pour exprimer l'absence ou du moins la non-apparence de tige dans une plante.

ACÉPHALE, sans tête, sans chef, d'α priv. et de κεφαλή, ῆς, la tête.

ACÈRE, adj. se dit des insectes qui n'ont point d'antennes, d'α privatif et de κέρας, corne ; sans corne.

ACHATE (au lieu de quoi nous disons maintenant agate) ἀχάτης, pierre précieuse, ainsi nommée parce qu'elle fut premièrement trouvée en Sicile sur les bords d'un fleuve de même nom.

ACHÉRON, fleuve d'enfer : rac. ἄχος, εος, douleur, et ῥόος, οῦ, fleuve.

ACHROMATIQUE. adj. terme d'optique, qui fait voir les objets sans couleur étrangère ; d'α priv. et de χρωματικὸς, colorié, formé de χρῶμα, couleur, dérivé de χρόα, sans couleur.

ACIDE, adj. substance qui produit dans la bouche une sensation d'aigreur ; d'ἀκίς, ίδος, pointe.

ACIER, d'*acies*, pris d'ἀκίς, pointe : rac. ἀκὴ, le même.

ACMÉNES, les nymphes de la suite de Vénus, ainsi appelées d'ἀκμὴ, fleur d'âge, parce qu'elles étaient brillantes de jeunesse.

ACOETES, pêcheur pauvre dans Ovide ; d'α priv. et de κοίτη, lit, qui n'a pas même de lit.

ACOLYTHE, ἀκόλουθος, qui suit et accompagne. D'autres écrivent acolyte sans h et le prennent d'ἀκόλυτος, *acolytus*, fait d'α privatif et de κωλύω, *arceo, impedio* ; l'acolyte étant le plus haut des ordres mineurs est celui qui a déjà droit d'approcher et de servir à l'autel.

ACONIQUE, nom donné à une poudre qui a la propriété de faire couper les rasoirs ; poudre aconique ; d'ἀκόνη, pierre à aiguiser.

ACONIT, plante vénéneuse qui croît sur les rochers : d'ἀκόνιτον, dérivé d'ἀκόνη, pierre à aiguiser, caillou.

ACOUSTIQUE, science qui traite de l'ouïe et des sons : d'ἀκουστικὸς, de l'ouïe, dérive d'ἀκούω, entendre.

ACRE, pour dire une mesure de terre, d'*ager*, pris d'ἀγρὸς, terre, champ.

ACROBATE, danseur de corde ; d'ἄκρος, extrémité, et βαίνω, marcher.

ACROCÉRAUNIENS, montagnes sujettes à la foudre ; de

ἄκρον, ου, sommet, et κεραυνός, οῦ, foudre.

ACROSTICHE, lorsque les premières lettres des vers font un mot ; d'ἄκρος, summus, extremus, et de στίχος, τὸ, versus.

ACTIUM, ville et promontoire de l'Epire célèbre par la victoire qui donna à Octave l'empire du monde ; d'ἄκτιον, dérivé d'ἀκτή, rivage.

ADELPHES, frères : rac. δελφὺς, ύος, ventre, matrice.

ADIANTE ou CAPILLAIRE, plante dont la feuille ne retient pas l'eau ; d'ἀ priv. et de διαίνειν humecter ; *qui n'est jamais humide.*

ADONIS, nom propre : rac. ἁδεῖν, voulant complaire.

ADRASTÉE, déesse, ministre de la vengeance divine ; d'ἀδράστεια, composé d'ἀ privatif et de δράω, fuir, c'est-à-dire *celle qu'on ne peut fuir.*

AELLA, nom de la première amazone qui combattit Hercule ; d'ἄελλα, tempête, vent impétueux.

AELLO, nom de l'une des harpies ; même racine.

AÉRIEN, qui est d'air, qui appartient à l'air ; d'ἀέριος, dérivé d'ἀήρ, air. Ce mot entre dans beaucoup de composés, comme *aérographie,* description de l'air ; rac. γραφή, de γράφω, décrire : *aérologie,* partie de la médecine qui traite de l'air ; rac. λόγος, discours, traité : *aéromancie,* art de deviner par le moyen de l'air ; rac. μαντεία, divination : *aéromètre,* instrument de physique pour mesurer la densité ou la rareté de l'air, d'où aussi *aérométrie,* l'art de mesurer l'air ; rac. μέτρον, mesure : *aéronaute,* celui qui parcourt les airs dans un ballon ; rac. ναύτης, navigateur, comme si l'on disait *navigateur aérien : aérostat,* ballon ; rac. στάς, participe aor. second de ἵστημι, qui se tient dans l'air ; d'où l'adj. *aérostatique,* qui a rapport aux ballons.

AÉTITE, pierre d'aigle ; d'ἀετίτης dérivé d'ἀετός, aigle, parce que l'on a prétendu qu'elle se trouvait dans le nid des aigles.

AFFREUX, de ἄφρονος ou ἄφρων, fou, troublé d'entendement : rac. φρήν, ενός, l'esprit ; ou de φρυάττομαι, frémir, avoir ou faire peur.

AFRIQUE, une des parties du monde ; d'ἀ priv. et de φρίκη, saisissement de froid, parce qu'il y fait très-chaud.

AGA, vieux mot qui marque admiration ou indignation ; de ἀγάω, admirer, s'étonner, porter envie, s'indigner.

AGACER, d'ἀκάζειν, acuere, irriter, piquer : rac. ἀκή, pointe. Mais quand ce mot se prend au sens', que nous disons avoir les dents agacées, il vient d'*acere,* être aigre, parce que ce sont les choses aigres et non mûres qui font cet effet.

AGANIPPE, fontaine célèbre qui nourrissait un grand nombre de chevaux dans ses pâturages ; d'ἄγαν, beaucoup, et de ἵππος, cheval.

AGAPES, festin des premiers chrétiens, pour cimenter de plus en plus leur union mutuelle ; d'ἀγαπάω, chérir, aimer.

AGAPET, nom propre ; d'ἀγαπητός, aimable.

AGARIC, ἀγαρικόν, racine qui vient d'Agaric, région de Sarmatie.

AGATE V. ACHATE

AGATHE, nom de femme ; d'ἀγαθός, bon.

AGATHOCLE, nom propre d'homme ; d'ἀγαθός, bon, brave, et de κλέος, gloire ; *qui a la gloire de la bravoure.*

AGÉNOR, nom propre ; d'ἄγαν, beaucoup ou de ἄγω, conduire, et ἀνήρ, homme.

AGÉSILAS, nom propre ; de ἄγω, conduire, attirer, et de λαός, peuple.

AGLAIA ou AGLAÉ, une des trois grâces; d'ἀγλαὸς, beau, digne d'admiration.

AGNEAU, *agnus*, d'ἁγνὸς, chaste, pur, innocent; ou d'ἀμνός, *agnus*.

AGNÈS, nom de femme; de ἁγνός, chaste.

AGONIE, dernière lutte du malade contre la mort; de ἀγωνία, combat, crainte, saisissement; rac. ἀγών, combat.

AGONOTHETE, officier qui présidait aux jeux publics chez les anciens: d'ἀγωνοθέτης, formé d'ἀγών, combat, et de τίθημι, disposer, ordonner.

AGORANOME, magistrat athénien chargé de maintenir la police dans les marchés; d'ἀγορά, marché, et de νόμος, gouvernement.

AGRAFE, d'ἄγρα, *captura*, prise ou proie, et de ἁφὴ, attouchement, enlacement, selon Budé; rac. ἅπτω, enlacer, lier, joindre. D'autres néanmoins aiment mieux le dériver du mot griffe, comme qui dirait agriffe, agriffer, pour agrafe, agrafer.

AGRONOMIE, théorie de l'agriculture; d'ἀγρός, champ, et de νόμος, loi, règle.

AGYEUS, surnom d'Apollon, sous la protection duquel étaient les rues; d'ἀγυιά, rue.

AH, de ἆ, voix d'étonnement, de douleur ou d'admiration.

AIGRE et ACRE, d'*acer*, pris d'ἀκὶς, ἴδος, pointe; rac. ἀκὴ, *acies*, *cuspis*.

AIGU, AIGUISER, *acuo*, *acutus*, viennent d'*acus*, une aiguille, pris d'ἀκεῖσθαι, *sarcire*, coudre, ou de ἀκὴ et ἀκὶς, pointe.

AILE ou pointe d'une armée, d'*ala*, pris d'ὕλη, par le changement d'ι en α, comme de ϛίγω, vient *tango*; rac. εἰλέω, *compre-go*, *volvo*, *circumvolvo*. Mais *ala*, pour aile d'un oiseau, ne vient pas proprement de là. Cicéron le tire par syncope d'*axilla*; d'où aisselle: et *axilla* vient d'ἄγω, agir, remuer, porter dehors, d'où l'on a fait *axa*, puis *axula* et *axilla*.

AILLEURS, d'*aliorsùm*, pris d'*aliò*, autre part, et *aliò* d'*alius*, qui vient d'ἄλλος, par le changement de l en i, comme dans φύλλον, *folium*.

AIR, d'ἀὴρ. air. V. AÉRIEN.

AISE, gai, ou AISÉ, qui est à son aise, d'αἴσιος, *fortunatus*; rac. αἶσα, sort, destin, part, portion; ou selon les autres d'*otium*, loisir, repos.

AISSELLE. V. AILE.

AJAX, nom propre, d'αἰάζω, déplorer.

ALAMBIC, de *al*, article arabe et d'ἄμβιξ, un vase, une cruche, un pot. De là *alambiquer*.

ALBATRE, ἀλάβαϛρον, vase à mettre des parfums ou la pierre dont on le faisait.

ALCHYMIE, de l'article *al* et de χυμεία, fusion, dérivé de χέω, χύμι, *fundo*, verser, fondre, jeter en fonte. De là *alchymiste*.

ALCIBIADE, nom propre; d'ἀλκή, force, valeur généreuse, et de βία, force accompagnée de violence.

ALCIDE, nom propre, d'ἀλκὴ, force, aide, secours.

ALCIME, nom propre, d'ἄλκιμος, fort, robuste, généreux, magnanime, même racine.

ALCIMÉDON, nom propre; d'ἀλκὴ, force, et de μέδω, commander; *que la force fait régner*.

ALCINOÜS, roi des Phéaciens qui passa pour le dieu du jardinage; d'ἀλκὴ, force, et de νοῦς, esprit, sens; *esprit vigoureux*.

ALCYON, nom d'oiseau, dont on dit que la mer est toujours calme lorsqu'il y fait son nid; ἀλκυών; rac. ἅλς, *mare*, et κύω, *pario*.

ALECTO, une des trois furies, d'α priv. et de λήγω, cesser, parce qu'elle ne cesse de poursuivre les méchans.

ALÉTHÈS, nom propre d'un des compagnons d'Enée; d'ἀληθὴς, véritable.

ALEUROMANCIE, sorte de divination qui se faisait chez les anciens avec de la farine: d'ἄλευρον, farine, dérivé d'ἀλέω, moudre, et de μαντεία, divination.

ALEXANDRE, nom propre, Ἀλέξανδρος, Alexander, d'ἀλέξω, chasser, repousser, donner secours, et ἀνὴρ, ἔρος, ἀνδρός, homme de cœur; fortis auxiliator, protecteur ou défenseur généreux.

ALLÉGORIE, d'ἀλληγορία, figure par laquelle on dit une chose, et l'on en signifie une autre; rac. ἄλλος, alius. et ἀγόρα, le barreau, une harangue: rac. ἀγορεύω, haranguer.

ALMANACH, de al, article arabe, et de μανακὸς, cercle lunaire, dans Vitruve; rac. μήνη, la lune, si l'on n'aime mieux le prendre de l'hebreu, manach, selon Covarruvias.

ALPHABET, disposition par ordre des lettres d'une langue. Ce mot vient de ἄλφα et βῆτα, qui sont les deux premières lettres de l'alphabet des Grecs.

ALPHITOMANCIE, divination par la farine; de ἄλφιτον, farine, et de μαντεία, divination.

ALSINE, plante nommée aussi margeline, d'ἀλσίνη, dérivé d'ἄλσος, parce qu'elle vient dans les bois.

ALTHÉA, d'ἀλθαία, guimauve, dérivé d'ἀλθῶ, guérir; parce qu'elle est d'un grand usage dans les remèdes.

ALUN, espèce de sel; rac. ἅλς, sel.

ALYPE, nom d'homme: c'était le nom d'un ami de S. Augustin, qui aimait beaucoup les spectacles; d'ἄλυπος, qui vit sans souci; composé d'α priv. et de λύπη, douleur.

AMALTHÉE, selon la fable, chèvre céleste qui nourrit Jupiter; d'ἀμαλθεύω, nourrir.

AMANDE, amygdala, ἀμυγδάλη et -αλον; rac. ἀμυγδαλέα, ἡ, amandier.

AMARANTHE, fleur; rac. α priv. et μαραίνω, flétrir, parce qu'elle ne se flétrit point.

AMARYLLIS, nom de bergère, d'ἀμάρυσις, canal d'arrosement, dérivé d'ἀμάρα. Ce mot exprime les grâces et la fraîcheur de la beauté, par allusion à la verdure et à l'aspect riant d'une prairie entrecoupée de ruisseaux.

AMASIS, nom d'un roi d'Égypte, d'ἄμασις, dérivé d'ἀμάω, moissonner.

AMAZONES, femmes guerrières qui se brûlaient la mamelle gauche pour mieux tirer de l'arc, d'ἄνευ μαζοῦ, sans mamelle; rac. μαζὸς, mamilla.

AMBE, combinaison de deux numéros au jeu de loterie; du latin ambo, dérivé d'ἄμφω, tous deux.

AMBIDEXTRE, ambidexter, qui se sert également de la main droite et de la gauche, d'ἀμφιδέξιος; rac ἄμφω, d'où vient ambo, deux, et δεξιὰ, dextra, la droite.

AMBLE, aller l'amble, d'ἀμβλύνειν, retarder, rompre le pas, retenir; rac. ἀμβλὺς, lent, tardif: si l'on n'aime mieux le faire venir d'ambulare.

AMBLYGONE, d'ἀμβλὺς, obtus, et de γωνία, angle; qui a un angle obtus.

AMBROISE, nom propre, d'ἀμβρόσιος, immortel; rac βροτὸς, mortel, d'où vient

AMBROISIE, ἀμβροσία, la nourriture ou la boisson des dieux.

AMELETTE, d'ἀμύλατον, qui se trouve à peu près en cette signification dans le scholiaste d'Aristoph.; ou de ἅμα, simul, et ὅω, battre, dissoudre; comme qui dirait œufs battus et dissous ensemble. D'autres aiment mieux écrire omelette du mot *omelina*, pris de ὠὸν, *ovum*, et μέλι, *mel*.

AMÉTHYSTE, pierre précieuse de couleur violette; de ἀμέθυςος, comp. d'α priv. et de μέθυ, *vin*, parce qu'on croyait que cette pierre portée au doigt garantissait de l'ivresse.

AMIANTE, matière minérale, filamenteuse et incombustible; d'ἀμίαντος, incorruptible, composé d'α priv. et de μιαίνω, corrompre; parce qu'il résiste à l'action du feu.

AMIRAL, du grec ἀμίρας, qui se trouve en cette signification et qui a été fait de l'arabe *Amir* ou *Emir*, qui signifie *seigneur*, selon Ménage en ses Origines françaises; ou de ἀλμυρχγος, chef de la marine: rac. ἄλς, ἄλος, la mer, du sel, d'où vient ἀλμυρὸς, salé ou qui regarde la saline, et ἀρχὴ, principauté, commandement.

AMMOCHRYSE, mica brillant, jaune; de ἄμμος, le même que ψάμμος, *sable*, et de χρυσὸς, *or*, *sable d'or*. C'est ce mica pulvérisé que l'on met sur l'écriture pour absorber l'encre.

AMMON, surnom de Jupiter, d'un temple fameux qu'il avait dans les déserts sablonneux de la Libye; d'ἄμμων, dérivé d'ἄμμος, le même que ψάμμος, *sable*.

AMMONIAC, sel ammoniac, *sal ammoniacus*, ἅλς ἀμμωνιακὸς, parce qu'il se trouve dans les sablonnières voisines du temple de Jupiter Ammon.

AMNESTIE ou selon l'usage AMNISTIE, oubli des injures passées, d'ἀμνηςία, loi qui forçait à l'oubli: rac. α privat. et μνάομαι, faire mention, se ressouvenir.

AMOLLIR. V. Mou.

AMPÉLITE, terre noire et tendre, aussi appelé *crayon des charpentiers*; d'ἀμπελῖτις, dérivé d'ἄμπελος, parce qu'elle sert d'engrais aux vignes, ou parce qu'on lui croyait autrefois la propriété de faire périr les vers qui rongent les vignes.

AMPHIBIE, qui vit sur terre et dans l'eau, d'ἀμφὶ, des deux côtés, et de βίος, la vie; *qui a une double vie*.

AMPHIBOLOGIE, parole à deux sens, ἀμφιβολογία, d'ἀμφιβάλλω, *dubito*, *ambigo*, ἀμφίβολος, *ambiguus*; rac. ἀμφὶ, de côté et d'autre; βάλλω, jeter, et λόγος, parole, discours.

AMPHIBRAQUE, pieds de vers grec et latin, composé d'une longue entre deux brèves; d'ἀμφὶ autour, des deux côtés, et de βραχὺς, bref: *pied bref à ses deux extrémités*.

AMPHIDAMAS, nom de guerrier; d'ἀμφὶ, autour, et de δαμάω, dompter; *qui dompte de tous côtés*.

AMPHION, nom propre, de ἀμφοδὸς, chemin fourchu, parce qu'il y était né.

AMPHISCIENS, ἀμφίσκιοι, peuples qui en une saison ont l'ombre d'un côté, et en autre de l'autre; rac. σκιὰ, *umbra*.

AMPHITHÉATRE, ἀμφιθέατρον, lieu environné d'échaffauds pour voir les jeux; rac. ἀμφὶ, *circum*, et θέαομαι, *specto*, voir, considérer.

AMPHITRITE, déesse de la mer; d'ἀμφὶ, autour, et de τρίω, user par le frottement, parce que la mer, environnant la terre, la ronge tout autour.

AMPHITRYON, nom propre, d'ἀμφὶ et τρύω, briser, tourmenter; *qui brise* ou *tourmente tout autour de lui*.

AMPHORE, sorte de mesure ancienne pour les liquides; du latin *amphora*, formé d'ἀμφορεὺς, le même que ἀμφιφορεὺς, composé d'ἀμφὶ, de chaque côté, et de πεφορα, parf. moy. de φέρω, porter, parce quelle avait de chaque côté une anse, pour pouvoir être portée facilement.

AMYDON, d'ἄμυλον, farine

faite sans la meule ; rac. μύλη, *mola*, une meule de moulin.

AMYGDALES, glandes au conduit du gosier, d'ἀμυγδάλη, amande, à cause de la ressemblance.

AMYNTAS, nom propre d'homme; d'ἀμύνω, secourir.

ANABAPTISTE, sectaire, qui tient qu'il faut rebaptiser les enfans quand ils sont en âge de raison ; rac. ἀνά, une seconde fois, et βάπτω, plonger dans l'eau.

ANACHORETE, ἀναχωρητής, retiré, solitaire, d'ἀναχωρέω, *introrsus recedo* ; rac. χωρέω, aller, partir, avec la préposition ἀνά.

ANACHRONISME, erreur contre la chronologie, d'ἀνά, contre, et de χρόνος, le temps.

ANACOLUTHE, terme de gramm., figure de mots par laquelle on sous-entend le corrélatif d'un mot exprimé; d'α priv. et d'ἀκόλουθος, c'est-à-dire *manque de suite dans un discours*, *défaut de liaison*.

ANADYOMÈNE, surnom de Vénus sortant de la mer: d'ἀναδυομένη, dérivé d'ἀναδύομαι, sortir de l'eau, composé d'ἀνά, en haut, et de δύνω, entrer, pénétrer.

ANAGOGIQUE, sens *anagogique* de l'écriture sainte, sens mystique; qui élève l'esprit vers les objets célestes ; d'ἀνά, en haut, et d'ἄγω, conduire.

ANAGRAMME, ἀνάγραμμα, nom retourné en changeant les lettres de place ; comme, ἀρετή, vertu, ἐρατή, aimable ; *Marie*, *aimer*, et semblables ; rac. ἀνά, en arrière, et γράφω, graver, écrire, γράμμα, lettre, écrit, c'est-à-dire *lettre transposée* ou *prise à rebours*. De là *anagrammatiser*, faire l'anagramme d'un nom, et *anagrammatiste*, faiseur d'anagrammes.

ANALECTES, fragmens choisis d'un auteur, d'ἀνάλεκτος, recueilli, ramassé, composé d'ἀνά, entre, et de λεκτός, dérivé de λέγω, choisir, ramasser.

ANALOGIE, ἀναλογία, rapport, conformité, ressemblance d'une chose avec une autre, d'ἀναλογία, formé d'ἀνά, entre, et de λόγος, raison, proportion, rapport, dérivé de λέλογα, parf. moy. de λέγω. De là *analogique*, *analogiquement*, *analogue*, qui a de l'analogie.

ANALYSE, d'ἀνάλυσις, résolution, dissolution, composé d'ἀνά, en arrière, et de λύσις, dérivé de λύω, détacher ; *l'action de décomposer un tout en revenant sur ses pas, c'est-à-dire en séparant de nouveau les parties qui avaient été assemblées*. De là *analyser*, *analyste*, *analytique*, *analytiquement*.

ANANIUS, nom d'homme ; d'α priv. et de ἀνία, tristesse.

ANAPESTE, pied de vers grec ou latin, composé de deux brèves et d'une longue, ou d'un dactyle renversé ; d'ἀνάπαιστος, formé d'ἀνάπαίω, frapper à contre sens, composé d'ἀνά, en arrière, et de παίω, frapper, parce qu'en chantant les vers anapestes on frappait la terre et on battait la mesure d'une autre manière qu'en chantant les vers où dominait le dactyle.

ANAPHORE, reprise, figure par laquelle on répète le même mot ; d'ἀναφορά, pris d'ἀναφέρω, *refero*, composé d'ἀνά, derechef, et de φέρω, *fero*, porter.

ANARCHIE, état sans gouvernement ; composé d'α priv. et de ἀρχή, principauté. On intercale ν pour éviter l'hiatus. De là *anarchique* et *anarchiste*.

ANASTASE, nom propre, ἀνάστασις, de ἀνάστας, εως, résurrection ; rac. ἵστημι, *sto*, être debout, et ἀνά, de nouveau.

ANATHÈME, ἀνάθεμα, exécrable, devoué aux furies d'enfer, d'ἀνατίθημι, élever, d'où vient qu'ἀνάθεμα ou -τμα se prend aussi pour les dons qu'on pend dans les églises ; rac. τίθημι, *pono*, et ἀνά, en haut. De là *anathématiser*, frapper d'anathème.

ANATOLIE, pays du Levant ; d'ἀνατολή, lever du soleil, l'orient ; rac. τέλλω, ἀνατέλλω, faire lever, paraître, se lever.

ANATOMIE, art de disséquer, d'ἀνατομία et ἀνατομή, incision, dissection ; composé d'ἀνά, à travers, et de τέμνω, prét. moy. τέτομα, couper, retrancher. De là *anatomique*, *anatomiquement*, *anatomiser* et *anatomiste*.

ANAXAGORAS, nom d'homme ; d'ἄναξ, roi, et d'ἀγορά, barreau ; *chef du barreau ou de la place publique*.

ANAXANDRE, nom propre ; d'ἄναξ, roi, et de ἀνήρ, gén. ἀνδρὸς, homme de cœur.

ANAXARQUE, nom propre, d'ἄναξ, roi, et de ἀρχή, commandement ; *qui commande aux rois*.

ANCHE, petit tuyau plat, par lequel on souffle dans les haut bois, les bassons, etc. ; de ἄγχω, serrer la gorge.

ANCONE, ville d'Italie, ainsi appelée d'ἀγκών, coude, parce qu'elle est située dans le fond d'un angle rentrant, entre deux promontoires qui forment le coude.

ANCRE, d'ἄγκυρα, d'où vient aussi le latin *ancora*, instrument à arrêter les vaisseaux ; rac. ἀγκύλος, courbé, crochu. De là *ancrer*, *ancrage*.

ANDRÉ, ἀνδρέας, nom propre ; d'ἀνήρ, -έρος, -δρὸς, *vir*. André signifie donc généreux, courageux.

ANDROGYNE, hermaphrodite, qui a les deux natures ; rac. ἀνήρ, homme, et γυνή, femme.

ANDROMAQUE, nom propre de femme ; d'ἀνήρ, homme, et μάχη, combat ; *femme d'un courage viril*.

ANDROMÈDE, nom propre de femme ; d'ἀνήρ, homme, et μῆδος, εος, τό, soin, conseil ; c'est-à-dire, *qui commande aux hommes*.

ANDRONIC, nom d'homme ; d'ἀνήρ, homme, et νίκη, victoire, c'est-à-dire *victorieux*.

ANECDOTES, histoire d'affaires secrètes ; d'ἀνέκδοτος, qui n'a pas été publié, composé d'ἀ priv. et d'ἔκδοτος, livré, mis au jour, dérivé de ἐκ, dehors, et de δίδωμι, donner.

ANÉMOMÈTRE, instrument de physique qui sert à mesurer la force du vent ; d'ἄνεμος, vent, et de μέτρον, mesure.

ANÉMONE, ἀνεμώνη, *herba venti*, laquelle, dit Pline, *nunquam se aperit, nisi vento spirante* ; rac. ἄνεμος, le vent.

ANGARIER, du latin *angariare*, formé d'ἀγγαρεύω, forcer, contraindre quelqu'un à faire une corvée, dérivé d'ἄγγαροι. Voy. ce mot.

ANGE, d'ἄγγελος, *angelus*, messager ; rac. ἀγγέλλω, annoncer une nouvelle.

ANGÉLIQUE, nom de femme ; d'ἄγγελος, envoyé, ange.

ANGLE, d'*angulus*, dérivé d'ἀγκύλος, crochu, courbé. De là *anglet*, *angleux*, *angulaire*, *anguleux*.

ANGUILLE, d'ἔγχελυς ou ἔγγελυς. D'autres néanmoins prétendent que le latin *anguilla* vienne d'*anguis*, pris du grec ἔχις et ἔχιδνα, serpent, vipère.

ANIS, ἄνισον, *anisum*, autrefois aneth, d'ἄνηθον.

ANNIBAL ou HANNIBAL, nom propre d'homme, d'ἀννίβας, gracieux.

ANODIN, remède doux, et qui apaise les douleurs ; ἀνώδυνος, comp. d'ἀ priv., et d'ὀδύνη, douleur, ou d'ὠδίν, ῖνος, travail de l'enfantement, et toutes sortes de grandes douleurs.

ANOMAL, irrégulier. dérivé d'ἀνώμαλος, inégal, tortu, raboteux, composé d'ἀ priv., et de ὁμαλὸς, uni, égal. De là *anomalie*, et gramm, irrégularité des déclinaisons ou des conjugaisons.

ANONYME, qui n'a point de nom, ou qui le cache; composé d'ἀ priv. et d'ὄνυμα nom.

ANTAGONISTE, qui est d'un parti opposé; de ἀντί, contre, et d'ἀγωνίζομαι, combattre; rac. ἀγών, combat.

ANTANACLASE, figure de rhétorique, répétition d'un même mot pris en différens sens: d'ἀντανάκλασις. comp. d'ἀντί, contre, et d'ἀνάκλασις, répercussion, dérivé d'ἀνακλάω, replier une chose sur elle même en la brisant, comp. d'ἀνὰ, prépos., et de κλάω, rompre, parce que la même expression, frappant deux fois l'oreille, mais d'une manière différente, offre une sorte de répercussion, de réflexion, qui est assimilée à une ligne brisée.

ANTARCTIQUE. V. Arctique.

ANTECHRIST, ἀντίχριςος, contraire à Jésus-Christ; d'ἀντί, contra, et de χριςὸς, oint; rac. χρίω, ungo.

ANTÉCIENS, ceux qui sont placés sous le même méridien et sous une latitude opposée, mais égale; d'ἀντί, contre, et de οἰκέω, habiter, c'est-à-dire qui habitent des lieux opposés, les uns au nord de l'équateur, et les autres au midi de ce cercle.

ANTHOLOGIE, se dit d'un recueil de petites pièces de poésies choisies; d'ἄνθος, fleur, et de λέγω, recueillir, rassembler; choix de fleurs.

ANTHRAX, espèce de tumeur inflammatoire qui cause des douleurs très-aiguës; d'ἄνθραξ, charbon.

ANTHROPOMANCIE, divination par l'inspection des entrailles d'un cadavre humain; d'ἄνθρωπος, homme, et de μαντεία, divination, dérive de μάντις, devin.

ANTHROPOMORPHITES, ἀνθρωπομόρφιται, hérétiques qui donnaient à Dieu un corps semblable aux hommes; rac. ἄνθρωπος, homo, et μορφὴ, forma.

ANTHROPOPHAGES, ceux qui mangent les hommes, ἀνθρωποφάγοι; rac ἄνθρωπος, homme, et φάγω, manger.

ANTIDOTE, contrepoison, ἀντίδοτον; rac. ἀντί, contre, δίδωμι, donner; remède donné contre le poison.

ANTIENNE, antiphona, d'ἀντιφωνέω, répondre de l'autre côté; rac. φωνὴ, vox, son.

ANTILOQUE, nom d'homme; c'est le nom du fils de Nestor, tué par Mnémon au siége de Troie; d'ἀντί, contre, et de λόχος, embuscade, cohorte.

ANTIPATER, nom propre, ἀντίπατρος, comme qui dirait ἀντὶ πατρὸς, pro patre, qui tient lieu de père

ANTIPATHIE, ἀντιπάθεια, répugnance, contrariété secrète qui est entre deux choses; rac. ἀντί, contre, et πάσχω, patior; πάθος, impression, disposition, passion.

ANTIPÉRISTASE, qualité contraire et opposée, ἀντιπερίστασις, circumobsistentia; rac. ἵςημι, sto.

ANTIPHONAIRE, livre qui contient les antiennes notées. V. Antienne.

ANTIPHRASE, figure par laquelle on emploie un mot dans un sens contraire à celui qui lui est naturel; d'ἀντίφρασις, composé d'ἀντί, contre, et de φράσις, locution, manière de parler.

ANTIPODES, ἀντίποδες, ceux qui ont les pieds opposés à nous, qui marchent sous l'hémisphère qui nous est opposé; rac. πούς, ποδὸς, le pied, ἀντί, contra.

ANTISCIENS, peuples qui habitent le même méridien en deçà et au-delà de l'équateur, et dont les ombres ont à midi des directions contraires ; d'ἀντί, contre, et de σκιά, ombre.

ANTISEPTIQUE, en médecine, se dit des remèdes qui ont la propriété d'empêcher la putréfration ; d'ἀντί, contre, et de σηπτικὸς, dérivé de σήπω, pourir.

ANTISTROPHE, d'ἀντιστροφὴ, composé d'ἀντί, qui marque opposition ou alternative, et de στροφὴ, conversion, retour, parce que l'antistrophe se chantait en tournant à gauche autour de l'autel, par opposition à la strophe, qui se chantait en allant à droite.

ANTITHÈSE, chose opposée ou contraire à une autre ; d'ἀντίθεσις, opposition ; rac. τίθημι, pono.

ANTONOMASE, substitution du nom appellatif au nom propre, par exemple, *l'orateur* pour Cicéron ; d'ἀντονομασία, composé d'ἀντί, pour, à la place de, et d'ὄνομα, nom ; c'est-à-dire l'action de mettre un nom pour un autre.

ANTRE, caverne, d'ἄντρον, en latin *antrum*.

ANYO, nom d'une des grâces ; d'ἀνύω, perfectionner, accomplir.

AOLLIUS, nom du fils de Romulus et d'Hersilie, ainsi nommé du grand nombre d'habitans rassemblés dans la ville ; d'ἀολλὴς, pressé. (Plutarque.)

AORISTE, terme de grammaire ; d'ἀόριστος, indéfini, composé d'α priv. et de ὁρίζω, définir, déterminer, dérivé de ὅρος, fin, limite.

APAT, APÁTER, (autrefois apaster,) de *pascere*, paître, est pris de πάω, de même que de *scio* vient *scisco*.

APATHIE, indolence, insensibilité d'âme ; d'ἀπάθεια, composé d'α priv. et de πάθος, dérivé de πάσχω, souffrir, être affecté, être ému.

APHÉLIE, terme d'astronomie, point de l'orbite d'une planète où elle est à la plus grande distance du soleil ; d'ἀφ' pour ἀπὸ, loin, et de ἥλιος, soleil. Le point opposé se nomme *périhélie*, de περί, auprès, et de ἥλιος, soleil.

APHÉRESE (ἀπὸ et αἱρέω, ôter), retranchement d'une syllabe au commencement d'un mot.

APHNÉUS, surnom de Mars ; d'ἀφνεὸς, riche, dérivé d'ἄφενος, richesse, parce qu'il enrichit les vainqueurs.

APHORISMES, ἀφορισμοὶ, sentences qui comprennent en peu de mots les propriétés de chaque chose : ἀφορίζω, définir, déterminer ; rac. ὅρος, borne, terme, limite.

APHRODITE, Vénus, d'ἀφρὸς, écume, et de δύω, mouvoir, parce que, suivant la fable, Vénus naquit de l'écume de la mer. De là *aphrodisies*, d'ἀφροδίσια, fêtes grecques en l'honneur de Vénus *aphrodite*.

APHTHES, nom qu'on donne à de petits ulcères qui viennent dans la bouche ; d'ἄφθαι, dérivé de ἅπτω, brûler, parce qu'ils y causent une chaleur brûlante.

APOCALYPSE, révélation ; ἀποκάλυψις, *detectio* ; rac. ἀπὸ, de, et καλύπτω, voiler, couvrir, cacher.

APOCOPE (rac. ἀπὸ et κόπτω, couper), retranchement d'une syllabe à la fin d'un mot : ex. δῶ pour δῶμα, maison.

APOCRYPHE, ἀπόκρυφος, secret, caché, inconnu, reserré, mis à part. On appelle livres apocryphes dans l'église ceux dont les saints pères n'ont su ni l'origine ni les auteurs, ou bien ceux qui étaient gardés secrètement ou lus en particulier, et non en public, dans l'église.

APOGÉE, en astronomie, point le plus éloigné de la terre; d'ἀπὸ, de, et γαῖα, la terre.

APOGRAPHE, copie d'un écrit, par opposition à *autographe*; d'ἀπόγραφον, copie : rac. ἀπὸ, de, et γράφω, écrire.

APOLLON, nom propre, de ἀπολλύω, perdre, détruire, ou d'ἀπολύειν, dissoudre; ou d'α priv. et πολὺς, beaucoup, parce qu'il n'y a qu'un soleil.

APOLOGIE, ἀπολογία, ce qu'on allègue pour la défense ; composé d'ἀπὸ, de, loin de, et de λόγος, discours, pour écarter de soi les inculpations. De là *apologétique*, qui sert à la défense, *apologiste*, défenseur.

APOLOGUE, discours ou récit allégorique ; d'ἀπόλογος, composé d'ἀπὸ, en-dehors, et de λόγος, discours, c.-à-d. *discours détourné*.

APOPHTHÈGME, ἀπόφθεγμα, sentence courte, mais remarquable ; rac. ἀπὸ, servant ici à renforcer le sens du mot, et φθέγγομαι, parler.

APOPLEXIE, ἀποπληξία, étourdissement ou abattement du corps et de l'esprit ; c'est une maladie qui attaque tout à coup le mouvement et le cerveau; rac. ἀπὸ, préposition augment., et πλήσσω, blesser, frapper, rompre : de là *apoplectique*, qui a rapport à l'apoplexie.

APOSTASIE, ἀποστασία, révolte, abandonnement du parti qu'on avait suivi pour en prendre un autre; dérivé d'ἀφίσταμαι, se retirer, s'en aller, s'éloigner, avoir aversion, abandonner son parti; rac. ἵστημι, être debout, se tenir ferme, et ἀπὸ, *ab, contra*: de là *apostasier* et *apostat*.

APOSTROPHE, ἀποστροφή, *aversio*, la marque d'une voyelle qu'on a détournée ou rejetée de la fin d'un mot ; rac. στρέφω, *verto*, tourner.

APOSTÈME ou plutôt, selon notre prononciation, APOSTUME, ἀπόστεμα, *abcessus*, qui se prend même en latin pour un abcès ; rac. ἵστημι, *sto*, ἀφίστημι, *abscedo, secedo*, se retirer, diviser, parce que l'abcès divise les parties.

APOTHÉOSE, cérémonie païenne par laquelle les anciens mettaient un homme au rang des dieux ; d'ἀποθέωσις, dérivé d'ἀποθεόω, déifier, composé d'ἀπὸ, de, et de Θεὸς, dieu, *translation parmi les dieux*.

APOTHICAIRE, d'ἀποθήκη, *apotheca*, boîte, boutique ; rac. τίθημι, *pono*, mettre ; ἀποτίθημι, mettre à part, resserrer, parce qu'il tient magasin de drogues.

APOTRE, nom donné aux douze disciples que Jésus-Christ envoya prêcher son évangile; d'ἀπόστολος, ambassadeur, messager, envoyé, formé d'ἀπὸ, de, et de ἔσταλκα, parf. m. de στέλλω, *mitto*, envoyer. De là *apostolat*, ministère d'apôtre ; *apostolique*, qui vient des apôtres, et *apostoliquement*.

APOZEME, ἀπόζεμα, décoction ; rac. ζέω, ἀποζέω, bouillir ou faire bouillir.

APPUI, de *ad* et *podium*, qui signifie un accoudoir ou lieu qui avance ; de πόδιον, diminutif de πούς, πόδος, le pied, dont on a étendu la signification, dit Vossius; d'où vient que le vieux lexicon explique *podium* un bâton dont on s'appuie.

APPRIVOISER, d'ἀπὸ et de πραΰνω, adoucir, calmer ; rac. πρᾶος, ου, doux; πρὸς, ἕως, le même. D'autres aiment mieux le prendre de privé, opposé à sauvage, *quòd in privâ domo sit*. Et *privus*, dont on a fait *privatus*, vient de πρίω, *seco, divido*, selon Scaliger, parce que c'est ce qui nous échoit en propre dans le partage de la famille; ou de πρίω, πριόω, *emo*, d'où vient πρίαμαι, acheter, selon Vossius, *quòd qui sibi emit, pricum et proprium facit*.

APRÈS, d'ἀπὸ, *post*.

APSIDES, en astronomie, les deux points de l'orbite d'une planète, où elle est à sa plus grande ou à sa plus petite distance du soleil ou de la terre ; de ἀψίδες, plur. de ἀψίς, arc, voûte, courbure, dérivé de ἅπτω, joindre, attacher.

ARACHNÉ, nom propre de femme, habile en tapisserie, d'ἀράχνη, toile d'araignée. De là *arachnides*, en histoire naturelle, insectes du genre des araignées.

ARAIGNÉE, ἀράχνη, aranea.

ARCHANGE, ἀρχάγγελος; d'ἀρχὴ, principe, principauté, primauté, puissance, et d'ἄγγελος, ange. Les archanges sont les premiers des anges. Par même analogie on dit

ARCHÉLAÜS, Ἀρχέλαος, ἀρχὸς λαοῦ, comme qui dirait prince du peuple : rac. ἀρχὴ, puissance, souveraineté, et λαὸς, peuple.

ARCHÉTYPE, original, d'ἀρχὴ, principe, et τύπος, exemplaire, modèle primitif.

ARCHEVÊQUE, ἀρχιεπίσκοπος, composé d'ἀρχὴ, primauté, et de ἐπίσκοπος, évêque, le premier des évêques.

ARCHIDIACRE, ἀρχιδιάκονος, même composition que le précédent.

ARCHIMANDRITE, supérieur d'un monastère; d'ἀρχιμανδρίτης, composé d'ἀρχὴ, et de μάνδρα, troupeau, étable et par métaphore monastère.

ARCHIPEL, *Archipelagus*, mer qui descend de Constantinople dans la Méditerranée: rac. πέλαγος, τὸ, *pelagus*, *mare*, et ἀρχὴ, principe, commencement. Ces racines semblent indiquer que dans l'origine cette mer était une simple étendue d'eau, qui dans la suite se couvrit d'îles.

ARCHIPRÊTRE, ἀρχιπρεσβύτερος; d'ἀρχὴ, primauté, puissance, et de πρεσβύτερος, prêtre, le premier des prêtres.

ARCHITECTE, maître ou auteur de quelqu'art mécanique, ἀρχιτέκτων

ARCHIVE, ἀρχεῖον, lieu où l'on garde les papiers et actes publics : rac. ἀρχή.

ARCHONTE ou ARCONTE, nom des neuf magistrats d'Athènes qui prirent le gouvernement de la ville après la mort de Codrus, dernier roi ; d'ἀρχὴ, commandement.

ARCTIQUE, parlant du pôle septentrional, d'ἄρκτος, ου, ourse, constellation vers le pôle septentrional. De là vient *antarctique*, méridional, d'ἀντὶ, contre, et ἄρκτος, c'est-à-dire opposé à la constellation nommée ourse.

ARE (d'ἀρόω, labourer), mesure superficielle de 200 mètres carrés, employée pour le mesurage des terres; elle remplace ce qu'on nommait la perche.

ARÉGON, nom propre : c'est celui d'un peintre corinthien, auteur d'un tableau de Diane au berceau : d'ἀρήγω, aider, secourir.

ARÉOMÈTRE, instrument qui sert à peser les fluides ; d'ἀραιὸς, rare, léger, et de μέτρον, mesure, *mesure de légèreté*.

ARÉOPAGE, cour de certains juges, célèbre à Athènes ; d'Ἄρης, εως, ὁ, Mars, et πάγος, ου, ὁ, colline, parce que cette cour était située dans un lieu appelé la colline de Mars. De là *aréopagite*, juge à l'aréopage.

ARER, verb. neutre, se dit d'un vaisseau quand il traîne l'ancre ; d'*arare*, dérivé d'ἀρόω, labourer, tracer des sillons ; c'est ce que les marins appellent *chasser sur les ancres*.

ARÉTOLOGIE, partie de la philosophie qui traite de la vertu ; d'ἀρετὴ, vertu, et de λόγος, discours, traité.

ARGEMONE, ἀργεμώνη, herbe ou fleur qu'on dit être bonne aux bubes ou taies qui viennent entre le blanc et le noir de l'œil appelées ἄργεμοι : rac. ἀργὸς, albus.

ARGENT, ἀργύριον, argentum, nummi : rac. ἄργυρος, de l'argent.

ARGILLE, ἄργιλλος, argilla, terre blanche propre à faire des vases : rac. ἀργὸς, blanc.

ARGONAUTES, nom de ceux qui s'embarquèrent sur le navire Argo pour la conquête de la toison d'or ; d'Ἀργὼ, nom de ce navire, et de ναύτης, navigateur.

ARGOPHYLLE, arbrisseau de la nouvelle Ecosse; d'ἀργὸς, blanc, et de φύλλον, feuille, à cause de la couleur ou de l'éclat de ses feuilles.

ARGYRASPIDES, soldats de l'armée d'Alexandre-le-Grand ; d'ἄργυρος, argent, et d'ἀσπὶς, bouclier, parce qu'ils portaient des boucliers d'argent.

ARION, nom propre d'homme, d'ἀρείων, meilleur.

ARISTARQUE, *Aristarcus*, Ἀρίσταρχος, comme qui dirait très-bon prince ; d'ἄριστος, *optimus*, très-bon : rac. Ἄρης, εως, Mars, et ὀρχὸς, οῦ, *princeps*; rac. ἀρχὴ, *principium*, ἄρχω, *impero*.

ARISTOBULE, Ἀριστόβουλος, comme qui dirait très-bon conseil ; d'ἄριστος, très-bon, et βουλὴ, conseil.

ARISTOCRATIE, ἀριστοκρατία, république gouvernée par les grands, et non par le peuple : rac. Ἄρης, Mars, d'où vient ἄριςος, *praestantissimus*, le plus excellent, au pl. ἄριστοι, les premiers d'un état ou d'une vill.; les grands, comme en latin *optimates*, et κράτος, force, puissance : *le gouvernement des grands*. De là *aristocrate*, partisan de l'aristocratie, *aristocratique* et *aristocratiquement*.

ARISTODÉMOCRATIE, état où les grands et le peuple gouvernent conjointement, même racine que ci-dessus; de plus δῆμος, peuple. De là *aristodémocratique*.

ARISTOGITON, nom propre; d'ἄριστος, le meilleur, et de γείτων, voisin; *excellent voisin*.

ARISTOPHANE, nom propre d'homme ; d'ἄριστος, très-bon, et φαίνω, paraître.

ARISTOTE, Ἀριστοτέλης, *ab optimo fine* ; rac. τέλος, τὸ, fin d'une chose, fin que l'on se propose.

ARITHMÉTIQUE, ἀριθμητικὴ (sous-entendez ἐπιστήμη, science), l'art de compter, la science des nombres : rac. ἀριθμὸς, nombre. De là *arithméticien*, celui qui sait l'arithmétique.

ARMES, *arma, armorum*, de ἀρμὸς, οῦ, liaison et jointure proprement faite : rac. ἄρω, *apto*, accommoder et proportionner les choses.

ARNODES, ceux qui, dans les festins, récitaient des vers d'Homère : d'ἄρς, ἄρνος, agneau, et ᾠδὴ, chant, parce qu'ils avaient ordinairement un agneau pour récompense.

AROMATE, tout parfum que l'on tire des végétaux d'ἄρωμα, ατος, τὸ, *aroma*, bonne senteur. De là

AROMATIQUE, ἀρωματικὸς, odoriférant.

*ARRÊT, (autref. *arét* et *arest*) d'ἀρεστὸν, *placitum*, décret, volonté, selon Budé et Henri Estienne : rac. ἀρέσκω, plaire. De cet ἀρεστὸν vient *arrestare*, qui se trouve dans quelques auteurs des derniers siècles. Vossius, *de vitiis sermonis*, l 3, c. 1. est de même sentiment.

ARRHES, l'argent qu'on donne pour assurer l'exécution d'un marché; de ἀῤῥαβὼν, ῶνος, *arrha*, *arrhabo*; ou de l'hébreu *arab*, il a promis.

ARROSER, d'ἀρδεύειν, *irrigare*, d'où vient aussi jardin.

ARSENIC, espèce de poison

très-fort ῥ ἀρσενικόν, ou plutôt ἀρσενικόν, selon Eustathe : rac. ἄῤῥην ou ἄρσην, ενος, mas, musculus, et νικάω, vaincre, tuer.

ARSINOÉ, nom de femme, d'ἄρσις, élévation, dérivé d'αἴρω, élever, et de νόος, νοῦς, conseil, esprit; *élévation d'esprit*.

ART, *ars, artis*, pris d'ἀρετή, vertu, courage, adresse; ou plutôt d'ἅσω, *apto, necto*.

ARTÈRE, vaisseau qui porte le sang du cœur dans toutes les parties du corps; d'ἀρτηρία, composé d'ἀήρ, air, et de τηρεῖν, conserver, parce que quelques anciens ont pensé que les artères n'étaient remplies que d'air, de même que la *trachée-artère*, qui conduit l'air dans les poumons. De là *artériel*, qui appartient à l'artère; *artériole*, petite artère; *artériologie*, traité sur les artères; *artériotomie*, ouverture d'une artère avec une lancette ou dissection des artères.

ARTICHAUTS, ἀρτυτικά, τά; rac. ἀρτύω. assaisonner.

ARTICLE, *articulus*, diminutif. d'*artus*, pris d'ἄρθρον, *membrum*.

ARTIMON, petite voile, d'ἀρτάω. suspendre.

ARTOPHAGE, nom d'un rat dans la Batrachomyomachie; d'ἄρτος, pain, et de φάγω, manger; *qui mange du pain*.

AS, point unique marqué sur une carte ou sur un dé; de εἷς, un, en dor. ἅς et ἄς en langage tarentin, d'où les Latins ont fait *as, assis*.

ASBESTE, matière incombustible de la nature de l'amiante; d'ἄσβεστος, inextinguible, composé d'α priv. et de σβέννυμι, éteindre, parce que son incombustibilité l'a fait regarder par les anciens, comme très-propre à faire des lampes perpétuelles.

ASCÈTE, celui qui se consacre particulièrement aux exercices pieux; d'ἀσκητής, qui s'exerce, dérivé d'ἄσκησις. De là *ascétique*, qui a rapport à la vie spirituelle.

ASCIENS, habitant de la zone torride; d'α priv. et de σκιά, ombre, parce qu'ils n'ont point d'ombre le jour de l'année où le soleil est perpendiculaire sur leurs têtes.

ASPASIE, nom de femme; d'ἀσπάσιος, aimable, dérivé d'ἀσπάζομαι.

ASPERGE, ἀσπάραγος, *asparagus*.

ASPHALTE, bitume compacte et dur; d'ἄσφαλτος, composé de α priv. et de σφάλλω, renverser, parce qu'il lie fortement les pierres ensemble.

ASPHYXIE, privation subite du pouls, de la respiration, du sentiment et du mouvement: en sorte que l'on reste comme si l'on était mort; d'ἀσφυξία, composé d'α priv., et de σφύξις, battement du pouls, dérivé de σφύζω, battre, s'élever. De là *asphyxié*, frappé d'asphyxie.

ASPIC, serpent, ἀσπίς, ίδος, qui se prend aussi pour un bouclier.

ASTER, genre de plantes dont la fleur est radiée; d'ἀστήρ, étoile.

ASTÉRISQUE, petite étoile qu'on met dans un livre pour renvoi, d'ἀστερίσκος, petite étoile, dérivé d'ἀστήρ, étoile.

ASTHME, courte haleine, d'ἄσθμα, τό, respiration fréquente et pénible. De là *asthmatique*, attaqué de l'asthme.

ASTRAGALE, cordon d'architecture, ornement de colonne, ἀστράγαλος, ὁ, *talus*, *taxillus, vertebra*.

ASTRE, ἄστρον: rac. ἀστήρ, έρος, une étoile.

ASTROLABE, instrument qui sert à prendre la hauteur d'un astre : d'ἀστρολάβιον, composé d'ἄστρον, et de λαμβάνω, aor. 2 ἔλαβον, prendre.

ASTROLOGIE, art chimérique de prédire l'avenir par l'inspection des astres; d'ἀστρολογία, composé d'ἄστρον et de λέγω, dire, parler. De là astrologique et astrologue.

ASTRONOMIE, d'ἀστρονομία, composé d'ἄστρον, astre, et de νόμος, loi, règle, c'est-à-dire connaissance des lois que suivent les astres dans leurs mouvemens. De là astronome et astronomique.

ASTUCE, finesse jointe à la méchanceté; d'ἄστυ, ruse. De là astucieux.

ASTYAGE, roi des Mèdes; d'ἄστυ, ville, et d'ἄγω, conduire.

ASTYANAX, fils d'Hector et d'Andromaque; d'ἄστυ et d'ἄναξ, roi, *qui règne sur la ville*.

ASYLE, lieu de sûreté; d'ἄσυλον, qui est à couvert de toute violence, composé d'α priv. et de σύλη, proie, butin, parce qu'il n'était pas permis autrefois d'enlever quelqu'un d'un asyle.

ATABULE, vent du Nord-Ouest, qui ravage la Pouille, province du royaume de Naples; du latin *atabulus*, formé d'ἀτάβουλος, composé d'ἄτη, perte, dommage, dérivé d'ἀτάω, perdre, nuire et de βάλλω, part. moy. de βάλλω, lancer; *qui cause du dommage*.

ATÉ, déesse malfaisante, ennemie des mortels et dont l'unique occupation était de leur troubler l'esprit pour les livrer au malheur; d'ἄτη, peine, dommage, dérivé d'ἀτάω, blesser.

ATHANASE, nom propre; d'ἀθανάσιος, immortel, composé d'α priv. et de θάνατος, la mort: rac. θνήσκω, mourir.

ATHÉE, qui n'a point de Dieu; d'ἄθεος, composé d'α priv. et de Θεὸς, *Deus*, Dieu.

ATHÈNES, *Athenæ*, Ἀθῆναι, ville de la Grèce; d'Ἀθηνᾶ, Minerve, à qui elle était dédiée. Elle se nommait autrefois ἀκτή, *littus*, à cause de sa situation sur le bord de la mer: rac. ἄγω, *frango*, parce que les flots viennent se briser contre le rivage.

ATHLÈTE, d'ἀθλητής, combattant, dérivé d'ἆθλος, ὁ, *certamen*.

ATHLOTÈTE, officier qui présidait aux combats des athlètes; d'ἆθλον, prix du combat, dérivé d'ἆθλος, combat, et de τίθημι, proposer, établir.

ATLAS, nom propre d'un roi de Mauritanie qui soutenait le ciel sur ses épaules; d'ἄτλας, composé d'α augm., et de τλάω, soutenir; *qui soutient fortement*. *Atlas*, en anatomie, est le nom de la première vertèbre du cou, laquelle soutient la tête. On appelle *atlas* un recueil de cartes géographiques, parce que ce livre porte en quelque sorte le monde, comme faisait Atlas. D'*atlas* vient *atlante*, terme d'architecture pour désigner une statue d'homme servant de colonne ou de pilastre.

ATMOSPHÈRE, masse d'air qui environne le globe terrestre jusqu'à une certaine hauteur; d'ἀτμός, vapeur, et de σφαῖρα, sphère, globe. De là atmosphérique, qui appartient à l'atmosphère.

ATOME, d'ἄτομος, indivisible; rac. α privat. et τέμνω, diviser.

ATOURS, ornemens; de τορεύω, orner, embellir, faire au tour; rac. τορέω, *torno*.

ATRÉE, nom propre; d'α privat. et τρεῖν, craindre, c'est-à-dire qui ne craint rien.

ATROPOS, une des trois Parques; d'α privat. et τρέπω, changer, convertir, parce qu'on ne peut la fléchir.

*ATTIFER, vieux mot qui signifie parer, ajuster; de τῦφος, orgueil, l'un ne pouvant guère être sans l'autre, dit Arnobe; ou de ςέφειν, orner, couronner, environner.

ATTIQUE, pays de l'ancienne Grèce; d'ἀττική, fém. d'ἀττικός, dérivé d'ἀκτή, rivage, parce que l'Attique s'etendait sur le bord de la mer.

*ATTRAPER, pour dire atteindre; d'ἀτραπίζειν, marcher, aller; ἀτραπός, chemin battu: rac. τρέπω, verto, tourner, remuer, aor. 2. ἔτραπον.

ATTRAPER, signifiant surprendre, vient aussi de là, quoiqu'on le dérive de trapa, une trape, dont on a fait attrapare; car trapa vient de τρέπω, verto, parce que les trapes s'ouvrent en tournant.

AUDIENCE, AUDITEUR, AUDITIF, AUDITION et AUDITOIRE, tous mots formés du latin audio, dérivé lui-même du grec αὐδή, voix ou discours.

AULETE, surnom d'un Ptolémée, roi d'Égypte, qui dans sa propre cour disputait le prix de la flûte; d'αὐλητής, joueur de flûte, formé d'αὐλέω, jouer de la flûte, dérivé d'αὐλός, flûte.

AULIQUE se dit d'une cour supérieure établie en Allemagne, pour juger certaines causes en dernier ressort; d'αὐλικός, courtisan, dérivé d'αὐλή, salle, cour d'une maison, cour ou palais d'un souverain.

AUMONE, ἐλεημοσύνη, eleemosyna; rac. ἔλεος, τὸ, miséricorde.

AUNE ou AULNE, d'ὠλένη, ulna.

AURE, nom d'une nymphe; d'αὔρα, air doux, souffle du zéphir, ou l'air personnifié.

AURONE, nom d'une plante aussi appelé Abrotone; d'ἀβρότονον, composé d'α priv. et de βροτός, mortel, c'est-à-dire qui ne meurt pas, parce qu'elle conserve toujours sa verdure. Le premier mot français n'est qu'une corruption de l'autre.

AURORE, déesse qui préside à la naissance du jour; d'αὔρα, vent doux, exhalaison, vapeur produite par l'humidité, et de ὥρα, temps.

*AUSSI, d'αὐτωσί, sic, en ôtant τω, si l'on n'aime mieux le prendre de ad sic.

AUSTERE, αὐςηρός, austerus, sévère. De là austerité.

AUTHENTIQUE, approuvé par plusieurs autorités; d'αὐθεντικός, dérivé d'αὐθέντης, maître de soi-même, indépendant, composé d'αὐτός, soi-même, et de ἔντος, gén. de εἷς, aor. 2. partic. de ἵημι. De là authenticité, qualité de ce qui est authentique, authentiquer, rendre authentique, et authentiquement, adv.

AUTOCÉPHALE, évêque grec qui n'était pas soumis à la juridiction du patriarche; d'αὐτός, soi-même, et de κεφαλή, tête, chef; qui agit de son propre chef, de son propre mouvement.

AUTOCHTHONE, habitant naturel d'un pays; d'αὐτός, lui-même, et de χθών, terre; qui est du pays même.

AUTOCRATE, souverain absolu; d'αὐτός, soi-même, et de κράτος, force, puissance, c'est-à-dire souverain qui tire toute sa force de lui même.

AUTOGRAPHE, se dit d'un ouvrage écrit de la main même de l'auteur; d'αὐτός, soi-même, et de γράφω, écrire.

AUTOMATE, machine qui a en soi les principes de son mouvement, ou qui se meut par ressorts; d'αὐτόματος, spontané, volontaire, qui agit de soi-même, composé d'αὐτός, soi-même, et de μάω, désirer, vouloir.

AUTONOME, terme d'histoire ancienne, se dit des villes grecques qui se gouvernaient par leurs propres lois; d'αὐτός, soi-même, et de νόμος, loi.

AUTRE, d'alter, pris d'ἕτερος, attiq. pour ἄλλος ἕτερος.

AUTRUCHE, de στρουθός, struthio.

AUTRUI, de la même racine qu'*autre* ou d'ἀλλότριος, *alienus* ; rac. ἄλλος.

AUXOMÈTRE, instrument pour mesurer la force des lunettes ; d'αὔξω, augmenter, et de μέτρον, mesure.

AXE, ligne droite qui passe par le centre d'un globe, et sur laquelle le globe tourne ; du latin *axis*, formé d'ἄξων, ονος, essieu.

AXINOMANCIE, divination par le moyen d'une hache ; d'ἀξίνη, hache, et de μαντεία, divination.

AXIOME, ἀξίωμα, *pronuntiatum*, maxime constante et reçue de tous ; d'ἀξιόω, estimer, juger digne, établir : rac. ἄξιος, digne, estimable.

AZYME, d'α privat. et de ζύμη, c'est-à-dire, sans levain.

B

*BABILLER, vieux mot, de βάζω ou βαδάζω, parler inarticulément ; ou de βάϐιον, mot syrien, qui signifie enfant. D'où vient aussi l'italien *bambo*, et son diminutif *bambino*, enfant ; comme encore, *bambolo*, dont ils ont fait ensuite *bambole*, pour dire les poupées, et dont il semble que nous ayons pris notre mot de babioles, et celui de bimbelotiers, pour ceux qui font les poupées.

BACCHANALES, jour de débauches, de Βάκχος, Bacchus.

BACCHUS, dieu du vin et des buveurs, de Βάκχος, dérivé de βάζω, parler ; c'est le dieu des ivrognes, parce que les gens ivres parlent beaucoup. De là *bachique*, qui a rapport à Bacchus.

*BADAUD, de βάταλος, odieux, sot, efféminé.

BAI. V. Bay.

*BAILLER, de βάλλειν, suppl. εἰς τὴν χεῖρα, mettre entre les mains, d'où vient aussi

*BAIL, si l'on n'aime mieux le prendre de l'hébreu *baal*, qui signifie posséder comme maître.

*BAILLI, de βουλή, conseil, avis, sénat ; ou plutôt de baille, pour dire gardien, et qui en quelque lieu signifie sergent et magistrat ; par ce que, dit Trippaut, les états des baillis sont du propre du domaine dont l'exercice leur est baillé comme en dépôt.

BAIN, de βαλανεῖον, *balineum*, *balneum*.

BAL, BALET, BALER, danser, de βαλλίζειν, sauter, danser ; rac. βάλλω, jeter, lancer.

BALÉARES, nom d'îles où l'on s'exerçait à la fronde, de βάλλω, lancer.

BALEINE, de φάλαινα, *balæna*.

BALLE à jouer, de βάλλω, jeter, d'où l'on a fait aussi *ballon* ; ou de πάλλα, qui signifie cela dans Hésychius ; rac. πάλλω, *rubro*, jeter, ruer, lancer ; ou de πῖλος, *pila*, une balle dans Eustathe.

*BALLEY, rubis balley, de βάλλην, qui est le mot propre de cette pierre précieuse, comme ἀξιώ.

BANC, d'ἄϐαξ, *abacus*, d'où l'on a fait *bancus*, banc ; rac. ἄϐαξ, ἄϐακος, ὁ.

*BANDE, pour dire une compagnie ; de βάνδον, pris du latin *pandum*, et qui dans Suidas est marqué pour une enseigne de guerre ; ou de l'allemand *bant* ; et de là viennent aussi les mots de banderolle, de bannière et de bandoulière.

BAPTÊME, de βάπτισμος, immersion, formé de βεβάπτισμαι, parf. pass. de βαπτίζω, plonger. De là baptiser, rac. βάπτω, laver, plonger, parce qu'autrefois on donnait le baptême par immersion, c'est-à-dire en plongeant dans l'eau la personne que l'on baptisait. De là aussi *baptismal* et *baptistaire*, adjectifs, ainsi que *Baptiste*, nom d'homme, signifiant *qui plonge dans l'eau*.

BARBARISME, vice contre la pureté de la langue, de βάρβαρος.

BAROMÈTRE, instrument qui marque la pesanteur et la légèreté de l'air; de βάρος, poids, et μέτρον, mesure.

* BARON, de βάρος, qui se prend aussi pour autorité et puissance; ou de *baro*, qui chez les Latins signifiait un homme vaillant ou même brutal ou féroce, et que S. Isidore dérive de βαρύς, *gravis*.

BARQUE, de *barca*, pris de βάρις, qui signifie cela dans Hesychius.

BARYTON, se dit des verbes grecs qui ont l'accent grave sur la dernière syllabe : rac. βαρύς, grave, et τόνος, ton, accent.

* BAS, de βαθύς, creux, profond; ou de βάτις, allure, base, rac. βαίνω, marcher; ou de βαιός, petit; ou même de βῆσσα, εος, qui dans Homère signifie une vallée; et de là même *abaisser*.

BASE, de βάσις, dérivé de βαίνω, marcher, s'appuyer sur la terre.

BASILE, nom propre, de βασιλεύς, roi; d'où vient aussi

BASILIC, dragon qui porte une manière de couronne; de βασιλίσκος, petit roi : rac. βασιλεύς; *roi des serpens*.

BASILIQUE, *basilica*, de βασιλικόν, maison royale, pour dire les églises des saints, forme de βασιλεύς, de même qu'en latin *regia* signifie le palais des rois.

BAT (autref. *bast*) d'âne, de *bastum*, pris de βαστός, un bâton à porter les fardeaux; d'où vient βαστάζω, porter.

BATARD, (autref. *bastard*) de βασσάρα, une prostituée, une perdue.

BATON, (autref. *baston*) de *bastum*, pris de βαστός, bâton à porter des fardeaux, d'où βαστάζω, porter, ou de βάκτρον, *baculus*; rac. βακτηρία, le même.

* De bâton peut venir *bastion* et *bâtir*, parce que les anciens bâtimens n'étaient faits que de perches et de longs bâtons; et même *battre*, puisque l'on bat avec des bâtons. Quoique d'autres au contraire dérivent bâton de battre, et celui-ci de *battuo*, qui pourra venir de πατάσσω, *percutio*. De *battuo* l'on a fait *battualia*, qui signifie proprement le lieu où deux hommes s'exerçaient au combat; et de *battualia*, *batalia*, d'où nous avons pris *bataille*.

BATRACHOMYOMACHIE, combat des grenouilles et des rats, titre d'un poème attribué à Homère; de βάτραχος, grenouille, de μῦς, souris ou rat, et de μάχη, combat.

*BAY, (anj. *bai*) comme un cheval bay, de βαίον, un rameau de palme, à cause de la couleur : rac. βαΐς, le même. De là vient encore *bayart*, cheval bayard.

* BÊLER, pris du son des brebis, a rapport à *balare*, fait de βλάχειν, dor. pour βλήχειν; car les Romains en beaucoup de choses ont imité les Doriens. Or il faut prendre garde que dans les mots faits par l'imitation du son, quelquefois les peuples les ont formés immédiatement de ce son même, et quelquefois par l'imitation de la voix déjà usitée chez leurs voisins.

BÉLOMANCIE, divination par les flèches; de βελομαντεία, composé de βέλος, trait, et de μαντεία, divination.

*BERCER, de βράσσειν, Casaubon, *vanner*; rac. βράζω, *ferveo*.

*BERNER, de βίρνεσθαι, selon Casaubon, dont les Doriens se sont servis pour πάλλειν, *vibrare*.

BEURRE (se rapprochant de *boutre*, qui se dit encore en Flandre); de βούτυρον, pris de βοῦς, parce qu'il est fait de lait de vache, et de τυρὸς, fromage.

BIARQUE, intendant des vivres dans le Bas Empire; de βίαρχος, composé de βίος, vie, aliment, et d'ἀρχή, autorité, gouvernement.

BIAS, nom d'un des sept sages de la Grèce: de βία, force.

BIBLE, de βίβλος, livre. La sainte Bible a été ainsi appelée du mot général, comme qui dirait le livre par excellence.

BIBLIOTHÈQUE, βιβλιοθήκη, *bibliotheca*; de βιβλίον, livre, et de τίθημι, *pono*, d'où θήκη, lieu où l'on resserre. De là *bibliothécaire*, celui qui a la garde et le soin d'une Bibliothèque. De βιβλίον sont composés *bibliographe*, celui qui forme des catalogues de livres; rac. γράφω, écrire, *littéral.* celui qui écrit sur les livres, d'où *bibliographie*, la science du bibliographe; *bibliomane*, celui qui a la fureur d'avoir des livres; rac. μανία, manie, passion; d'où *bibliomanie*, la passion du bibliomane; *bibliophile*, celui qui aime les livres d'une manière raisonnable: rac. φίλος, ami, c'est-à-dire amateur de livres: *bibliotaphe*, celui qui cache ses livres, et les enfouit dans sa bibliothèque comme dans un tombeau; rac. τάφος, tombeau, dérivé de θάπτω, enterrer.

BIGAME, marié en même temps à deux personnes, ou qui a été marié deux fois; de *bis*, formé de δὶς, d'où δίγαμος; rac. γαμέω, se marier.

BIOGRAPHE, auteur d'une ou de plusieurs vies particulières; de βίος, vie, et de γράφω, écrire. De là *biographie*, histoire de la vie des individus.

*BLAFART, de φακρός, infirme, défiguré. De là vient aussi *blême*.

*BLAME, BLAMER, de βλάπτω, fut. ψω, prét. pass. βέβλαμμαι, nuire, offenser.

BLASER, affaiblir les sens; de βλάζειν, être hébété, dérivé de βλάξ, mou.

BLASPHÉMER, de βλασφημεῖν, pris de βλάπτω, offenser, et de φημὶ, φάω, dire.

BLASTUS, nom d'homme; de βλαστός, rejeton, dérivé de βλαστάνω, germer.

*BLE, (*bled*) de *bladum*, pris de βλαστός, germe; rac. βλαστάνω, germer, fructifier.

*De là vient *bladier* et *emblaver* une terre, pour dire l'ensemencer, *imbladare*.

*BLÈCHE, mou, sans fermeté; de βλάξ, mou. De là *blêchir*, devenir blêche.

BLESSER, de βλάπτω; si l'on n'aime mieux le prendre de *laesum*, supin de *laedo*, ajoutant *b*.

*BOCAL, (*baucal*) βαυκάλιον, *baucalis*, vase qui a le goulot long et étroit: rac. βαΰζω, aboyer, parce que l'eau y tombant, fait un bruit sourd.

BOEDROMIES, fêtes athéniennes instituées en mémoire d'une victoire de Thésée sur les Amazones; de βοή, cri, et de δρόμος, course, parce qu'on les célébrait par des courses accompagnées de cris. De là *Boedromius*, surnom d'Apollon, en l'honneur de qui ces fêtes furent instituées.

BOETHUS, nom d'homme; de βοηθεῖν, aider, défendre; *qui porte secours*.

BOEUF, βοῦς, bos, bœuf ou vache.

* BOIS et BOCCAGE, de βόσκω, paître, brouter : rac. βόω, le même. De là vient encore bûche, bûcheron, débusquer, embuscade, trébucher.

BOL ou BOLUS, médicament réduit en boule, qu'on peut avaler d'une seule fois; de βῶλος, morceau ou bouchée.

BOMBE, grosse boule de fer creuse, remplie de poudre, qui éclate avec beaucoup de bruit; du latin bombus, bruit de trompette, de cor, de tonnerre, formé de βόμβος, bruit. De là bombarder et bombardement.

BOMONIQUES, jeunes Spartiates qui, dans les fêtes de Diane Orthia, disputaient à qui endurerait le plus de coups de verges devant l'autel de la déesse; de βωμός, autel, et de νεῖκος, dispute.

BORBOROCOETE, nom de grenouille dans la Batrachomyomachie; de βόρβορος, bourbe, et de κοίτη, lit; qui couche dans la bourbe.

BORBORYGME ou l'ORBORYSME, grouillement des intestins; de βορβορυγμός, dérivé de βορβορύζω, faire un bruit sourd, comme celui qui se fait dans la bourbe, formé de βόρβορος, bourbe.

*BORD d'un vêtement, de κροσσός, frange.

* BORD ou BORNE, de ὅρος, terminus. Le b vient du digamma éolique, qui tenait lieu de l'esprit.

BORÉE, en vers, pour le vent de bise, de βορέας, dérivé de βορά, nourriture, parce qu'il donne de l'appétit.

BOSPHORE, détroit de mer; de βόσπορος, composé de βοῦς, bœuf, et de πόρος, passage, parce qu'un bœuf peut le traverser ou parce que le Bosphore de Thrace fut autrefois traversé par Io changée en vache.

BOTANIQUE, la connaissance des plantes; de βοτάνη, herbe, dérivé de βόω, faire paître. De là botaniste, celui qui s'applique à la botanique, et botanologie, traité raisonné sur les plantes.

BOTRYS ou BOTRYDE, plante; de βότρυς, grappe, parce que ses fleurs sont disposées en petites grappes.

BOTTE, de βοτός, qui signifie proprement le foin qu'on donne aux animaux : rac. βόω, paître.

BOUCHER, autrefois bouchier ou bouthier, de βουθύτης, pris de βοῦς et de θύω, tuer.

*BOUE, de βαθύς, qui signifie la même chose dans Hésychius; ou de πύος, gén. πύεος, pus : rac. πύθω, pourrir.

BOULE, de βολή, l'action de jeter, ou ce qu'on jette; rac. βάλλω, jeter; ou de πόλος, qui ne signifie pas seulement le pôle ou le ciel, mais la tête et autres figures rondes, dans Hésychius et dans Pollux; rac. πολέω, verto. Bouillir se tire de bulio, que nous pouvons prendre de φλύω, bullio; rac. φλέω, abundo.

BOULET, racine, βολή.

BOULEVART, de βάλλω ou βῶλος, gleba, une motte, un gazon, parce que les boulevarts étaient couverts de gazon.

BOURBE, de βόρβορος, cænum, limus.

BOURG, de burgus, pris de πύργος, ou en langue macédonienne βύργος, une tour, parce que les bourgs étaient munis de tours. De là vient aussi bourgade, bourgeois et bourgeoisie.

*BOURRASQUE, de βορέας, le vent du septentrion.

BOURSE, bursa, de βύρσα, un cuir, une peau, dont la plupart des bourses étaient faites. De là débourser, embourser et rembourser.

*BOUT, de βυθός, fond, le

fond de quelque chose en étant aussi le bout.

*BOUTEILLE, de βοῦτις, (Cujas, *ex Gloss.*) une cuve, une coupe à boire, vase de terre à mettre du vin.

*BOUTIQUE, d'ἀποθήκη, *apotheca*, lieu à resserrer : rac. τίθημι, mettre.

BRACELETS, βραχιόλια ou βραχίονια ; rac. βραχίων, bras.

BRACHYGRAPHIE, art d'écrire par des abréviations ; de βραχὺς, bref, et de γράφω, écrire, c'est-à-dire écriture abrégée.

BRACHYLOGIE ; sentence abrégée ; de βραχὺς, bref, et de λόγος, discours.

*BRAIRE, βράχειν, *crepitum edo*, faire un bruit.

*BRAISE et BRASIER, de βράζειν, être chaud et brûlant.

BRAMER, crier, se dit du cerf ; de βρέμω, frémir.

BRAS, de βραχίων, *brachium*. De là vient *branche*, les branches étant comme les bras des arbres.

*BRASER, souder deux pièces de fer ; de βράζειν, être chaud et brûlant.

*BRASSER, comme brasser de la bière, de βραχίων, si l'on n'aime mieux le prendre de βράσσω, bouillir ; rac. βράζω.

BRAVE, de βραβεῖον, *bravium*, le prix de la victoire ; rac. βραβεύς, έος, qui donne le prix du combat.

BREGMA ou SYNCIPUT, la partie supérieure de la tête ; de βρέγμα, dérivé de βρέχω, à cause que cette partie est très-humide dans les enfans.

*BRETELLES d'une hotte, de βρίθω, charger, peser, tirer en bas, ou selon le père Labbe, de *brette*, qui signifie proprement un bâton, quoiqu'il se prenne pour un fleuret.

BRIARÉE, nom propre d'un géant, de βριαρὸς, fort.

*BRIDE, de βρυτήρ, éolique pour ῥυτήρ, bride, licol, où le β tient lieu du *digamma* ; rac. ῥύω et -ομαι, tirer.

BRIMBALLER, de κρεμβαλίζειν, faire un bruit de hochets, clochettes ou choses semblables : rac. κρέμβαλον, un hochet.

*BRIQUE, de βρύχα, *tegula*, Sursin.

BRISER, de βρίσειν, futur de βρίθω, presser, fouler aux pieds, dans Hésychius, dont les Latins ont fait *briso*, d'où vient *brisa* dans Columelle, pour signifier de la vendange.

BRIZOMANCIE, divination par les songes ; de βρίζω, dormir, et de μαντεία, divination.

*BROC de vin, βρόχος, de βρέχω, verser, selon Budé.

BRODEQUINS, de βερουτίδες dans Hésychius, pour une espèce de soulier de femme.

BROMATOLOGIE, t. de médecine, traité des alimens, de βρώματος, génitif de βρῶμα, aliment, formé de βρώσκω, manger, et de λόγος, traité. De là *bromographie*, partie de la médecine qui traite des alimens solides ; rac. βρῶμος, aliment, et γράφω, écrire.

* BRONCHER, quand on dit un cheval bronche ; de βροχίζω, enchevêtrer : rac. βρόχος, lacs, licol. Mais *broncher* en parlant semble aussi venir de là par métaphore, quoique d'autres le prennent de βρόγχος, la gorge, ou de βράγχος, enrouement.

BRONCHES ou BRONCHIES, en anatomie, les vaisseaux qui conduisent l'air dans les poumons ; de βρόγχος, gorge ou trachée-artère. De là *bronchotomie*, opération chirurgicale par laquelle on fait une incision à la trachée-artère ; rac. τέμνω, couper, d'où τομή, incision.

BRONTES, nom de l'un des cyclopes qui forgeaient le tonnerre ; de βροντή, tonnerre.

*BROUET, de *brodium*, pris de βλωτόν (changeant λ en ρ), qui signifie cela dans Hésychius ;

ou de βρύττειν, qui dans le même auteur est expliqué une potion d'orge.

*BROUTER, de βρύττειν, manger, dans Hésychius et dans l'Etymologie. D'autres le dérivent de βροῦσθαι, dévorer; d'autres de βρώσκειν, manger, paître; d'autres de βρύκω, ronger; d'où vient βροῦχος, bruchus, sorte d'insecte qui ronge les herbes; et d'autres de brutus, bête brute, animal brutum, qui viendra peut-être de πρόϐατον, ovis.

*BRUIT, de βρυχή, rugitus; rac. βρύχω, strideo; ou bien de βρύειν, scaturire, d'où semble venir directement le verbe bruire, rendre un bruit confus.

BRYON, de βρύον, mousse qui croit sur les arbres.

BUBE ou BUBON, de βουϐών, qui signifie proprement l'aine ou les bubons et charbons qui viennent en ces parties-là. De là bubonocèle, terme de médecine, hernie qui arrive à l'aine; rac. κήλη, tumeur, hernie.

BUCÉPHALE, cheval d'Alexandre-le-Grand, de βοῦς, bœuf, et de κεφαλή, tête, parce que, dit-on, sa tête ressemblait à celle d'un bœuf.

BUCOLIQUE, adj., se dit des poésies pastorales, de βουκολικὸς, pastoral, dérivé de βουκόλος, bouvier, pasteur, composé de βοῦς, βοὸς, bœuf, et de κόλον, cibus, nourriture. Il est aussi substantif féminin, et dans ce sens il n'est d'usage qu'au pluriel, dans cette phrase les *Bucoliques de Virgile*, pour dire les églogues de Virgile.

BUÉE, vieux mot, pour signifier lessive, de βύω, emplir, fouler, couvrir, comme on fait en mettant la lessive dans le cuvier. De là *buanderie*, lieu où l'on fait la lessive, et *buandier*, -ère, celui ou celle qui blanchit les toiles neuves et le linge.

BUFLE, bœuf sauvage, βούϐαλος, bubalus; rac. βοῦς, bœuf.

BUGLOSSE ou BOURRACHE, βούγλωσσα, herbe ressemblant à la langue d'un bœuf; rac. βοῦς, bœuf, et γλῶσσα, lingua.

BUIS, de πύξος, buxus; rac. πύκα, densè. Le buis est ainsi nommé parce que c'est un bois serré et épais. * De là même vient le mot *boîte*, parce que les boîtes étaient ordinairement de buis, et de *boîte* vient *déboîter* un os, et le *remboîter*, c'est-à-dire le remettre en sa place et comme dans sa boîte.

BULBE, ognon de certaines plantes; de bulbus, dérivé de βολϐός, même signification,

BUPRESTE, espèce de mouche cantharide, qui empoisonne les animaux qui l'avalent en paissant; de βούπρηστις, composé de βοῦς et de πρήθω, enflammer, parce que l'animal qui l'avale périt d'inflammation.

BYSSE, dans la bible, toute matière plus précieuse que la laine, et qui se filait; de βύσσος, lin très-fin. De là *byssolithes*, végétations minérales de soies très-brillantes qui croissent à la surface des pierres; rac. λίθος, ου, pierre.

BYZANCE, aujourd'hui Constantinople (ville de Constantin); de βύζω, le même que βύω, remplir, et d'ἄνθος, fleur.

C

*CABANE, de κατάνη, une crèche, ou une espèce de couche dans Hésychius.

*CABARET, de καπή ou καπάνη, lieu où l'on mange; rac. κάπτω, manger avidement : κάπτω

se trouve dans Hésychius et dans Favorinus pour une boucherie, ou un marché parmi les Tarentins. Et κάπηλος signifie encore un marchand ou un tavernier, de πωλώ, vinum.

*CABLE, de κάλως, ω, *funis nauticus*, en insérant le digamma, dont le *b* tient la place. κάFλως, *cablos*; ou bien de κάμιλος, ô ant ι et changeant μ en b.

CACOCHYME, de κακόχυμος, plein de mauvaises humeurs, malsain; de κακός, mauvais, et de χυμός, suc, humeur. De là *cacochymie*.

CACOPHONIE, de κακοφωνία, mauvais son : rac. κακός, mauvais, et φωνή, son.

CACUS, nom d'un insigne voleur, de κακός, mauvais.

CADMUS, fils d'Agénor, inventeur des lettres et fondateur de la ville de Thèbes; de κάζειν, orner, décorer.

CÆNOTROPES, surnom des filles d'Anius, Æno, Spermo et Elaïs, à qui Bacchus avait donné le privilége de changer tout ce qu'elles toucheraient en blé, en vin et en huile; de καινός, nouveau, et de τρέπω, tourner; *qui changent les formes anciennes en nouvelles*.

CAISSE à serrer quelque chose de χάσις, séparation; rac. χάζω, contenir, renfermer. Ou de κάψα, *capsa*, *theca*, pour lequel Hésychius met aussi κάμψα, rac. κάμπτω, *fut*. ψω, *flecto*, *incurvo*. De là *caisson*, grande caisse pour porter des vivres, des munitions à l'armée; *caissier*, celui qui tient la caisse d'un banquier.

CALABRE, province du royaume de Naples; de καλός, beau, et de ἀερός, lâche, mou, à cause de la beauté du pays et de la mollesse des habitans.

CALCÉDOINE, pierre précieuse, χαρχηδών. On trouve aussi χαλκηδών, dans l'Apoc., ch. 21, v. 19.

CALE, la partie la plus basse dans l'intérieur d'un vaisseau, celle qui entre dans l'eau; de χαλάν, abaisser, faire descendre.

CALENDES, premiers jours des mois chez les Romains; de *calendæ*, dérivé de *calare*, forme de χαλώ, *voco*, parce que ces jours là on appelait le peuple pour ordonner le reste du mois, ou au moins les jours qu'il y avait jusqu'aux nones, selon Macrobe et Varron. De là *calendrier*, table qui contient l'ordre des jours, des semaines, des mois et des fêtes qui arrivent pendant l'année, parce que le nom de *calendes* était écrit en gros caractères à la tête de chaque mois.

CALER la voile, c'est-à-dire, la baisser; de χαλάν, abaisser, abattre, faire descendre, d'où les Latins ont formé le verbe *chalare* dans le même sens.

CALICE, de κάλιξ ou κάλυξ, ικος ἡ, une tasse, un verre ou godet; rac. κυλίω, *volvo*, rouler, soit parce que quand on forme un vase, on tourne la roue; ou parce qu'ils sont creux et courbés. Il se dit aussi de la partie qui sert d'enveloppe à la fleur : de κάλυξ, le bouton ou calice d'une rose ou de toute autre fleur, dérivé de καλύπτω, couvrir.

CALLICOLONE, colline agréable auprès du fleuve Simoïs dans la Troade; de καλός, beau, et de κολωνός, colline, sommet.

CALLIGRAPHE, écrivain qui mettait au net; de καλλιγράφος, dérivé de καλλιγραφέω, écrire bien, peindre bien, composé de κάλλος, beauté, dérivé de καλός, beau, et de γράφω, écrire, peindre. De là *calligraphie*, proprement, l'art de bien former les caractères de l'écriture, s'emploie pour signifier la connaissance des anciens manuscrits.

CALLIOPE, une des neuf muses, qui préside à la musique; de καλός, beau, et ὄψ, voix.

*CALOTTE ou CALE, de κάενιόν ou κάρα, τὸ, la cale, tête, le ρ se changeant en λ, si l'on n'aime mieux le prendre de καλύπτω, couvrir.

CAMBRÉ, voûté, de καμάρα, une voûte, dont les Latins ont fait *camera*, une chambre, ou de καμψὸς, courbé, voûté: rac. κάμπτω, plier, courber, voûter.

CAMÉLÉON, petit animal qui ressemble au lézard, et dont la peau change plusieurs fois de couleur; de χαμαιλέων, littéral. *petit lion*, composé de χαμαὶ, à terre, et de λέων, lion; parce qu'il chasse aux mouches, comme le lion chasse et dévore les autres animaux.

CAMÉLÉOPARD, animal qui a la tête et le cou comme le chameau, et qui est tacheté comme la panthère; de κάμηλος, chameau, et de πάρδαλις, panthère. On l'appelle plus communément *girafe*.

CAMELOT, de καμηλωτὴ, peau de chameau. Le camelot est une étoffe faite de poil de chèvre ou de chameau.

CAMÉRIER ou CHAMBRIER, *camerarius*, de καμάρα, *camera*, une chambre voûtée.

CAMOMILLE, herbe, χαμαίμηλον, pris de χαμαὶ, *humi*, à terre, et de μῆλον, une pomme; rac. μηλέα, un pommier. La camomille a une forte odeur de pomme.

CAMUS, de *camurus*, courbé comme les cornes d'un bœuf, et *camurus*, dérivé du grec καμπή, selon Festus, repli, courbature, et aussi une chenille; rac. κάμπτω, courber.

CANÉPHORES, jeunes filles qui portaient dans des corbeilles les choses destinées aux sacrifices des anciens; de κάνης, corbeille, et de πέρσα, parf. moy. de φέρω, porter.

*CANNE ou roseau, de κάννη ou κάννα, *canna*, d'où vient aussi *canif*, pour tailler les plumes, ou les cannes à écrire; et

encore *canal*, *canalis*, selon Isidore, quoique d'autres le dérivent de χάνος, *hiatus*, *rictus*, et même *cannelle*, *cannelé*, *cannelure*, *cannetille* de brodeurs, etc. Mais *cane* et *canard* viennent de *ana*, pour *anas*, *atis*, un canard, ou bien de χὴν, une oie, mot formé par imitation du son du cri de ces animaux.

CANNEVAS, de κάνναβις, *cannabis*, chanvre.

CANON d'arquebuse, de l'italien *cannone*, augmentatif de *canna*, pris de κάννα, parce qu'il est long et creux comme une canne.

CANON des conciles, décision des conciles sur la foi ou la discipline; de κανών, όνος, ὁ, règle, discipline; il se prend aussi pour le catalogue des livres sacrés; pour celui des saints évêques et des martyrs, d'où vient *canoniser*, c'est-à-dire mettre au nombre des saints; pour la forme de la liturgie, d'où vient le *canon de la messe*. De là *canonial*, *canonique*, *canonisation*, *canoniste*.

CANTHARIDE, espèce d'insecte d'un vert doré, usité en médecine, de κανθαρὶς, gén. ίδος, diminutif de κάνθαρος, un scarabée, dont elle a la forme.

CANTON, de κανθὸς, οῦ, ὁ, coin de l'œil.

*CAPE ou CHAPE, de σκέπη, voile, couverture, ôtant ς; rac. σκέπω, voiler, couvrir, ou de κάππα, parce qu'elle est faite comme un κ, d'où vient καππάτιον pour un vêtement de femme, dans Hesychius. Vossius croit que *cappa* a été pris de l'allemand *cappe*, qu'il dérive de *caput*. D'autres le font venir de *capere*.

CAPNOMANCIE, divination par la fumée; de καπνὸς, fumée, et de μαντεία, divination.

CAPPES ou CAPRES, de κάππαρις, εως, ἡ, qui se prend pour l'arbre et pour le fruit.

CAPSE, boîte qui sert au

scrutin d'une compagnie; de κάψα, caisse.

CAPSULE, petite loge ou cavité, du latin *capsula*, formé de κάψα, cassette à serrer quelque chose, dérivé de κάπτω, engloutir.

CAQUE, petit baril, de κάδος, *cadus*, tonneau à mettre du vin. De là *encaquer*, mettre dans une caque.

CAR, de γάρ, *enim*, ou selon d'autres de *quare*.

CARACTÈRE, marque, empreinte; de χαρακτήρ, empreinte, dérivé de χαράσσω, imprimer, graver. Ce mot, outre les lettres de l'alphabet, désigne encore les mœurs, les habitudes d'une personne, et en général une marque distinctive. De là *caractériser*, verb. act., et *caractéristique*, qui sert à caractériser. V. CARAT.

*CARAT, de κεράτιον, qu'on a dit pour κεράνιον, *siliqua*, qui est proprement une petite corne, ou une cosse de légume, et qui se prend pour le poids de quatre grains; rac. κέρας, ατος, τό, une corne. Ou de χαράσσω, imprimer, graver; d'où vient aussi *caractère*, le carat, selon quelques-uns, n'étant qu'une certaine marque qui témoignait jusqu'à quel degré l'or était purifié. Ou encore de καράτζιον, qui était une monnaie d'or, dont on payait le tribut. Car comme pour la division du fin de l'argent, on s'est servi d'une monnaie qu'on appelle denier, ainsi il y a apparence que pour marquer celle de l'or on se sera servi de cette autre espèce, comme quand on dit de l'or à 20, 22 et 23 carats.

CARDIAQUE, propre à fortifier le cœur; de καρδιακὸς, rac. καρδία, ας, ἡ, *cor*, le cœur.

CARPE, en anatomie, la partie qui est entre le bras et la paume de la main; de καρπὸς, qui signifie aussi poignet.

CARTEL, de χάρτιον, petit livre ou papier; rac. χάρτης, ου, ὁ, *charta*, carte ou papier. De là vient aussi

CARTES. V. CHARTES et PANCARTES.

*CASE de trictrac, de *casa* ou *capsa*, pris de κάψος, ou κάσος, ou κάσσος, que M. Saumaise explique *loculamenta calculorum in tabulâ*.

CASEMATE, de χάσματα, *hiatus*, ouverture de terre, creux; rac. χαίνω, s'entr'ouvrir.

CASSE, κασσία, ας, ἡ, *cassia*, médicament purgatif.

CASSETTE, de κάψα, *capsa*, *cista*, *theca*, un étui, layette, garde-manger, lieu à resserrer; rac. κάπτω, manger, ou κάμπτω, courber, arrondir.

CASTOR, κάστωρ, ορος, ὁ, *fiber*, animal amphibie.

CATACHRÈSE, figure de discours qui consiste dans l'abus de la signification d'un mot; de κατάχρησις, abus, dérivé de καταχράομαι, abuser, formé de κατὰ, contre, et de χράομαι, user, dérivé de χράω.

CATACOMBES, carrières où l'on enterrait les morts, surtout les martyrs; de κατὰ, dessous, et de κύμβος, cavité. Quelques-uns prétendent que l'on écrivait autrefois catatombes. V. TOMBE.

CATADOUPE ou CATADUPE du Nil, chûte d'eau qui fait grand bruit; de καταδουπέω, *cum sonitu decido*, rac. δοῦπος, *sonitus, fragor*.

CATALECTIQUE, se dit d'un vers qui a une syllabe de moins; de καταληκτικὸς, formé de κατὰ, en bas, et de λήγω, finir, c'est-à-dire *qui tombe en finissant, qui n'est pas complet*.

CATALOGUE, de κατάλογος, *catalogus*, recensement, état détaillé, formé de κατὰ, en détail, et de λέγω, dire, λόγος, discours.

CATAPLASME, emplâtre, κατάπλασμα : rac. πλάσσω, enduire, appliquer dessus.

CATARACTES de l'œil, des étangs, aux portes des citadelles et des villes de guerre, ὁ καταρράκτης, rac. ἀράσσω, *pulso*, *collido*, *tundo*, καταράσσω, le même. Ou ῥήσσω, *frango*, *rumpo*, *vehementer ferio*, καταῤῥήσσω, *confringo, disrumpo, cum impetu decidere facio, constrepo, insono.*

CATARRHE, κατάρροος et -ῥους, fluxion d'humeur, rac. ῥέω, couler. De là *catarrhal, catarrheux.*

CATASTROPHE, καταστροφή, issue d'une chose, défaite générale ; rac. στρέφω, tourner, tourmenter.

CATÉCHISER, κατηχίζειν, instruire de bouche, enseigner les principes et les premiers élémens d'un art, ou d'une science, et particulièrement de la doctrine chrétienne ; rac. ἦχος, ου, ὁ, son, retentissement. De là vient aussi *catéchisme, catéchiste, catéchumène.*

CATÉGORIE, κατηγορία, qui se prend pour certaines classes dans lesquelles les philosophes enferment toutes choses : κατηγορέω, montrer, déclarer, manifester, convaincre, accuser : rac. ἀγόρα, *forum*, le barreau, le marché, la multitude : une harangue.

CATHÉDRALE, l'église où est le siége de l'évêque, de καθέδρα, siége.

CATHERINE, nom de femme de καθαρά, pure, nette, sincère : rac. καθαίρω, purger, nettoyer, expier.

CATHOLIQUE, καθολικὸς, universel : rac. ὅλος, *totus*, tout.

CATOPTRIQUE, science qui considère la vue en tant que réfléchie : rac. ὄπτομαι, voir.

CAUCASE, montagne très-élevée qui séparait les Indes de la Scythie ; de καυχάομαι, se glorifier, parce qu'elle semblait s'enorgueillir de sa hauteur au-dessus des autres montagnes.

CAUSTIQUE, qui a la force de brûler ; de καυστικὸς, brûlant, et au figuré, mordant, satirique, dérivé de καίω, brûler. De là *causticité.*

CAUTÈRE, καυτήριον, qui se prend pour le cautère et pour le médicament ou le fer brûlant dont on fait le cautère ; de καυτὴρ, dérivé de καίω, fut. καύσω, brûler. L'on dit aussi καυστήριον, le lieu où l'on fait le cautère ou le fer dont on le fait : de là *cautérisation* et *cautériser*, brûler avec un caustique ; *cautérétique* qui se dit des remèdes qui brûlent.

CÈDRE, κέδρος, de καίω, brûler, et de ἱδρῶ, suer, parce que le bois de cet arbre sue quand on le brûle.

CÉDULE. V. Scédule.

CENCHRITE, espèce de pierre produite par maladie dans le corps des animaux ; de κέγχρος, millet, parce qu'elle est composée de petits grains semblables à des grains de millet pétrifiés.

CÈNE, de *cœna*, repas commun, dérivé de κοινὸς, commun, parce que c'était l'usage chez les anciens de manger en commun.

CÉNOBITE, moine qui vit en communauté ; de κοινὸς, commun, et de βίος, vie ; de là *cénobitique*, qui appartient aux cénobites.

CÉNOTAPHE, tombeau vide ou monument dressé à la mémoire d'un mort enterré ailleurs, de κενὸς, vide, et de τάφος, tombeau.

CENSE, ferme, métairie, de *census*, d'où l'on a fait κῆνσος, Matth., 22, ou de κτῆσις, possession : rac. κτάομαι, posséder.

CENTAURE, κένταυρος, *centaurus*, rac. κεντέω, piquer, et ταυρὸς, taureau. Les centaures ont été premièrement des cavaliers d'un roi de Thessalie, qui ramenèrent ses troupeaux à l'étable en les piquant ; et depuis ce mot s'est pris par les poètes pour un monstre formé d'un homme et d'un cheval tout ensemble.

CENTIMÈTRE, ou un centième de mètre, racine *centum*, cent, et μέτρον, mesure.

CENTON, poëme en vers ramassés, de κέντρον, habit de divers morceaux.

CENTRE, point du milieu d'un cercle, d'une sphère, de κέντρον, *centrum*, point, dérivé de κεντέω, *pungo*; de là *central*, *centrer* et *centroscopie*, partie de la géométrie qui traite du centre des grandeurs; rac. σκοπέω, considérer.

CÉPHALIQUE, de tête, de κεφαλή, la tête. De la *céphalalgie*, violent mal de tête, rac. ἄλγος, douleur; *céphaloponie*, douleur ou pesanteur de tête, rac. πόνος, douleur, travail, dérivé de πέπονα, parf. moy. de πένομαι.

*CEPS, pour fers ou bois aux pieds, de *cippus*, fait par corruption de *cuppus*, pris de κυρτός, courbé en rond : rac. κύπτω, être penché, courbé et voûté. D'autres aiment mieux le tirer de *septum*, *seps*, ou de *capere*.

CÉRAMIQUE, quartier d'Athènes, de κεραμικός, tuilerie, dérivé de κέραμος, tuile, parce qu'on y avait, dit-on, autrefois fabriqué des tuiles.

CÉRAT ou CÉROT, κηρωτός, οῦ, ὁ, certain onguent fait de cire, du lat. *cera*, cire, formé de κηρός.

CERBÈRE, nom du chien des enfers, de κρέας, chair, et βορός, dévorant, c'est-à-dire qui dévore la chair.

CERCERELLE ou QUERCERELLE, *querquedula*, de κέρχω, râler, rendre un son rude et désagréable.

CERCLE, lat. *circulus*, dimin. de *circus*, formé de κίρκος, tourner. De là *cerceau*, *circulaire* et *cercler*.

CERCUEIL, de σάρξ, σαρ-κός, *caro*, chair, corps; d'où vient qu'autrefois on écrivait sarcueil.

*CERF, d' ἔλαφος, sync. ἔλφος, *cervus*, λ changé en r, et le c ajouté pour esprit; ou de κεραός, *cornutus*, rac. κέρας, ατος, τό, corne. Le changement des liquides l'une pour l'autre est un des principes généraux pour remonter à l'origine des mots; et il n'y a rien de si ordinaire que celle de l en r. Les Attiques disaient κρίβανος pour κλίβανος.

CERFEUIL, χαιρέφυλλον, *quòd foliis gaudeat*, parce qu'il jette quantité de feuilles : rac. χαίρω, *gaudeo*, et φύλλον, *folium*.

CERISIER, κέρασος, *cerasus*, κεράσιον, cerise.

CÉROFÉRAIRE, terme de liturgie, acolyte qui porte un cierge, de κηρός, cire ou cierge, et de φέρω, porter.

CÉTACÉE, du lat. *cetaceus*, dérivé de κῆτος, baleine; c'est-à-dire qui est du genre de la baleine. De la *cetologie*, description des cétacées: rac. λόγος, discours, traité.

*CHAINE, de χαῖνος pour σχοῖνος, jonc ou corde de jonc; ou de *catena*, qu'on a dit *quasi* καθ' ἕνα, parce qu'elle assemble les anneaux un à un, ou de κάθημα, qui se trouve dans Pollux en cette signification, aussi bien que κάθεμα dans Hesych. V. Voss., Et.

CHAIR, de σάρξ, κός, ἡ, *caro*, ou du mot hébreu *scheer*.

CHAIRE, de καθέδρα, *cathedra*, ἕδρα, une selle, un siége; rac. ἕζομαι, s'asseoir.

CHAIRE se dit d'un prédicateur, et *chaise* pour l'usage ordinaire de s'asseoir.

CHALCÉES ou CHALCIES, fêtes athéniennes en l'honneur de Vulcain; de χαλκεία, dérivé de χαλκός, cuivre, parce que ce dieu passait pour avoir inventé l'art de travailler le cuivre.

CHALCITE, sulfate de cuivre ; de χαλκίτης, pierre d'airain, dérivé de χάλκος, cuivre ou airain.

CHALCOGRAPHE, graveur en airain ; de χάλκος, airain, et de γράφω, graver. Ce mot se prend généralement pour graver sur métaux. De là *chalcographie*, l'art de graver sur les métaux.

*CHALOUPE, petit vaisseau, de κᾶλον, *lignum*, du bois.

CHALUMEAU, de κάλαμος, *calamus*.

CHAMBRE, de καμάρα, *camera*.

CHAMEAU, de κάμηλος, *camelus*, dont on a fait chamel, puis chameau.

CHAMÉCISSE, lierre terrestre, de χαμαί, à terre, et de κισσός, lierre.

CHAMÉDRYS, autrement PETIT CHÊNE, plante de χαμαί, à terre, et de δρῦς, chêne, parce qu'elle pousse des tiges rampantes, et que ses feuilles sont dentelées comme celles du chêne.

CHAMÉLEUCÉE, plante appelée pas d'âne ou tussilage ; de χαμαί, à terre, et de λευκός, blanc, à cause que ses feuilles sont blanches, et touchent la terre.

*CHAMPIGNON, de *campus*, gén. *campi*, champ, dont on a fait *campinio*. D'autres néanmoins avec *campus*, joignent γίγνομαι, naître, paraître, parce que les champignons viennent dans les champs. Et en effet Athénée les appelle γηγενεῖς, *terrâ natos* ; rac. γείνομαι, *gignor*, *nascor* ; ou de πνίγω, suffoquer ; d'où vient le proverbe μύκητος δίκην ἀποπνίγει, *instar fungi suffocat*.

CHANOINE, κανονικός, régulier : rac. κανών, canon, règle.

CHANVRE, de κάνναβις.

CHAOS, confusion de toutes choses, de χάος, τό, gouffre, abîme, dérivé de l'inusité χάω, d'où sont venus χάσκω et χαίνω, s'entr'ouvrir, se fendre.

CHAPE. V. CAPE.

*CHARIVARI, bruit, tumulte ; de καρηβαρία, pesanteur et mal de tête ; ou de καρηβαρικός, qui cause cette pesanteur, parce que ce bruit rompt la tête : rac. βάρος, τό, *pondus*, poids, pesanteur.

*CHARNIERS, pour dire échalas, à Orléans et ailleurs ; de χάραξ, ακος, *pedamentum*. De là vient aussi les charniers d'un compas ; car χάραξ signifie encore un sillon, une division, et χαράσσω, creuser, diviser, séparer ; διαίρω, Hésych. ; ou élever et appuyer d'un bâton : rac. χαράσσω, ciseler, entailler.

Mais *charnier* d'un cimetière vient de *carnarium*, pris de *caro*, chair, à cause des corps morts qu'on y enterre ; d'où vient aussi le mot de

CHAROGNE, de χαρώνεια, selon Victor, lieux qui exhalent de mauvaises odeurs, et qui sont comme la gueule des enfers, ou du latin *carnem rodere*.

CHARON, le portier des enfers ; de χάρων, part. aor. 2 de χαίρω, se réjouir, par antiphrase.

CHARTES ou CHARTRES, pour mémoires, titres ou antiquités. V. PANCARTES ; mais *chartes* pris pour prison vient de *carcer*.

CHASSE, de κάψα, *capsa*, ou de κάμψη, Hésychius : rac. κάμπτω, cambrer, courber.

De là vient aussi *châssis*, qui signifie proprement ce qui se mettait devant la châsse, pour empêcher de toucher les reliques selon le P. Labbe.

CHASUBLE, de *casula*, fait selon Spelmannus, de *capsula*, qui vient de κυψέλη, une ruche d'abeilles selon Vossius ; ou bien *chasuble* viendra de *casa*, ou même de κάσας, sorte de tapis et d'étoffe dans Hésychius.

*CHAT, en picard cat, de κάττης, *cattus* ou *catus*. Les anciens disaient *catus* pour *cautus*, un homme fin, cauteleux.

CHATAIGNE, (chastaigne) χάςανον: rac. Κάςανα.ης, Catane, ville de Thessalie où il y avait quantité de châtaignes.

*CHAUD, en picard et en provençal caud, de καῦμα, *œstus*: rac. χαίω, *fut*. καύσω, *uro*. Si l'on n'aime mieux le prendre de *caldum* pour *calidum*, qui vient de *caleo*, avoir chaud, et celui-ci de χάλεος, dor. pour χίλεος, chaud, brûlant. Hésychius.

CHAUME, χάλαμος, *calamus, stipula*.

*CHAUSSE, CHAUSSON et CALEÇON, de *caliga*, fait de χάλχη, qui se prend pour une peau.

*CHEF, de κεφαλὰ, ῆς, *caput*, comme qui dirait ceph; d'où vient encore *céphalique*, qui descend du chef ou de la tête.

CHÉLIDOINE, χελιδόνιον, herbe ou pierre, dont l'hirondelle se sert pour guérir ses petits quand ils ont mal aux yeux; rac. χελιδών, ονος, *hirundo*. C'est plutôt parce que cette plante fleurit au retour des hirondelles.

CHÉLONÉE, tortue de mer; de χελώνη, tortue, dérivé de χέλυς. De là *chéloniens*, genre de reptiles, tels que les tortues.

*CHEMIN, de κάμνειν, *fatigari*, parce qu'on se lasse en marchant. Les Picards disent camin. Le P. Labbe le dérive de *semita*, comme qui dirait *semin*.

CHEMINÉE, κάμινος, *caminus*; les Picards disent caminée.

CHENEVIS, de κάνναϐις.

CHERSONÈSE, presqu'île; de χέρσος, terre, le même que χέῤῥος, et de νῆσος, île, c'est-à-dire île qui tient à la terre ferme, au continent.

CHERSYDRE, serpent amphibie; de χέρσος, terre, et de ὕδωρ, eau.

CHEVAL, de κϐάλλης, *caballus*, une bête de somme.

CHICORÉE, κιχόρη et κιχώριον, *cichorium*.

CHIEN, κύων, *gén*. κυνὸς, en Picard *kien*.

CHILIASTES ou MILLÉNAIRES, hérétiques qui croyaient à un royaume de mille ans après la mort; de χιλιὰς, άδος, ἡ, mille.

CHIMÈRE, χίμαιρα, *capra*, chèvre née en hiver, dérivé de χέω, répandre, Hom.; rac. χεῖμα, τὸ, *hiems*. Χίμαιρα, *chimæra*, était propr. un mont de Lycie qui jetait du feu. Au sommet il y avait des lions; au milieu, où il était plein de pâturages, se trouvaient des chèvres; et au bas des serpens. C'est ce qui a donné lieu à la fable qui représente la chimère comme un monstre qui jette le feu par la gueule, qui a la tête et le poitrail du lion, le ventre d'une chèvre et la queue d'un dragon. Et parce que Bellérophon, fils de Glaucus, rendit cette montagne habitable, on feint aussi qu'il tua la chimère. De là on a appelé *chimère* toute extravagance d'imagination, contraire à la raison et au bon goût; d'où vient *chimérique*, qui est sans fondement.

CHIMIE, science qui a pour but d'analyser et de décomposer les corps mixtes, pour découvrir l'action intime et réciproque qu'ils exercent les uns sur les autres; de χέω, fondre, parce que la chimie dans son origine enseignait à mettre en fusion et à purifier les métaux. De là *chimique*, qui a rapport à la chimie; *chimiste*, celui qui s'applique à la chimie.

*CHIPOTER, χειλοποτεῖν, s'amuser à buvoter du bout des lèvres seulement; rac. χεῖλος, εος, τὸ, la lèvre, et πίνω, prét. πέπωκα, pris de πόω, boire.

CHIRAGRE, goutte qui attaque les mains; de χείρ, main, et d'ἄγρα, prise, capture. Il se dit aussi de celui et de celle qui en sont attaqués.

CHIROGRAPHAIRE, (prononcez *kirographaire*) celui qui est créancier en vertu d'un acte sous seing privé et non reconnu en justice ; de χεὶρ, gén. χειρὸς, main, et de γράφω, écrire.

CHIROLOGIE, (prononcez *kirologie*) l'art de parler en faisant des mouvemens et des signes avec les mains ; de χεὶρ, χειρὸς, main, et de λόγος, discours.

CHIROMANCIE, l'art de prédire par les linéamens des mains ; de χειρομαντεία, rac. χεὶρ, χειρὸς, *manus*, et μάντης, εος, devin. De là *chiromancien*, celui qui exerce la chiromancie.

CHIRON, nom d'un centaure qui s'appliqua à la médecine et à la chirurgie ; de χεὶρ, χειρὸς, ἡ, la main.

CHIRURGIE, art de faire diverses opérations manuelles sur le corps humain, pour la guérison des blessures, fractures, etc.; de χειρουργία, opération manuelle, composé de χεὶρ, main, et d'ἔργον, ouvrage, travail. De là *chirurgien*, χειρουργὸς, celui qui opère de la main, *chirurgical* et *chirurgique*, adjectifs.

CHLORIS, déesse des fleurs ; de χλωρὶς, formé de χλωρὸς, verdoyant, dérivé de χλόα, herbe verte, gazon.

CHLOROPHANE, minéral qui, exposé au feu, jette une lumière verte ; de χλωρὸς, vert, et de φαίνω, luire, briller.

CHOEUR d'une église, χορὸς, οῦ, ὁ, *chorus*.

CHOPER, de κοπεῖν, aor. 2 de κόπτω, pousser, heurter, frapper.

*CHOPINE vient de χέω, χῶ, verser, et πίνω, boire : χωπινεῖν, chopiner, selon Postel et les autres. Mais il y a plus d'apparence de le prendre de *copina*, diminutif de *cupa*.

CHORÉE, pied de vers grec et latin composé d'une longue et d'une brève ; de χορεῖος, dérivé de χορὸς, chœur, danse, parce qu'il était propre aux chansons et à la danse. De là *choraïque*, adj., vers où le chorée domine.

CHORÈGE, chez les Grecs, directeur de spectacles ; de χορηγὸς, composé de χορὸς, chœur, et d'ἄγω, conduire.

CHORÉGRAPHIE, art de noter les pas et les figures d'une danse ; de χορεία, danse, dérivé de χορὸς et de γράφω, écrire.

CHORIAMBE, pied de vers grec et latin composé d'un chorée et d'un iambe ; de χορεῖος, chorée, et d'ἴαμβος, iambe.

CHOROGRAPHIE, description d'un pays, d'une province ; de χωρογραφία, composé de χῶρος, lieu, et γράφω. De là *chorographique*.

CHRÊME, huile sacrée dont l'église se sert dans l'administration de certains sacremens ; de χρίσμα, ατος, huile, onction, rac. χρίω, oindre ; de là *chrémeau*, sorte de petit bonnet de toile fine qu'on met sur la tête de l'enfant après l'onction du saint chrême.

CHRESTOMATHIE, recueil de beaux morceaux ; de χρηστομάθεια, dérivé de χρηστὸς, bon, utile, et de μαθεῖν, aor. 2 de μανθάνω, apprendre, étudier.

CHRIST, le messie ou sauveur du monde ; de χριστὸς, oint, dérivé de χρίω, oindre, parce qu'il a été oint ou sacré par Dieu même, comme roi, prophète et prêtre par excellence ; de là *christianisme*, la religion établie par J C., et *chrétien*, de χριστιανὸς, dérivé de χριστὸς, celui qui est baptisé, et qui professe la religion de J. C. d'où *chrétiennement* et *chrétienté*.

CHRISTOPHE, nom propre, Χριστοφόρος, *Christum ferens*, porte-Christ ; rac. φέρω, *fero*, porter.

CHROMATIQUE (LA), le coloris, de χρῶμα, couleur.

CHRONIQUE, se dit en médecine d'une maladie de longue durée ; de χρονικὸν, qui appartient au temps : rac. χρόνος, le temps,

ou la durée du temps. D'où vient
CHRONOLOGIE, la science des temps, des époques ; de χρόνος, et de λόγος, discours. De là *chronologique* et *chronologiste*, celui qui écrit sur la chronologie.

CHRONOMÈTRE, nom générique des instrumens qui mesurent le temps ; de χρόνος, temps, et de μέτρον, mesure.

CHRYSALIDE, état d'une chenille dans sa coque avant de se changer en papillon ; de χρυσαλίς, gén. ίδος, dérivé de χρυσός, or, à cause de la couleur jaunâtre ou dorée de la plupart des chrysalides.

CHRYSALUS, nom d'esclave dans Plaute ; de χρυσός, or, et de ἁλίσκω, prendre.

CHRYSANTHÈME, plante dont les fleurs sont de couleur d'or ; de χρυσάνθεμον, composé de χρυσός, or, et de ἄνθος, fleur.

CHRYSOCOLLE, matière qui sert à souder l'or et les autres métaux ; de χρυσόκολλα, composé de χρυσός, or, et de κόλλα, colle.

CHRYSOCOME, plante ainsi nommée de χρυσός, or, de κόμη, chevelure, parce que ses fleurs sont ramassées en bouquet d'une couleur d'or éclatante.

CHRYSOGONE, nom propre, χρυσόγονος ; rac. χρυσός, ou, de l'or, et γόνος, génération, lignée : rac. γίνομαι, *fio*.

CHRYSOLITHE, pierre précieuse d'un jaune d'or mêlé de vert ; de χρυσός, or, et de λίθος, pierre.

CHRYSOMÈLE, genre d'insecte d'un vert doré, de χρυσόμηλον, pomme d'or, orange, composé de χρυσός, or, et de μῆλον, pomme.

CHRYSOPRASE, pierre précieuse d'un vert de porreau, mais tirant sur la couleur d'or ; de χρυσός, or, et de πράσον, porreau.

CHRYSOSTOME, nom propre, Χρυσόστομος ; rac. χρυσός,

l'or, et ςόμα, τό, la bouche ; comme qui dirait bouche d'or.

CHYLE, suc blanchâtre dans lequel les alimens se changent par la digestion, et qui se mêle avec la masse générale du sang ; de χυλός, suc, humeur.

CHYMIE. V. CHIMIE.

CIBOIRE, de κιβώριον, sorte de vase chez les Egyptiens. Hésychius.

CIDARIS, espèce de tiare ou de mitre à l'usage des anciens rois de Perse ou à celui des Mèdes ; de κίδαρις, tiare, mitre persanne, en latin *cidaris*.

CIEL, de κοῖλον, d'où vient *calum*, rac. κοῖλος, creux, concave.

CIMETIÈRE, κοιμητήριον, qui se prend aussi pour un dortoir ; rac. κοιμάω, faire dormir : κοιμάομαι, dormir, se coucher.

CINCINNATUS, surnom des Quinctius ; de *cincinnatus*, bouclé, frisé, dérivé de *cincinnus*, boucle de cheveux, formé de κίκιννος, cheveux frisés, boucle, frisure.

CINNABRE ou CINABRE, substance minérale d'un rouge foncé ; de κιννάβαρι, gén. εως, formé de κινάβρα, mauvaise odeur, à cause de celle qui se dégage quand on extrait ce minéral.

CIRCÉ, célèbre magicienne ; de κίρκος, cercle magique, qui joue un grand rôle dans les opérations de sorcellerie.

CIRE, κηρός, *cera*. De là *cirer*, *cirage*.

CIRON, petit animal qui vient aux mains, ἀπὸ τῶν χειρῶν ; rac. χείρ, χειρός, la main, ou bien de κείρω, couper, ronger, gâter, manger insatiablement.

CIRQUE, lice où l'on courait à cheval, de κίρκος, cercle, à cause de la forme des cirques.

CISSAMPÉLUS, plante qui tient le milieu entre le lierre et la vigne ; de κισσός, lierre, et d'ἄμπελος, vigne.

CISSITE, pierre blanche qui

présente des feuilles de lierre ; κίσσος, lierre.

CISSOTOMIES, fêtes païennes en l'honneur d'Hébé, et dans lesquelles on couronnait les jeunes gens de feuilles de lierre; de κίσσος, lierre, et de τέμνω, parf. pass. de τέμνω, couper.

CISTRE ou SISTRE, instrument de musique ; de σείστρον : rac. σείω, frapper, toucher, remuer.

CITHARE, ancien instrument de musique, le même que la lyre, suivant la plupart des auteurs qui en attribuent l'invention à Apollon ; de κιθάρα, en latin cithara. De là vient citharistique chez les anciens, genre de musique et de poésie approprié à l'accompagnement de la cithare. Ce genre, dont Amphion fut l'inventeur, prit depuis le nom de lyrique

CITRON, κίτριον : citronnier, κιτρέα, ας.

CLAIE, de κλῇθρος, une haie ou clôture, de κλείω, fermer de claies, rac. κλείω, claudo

CLAPIER, de κλέπτω, dérober, cacher, tromper, aor. 2. ἔκλαπον. Le clapier est où le lapin se retire et se cache, trompant les chiens, et se dérobant à leur vue. C'est la pensée d'Henri Estienne. Le père Labbe le tire avec plus de raison de lapin, lapier, et, ajoutant c, clapier.

CLAS, son d'une cloche que l'on tinte pour quelqu'un qui vient d'expirer ; de κλαίω, pleurer. On dit aussi glas.

CLAUDEUTERIES, fêtes qui se célébraient dans le temps de la taille des vignes ; de κλαδευτήριον, serpette, dérivé de κλάδος, rameau.

CLEF ou CLÉ, clavis ; de κλείς, κλειδός, ἡ, le même, dérivé de κλείω, fermer.

CLÉMATITE, plante à branches sarmenteuses ; de κληματίς, petit sarment de vigne, dérivé de κλῆμα, sarment.

CLÉOBULE, nom d'un des sept sages ; de κλέος, gloire, et de βουλή, conseil.

CLÉOPATRE, nom propre de femme ; de κλέος, gloire, et de πάτρα, patrie, c. à d. gloire de la patrie.

CLÉOPOMPE, nom d'homme, de κλέος, gloire, et de πομπή, pompe, formé de πέπομπα, parf. m. de πέμπω, faire porter, conduire, qui conduit à la gloire.

CLEPSYDRE, horloge à eau, et diverses machines hydrauliques des anciens ; de κλεψύδρα, composé de κλέπτω, se dérober, et de ὕδωρ, eau, parce que l'eau s'y dérobe à la vue en s'écoulant.

CLERC, d'où CLERGÉ, clerus, clericus ; de κλῆρος, ου, sort, partage, héritage. Les clercs sont ainsi appelés ou parce qu'ils sont l'héritage du Seigneur, ou parce que le Seigneur est leur héritage, selon S. Jérôme. De la clérical, cléricalement, cléricature.

*CLIGNER, de clino, qui se trouve encore dans Cicéron (in Orat.), et qui vient de κλίνειν, baisser, fléchir, courber, incliner

CLIMAT, région, situation ; de κλίμα, ατος, inclinaison du ciel : rac. κλίνω, incliner.

CLIMATÉRIQUE, se dit de chaque septième année de la vie humaine, et particulièrement de la soixante troisième, de κλιμακτηρικός, par échelons, dérivé de κλίμαξ, degré ou échelle, parce qu'on monte par certains degrés, comme de sept en sept, ou de neuf en neuf, pour arriver à l'année climatérique.

CLINIQUE, se dit de la méthode de traiter les malades alités ; de κλινικός, dérivé de κλίνη, lit.

CLIO, une des neuf muses, qui préside à l'histoire ; de κλέος, renom, gloire.

CLOITRE, CLÔTURE, claustrum ; de κλεῖθρον, rac. κλείω, claudo.

*CLORRE, de κλείω, claudo.

CLOSSER, comme font les poules, de κλώζω.

CLOTHO, une des trois parques, qui file; de κλώθω, filer.

CLYSTERE, lavement, κλυςήρ, ῆρος, κλυςήριον, rac. κλύζω, laver, nettoyer, donner un lavement.

CNISSODIOCTE, nom d'un rat dans la Batrachomyomachie; de κνίσσα, fumée de graisse rôtie, et de διωκτής, qui poursuit, dérivé de διώκω, poursuivre, *qui prend pour guide la fumée de la cuisine.*

COASSER, crier comme une grenouille; de κοάξ, la voix d'une grenouille; mot formé par imitation du son.

COBALES, génies malins et trompeurs de la suite de Bacchus; de κόβαλις, fourbe, malicieux, esprit malin.

COCCOLITHE, substance minérale; de κόκκος, grain, et de λίθος, pierre, parce qu'elle est formée de grains peu adhérens entre eux.

COCCOTHRAUSTE, oiseau qui se nourrit surtout de noyaux de cerises, qu'il casse avec son bec; de κόκκος, grains, et de θραύω, briser.

COCHLÉARIA, plante qu'on nomme aussi herbe aux cuillers; de κοχλιάριον, une cuiller, dérivé de κόχλω, parce que ses feuilles en ont la forme.

COCYTE, un des quatre fleuves des enfers; de κωκυτός, pleurs, lamentation, dérivé de κωκύω, se lamenter, parce que le tartare est un lieu de pleurs et de gémissemens.

COELÉSYRIE, *Syrie basse*, partie de la Syrie ancienne; de κοῖλος, creux, et de Σύρια, Syrie.

COELUS, fils de la Terre et de l'Air, le ciel personnifié; de κοῖλος, creux.

COEUR, κέαρ, κῆρ, cor.

COIN, de γωνία, angulus, selon H. Estienne, ou de κῶνος, conus, figure qui va en pointe; d'où peut venir aussi cuneus, un coin à fendre.

COL ou Cou, de κῶλον, membrum, membre.

COLAPHISER (terme burlesque), souffleter; de κολαφίζειν, dérivé de κόλαφος, soufflet, en latin colaphus, formé de κολάπτω, frapper.

COLÈRE, de χολέρα, violent débordement de bile, dérivé de χολή, bile, fiel, et aussi colère, parce que les anciens attribuaient la cause de la colère à l'agitation de la bile. De là *colérique*, enclin à la colère; de χολερικός, qui est d'un tempérament bilieux.

COLIQUE, κωλικὸν, s.-ent. πάθος, ou κωλικὴ, s.-ent. διάθεσις, tranchées; rac. κῶλον, membre, l'intestin appelé colon; *douleur dans les intestins.*

COLLE, de κόλλα, ης, ἡ, gluten. De là *coller, collage.*

COLLINE, *collis*; de κολώνη, rac. κολωνὸς, οῦ, tumulus, hauteur, éminence.

COLLYRE, médicament externe contre les fluxions des yeux; de κωλύω, empêcher, et ῥέω, couler, c'est-à-dire qui empêche de couler.

COLOMBE, *columba*, de κολυμβᾶν, se plonger.

COLONE, montagne voisine d'Athènes, sur laquelle OEdipe se retira; de κολωνὸς, colline, sommet. De là le surnom de *Colonéen*, donné à OEdipe par Sophocle.

COLOSSE, statue ou figure d'une grandeur démesurée; de κολοσσός, en latin *colossus*. De là *colossal*, qui tient du colosse.

COLURES, cercles de la sphère, dont l'un passe par les points des équinoxes, et l'autre par ceux des tropiques, se coupant au pôle à angles droits, ainsi nommés parce qu'il n'y en a jamais que la moitié sur l'horison ; rac. κολούω, couper, retrancher, et οὐρά, ᾶς, queue, extrémité, fin.

COLYMBAS, une des neuf piérides, changée en plongeon ; de κολυμβάς, plongeon, dérivé de κολυμβάω, plonger.

COMÉDIE, κωμῳδία, comœdia ; rac. κώμη, ης, ἡ, rue, village, et ἀείδω, ᾄδω, chanter, faire ou réciter des vers ; d'où vient ᾠδή, ode, chanson. Les poètes allaient autrefois de village en village chanter leurs comédies. De là comédien, comique et comiquement.

COMÈTE, étoile chevelue ou corps lumineux qui paraît extraordinairement dans le ciel, avec une traînée de lumière, à laquelle on donne le nom de chevelure ou de queue ; de κομήτης, chevelu, dérivé de κόμη, coma, chevelure. De là cométographie, traité des comètes : rac. γραφή, écrit, description, dérivé de γράφω, décrire.

COMUS, dieu de la joie, de la bonne chère, des danses nocturnes et de la toilette ; de κῶμος, débauche de table, repas licencieux.

CONE, espèce de pyramide solide, dont la base est un cercle, et dont le sommet se termine en pointe ; de κῶνος. De là conique, κωνικός, qui a la forme d'un cône, et conoïde, solide qui ressemble à un cône ; sa base est une ellipse ou une autre courbe et son sommet est arrondi : rac. εἶδος, figure, d'où conoïdal, adj.

CONFRÉRIE, de φρατρία, sodalitas, compagnie.

CONGRE, conger, grand poisson, κόγγρος.

CONISE, plante nommée vulgairement herbe aux puces ; de κόνις, poussière, parce que la poussière s'attache facilement à ses feuilles.

*CONNIN, cuniculus, un lapin, de κύων, gén. κυνός, canis, quasi caniculus, selon Isidore, suivi par Ménage et autres. Je crois qu'on le pourrait tirer avec plus d'apparence de κύω, in utero gesto, parce que ces animaux sont fort féconds, et portent plus souvent que tous les mois.

CONOPS, genre d'insecte à deux ailes et à grosse tête ; de κώνωψ, un moucheron, un cousin.

CONSTANTINOPLE, Κωνσταντινόπολις, ville capitale de l'empire d'Orient, prenant son nom de Constantin, qui la bâtit : rac. πόλις, εως, ville.

COPEAUX. V. Couper.

COPTER, faire battre le battant d'une cloche, seulement d'un côté ; de κόπτειν, frapper, battre.

COQUE, de κόχλος, ου, ὁ, concha, rac. κοχλῶ, gyro, tourner en rond. De là vient aussi

COQUILLE, κοχλίς et κοχλίδιον.

COQUILLES, κοχλία, animaux qui se couvrent de leur coquille, comme les limaçons ; ou de κογχάριον, parva concha, ou de κογχύλιον, conchylium ; rac. κόγχη, concha.

*COQUIN, de κακός, méchant, corrompu ; ou de κωκύω, pleurer, se lamenter, ce mot se prenant particulièrement pour ces gueux qui tâchent de faire les pleureurs pour attraper quelque chose.

CORAIL, substance marine ordinairement rouge ; de κοράλλιον, dérivé de κορεῖν, orner, et de ἅλς, mer, comme si elle était la plus belle des productions de la mer.

*CORBEAU, corvus ; de κόραξ, corvus omninò est à κόραξ, dit Vossius, et κόραξ est dérivé par les grammairiens de κόρος, niger, quoiqu'il y ait plus d'apparence qu'il vienne du cri de cet oiseau, comme le marque Isidore.

CORDE, de χορδή, intestin, corde à boyau et autre.

CORIANDRE, plante ; de κορίανδρον, dérivé de κόρις, punaise, parce que les semences de cette plante ont, avant leur maturité, 'odeur de cet insecte.

COR1SE, insecte, aussi appelé *punaise d'eau* ; de κόρις, punaise.

CORMIER, de κράνεια, *cormus*.

*CORNE, *cornu*, de κέρας ; comme *caro* de κρέας, dit Scaliger ; si l'on n'aime mieux le prendre du Syrien *carna*, ajoute-t-il. En quoi il est suivi de plusieurs.

CORNEILLE, *cornicula*; de κορώνη, *cornix*.

CORYBANTES, prêtres et sacrificateurs de Cybèle ; de κορύπτω, secouer la tête, parce que lors de leurs sacrifices ils secouaient leurs têtes comme des fous.

CORYCÉE, lieu des gymnases des anciens où l'on jouait au balon, à la paume, etc. ; de κώρυκος, sac de cuir, ballon.

CORYPHÉE, κορυφαίος, chef, premier, principal ; rac. κορυφή, ῆς, *vertex*, le haut de la tête.

CORYSE ou CORYZA, enchifrènement ; de κόρυζα, le même.

COSCINOMANCIE, divination par le moyen d'un crible ; de κόσκινον, crible, et de μαντεία, divination.

COSMOGONIE, science ou système de la formation de l'univers ; de κόσμος, univers ; et de γόνος, génération.

COSMOGRAPHIE, κοσμογραφία, description du monde : rac. κόσμος, ου, le monde ; et γράφω, écrire, graver. De là *cosmographe* et *cosmographique*.

COSMOPOLITE, celui qui n'adopte point de patrie ; de κόσμος, univers ; et de πολίτης, citoyen ; c'est-à-dire citoyen de l'univers.

COTE, *costa*, d'ὀστέον, -ου, un os. Le *c* tient lieu de l'esprit, comme dans *caula*, pris d'αὐλή.

COTHURNE, sorte de chaussure dans les tragédies, de κόθορνος.

*COTTE, de κυτόω, couvrir de peau (les premiers vêtemens ont été de peau) ou couvrir le corps : rac. κύτος, εος, τό, creux, cavité, le corps. Si l'on n'aime mieux le prendre de *crocota*, qui se trouve dans Cicéron pour une robe de femme : rac. κρόκος, crocus, safran ; car κροκωτή était proprement une robe bordée de jaune ou teinte en jaune.

COTYLÉDON, plante qui croît sur les rochers et les vieux murs et dont les feuilles sont creusées en forme d'écuelles ; de κοτυληδών, cavité, écuelle, dérivé de κοτύλη. On appela aussi cotylédons les feuilles séminales des plantes, à cause de leur forme demi-ronde ; d'où *acotylédones*, plantes qui n'ont point de feuilles séminales, et *polycotylédones*, plantes qui ont plusieurs feuilles séminales.

COUCOU, de κόκκυξ, υγος, *coccyx*, ygis, *cuculus*, mots formés en chaque langue par imitation du son.

COUDE, de κύβιτον, *cubitum*, l'os du coude.

*COUDRE, *consuo*, de κατύω ou κασσύω, qui dans Hésychius est interprété ῥάπτω, et qui selon Vossius, vient du vieux verbe σύω, dont les Latins ont fait *suo*. Mais dans la basse latinité l'on a fait *cusio* de *consuo*, d'où vient plus immédiatement coudre.

*COUP, de *colpus*, pris de *colaphus*, tous deux de κολάπτω, frapper.

*COUPE, *cuppa* ; de κύββα, qui se prend pour un pot à boire dans Hésychius, étant un mot des Éoliens ou Lacédémoniens, pour κυμβή, dor. κύμβα, *cymba* ; rac. κύμβος, creux, enfoncé ; ou de κύπκος, qui se trouve pour un vaisseau ample et large dans le même auteur ; ou bien de κύπελλον, sorte de pot, vase ou godet. Voyez CABARET.

COUPER, de κόπτω, aor. 2

κυπεῖν. De là même vient *copeaux*.

*COUR d'une maison, de χώρα, lieu, place : rac. χῶρος, le même.

COUR de parlement, vient plutôt de κυρία, lieu à Athènes où l'on assemblait les magistrats ; ou l'assemblée même : rac. κῦρος, puissance, autorité, arrêt, définition.

*COURBÉ, de κυρτὸς, *curvus*.

*COURIR, *currere*, de χαίρω, qui signifie τρέχω, *curro*, selon l'étymologiste.

COURONNE, de κορώνη, *corona*, couronne et courbure en général.

CRAMBOPHAGE, nom d'une grenouille dans la Batrachomyomachie ; de κράμβη, choux, et de φάγω, manger, *qui mange les choux*.

CRANE, assemblage d'os qui couvrent le cerveau ; de κράνιον, dérivé de κάρηνον, *caput*, tête.

CRANTOR, nom d'homme ; de κράντωρ, roi, dérivé de κραίνω.

CRAPULE, débauche habituelle de vin, de κραιπάλη, *crapula*, pesanteur de tête d'avoir trop bu. De là *crapuler* et *crapuleux*.

CRAQUER, faire du bruit en éclatant, et au figuré, hâbler ; de κραγεῖν, infin. aor. 2 de κράζω. De là *craquement*, *craquerie* et *craqueur*.

CRASE, union de deux ou de plusieurs voyelles qui se confondent tellement qu'il en résulte un son différent ; de κρᾶσις, mélange, dérivé de κεράννυμι, mêler, qui prend ses temps de κεράω.

CRATÈRE, grand vase qui chez les anciens servait à mêler l'eau avec le vin, et à remplir ensuite les coupes ; de κρατήρ, dérivé comme ci-dessus.

CRÉCERELLE, oiseau, de κρὲξ, εκὸς, sorte d'oiseau dont la voix est fort déliée : rac. κρέκω, toucher un instrument avec l'archet.

CRÉMAILLÈRE, κρεμάσρα, de κρεμάω, suspendre.

CRICELASIE, sorte de jeu chez les Grecs qui consistait à faire rouler un cercle de fer garni d'anneaux qui faisaient un certain bruit ; de κρίκος, le même que κίρκος, cercle, anneau, et d'ἔλασις, agitation, dérivé d'ἐλαύνω, pousser, agiter, chasser.

*CRIER, v. n. ; de κρίζειν, le même.

*CRIN, de κρίνω, diviser, séparer. D'où vient même *crines*, les cheveux.

CRINODENDRUM, arbre de l'Amérique dont les feuilles ressemblent à un lys ; de κρίνον, lys, et de δένδρον, arbre.

CRIOCERE, sorte d'insecte ainsi nommé de κριὸς, belier, et de κέρας, corne, parce que ses antennes ont quelque ressemblance avec les cornes d'un belier.

CRIOPHAGE, idole ainsi appelée du grand nombre de beliers qu'on lui immolait ; de κριὸς, belier, et de φάγω, manger.

*CRIQUER, de κρίκω, *stridorem edo* : rac. κρίζω, le même.

CRISE, changement subit qui arrive dans le cours d'une maladie à de certaines époques ; de κρίσις, jugement, dérivé de κρίνω, juger, parce que la crise est comme un jugement qui décide de la maladie soit en bien, soit en mal.

CRITIQUE, l'art de juger des ouvrages de l'esprit ; de κριτική, sous-entendez δύναμις, l'art de juger. De là *critique*, subst., celui qui censure les ouvrages des autres ; *critique*, adj., qui a rapport à la critique ; et *critiquer*, censurer, trouver à redire. *Critique* se dit aussi en médecine des jours où il arrive ordinairement des crises dans une maladie ; et au figuré il signifie *dangereux*, *décisif*.

CROASSER, se dit du cri des corbeaux ; de κρώζειν, *crocitare*, ou κράζειν, clamare, et mieux de κόραξ, corbeau par métathèse.

CROCODILE, animal amphibie, de la forme du lézard : de κροκόδειλος, crocodilus : rac. κρόκος, crocus, du safran, et δειλός, οῦ, craintif, timide ; parce que le crocodile de terre craint le safran ; ou bien de κρόκη, litus, parce que celui de mer craint les bords.

CRONIES, fêtes athéniennes en l'honneur de Saturne, de Κρόνος, nom de Saturne.

CROTALE, instrument de musique qu'on voit sur des médailles dans les mains des prêtres de Cybèle ; de κρόταλον, dérivé de κροτέω, frapper, faire du bruit, formé de κρότος, bruit.

CROULER, de κρούζειν, pousser, heurter, hocher, secouer. H. Estienne.

CRYPTE, souterrain d'une église où l'on enterre les morts ; de κρύπτω, cacher.

CRYPTOGRAPHIE, l'art d'écrire d'une manière secrète et inconnue à tout autre que celui à qui l'on écrit ; de κρυπτός, caché, secret, dérivé de κρύπτω ; et de γραφή, écriture, dérivé de γράφω. De là cryptographe et cryptographique.

CRYSTAL, κρύσταλλος, ου, ὁ, crystallus : rac. κρύος, τό, gelu, glacies.

CRYSTALLIN, partie de l'œil qui imite le crystal par sa transparence ; de κρυστάλλινος, de crystal, transparent comme le crystal, dérivé de κρύσταλλος, crystal.

CRYSTALLOGRAPHIE, description des crystaux ; de κρύσταλλος, crystal, et de γραφή, description, dérivé de γράφω, décrire. De là viennent crystallomancie, l'art de deviner par le moyen d'un miroir : rac. μαντεία, divination ; et crystallotechnie, l'art de faire crystalliser les sels : rac. τέχνη, art.

CUBE, solide régulier terminé par six faces carrées et égales, de κύβος, ου, ὁ, cubus, tessera, un dé à jouer. De là cubature, cuber et cubique.

CUILLER, κοχλιάριον, cochleare : rac. κόχλω, gyro ; d'où vient κόχλος, coquille.

CUIVRE, de κύπριον. Pline l'appelle æs cyprium : rac. Κύπρος, Cyprus, l'île de Cypre.

CULBUTER, κυβιζάω, in caput me dejicio : rac. κύβη, caput.

CUMIN, herbe, κύμινον.

CURÈTES, prêtres de Cybèle ; de κούρητες, dérivé de κούρα, action de se couper les cheveux, rasure, formé de κείρω, tondre, raser, parce qu'ils se coupaient les cheveux pour ne pas donner prise à leurs ennemis.

*CUVE, de cupa, pris de κύπη, qui dans Hésychius signifie une sorte de vaisseau. Ménage en ses Origines, Saumaise sur l'histoire Auguste, sont de même sentiment.

CYANITE, pierre bleuâtre ; de κυανίτης, qui tire sur le bleu, dérivé de κύανος, bleuâtre.

CYANOMÈTRE, instrument pour déterminer l'intensité de la couleur bleue du ciel ; de κύανος, bleu, et de μέτρον, mesure.

CYATHE, petit gobelet fait pour verser l'eau et le vin dans les tasses ; de κύαθος, en latin cyathus.

CYCLADES, îles ainsi nommées de κύκλος, cercle, parce qu'elles entourent l'île de Délos.

CYCLE, cercle, orbe ; de κύκλος.

CYCLOPE, nom des forgerons de Vulcain ; de κύκλος, et ὤψ, œil, parce qu'ils n'avaient qu'un œil rond.

CYDIPPE, nymphe de Délos, de κῦδος, gloire, et ἵππος, cheval.

CYGNE, de κύκνος, cygnus.

CYLINDRE, solide géométrique ; de κύλινδρος, rond en longueur, comme une colonne : rac. κυλίω et κυλίνδω, volvo, rouler.

De là *cylindrique*, κυλινδρικός.

CYMBALE, ancien instrument de musique ; de κύμβαλον, *crepitaculum*, un hochet : rac. κύμβος, creux.

CIMODOCE, nom d'une des nymphes de la mer ; de κῦμα, flot, et de δέχομαι, recevoir, parce qu'elle apaise les flots.

CIMOPHANE, pierre transparente ; de κῦμα, flot, et de φαίνω, luire, à cause des reflets d'une couleur laiteuse et bleuâtre, qui semble quelquefois flotter dans l'intérieur de ses crystaux.

CYMOTHOÉ, une des néréides ; de κῦμα, flot, et de θοός, vite.

CYNÉGIRE, nom d'homme ; de κύων, chien, et d'ἐγείρω, exciter.

CYNIQUE, nom de philosophes qui bravaient les lois de la bienséance ; de κυνικός, qui n'a pas plus de honte qu'un chien, dérivé de κύων, κυνός, chien ; parce qu'ils étaient mordans sur les vices des hommes.

CYNOCÉPHALE, singe dont la tête ressemble à celle des chiens ; de κυνός, gén. de κύων, chien, et de κεφαλή, tête.

CYNOCRAMBE, plante aussi appelée *chou de chien* ; de κυνός, gén. de κύων, chien, et de κράμβη, chou.

CYNOGLOSSE, plante ; de κυνός, gén. de κύων, chien, et de γλῶσσα, langue, parce que ses feuilles ressemblent à la langue d'un chien.

CYNORRHODON, rosier sauvage, appelé aussi *rose de chien* ; de κυνός, gén. de κύων, chien, et de ῥόδον, rose.

CYNOSSEMA, promontoire de la Chersonèse de Thrace, où Hécube, changée en chienne, fut enterrée ; de κυνός, gén. de κύων, chien, et de σῆμα, signe, monument.

CYNOSURE, nom donné par les Grecs à la constellation de la petite ourse ; de κυνόσουρα, composé de κυνός, gén. de κύων, chien, et d'οὐρά, queue ; *qui a une queue de chien*.

CYPRES, κυπάρισσος, *cypressus* ou *cupressus*. De là vient *cyparisse*, nom d'homme dans la mythologie.

CYPSELUS, tyran de Corinthe ; de κυψέλη, ruche à miel sous laquelle sa mère le cacha, lorsqu'il était enfant, pour le soustraire à la fureur des assassins.

CYROPÉDIE, éducation de Cyrus ; de Κῦρος, Cyrus, roi de Perse, et de παιδεία, éducation. C'est le titre d'un ouvrage de Xénophon, contenant l'histoire de la jeunesse de Cyrus.

D

DACTYLE, pied de vers, d'une longue et de deux brèves ; de δάκτυλος, doigt, parce que le doigt est composé d'une partie longue et de deux brèves.

DACTYLOGIE, l'art de converser avec les doigts ; de δάκτυλος, doigt, et de λόγος, discours, formé de λέλογα, parf. moy. de λέγω, parler. De là *dactylonomie*, art de compter par les doigts : rac. νόμος, règle.

DAGUE, *dagua*, dans les auteurs de la basse latinité, en italien, *daga*, et en allemand *taghen*, du grec θήγω, dor. θάγω. *acuo*.

DAPHNÉ, nom d'une nymphe ; de δάφνη, laurier, parce qu'elle fut changée en cet arbre.

DAPHNÉPHAGES, devins qui mangeaient des feuilles de laurier avant de rendre leurs oracles; de δάρνη, laurier, et de φάγω, manger.

DAPHNÉPHORE, de δαφνηφόρος, composé de δάρνη, laurier, et de πφορα, parf. moy. de φέρω, porter; celui qui était chargé de porter une branche d'olivier, orné d'une guirlande de laurier dans les *daphnéphories*, fêtes grecques en l'honneur d'Apollon.

DAPHNIS, nom de berger, de δάρνη, laurier. Le berger de ce nom, qui est regardé comme l'inventeur de la poésie bucolique, avait été à sa naissance exposé sous un laurier.

DAPHNOMANCIE, divination par le laurier; de δάρνη, laurier, et de μαντεία, divination.

DARD, d'ἄρδις, pointe de la flèche, selon H. Estienne.

DASYMÈTRE, instrument pour mesurer la densité de chaque couche de l'atmosphère; de δασύς, épais, dense, et de μέτρον, mesure. Le simple δάσυς entre dans la composition de plusieurs dénominations usitées en histoire naturelle; comme *dasycère*, *dasypode*, *dasyure*, genres d'animaux à antennes rudes, à pates garnies de poils très-épais, à queue très-velue, etc.

DATTES, de δάκτυλοι, *dactyli*, qui se prend aussi pour les doigts des mains, et les pieds des vers nommés *dactyles*. On croit que les dattes ont été ainsi nommées, parce que c'est un fruit long à-peu-près comme le doigt.

DAUPHIN, poisson de mer; de δελφίν, ῖνος, *delphin*, *delphinus* ou *delphinis*.

DÉBOURSER. V. Bourse.

DÉCADE, dizaine. C'est le titre d'un ouvrage de Tite-Live; il reste trois décades, c'est-à-dire trois volumes distribués en dix livres chaque (la seconde manque); de δεκάς, dizaine, dérivé de δέκα, dix.

DÉCAGONE, figure de géométrie qui a dix angles et dix côtés; de δέκα, dix, et de γωνία, angle.

DÉCAGRAMME, poids de dix grammes; de δέκα, dix, et de γράμμα, ancien poids grec, d'où le gramme tire son nom.

DÉCALITRE, mesure de dix litres; de δέκα, dix, et de λίτρα, mesure grecque pour les liquides, d'où le litre tire son nom.

DÉCALOGUE, δεκάλογος, les dix commandemens de Dieu; rac. δέκα, dix, et λόγος, parole.

DÉCAMÉRON, ouvrage dont chaque partie est divisée en dix journées; de δέκα, dix, et de ἡμέρα, jour.

DÉCAMÈTRE, longueur de dix mètres; de δέκα, dix, et de μέτρον, mètre ou mesure.

DÉCAPOLE, contrée où il y a dix villes principales; de δέκα, dix, et de πόλις, ville.

DÉCARE, mesure de dix ares; de δέκα, dix, et du mot français *are*, formé d'ἀρόω, labourer. V. Are.

DÉCASTÈRE, mesure de dix stères; de δέκα, dix, et de ϛερεός, stère, mesure de solidité.

DÉCASYLLABE, et Décasyllabique, se dit des vers français de dix syllabes; de δέκα, dix, et de συλλαβή, syllabe.

DÉCHIRER, de σχίζω, fendre, diviser, et de χείρ, χειρός, rompre avec la main.

DÉCIGRAMME, la dixième partie d'un gramme. Il y a d'autres poids et mesures de même valeur, comme sont *decilitre*, *décimètre*, tous composés de δέκα, dix, et du nom simple; on peut voir l'étymologie de chacun à sa place.

DÉCLINER, d'ἐκκλίνειν, *declinare*: rac. κλίνω, *reclino*.

DÉCOUPER, διακόπτειν rac. κόπτω, couper.

DÉDALE, nom d'homme, de

δαίω, savoir parce qu'il était ingénieux.

DEDANS, d'ἔνδον, *intùs.*

DÉLÉTÈRE, terme de médecine, pernicieux; de δηλητήρ, nuisible, dérivé de δηλέω, nuire.

DÉLOS, île qui parut en un moment; de δῆλος, manifeste.

DELTA, partie de la basse Egypte renfermée entre les bouches du nil, ainsi nommée parce qu'elle a la figure d'un triangle ou de la lettre Δ.

DÉMADE, nom d'un orateur athénien; de δῆμος, peuple, et de ἀδεῖν, plaire.

DÉMAGOGUE, chef d'une faction populaire; de δῆμος, peuple, et d'ἀγωγὸς, conducteur, dérivé d'ἄγω, mener, conduire. De là *démagogie* et *démagogique.*

DÉMARATE, nom propre d'homme; de δῆμος, peuple, et d'ὁράομαι, faire des vœux, dérivé d'ἀρὰ, vœux; *demandé par les vœux du peuple.*

DÉMÉTRIUS, Δημήτριος, comme qui dirait appartenant à Cérès : rac. δημήτηρ, ερος, la déesse Cérès ainsi nommée pour γῆ μήτηρ, *terra mater.*

DÉMOMÈDE, nom d'un fameux médecin grec; de δῆμος, peuple, et de μῆδος, soin; *qui a soin du peuple.*

DÉMOCRATIE, δημοκρατία, état populaire, où le peuple commande : rac. δῆμος, peuple, et κράτος, τὸ, force, puissance, *gouvernement du peuple.* De là *démocrate, démocratique.*

DÉMOCRITE, nom d'un philosophe; de δῆμος, peuple, et de κριτὴς juge.

DÉMON, δαίμων, dieu, ange génie, intelligence. Dans l'Ecriture il se prend pour l'esprit malin: rac. δαίω, *scio.* De là *démoniaque,* δαιμονιακὸς, qui est possédé du démon.

DÉMONOGRAPHE, auteur qui a écrit sur les démons ou génies malfaisans : rac. δαίμων, démon, et γράφω, écrire.

DÉMONOLATRIE, culte du démon : de δαίμονος, gén. de δαίμων, et de λατρεία, culte, adoration.

DÉMONOMANIE, sorte de délire où l'on se croit possédé du démon; de δαίμων, et de μανία, folie ou manie.

DÉMOSTHÈNE, nom propre, Δημοσθένης, composé de δῆμος, peuple, et de σθένος, force, puissance.

DENDRITE, pierre figurée qui représente des arbrisseaux; de δένδρον, arbre.

DENDROÏDE, plante qui croît comme les arbres, ou fossile ramifié; de δένδρον, arbre, et de εἶδος, forme, ressemblance.

DENDROLITHES, pétrifications ou incrustations d'arbres; de δένδρον, arbre, et de λίθος, pierre.

DENDROMÈTRE, instrument pour mesurer la quantité de bois que contient un arbre.

DENDROPHORE, surnom donné à Sylvain. On appelait aussi de ce nom ceux qui dans les fêtes de quelque dieu portaient des arbres en son honneur. De là *dendrophorie,* pour désigner cet usage.

*DENT. *dens*, de ὀδοὺς, ὀδόντος, ὁ, si l'on n'aime mieux dire que *dens* vient d'*edo*, et de même ὀδοὺς, du verbe ἔδω, manger; d'où vient que les Eoliens disent ἐδόντας pour ὀδόντας. Ce qui a assez de rapport avec *dentes*, les dents.

DERME, en anatomie, la peau; de δέρμα, peau, formé de δέρω, écorcher, découvrir, dérivé de δέρας.

DERMESTE, insecte dont la larve ronge les pelleteries, etc.

de δέρμα, peau, et d'ἐσθίω, manger, fonger.

DESPOTE, celui qui gouverne avec une autorité absolue; de δεσπότης, maître, dérivé de δεσπόζω. De là despotique, despotiquement, adv., et despotisme, pouvoir absolu.

*DEVANT, d'ἔναντι, ante: rac. ἀντί, contra, ἐναντίος, opposé.

DEUTÉRONOME, δευτερονόμιον, nom d'un des livres de Moïse, qui est comme une répétition des précédens et une seconde publication de la loi: rac. δεύτερος, et νόμος, secunda lex.

DEUX, δύω, duo.

DIABLE, mauvais ange ou démon; de διάβολος, diabolus, calomniateur, trompeur, accusateur, dérivé de διαβάλλω, calomnier, rendre odieux, décrier, composé de βάλλω, jacio, et διά, à travers, ou parce qu'il calomnie Dieu auprès des hommes, ou parce qu'il accuse les hommes auprès de Dieu.

DIACONAT, l'office de diacre, du latin diaconatus, formé de διακονία, service, ministère, composé de διά, et de κονέω, courir, être en action.

DIACRE, ministre de l'autel; de διάκονος, minister, famulus, composé de διά, à travers, de côté et d'autre, et de κονέω se hâter, servir, parce que sa fonction est de servir le prêtre à l'autel, et parce qu'il était chargé dans la primitive église du soin des pauvres, ce qui rendait ses fonctions très-actives; rac. κονέω, se hâter, servir, être en action.

DIADÈME, διάδημα, diadema, bandelette ou ornement de tête dont se servaient les rois et les reines: rac. δέω, lier, δῆμα, τὸ, un lien, une bandelette.

DIAGONALE, ligne qui passe d'un angle à l'autre, διαγώνιος γραμμή, Vitruv: rac. διά, per, à travers, et γωνία, angulus.

DIALECTIQUE, διαλεκτική, l'art de discourir; de διαλέγομαι, parler, s'entretenir, conférer: rac. λέγω, dire, parler.

DIALOGUE, entretien de deux ou de plusieurs personnes; de διάλογος, composé de διά, entre, avec, et de λόγος, discours. De là dialogique, dialogisme, dialogiste et dialoguer.

DIAMANT, pierre précieuse très-dure; d'ἀδάμας, αντος, ὁ, adamas: rac. δαμάω, dompter, rompre, ruiner, avec l'α privatif.

DIAMÈTRE, διάμετρος, ἡ, ligne qui coupe une figure par le milieu: rac. διά, per, à travers, et μέτρον, mesure.

DIANE, nom de déesse, fille de Jupiter; de Διός, gén. de Ζεύς, Jupiter.

DIAPASME, emplâtre pour résoudre les matières; de διαπάσσω, arroser.

DIAPHANE, transparent; de διαφανής, composé de διά, à travers, et de φαίνω, briller, c'est-à-dire au travers duquel la lumière brille. De là diaphanéité, transparence ou qualité de ce qui est transparent.

DIAPHANOMETRE, instrument pour mesurer la transparence de l'air; de διαφανής, transparent, et de μέτρον, mesure.

DIAPHRAGME, διάφραγμα, τὸ, entre-deux, division, haie, séparation. Le diaphragme est une membrane qui sépare le cœur et le poumon d'avec le foie et les intestins: rac. φράσσω, entourer, enclorre, faire une séparation.

DIARRHÉE, flux de ventre, de ῥέω, couler, et διά, continuellement.

DIATONIQUE, adj. qui procède par les tons naturels de la gramme; de διά, par, et de τόνος, ton. De là *diatoniquement*, adv.

DIATRIBE, dissertation critique sur une matière quelconque, *ordinairement* critique amère et violente ; du latin *diatriba*, académie, dissertation, formé de διατριβή, exercice, application, composé de διὰ, marquant persévérance, et de τριβή, exercice.

DIDACTIQUE, instructif ; de διδάσκω, enseigner. De là *didactique*, subst., l'art d'enseigner.

DIDYME, double, de δίδυμος, le même, nom qu'on donne à l'apôtre S. Thomas. C'est aussi celui d'une plante dont la racine a deux bulbes.

DIÉRÈSE, de διαίρεσις, section, division, dérivé de διαιρέω, composé de διὰ, à travers, et de αἱρέω, prendre. C'est une figure de mots par laquelle on divise en deux syllabes les lettres qui ordinairement n'en font qu'une, comme par exemple quand Horace fait de *sylvæ* trois syllabes, *sy-lu-æ*.

DIÈTE, régime de vie prescrit par un médecin ; de δίαιτα, *vitæ institutio*.

DIEU, *Deus*, Θεός.

DIFFAMER, δυσφημεῖν, *diffamare*; de φήμη, *fama*, dérivé de φάω, φημί, dire, et de δύς, particule qui indique le mal.

DILEMME, argument composé de deux propositions contraires, dont on laisse le choix à l'adversaire pour le convaincre d'après celle qu'il choisira ; de δίλημμα, composé de δίς, deux fois et de λῆμμα, dérivé de λαμβάνω, prendre ; *qui prend l'adversaire des deux côtés*.

*DINER, qu'on écrivait autrefois *dipner*; de δειπνεῖν, *cœna*, souper. Car selon Feste, les anciens appelaient *cœnare* le repas que depuis l'on a appelé *prandium*. C'est l'étymologie que la plupart donnent à ce mot. M. Ménage le dérive de *desinare*, qu'on a dit pour *desinere*. Et il remarque aussi que d'autres, le tirent de l'allemand *tische*, qui signifie une table.

DIOCESE, διοίκησις, *Diœcesis*, administration, gouvernement, juridiction : rac. οἶκος, maison, demeure, possession.

DIODORE, nom propre d'homme, de Ζεύς, génitif Διὸς, Jupiter, et δῶρον, don, c'est-à-dire don de Jupiter.

DIOGÈNE, de διογενής, *Jove natus*, *generosus* : rac. Ζεύς, gén. Διὸς, Jupiter ; et γίνομαι, *fio*, *nascor* ; γένος, *genus*, race, lignée, génération.

DIOMÈDE, nom propre d'homme ; de Ζεύς, gén. Διὸς, Jupiter, et de μῆδος, conseil.

DIONYSIAQUES, fêtes de Bacchus ; de Διονύσια, dérivé de Διονύσιος, Dionysius, surnom de Bacchus, composé de Διὸς, gén. de Ζεύς, Jupiter, et de νύσσω, parce qu'en venant au monde, il ouvrit la cuisse de ce dieu.

DIOPTRIQUE, partie de l'optique qui démontre les différentes réfractions de lumière : rac. ὄπτομαι, voir.

DIPHRYGES, marc de cuivre jaune ; de δίφρυγές, composé de δίς, deux fois, et de φρύγω, rôtir : *rôti : deux fois*. Cette substance est usitée en pharmacie.

DIPHTHONGUE, δίφθογγος, qui a un son double : rac. δίς, *bis*, deux fois ; et φθέγγομαι, rendre un son, résonner.

DIPLOME, acte ou titre émané du souverain ; de δίπλωμα, τὸ formé de διπλόω, faire double, dérivé de διπλόος, double, c'est-à-dire copie double d'un acte, parce que l'original ou la minute reste dans les archives. De là *diplomatie*, science des rapports, des intérêts de puissance à puissance ; *diplomate*, celui qui connaît la diplomatie, et *diplomatique*, subst., l'art de reconnaître les diplômes authentiques.

DIPTYQUES, livre à deux feuillets ou registre public où l'on inscrivait les noms des consuls et des magistrats, chez les païens ; des évêques et des morts chez les chrétiens ; de διπτυχὸς, plié en deux, composé de δὶς, deux fois, et de πτύσσω, plier.

DISCOBOLE, celui qui lance un palet ; de δίσκος, disque, palet ; et de βάλλω ou βόλω, lancer.

DISCRÉTION, discretio, διάκρισις : rac. κρίνω, cerno, discerno.

DISPONDÉE, pied de vers grec et latin, composé de deux spondées ; de δὶς, deux fois, doublement, et de σπονδεῖος, spondée.

DISQUE, de δίσκος, en latin discus.

DISSYLLABE, qui est composé de deux syllabes ; de δὶς, deux fois, d'où vient δισσὸς, double, et de συλλαβὴ, syllabe.

DISTIQUE, deux vers qui forment un sens ; de δὶς, deux, et de στίχος, vers.

DITHYRAMBE, hymne en l'honneur de Bacchus ; de διθύραμβος, composé de δὶς, deux, et de θύρα, porte, parce qu'on le dit né deux fois, ou selon d'autres, à cause de l'antre à deux portes où il fut nourri. De là dithyrambique, qui appartient au dithyrambe.

DIURÉTIQUE, qui fait pisser ; de οὖρον, urine.

DIX, δέκα, decem.

*DOBER quelqu'un, mot du peuple pour dire battre ; de δουπεῖν, sonitum edere : rac. δοῦπος, bruit, son, fracas.

DOCIMASIE ou DOCIMASTIQUE ; de δοκιμασία ou de δοκιμαστικὴ, formés tous deux de δοκιμάζω, éprouver, essayer, dérivé de δοκέω. C'est l'art d'essayer en petit les mines pour savoir les métaux qu'elles contiennent.

DODÉCAÈDRE, solide régulier, composé de douze pentagones égaux et réguliers ; de δώδεκα, et de ἕδρα, siége ou base.

DOGME, principe, point de doctrine en matière de religion ou de philosophie ; de δόγμα, ce qui est arrêté, dérivé de δοκέω, penser, être d'avis. De là dogmatique, qui concerne les dogmes ; dogmatiser, en grec δογματίζειν, enseigner quelque nouvelle doctrine ; dogmatiste, celui qui établit des dogmes.

DOL, vieux mot, pour dire fourbe et tromperie ; de δόλος, dolus. De là vient δόλων, -ωνος, bâton dans lequel il y a un fer, ou une pointe cachée.

DOLOPES, Δόλοπες, peuple de la Grèce qui suivit Achille au siége de Troie ; de δόλος, fourbe, et ὄψις, mine, apparence ; qui épie, espion.

DOME, couverture de bâtiment ronde et élevée ; de δῶμα, domus, dérivé de δόμημα, pris du prétérit passif de δομάω, bâtir : rac. δέμω, ædifico.

DON, de δῶρον, donum, rac. δίδωμι, pris de δόω, do, dono, donner.

DONACIE, insecte qui vit sur les plantes aquatiques, et surtout sur les roseaux ; de δόναξ, roseau.

*DONC, de οὖν, ergò.

DORYPHORES, soldats, chez les anciens, qui formaient la garde du prince ; de δορυφόροι, porte-lances, composé de δόρυ, lance, et de φέρω, parf. moy. de φέω, porter.

DOSE, de δόσις, εως, ἡ, rac. δίδωμι, do. De là même vient DOT, δὼς, dos, dotis.

*DOUVE, de doga ou docha, fait de δόχα, dor. pour δόχη, exceptio, capacitas : rac. δέχομαι, recevoir, contenir, parce que les douves contiennent le vin. Docha était un vaisseau beaucoup plus grand que cupa, une cuve. Et de là vient qu'on appelle encore en Touraine douves les cavernes que les habitans du long de la Loire font dans le roc, et où ils se logent. D'autres aiment mieux prendre *douve* de *dolium*, changeant *l* en *u*.

DOXOLOGIE, terme d'église, se dit du *gloria patri* et de la dernière strophe d'une hymne ; de δόξα, gloire, et de λόγος, discours, parce qu'on y rend gloire aux trois personnes de la sainte trinité.

DRACHME, ancienne monnaie grecque estimée 18 sous de France ; de δραχμή, en latin *drachma*.

DRAGÉE, de τράγημα, le dessert : rac. τρώγω, aor. 2 ἔτραγον, manger.

DRAGME. V. DRACHME.

DRAGON, serpent qui a l'œil vif ; de δράκων, partic. d'ἔδαρκον, et par métathèse ou transposition ἔδρακον, aor. 2 de δέρκω, avoir l'œil perçant.

DRAME, pièce de théâtre qui représente une action soit tragique, soit comique ; de δρᾶμα, action, dérivé de δράω, agir. De là *dramatique* et *dramatiste*, celui qui compose des pièces de théâtre.

DROMADAIRE, espèce de chameau, du latin barbare *dromaderius* ou *dromadarius*, formé de δρομάς, dérivé de δέδρομα, parf. moy. de δρέμω, courir, à cause de la vitesse de sa course.

DRUIDES, de δρῦς, chêne ; parce que les druides, anciens prêtres des Gaulois, habitaient dans les forêts, ou parce que le chêne était un arbre sacré dans la nation.

DRYADES et HAMADRYADES, Δρυάδες et Ἁμαδρυάδες, Nymphes des bois : rac. δρῦς, un chêne (parce qu'on les croyait naître et mourir avec les chênes.)

DULICHIUM, île de la mer Ionienne, dont Ulysse était roi ; de δουλιχός pour δολιχός, longueur, étendue.

DULIE, culte que l'église rend aux anges et aux saints ; de δουλεία, servitude, dérivé de δοῦλος, serviteur, parce qu'on les honore comme des serviteurs de Dieu.

DUO, morceau de musique fait pour être exécuté par deux instrumens, ou chanté par deux voix ; de δύο, lat. *duo*.

DYNAMIQUE, ἡ δυναμική, (sous-entendu ἐπιστήμη, science), la science des forces ou des puissances qui meuvent les corps : rac. δύναμις, force, puissance.

DYNASTE, petit souverain qui n'avait qu'un état peu étendu ou qu'une autorité précaire ; de δυνάστης, puissant, d'où vient δυναστεύω, être revêtu de l'autorité, exercer la souveraine puissance, être puissant, dérivé de δύναμαι, pouvoir, être puissant.

DYNASTIE, suite de rois ou de princes d'une même race qui ont régné dans un pays ; de δυναστεία, puissance, autorité, dérivé de δύναμαι, avoir l'autorité, la puissance.

DYSCOLE, celui qui rejette les mets avec dédain, et au figuré, celui qui s'écarte de l'opinion reçue ; de δύς, difficilement, et de κόλον, nourriture, *difficile à contenter dans sa nourriture*.

DYSENTERIE, espèce de flux de sang, avec douleur d'entrailles ; de δυσεντερία, tranchées, douleurs d'intestins : rac. δύς, particule de malheur, et ἐντός, *intùs*, d'où ἔντερον, intestin. De là *dysenterique*, qui appartient à la dysenterie.

E

ÉAQUE, un des trois juges des enfers, d'Αἴακος, formé d'αἰκτὸς, fâcheux, triste, dont le sort est déplorable, dérivé d'αἰάζω, pleurer.

*EAU, d'*aqua*, pris du grec ἄκ, qui dans Hésychius se prend pour un amas d'eau. Ou de ἀχά, (joignant l'article avec le nom) ce que l'on verse, et qui est fluide: rac. χέω. *fluo*.

ÉBÈNE, d'ἔβενος ou ἔβελος, *ebenus*.

ECCLÉSIASTE, livre du vieux testament, ainsi nommé du mot grec ἐκκλησιαστής, prédicateur: rac. καλέω, assembler; d'où vient

ECCLÉSIASTIQUE, qui appartient à l'Eglise; d'ἐκκλησιαστικὸς, dérivé d'ἐκκλησία, assemblée, *église*.

*ÉCHALAS, de χάραξ, pieu ou bâton: rac. χαράσσω, creuser, graver. Les Picards disent encore *écharas*. Le P. Labbe le dérive d'*échelle*, *scala* et de là *échásas*.

ÉCHINE, ornement d'architecture; d'ἐχῖνος, hérisson, châtaigne, parce qu'il ressemble à des châtaignes ouvertes. *Echine*, signifiant l'épine du dos, a la même étymologie, à cause qu'elle est hérissée d'une suite d'apophyses épineuses.

ÉCHINOPHORE, plante; d'ἐχῖνος, hérisson, et de φέρω, porter, parce que ses fruits sont hérissés de pointes.

ÉCHITE, plante d'Afrique et des deux Indes: d'ἔχις, serpent, vipère, parce que les semences en sont couronnées d'une longue aigrette comme la tête de quelques serpens.

ECHMALOTARQUE, chef qui gouvernait les Juifs pendant la captivité de Babylone; d'αἰχμαλωτάρχης, composé d'αἰχμάλωτος, captif, homme pris à la guerre, formé d'αἰχμή, de ἁλίσκω, prendre, et d'ἀρχὸς, chef.

ÉCHO, d'ἠχώ, οῦς, ἡ, son répercuté, rac. ἦχος, ου, ὁ, *sonus*.

ÉCHOMÈTRE, instrument pour mesurer la durée des sons; d'ἠχώ, son, et de μέτρον, mesure.

ÉCHOMÉTRIE, art de faire des voûtes, où il y ait des échos; mêmes racines.

ÉCHOUER, de *scopelare*, pris de σκόπελος, *scopulus*, écueil, dérivé de σκόπος, ου, *scopus*, but: rac. σκέπτομαι, viser, regarder.

ÉCLAT, ÉCLATER, de κλάω, *frango*, rompre; κλάσμα, fragment, rupture, mots formés en chaque langue par imitation du son.

ÉCLIPSE, d'ἔκλειψις, manque, privation: rac. λείπω, *linquo*, quitter, parce qu'il y a défaut ou privation de la lumière pendant l'éclipse. De là *éclipser* et *écliptique*, qui a rapport aux éclipses.

ÉCLUSE, *clusa*, *exclusa*; d'ἐκκλείω, *excludo*: rac. κλείω, *claudo*.

ÉCOLE, de σχολή, *scola*, *otium*, parce que l'étude demande de la tranquillité et du repos.

ÉCONOMIE, ordre, règle dans le gouvernement d'une maison; d'οἰκονομία, composé d'οἶκος, maison, et de νόμος, loi, règle. De là *économe*, *économi*-

que, économiquement, économiser, gouverner avec économie, et économiste.

ÉCOUTER, d'ἀκούω, audio, si l'on n'aime mieux le prendre d'ausculto. Autrefois l'on disoit acouter.

ECRAN, de σκιρὸν, umbella : rac. σκιὰ, ᾶς, ombre.

*ÉCRASER, de κράζω, faire bruit. Si l'on n'aime mieux le prendre d'ecrasare, qu'on a dit pour exrasare, pris de rasum, supin de rado.

*ÉCREVISSE, de σκάρκος, escarbot, sorte d'insecte ; ou de κάρκνος, écrevisse de mer.

*ÉCROUELLES, de χοιρὰς, -άδος, struma : rac. χοῖρος, porc, cochon, parce que cet animal est sujet à une lèpre, qui offre quelque ressemblance avec les ulcères scrofuleux.

ECTHLIPSE, en grammaire, élision d'un m final dans les vers latins ; d'ἔκθλιψις, élision, formé d'ἐκθλίβω, rompre, briser, composé d'ἐκ et de θλίβω, écraser.

ÉCU, sorte de bouclier de nos anciens cavaliers ; de σκῦτος, pellis, d'où vient aussi scutum, en latin, parce que les boucliers étaient de cuir. Les armoiries et les pièces de monnaie portent la figure d'un écu. De là écuyer, gentil-homme qui portait autrefois l'écu ou le bouclier d'un chevalier dans les tournois.

*ÉCUEIL, de σκόπελος, scopulus : rac. σκόπτομαι, voir, considérer, parce que les écueils sont ordinairement formés par des rochers élevés d'où la vue s'étend au loin.

*ÉCUME, de κῦμα, unda, vague, flots, et aussi fœtus, germen : rac. κύω, sum gravida. Ou plutôt de spuma, en ôtant p. Et spuma vient de spuo, pris de πτύω, cracher, écumer, qui se dit même de la mer.

ÉCUREUIL, σκίουρος, animal qui se met à l'ombre de sa queue : rac. σκιὰ, umbra, et οὐρὰ, cauda.

*EFFRONTÉ, de frons, frontis, le front, pris de φρὴν, ἐνος, l'esprit. Ou bien de φροντὶς, -ίδος, cura, cogitatio, parce que le front est la partie où se marque davantage la pensée et la disposition de l'esprit ; d'où vient que les Latins ont dit homo serená aut nubilá fronte, etc.

ÉGÉE (la mer), l'archipel ; d'αἰγαῖον, formé d'Αἲξ, île de la mer Égée, ainsi nommée d'αἲξ, gén. αἰγὸς, chèvre, parce que cette île, remplie de rochers escarpés, présente au loin la figure d'une chèvre.

ÉGIDE, bouclier de Pallas, couvert de la peau de la chèvre Amalthée ; d'αἰγὶς, peau de chèvre, dérivé d'αἴξ, chèvre.

ÉGLANTIER, autrefois aglanthier, sorte de ronce ; d'ἄκανθα, spina.

ÉGLÉE, nom de l'une des Grâces ; d'αἴγλη, lumière, splendeur.

ÉGLISE, d'ἐκκλησία, congrégation, assemblée : rac. καλέω, appeler, assembler : parce que l'église est l'assemblée des fidèles, considérés comme ne faisant qu'un corps dont le pape est le chef.

ÉGLOGUE, d'ἐκλογὴ, choix ; rac. λέγω, dire, parler.

ÉGYPTE, Αἴγυπτος, Ægyptus, qui signifie noir, basané, selon le vieux Glossaire. L'Égypte a été ainsi nommée d'Ægyptus, frère de Danaüs.

ÉLAÏS, nom de femme ; d'ἐλαΐς, olivier, olive, dérivé d'ἐλαία.

ÉLAPHÉBOSCUM, nom donné au panais sauvage : d'ἔλαφος, cerf, et de βόσκω, paître, parce qu'on dit que les cerfs se guérissent de la morsure des bêtes vénimeuses, en mangeant de cette herbe.

ÉLAPHÉBOLIES, fêtes de Diane; d'ἔλαφος, cerf, et de βέβολα, parf. moy. de βάλλω, frapper, parce qu'on lui sacrifiait des cerfs, ou parce qu'elle se plaisait à la chasse de cet animal. De là *Elaphebolion*, neuvième mois des Athéniens, pendant lequel se célébraient les *élaphébolies*.

ÉLAPHONÈSE, l'île aux cerfs, une des sporades; d'ἔλαφος, cerf, et de νῆσος, île.

ÉLASTICITÉ, propriété par laquelle un corps, après avoir été comprimé, se rétablit dans son état naturel; du lat. *elasticitas*, formé d'ἐλαστής, qui pousse, dérivé d'ἐλαύνω, pousser, presser, agiter. De là *élastique*, qui a de l'élasticité, qui fait ressort.

ÉLATÉROMÈTRE, instrument pour mesurer le degré de condensation de l'air dans le récipient de la machine pneumatique, d'ἐλατήρ, gén. ἐλατῆρος, agitateur, et de μέτρον, mesure.

ÉLÉGIE, ἐλεγεῖον, vers tristes: rac. ἔλεγος, ὁ, complainte, composé de ἔ, cri de douleur, et de λέγω, parce qu'originairement l'élégie était destinée aux gémissemens et aux larmes. De là *élégiaque*, qui appartient à l'élégie; *élégiographe*, auteur d'élégies: rac. γράφω, écrire.

ÉLENCHTIQUE, adj. d'ἐλεγκτικός, qui refuse, qui réplique, dérivé d'ἐλέγχειν, convaincre par des argumens, se dit de la théologie scholastique.

ÉLÉPHANT, d'ἔλεφας, αντος, en lat. *elephas* ou *elephantus*. De là *éléphantin*, d'ivoire.

ÉLEUTHÉRIES, fêtes grecques, en l'honneur de Jupiter libérateur; d'ἐλευθέρια, neutre d'ἐλευθέριος, libérateur, dérivé d'ἐλεύθερος, libre; parce qu'elles furent instituées en mémoire de la victoire de Platée, qui assura la liberté de la Grèce.

ELLÉBORE, herbe, ἐλλέβορος, *elleborus*.

ELLIPSE, retranchement d'un ou de plusieurs mots dans le discours; d'ἔλλειψις, défaut, composé d'ἐκ, et de λεῖψις, dérivé de λείπω, manquer. De là *elliptique*, qui tient de l'ellipse.

ÉLU, d'ἐκλεκτός, *electus*: rac. λέγω, lire, dire, choisir. De là même vient *élire*, ἐκλέγειν, *eligere*.

*ÉLYSÉES, les champs Elysées; de λύσις, séparation, parlant de l'âme avec le corps.

EMBALLER, d'ἐμβάλλειν, mettre et jeter dedans.

EMBLÊME, tableau ingénieux qui représente une chose à l'œil, et une autre à l'esprit; d'ἔμβλημα, ornement qu'on ajoute à quelque ouvrage, formé d'ἐμβέβλημαι, parf. pass. d'ἐμβάλλω, jeter dessus, ajouter, composé d'ἐν et de βάλλω, jeter. De là *emblématique*.

EMBOURSER. V. BOURSE.

EMBRAQUER, terme de marine, tirer à force de bras une corde dans un vaisseau; de ἐν, dans, avec, et de βραχίων, bras.

EMBRASER, verb. act. d'ἐμβράζειν, être chaud, composé d'ἐν et de βράζω. De là *braise* et *brasier*.

EMBRASSER, verb. act. d'ἐν, dans, et de βραχίων, bras. De là *embrassade* et *embrassement*.

EMBRYON, le petit qui commence à se former dans le sein de la mère, ἔμβρυον, formé d'ἐν, dans, et de βρύω, pulluler, croître, pousser. De là *embryologie*, partie de l'anatomie qui traite du fœtus ou de l'embryon: rac. λόγος, discours, traité.

ÉMERAUDE, pierre précieuse de couleur verte; de σμάραγδος, pierre précieuse.

ÉMÉTIQUE, qui provoque le vomissement ; d'ἐμετικὸς, qui fait vomir, dérivé d'ἐμέω, vomir. De là *émétologie*, partie de la médecine, qui traite des émétiques ou des vomitifs : rac. λόγος, traité.

EMMAILLOTTER, d'ἀμαλλεύειν, *colligere* : rac. ἄμαλλα, une gerbe. Ou de μαλλός, *villus*. On enveloppait d'ordinaire les enfans dans une peau de mouton. Ces deux étymologies sont suivies de plusieurs auteurs. La première, entre autres, est d'Henri Estienne ; maillot, d'où vient emmaillotter, dit-il, de ἄμαλλα, selon plusieurs.

EMPAUMER. V. PAUME.

*EMPÊCHER, ἐμποδίζειν, *impedire* : rac. πούς, gén. ποδός, le pied.

EMPÉDOCLE, nom propre d'homme ; de κλέος, gloire, et ἔμπεδος, stable.

EMPHASE, pompe affectée dans le style, dans la prononciation, d'ἔμφασις, dérivé d'ἐμφαίνω, *repræsento*, rac. φαίνω, *luceo*, *appareo*, litt. action de mettre en évidence, illustration. De là *emphatique*, qui a de l'emphase, et *emphatiquement*.

EMPHYTÉOSE, parlant d'un bail à longues années : rac. ἐν, dans, et φυτεύω, planter, enter. De là *emphytéotique*, adj.

EMPILER, mettre en pile ; d'ἐν, qui signifie quelquefois avec, et de πιλεῖν, presser, fouler, épaissir, condenser.

EMPIRIQUE, médecin qui n'a que l'expérience, ἐμπειρικός : rac. πεῖρα, entreprise, expérience. De là *empirisme*, caractère ou connaissance pratique de l'empirique.

EMPLATRE, (emplastre), ἔμπλαστρον, d'ἐμπλάσσω, oindre, frotter, composé d'ἐν, sur, et de πλάσσω, enduire, parce qu'on l'étend sur la peau ou sur le linge qu'on applique sur la partie malade.

*EMPLETTE, ἐμπολή, trafic, marchandise : rac. πωλέω, *vendo*. D'autres le tirent de *impletu*, dérivé d'*implere*, d'où vient aussi emploi, employer son temps, etc.

EMPUANTIR, d'ἐν et πύθω, *putrefacio*.

EMPYRÉE, subst. et adj., se dit du lieu le plus élevé du ciel, où l'on place le séjour des bienheureux ; d'ἐν, dans, et de πῦρ, feu, pour marquer l'éclat et la splendeur de ce ciel.

ÉMULE, rival, concurrent, du lat. *æmulus*, qui peut venir d'ἅμιλλα, combat, dispute, rivalité, émulation, d'où s'est formé le verbe ἀμιλλᾶν, combattre pour, disputer, prétendre à une chose. De là *émulation*, *émulateur*.

EN, de ἐν, *in*.

ENCAQUER. V. CAQUE.

ENCAUSTIQUE, substan. et adj. sorte de peinture qui consiste à coucher avec le pinceau des cires coloriées et liquéfiées au feu, ou à fixer les couleurs par le moyen du feu ; d'ἐγκαυστικὸς, dérivé d'ἐγκαίω, composé d'ἐν, et de καίω, brûler.

*ENCEINTE, de ἔγκυος, *gravida*, femme grosse. H. Estienne : rac. κύω, être grosse. Si l'on n'aime mieux le prendre d'*incincta*, comme qui dirait *non cincta*.

ENCÉLADE, nom d'un des géans. Il fut précipité sous l'Etna ; d'ἐν, dans, et de κέλαδος, bruit.

ENCHÉLÉE, ville d'Illyrie près de laquelle, selon les poètes, Cadmus et Hermione furent changés en serpens ; d'ἐγχέλεαι, dérivé d'ἔγχελυς, anguille ou serpent.

ENCHÉLIDE, genre de vers infusoires des eaux corrompues ; d'ἐγχελίς, le même qu'ἔγχελυς ;

anguille, parce que ces animaux ressemblent en quelque sorte à de petites anguilles.

ENCHIRIDION, manuel ou un poignard; de ἐν, dans, et χείρ, la main, c'est-à-dire qu'on tient avec la-main.

*ENCLINER, ἐγκλίνω, inclino.

ENCLITIQUE, particule grecque qui s'appuie sur le mot précédent avec lequel elle semble ne faire qu'un; d'ἐγκλιτικός, composé d'ἐν, sur, et de κλίνω, incliner.

ENCYCLOPÉDIE, d'ἐγκυκλοπαιδεία, cercle des sciences, composé de ἐν, dans, κύκλος, cercle, et παιδεύω, enseigner. De là encyclopédique, qui appartient à l'encyclopédie, et encyclopédiste, celui qui travaille ou qui a travaillé à l'encyclopédie.

ENDUIRE de chaux, plâtre, etc., ἐνδύειν, induere. Si l'on n'aime mieux le prendre d'inducere.

ÉNERGIE, d'ἐνέργεια, force, efficace, composé de ἐν, dans, et d'ἔργον, ouvrage, travail. De là énergique, qui a de la force, de l'énergie, et énergiquement.

ÉNERGUMÈNE, d'ἐνεργούμενος, possédé des démons, du verbe ἐνεργέω, travailler au-dedans.

ENGIN, d'ἄγκιστρον, un croc, un crochet. Si l'on n'aime mieux le prendre d'ingenium, d'où vient aussi ingénieux. Et dans le vieux français, engin, signifie esprit; comme dans Froissart, engin clair et aigu.

ENGLOUTIR, d'ἐγγλύζω : rac. γλύζω, glutio. D'où vient aussi gluto, un glouton, un gourmand.

ENGYSCOPE, instrument qui grossit les objets vus de près; d'ἐγγύς, près, et de σκοπέω, regarder, considérer, c'est-à-dire qui sert à regarder de près.

ÉNIGME, d'αἴνιγμα ou -ὸς, proposition qu'on donne à deviner; rac. αἶνος, apologue, discours proverbial. De là énigmatique.

ENJOLER, d'αἰολεῖν, αἰολίζειν, decipere, rac. αἰόλος, divers, changeant.

ENNÉAGONE, figure géométrique de neuf angles et de neuf côtés; d'ἐννέα, neuf, et de γωνία, angle.

ENTAMER, ἐντάμειν : rac. τέμνω, couper, aor. 2 ἔταμον. Cette étymologie est universellement reçue.

ENTASSER, ἐντάσσειν : rac. τάσσω, ranger, mettre en ordre. De là vient aussi tas, entasser et mettre en tas.

ENTHOUSIASME, ἐνθουσιασμός, espèce de fureur dont l'esprit est épris; de ἔνθεος, divin : rac Θεός, Dieu.

ENTHYMÈME, argument qui n'a que deux propositions; d'ἐνθύμημα, pensée, composé d'ἐν, dans, et de θυμός, esprit, parce que l'enthymème est un argument parfait dans l'esprit, quoiqu'imparfait dans l'expression.

ENTRAILLES, ἔντερον, intestinum; d'où les Latins ont fait venter : rac. ἐντός, intus. Du pluriel ἔντερα, semble être venu enteralia, dans la basse latinité.

*ENVIRON, d'ἐνγύρω, ingyro, dont est venu ingyrare : rac. γύρος, ου, gyrus, circulus. Théophr.

ÉNYO, Bellone, déesse de la guerre et sœur de Mars, d'Ἐνυώ.

ÉOLE, roi des vents, de ἄελλα, tempête, grand vent, ou d'αἴολος, qui varie, parce que les vents sont changeans.

ÉOUS, un des quatre chevaux du Soleil; d'ἠῶς, matinal, qui paraît le matin, formé d'ἠώς, l'aurore, le point du jour.

ÉPACTE, en astronomie, jour intercalaire; de ἐπακτός.

ÉPANORTHOSE, figure par laquelle l'orateur corrige ou sa pensée ou ses paroles; d'ἐπί, et ἀνὰ, prépositions, et d'ὀρθόω, corriger.

ÉPAPHRODITE, ἐπαφρόδιτος, nom d'homme dans S. Paul, c'est à dire proprement *venustus*, bien fait, de bonne mine; d'ἐπὶ, *super*, et d'Ἀφροδίτη, la déesse Vénus, ainsi nommée d'ἀφρός, *spuma*, parce qu'elle fut formée de l'écume de la mer.

ÉPÉE, de σπάθη, *spata*, qui se trouve pour une sorte d'épée dans Végèce et dans Apulée. D'où les Espagnols ont aussi fait *spada*, et les Italiens *spada*. De là viennent aussi *espadon*, comme l'italien *spadone*, et *espatule*, *spatula*.

ÉPÉE, en lat. *Æpea*, ville de Laconie située sur une montagne élevée, d'αἶπυς, haut, élevé.

ÉPENTHÈSE, terme de grammaire, addition au milieu d'un mot, par exemple : ἤγχον, pour ἦχον; de ἐπὶ, sur, et τίθημι, placer : rac. θέω.

ÉPHÈBE, jeune homme parvenu à l'âge de puberté; d'ἐπὶ, dans, vers, et de ἥβη, puberté, jeunesse.

ÉPHÈDRE, athlète qui restait sans antagoniste après que le sort avait désigné ceux qui devaient combattre. Il était réservé pour se battre contre le dernier vainqueur; de ἐπὶ, sur, et de ἕδρα, siége, c'est-à-dire qui attend sur un siége le moment de combattre.

ÉPHÉMÈRE, d'ἐφήμερος, qui ne dure qu'un jour, composé d'ἐπὶ, dans, et de ἡμέρα, jour.

ÉPHÉMÉRIDE, ἐφημερίς, ίδος, livre de ce qui se fait ou arrive chaque jour : même rac. que le précédent.

ÉPHESTIEN, surnom de Jupiter et des dieux pénates; d'ἐφέστιος, qui est auprès du foyer, composé d'ἐπὶ, près, et de ἑστία, foyer

ÉPHIALTE, en médecine, cauchemar; d'ἐφιάλτης, dérivé d'ἐπὶ, sur, et de ἅλλομαι, sauter, parce que ceux qui en sont attaqués s'imaginent que quelqu'un est couché sur leur poitrine, ou qu'ils sont accablés d'un poids très-pesant.

ÉPHORES, magistrats de Lacédémone créés pour contrebalancer l'autorité royale; d'ἔφορος, inspecteur, surveillant, composé d'ἐπὶ, sur, et d'ὁράω, voir.

ÉPI, *spica*; de στάχυς, éolique pour σταχύς.

ÉPICÈNE, se dit en grammaire d'un mot commun aux deux sexes; d'ἐπὶ, en, et de κοινὸς; commun; c'est à-dire qui est en commun ou qui est commun avec un autre. Les mots *enfans*, *parens*, sont épicènes.

ÉPICTÈTE, nom d'homme, d'ἐπίκτητος, ajouté à la possession, acquis de plus, composé d'ἐπὶ, sur, et de κτητὸς, acquis, dérivé de κτάομαι, posséder, acquérir.

ÉPICURE, d'ἐπίκουρος, c'est-à-dire proprement *auxiliator*, qui aide et donne secours.

ÉPICYCLE, en astronomie, petit cercle; d'ἐπὶ, sur, *ad*, et de κύκλος, cercle.

ÉPIDÉMIE, maladie qui attaque un grand nombre de personnes à la fois ; d'ἐπὶ, dans ou parmi, et de δῆμος, peuple. De là *épidémique*, différent d'endémique en ce que les maladies endémiques ne règnent qu'en certains temps, causées par diverses circonstances extraordinaires, tandis que les maladies épidémiques sont familières aux peuples chez lesquels elles sont établies, et dûes à la nature même du pays, du climat, etc.

ÉPIDERME, sur-peau, membrane mince et insensible qui recouvre la peau; d'ἐπὶ, sur, et de δέρμα, peau, cuir.

ÉPIGRAPHE, d'ἐπιγραφή, inscription, composé d'ἐπὶ, sur,

et de γραφὴ, dérivé de γράφω, écrire.

ÉPILEPSIE, mal caduc, haut mal, d'ἐπιληψία, invasio, obstructio, composé d'ἐπὶ, sur, et de λῆψις, action de prendre, dérivé de λίζω, primitif de λαμβάνω, prendre ; d'où ἐπιλαμβάνω, saillir, surprendre, parce que cette maladie surprend tout d'un coup ceux qui y sont sujets. De là *épileptique*.

ÉPILOGUE, ἐπίλογος, conclusion, péroraison : rac. ἐπὶ, sur, *ad*, et λέγω, dire : λόγος, cours.

*ÉPINETTE, d'ἐπὶ, et νίτη, qui dans Suidas et dans Plutarque se prend pour une corde de musique d'un haut ton. Si l'on n'aime mieux le prendre de *spina* ou *spinula*, parce que les petits becs de plumes qui viennent frapper les cordes lorsqu'on touche le clavier sont comme de petites épines.

ÉPIPHANE, surnom donné à quelques princes de l'antiquité ; d'ἐπιφανὴς, illustre, qui se manifeste, composé d'ἐπὶ, sur, et de φαίνω, paraitre, briller.

ÉPIPHANIE, ἐπιφάνεια, *apparitio*, la fête des rois ou de l'apparition et manifestation de J. C. aux gentils : rac. φαίνω, *luceo*, *appareo*.

ÉPIPHONÈME, réflexion emphatique qui suit un récit ou une preuve ; de ἐπὶ, sur, *ad*, et de φωνὴ, voix, paroles, discours.

ÉPIQUE, parlant d'un poème, d'ἐπικὸς, formé d'ἔπος, vers principalement de six pieds, ou plutôt d'ἔπος, parole, dérivé d'ἔπω, dire, parce que dans le poème épique on raconte seulement les actions, à la différence du poème dramatique, où l'on fait agir les personnages.

ÉPIRE, ancienne région de la Grèce, aujourd'hui l'Albanie, d'ἤπειρος, continent. De là *Épirotes*, habitans de l'Épire.

ÉPISCOPAL, d'évêque, d'ἐπίσκοπος, inspecteur, composé d'ἐπὶ, sur, et de σκέπτομαι, regarder, considérer.

ÉPISCOPAT, dignité d'évêque; même racine.

ÉPISODE, action subordonnée à l'action principale d'un poème épique ou d'un roman ; d'ἐπεισόδιον, composé d'ἐπὶ, par-dessus, et d'εἰσόδιος, qui arrive, qui survient, formé d'εἰς, dans, et de ὁδὸς, chemin ; d'où l'on a fait εἴσοδος, entrée. De là *épisodique*, qui a rapport à l'épisode.

ÉPISTOLOGRAPHE, auteur d'épitres ; d'ἐπιστολὴ, épitre, lettre, et de γράφω, écrire.

ÉPITAPHE, d'ἐπιτάφιον, composé d'ἐπὶ, sur, et de τάφος, tombeau, sépulcre, dérivé de θάπτω, *sepelio*.

ÉPITHALAME, chant nuptial, d'ἐπιθάλαμιος λόγος, discours fait sur le sujet des noces de quelqu'un : rac. θάλαμος, lit nuptial.

ÉPITHÈTE, adjectif qu'on joint à un substantif ; d'ἐπὶ, sur, et de τίθημι.

ÉPITOME, d'ἐπιτομὴ, abrégé: rac. τέμνω, *seco*, parf. moy. τέτομα, j'ai coupé.

ÉPITRE, d'ἐπιστολὴ, *epistola*, formé d'ἐπέςολα, parf. moy. d'ἐπιςέλλω, composé d'ἐπὶ, et de ςέλλω, envoyer. De là *épistolaire*.

ÉPODE, ἐπωδὴ, qui se chante par dessus ou avec un autre. Les épodes d'Horace ont été ainsi nommées, selon les anciens grammairiens, parce qu'à chaque grand vers il y en a d'ordinaire un autre qui lui répond, et qui se chantait avec ; d'ἐπὶ, *supra*, et ὠδὴ, ode, cantique : rac. ἀείδω et ᾄδω, *canto*. Ou selon d'autres d'ἐπωδὴ, *incantamentum*, parce que ce poète traite de plusieurs enchantemens dans ce livre.

ÉPONGE, de σπόγγος, ου, ὁ, spongia.

ÉPOPÉE, d'ἐποποΐα, composition de vers héroïques, composé d'ἔπος, parole, vers, et de ποιέω, faire.

ÉPOQUE, point fixe dans la chronologie ; d'ἐποχή, l'action d'arrêter, de retenir, formé d'ἐπέχω, arrêter et s'arrêter, composé d'ἐπί, à, sur, et d'ἔχω, avoir, tenir, parce que les époques sont comme des lieux de repos, où l'on s'arrête pour considérer ce qui suit et ce qui précède.

ÉRASME, erasmus, d'ἐράσμιος, aimable : rac. ἐράω, amo. Car auparavant Erasme s'appelait desiderius.

ÉRATO, une des neuf muses, qui préside aux chants d'amour ; d'ἐρατός, aimable, dérivé d'ἐράω, aimer.

ÉRÈBE, enfer ; d'ἔρεβος, enfer, nuit, ténèbres.

ÉRIBÉE, surnom qu'Homère donne à Junon, comme ennemie d'Io, changée en vache ; d'ἔρις, querelle, et de βοῦς, bœuf ou vache.

ÉRICHTHON, fils de Vulcain, qui le fit naître de la Terre, lorsque Minerve refusa de l'épouser ; d'où vient son nom, qui est formé d'ἔρις, dispute, et de χθών, terre.

*ERGOT de coq, d'εἴργω, repousser, se défendre. D'autres aiment mieux le prendre d'ergo, parce que le coq se dresse droit sur ses ongles.

ÉRINNYS, une des trois furies d'enfer ; d'Ἐρινύς, en latin Erinnys. R. ἔρις, débat.

ÉRIPHILE, nom de femme ; d'ἔρις, dispute, et de φίλος, ami.

ÉRIS, déesse de la discorde ; d'ἔρις, discorde.

ERMITE pour ÉRÉMITE, d'ἐρημίτης, solitaire, en lat. eremita. R. ἔρημος, désert. De là ermitage, habitation d'un ermite. Ce mot doit s'écrire sans h, parce que le grec a l'esprit doux.

ÉROTIQUE, adj. d'ἐρωτικός, qui a rapport à l'amour, formé d'ἔρως, gén. ἔρωτος, amour, dérivé d'ἐράω, aimer.

ÉRUCTATION, rot ou action de roter ; du lat. eructatio, formé d'eructo, dérivé d'ἐρύγω, roter.

ÉRYMANTHE, montagne d'Arcadie ; d'ἔρυμαι, le même que ἐρύω, garder, et d'ἄνθος, fleur.

ÉRYSIPÈLE, tumeur superficielle et inflammatoire de la peau ; d'ἐρυσίπελας, formé d'ἐρύω, attirer, et de πέλας, proche, parce que l'érysipèle s'étend quelquefois de proche en proche, sur les parties voisines.

ÉRYTHRÉE, d'ἐρυθραῖος, rouge, nom d'un des chevaux du Soleil.

ESCARBOT, σκάραβος, scarabeus.

*ESCARMOUCHE, de ἐς, in, et χάρμη, pugna, combat, ou la chaleur et le courage qui nous portent au combat. Ou simplement de ἡ χάρμη : rac. χαίρω, être plein de joie. Si l'on n'aime mieux le prendre de l'allemand, Scarmützeln, Schirmen, escrimer.

ESCHARE, d'ἐσχάρα, foyer, et métaphoriquement, croûte noire qui se forme sur la peau ou sur la chair par l'application de quelque caustique. De là escharotiques, médicamens qui brûlent la peau et la chair, et y font des eschares.

*ESCLANDRE, de σκάνδαλον, scandalum, scandale : rac. σκάζω, clocher.

*ESCLAVE, d'ἐσκλείω, includo, comme qui dirait, gardé et enfermé sous la clef : rac. κλείω, clando. Le P. Labbe croit que ce mot peut aussi venir des peuples de l'Esclavonie, qui, ayant été subjugués, furent vendus partout l'Occident.

*ESCOPETTE, arme à feu pour tirer au blanc; de σκοπεῖν, collimare.

ESCROC et ESCROQUER, d'αἰσχροκερδής, turpi lucro deditus, rac. αἰσχρός, εος, τό, laideur, difformité; αἰσχρός, οῦ, laid, honteux; et κέρδος, εος, τό, gain.

ÉSOPE, Αἴσωπος, ου, Æsopus, d'αἴθω, uro, brûler, et ὤψ, ὠπός, le visage : rac. ὄπτομαι, video. Ésope fut ainsi nommé parce qu'il était noir et basané.

ESPOIR, ἐλπίς, spes, d'où vient désespoir; ἐλπίζειν, sperare, espérer; d'où vient espérance.

*ESQUIF, petit bateau, de σκάφη, scapha : rac. σκάπτω, creuser. De là vient esquiver, comme qui dirait s'enfuir dans un esquif à la dérobée; et même eschipare, pour dire fournir un vaisseau de toutes choses nécessaires, dont nous avons fait équiper.

ESQUINANCIE. V. SQUINANCIE.

*ESSAIM de mouches, d'ἐσσήν, proprement le roi des mouches, selon l'étymologiste; d'où vient aussi ἐσμός, examen; quoique d'autres le dérivent de ἔω, mitto. C'est pour cela qu'ἐσμός s'écrit tantôt avec un esprit rude et tantôt avec un esprit doux. D'autres néanmoins aiment mieux prendre essaim d'examen, de même qu'airain, d'æramen.

ESSIEU, d'ἄξων, axis; d'où vient aussi l'axe du monde.

EST, ἐστί, est : rac. ἔω et εἰμί, sum, je suis.

ESTOC et ESTOCADE, de στογάζεσθαι, tirer, viser; ou plutôt de l'allemand stock, bâton, tronc, souche; d'où vient qu'on disait gentil-homme de son estoc.

ESTOMAC, de στόμαχος, stomachus; et de là s'estomaquer, se fâcher.

ÉTAGE, ϛέγη, stega : rac. ϛέγω, tego, contineo.

*ÉTALER, de ϛέλλω, ordino, aor. 2 ἔϛαλον. De là vient aussi estal ou étau, ϛέλμα. D'autres aiment mieux le prendre de stallum, fait par abrégé de stabulum, qui vient de sto, et signifie proprement locus ubi statur, le lieu où l'on est, ne se prenant pas seulement pour une étable ou une écurie, mais aussi pour un logis et une demeure. Et stallum a été dit aussi des chaires du chœur d'une église, et des sièges des juges, d'où est venu de même installare, installer, comme qui dirait in stallum mittere.

*ÉTANG, de stagnum, pris de ϛεγνὸν, qui a été dit par les Siciliens pour ϛεγνὸν, selon Varron. Or ϛεγνὸς se dit proprement des choses solides et condenses qui tiennent l'eau, et qui n'ont aucune fente, et vient de ϛέγω, contenir, renfermer, retenir, remplir, conserver, couvrir. D'autres néanmoins dérivent étang, de stare, parce que l'eau s'y tient en repos, d'où vient stagnans aqua.

D'étang vient étancher, c'est-à-dire empêcher qu'une chose ne se perde et ne s'écoule, l'arrêter; qu'on peut aussi tirer de ϛεγανῶσαι, astringere, puisqu'il est dérivé de la même origine que ϛεγνὸς ou ϛεγανὸν, c'est-à-dire de ϛέγω.

*ÉTAYER ou AITAIYER, appuyer : d'ἅπτω, applico, fulcio. Ou de stabilire, qui vient de sto, pris de ϛάω, ϛῶ : rac. ἵϛημι, statuo, erigo.

ÉTENDRE, τείνειν, tendere, extendere.

ÉTÉSIENS, vents qui soufflent régulièrement chaque année dans la même saison pendant un certain nombre de jours; d'ἐτησίαι,

DES RACINES GRECQUES.

formé d'ἔτιοιος, année, dérivé d'ἔτος, an.

*ÉTEU ou ÉTEUF, de *stupa*, parce qu'on les fait d'étoupe, ou de morceaux d'étoffe serrés ensemble. Et *stupa* vient ou de στοιϐή, *stœbe*, herbe de la bourre de laquelle on a fait d'abord les chaises et les matelas, ou bien du ςύπη et ςυπεῖον : rac. στύπω, *astringo*, *spisso*, *condenso*.

ÉTHER, matière subtile et fluide, dans laquelle on suppose que sont les corps célestes ; d'αἰθήρ, l'air, dérivé d'αἴθω, enflammer, parce que l'éther s'enflamme très-facilement. De là *éthérée*.

ÉTHIOPIE, région d'Afrique; d'αἴθω, brûler, et ὤψ, visage, parce qu'étant exposé aux ardeurs du soleil, le visage y est brûlé.

ÉTHIQUE, morale, c'est une des parties de la philosophie, qui dirige les mœurs ; de ἠθικὸς, moral, dérivé de ἦθος, les mœurs.

ETHNARCHIE, province commandée par un ethnarque ; d'ἐθναρχία, composé d'ἔθνος, peuple, et d'ἀρχή, pouvoir, puissance.

ETHNARQUE, gouverneur d'une province ; d'ἔθνος, peuple, et de ἀρχὸς, chef, commandant.

ÉTHOCRATIE, nom d'un gouvernement imaginaire qu'on suppose pouvoir être établi sur la morale ; d'ἦθος, les mœurs, et de κράτος, force, puissance.

ÉTHOLOGIE, traité sur les mœurs ; d'ἦθος, les mœurs, et de λόγος, discours, traité.

ÉTHON ou ÆTHON, un des quatre chevaux du Soleil; d'αἴθω, brûler, c'est-à-dire ardent.

ÉTHOPÉE, peinture des mœurs, des passions de quelqu'un ; d'ἠθοποιΐα, composé d'ἦθος, les mœurs, et de ποιέω, faire, écrire.

ÉTIENNE, de ςέφανος, couronne : rac. ςέφω, couronner.

ÉTIQUE, fièvre étique, ἑκτικὸς, qui est dans l'habitude du corps : rac. ἔχω, *habeo*. Mais éthique pour dire la morale, vient d'ἠθικὸς, *moralis*, rac. ἦθος, εως, naturel, inclination, affection ; demeure ordinaire.

ETNA, montagne de Sicile, de αἴθω, brûler, à cause de ses feux continuels.

ÉTOLE, de ςολή, habit, ornement : rac. ςέλλω, *orno*, *apparo*.

ÉTOUFFER et ÉTOUPER, de ςύπειν, *obturare*. De là vient aussi *étoupe*, ςύπη, *stupa*.

*ÉTOURDI, de θοῦρος ou θουρικὸς, impétueux : rac. θόρω, sauter, saillir.

ÉTRANGLER, de ςραγγαλίζω, *stringo*, *strangulo* : rac. ςραγγὸς, οῦ, *tortuosus, perversus*.

ÉTRILLE, στλεγγὶς, ίδος, *strigil*.

*ÉTUI, de θήκη, *theca* : rac. τίθημι, *pono*.

*ÉTUVE, de *stuba* ou *stufa*, pris de τύφη, *accensio* : rac. τύφω, brûler, faire de la fumée. V. Vossius *de vitiis serm.*, lib. 2, cap. 17. Le P. Labbe aime mieux le prendre d'étouffer.

ÉTYMOLOGIE, ἐτυμολογία, véritable signification et origine d'un mot : rac. ἔτυμος, vrai, et λέγω, dire, d'où λόγος, mot. De là *étymologique*, adj., et *étymologiste*, celui qui s'applique à la recherche des étymologies.

EUCHARIS, nom de nymphe ; de εὖ, bien, et de χάρις, grâce ; gracieuse.

EUCHARISTIE, sacrement de la loi nouvelle ; d'εὐχαριςία, action de grâces : rac. εὖ, *bene*, et χάρις, ιτος, *gratia*. De là *eucharistique*, adj.

EUCLASE, pierre verte très-fragile ; d'εὖ, facilement, et de κλάω, briser.

EUCOLOGE ou EUCHOLOGE, nom d'un livre qui contient l'office des dimanches et des principales fêtes de l'année ; d'εὐχή, prière, et de λόγος, livre ; *livre de prières*.

EUDIOMÈTRE, instrument de physique, qui sert à mesurer la pureté de l'air; d'εὔδιος, serein, dérivé d'εὐδία, temps serein, et de μέτρον, mesure ; *mesure de la sérénité de l'air.* De là eudiométriquement., adj.

EUDOXE, nom propre d'homme ; d'εὖ, bien, et δόξα, gloire, c'est-à-dire céleste.

EULALIE, nom de femme ; d'εὖ, bien, et de λαλεῖν, parler ; *qui parle bien.*

EUMARÈS, nom d'homme ; d'εὖ, bien, et de μάρη, main ; *habile de la main.*

EUMÈNE, nom propre : d'εὐμενής, doux, facile, agréable : rac. μένος, εὸς, τὸ, *mens*, l'esprit.

EUMÉNIDES, nom des furies infernales ; d'εὐμενίδες, dérivé d'εὐμενής, doux, bienveillant, composé d'εὖ, bien, et de μένος, τὸ, esprit, par antiphrase, parce qu'elles ne sont pas bienveillantes.

EUNUQUE, d'εὐνοῦχος, proprement *gardien du lit,* formé de εὐνὴ, lit, et de ἔχω, garder.

EUPHÉMISME, figure par laquelle on déguise des idées odieuses, tristes ou désagréables ; d'εὐφημισμὸς, discours de bon augure, dérivé d'εὐφημίζω, dire des paroles d'heureux augure, composé d'εὖ, bien, heureusement, et de φημί, dire.

EUPHONIE, prononciation douce ; d'εὐφωνία, composé d'εὖ, bien, et de φωνὴ, voix. De là *euphonique,* adj. Lettre euphonique, comme la lettre *t* dans s'amuse-t-on.

EUPHRAISE, genre de plantes ; d'εὐφρασία, joie honnête, dérivé d'εὖ, bien, et de φρὴν, esprit, sens ; d'où l'on a fait εὐφραίνω, réjouir, à cause de leurs propriétés médicinales.

EUPHRASIE, nom de femme, même étymologie que le précédent.

EUPHRATE, nom de fleuve ; d'εὐφραίνω, réjouir, parce qu'il rend les terres fécondes.

EUPHROSYNE, une des trois grâces ; d'εὐφροσύνη, joie : rac. εὖ, bien, et φρὴν, esprit.

EURIPE, bras de mer entre l'Aulide et l'Eubée, où l'on dit qu'il y a sept fois le jour flux et reflux ; d'εὖ, bien, et de ῥίπτω, précipiter ; *où l'eau se précipite.*

EUROPE, nom de femme, ainsi nommée de εὐρὸς, large, et d'ὤψ, ὠπὸς, œil, *qui a de grands yeux.* Europe, fille d'Agénor et de Cadmus, a donné son nom à la partie du monde que nous habitons.

EURYBATE, nom d'homme ; d'εὐρὸς, large, et de βαίνω, marcher ; *qui marche à grands pas.*

EURYTHMIE, terme d'architecture, bel ordre, belle proportion et comme l'harmonie d'un tout ; d'εὐρυθμία, composé d'εὖ, bien, et de ῥυθμὸς, ordre, cadence, justesse, accord.

EUSÈBE, nom d'homme ; d'εὐσεβὴς, pieux, composé de d'εὖ, bien, et de σέβω, respecter.

EUSTACHE, nom d'homme ; d'εὖ, bien, et de ςάχυς, épi.

EUTERPE, une des neuf muses ; d'εὖ, bien, et τέρπω, divertir ; elle préside aux instrumens à vent, aux flûtes, etc.

EUTROPE, nom propre d'homme, d'εὖ, bien, et τρόπος, mœurs, c'est-à-dire de bonnes mœurs.

EUTYCHE, *Eutyches,* Εὐτυχής, c'est-à-dire proprement bienheureux : rac. εὖ, particule de bonheur, et τύχη, fortune.

EUXIN, (le Pont-) mer ainsi appelée par antiphrase, d'εὔξεινος, hospitalier, composé d'εὖ, bien, et de ξένος, hôte, parce que les peuples qui habitaient sur ses côtes immolaient ceux qui avaient le malheur d'y aborder.

ÉVAMPELOS, surnom de Bacchus; d'εὖ, bien, et d'ἄμπελος, vigne; *à qui la vigne sied bien*, ou *qui est favorable à la vigne*.

ÉVANGILE, εὐαγγέλιον, bonne nouvelle; d'εὖ, bien, et d'ἀγγέλλω, annoncer.

ÉVÊQUE, ἐπίσκοπος, *inspector, custos*; rac. σκέπτομαι, regarder, considérer, σκόπος, ου, *explorator*.

ÉVERGÈTE, surnom donné à quelques-uns des successeurs d'Alexandre; d'εὐεργέτης, bienfaiteur, d'où s'est formé εὐεργέω, faire du bien, composé d'εὖ, bien, et d'ἔργον, action.

ÉVIUS, surnom de Bacchus, ainsi nommé parce que, s'étant changé en lion dans la guerre contre les géans, Jupiter l'avait excité par ces paroles : εὖ υἷε, courage, mon fils.

EXARQUE, chef d'un grand département, de ἐξ, et ἀρχή, empire.

EXCRÉMENT, d'ἔκκρισις, *secretio, egestio*: rac. κρίνω, *cerno*, séparer.

EXODE, nom d'un des livres de la Bible; d'ἔξοδος, sortie (des Israélites de l'Egypte) : rac. ἐξ, de, et ὁδὸς, chemin.

EXORCISME, prière dont se sert l'église pour chasser les démons : d'ἐξορκισμὸς, dérivé d'ἐξορκίζω, adjurer, formé d'ἐξ, et de ὅρκος, qui vient de ὅρκος, parce que l'église les adjure de sortir du corps des possédés. De là *exorciste*, celui qui conjure les démons.

EXPATRIER, obliger quelqu'un à quitter sa patrie; d'ἐξ, dehors, et de πατρὶς, patrie, dérivé de πατρὸς, gén. de πατήρ.

EXPÉRIENCE, de πεῖρα, *experientia*.

*EXPIER, *expiare, expio*, composé de *pio*, pris de θύω, *macto, sacrifico*, où l'υ est changé en *i*, de même que dans *fio*, pris de φύω, et le θ, en φ, comme dans φήρ pour θήρ, *fera*. De *pio*, vient *pius, piaculum*, etc.

EXTASE, ἔκστασις, étonnement, renversement d'esprit; dérivé de ἐξίστημι, *de statu dejicio*, troubler, étonner, mettre hors de soi, composé d'ἐξ, qui marque séparation, et de ἵστημι, poser, établir. De là *s'extasier*, être ravi en admiration.

EXULCÉRER. Voyez ULCÈRE.

F

*FAGOT, de φάκος, *fascis*, ancien mot, d'où est demeuré φάκελος, *fasciculus*.

FAISAN, de φασιανὸς, rac. φᾶσις, εος et ιδος, fleuve de Colchide où se trouvent plusieurs de ces oiseaux.

*FALOT, de φανός, flambeau, changeant ν en *l*. Autrefois même on disait fanot, selon Nicod; rac. φαίνω, fut. φανῶ, luire. Ou bien il viendra de φαλὸς, resplendissant. Mais

FALOT, qui signifie un folâtre, est un diminutif de fol. Quelques-uns le font venir de φαῦλος, méchant, corompu, ridicule.

FANAL d'une galère, c'est-à-dire la lanterne; de *phanalium*, pris de φανάριον, changeant ρ en *l*, rac. φαίνω, luire.

*FANER, probablement de ἀφανίζω, ou ἀφάνω, par aphérèse de α initial.

FANTAISIE, de φαντασία, vision, imagination : rac. φαίνω, *luceo*. De là vient aussi.

FANTASMAGORIE, sorte de

spectacle physique, qui consiste à faire apparaître dans un lieu obscur des images du corps humains qui produisent de l'illusion; de φάντασμα, apparition, vision, spectre, fantôme; et d'ἀγορά, assemblée; *assemblée de fantômes.*

FANTASTIQUE, φανταστικός, imaginatif. Comme encore

FANTOME, φάντασμα, *visum, spectrum.*

*FAON, (prononcez fan), de φάνιοι, *agni*, petits agneaux. Ou plutôt de *infans*; les Latins disent *hinnulus*, pris du Grec, ἰννὸς, ὕγνος, un poulain, ou d'ἴνις, qui signifie enfant: rac. ἴς, *fibra*.

*FARDEAU, de φόρτος ou φορτίον, *onus*, charge, proprement de navire. D'autres le prennent de *fascis*, que Martinius fait venir de πάσσω, dor. pour πήσσω, *compingo*. D'autres de *sarcio*, pris de φαρκτὸς, poétique pour φρακτὸς, qui vient de φράττω, *obturo*, Le P. Labbe croit que fardeau pourrait avoir été dit pour hardeau, de la hart ou corde dont on lie les fardeaux.

FASCINER, du lat. *fascinare*, dérivé de βασκαίνω.

FAUCON, de φάλκων, *falco*, dans Suidas, oiseau de proie.

*FÉE, de *fata*, pris de φημὶ, φατός: rac. φάω, *dico*. De là vient aussi *fatuus*, sot, pour *fatus*, parce que les sots et gens de peu d'esprit parlent beaucoup. Et de *fatuus* vient *fat*, comme aussi *fade*, ce mot se trouvant même en latin en cette dernière signification, et ayant été transporté figurativement au goût. De *fatuus* l'on a fait *fatuitas*, d'où vient notre mot de *fadaise*, que les Gascons prononcent encore *fadesse*. V. Ménage.

*FÉLONIE, mot ancien, usité principalement pour la révolte contre son seigneur; de φήλωσις, tromperie, méchanceté: rac. φῆλος, imposteur, fourbe. Spelman aime mieux le tirer de l'allemand *fehlen*, *delinquere*, d'où vient notre mot de *faillir*. Et le Père Labbe, de *féhonnie*, pour foi violée.

*FENÊTRE, *fenestra*, pris de φαίνεσθαι, reluire, selon Nonnius. Et il n'importe que la première soit brève en *fenestra*, puisque la seconde l'est bien en *oleum*, quoiqu'il vienne d'ἔλαιον, seconde longue.

*FERME, une ferme, de φέρνη, *dos*, don, présent, dot; ou de φραγμὸς, fermeture, parce que les fermes sont fermées: rac. φράσσω, *firmo, munio*, fermer. Le peuple dit encore *framer*. Les Latins des derniers siècles ont dit *firma*, qu'ils ont pris de *ferme*, et non pas nous, *ferme de firma*.

*FERME, être ferme, de *firmus*, pris de Ἑρμῆς, Mercure, ou de ἔρμα, soutien, appui, affermissement, ou de εἰρμὸς, *nexus*, parce que ce qui est bien joint et bien uni est plus fort et plus ferme; le F tient souvent lieu de l'esprit, venant du *Digamma* éolique.

FÊTE, de ἑστία, *focus*, et *Vesta Dea*. Et de là

FÊTOYER, ἑστιάειν, faire fête, recevoir chez soi, traiter quelqu'un.

FEUILLE, de φύλλον ou φύλλιον, *folium*.

FEUILLU, φυλλώδης.

*FIER, quelques-uns le prennent de φικρὸς, *crudus, acerbus*, item *splendidus*: rac. φάω, *luceo*. Il vient de *ferox*, pris de *fera*, qui a été tiré de l'accusatif éolique φῆρα, pour θῆρα: rac. θήρ, θηρὸς, *fera, bellua*.

*FIL-D'ARCHAL, de *filum*, et *aurichalcum*, que Scaliger sur Festus croit avoir été fait de la mauvaise prononciation d'ὀρείχαλκον; ce qui a donné lieu à la fausse opinion d'un métal composé d'or et de cuivre; mais ὀρείχαλκον, signifie proprement une sorte de cuivre blanchâtre, qui se trouvait dans les montagnes: rac.

ὄρος, τὸ, montagne; χαλκὸς, οῦ, ὁ, cuivre.

*FILOU, de φῦλος, imposteur, *fallax*. Φιλήτης, ou φηλήτης, (tous deux dans Hésychius), trompeur, pipeur, voleur, larron.

*FILS, *filius*, de φίλιος, allié, associé : rac. φίλος, qu'on aime, qui nous plaît, qui nous est cher. Ou de υἱὸς, éol. Ϝυιὸς, où il y a une *l* ajoutée. Ou bien de φῦλον ou φυλὴ, racé, tribu, parenté. Ou enfin de ἴνις, fils, enfant, jeune homme ; ce que Vossius approuve davantage, parce que le ν se change souvent en *l*. Le lecteur choisira. La racine de ce dernier est ἴς, ἰνὸς, *fibra*, *vis*, *robur*, parce que, disent les grammairiens, les enfans sont la principale force et l'appui des pères et mères.

*FIOLE, de φιάλη, *phiala*.

*FLACON, de φλασκίον, qui dans Suidas est interprété une bouteille, et qui se trouve en ce sens dans les dialogues de S. Grégoire. Ou de φακὸς, *lenticula*, qui est pris pour un petit vaisseau dans le quatrième livre des rois : rac. φακὴ, ῆς, *lens*. Ou plutôt de φλάσκων, qui se trouve en ce sens dans les Grecs des derniers siècles. V. Meursius. Vossius (*de vitiis sermon.*, *lib.* 2, c. 6) le dérive de l'allemand *flasche* ou *flesche*.

FLAMME, *flamma*, de φλέγω, *inflammo*, *uro*, brûler.

FLANC, de λαγὼν, éol. φλάγων, όνος, ἡ, *ilia*.

*FLASQUE, *flaccus*, de βλὰξ, ακὸς, lâche, abattu. Quelques-uns ont cru que *flasque* venait de *flaccus* et *flaccidus*. Mais ces deux mots viennent eux-mêmes de βλὰξ.

FLEGME, humeur prétendue froide, qui existe dans le corps de l'animal ; et figurément sang froid ; de φλέγμα, pituite, pris par antiphrase du verbe φλέγω, brûler, comme si l'on disait *humeur non brûlée*. De là vient *flegmatique*, pituiteux, qui abonde en flegme, en pituite, et figurément froid, difficile à émouvoir.

FLEGMON, tumeur inflammatoire ; de φλεγμονὴ, inflammation, dérivé de φλέγω, brûler, enflammer. De là *flegmoneux*, qui est de la nature du flegmon.

*FLOCON de cheveux, *floccus*; de πλοκαὶ, *nexus*, tissu. Ou de πλόκαμος, *crines plexi* : rac. πλέκω, *necto*.

FLUER, couler, du latin *fluere*, dérivé de βλύειν ou βλύζειν, couler, sourdre, jaillir.

*FOIRE, où les marchands s'amassent, de φορία, transport, abondance. Ou de φορεῖον, *merces*, rac. φέρω, *fero*, porter. Que si l'on aime mieux prendre *foire* de *forum*, il viendra toujours de la même racine. D'autres aiment mieux le prendre de *feriæ*, qui se trouve en ce sens dans les anciens titres. (Spelmanus et Ménage.) Et *feriæ* vient d'ἑστιᾶν, *diem festum agere* ; d'où vient qu'autrefois on disait *fosie*, comme remarque Velius Longus. Or c'est d'ordinaire aux jours de fêtes et d'assemblées que les foires se tiennent.

*FOL ou FOU, de φολκὸς, misérable, ridicule, louche ; quasi φαολκὸς, c'est-à-dire τὰ φάη ἕλκων, qui tourne les yeux : rac. ἕλκω, -ξω, *traho*. Ou bien de φαῦλος, simple, méprisable. D'autres néanmoins croient qu'il vient plutôt de *follus*, qui se trouve dans les auteurs de la basse latinité, et qui a été fait de *follis*. (V. Ménage.) Les autres le prennent de *folium*, comme qui diroit léger et changeant comme une feuille.

*FONDE, que nous disons maintenant FRONDE, *funda*, de σφενδόνη, en ôtant σ comme dans σφάλλω, *fallo*. C'est le sentiment de Vossius et de Scaliger, qui paraît assez raisonnable. D'autres aiment mieux prendre *funda* de *fundum*, à cause du petit fond ou réseau où l'on met la pierre dans la fronde ; Martinius le dérive de *funis*, et Isidore de *fundendo*, *quia fundit lapidem*.

*FORÊT, de φύω, *produco, nascor*, d'où vient aussi *futaie*. Les forêts sont des arbres que la terre a produits d'elle même.

*FORÊT, de τορέω, *penetro* : rac. τερέω, *terebro*, ou du mot latin, *foro, as*, d'où est encore demeuré *perforo*, qui viendra aussi de τορῶ. Ou plutôt de πόρος, *meatus*, rac. πείρω, *perforo*.

FORME, *forma*, de μορφή, ou selon d'autres, d'ὁρμή, *impetus, principium*, ou de ὅραμα, *visus* : rac. ὁράω, *video*. Comme les Grecs ont dit, εἶδος, *species*, de εἴδεω, *video*. [De ces diverses étymologies la première paraît être la plus vraisemblable, en faisant venir *forme* de μορφή, par métathèse. De là *format*, *formation*, *formule*, *formulaire*, *formalité*, etc., et les composés *conforme*, *difformer*, *informer*.] De *forme* semble venir *formage*, ou, par métathèse, *fromage*, parce que l'éclisse où on le fait lui donne la forme. Si l'on n'aime mieux le prendre de φόρμος, *sporta, nexus, vitilium*.

*FOUILLER, de φωλεός, trou, caverne.

FOURMI, *formica*, de μύρμηξ, éol. βόρμηξ, accus. βύρμηχα.

FRAPPER, de ῥαπίζω, éol. ὀραπίζω, *virgâ cædere* : rac. ῥαπίς, ίδος, ἡ, verge, bâton.

FREDONNER, de φράζω, *parler*. aor. 2 ἔφραδον,

FRÉMIR, de *fremere*, dérivé de βρέμειν.

FRÉNÉSIE maladie d'esprit ; de φρένησις, délire, transport, fureur violente, dérivé de φρήν, ενός, *mens*, l'esprit.

FRÈRE, *frater*, de φράτηρ, éol. φράτωρ, qui est de même tribu. Fest., Scaliger, Vossius.

FRÉRIE, partie de plaisir, bonne chère ; de φρατρία, réunion, assemblée, c'est-à-dire réunion de personnes qui font bonne chère.

FRINGANT, de σφριγάω, sauter, se réjouir.

FRIRE, de φρύγω, *frigo, torreo*.

FRISSON, de *frigus*, qui vient de φρίκη, froid, frisson, horreur, tremblement : rac. φρίξ, ικός, le bruit et l'agitation de la mer. Et de là

FRISSONNER, φρίσσειν, *horrere, horrescere*.

FROMAGE. V. FORME.

FRONDE. V. FONDE.

FRONT, *frons, frontis*, de φροντίς, ίδος, soin, pensée.

FUIR, de φεύγω, *fugio*.

FUITE, de φυγή, *fuga*.

FUMÉE, *fumus*, de θυμός, *flatus, spiritus*.

FUMER, de θυμιάω, *suffio*. Car le θ se change en *f*, comme θῆρες, éol. φῆρες, lat. *feræ*, bêtes sauvages.

FURETEUR, de *fur*, pris de φώρ, qui est le même.

G

*GAILLARD ou GAI, d'ἀγαλλιάομαι, *exulto*, H. Estienne. Ou de *gaudeo*, pris de γαθέω, dor. pour γηθέω, *lætor*.

GALACTOPHAGE, celui qui vit de lait ; de γάλα, gén. γάλακτος, lait, et de φάγω, manger.

*GALAND, de καλὸν, beau ; ou

de γαλκὸς, fait par métathèse de ἀγλκὸς, splendide, joli, beau, accommodé. Le P. Labbe aime mieux le tirer de vaillant, et Ménage de gala, vieux mot qui signifie réjouissance, bonne chère.

*GALATIE, Γαλατία, région de l'Asie mineure, quasi γαλακτία, lactea, rac. γάλα, ακτος, lac, du lait. La Galatie a été ainsi nommée des Gaulois, qui la conquirent; et les Gaulois prennent leur nom de γάλα, lac, à cause de la blancheur de leur teint. Elle a été aussi nommée Gallogræcia, Gallogrèce, ensuite du mélange qui se fit là des peuples de la Gaule avec les Grecs.

GALBANON, galbanum, sorte de gomme; de χαλβανή.

GALÈNE, minéral assez brillant, appelé autrement plomb sulfuré; de γαλήνη, sérénité.

*GALER, de σκάλλω, scalpo. Le P. Labbe aime mieux prendre gale du mot callus, parce qu'elle s'élève au-dessus de la peau.

*GALÈRE, de γαλέα, qui dans le grand Étymologiste, est un vaisseau de pirate Si l'on n'aime mieux dire que γαλέα même vient du latin galea, un casque, à cause de la ressemblance que ces vaisseaux ont avec le casque; ou parce que l'enseigne des premiers vaisseaux était un casque. V. Vossius, de vitiis serm., lib. 1, cap. 1.

*GALET, quasi Jallet; de ἰάλλω, jacio, mitto, soit qu'on le prenne pour le jeu de galet, ou pour les galets ou pierres plates que la mer jette sur le bord. Voyez Ménage.

*GALOCHE, de καλοπόδιον; Postel. Si l'on n'aime mieux le prendre de gallicæ, qui signifie cela dans Cicéron.

*GALOP, κάλπη.

*GALOPER, καλπῶν et καλπάζειν. Budée.

GAMME, du mot γάμμα, parce que Guy Arétin, moine de Saint-Benoît, qui corrigea le chant de l'Église, environ l'an 1024, composa une échelle du chant avec ces six voix, ut, re, mi, fa, sol, la, par le moyen desquelles il dit que la musique était plus aisée à apprendre en six jours qu'elle ne l'était auparavant en six mois, et mit ensuite à côté de ces notes ces sept lettres, A, B C, D, E, F, G. Et parce qu'il accompagna de la lettre G la note qu'il mit au-dessous du système ancien, toute l'échelle fut appelée, comme elle l'est encore, Gamme.

GANGRÈNE, mortification de quelque partie du corps; de γάγγραινα, dérivé de γραίνω, le même que γράω, manger, parce que la gangrène se communique bientôt aux parties voisines, si on ne l'arrête promptement. De là se gangrèner et gangrèneux.

GANYMÈDE, nom de l'échanson des dieux, selon la fable; de γάνυμαι, se réjouir, et μῆδος, conseil, esprit.

GARGARISER (SE), se laver la bouche et l'entrée du gosier avec quelque liqueur; de γαργαρίζω, formé de γαργαρεών, gurgulio, guttur, la gorge, la luette, dérivé de γαργαίρω, mot formé du bruit que l'on fait en se gargarisant. De là gargarisme, remède liquide qui sert à se laver la bouche.

GASTROMANIE, passion pour la bonne chère; de γαστήρ, ventre, et de μανία, passion.

GASTRONOMIE, traité sur la bonne chère; de γαστήρ, ventre, et de νόμος, loi, règle. De là gastronome.

*GAULOIS, de γάλα, lac, à cause de la blancheur de leur teint.

GÉANT, γίγας, gén. γίγαντος, gigas.

GÉLOSCOPIE, divination par le rire; de γέλως, ris, dérivé de γελάω, rire, et de σκοπέω, examiner.

GENDRE, ἱαμβρὸς, οῦ, gener.

GÉNÉALOGIE, dénombrement d'aïeux; de γενεαλογία, composé de γένος, race, famille, dérivé de γείνομαι, naître, et de λόγος, discours. De là *généalogique*, qui concerne la généalogie, et *généalogiste*, celui qui travaille aux généalogies.

*GÉNÉREUX, γεννατὸς, generosus, serenus, rac. γείνομαι, fio.

GÉNÈSE, γένεσις, procreatio: rac. γείνομαι. Le livre de la Génèse est celui qui comprend la création du monde.

GENOU, γόνυ, genu.

GENRE, γένος, τὸ, genus, rac. γείνομαι, gignor.

GÉODÉSIE, partie de la géométrie qui enseigne à mesurer et à diviser les terrains; de γῆ, terre, et de ὀξίω diviser. De là *géodésique*, qui concerne la géodésie.

GÉOGNOSIE, connaissance des substances minérales qui forment les montagnes et les grandes couches de la terre; de γῆ, terre, et de γνῶσις, connaissance, dérivé de γινώσκω, connaître.

GÉOGRAPHIE, γεωγραφία, description de la terre: rac. γαῖα, d'où γῆ, terre; et γράφω, s cribo. De là *géographe*, subst., et *géographique*, adj.

GÉOLOGIE, histoire naturelle du globe; de γῆ terre, et de λόγος, discours. De là *géologue*, savant versé dans la géologie, et *géologique*, qui a rapport à la géologie.

GÉOMANCIE ou GÉOMANCE, l'art de deviner par la terre; de γῆ, la terre, et de μαντεία, divination.

GÉOMÉTRIE, de γῆ, terre, et de μέτρον, mensura. De là *géométrique*, *géométriquement* et *géomètre*.

GÉORGIQUES, de γεωργικὰ, neutre de γεωργικὸς, qui concerne l'agriculture; poème de Virgile,

qui traite de l'agriculture: rac. γῆ, la terre, et ἔργον, ouvrage.

GÉRANIUM, autrement BEC DE GRUE; de γεράνιον, dérivé de γέρανος, grue, parce que cette plante porte des fruits qui ont la forme d'un bec de grue.

GÉRONTE, nom d'un personnage de comédie; de γέρων, gén. -οντος, vieillard.

GÉRYON, nom d'homme; de γηρύω, crier, formé de γῆρυς, voix.

GIGANTOMACHIE, la guerre des géans; de γίγας, gén. γίγαντος, géant, et μάχη, combat.

GINGEMBRE, ζιγγίβερις, plante qui croit en Arabie.

GIRON, de γύρος, tour, circuit, en lat *gyrus*.

GLAS. V. CLAS.

GLAUQUE, expression de botanique, qui est d'un vert blanchâtre, ou vert de mer; de γλαυκὸς, vert de mer.

GLEUCOMÈTRE, instrument pour mesurer la force du moût de vin dans la cuve, pendant la fermentation; de γλεῦκος, moût, vin doux, et de μέτρον, mesure.

*GLISSANT, dérivé de γλίσχρος, lubricus, viscosus. Si l'on aime mieux le prendre de *glacies*; car on a dit quelquefois glacer pour glisser.

GLOSE, explication de quelques mots obscurs d'une langue par d'autres mots plus intelligibles de la même langue; de γλῶσσα, langue, parce que la glose sert à expliquer un texte, comme la langue à exprimer les pensées par le moyen de la parole. De là *gloser*, faire une glose et aussi critiquer; et *gloseur*, celui qui critique tout.

GLOSSAIRE, dictionnaire; de γλῶσσα, langue.

*GLOUTON, gourmand; de γλύζω, *glutio*.

*GLU et GUY, de γλοιὸς, viscus.

GLYCÈRE, nom de femme; de γλυκὺς, doux.

GLYPHE, terme d'archit., canal creusé en rond ou en angle, qui sert d'ornement; de γλυφὴ, entaille, gravure, dérivé de γλύφω, graver, creuser, le même que γλάφω.

GNAPHALIUM, plante nommée aussi PIED DE CHAT, dont les feuilles sont couvertes d'une espèce de coton cardé; de γνάφαλον, dérivé de γνάφω, carder, le même que κνάπτω.

GNOMES, génies que les cabalistes supposent habiter dans la terre; de γνώμων, connaisseur, prudent, habile, dérivé de γινώσκω, connaître, à cause de l'intelligence qu'on leur suppose. De là gnomide, femelle d'un gnome.

GNOMIQUE, adj. sentencieux; de γνωμικὸς, formé de γνώμη, sentence.

GNOMON, style d'un cadran solaire, dont l'ombre marque les heures; de γνώμων, qui sert à faire connaître, indicateur, dérivé de γινώσκω, connaître.

GNOMONIQUE, la science de faire des cadrans solaires; de γνωμονικὴ, sous-entendu τέχνη, art, formé de γνώμων, style qui marque les heures : rac. γινώσκω, connaître.

GNOSTIQUES, hérétiques qui se disaient d'une profonde érudition; de γινώσκω, savoir, connaître.

GOLFE, de κόλπος, sinus, détroit de mer.

GOMME, de κόμμι, gummi.

*GOND de porte, de γωνία, coin, parce que les gonds ou pentures sont toujours dans les coins.

*GONDOLE, de κόνδυ, Athénée, sorte de vase.

GONORRHÉE, perte de semence; de γονὴ, semence, et de ῥέω, couler.

*GORET, de χοῖρος, un porc, d'où les Latins ont fait goretus, et les Grecs modernes γορούνι.

GORGONES, nom de Méduse et de ses deux sœurs; de γοργών, animal méchant d'Afrique, ou plutôt de γοργὸς prompt, vif, ardent, farouche, terrible, parce que l'aspect des gorgones était redoutable.

GORGOPHORE, surnom de Pallas, portant gravée sur son bouclier la tête de Méduse; de γοργών, Gorgone, et de πέφορα, parf. m. de φέρω, porter.

*GOUJON, poisson de κωβιὸς, gobius ou gobio.

GOUTER, gustare, de γεύεσθαι, goûter; à l'actif γεύω, faire goûter.

GOUVERNER, de gubernare, formé de κυβερνάω, conduire un vaisseau.

GRABAT, de κράββατος, un petit lit.

GRAMMAIRE, γραμματικὴ, grammatica : rac. γράφω, écrire.

GRAMME, poids du centimètre cubique d'eau distillée à la température de la glace : de γράμμα, tiré de l'arabe garme. V. PAUCTON, page 596.

GRAPHOMÈTRE, instrument pour mesurer les angles sur le terrain; de γράφω, écrire, et de μέτρον, mesure.

GRAVER, de γράφειν, inscribere.

GRÉES, sœurs des gorgones, ainsi nommées parce qu'elles vinrent au monde les cheveux blancs; de γραῖα, vieille.

GRÉGOIRE, nom propre, de γρηγόριος, vigilant, rac. ἐγρηγορέω, vigilo; γρηγορέω, le même.

GREFFE d'arbre, de γραφεῖον, touche, plume ou poinçon à écrire : rac. γράφω, exaro, soit parce qu'il y a quelque ressemblance entre une greffe et un poinçon à écrire; soit parce qu'on les taille par le bout, et qu'on les fiche dans l'arbre.

GREFFIER, γραφεὺς, scriba, du même γράφω, scribo.

*GRIECHE, comme ortie

grièche ; d'ἀγρία, *agrestis*, sauvage, rac. ἀγρὸς, *rus*, *ager*.

*GRIL, de *craticula*, qui viendra de κρατὴρ, lorsqu'il se prend pour les trous par où sort le feu du Mont Etna: rac. κεράω, *misceo*, *tempero*. De là vient aussi une *grille*, parce que les barreaux sont entrelacés les uns dans les autres.

*GRIMACE, de ἀγρίου εἴγμα, *agrestis imago*, aspect d'un visage hideux : rac. ἀγρὸς, *ager*, et εἴκω, *similis sum*. Si l'on n'aime mieux le prendre de *kermas*, mot arabe qui signifie se rider, ou se tordre le visage. Ou bien de *grime*, pour *grise mine*, qui est le sentiment du P. Labbe.

*GRIMPER, de χρίμπτειν, approcher, s'appuyer.

GRIPPER, de γριπίζειν, *piscari*, rac. γρίπος, des rêts. Ou de γρύπες, οἱ, croc de navire, ancre, instrument pour prendre et accrocher : rac. γρὺψ, υπὸς, *gryps*, un gryphon, oiseau qui a le bec crochu ; d'où vient aussi *griffes*.

*GRIS, de κιρρὸς, οῦ, qui signifie proprement une couleur entre le noir et le blanc. Ou de l'allemand *grüs*, qui signifie la même chose, et dont les Italiens ont fait *griso*, et les auteurs de la basse latinité, *griseus color*, selon Vossius.

GRONDER et GROGNER, de γρύζω et γρυλίζω, *grunnio* ; ou de γογγύζω, *murmuro*.

*GROTTE, de *crypta*, pris de κρύπτω, *abscondo*.

*GRURIE, de δρυία, rac. δρῦς, -υός, *quercus*.

*GUERDON, de κέρδος, *præmium*, *quæstus*.

GUET, faire le guet et GUETTER, vieux mot ; de κύπτω, κυπτάζω, *prospicio*. Ou plutôt de l'allemand *Wache*, qui signifie *excubiæ*. D'où vient que les Wallons et Picards disent encore *water*, pour regarder. De là est venu *guet-apens*, pour dire

propos délibéré ; *apenser* étant un vieux mot qui signifie délibérer.

GUITARE, instrument à cordes de boyau, que nous tenons des Espagnols, chez qui les Maures l'ont vraisemblablement apporté ; de l'espagnol *guitara*, formé de l'arabe *kithar* ou *kitara*, dérivé du grec κιθάρα, instrument de musique en tortue.

GYMNASE, lieu destiné, chez les anciens, aux exercices du corps ; de γυμνάσιον, dérivé de γυμνὸς, *nu*, parce qu'on était nu ou presque nu pour se livrer plus librement à ces exercices.

GYMNASIARQUE, chef du gymnase ; de γυμνάσιον, gymnase, et d'ἀρχὸς, chef, dérivé d'ἀρχή, commandement.

GYMNASTIQUE, l'art d'exercer le corps pour le fortifier ; de γυμναστική (sous-entendu τεχνή, *art*, fém. de γυμναστικὸς, appartenant aux exercices du corps), formé de γυμνάζω, exercer, dérivé de γυμνὸς, nu, parce qu'anciennement on se déshabillait pour se livrer aux exercices du corps.

GYMNOSOPHISTE, γυμνοσοφίστης : rac. σοφὸς, οῦ, *sapiens*, et γυμνάζω, s'exercer, dérivé de γυμνὸς, nu, d'où vient aussi γυμνάσιον, *gymnasium*, lieu d'exercice, académie.

GYNÉCÉE, appartement des femmes chez les anciens ; de γυναικεῖον, dérivé de γυνὴ, gén. γυναικὸς, femme.

GYNÉCOCRATIE, état où les femmes peuvent gouverner ; de γυναικοκρατία, formé de γυναικὸς, gén. de γυνὴ, femme, et de κράτος, puissance, gouvernement ; *gouvernement des femmes*. De là *gynécocratique*, adj.

GYROFLÉE, de γυρόφυλλον, parce que ses feuilles et ses branches s'étendent en rond : rac.

γῦρος, gyrus, cercle, et φύλ-λον, folium.

*GYROUETTE, de γῦρος, gyrus.

H

*HAGART, d'ἄγριος, sauvage; rac. ἀγρὸς, ager.

HAGIOGRAPHE, auteur qui a écrit sur les saints; de ἅγιος, saint, et de γράφω, écrire, *qui écrit sur les saints.*

HAGIOLOGIQUE, qui concerne les saints ou les choses saintes; de ἅγιος, saint, et de λόγος, discours, littéralement, *qui traite des saints.*

*HALBRAN, un jeune oiseau de mer ou de rivière, de ἁλιέρευθος: rac. ἅλς, ἁλὸς, la mer, et βρένθος, certain oiseau.

*HALE, de ἅλιος, dor. pour ἥλιος, sol; ou d'ἀλεὸς, chaud, ardent: rac. ἀλέα, chaleur, et proprement celle qui vient du soleil. D'autres le prennent d'*assulatus*, *assulare*, hâler. *Assum*, sec, rôti, brûlé, vient d'ἄζω, *sicco*, ξηραίνω.

*HALECRET, cuirasse, ou cotte de mailles; d'ἁλυσίκροτον, pour ἁλυσίκροτον, Scalig.: rac. λύω, *solvo*, d'où ἄλυσις, chaîne; et κρότος, battement, bruit, fracas, à cause du bruit que font les armes dans le mouvement.

*HALLE, lieu public, de ἅλως, *area*. D'autres le dérivent de l'allemand *hall*, qui signifie une salle, ou un grand portique; et d'autres du mot *hallæ*, qui dans la basse latinité s'est pris pour *rami*, parce que les marchés publics n'étaient autrefois couverts que de branches d'arbres.

HALO, cercle lumineux qui paraît quelquefois autour des astres; de ἅλως, aire, et ensuite le cercle dont nous parlons.

HALOTECHNIE, partie de la chimie qui a pour objet les sels; de ἅλς, gén. ἁλὸς, sel, et de τέχνη, art.

HAMADRYADES, nymphes des bois, qui naissaient et mouraient avec les arbres; de ἅμα, ensemble, et de δρυάδες, dérivé de δρῦς, un chêne.

HAMAXOBITES ou HAMAXOBIENS, peuples de Scythie dont les chariots leur servaient d'habitations; de ἁμαξοβίται ou ἁμαξόβιοι, gens qui *vivent sur des chariots*, composé de ἅμαξα, chariot, et de βίος, vie.

*HAMEAU, de ἅμα, *simul*, ensemble. *Ham*, mot saxon, pour dire maison, village, peut venir de là plutôt que de ἅμμα, *fascia*, *nexus*, *vinculum*, comme avait pensé Spelmanus. Et de *ham* ont été faits *Nottingham*, *Buckingham*, et autres.

*HAMEÇON, de *hamus*, pris de χαμὸς, qui dans Hésychius signifie courbé; ou de ἅμμα, *vinculum*, rac. ἅπτω, *necto*.

*HANAP ou ANAP, vieux mot, pour dire un verre ou une tasse, d'ἀναπίνειν, humer, avaler, rac. πίνω, *bibo*. Ou de l'allemand *hein nap*, une écuelle à oreille.

*HANCHE, du vieux mot ἀγκά, dont est encore demeuré ἀγκὰς, *ulnas*, et dont les Espagnols ont fait *anca*.

*HAPPER, de ἁρπάζω, *rapio*, prendre, ravir. Ou du bruit que font les chiens en happant quelque chose.

HARASSER, fatiguer à l'excès; d'ἁράσσειν, *pulsare*, *tundere*, *collidere*, heurter, froisser.

*HARCELER, d'ἐρεσχελέω, picoter, irriter, quereller: rac. ἔρις, contention, dispute; ou d'ἐρχάζω, dans Hésych., injurier; ou du mot latin *arcessere*, appeller souvent quelqu'un, et l'importuner, dit le P. Labbe; ou du nom *arcus*, poursuivre à coups de flèches.

*HARDI, de καρδία, *le cœur*, changeant la première lettre en aspiration. Ou bien de *ardeo*, être vif et ardent; ou de *hare*, qu'on criait quand l'ennemi commençait à paraître; d'où vient *harer*, inciter contre quelqu'un. V. le P. Labbe.

HARMONIE, de ἁρμονία, liaison, accord, dérivé d'ἄρω, *apto*, d'où ἁρμός, proportion des choses qui s'entre-tiennent. De là *harmonieux*, *harmonique* et *harmoniste*.

*HARNOIS et HARNAIS, d'ἀρνακίς, une peau d'agneau, dont on garnit encore les harnais des chevaux: rac. ἄρς, ἀρνός, agneau. D'autres le dérivent de l'allemand *harnisch*; de là vient le verbe *enharnacher*.

HARPAGON, nom de l'avare de Molière; de ἁρπάγων, part. aor. 2 de ἁρπάζω, piller, ravir.

HARPE, de ἅρπη, *une faulx*, parce que les harpes étaient courbées en faulx: rac. ἁρπάζω, *rapio*.

HARPIES, ἅρπυιαι, déesses ou démons ailés, qui ravissaient tout: rac. ἁρπάζω, piller, ravir, enlever.

HAVI, d' αὖος, sec, aride, rac. αὔω, *sicco*, *arefacio*, d'où s'est formé *havir*, dessécher.

HEBDOMADAIRE, qui se renouvelle chaque semaine; de ἑβδομάς, semaine, dérivé de ἑπτά, sept.

HEBÉ, déesse de la jeunesse; de ἥβη, jeunesse.

HÉCATOMBE, sacrifice de cent bœufs ou de cent victimes; de ἑκατόμβη, composé de ἑκατόν, cent, et de βοῦς, bœuf.

HECTAR, mesure de superficie, contenant cent ares, composé de ἑκατόν, par contr. ἑκτόν, cent, et du mot *are*, dérivé de ἀρόω, labourer, parce que cette mesure s'emploie pour le mesurage des terres.

HECTOGRAMME, poids de cent grammes dans les nouvelles mesures; de ἑκτόν, contracté de ἑκατόν, cent, et de γράμμα, ancien poids grec, d'où le gramme tire son nom.

HECTOLITRE, mesure de capacité, contenant cent litres; de ἑκτόν, pour ἑκατόν, cent, et de λίτρα, ancienne mesure grecque, d'où le litre tire son nom.

HECTOMÈTRE, mesure de cent mètres, de ἑκτόν, pour ἑκατόν, cent, et de μέτρον, mesure ou mètre.

HÉCYRE, nom d'une des comédies de Térence; de ἑκυρά ou ἑκυρή, belle-mère ou mère du mari.

HEDYSARUM, plante; de ἡδύς, doux, et de ἄρωμα, parfum, à cause de son odeur.

HÉLÈNE, nom de femme, de ἕλω, attirer (par sa beauté), ou mieux de ἕλη, éclat du soleil.

HÉLIANTHE, plante appelée *soleil*; de ἥλιος, soleil, et de ἄνθος, fleur, à cause de la forme radiée de ses fleurs.

HÉLICE, ligne tracée en forme de vis, autour d'un cylindre; de ἕλιξ, mouvement spiral, circonvolution, dérivé de εἰλεῖν, entourer. On donne aussi ce nom à l constellation de *la grande ourse*, à cause qu'elle tourne autour du pôle.

HÉLIÉE, lieu découvert où l'on rendait la justice à Athènes; de ἡλιαία, dérivé de ἥλιος, soleil. De là *héliastes*, juges d'un des premiers tribunaux d'Athènes.

HÉLIOMÈTRE, instrument pour mesurer le diamètre du soleil et de la lune; de ἥλιος, soleil, et de μέτρον, mesure.

HÉLIOPOLIS, nom commun à plusieurs villes; de ἥλιος, soleil, et de πόλις, ville; *ville du Soleil*.

DES RACINES GRECQUES. 341

HÉLIOSCOPE, instrument pour observer le soleil; de ἥλιος, soleil, et de σκοπέω, regarder.

HÉLIOTROPE, tournesol, de ἥλιος, soleil, et de τρέπω, tourner, parce que cette plante tourne ses feuilles du côté du soleil.

*HELLÉBORE, sorte de plante, de ἑλεῖν, surprendre, suffoquer.

HELLÉNISME, tour de phrase ou expression empruntée de la langue grecque; de ἑλληνισμός, dérivé de ἑλληνίζω, parler la langue grecque, formé de ἕλλην, grec.

HELLÉNISTE, savant versé dans la langue grecque; de ἑλληνιστής, même racine que le précédent.

HELLESPONT, détroit de mer, qui sépare l'Asie de l'Europe; de Ἕλλης, gén. de Ἕλλη, Hellé, et de πόντος, mer; mer d'Hellé, parce que Hellé, fille d'Athamas, roi de Thèbes, tomba dans ce détroit.

HÉLOTE ou HILOTE, nom des esclaves des Lacédémoniens : de εἵλως, dérivé de ἑλεῖν, prendre, parce que ces esclaves avaient été pris à la guerre.

HÉMÉROCALE, ἡμεροκαλλές, Théophr., fleur qui ressemble au lis, et qui n'a qu'un jour de beauté : rac. ἡμέρα, dies, et κα-λός, beau; κάλλος, beauté.

HÉMÉRODROME, de ἡμερο-δρόμος, qui court pendant tout le jour, composé de ἡμέρα, jour, et de δέδρομα, parf. m. de τρέχω, courir, nom qu'on donnait chez les anciens à des messagers, qui faisaient de grandes journées à pied, et remettaient leurs dépêches à un autre messager qui courait le jour suivant, et ainsi de suite jusqu'au terme.

HÉMI, mot qui signifie *demi*, et qui entre dans la composition de divers mots de sciences et d'arts; de ἥμισυς, demi, dont on retranche la dernière syllabe.

HÉMICYCLE, demi-cercle; de ἥμισυς, demi, et de κύκλος, cercle.

HÉMISPHÈRE, ἡμισφαίριον, moitié d'une sphère ou d'un globe; de ἥμισυς, moitié, et de σφαῖρα, globe.

HÉMISTICHE, ἡμιςίχιον, demi-vers français; de ἥμισυς, moitié, et de ςίχος, un vers; *la moitié d'un vers*.

HÉMORRHAGIE, αἱμορρα-γία, perte de sang, de αἷμα, sang, et de ῥήγνυμι, rompre, parce que l'hémorrhagie est ordinairement causée par la rupture des vaisseaux sanguins.

HÉMORRHOÏDES, écoulement de sang par l'anus: de αἱμορροΐδες, plur. de αἱμορροΐς, flux de sang, composé de αἷμα, sang, et de ῥόος, écoulement, flux, dérivé de ῥέω, couler.

HÉMORRHOÏSSE, femme qui a un flux de sang; même racine que le précédent.

HENDÉCAGONE, figure géométrique, qui a onze angles et onze côtés; de γωνία, angle, et de ἕνδεκα, onze, composé de ἕν, neutre de εἷς, un, et de δέκα, dix.

HENDÉCASYLLABE, se dit des vers grecs et latins de onze syllabes; de ἕνδεκα, onze, et de συλλαβή, syllabe.

HÉPATIQUE, ἡπατικός, qui vient du foie, qui appartient au foie, ou qui est propre aux maladies du foie; de ἧπαρ, ατος, le foie.

HÉPHESTION, nom d'homme; de Ἥφαιστος, Vulcain ou le feu, auquel ce dieu préside: *plein de feu* ou *consacré à Vulcain*.

HEPTACORDE, lyre à sept cordes; de ἑπτά, sept, et de χορ-δή, corde.

HEPTAGONE, figure de géométrie, qui a sept côtés, et sept angles; de ἑπτά, sept, et de γωνία, angle.

HEPTAMÉRON, ouvrage divisé en sept journées ; de ἑπτὰ, sept, et de ἡμέρα, jour.

HEPTAMÈTRE, qui a sept pieds ou sept mesures, en parlant de vers grecs ou latins ; de ἑπτὰ, sept, et de μέτρον, mesure.

HEPTAPOLE, contrée d'Egypte qui renfermait sept villes principales ; de ἑπτὰ, sept, et de πόλις, ville.

HEPTATEUQUE, nom général des sept premiers livres de l'ancien testament ; de ἑπτὰ, sept, et de τεῦχος, livre ; *ouvrage en sept livres.*

HÉRACLÉOPOLIS, nom commun à plusieurs villes ; de Ἡρακλέος, gén. de Ἡρακλῆς, Hercule, et de πόλις, ville ; *ville d'Hercule.*

*HERCE ou HERSE, de ἕρκιον, *hercius*, barrière qu'on met devant les logis : rac. εἴργω, enfermer. *Herce* à *hercer* vient de là.

HERCULE, du latin *Hercules*, formé de Ἡρακλῆς : rac. ἥρως, héros, et κλέος, gloire ; ou peut-être de Ἥρα, Junon, et de κλέος, gloire, *la gloire de Junon*, comme si ce héros n'eût dû la sienne qu'aux persécutions de cette déesse.

HÉRÉSIARQUE, auteur d'une hérésie ou chef d'une secte hérétique ; de αἵρεσις, hérésie, et d'ἀρχός, chef.

HÉRÉSIE, *hæresis*, doctrine contraire à la foi ; de αἵρεσις, choix, secte, opinion séparée, dérivé de αἱρέω, choisir, s'attacher à une chose, se séparer. De là *hérétique*, subst. et adj.

HERMAPHRODITE, qui paraît réunir les deux sexes : de ἑρμαφρόδιτος, composé de Ἑρμῆς, Mercure, et d'Ἀφροδίτη, Vénus, parce que la fable donnait ce nom à un fils de Mercure et de Vénus, lequel on supposait avoir les deux sexes.

HERMÉNEUTIQUE, se dit des règles qui servent à expliquer l'écriture sainte ; de ἑρμηνευτικός, qui sert à expliquer, dérivé de ἑρμηνεύω, expliquer, interpréter, formé de ἑρμηνεύς, interprète.

HERMÈS, statue antique de Mercure, sans bras et sans pieds ; de Ἑρμῆς, Mercure.

HERMÉTIQUE, se dit de la recherche de la pierre philosophale, de la transmutation de métaux ; de Ἑρμῆς, Mercure, qui doit s'entendre du Mercure égyptien, qui était, dit-on, fort versé dans les sciences. En architecture, *hermétique* se dit des colonnes surmontées d'un Hermès ou d'une statue de Mercure.

HERMÉTIQUEMENT, exactement, parlant d'un vaisseau bouché, de Ἑρμῆς, Mercure, parce que le métal de ce nom veut être exactement bouché pour ne pas s'évaporer, ou plutôt parce que la science hermétique était toute mystérieuse, et soigneusement tenue secrète.

HERMOGÈNE, Ἑρμογένης, nom d'homme, comme qui dirait, né de Mercure : rac. Ἑρμῆς, οῦ, Mercure (ainsi nommé de εἴρω, *dico*, *nuntio*, parce qu'il est messager des dieux), et γείνομαι, *fio*, *nascor*.

HERNIE, en terme de chirurgie, descente ; du latin *hernia*, dérivé de ἔρνος, rameau, parce que la partie qui se déplace semble former une branche en s'alongeant.

*HÉRODE, roi des Juifs, de ἥρως, héros.

*HÉRON, ἐρῳδιόν, *ardea*, oiseau de proie : rac. ἐρῳδιός, le même.

HÉROI-COMIQUE, qui tient de l'héroïque et du comique ; de ἡρωϊκός, héroïque, et de κωμικός, comique.

HÉROÏDE, épître en vers, composée sous le nom de quelque héros ou personnage fameux ; de ἡρωΐς, dérivé de ἥρως.

HÉROS, homme illustre par

ses belles actions, de ἥρως. De là vient *héroïque*, qui appartient au héros; *héroïsme*, caractère du héros; *héroïne*, femme de courage.

HERPÉTOLOGIE, traité des reptiles; de ἑρπητὸς, reptile, dérivé de ἕρπω, ramper, et de λόγος, discours, traité.

HERSÉ, fille de Jupiter et de Diane, c'est-à-dire de l'Air et de la Lune; de ἕρση, rosée.

HESPER ou HESPÉRUS, étoile du soir; de ἕσπερος, le soir.

HESPÉRIDES, Ἑσπερίδες, filles d'Hespérus, dont on plaçait les fameux jardins au couchant; de ἕσπερος, étoile du soir.

HESPÉRIE, ancien nom de l'Italie et de l'Espagne, parce que ces deux contrées sont au couchant, par rapport à la Grèce; même racine.

HÉTÉRIDIES, fêtes que les Argonautes célébrèrent en l'honneur de Jupiter, protecteur de leur association; de ἑταιρίδεια, dérivé de ἑταιρία, société, formé de ἑταιρός.

HÉTÉROCLITE, d'ἑτερόκλιτος, irrégulier, composé de ἕτερος, autrement, et de κλίνω, incliner, *incliné d'une autre manière*; il s'emploie en parlant de ce qui est contre les règles communes de la grammaire, et se dit aussi des personnes d'une humeur bizarre, ou qui diffèrent des autres par leurs habitudes ou penchans.

HÉTÉRODOXE, qui est d'une autre opinion ou secte, qui est contraire aux dogmes de la religion; de ἕτερος, autre, et de δόξα, sentiment, opinion.

HÉTÉROGÈNE, ἑτερογενής, qui est d'une autre espèce, de nature différente; de ἕτερος, autre, et γένος, espèce, nature.

HÉTÉROSCIENS, en géographie, les habitans des zones tempérées qui ont leur ombre méridienne de côtés différens, les uns vers le nord, les autres vers le midi; de ἕτερος, autre, différent, et de σκιά, ombre.

HÉTIQUE. V. ÉTIQUE.

HEURE, ὥρα, *hora*. Et de là, *bonheur*, *malheur*, et même *HEUREUX*, que d'autres rapportent à οὖρος, bon vent, οὔριος, qui a le vent favorable, qui est heureux.

HEXACORDE, instrument de musique à six cordes, ou système composé de six tons, de ἕξ, six, et de χορδή, corde.

HEXAÈDRE, solide géométrique, terminé par six faces, de ἕξ, six, et de ἕδρα, siége, base.

HEXAGONE, qui a six angles et six côtés; de ἕξ, six, et de γωνία, angle.

HEXAMÈTRE, vers de six pieds, ἑξάμετρος, qui a six mesures, composé de ἕξ, *sex*, six, et de μέτρον, *mensura*, mesure.

HEXAPLES (LES), ouvrage en six colonnes, qui contient six versions de la bible; de ἕξ, six, et de ἁπλόω, développer, simplifier, expliquer, dérivé de ἁπλοῦς, simple.

HICÉTAS, nom d'homme, de ἱκέτης, suppliant. C'est le nom d'un philosophe syracusain, à qui Copernic doit la première idée de son système.

HIÉRACITE, pierre précieuse, de ἱέραξ, épervier, parce qu'elle ressemble à l'œil d'un épervier.

HIÉRAPOLIS, nom d'une ville d'Asie, de ἱερὸς, sacré, et de πόλις, ville; *ville sacrée*.

HIÉRARCHIE, ἱεραρχία, subordination entre les chœurs des Anges, et dans l'ordre ecclésiastique; de ἱερὸς, sacré, et ἀρχὴ, empire, gouvernement, c'est-à-dire gouvernement sacré. De là *hiérarchique*, qui appartient à la hiérarchie.

HIÉROGLYPHE, caractère ou figure qui contenait un sens mystérieux, et dont les Égyptiens se servaient dans les choses qui regardaient la religion, les sciences et les arts ; de ἱερὸς, sacré, et de γλυφὴ, gravure, dérivé de γλύφω, graver, littéral. *gravure sacrée*, parce que les prêtres égyptiens s'étaient réservé ces caractères, et les gravaient dans les temples et les autres monumens consacrés à la religion.

HIÉROGRAMME, caractère sacré, dont était composé l'écriture des prêtres égyptiens ; de ἱερὸς, sacré, et de γράμμα, lettre, dérivé de γράφω, écrire.

HIÉROGRAPHIE, description, traité des choses sacrées; de ἱερὸς, sacré, et de γράφω, décrire.

HIÉROME (Jérôme), *Hieronymus*, ἱερόνυμος, comme q. d. ἱερὸν ὄνομα, nom sacré, changeant l'o en υ ou en *y*.

HIÉROPHANTE, pontife qui présidait aux mystères d'Eleusis et de quelques autres temples de la Grèce ; de ἱεροφάντης, celui qui montre les choses sacrées, composé de ἱερὸς, sacré, et de φαίνω, déclarer, manifester, parce que l'hiérophante enseignait les choses sacrées à ceux qu'on initiait dans les mystères.

HILAIRE, nom propre ; du latin *hilaris*, formé de ἱλαρὸς, gai, joyeux dérivé de ἱλάω.

HILARIES, fêtes grecques et romaines en l'honneur de Cybèle, ἱλαρία, même racine que le précédent.

HILOTES. V. HÉLOTES.

HIMERUS, nom propre ; de ἵμερος, désir, dérivé de ἱμείρω, désirer.

HIPPIATRIQUE, médecine des chevaux, ou art de connaître et de guérir leurs maladies; de ἵππος, cheval, et d'ἰατρικὴ, médecine, formé d'ἰατρὸς, médecin, celui qui guérit, dérivé d'ἰάομαι, guérir. C'est ce que l'on appelle *l'art vétérinaire*.

HIPPOCAMPES, chevaux marins à deux pieds et à queue de poisson ; de ἵππος, cheval, et de κάμπω, courber, parce que leur corps, selon la fable, se terminait en queue de poisson.

HIPPOCENTAURE, monstre fabuleux, moitié homme et moitié cheval ; de ἱπποκένταυρος, composé de ἵππος, cheval, de κεντέω, piquer, et de ταῦρος, taureau, c'est-à-dire piqueur de chevaux et de taureaux.

HIPPOCRATE, nom d'homme, de ἵππος, cheval, et de κρατέω, commander.

HIPPOCRÈNE, fontaine que le cheval Pégase fit jaillir d'un coup de pied, selon les poètes ; de ἵππος, cheval, et de κρήνη, fontaine

HIPPODAMIE, nom propre de femme ; de ἵππος, cheval, et δαμάω, dompter, parce qu'elle fut le prix d'une course de charriots

HIPPODROME, lieu destiné chez les Grecs aux courses des chevaux ; de ἵππος, cheval, et de δρόμος, course.

HIPPOLYTE, ἱππόλυτος, *Hippolytus* ; rac. ἵππος, *equus*, et λύω, *solvo*. Hippolyte, fils de Thésée, est célèbre dans les poètes ; il fut tué par ses chevaux, qui s'emportèrent tellement qu'ils le précipitèrent de son char. Et dans l'histoire ecclésiastique, S. Hippolyte, martyr, fut traîné à Rome par des chevaux indomptés, sous l'empereur Valérien, les païens voulant qu'à cause de son nom, sa mort eût quelque chose de semblable à celle de cet ancien Hippolyte.

HIPPOPOTAME, cheval marin, animal amphibie ; de ἱπποπόταμος, composé de ἵππος, cheval, et de ποταμὸς, fleuve, à cause de sa course rapide, et du séjour qu'il fait dans les fleuves, ou parce qu'on a comparé son cri à celui d'un cheval.

HISTOIRE, de ἱστορία, *historia* : rac. ἵστωρ, ορος, savant, expert, parce qu'en effet l'historien doit réunir un grand nombre de connaissances diverses. De là *his-*

torien, subst., et *historique*, adj.

HISTORIOGRAPHE, ἱστοριογράφος, celui qui écrit l'histoire d'un souverain ou d'un état particulier; de ἱστορία, histoire, dérivé de ἴστωρ, et de γράφω, écrire.

HOLOCAUSTE, ὁλόκαυςον, sacrifice où toute la victime était brûlée; rac. ὅλος, *totus*, et καίω, fut. καύσω, brûler.

HOLOGRAPHE, et non OLOGRAPHE, écrit de la main d'un testateur, parlant d'un testament; de ὅλος, entier, et de γράφω, écrire.

HOMÉLIE, sorte d'instruction chrétienne faite au peuple; de ὁμιλία, entretien, conférence, dérivé de ὁμιλέω.

HOMÈRE, Ὅμηρος, *Homerus*, nom du plus excellent des poètes grecs, ainsi nommé parce qu'il était aveugle : rac. ὅμηρος, aveugle, ou donné en otage. Homère servit d'otage dans la guerre qui se fit de son temps entre les habitans de Smyrne et ceux de Colophon. Il s'appelait auparavant Mélésigène, Μελησιγενής, c'est-à-dire né sur le fleuve Mélès : rac. γείνομαι, *fia*, *nascor*.

HOMÉROMASTIX, surnom de Zoïle, qui osa critiquer les ouvrages d'Homère ; de Ὅμηρος, Homère, et de μάςιξ, fouet; *fléau d'Homère*.

HOMILIE. V. HOMÉLIE.

HOMOGÈNE, ὁμογενής, semblable, qui est de même genre, de même nature : de ὁμὸς, semblable, et γένος, espèce. C'est l'opposé d'*hétérogène*. De là *homogénéité*, qualité de ce qui est homogène.

HOMOLOGUE, en géométrie, qui est en même raison, rapport ou proportion. Il se dit des côtés qui dans des figures semblables se correspondent, et sont opposés à des angles égaux.

HOMOLOGUER, terme de pratique, autoriser; d'ὁμολογεῖν, *assentiri*, *profiteri*; de ὁμὸς, semblable, et de λέλογα, parf. m. de λέγω, dire ; *dire de même*, lorsque tous les conseillers sont d'un même avis pour faire passer et recevoir une chose. De là *homologation*, approbation, rectification de quelqu'acte par autorité de justice.

HOMONYME, se dit des mots pareils qui expriment des choses différentes ; ὁμώνυμος, de même nom : rac. ὁμὸς, *similis*, semblable, et ὄνομα, τὸ, *nomen*. De là *homonymie*, ressemblance des noms à double sens.

HOMOPHONIE, concert de plusieurs voix qui chantent à l'unisson ; de ὁμοφωνία, composé de ὁμὸς, semblable, et de φωνὴ, son ; *semblable son, unisson*.

HOPLITE, homme pesamment armé ; de ὁπλίτης, dérivé de ὅπλον, arme défensive.

*HOQUETON, de χιτών, ῶνος, joignant le nom avec l'article, *tunica*, une chemise, un vêtement. Le P. Labbe croit que ce mot signifiait proprement une casaque d'archer ou de gens de guerre, chargée de petits clous d'argent ou de broderie ; elle faisait en marchant un bruit semblable au hochet, d'où elle peut avoir pris son nom.

HORACE, nom d'homme ; de ὁρατὸς, digne d'être vu : rac. ὁράω, voir.

HORIZON, cercle qui borne notre hémisphère ; de ὁρίζων, qui termine, dérivé de ὁρίζω, *finio*, *termino* : rac. ὅρος, borne, limite.

HORLOGE, de ὡρολογεῖον, *horologium* : rac. ὥρα, *hora*, *tempus*, et λέλογα, parf. m. de λέγω, dire. De là *horloger* et *horlogerie*.

HOROGRAPHIE, l'art de faire des cadrans, ou la gnomonique ; de ὥρα, heure, et γράφω, tracer, écrire.

HOROMÉTRIE, l'art de mesurer les heures; de ὥρα, heure, et de μέτρον, mesure.

HOROSCOPE, observation des astres, au moment de la naissance de quelqu'un, par laquelle on prétend juger des événemens de sa vie ; de ὡροσκοπία, composé de ὥρα, heure, et de σκοπέω, considérer : *considérer l'heure d'une naissance.*

HOSIES, prêtres de Delphes, préposés aux sacrifices qu'on offrait avant de consulter l'oracle ; de ὅσιος, saint.

HUILE, d'ἔλαιον, *oleum* : rac. ἐλαία, olivier.

HUITRE, d'ὄστρεον, *ostreum*.

*HUPPE, *upupa*, oiseau huppé; d'ἔποψ, οπος, ayant été ainsi nommé, selon S. Jér., *quòd stercora humana consideret* : rac. ὄπτομαι, considérer ; ὄψις, vue, œil, vision, objet. De là vient la *huppe* de toutes autres choses.

HYACINTHE, herbe et pierre précieuse, de ὑάκινθος, le même.

HYADES, constellation de sept étoiles, fameuse chez les poètes ; de ὑάδες, dérivé de ὕω, pleuvoir, parce qu'elles passaient pour annoncer la pluie.

HYALIN, se dit d'une espèce de crystal de roche ; de ὑάλινος, dérivé de ὕαλος, verre.

HYDRAULIQUE, qui agit par le moyen de l'eau ; de ὕδωρ, eau, αὐλός, tuyau. Par l'hydraulique on entend aujourd'hui la partie de la mécanique qui traite du mouvement des fluides, qui enseigne à conduire et à élever les eaux. Ce mot est dérivé d'ὑδραυλικὸν, machine ou orgue hydraulique qui opère les mouvemens par le moyen de l'eau, parce que chez les anciens l'hydraulique n'était que la science qui enseignait à construire des jeux d'orgue, et que dans la première origine des orgues, on se servait d'une chûte d'eau, au lieu de soufflets pour y faire entrer l'air, et produire des sons.

HYDRE, serpent aquatique ; de ὕδρος, formé de ὕδωρ, eau.

HYDROCELE, ὑδροκήλη, tumeur aqueuse ; de ὕδωρ, eau, et κήλη, tumeur.

HYDROGRAPHIE, description des eaux ; de ὕδωρ, eau, et γράφω, écrire. De là *hydrographe* et *hydrographique*.

HYDROMANCIE, l'art de deviner par le moyen de l'eau ; de ὕδωρ, eau, et μάντις, devin.

HYDROMEL, ὑδρόμελι, eau mêlée avec le miel : rac. ὕδωρ, ατος, eau, et μέλι, ιτος, τὸ, miel.

HYDROMETRE, instrument pour mesurer la pesanteur et la densité de l'eau ; de ὕδωρ, eau, et de μέτρον, mesure.

HYDROPHIDE, serpent d'eau; de ὕδωρ, eau, et d'ὄφις, serpent.

HYDROPHOBIE, maladie autrement appelée la rage ; de ὕδωρ, eau, et de φόβος, crainte, parce qu'un des symptômes est l'horreur des liquides. De là *hydrophobe*, qui est atteint d'hydrophobie.

HYDROPIPER, (l'r final se prononce) plante aquatique qui a un goût poivré ; de ὑδροπέπερι, composé de ὕδωρ, eau, et de πέπερι, poivre ; *poivre d'eau*.

HYDROPISIE, maladie causée par un amas d'eau dans quelque partie du corps ; de ὑδρωπισις et ὕδρωψ, *hydrops*, composé de ὕδωρ, eau, et de ὤψ, aspect, de ὄπτομαι, voir, parce qu'on reconnaît à l'enflure du corps la présence de l'eau. De là *hydropique*.

HYENE, quadrupède féroce qui ressemble au loup ; de ὕαινα, dérivé de ὗς, le même que σῦς, porc, parce que le dos de cet animal est hérissé de poils semblables aux soies d'un cochon.

HYGIEE, déesse de la santé ; de ὑγίεια, santé, formé de ὑγιής, sain.

HYGIÈNE, partie de la médecine qui a pour objet la conservation de la santé ; de ὑγιεινή, fém. de ὑγιεινός, sain, dérivé de ὑγιής.

HYGROMÈTRE, instrument pour mesurer le degré d'humidité de l'air ; de ὑγρός, humide, de μέτρον, mesure.

HYLAX, nom d'un chien dans les églogues de Virgile ; de ὑλάω, aboyer.

HYMEN, de ὑμήν, peau, membrane, mariage, chant nuptial.

HYMÉNÉE, le dieu des noces ou les noces mêmes; de ὑμέναιος, dérivé de ὑμήν, mariage, chant nuptial.

HYMNE, ὕμνος, ου, hymnus : rac. ὕδω, chanter ; ὕμνω, le même. Ce mot est masculin en parlant en général d'un cantique en l'honneur de la divinité ; il est féminin quand il désigne en particulier les hymnes d'église.

HYPALLAGE, figure de rhétorique qui consiste à employer un mot pour un autre ; de ὑπό, sous, et d'ἀλλαγή, changement, dérivé d'ἀλλάττω, changer, c'est-à-dire transposition, renversement ou changement de construction.

HYPERBATE, figure de grammaire qui renverse l'ordre naturel des mots ; de ὑπερβατόν, composé de ὑπέρ, au-delà, et de βαίνω, βάω, βατέω, aller.

HYPERBOLE, figure qui consiste à exagérer ou à diminuer ; de ὑπέρ, au-delà, et de βέβολα, parf. m. de βάλλω, jeter, lancer. De là *hyperbolique*, adj. qui est exagéré.

HYPERBORÉE et HYPERBORÉENS, se dit des peuples des pays très-septentrionaux ; de ὑπέρ, au-delà, et de Βορέας, Borée, vent du nord ; *le plus septentrional*.

HYPERÈTES, fils de Neptune et d'Alcyone ; de ὑπηρέτης, rameur, ministre, serviteur, formé de ὑπό, sous, et d'ἐρέσσω, ramer, servir.

HYPÈTRE, terme d'architecture, édifice, temple découvert et exposé à l'air ; de ὑπαίθριον, composé de ὑπό, sous, et d'αἰθήρ, air, dérivé d'αἴθω. Le Panthéon de Rome était un hypètre.

HYPNOBATE, somnambule ou qui marche en dormant ; de ὕπνος, sommeil, et de βατέω, inusité, formé de βαίνω, marcher.

HYPOCAUSTE, lieu souterrain qui renferme un fourneau pour chauffer ; de ὑπό, sous, et de καίω, brûler.

HYPOCONDRES, parties supérieures et latérales du bas ventre, sous les fausses côtes ; de ὑποχόνδρια, composé de ὑπό, sous, et de χόνδρος, cartilage, parce que ces côtes sont presque toutes cartilagineuses. De là *hypocondriaque*, celui qui est atteint d'une maladie causée par un vice des hypocondres, et qu'on appelle *affection hypocondriaque*.

HYPOCRISIE, dissimulation de mœurs, fausse apparence de piété ou de probité ; de ὑπόκρισις, feinte, dissimulation : rac. ὑπό, sous, et κρίνω, discerner, juger, d'où ὑποκρίνομαι, feindre. De là *hypocrite*, celui qui affecte des apparences de piété et de probité.

HYPOSTASE, personne, substance ; de ὑπό, sous, et ἵστημι, subsister. De là vient *Hypostatique*.

HYPOTHÈQUE, droit acquis par un créancier sur les immeubles que son débiteur lui a affectés pour sûreté de sa dette ; de ὑποθήκη, dérivé de τίθημι, placer. De là *hypothécaire*, adj., *hypothécairement*, adv., *hypothéquer*, v., soumettre à l'hypothèque.

HYPOTHÈSE, supposition dont on tire une conséquence ; de ὑπόθεσις, composé de ὑπό, et τίθημι, placer.

HYPOTYPOSE, figure de rhétorique par laquelle on peint une

chose si vivement qu'il semble qu'elle soit sous les yeux ; de ὑποτύπωσις, modèle, original, tableau, formé de ὑποτυπόω, dessiner, peindre, composé de ὑπὸ, sous, et de τυπόω, figurer, dérivé de τύπος, masque, figure, caractère.

*HYPPOMOLGUES et mieux HIPPOMOLGUES, Scythes nomades, qui vivaient de lait de jument ; de ἱππόμολγοι, dérivé de ἵππος, jument, et d'ἀμέλγω, traire.

HYPSIBOAS, nom d'une grenouille dans la Batrachomyomachie ; de ὕψος, hauteur, et de βοάω, crier ; *qui croasse bien haut.*

HYSSOPE, herbe, ὕσσωπος, ου, ἡ, *hyssopus*; quasi ὑομένον ἐπὶ τὸν ὦπα, qui répand son odeur jusques dans les yeux : rac. ὕω, ὕσω, *pluo*, et ὄπτομαι, voir, ὤψ, ὠπὸς, l'œil.

HYSTÉROLOGIE, manière de parler où l'ordre naturel des mots est renversé ; de ὑστερολογία, composé de ὕστερος, postérieur, suivant, et de λόγος, discours.

I

JACCHUS, un des surnoms de Bacchus ; d'ἴαχχος, criard, dérivé de ἰάχω, crier.

IAMBE, pied de vers grec et latin, composé d'une brève et d'une longue ; d'ἴαμβος. De là *iambique*, composé d'iambes ; d'ἰαμβικὸς, formé d'ἴαμβος.

IATRALEPTIQUE, partie de la médecine qui guérit par les frictions, les topiques et autres remèdes extérieurs ; d'ἰατραλειπτικὴ, composé d'ἰατρεύω, guérir, formé d'ἰατρὸς, médecin, qui guérit, dérivé d'ἰάσθαι, guérir, et d'ἀλείφω, oindre, frotter. De là on appelle *iatralepte* un médecin qui guérit de cette manière.

IATRIQUE, se dit de la médecine ou de ce qui lui appartient ; d'ἰατρικὴ, (sous-entendu τέχνη, art) fém. d'ἰατρικὸς, qui concerne la médecine, la guérison, formé d'ἰατρὸς, médecin, celui qui guérit, dérivé d'ἰάομαι, guérir. Ainsi l'art iatrique, qui se dit de la médecine, signifie l'art de guérir. De là s'est formé *hippiatrique*.

ICHNEUMON, animal d'Egypte, de la grosseur d'un chat ;
d'ἰχνεύμων, qui suit à la piste, qui cherche la trace, formé d'ἰχνεύω, suivre à la piste, chercher la trace, dérivé d'ἴχνος, trace, parce que cet animal fait la chasse aux serpens et aux crocodiles. Par analogie on appelle *ichneumones*, certaines mouches qui ne vivent que de chasse.

ICHNOGRAPHIE, dessin ou plan d'un édifice, d'ἴχνος, trace, et de γραφὴ, description, dérivé de γράφω, décrire, parce que l'ichnographie est proprement une description de l'empreinte ou de la trace d'un ouvrage, dans ses différentes parties. De là *ichnographique*, qui appartient à l'ichnographie.

ICI, d'ἐκεῖ, *ibi*. Les Picards disent encore iki : rac. ἐκεῖνος, lui.

ICONOCLASTES, *briseurs d'images* ; d'εἰκὼν, gén. εἰκόνος, image, dérivé d'εἴκω, ressembler, et de κλάστης, briseur, dérivé de κλάω, briser : hérétiques qui combattaient le culte qu'on rend aux images des saints.

ICONOGRAPHIE, description des images, des tableaux, en

parlant des monumens antiques ; d'εἰκών, image, et γράφω, décrire. De là *iconographique*, adj., et *iconographe*, subst.

ICONOLATRE, nom que les iconoclastes donnent aux catholiques, qu'ils accusent faussement d'adorer des images ; d'εἰκόνος, gén. d'εἰκών, image, et de λάτρις, serviteur, adorateur.

ICONOLOGIE, discours sur les images, explication des images, des monumens antiques ; d'εἰκών, image, et de λόγος, discours.

ICONOMAQUES, est le même qu'ICONOCLASTES, hérétiques qui combattaient le culte des images ; d'εἰκών, image, et de μάχη, combat.

ICTERE, jaunisse ou épanchement de bile, qui cause cette maladie ; d'ἴκτερος, jaunisse. De là *ictérique*, ἰκτερικός, qui a rapport à la jaunisse.

ICTHYOLITHE, poisson pétrifié, ou pierre qui porte des empreintes de poissons ; d'ἰχθύς, poisson, et de λίθος, pierre.

ICHTYOLOGIE, partie de l'histoire naturelle qui traite des poissons ; d'ἰχθύς, poisson, et de λόγος, discours, traité.

ICHTYOPHAGE, celui qui ne vit que de poisson ; d'ἰχθύς, poisson, et de φάγω, manger, c'est-à-dire *mangeur de poissons*.

IDÉE, perception de l'âme, image ou représentation d'une chose dans l'esprit ; d'ἰδέα, dérivé d'εἴδω, voir, savoir, parce que c'est par l'idée que l'esprit aperçoit les choses, et les connaît. De là *idéal*, adj.

IDÉOLOGIE, partie de la métaphysique qui traite des idées ou des perceptions de l'âme ; d'ἰδέα, idée, et de λόγος, discours, traité. De là *idéologue*, celui qui est versé dans l'idéologie.

IDIOME, dialecte ou variété d'une langue propre à quelque contrée, littér. *la propriété d'une langue* ; d'ἴδιος, propre, particulier.

IDIOT, simple, d'ἰδιώτης, particulier, qui n'a point d'emploi : rac. ἴδιος, *peculiaris*. Ainsi *idiot* présente l'idée d'un homme qui n'est propre à aucun emploi.

IDIOTISME, tour de phrase particulier à une langue ; d'ἰδιωτισμός, dérivé d'ἴδιος, propre, particulier.

IDOLATRE, subst. et adj ; d'εἰδωλολάτρης, qui adore les idoles, composé d'εἴδωλον, idole, et de λατρεία, culte, adoration, dérivé de λάτρις, le même que λάτρης, serviteur. De là *idolâtrer*, aimer avec excès, jusqu'à l'adoration, et *idolâtrie*, adoration des idoles.

IDOLE, d'εἴδωλον, image, figure, statue représentant une fausse divinité, dérivé d'εἶδος, forme, figure, représentation, formé d'εἴδω, voir, parce qu'une idole est une figure sensible, faite pour être exposée à la vue des adorateurs.

*IDYLLE, petit poème, de εἶδος, représentation, apparence, image, parce que les poèmes sont comme une représentation des choses.

IGNORER, d'ἀγνοεῖν, *ignorare*, fait d'α privatif, et de νόος, νοῦς, *mens*, l'esprit.

ILIADE, poème d'Homère dans lequel il décrit la guerre de Troie, d'Ἴλιον, Troie.

ILIUM, nom de Troie, dérivé d'*Ilus*, un de ses premiers rois, formé d'ἰλύς, boue.

IMAGE, d'εἴγμα, *imago* : rac. εἴκω, ressembler.

IMANTOPODES, peuples fabuleux d'Ethiopie, dont les jambes étaient courbes et tortues ; de ἱμός, gén. ἱμάντος, courroie ; et de πούς, gén. ποδός, pied.

IMPLIQUER, d'ἐμπλέκειν, *implicare* : rac. πλέκω, *plecto*, enlacer.

INCLINER, d'ἐγκλίνειν : rac.

κλίνω, pencher, incliner, décliner.

INDIQUER, d'ἐνδείκω, d'où vient ἐνδείκνυμι, indico, ostendo.

INSTALLER. V. Etaler.

*INTRIGUE. Ce mot se dit proprement des poulets qui ont les pieds empêtrés parmi les cheveux, dit Trippaut, et vient d'ἐν, in. et θρίξ. gén. τριχός, cheveu.

INTRONISER, d'ἐνθρονίζειν, mettre dans ou sur le trône; de θρόνος, thronus, sedes : rac. θράω, sedeo, s'asseoir.

IOLAS, nom d'homme; d'ἰός, bruit, et de λαός, peuple.

IPHICRATE, nom d'homme; d'ἴφι, vaillamment, et de κράτος, force ; *force et courage*.

IPHIGÉNIE, nom propre de femme; d'ἴφι, fort. et γένος, race, c'est-à-dire *race courageuse*.

IRÉNARQUE, officier dans l'empire grec, dont la fonction était de maintenir la paix et la tranquillité dans les provinces; d'εἰρήνη, paix, et d'ἀρχός, prince, dérivé ἀρχή, commandement.

IRÈNE, nom propre d'homme; d'εἰρήνη, la paix, c'est-à-dire *pacifique*.

IRIS, d'Ἴρις, messagère des dieux.

IRONIE, figure de rhétorique par laquelle on dit le contraire de ce qu'on veut faire entendre ; d'εἰρωνεία, dissimulation, raillerie fine, de εἴρων, dissimulé, moqueur. De là *ironique*, qui aime l'ironie.

ISCHYS, père d'Esculape ; d'ἰσχύς, force.

ISOCRATE, nom d'un orateur grec; d'ἴσος, égal, et de κράτος, force.

ISOSCÈLE, se dit en géométrie d'un triangle qui a deux côtés égaux ; d'ἴσος, égal, et de σκέλος, jambe, parce que ces deux côtés égaux sont comme les deux jambes qui soutiennent le triangle isoscèle.

ISTHME, d'ἰσθμός, langue de terre entre deux mers.

ITALUS, prince qui donna son nom à l'Italie ; d'ἰταλός, taureau, dérivé d'ἴτης, audacieux, courageux.

ITÉA, une des Danaïdes; d'ἰτέα, saule.

*ITEM, de ἔτι, adhuc.

IXEUTIQUE, art de prendre les oiseaux à la glu ; d'ἰξευτικός, qui concerne l'oiseleur, dérivé d'ἰξός, glu.

IXODE, insecte qui s'attache à la peau des animaux, et s'en nourrit ; d'ἰξώδης, visqueux, tenace comme la glu, dérivé d'ἰξός, glu, parce que ces insectes tiennent fortement aux animaux qu'ils ont saisis.

J

JAILLIR, saillir, sourdir impétueusement ; d'ἰάλλειν, jeter, lancer.

JALOUX, de ζηλωτής, zelotes; car le ζ se change souvent en j consonne: rac. ζῆλος, zèle.

*JAMBE, de καμπή, curvature, abaissement : rac. κάμπτω, curvo, inflecto. Les Italiens ont dit *gamba*, et les Picards *gambe*, d'où vient encore *gambade* et *gambader*.

*JASMIN, d'ἰάσμη ou ἰάσμινον, sorte de parfum, fait de violettes blanches : rac. ἴον, violette. Les Turcs l'appellent *iasmin*.

JASON, Ἰάσων, c'est-à-dire *sanaturus*, qui guérira ; nom propre pris d'ἰάω, ἰάσω, d'où vient ἰάομαι, guérir.

JASPE, ἀ ἴασπις, ιδος.

*JATTE, en picard GATTE; de γάβατα, dont Martial a pris: sic implet gabatas paropsidesque. Γάβατον se trouve encore dans Hésychius pour τρυβλίον, qui signifie cela.

JE, pour ge, moi, d'ἐγώ, ego.

JÉSUS, nom du Sauveur, en grec Ἰησοῦς.

JOUG, de ζυγὸς ou ζυγόν, jugum : rac. ζευγνύω, pris de ζεύγω, jungo, joindre.

*JOUTE, de δίωσρα, qui dans les anciens se prend pour lucta, venant de δίωθεῖν, comme ἔξωσρα, d'ἐξωθεῖν, dont les Grecs modernes ont fait ζούσρα : rac. ὠθέω, pello. C'est la pensée de Saumaise. D'autres néanmoins aiment mieux le tirer de juxtà.

JUSQUIAME, hyoscyamos, plante narcotique; de ὑοσκύαμος, composé de ὗς, gén. ὑὸς, cochon, et de κύαμος, fève ; *fève de cochon*, parce qu'elle donne aux porcs des convulsions et la mort.

K

KALÉIDOSCOPE ou CALÉIDOSCOPE, instrument qui, par les réflexions multipliées de deux miroirs, présente les objets réfléchis, sous une forme circulaire, remarquable par la symétrie de ses parties, et par l'éclat des couleurs ; de καλὸς, beau, εἶδος, apparence, image, et σκέπτομαι, voir; *qui fait voir de belles images.*

KILARE, c'est-à-dire mille ares ; de χίλιοι, mille, et du mot *are*. V. ARE.

KILOGRAMME, de χίλιοι, mille, et de γράμμα (V. GRAMME), mille grammes ; poids du décimètre cubique d'eau distillée à la température de glace, où l'eau a la plus grande densité.

KILOLITRE, de χίλιοι, mille, et de λίτρα, litre ou livre (V. LITRE), mille litres, ou un mètre cube.

KILOMÈTRE, de χίλιοι, mille, et de μέτρον, mesure ou mètre; longueur de mille mètres.

KOUPHOLITHE, substance minérale composée de petites lames très-minces et transparentes : de κοῦφος, léger, et de λίθος, pierre, c'est-à-dire *pierre légère.*

KYRIÉ-ÉLÉISON, κύριε ἐλέησον, Seigneur, ayez pitié ; du vocatif de κύριος, seigneur, et de l'impératif du verbe ἐλεέω, avoir compassion ou pitié.

KYRIELLE, longue suite de choses semblables ; de κύριε, vocat. de κύριος, seigneur, premier mot des litanies, qui se composent d'une suite d'invocations qui commencent par le même mot.

L

LABYRINTHE, lieu duquel on ne peut trouver l'issue ; λαβύρινθος, *labyrinthus*.

LAC, de λάκκος, *lacus*, fossé, lac.

LACHÉSIS, une des trois parques ; de λάχεσις, formé de λαχεῖν, aor. 2 de λγχάνω, tirer au sort, parce que, selon la fable, elle faisait son séjour sur la terre, et présidait aux destinées qui nous gouvernent.

LACONIQUE, serré, vif, parlant d'un style ; de λάκων, laconien.

LÆLAPS, nom d'un chien dans Ovide ; de λαῖλαψ, tourbillon.

LAGOMYS, petit quadrupède sans queue, qui a de la ressemblance avec le lièvre et le rat ; de λαγώς, le même que λαγωός, lièvre, et de μῦς, rat ; *lièvre-rat*.

LAGOPHTHALMIE, maladie des paupières qui sont tellement retirées que l'œil reste ouvert en dormant ; de λαγώς, lièvre, et d'ὀφθαλμός, œil, parce qu'on dit que les lièvres dorment les paupières ouvertes.

LAÏQUE, λαϊκός, *laïcus* : rac. λαός, peuple, *qui est du peuple*, c'est-à-dire qui n'est ni ecclésiastique ni religieux.

LAINE, de λάχνη, *lana*, *lanugo*.

*LAME de cuivre ou d'autre métal ; de λέμμα, écorce : rac. λέπω, *decortico*. Ou de *lamma*, fait par syncope de *lamina*, qui vient d'ἐλαμένη : rac. ἐλαύνω et ἐλάω, *agito*, *ductile opus facio*.

LAMIES, spectres fabuleux qui, sous la figure de femmes dévoraient les enfans ; de λαμίαι, dérivé de λαιμός, gosier.

LAMPE, de λαμπάς, άδος : rac. λάμπω, reluire.

LAMPER. V. LAPER.

LAMPYRE, ver luisant ; de λαμπυρίς, qui signifie la même chose, dérivé de λαμπυρίζω, briller, formé de λάμπω.

*LANCE, de *lancea*, pris de λόγχη, dor. pour λόγχη, *lancea* : rac. λαγχάνω, prendre, jeter au sort. Cette étymologie est prise du grammairien Festus, qui dérive *lancea* de λόγχη : mais Varron le croyait espagnol, *lanca*,

et Diodore de Sicile le donne aux Celtes ou Français, *lance*, d'où ils pensent que les Romains l'ont pris.

LAODICÉE, Λαοδίκεια, ville de l'Asie mineure : rac. λαός, *populus*, et δίκη, *jus*, comme qui dirait *jus populi*.

LAOMÉDON, roi de Phrygie ; de λαός, peuple, et μέδων, participe prés. de μέδω, commander, c'est-à-dire *roi du peuple*.

LAPATUM, plante autrement appelée *patience* ; de λάπατον, dérivé de λαπάζω, évacuer, ramollir, parce qu'elle a la propriété de lâcher et de ramollir le ventre.

LAPER, boire en tirant de l'eau avec sa langue ; de λαπεῖν, aor. 2. inf. de λάπτειν, *lambere*. De là vient aussi *lamper*, terme populaire qui signifie *boire avec avidité de grands verres de vin*.

*LARIGOT, boire à tire-larigot ; de λάρυγξ, υγγος, la gorge, le gosier, comme qui dirait boire à tire-gosier.

LARME, de δάκρυμα, *lacryma* : rac. δάκρυ, υος, τό.

LARYNX, partie supérieure de la trachée-artère, qu'on appelle vulgairement le *nœud de la gorge*, *la pomme d'Adam* ; de λάρυγξ.

LATOMIES, prisons de Syracuse taillées dans le roc ; de λατομίαι, plur. de λατομία, dérivé de λατομέω, tailler des pierres, composé de λᾶς, contracté de λᾶας, pierre, et de τομή, action de couper, formé de τέτομα, parf. m. de τέμνω, couper.

LATRIE, culte de latrie, dû à un seul Dieu ; de λατρεία, rac. λάτρις, ιος, serviteur ; λατρεύω, servir.

LAVER, de λούω, *lavo*.

LÉANDRE, nom propre d'homme, de λεῖος, doux, et ἀνήρ, homme, c'est-à-dire *homme doux*.

LÉARQUE, nom propre d'homme ; de λαός, peuple, et ἀρχή,

commandement, c'est-à-dire prince du peuple.

LÉCHER, de λείχειν, lingere.

LÉCYTHE, vase antique en forme de grosse bouteille, où l'on mettait l'huile pour frotter les athlètes ; de λήκυθος, en latin *lecythus*.

*LÉGAT, de *legare*, envoyer, pris de λέγω, *dico*, *ago*, *refero*.

*LÉGION, *legio*, et dans les Grecs postérieurs, λεγεὼν, ῶνος, armée de six mille hommes, selon Suid.; de λέγω, *colligo*.

*LÉGUER, *legare*; de λέγω, *dico*, *censeo*, *pronuntio*.

*LÉNÆUS, surnom de Bacchus; de λήναιος, dérivé de ληνὸς, cuve de pressoir. De là les *Lénées*, fêtes athéniennes en l'honneur de Bacchus, ainsi appelées parce qu'on les célébrait pendant les vendanges.

LÉOPARD, de λεοπάρδαλις, composé de λέων, lion, et de πάρδαλις, panthère; *animal qui tient du lion et de la panthère*.

LÈPRE, de λέπρα, *lepra* : rac. λεπρὸς, οῦ, *scaber*, rude, parce que cette maladie rend la peau rude et écailleuse. De là *lépreux*, qui a la lèpre ; *léproserie*, hôpital pour les lépreux.

LEPTOSPERME, plante du genre des myrtoïdes ; de λεπτὸς, menu, petit, et de σπέρμα, semence, à cause de la petitesse de ses graines.

LÉTHARGIE, de ληθαργία, dérivé de ληθαργὸς, qui oublie bientôt une chose, composé de λήθη, oubli, et d'ἀργὸς, prompt, c'est-à-dire maladie qui jette promptement dans l'oubli, parce que les malades, continuellement assoupis, oublient ce qu'ils ont dit, et ce qu'ils veulent faire.

LÉTHÉ, fleuve des enfers ou d'oubli ; de λήθη, oubli, dérivé de λήθω, parce que l'on croyait que ses eaux faisaient oublier le passé à ceux qui en buvaient.

LEUCOTHÉE, divinité marine ; de λευκος, blanc, et de θεὰ, déesse.

LEXIARQUES, anciens magistrats d'Athènes, à peu près les mêmes que les censeurs à Rome ; de ληξίαρχοι, composé de λῆξις, sort, héritage, et de ἀρχὸς, chef, commandant, formé d'ἄρχω, commander, parce qu'ils étaient chargés de tenir registre des enfans qui, étant parvenus à la majorité, pouvaient disposer de leurs biens.

LEXICON, de λεξικὸν, dictionnaire. Voy. LEXIQUE.

LEXIQUE, dictionnaire ou recueil de mots ; de λεξικὸν, formé de λέξις, mot, parole, dérivé de λέγω, dire. De là *lexicographe*.

LIBAN, montagne de Syrie ; de λίβανος, parce qu'il y croît une grande quantité d'arbres à encens.

LIBANIE ou LIBANOTIS, plante vivace du midi de l'europe ; de λίβανος, encens, à cause de sa racine dont l'odeur approche de celle de l'encens.

LICHOPINAX, général des rats dans la Batrachomyomachie ; de λείχω, lécher, et de πίναξ, plat ; *qui lèche les plats*.

LIGÉE, nom d'une des syrènes ; de λιγεῖα, fém. de λιγύς, harmonieux, dérivé de λίγγω, rendre un son clair.

*LIMACE, de λείμα, *limax*, Hésychius. Ou de λείμαξ, qui dans le même auteur signifie un lieu humide et plein de limon. Ou bien de *limus*, qui viendra de λῦμα, *sordes quæ abluuntur* : rac. λύω, *purgo*, *lavo*.

LIMÉNARQUE, gouverneur d'un port chez les anciens ; de λιμὴν, port, et d'ἄρχος, gouverneur.

LIMNIADES, LIMNÉES et LIMNIAQUES, nymphes des lacs et des étangs ; de λίμνη, étang.

LIMNOCHARIS, nom d'une

grenouille dans la Batrachomyomachie ; de λιμνή, marais, et de χαίρω, se réjouir, *qui se plaît dans les marais*.

LIMONIADES, nymphes des prairies ; de λειμωνιάς, gen. άδος, des prés, formé de λειμών, pré.

LIN, λίνον, linum.

LION, λέων, οντος.

LIS, λείριον, lilium.

LISSE, adj. uni, poli ; de λισσός, poli.

*LIT, lectus, de λέκτρον : rac. λέγω, coucher. On a omis le ρ, comme dans artus, pris d'ἄρθρον, membrum.

LITANIES, prières, de λιτανία, dérivé de λίτομαι, prier.

LITHARGE, ordure, sable et écume de l'argent, λιθάργυρος : rac. λίθος, lapis, et ἄργυρος, ου, argent.

LITHOGRAPHIE, l'art d'imprimer avec des pierres ; de λίθος, pierre, et de γράφω, écrire. De là *lithographe* et *lithographique*.

LITHOLOGIE, partie de l'histoire naturelle qui traite des pierres ; de λίθος, pierre, et de λόγος, discours, traité. De là *lithologue*, celui qui s'occupe de cette étude.

LITHOPHAGE, petit ver qui se trouve dans l'ardoise, et qui la mange ; de λίθος, pierre, et de φάγω, manger.

LITHOTOMIE, la taille ou l'opération de la pierre; de λίθος, pierre, et de τομή, incision, dérivé de τέμνω, fendre. De là *lithotome*, l'instrument qui sert à cette opération, et *lithotomiste*, celui qui la fait.

LITOTE, figure de rhétorique, qui consiste à dire le moins par modestie ou par égard, pour réveiller l'idée du plus ; de λιτότης, simplicité, diminution, dérivé de λιτός, simple, petit.

LITRE, nouvelle mesure de capacité ; de λίτρα, ancienne mesure grecque pour les liquides, d'où vient aussi *litron*.

LITURGIE, λειτουργία, ministère public ou ecclésiastique, le mystère de la sainte messe : rac. λαός, οῦ, att. λεώς, peuple ; et ἔργον, œuvre, action.

LIVRE, *libra*, une livre, de λίτρα, nom de poids et de mesure. Mais *livre*, pour un livre, vient de *liber*, qui signifie proprement la petite écorce d'arbre sur laquelle on écrivait, et dont on faisait des livres.

*LOBE, *lobus*, de λοβός, le bout de l'oreille, par où l'on prenait une personne ; c'est pourquoi on le tire de λαμβάνω, prendre. De là viennent les lobes du foie. D'où viennent encore *louppe* et *lopin*, vieux mots, pour dire morceaux de quelque chose.

LOGIQUE, l'art de penser et de raisonner avec justesse ; de λογική, dérivé de λόγος, discours, raisonnement. De là *logicien* et *logiquement*.

LOGOGRIPHE, sorte d'énigme, dont le mot est décomposé en d'autres mots, qu'on définit et qu'on donne à deviner ; de λόγος, discours, et de γρῖφος, le même que γρίπος, filet, chose embarrassante, énigme ; littéral. *énigme de mots*.

LOGOMACHIE, dispute de mots ; de λογομαχία, composé de λόγος, discours, mot, et de μάχη, combat, dérivé de μάχομαι, combattre.

*LOIS, nom d'une vertueuse dame, grand'mère de Timothée, dans S. Paul. De λωίων, melior, rac. λῶ, volo.

LONCHITIS, plante qui ressemble beaucoup à la fougère; de λογχίτης, armé d'une lance, dérivé de λόγχη, lance, parce que ses feuilles sont fort pointues, et en forme de lance.

*LOQUET d'une porte, de *loketus*, pris de λύκος, qui se trouve dans Hésychius.

*LORIOT, de χλωρίων, ωνος, oiseau, ainsi nommé de sa couleur : rac. χλόα, herbe verte.

LOTOPHAGES, peuples d'Afrique, ainsi nommés de λωτὸς, *lotus* ou *lotos*, espèce d'arbrisseau, et de φάγω, manger, parce qu'ils se nourrissaient du fruit du lotus.

LOUP, de *lupus*, pris de λύκος.

LOUP-GAROU, de λύκου ἀγρίου, dont on a peut-être fait γαρίου. Car λύκος ἄγριος se prend pour un loup furieux, et Théocrite le met en ce vers, qu'il prononce contre les enchantemens :

Φεύγετε κανθαρίδες, λύκος
ἄγριος ἄμμε διώκει.

LOURD et LOURDAUT, de λόρδος, voûté, pesant, courbé.

LOUTRE, animal amphibie, grand à peu près comme un renard, mais plus bas de jambes, du latin *lutra*, dérivé de λουτρὸν, lavoir, lieu où l'on se baigne, formé de λούειν, laver, parce que cet animal vit ordinairement dans l'eau.

LOXOCOSME, instrument propre à démontrer les phénomènes de la terre, la variété des saisons et l'inégalité des jours ; de λοξὸς, oblique, et de κόσμος, monde, parce que ces phénomènes sont produits par l'obliquité de l'axe de la terre, sur le plan de l'écliptique.

LUNE, de σελήνη, *luna*, ôtant σε.

*LUTRIN, par corruption, pour lettrin, de *lectrum*, λέκτρον, venant de λέγω, *lego, dico*. *Lectrum* se trouve encore dans les Gloses d'Isidore plus d'une fois : *Lectrum, analogium, in quo legitur*. Et en un autre endroit, *pulpitum, analogium, lectrum*. Ainsi l'on voit que de *lectrum* on a fait *lectrinum*, et de là lettrin, puis lutrin.

LYCANTHROPIE, délire mélancolique, dans lequel les malades se croient changés en loups: de λυκανθρωπία, composé de λύκος, loup, et d'ἄνθρωπος, homme. Des mêmes racines vient aussi *lycanthrope*, loup-garou, celui qui est affecté de lycanthropie.

LYCAON, roi d'Arcadie, de λύκος, loup, parce qu'il fut changé en loup.

*LYCE, λυκίσκη, *licisca*, chienne sauvage engendrée d'un chien et d'un loup : rac. λύκος, et κύων, g. κυνὸς, chien.

LYCHNIS ou LYCHNIDE, plante, de λυχνὶς, dérivé de λύχνος, lampe, parce que les anciens faisaient avec ses feuilles des mèches pour leurs lampes.

LYCURGUE, grand législateur des Lacédémoniens, de λύκη, lumière, et ἔργον, ouvrage, c'est-à-dire ouvrage de la lumière.

LYMAX, fleuve d'Arcadie, qui prit son nom de la purification de Rhéa, après qu'elle eut mis Jupiter au monde, de λύμα, purification.

LYMEXILON, insecte qui ronge le bois ; de λύμη, ruine, et de ξύλον, bois ; *ruine du bois*.

LYMPHATIQUE, qui contient une espèce de liqueur, parlant des veines, ou plutôt des vaisseaux qui charrient la lymphe dans le corps des animaux : de νύμφη, eau (changeant ν en λ).

LYNX, animal qui a la vue perçante; de λύκη, lumière.

LYRE, de λύρα, *lyra*.

LYRIQUE, parlant de poésie qui se chantait sur la lyre, de λύρα, une lyre.

M

MACARON, de μάκαρ, αρος, d'où les Italiens ont aussi fait *maccarone*, comme qui dirait le mets des heureux, μακάρων εὐωχίαν, comme Aristophane appelle les grands festins. Les anciens Grecs ont aussi usé de μακάρια en ce sens, et ceux d'aujourd'hui disent encore μακαρωνία.

MACHER, broyer, moudre avec les dents; de μασᾶσθαι, qui a la même signification. De là *mâchoire* et *mâchelière*, adj. et subst., dent mâchelière.

MACHINE, μηχανή, ῆς, *machina*. Et de là *maçon*.

MACROBE, sénateur romain, de μακρὸς, long, et βίος, la vie, c'est-à-dire qui vit long-temps.

MACROCOSME, nom que quelques philosophes ont donné à l'univers, par opposition à *microcosme* ou *petit monde*, qui désignait l'homme; de μακρὸς, grand, et de κόσμος, monde.

MACROPTERE, se dit des oiseaux qui ont les ailes très-longues; de μακρὸς, long, et de πτερὸν, aile.

MADRIGAL, de μάνδρα, bergerie, de sorte que madrigal est comme qui dirait chanson de berger.

MAGE, sorte de philosophes ou de sages, parmi les anciens Perses; de μάγος, en latin *magus*. Ce mot signifie aussi magicien, parce que ces sages passaient pour savans dans l'art magique.

MAGIE, art qui enseigne à faire des choses surprenantes et merveilleuses; de μαγεία, dérivé de μάγος, magicien, proprement *mage*; car les mages usaient quelquefois d'enchantement. De là *magique*, *magicien*, *magicienne* et *magisme*, religion des mages.

MAGNÉSIE, terre qui happe à la langue, comme l'aimant attire le fer; de μαγνησία, dérivé de μάγνης, aimant.

MAGNÉTIQUE, qui a rapport à l'aimant; de μάγνης, aimant. De là *magnétisme*, *magnétiser* et *magnétiseur*, celui qui magnétise.

MAÏA, mère de Mercure, de μαῖα, tante, nourrice, sage-femme.

*MAI, Μαῖος, *Maius*, dit de Maïa, mère de Mercure, auquel on faisait des fêtes particulières en ce mois, comme témoigne Festus. Mais en grec, Μαῖα signifie encore une sage-femme, nourrice, grand'mère, tante, et une matrone, terme d'honneur.

MAILLOT. V. EMMAILLOTTER.

*MAIS, de μὲς, pour μὲν, μέντοι, *sed*. Si l'on n'aime mieux le prendre de *magis*, que les Latins tirent de μάλιςα (superl. de μάλα) par le changement du λ en ρ, comme les Attiques de μόγις, *vix*, ont fait μόλις, à peine. Virgile semble avoir usé de *magis* en ce sens de mais, dans sa première Eglogue, lorsqu'il a dit :

Non equidem invideo, miror magis.

Car, c'est-à-dire, *sed miror*, selon Caninius. Et ce mot de mais se disait anciennement parmi nous pour plus, davantage, comme remarque Ménage. Villon en son testament :

C'est son parler, *ne moins, ne mais.*

MAIS, dont on usait autrefois pour dire quand ou après, comme, *mais que vous ayez fait cela*, venait de μετὰ, *post*, il n'est plus en usage en ce sens.

*MAITRE, de *magister*, pris de μέγιςος, superlat. de μέγας, magnus. Μαγιςῶρ se trouve aussi dans Hésychius pour *doctor, præfectus*, qui peut avoir été formé sur le latin.

*MAL, *malum*, de μαλὸς, *tener, mollis, exitiosus*; μαλὸς, en ce sens, comme remarque Vossius, est un mot raccourci fait d'ἀμαλὸς, qu'Hésychius explique, ἁπαλὸν, ἀσθενξ.

*MALADE, de μαλακὸς, mou, lâche, efféminé, abattu : rac. μαλάσσω, ramollir.

MALAXER, terme de pharmacie, pétrir des drogues pour les rendre plus molles et plus ductiles; de μαλάσσειν, amollir.

*MALLE, de μαλλὸς, οῦ, ὁ, *vellus*. Car souvent les malles sont faites de peaux de bêtes avec le poil. De là vient aussi

*MALLETTE, *mantica*, sac, ou besace.

MALLOPHORE, surnom de Cérès, considérée comme déesse tutélaire des troupeaux de brebis, et comme celle qui apprit à profiter de leur laine; de μαλλὸς, toison, et de πέρορα, p. m. de φέρω, porter.

MALTE, *Melita*, Μελίτη, île; de μέλι, -ιτος, τὸ, *mel*, comme qui dirait, *mellifua*, μελιτίνη.

MAMAN, voix des petits enfans; de μάμμα, *mater, avia*, ou de μαμμᾶν, mot de petits enfans qui demandent du pain.

*MANANT, de μένω, *maneo*, *manens, entis*.

MANDILLE, diminutif de manteau. pris de μανδύη, dans Pollux, Hésychius et Suidas. Voy. MANTEAU.

MANDRAGORE, de μανδραγόρας, ου, ὁ, plante qui endort et engourdit.

MANGONEAUX, pierres jetées par un instrument de guerre appelé *manganum* ou l'instrument même; du grec μάγγανον, qui dans Hésychius signifie une machine.

*MANICHORDION, de μανόχορδς, qui n'a qu'une corde tendue, rac. μόνος, et χορδὴ, corde. Mais maintenant ce mot a plus d'étendue, se donnant à un clavecin, instrument qu'on touche de la main comme une épinette; et quelques-uns, à cause de cela, le dérivent de *manus* et de *chorda*. Et d'autres veulent qu'on dise *monicordio*, et qu'il vienne de *monochio*, qui en italien signifie un singe.

MANIE, trouble d'esprit; de μανία, fureur, folie : rac. μαίμαι, *insanio*. De là *maniaque*, subst. et adj., un fou, un furieux.

MANNE, de μάννα, chaldaïque, ou μὰν, hébraïque, qui signifie la nourriture dont Dieu nourrit les Israélites au désert. Mais il y a encore une autre sorte de manne arabique dont usent les médecins, qui n'est que de miettes d'encens.

MANOMÈTRE ou MANOSCOPE, instrument pour mesurer la raréfaction de l'air; de μανὸς, rare, et de μέτρον, mesure, ou de σκοπέω, considérer, examiner.

*MANTEAU, de μανδύη ou μανδύα, *penulæ genus*, ou bien de ἱμάτιον, *pallium*, rac. ἕω, *induo*. De là vient aussi *mandille*, diminutif de mante ou manteau, dont les auteurs de la basse latinité ont fait *mantea*. Les Espagnols l'appelaient *mantum*, *quòd manus tegat tantùm*, dit Isidore. De sorte que le mot pourrait bien être originairement latin V. Vossius, *de vitiis serm.*, l. 3, chap. 23.

*MAQUIGNON, de μαγγονευτὴς, *mango*, fourbe, enchanteur, celui qui pare et farde sa marchandise, rac. μάγγανον, charme, sort, tromperie.

MARASME, maigreur extrême de tout le corps ; de μαρασμὸς, dessèchement, dérivé de μαραίνω, flétrir, dessécher.

*MARAUD, de μιαρὸς, *scelestus, impurus*, méchant, fripon, rac. μιαίνω, *inquino*.

MARBRE, de μάρμαρος, marmor, rac. μαρμαίρω, rutilo, briller, reluire, à cause du poli dont le marbre est susceptible. De là marbrer, imiter la couleur du marbre, et marbrier, ouvrier en marbre.

MARC de raisin, et en général ce qui reste d'un fruit ou d'une herbe pressée pour en tirer le suc; d'amurca, pris d'ἀμόργη, le marc de l'huile, rac. ἀμέργω, presser les olives, en tirer l'huile. Ou de μάγμα, pris de μάσσω, subigo, primo.

MARGUERITE, nom propre, de μαργαρίτης, margarita, une perle : rac. μάργαρον, le même.

*MARJOLAINE, ἀμάρακος, amaracus, où l'on a retranché l'α à cause de l'article, comme dans Pouille, Natolie, boutique et autres.

*MARMAILLE, troupe de petits enfans; de μάρμακες, dur, pour μύρμηκες, armée de fourmis : rac. μύρμηξ, une fourmi.

MARMOT, espèce de singe, et figure grotesque; et MARMOUSET, diminutif, petite figure grotesque, de μορμώ, masque, figure de femme, femme d'un visage hideux. De là le verbe marmotter, parler confusément et entre ses dents. C'est une métaphore prise des singes, qui semblent parler ainsi.

*MARONS, de μάρκον, qui se trouve dans ce sens dans Eustathe, sur l'Odyss., k.

MARRHE, à houer la vigne, de μάρρον, instrument de fer; Hésych. marrha, Colum.

MARTYR, celui qui a souffert la mort pour rendre témoignage à Jésus-Christ et à la vérité de son évangile; de μάρτυρ, υρος, témoin; de là martyre, le tourment ou la mort que l'on souffre dans cette vue, et martyriser, faire souffrir le martyre.

MARTYROLOGE, catalogue ou histoire des martyrs; de μάρτυρ, témoin, et λόγος, discours : discours, ouvrage sur les martyrs. De là martyrologiste, auteur d'un martyrologe.

*MASSE, de μάζα, pâte ou gâteau.

MASTÈRE, inquisiteur chez les Athéniens; de μαστήρ, dérivé de ματεύω, chercher.

MASTIC, de μαστίχη, mastiche.

*MATER, de μάττω, subigo, fouler, pétrir, d'où le mattus des Latins. Mattum est, emollitum est, infectum est. Isid., Gloss.; Mattus, tristis, veter. Gloss.; d'où vient peut-être aussi le matto des Italiens, pour dire un fou.

MATHÉMATIQUES, αἱ μαθηματικαί, formé de μάθημα, ce qu'on apprend, science, dérivé de μαθέω, primitif de μανθάνω, apprendre : la science par excellence, parce que les mathématiques sont les seules connaissances susceptibles d'une démonstration rigoureuse, et que par cette raison elles tiennent le premier rang parmi les sciences. De là mathématique, adj., mathématiquement, adv., et mathématicien, subst.

MAURES, peuples d'Afrique; de μαῦρος, sombre, noirâtre, rac. ἀμαυρός.

MAUSSADE, d'ἄμουσος, agrestis, insuavis : rac. Μοῦσα, Musa, déesse des vers et de l'harmonie; μουσόω, ajuster, embellir, proportionner. Ou de malè satus, pour malè natus; ou bien de mau pour mal, et sade, vieux mot français qui signifiait sage, ou propre et gracieux, dans Coquillard, Villon et autres.

MAUVE, μαλάχη, herbe qui amollit le ventre : rac μαλάσσω, mollio.

MÉCHANIQUE, aussi écrit MÉCANIQUE, partie des mathématiques qui traite des forces mouvantes, de l'usage des différentes machines ; de μηχανική, fém. de μηχανικὸς, dérivé de μηχανή, -ῆς, art, adresse, machine. De là méchanicien, méchaniquement, méchanisme.

MÉCOMÈTRE, instrument pour mesurer les longueurs : de μῆκος, longueur, et de μέτρον, mesure.

MÉCONIUM, suc de pavot desséché ; de μηκώνιον, dérivé de μήκων, pavot.

*MÉDAILLE, de μέταλλον, metallum, métal.

*MÉDECIN, de μέδω, curo, d'où vient aussi remède, remédier ; ou de μηδικὸς, medicus, rac. μῆδος, cura.

MÉDÉE, grande magicienne ; de Μήδεια, formé de μῆδος, conseil, soin, machination.

*MÉDITER, de μελετάω, meditor : rac. μέλει, curæ est.

MÉDUSE, nom de femme : de μέδω, avoir soin. — L'une des trois gorgones ; de μέδουσα, part. prés. fém. de μέδω, commander.

MÉGALOPOLIS, nom commun à plusieurs villes ; de μεγάλη, fém. de μέγας, grand, et de πόλις, ville.

MÉGÈRE, une des trois furies ; de μεγαίρω, porter envie, à cause des haines et des querelles qu'elle excitait parmi les hommes.

MÉLANCHOLIE, espèce de délire qui rend triste, craintif et taciturne ; de μελαγχολία, composé de μέλας, -ανος, noir, et χολή, bile, parce que les anciens attribuaient la cause de cette maladie à une bile noire. De là mélancholique, adj.

MÉLANCHTON, de μέλας, -αινα, -αν, noir, et χθών, ονός, terre. Mélanchton veut donc dire terre noire, qui était le véritable nom de cet hérétique.

MÉLANIE, de μελανία, noirceur, rac. μέλας, noir.

MÉLÉAGRE, nom propre d'homme ; de μελεῖν, avoir soin, et d'ἄγρα, chasse, c'est-à-dire qui aime la chasse.

MÊLER, de μίσγειν, miscere : rac. μιγνύω.

MÉLIANTHE, plante, de μέλι, miel, et d'ἄνθος, fleur, parce que sa fleur contient un suc mielleux d'un goût fort agréable.

MÉLIBÉE, nom d'un pasteur, Melibœus, formé de μελεῖν, avoir soin, et de βοῦς, bœuf, c'est-à-dire qui a soin des bœufs.

MÉLILOT, plante d'une odeur douce ; de μέλι, miel, et de λωτός, lotus, sorte de plante ; lotus, miellé, parce qu'on la prend pour une espèce de lotus.

MÉLISSE, plante odoriférante de μέλισσα, abeille, parce que les abeilles en sont avides.

MÉLODIE, de μελωδία, melodia, chant harmonieux, composé de μέλος, -εος, τό, melos, et ᾀδέω, ᾄδω, cano ; d'où vient aussi ᾠδή, ode, cantique. De là mélodieux et mélodieusement.

MÉLODRAME, drame mêlé de chant ; de μέλος, chant, et de δρᾶμα, drame.

*MELONS, de μήλονες ou μηλοπέπονες ; de μῆλον, dor., μᾶλον, malum, pomum, parce que les melons approchent de la couleur et de la figure des pommes de coins, citrons : rac. μελέα, malus arbor, pommier, citronier, coignassier, etc.

MÉLOPÉE, composition du chant, de μελοποιΐα, composé de μέλος, mélodie, et de ποιέω, faire, composer.

MELPOMÈNE, la muse de la tragédie ; de μελπομένη, celle qui chante, part. prés. moy. de μέλπομαι, chanter ; parce qu'on lui attribuait l'invention du chant.

MEMNON, nom d'un roi, de μέμνων, durable.

MÉNADE, bacchante, femme qui célébrait les fêtes de Bacchus,

Rac. Grecq. 16

de μαινάς, gén. άδος, furieuse, dérivé de μαίνομαι, être en fureur, parce que ces femmes donnaient dans toutes sortes d'extravagances.

MÉNANDRE, nom propre, Μένανδρος, qui soutient l'effort des hommes qui fondent sur lui: rac. μένω, demeurer ferme, attendre, et ἀνήρ, homme de cœur.

*MÉNACER, de μηνίζειν, irasci : rac. μῆνις, vieille haine. Ou bien de minax, acis.

MÉNÉLAS, nom propre, de μένω, soutenir, et de λαός, peuple, *qui soutient l'effort du peuple.*

MÉNIANTHE ou TRÈFLE D'EAU, plante des marais ; de μήν, μηνὸς, mois, et d'ἄνθος, fleur ; *fleur du mois.* Elle fleurit en avril.

MÉNISQUE, verre de lunette convexe d'un côté et concave de l'autre ; de μηνίσκος, petit croissant que l'on portait par ornement sur les souliers, dérivé de μήνη, la lune, parce qu'on la représente sous cette forme.

MÉNOLOGE, martyrologe ou calendrier de l'église grecque ; de μήν, gén. μηνὸς, mois, et de λόγος, discours, livre, c'est à-dire *livre pour tous les mois de l'année.*

MENTHE, herbe, de μίνθα.

MENU, de μινὸς, exilis.

MENUISIER, de μινύσσειν, minuere.

*MERCURE, dieu du commerce, etc ; de κύριος, seigneur, ou de cura, soin, et de merx, marchandise.

MÈRE, μήτηρ, -ερος, -τρὸς, mater.

MÉRIDARPAX, nom de rat dans la Batrachomyomachie ; de μερὶς, part dérivé de μείρω, partager, et de ἅρπαξ, ravisseur, dérivé de ἁρπάζω, ravir, piller ; *qui pille les restes, les petites parts.*

MÉROPE, nom d'une des Pléiades ; de μέρος, part, dérivé de μείρω, partager, et de ὄψ, ὄπος, voix ; *qui a une voix articulée.*

MÉSENTÈRE, membrane qui tient au milieu des intestins, et entretient les rameaux de la veine porte, μεσεντέριον : rac. μέσος, medius, et ἐντὸς, intùs, ἔντερον, intestinum.

MÉSOPOTAMIE, contrée de l'Asie ancienne entre le Tigre et l'Euphrate ; de μέσος, milieu, et de πόταμος, fleuve ; *qui est entre deux fleuves.*

MESURE, de μέτρον, mensura.

MÉTABATIQUE, c'est-à-dire transitif, en terme de grammaire; rac. μετὰ, trans, et βάω, eo, primitif de βατέω, et βαίνω.

MÉTAL, de μέταλλον, metallum.

MÉTAMORPHOSE, changement d'une forme en une autre ; de μεταμόρφωσις, transformation, composé de μετὰ, trans, et μορφή, forma. De là *métamorphoser*, transformer.

MÉTAPHORE, figure de rhétorique par laquelle on transporte pour ainsi dire la signification propre d'un mot à une autre signification qui ne lui convient qu'en vertu d'une comparaison qui se fait dans l'esprit ; de μεταφορά, translatio, composé de trans, et de φέρω, porter. De là *métaphorique* et *métaphoriquement*.

MÉTAPHRASE, interprétation, de μετάφρασις, dérivé de μεταφράζω, interpréter, composé de μετὰ, qui marque changement, et de φράζω, parler ; *parler dans une autre langue*. De là *métaphraste*, celui qui interprète ou qui traduit un auteur.

MÉTAPHYSIQUE, science des êtres spirituels, des choses abstraites et purement intellectuelles ; de μετὰ, après, et de φυσικὰ, les choses naturelles, dérivé de φύσις, nature, parce que c'est le traité d'Aristote, qui est immédiatement après celui de la physique, ou de μετὰ τὰ φυσικὰ, au-dessus des choses naturelles, parce que c'est une partie de la philosophie qui traite des choses surnaturelles.

MÉTATHÈSE, figure de grammaire qui consiste dans la transposition d'une lettre, d'où naît quelque différence de prononciation, de μετάθεσις, transposition, composé de μετὰ, après, et de θέσις, position, dérivé de τίθημι, poser, d'où l'on a fait μετατίθημι, transposer, porter d'un lieu à un autre.

MÉTEMPSYCOSE, passage de l'âme d'un corps en un autre, de μετεμψύχωσις, dérivé de μετεμψυχόω, faire passer une âme d'un corps dans un autre, composé de μετὰ qui marque changement, d'ἐν, dans, et de ψυχή, âme.

MÉTÉORE, corps qui se forme et s'élève dans l'air, tel que la pluie, la neige, le tonnere, etc.; de μετέωρος, élevé, composé de μετὰ et d'ἀείρω, élever. De là météorique.

MÉTÉOROLOGIE, partie de la physique qui traite des météores, de μετεωρολογία, composé de μετέωρος, météore, et λόγος, discours, traité. De là météorologique.

MÉTHODE, ordre ou arrangement régulier dans les idées ou dans les choses; de μέθοδος, composé de μετὰ, par, et de ὁδὸς, voie, *par un chemin, par une voie plus courte, ou la manière d'arriver à un but par la voie la plus courte*. De là *méthodique* et *méthodiquement*.

MÉTHONE, ville du Péloponèse, qui faisait un grand commerce de vins; de μέθυ, vin, et d'ὠνέομαι, acheter.

MÉTONYMIE, figure par laquelle on prend un nom pour un autre; comme Cérès, déesse des blés, pour le blé même; de μετωνυμία, changement de nom, composé de μετὰ, qui marque changement, et de ὄνομα, nom.

MÈTRE, de μέτρον, mesure.

MÉTROMANIE, la manie de faire des vers; de μέτρον, mesure ou vers, et de μανία, manie, passion. De là *métromane*, celui qui a cette manie.

MÉTROPOLE, église ou ville capitale; de μητρόπολις, metropolis, rac. μήτηρ, mère, et πόλις, εως, ville.

*MEUGLER, de μυκᾶσθαι, mugire, rac. μυκάω, *mugio*.

MEULE de moulin, de μύλη, *mola*.

MIASMES, terme de médecine, exhalaisons morbifiques et contagieuses; de μίασμα, contagion, souillure, dérivé de μιαίνω, corrompre.

*MICHE, de μικόν, dor., de μικρόν, petit: une miche est un petit pain.

MICROCOSME, petit monde, monde en abrégé; de μικρὸς, petit, et de κόσμος, monde. Quelques anciens philosophes ont ainsi appelé l'homme, comme étant l'abrégé de tout ce qu'il y a d'admirable dans le monde, qu'ils nommaient par opposition *macrocosme*, ou grand monde.

MICROGRAPHIE, description des petits objets vus au microscope; de μικρὸς, petit, et de γραφή, description, dérivé de γράφω, décrire.

MICROMÈTRE, instrument qui sert à mesurer les diamètres des astres, ou de très-petites distances entre eux; de μικρὸς, petit, et de μέτρον, mesure: *mesure des petites choses*.

MICROSCOPE, instrument qui grossit les petits objets et en fait découvrir les moindres parties; de μικρὸς, petit, et de σκοπέω, regarder, examiner: *qui sert à examiner les petites choses*.

MIDAS, roi de Phrygie; de μηδὲν ἰδών, ne sachant rien.

MIEL, de μέλι, τὸ, mel, par transposition ou métathèse.

MIGRAINE, de ἡμίκρανα ou ἡμικρανία, comp. de ἥμισυς, semi, et κράνιον, le crâne, la tête: rac. κράνιον, caput. La migraine est un mal de tête qui prend la moitié de la tête.

MILET, Miletum, Μίλητος, ville maritime de l'Asie mineure; de μίλτος, ου, ἡ, minium, vermillon. Cette ville a été ainsi appelée, comme qui dirait rubra, rouge. Pasor.

MILICHIUS, surnom de Jupiter, qui lui fut donné à la suite d'une guerre civile, de μειλίχιος, doux, dérivé de μειλίσσω, adoucir.

MILLIMÈTRE, un millième de mètre; du latin mille, et de μέτρον, mètre.

MINE, nom de mesure, de μέδιμνος, Bud., certaine mesure attique.

MINUTE, de μινύθω, minuo: rac. μινύος, menu.

MISANTHROPE, qui hait les hommes; de μισάνθρωπος, composé de μισέω, haïr, et d'ἄνθρωπος, homme. De là misanthropie, dégoût et aversion pour les hommes et la société.

MISTYLLUS, nom de cuisinier dans Homère; de μιστύλλειν, couper en petits morceaux, dépecer.

*MITE, petit ver; de μίτος, qui se trouve en ce sens dans Hésychius.

MITHRIDATE, μιθριδάτιος, ou μιθριδατική, suppléez ἀντίδοσις, antidote, trouvé par Mithridate, roi de Pont, par le moyen duquel il s'accoutuma tellement à prendre du poison peu à peu qu'il ne put plus être empoisonné.

MITRE, de μίτρα, bandelette. La mitre des anciens était une coiffure d'origine persane, qui ressemblait beaucoup à la mitre de nos évêques. De là mitré, qui porte une mitre.

MIXTION ou MISTION, de μίξις, mistio: rac. μίγνυμι, misceo, mêler.

MNÉMON, surnom d'un Artaxerce, roi de Perse; de μνήμων qui se souvient, dérivé de μνάομαι, se souvenir, parce qu'il avait beaucoup de mémoire.

MNÉMONIQUE, art d'aider la mémoire par des lignes; μνημονική, fém. de μνημονικός, qui concerne la mémoire, formé de μνήμη, mémoire, dérivé de μνάομαι, se souvenir. On sous-entend τέχνη, art: l'art de la mémoire.

MNÉMOSYNE, déesse de la mémoire, mère des muses; de μνημοσύνη, mémoire, dérivé de μνάομαι, se souvenir.

MOELLE, de μυελός. De là moelleux, adj. C'est de là qu'on appelle moellon une pierre qui sert de remplissage dans un mur, parce qu'elle est au milieu du mur comme la moelle au milieu des os.

MOI, de μοί, datif d'ἐγώ, ego, je pour ge.

MOINE, de μόνος, seul, solitaire, d'où vient aussi μοναχός, monachus.

MOINEAU, de μόνος, solitaire, parce qu'il y a une espèce de moineaux qui aiment à être seuls; d'où vient qu'il est dit dans le Psaume: sicut passer solitarius in tecto.

MOIS, de μήν, μηνός, mensis.

MOL ou MOU, de μαλλός, οῦ, mollis, ou de μῶλυ, amollir: rac. μῶλυς, mou, lâche, fainéant.

MOLE, jetée de pierres à l'entrée d'un port pour le rendre meilleur ou pour mettre les vaisseaux plus en sûreté; de μῶλος, logement pour les nautonniers sur le bord de la mer, port creusé par la main des hommes, môle d'un port.

MOLYBDITE, pierre minérale qui contient des particules de plomb; de μόλυβδος, le même que μόλιβδος, plomb.

MOMERIE, choses concertées pour faire rire, affectation ridicule d'un sentiment qu'on n'a pas; de μῶμος, un moqueur, un railleur, ou le dieu *Momus*, qui se moquait des autres.

MOMON, défi d'un coup de dés, porté par des masques; du latin *momus*, dérivé de μῶμος, tache, opprobre, blâme, reproche, et ensuite le dieu *Momus*, qui se moquait des autres.

MOMUS, dieu qui se moquait des autres dieux, dieu de la raillerie; de μῶμος, moqueur, railleur, goguenard.

MON, pronom possessif, vient de μὸν pour ἐμὸν, *meum* : rac. ἐγώ, je.

MONACAL, de moine. Voyez MOINE.

MONARCHIE, état gouverné par un seul; de μοναρχία, composé de μόνος, seul, et d'ἀρχή, empire. De là *monarchique*, *monarchiquement* et *monarchiste*, partisan de la monarchie.

MONARQUE ou MONARCHE, qui est seul souverain ; de μονάρχης et μόναρχος, *ou monarcha* : rac. μόνος, seul, et ἀρχὸς, chef.

MONASTÈRE, μοναστήριον, *monasterium*, solitude; lieu où l'on vit seul et séparé des autres. Il se prend souvent pour une cellule seule ou un hermitage : rac. μόνος, *solus*.

MONOCLE, petite lunette ou loupe qui ne sert que pour un œil; de μόνος, un, et du latin, *oculus*, œil.

MONOGRAMME, caractère factice composé d'une ou de plusieurs lettres entrelacées, qui sont ordinairement les lettres initiales d'un nom ; de μόνος, un ou seul, et de γράμμα, lettre.

MONOLOGUE, scène ou un acteur parle seul; de μόνος, seul, et de λόγος, discours,. dérivé de λέλογα, parfait moyen de λέγω, parler.

MONOME, quantité algébrique qui n'est composée que d'une seule partie, ou terme, par opposition au polynome; de μόνος, seul, et de νομή, part, division.

MONOPOLE, vente par un seul, des marchandises dont le commerce devrait être libre ; de μονοπώλιον, composé de μόνος, seul, et de πωλέω, vendre.

MONOSYLLABE. qui n'a qu'une syllabe ; de μόνος, seul, et de συλλαβή, syllabe, qui vient de συλλαμβάνω, comprendre, (parce que la syllabe comprend des lettres.) De là *monosyllabique*, qui se dit des vers dont tous les mots sont des monosyllabes.

MONOTHÉLITES et MONOPHYSITES, nom de certains hérétiques; de μόνος, seul, un, et de θέλω, vouloir, parce qu'ils n'admettaient en J. C. qu'une volonté; et de φύσις, nature, parce qu'ils n'admettaient aussi qu'une nature.

MONOTONE, qui est toujours sur le même ton; de μόνος, seul, unique, et de τόνος, ton. De là *monotonie*, uniformité de ton.

MONYME, nom propre; de μόνος, seul, et de ὄνομα, nom, c'est-à-dire un seul nom.

MOQUER (SE) de μωκᾶσθαι, *irridere* : rac. μῶκος, moqueur. De là *moquerie* et *moqueur*.

MORPHÉE, dieu du sommeil; de μορφή, figure, parce ce dieu présente les songes sous diverses figures.

MORT, *mors*, de μόρος, *fatum* : rac. μείρω, *divido*.

MORYCHUS, surnom de Bacchus chez les Siciliens, qui dans le temps des vendanges, barbouillaient le visage du dieu de moût et de figues; de μεμόρυχα, parf. act. de μορύσσω, souiller, gâter.

MOUDRE, de μύλλειν, molere : rac. μύλη, mola, meule.

MOUE, faire la moue, de μύω, fermer les lèvres.

MOUFLES, sortes de machines à plusieurs cordes et poulies ; de μοχλός, levier, ou machine : rac. ὀχλεύω, moveo.

MOULES, coquilles, de μύες, mytuli, conchæ, rac : μῦς, υὸς, ὁ, mus et musculus.

MOULIN, de μύλος ou μύλη, mola.

*MOUSTACHE, de μυςάκιον, dans Moschopule, fait de μύςαξ ou μάςαξ, qui se prend aussi pour la lèvre d'en haut : rac. μυσάομαι, manger.

*MOUTIER ou MOUSTIER, et MONSTIER, vieux mots, pour dire monastère, de μοναςήριον. De là vient encore marmoutier, c'est-à-dire, majus monasterium. Ce mot s'est aussi pris particulièrement pour l'église du monastère, et ensuite pour les autres.

MUET, de μύδος ou μύτης, mutus, mots formés par imitation du son : rac. μύω, claudo, comprimo, fermer les lèvres.

MUGIR, de mugire, pris de μυκᾶσθαι.

*MURE. Voy. myre.

MURÈNE, poisson, μύραινα, muræna : rac. μύρος, myrus, qui est le mâle de cette espèce.

MURIER, μορέα, morus.

MURMURE, du latin murmur, formé de μορμύρος, dérivé de μορμύρω, murmuro. De là murmurer.

MUSC, de μύσκος ou μόσχος, qui se prend aussi pour un veau.

MUSCLE, musculus, de μυός, organe charnu, qui fait mouvoir les diverses parties du corps : rac. μῦς, μυός, ὁ, mus, musculus. On a comparé la forme du muscle à celle d'un rat ou d'une souris.

*MUSEAU, de μύτις, ιδος, nasus, proboscis.

*MUSES, déesses des sciences et des arts, de μάω, désirer ardemment, rechercher. * Les poëtes en comptent neuf sous la conduite d'Apollon ; ils les disent filles de Jupiter et de Mnemosyne, et ils placent leur demeure sur le Parnasse : savoir, Calliope, qui préside au poëme héroïque, à la musique ; Erato, aux hymnes et aux chants d'amour ; Melpomène, aux tragédies ; Thalie, aux comédies ; Clio, à l'histoire ; Uranie, à l'astrologie ; Terpsichore, à la guittare et aux danses ; Euterpe, aux flûtes ; Polymnie, à la rhétorique, à l'éloquence.

MUSEUM ou MUSÉE, lieu destiné à l'étude des lettres, des sciences et des beaux-arts, et qui en renferme les produits ; de μουσεῖον, en latin musæum, lieu consacré aux muses, dérivé de μοῦσα, muse, parce que les muses présidaient aux lettres, aux sciences et aux beaux-arts.

MUSIQUE, science qui traite des sons harmoniques et de leurs accords, ou l'art de former des accords agréables à l'oreille ; du latin musica, formé de μουσική, dérivé de μοῦσα, muse, parcequ'on croit que les muses ont inventé cet art. De là musical, musicalement et musicien.

*MUSSER, vieux mot, pour dire cacher, de μύσσειν, ou μύειν, occludere, ou de μύζω, musso, mussito. Car musser se dit proprement de ceux qui parlent tout bas en grondant et en cachette, puis de là il se dit pour cacher.

MUTILÉ, de μίτυλος, mutilus.

MYCÉTOPHAGE insecte qui ronge les morilles desséchées et les champignons ; de μύκης, gén. μύκητος, champignon, et de φάγω, manger.

MYOPE, personne qui a la vue fort courte, qui ne voit les objets que de près, et en clignant les yeux ; de μύω, fermer, et de ὤψ, ὀπὸς, parce qu'on ne peut cligner les yeux sans les fermer.

MYOPIE, vue courte, état de ceux qui sont myopes ; de μυωπίx, composé comme le précédent.

MYRIAGRAMME, poids de 10 mille grammes ; de μύριοι, dix mille et de γράμμα. Voyez GRAMME.

MYRIALITRE, mesure de 10 mille litres ; de μύριοι, 10,000, et de λίτρα, ancienne mesure grecque, d'où l'on a fait *litre*.

MYRIAMÈTRE, longueur de 10,000 mètres ; de μύριοι, dix mille, et de μέτρον, mètre.

MYRIARE, de μύριοι, 10,000, et du mot *are*. (Voy. ce mot.) c'est-à-dire kilomètre carré.

MYRE, ou MURE capitale de Lycie, d'où S. Nicolas était évêque. De μύρω, *fluo*, μύρομαι, *lacrymor*.

MYRMIDONS, habitans de l'île d'Égine, qui de fourmis étaient devenus des hommes ; de μυρμηδῶν, troupe de fourmis, dérivé de μύρμηξ, le même que μύρμος, fourmi.

MYROBOLANS, nom de plusieurs fruits desséchés, et purgatifs des deux Indes, qui ont la forme d'un gland ; de μύρον, onguent, et de βάλανος, gland : *onguent de gland*. L'arbre qui porte ces fruits s'appelle *myrobolanier*.

MYRRHE, sorte de gomme odoriférante ; de μύρρα ou σμύρρα dérivé de μύρω, couler, distiller ; parce qu'elle distille d'un arbre de l'Arabie.

MYRTE, de μύρτος, en latin *myrtus*.

MYSTAGOGE, le prêtre qui initiait aux mystères de la religion ; de μυσταγωγὸς, composé de μύστης, qui apprend les mystères, qui se fait initier, et d'ἀγωγὸς, conducteur, guide, dérivé d'ἄγω, conduire.

MYSIE, Μυσία, province de l'Asie mineure, ainsi nommée de μύσος, τὸ, crime exécrable ; comme qui dirait, province détestable *Pasor*.

MYSTÈRE, chose cachée ou difficile à comprendre ; de μυστήριον, *mysterium*, secret ; de μύω, *sacris initio*, dérivé de μύω, fermer, taire, parce que les initiés doivent garder le silence sur les choses saintes. De là *mystérieux*, *mystérieusement*.

MYSTIQUE, figuré, caché, secret, en parlant des choses de la religion ; de μυστικὸς, mystérieux, dérivé de μύστης, celui qui se fait initier dans les mystères.

MYTHOLOGIE, histoire fabuleuse, de μῦθος, fable, et λόγος, parole, discours, *discours sur la fable*. De là *mythologique*, mythologiste ou mythologue, celui qui traite de la fable.

N

*NABOT, de νύβαι, pygmées, dans Hésychius, ou plutôt de νάνος, *nanus*, dont on a fait *nanottus*, puis *nabottus*, nabot. D'autres le font dériver de νέπους, ὁδὸς, qui n'a point de pieds, ou qui les a fort courts.

NAGER, de νήχειν : rac. νέω, *nato*.

NAÏADES, de ναϊὰς, άδος, nymphes des fleuves et des fontaines, de νάω ou ναίω, couler.

NAIN, de νάνος, *nanus*, qui est de très-petite taille.

NAPÉES, nymphes des forêts et des collines; de ναπαῖαι, dérivé de νάπος ou νάπη, vallée, colline, forêt.

NAPLES, νεάπολις, c'est-à-dire, ville neuve: rac. νέος, novus, et πόλις, urbs.

NARCISSE, plante; de νάρκισσος: rac. νάρκη, torpedo, parce que l'odeur de cette fleur appesantit la tête.

NARCOTIQUE, qui a la force d'endormir, de ναρκωτικός, assoupissant, formé de ναρκόω, assoupir, engourdir, dérivé de νάρκη, engourdissement.

NARD, νάρδος, nardus, arbrisseau.

NARINE, de naris, pris de ῥίν, ὀινός, le nez.

NAUFRAGE, de ναυάγιον, naufragium: rac. ναῦς, ναὸς, navire et ἄγω, rompre, briser.

NAULAGE, prix que les passagers paient au maître d'un vaisseau; de ναῦλον, dérivé de ναῦς, vaisseau.

NAUMACHIE, combat naval que les empereurs romains donnaient au peuple pour le divertir; de ναυμαχία, combat naval, composé de ναῦς, vaisseau, et de μάχη, combat.

NAUPACTE, ville d'Étolie; de Ναύπακτος, composé de ναῦς, vaisseau, et de πηγνύω, assembler: parce que ce fut là que les Héraclides construisirent le premier vaisseau.

NAUSÉE, de ναυσία, envie de vomir, à laquelle on est sujet sur mer, dérivé de ναῦς, vaisseau. Il se dit en général de tout mal de cœur ou envie de vomir.

NAUTIQUE, qui appartient à la navigation; de ναυτικός, de marin, dérivé de ναύτης, formé de ναῦς, vaisseau.

NAUTONNIER, ναύτης, nauta.

NAVIRE, de ναῦς, g. ναὸς, Att. νεὼς, navis.

NÉCROLOGE, registre qui contient les noms des morts, le jour de leur décès, etc.; de νεκρὸς, un mort, et de λόγος, discours ou livre, c'est-à-dire, le livre des morts.

NÉCROMANCIE ou NÉCROMANCE, art prétendu d'évoquer les âmes des morts, pour en savoir quelque chose; de νεκρομαντεία, composé de νεκρὸς, un mort, et de μαντεία, divination, dérivé de μάντις, devin. De là nécromancien et nécromant, celui qui pratique cet art.

NECTAR, boisson des dieux, de νέκταρ, nectar.

NECTOPODE, se dit des oiseaux qui ont les doigts réunis en avant par une membrane; de νηκτὸς, nageur, dérivé de νήχομαι, nager, formé de νέω, et de πούς, gén. ποδὸς, pied, c'est-à-dire qui nage avec les pieds.

NEF d'une église, de ναῦς, sorte de vaisseau. Eurip.

NÉFLIER, de μεσπίλη, mespilus.

NEIGER, de νίφειν, ningere.

NÉMERTÈS, nom de néréide; de νημερτής, vrai, fidèle, formé de νή négatif, et de ἁμαρτάνειν, pêcher.

NÉMÉSIS, déesse de la vengeance; de νέμεσις, indignation, dérivé de νεμεσάω, s'indigner, parce qu'elle s'indigne des crimes de la terre.

NÉOCORE, chez les anciens Grecs, officier préposé à l'entretien des temples; de νεώς, le même que ναὸς, temple, et de κορέω, nétoyer, tenir propre.

NÉOGRAPHISME, nouvelle manière d'écrire les mots, ou nouvelle orthographe; de νέος, nouveau, et de γράφω, écrire. De là néographe, celui qui affecte une nouvelle orthographe.

NÉOLOGIE, invention de termes nouveaux; de νέος, nouveau, et de λόγος, discours, mot, parole.

NÉOLOGISME, l'habitude de

se servir de termes nouveaux. Ce mot se prend presque toujours en mauvaise part : même origine que le précédent.

NÉOMÉNIE, nouvelle lune, de νέος, nouveau, et de μήνη, lune. Il se dit aussi d'une fête que les anciens célébraient à chaque nouvelle lune.

NÉOPHYTE, qui est nouvellement converti ou baptisé; de νέος, nouveau, et de φύω, naître : parce que le baptême est, par rapport à celui qui le reçoit, une naissance spirituelle, qui le fait enfant de Dieu.

NÉOPTOLÈME, nom propre d'homme; de νέος, nouveau, et de πτόλεμος, la guerre, c'est-à-dire nouveau guerrier.

NÉPHALIES, chez les Grecs, sacrifices dans lesquels on n'employait point de vin pour les libations; de νηφάλιος, sobre, dérivé de νήφω, être sobre.

NÉPHÉLINE, pierre transparente; de νεφέλη, le même que νέφος, nuage, brouillard, parce qu'elle devient comme nébuleuse à l'intérieur, étant mise dans l'acide nitrique.

NÉPHRÉTIQUE, qui est dans les reins, (parlant d'une maladie) de νεφρὸς, le rein.

NÉRÉE, dieu marin, de νέω ou νάω, couler, d'où vient νηρός, humide.

NERF, de νεῦρον, nervus.

NÉRON, nom d'un empereur romain : de νεῦρον, force; parce qu'il était fort.

*NEVEU, de nepos, quoique dans le bon latin ce mot ne se prenne pas pour ce que nous appelons neveu en français, au lieu de quoi ils disaient sororis ou fratris filius; mais pour les descendans ou successeurs d'une race, nepotes. Et en ce sens il vient du grec νέποδες, selon Scaliger, formé de la particule négative νὲ, et de πούς, ποδός : comme si l'on voulait dire qu'ils ne sont pas le pied ou la racine de la race, mais les branches.

NEUF, d'ἐννέα, novem.

NEUF, nouveau fait, de νέος, novus.

*NEUME, terme usité parmi les chantres et musiciens, pour marquer une traînée de notes qui se fait après une antienne, de πνεῦμα, flatus, spiritus : rac. πνέω, spiro.

NÉVRALGIE, douleur des nerfs, de νεῦρον, nerf, et d'ἄλγος, douleur.

*NIAIS et NIAISER, de νέος, juvenis, νεάζειν, juvenescere, parce que les jeunes gens sont d'ordinaire fort badins. De là vient aussi dénaiser. D'autres dérivent niais de nidensis, par métaphore prise des oiseaux qui sont encore dans le nid, et que les Grecs appellent νεοσσοί ou νεοττοί, et ils ont aussi dit νεοττὸς pour νεοσσὸς, d'où est venu nidus, le nid.

NICAISE, nom propre, de νίκη, victoire : rac. νικάω, vaincre. De là vient aussi

NICÉE, ville, et

NICÉPHORE, nom propre d'homme, de νίκη, victoire, et de φέρω, remporter, c'est-à-dire victorieux.

NICIAS, nom propre : rac. νίκη, victoria.

NICANOR, Νικάνωρ, nom propre, le même que Victor en latin, victorieux, triomphant : rac. νικάω, vinco, et ἀνήρ, vir.

NICODÈME. Νικόδημος, comme q. d. victor populi, vainqueur du peuple : rac. νικάω, ῶ, vinco, et δῆμος, populus.

NICOLAS, Νικόλαος, vainqueur du peuple : rac. νικάω, vinco, et λαὸς, populus.

NICROMANCIE. V. NÉCROMANCIE.

NIL, fleuve d'Afrique, de νέω ou νάω, couler, et ἰλύς, limon, parce qu'il entraîne du nouveau limon.

NIPHATE, fleuve d'Arménie, presque toujours gelé; de νιφάτης, dérivé de νίφω, neiger.

NITRE, espèce de sel; de νίτρον, dérivé de νίζω, le même que νίπτω, laver; parce que le nitre sert à nettoyer.

NOM, ὄνομα, nomen.

NOMADE, adj. nom qu'on donne à certains peuples errans, qui changeaient continuellement de demeure pour chercher de nouveaux pâturages, comme faisaient les Scythes, et comme font aujourd'hui les Tartares; de νομάς, gén. άδος, qui pature, qui recherche les pâturages, dérivé de νομὴ, pâture, formé de νέμω, paître.

NOSOGRAPHIE, description des maladies; de νόσος, maladie, et γράφω, décrire.

NOSOLOGIE, partie de la médecine qui a pour objet la classification des maladies; de νόσος, maladie, et de λόγος, discours, traité; *discours ou traité sur les maladies en général.*

NOSTALGIE, maladie du pays; de νόστος, retour, et d'ἄλγος, ennui, triste, c'est-à-dire ennui causé par le désir du retour.

NOTHUS, surnom de Darius II. neuvième roi de Perse; de νόθος, bâtard.

NOTUS, vent du midi; de νότος, en latin *notus*, dérivé de νοτίς, humidité, parce qu'il est pluvieux.

NOUS, de νώ, nos, duel, d'ἐγώ, je.

NUIT, de νύξ, νυκτός, nox, noctis.

NYCTALOPE, celui qui est attaqué de la maladie des yeux appelée *nyctalopie*, par laquelle on voit mieux la nuit que le jour; de νυκτάλωψ, composé de νύξ, gén. νυκτός, nuit, et d'ὤψ, œil, dérivé d'ὄπτομαι, voir.

NYCTÉRIENS, famille d'oiseaux qui volent la nuit, tels que le duc, la chouette, etc.; de νύκτερος, nocturne, dérivé de νύξ, la nuit.

NYMPHÉE, bains publics des anciens, ornés de grottes, de fontaines et d'autres édifices, tels qu'on imaginait qu'étaient les demeures des nymphes: de νυμφαῖον, temple des nymphes, dérivé de νύμφη, nymphe.

NYMPHES, divinités fabuleuses que les anciens représentaient sous la figure de jeunes filles, et dont ils ont peuplé l'univers; de νύμφη, jeune épouse, nouvelle mariée. Les naturalistes donnent le nom de *nymphe* à l'insecte dans sa seconde transformation, parce qu'il quitte alors un état obscur et inutile, pour entrer dans un autre plus brillant et plus utile, dans lequel il doit se multiplier.

O

OBÉLISQUE, pyramide longue et étroite; d'ὀβελίσκος, obeliscus, dérivé d'ὀβελός, verú, une broche, parce que l'obélisque est terminé en pointe comme une broche.

OBOLE, petite pièce de monnaie; d'ὀβολός, obulus.

OCÉAN, d'Ὠκεανός, Oceanus.

OCHLOCRATIE, gouvernement du bas peuple; d'ὄχλος, populace, multitude, et de κράτος, pouvoir, puissance.

OCHRE ou OCRE, d'ὤχρα, certaine couleur pâle: rac. ὠχρός, pallidus.

OCNUS, paresseux célèbre qu'on représentait dans les enfers, occupé à tordre une corde de jonc qu'une ânesse rouge à mesure, sans qu'il prenne la peine de la chasser, d'où est venu le proverbe *Ocnus funiculum torquet*, contre ceux qui prennent une peine inutile; d'ὄκνος, paresse.

OCTANTE, ὀγδοήκοντα, *octoginta*: rac. ὀκτώ, *octo*, huit, d'où vient aussi ὄγδοος, *octavus*.

ODE, de ᾠδή, pour ἀοιδή, chant, chanson, cantique, dérivé d'ἀείδω, chanter.

ODÉON, édifice destiné chez les anciens à la répétition de la musique qui devait être chantée sur le théâtre; d'ᾠδεῖον, sous-entendu χωρίον, lieu, *lieu ou édifice pour le chant*; même rac. que le précédent.

ODEUR, ὀδμή, *odor*, dans Hésychius: rac. ὄζω, *oleo*, sentir.

ODYSSÉE, vingt-quatre livres en vers grecs d'Homère, dans lesquels il décrit les actions d'Ulysse; d'Ὀδυσσεύς, Ulysse.

OECONOMIE. V. ÉCONOMIE.

OECUMÉNIQUE, adj., général, universel; d'οἰκουμενικός, qui concerne toute la terre habitable, formé d'οἰκουμένη, toute la terre habitable, dérivé de οἰκέω, habiter: *reconnu par toute la terre*.

OEDÈME, en médecine, tumeur molle; d'οἴδημα, tumeur, enflure, dérivé d'οἰδέω, être enflé. De là, *œdémateux*, adj.

OEDIPE, roi de Thèbes: de οἰδέω, s'enfler, et de πούς, pied, c'est-à-dire qui a les pieds enflés, parce qu'ayant eu les pieds percés au moment de sa naissance, il les eut toujours depuis gros et enflés.

OENANTHE, plante à fleurs blanches, d'οἶνος, vin, et d'ἄνθος, fleur; *fleur de vin*, parce que ses fleurs ont l'odeur de celles de la vigne, ou parce qu'elle fleurit en même temps que la vigne.

OENOMÈTRE, instrument pour mesurer le degré de force et de qualité du vin: d'οἶνος, vin, et de μέτρον, mesure.

OENOTRUS, ancien roi d'Italie, dans lequel on a prétendu retrouver Noé, inventeur de la vigne; d'οἶνος, vin, et d'ὀτρύνω, exciter.

OEONISTICE, l'art de deviner les choses futures par le chant, le vol et l'appétit des oiseaux; d'οἰωνιστική, fém. d'οἰωνιστικός, augural: on sous-entend ἐπιστήμη, science: *la science des augures*.

OESOPHAGE, canal membraneux, qui conduit les alimens depuis la bouche jusque dans l'estomac; d'οἰσοφάγος, composé d'οἴσω, futur d'οἴω, porter, et de φάγω, manger: *porte-manger*. De là *œsophagien*, qui appartient à l'œsophage. On donne le nom d'*ouverture œsophagienne* à l'ouverture supérieure de l'estomac, pour la distinguer de l'inférieure ou pylorique.

OETA, montagne qui sépare la Thessalie de la Macédoine. On y montrait le bûcher d'Hercule, événement dont peut-être elle avait pris son nom. d'οἶτος, deuil.

OETUS, géant qui désola la Grèce; d'οἶτος; deuil, ravage, mort.

OEUF, de ᾠόν, éolien ὤϝον, *ovum*.

OLÉCRANE, éminence qui fait le coude et sur laquelle on s'appuie; d'ὠλένη, coude, et de κρανίον, tête: *tête du coude*.

OLIGARCHIE, gouvernement où l'autorité est entre les mains d'un petit nombre de personnes; d'ὀλιγαρχία, composé d'ὀλίγος, petit nombre, et d'ἀρχή, autorité, puissance; *gouvernement d'un petit nombre de personnes*. De là *oligarchique*, adj.

OLOGRAPHE. Voy. HOLOGRAPHE.

*OLYMPE, montagne; il se

prend aussi pour le ciel ; de ὅλος, entier, et de λάμπω, luire.

OLYMPIADE, espace de quatre ans ; d'ὀλυμπος, olympe : de là viennent les jeux olympiques qui se faisaient de quatre ans en quatre ans en l'honneur de Jupiter.

OMBROMÈTRE, instrument pour mesurer la quantité de pluie qui tombe chaque année ; d'ὄμ-βρος, pluie, et de μέτρον, mesure.

OMOLOGUER. Voyez HOMOLOGUER.

OMOPHAGE, adj. qui mange de la chair crue ; d'ὠμὸς, cru, et de φάγω, manger.

OMOPHAGIES, fêtes grecques en l'honneur de Bacchus ; d'ὠμὸς, cru, et de φάγω, manger : parce qu'on y dévorait les entrailles crues et sanglantes des boucs, à l'imitation de Bacchus, qu'on croyait ne manger que de la chair crue.

OMOPLATE, os large et triangulaire qui forme la partie postérieure de l'épaule ; de ὦμος, épaule, et de πλατῦς, large, ample.

ONAGRE, âne sauvage, d'ὄναγρος, composé d'ὄνος, âne, et d'ἀγρὸς, champ ; âne des champs.

ONÉSIME, nom d'un des disciples de S. Paul ; d'ὀνησιμος, utilis : rac. ὄνυμι, juvo ; ὄνησις, εως, utilité, avantage

ONÉSIPHORE, disciple de S. Paul ; d'ὄνησις, utilité, et de φέρω, parf. moy. de φέρω, porter.

ONGLES, ὄνυχες, d' ὄνυξ, υχος, unguis

ONIROMANCIE. l'art d'interpréter les songes ; d'ὄνειρος, le même qu'ὄναρ, songe, et de μαντεία, divination.

ONOCROTALE, pélican, oiseau aquatique dont le cri ressemble au braire d'un âne ; d'ὀνοκρόταλος, formé d'ὄνος, âne, et de κρότος, bruit.

ONOMATOPÉE, figure par laquelle un mot imite le son naturel de ce qu'il signifie, comme le *glougou* de la bouteille, le *cliquetis* des armes, d'ὀνοματοποιΐα, formation d'un nom, composé d'ὄνομα, gén. ὀνόματος, nom, et de ποιέω, faire, former : *formation d'un nom pour imiter le bruit de la chose qu'il représente.*

ONTOLOGIE, traité des êtres en général, terme de philosophie ; de ὄν, gén. ὄντος, un être, et de λόγος, discours, traité.

ONYX, agate très-fine dont la partie laiteuse est d'un bleu couleur d'ongle, d'ὄνυξ, ongle.

OOLITHES, pierres composées de petites coquilles pétrifiées qui ressemblent à des œufs de poissons ; d'ᾠὸν, œuf, et de λί-θος, pierre.

OPHIOGÈNES, nom que donnaient les anciens à une race d'hommes qui se disaient issus d'un serpent ; d'ὀφιογενής, composé d'ὄφις, serpent, et de γεί-νομαι, naître.

OPHIOGLOSSE, plante ; d'ὄ-φις, serpent, et de γλῶσσα, langue : *langue de serpent,* parce qu'elle porte un fruit qui a la forme d'une langue de serpent.

OPHIOPHAGE, adj nom donné à des peuples d'Éthiopie, qui se nourrissaient de serpens ; d'ὀφιοφάγος, mangeur de serpens, composé d'ὄφις, et de φάγω, manger.

OPHTHALMIE, inflammation des yeux ; d'ὀφθαλμία, dérivé d'ὀφθαλμὸς, œil qui vient d'ὄπ-τομαι, voir. De là *ophthalmique,* qui concerne les yeux.

*OPIAT, d'ὀπίας, certain fromage qu'on faisait prendre avec du lait de figuier ; rac. ὀπὸς, οῦ, *humor vel succus.*

OPIUM, ὄπιον, opium, le suc du pavot, que les uns nomment le lait, et les autres les larmes ; rac. ὀπὸς, suc, liqueur : *suc par excellence,* parce que l'opium, pris en petite quantité, produit de grands effets.

OPSIGONE, adj.; d'ὀψὲ, tard, et de γέγονα, p. m. de γείνομαι, naître; *qui est produit dans un temps postérieur.* Les dents molaires sont appelées *opsigones*, parce qu'elles ne paraissent qu'après les autres.

OPSONOME, magistrat de police à Athènes, chargé de veiller sur la qualité des denrées qu'on vendait au marché; de ὄψον, denrée, et de νόμος, loi, règle, formé de νέμομαι, parf. moy. de νέμω, régler, gouverner.

*OPTER, choisir, d'*opto*, pris d'ὄπτω et -ομαι, voir, considérer; parce que le choix demande de la considération.

OPTIQUE, science qui traite de la lumière et des lois de la vision; d'ὀπτικὴ, fém. d'ὀπτικός, visuel, qui concerne la vue, dérivé d'ὄπτομαι, *video*.

*ORAGE, de οὐρανός, le ciel, le haut de l'air où se forment les orages. Si l'on n'aime mieux le prendre de *ore* ou *orée*, pour dire bord, parce que c'est au bord des bois, des rivières et de la mer, que se forment plus souvent les orages.

ORCHÉSOGRAPHIE, description de la danse ou l'art d'en noter les pas comme la musique; d'ὄρχησις, gén. -εως, la danse, dérivé d'ὀρχέομαι, danser, et de γραφή, description.

ORCHESTRE, lieu où l'on place la symphonie; d'ὀρχέομαι, danser, parce que chez les Grecs c'était dans la partie la plus basse du théâtre que s'exécutaient les danses.

ORÉADES, nymphes des montagnes; d'ὀρειάδες, plur. d'ὀρειάς, qui vit sur la montagne, dérivé d'ὄρος, montagne.

*ORÉE, vieux mot pour dire bord, lisière, *ora*; de ὅρος, terme, fin, extrémité d'un champ ou pays.

ORESTE, nom propre d'homme; d'ὄρος, εος, τὸ, mont, c'est-à-dire qui demeure sur les montagnes.

ORGANE, partie d'un corps animé, laquelle sert aux sensations et aux opérations de ce corps; d'ὄργανον, instrument. De là *organique*, qui agit par le moyen des organes; *organisation*, manière dont un corps est organisé; et *organiser*, verbe.

ORGIES, fêtes de Bacchus; d'ὀργία, dérivé d'ὀργή, colère, emportement; à cause du transport de ceux qui les célébraient, et des désordres dont elles étaient accompagnées.

ORGUEILLEUX, d'ὀργάω, *turgeo*, ou d'ὀργή, *ira*, colère, indignation, d'où ὀργίλος, *iracundus*.

ORGUES, d'ὄργανον, instrument.

ORIGÈNE, nom propre d'homme; d'ὥρα, beauté, et de γένος, naissance.

ORNITHOLITHES, pétrifications d'oiseaux; d'ὄρνιθος, gén. d'ὄρνις, oiseau, et de λίθος, pierre; *oiseaux-pierres, oiseaux devenus pierres.*

ORNITHOLOGIE, partie de l'histoire naturelle qui traite des oiseaux; d'ὄρνις, gén. ὄρνιθος, oiseau, et de λόγος, traité. De là *ornithologiste*, celui qui s'occupe de l'étude des oiseaux.

ORNITHOMANCIE, divination par le vol ou par le chant des oiseaux; d'ὄρνιθος, gén. d'ὄρνις, oiseau, et de μαντεία, divination.

ORONTE, nom de fleuve, de montagne et d'homme; d'ὄρων, gén. ὄροντος, part. prés. d'ὄρω, exciter, pousser.

*ORPHÉE, poète et musicien excellent; d'Ὀρφεύς, Orphée.

ORPHELIN, d'ὀρφανός, *orphanus*.

ORTHODOXE, conforme à la saine doctrine en matière de religion; d'ὀρθόδοξος, *orthodoxus*, dérivé d'ὀρθός, droit, et de δοχέω, *videor*, *censeo*, d'où δόξα, *sententia*, *opinio*. De là *orthodoxie*, qualité de ce qui est orthodoxe.

ORTHOGONAL, d'ὀρθὸς, droit, et de γωνιὰ, angle: qui forme des angles droits.

ORTHOGRAPHE, manière de bien écrire chaque mot; d'ὀρθογραφία, *orthographia*, composé d'ὀρθὸς, *rectus*, et de γραφὴ, écriture, *écriture correcte*. De là *orthographier*, verbe, et *orthographique*, adj.

ORTYGIE, nom de l'île de Délos, dû à la multitude des cailles qui s'y trouvaient; d'ὄρτυξ, gén. υγος, caille.

ORYCTOLOGIE, partie de l'histoire naturelle qui traite des fossiles; d'ὀρυκτὸς, enfoui ou fossile, dérivé d'ὀρύσσω, enfouir, et de λόγος, traité : *traité sur les fossiles*.

OS, d'ὀςέον, ὀςοῦν, *os*, *ossis*.

OSEILLE, ὀξαλὶς, -ίδος, rac. ὀξὺς, *acutus*, parce qu'elle est sure.

OSER, d'αὕτειν, *audere*.

OSIER, οἰσύα et οἰσὸς, *salix*, un saule.

OSTÉOLITHES, os pétrifiés; d'ὀςέον, os, et de λίθος, pierre.

OSTÉOLOGIE, partie de l'anatomie qui traite des os; d'ὀςέον, un os, et de λόγος, discours, traité.

OSTRACISME, jugement à Athènes, qui condamnait à dix ans d'exil les citoyens dont la puissance ou le crédit faisait ombrage; d'ὀςρακισμὸς, formé d'ὀςρακίζω, condamner par le jugement de l'ostracisme, dérivé d'ὄςρακον, coquille, parce qu'on écrivait le nom de l'accusé sur une coquille.

OSTRACODERME, adj., se dit des animaux dont la peau est couverte d'écailles; d'ὄςρακον, écaille, et de δέρμα, peau. Il est opposé à *malacoderme*, adj., qui a la peau douce; de μάλακος, mou, et de δέρμα, peau.

OTALGIE, douleur d'oreille, d'ὠτὸς, gén. d'οὖς, oreille, et d'ἄλγος, douleur.

*OTER, d'ὠθέω, *pello*, *expello*. Si l'on n'aime mieux le prendre d'*auferre*.

OU, de οὗ, *ubi*.

OUAILLE, d'οἶς ou ὄϊς, éol. ὄϜις, *ovis*, à cause du digamma.

OXYCRAT, mélange d'eau et de vinaigre, ὀξύκρατον : rac. ὀξὺς, aigu, aigre, et κεράννυμι, mêler.

OXYDRAQUES, peuple des Indes, dans la ville principale desquels Alexandre courut danger de perdre la vie; d'ὀξὺς, aigu, perçant, et de δρακῶν, part. aor. 2 de δέρκω, voir : *qui a la vue perçante*.

OXYGONE, se dit d'un triangle dont les trois angles sont aigus, d'ὀξὺς, aigu, et de γωνία, angle; *à angle aigu*.

OXYMEL, décoction faite de miel, d'eau et de vinaigre, ὀξύμελι : rac. μέλι, -ιτος, miel, et ὀξὺς, aigre, acide.

OZENE, ulcère putride du nez, qui exhale une odeur infecte; de ὄζαινα, dérivé d'ὄζω, sentir mauvais.

P

PACHYNUM, promontoire de Sicile, dont l'air était épais; de παχὺς, épais.

*PAGE, de παῖς, *puer*, ou du diminutif, παίδιον, comme gage de *vadium*. Le mot de page s'est autrefois pris pour un petit garçon.

DES RACINES GRECQUES. 375.

PALERME, ville et port de Sicile, autrefois *Panormus*; de πᾶς, tout, et d'ὅρμος, rade, c'est-à-dire *port sûr pour toute sorte de vaisseaux*.

PALESTRE, chez les Grecs et les Romains, lieux publics pour les exercices du corps; de παλαίστρα, dérivé de πάλη, lutte, l'un de ces exercices. De là *palestrique*, adj.

PALINODIE, désaveu de ce qu'on avait dit, παλινῳδία, *recantatio*: rac. πάλιν, *iterùm, rursùs*; et ἀείδω, ᾄδω, *canto*, ᾠδή, *cantus*.

PALINURE, pilote d'Énée dans Virgile; de πάλιν, derechef, et d'οὖρος, vent favorable.

PALLADIUM, statue de Pallas qui passait pour être le gage de la conservation de Troie; de παλλάδιον, en latin *palladium*, dérivé de Παλλάς.

PALLAS, déesse de la guerre et des arts; de Πάλλας, dérivé de πάλλω, lancer, parce qu'elle est armée d'une lance comme une guerrière; elle se nomme aussi Minerve.

PALME, espèce de mesure commune en Italie, et qui est de l'étendue de la main; de *palma*, formé de παλάμη, main.

PAMER, anciennement PASMER, tomber en défaillance; de σπάσμα ou σπασμός, convulsion, spasme, formé d'ἐσπάσμαι, p. p. de σπάω, tirer, contracter. De là *pâmoison*, défaillance.

PAMPHILE, nom propre, de πάμφιλος, ami ou aimé de tous: rac. πᾶς, πᾶσα, πᾶν, *omnis*, et φίλος, *amicus*.

PAN, le dieu des bergers, de πάω, paître.

PANACÉE, remède universel, remède à tous les maux, de πανάκεια, composé de πᾶν, tout, et d'ἀκέομαι, guérir, ou d'ἄκος, remède.

PANCARTE, de πάγχαρτης, rac. πᾶν, *omne*, et χάρτης, *charta*.

PANCHÉE, région de l'Arabie, qui portait l'encens; de πᾶν, tout, et de χαίνω, se fendre, parce que la chaleur de ce pays y fait fendre la terre.

PANDECTES, livres contenant toutes choses, πανδέκται, αἱ, *pandectae*, suppl. *libri*: rac πᾶς, πᾶσα, πᾶν, tout, et δέχομαι, prendre, comprendre. C'est le nom que Tiron, affranchi de Cicéron, donna à des livres qu'il fit sur diverses questions, et qui depuis a été donné au recueil du Droit que Justinien fit faire, lequel s'appelle aussi le Digeste.

PANDORE, nom propre; de πᾶν, *omne*, et δῶρον, *donum*.

PANÉGYRIQUE, discours public à la louange de quelqu'un; de πᾶς, tout, et d'ἄγυρις, assemblée. De là *panegyriste*, subst.

PANORAMA, grand tableau circulaire, sans commencement et sans fin apparente, du centre duquel on voit de face et dans sa totalité l'objet qu'il représente; de πᾶν, tout, et de ὅραμα, vue, dérivé de ὁράω, voir, c'est-à-dire *vue de la totalité*, *vue de l'ensemble*.

PANTHÉON, temple dédié à tous les dieux; de πᾶς, tout, et de Θεός, Dieu.

PANTHÈRE, bête tachetée, de πάνθηρ, ηρος, ηρα, *panthera*, composé de πᾶν, tout, et de θήρ, ρός, bête farouche, parce que la panthère surpasse presque toutes les autres bêtes en férocité.

PANTOMIME, acteur qui imite tout par ses gestes sans proférer aucune parole; de παντόμιμος, composé de πᾶς, gén. παντός, tout, et de μῖμος, qui contrefait, qui imite, dérivé de μιμέομαι, imiter.

*PANTOUFLE, de παντόφελλος, selon Budée, fait de πᾶς, παντός, et de φελλός, οῦ, liège; ou bien de πατεῖν φελλόν, fouler aux pieds le liège. Ménage le dérive plutôt de l'allemand *pentufflen*, qui signifie la même chose.

PAON ou PAN, de ταών, *pavo*,

rac. τείνω, *tendo.* Le paon étend et considère sa queue. Les Eoliens changeaient souvent τ en π: σπαχὺς, pour ςαχὺς, d'où vient *spica,* épi.

PAPA, mot des petits enfans; de πάππας, *pater,* vocatif, πάππα. De là vient aussi le mot de *pape,* parce qu'il est le père spirituel de l'église. De là *papal, papauté, papisme* et *papiste.*

PAPIER, de πάπυρος, *papyrus,* petit arbrisseau d'Egypte, de l'écorce ou pelure duquel on faisait le papier.

PAR, de παρὰ, préposition, en ôtant l'α final, d'où vient aussi *per.*

PARABOLE, comparaison, de παραϐολὴ, *parabola,* dérivé de παραϐάλλω, comparer, composé de παρὰ, auprès, et de βέϐολα, prét. moy. de βάλλω, jeter; jeter auprès, c'est-à-dire rapprocher, parce que toute comparaison exige un rapprochement. De là *parabolique,* adj.

PARACLET, consolateur, avocat, parlant du Saint-Esprit; de παρακαλέω, consoler.

PARADIGME, exemple, modèle; de παράδειγμα, formé de παρὰ, auprès, et de δεῖγμα, montre, exemple, dérivé de δεικνύω, montrer.

PARADIS, de παράδεισος, qui signifie proprement un jardin.

PARADOXE, chose surprenante et non attendue; de παράδοξον, *quod est præter opinionem,* composé de παρὰ, *præter;* et δοκέω, *videor, censeo,* d'où δόξα, *opinio.* De là *paradoxal,* adj.

PARAGOGE, addition à la fin d'un mot, par exemple λέγουσι, pour λέγοις; de παρὰ, auprès, *ad,* et d'ἄγω, *duco.* De là *paragogique.*

PARAGRAPHE, παραγραφὴ, *adscriptio, annotatio,* rac. γράφω, *scribo.* De là vient aussi *paraphe* et *parapher.*

PARALIPOMÈNES, nom d'un livre de la bible, qui signifie choses omises dans les livres des rois; de παρὰ, outre, et de λείπω, laisser.

PARALLELE, παράλληλος, *æquidistans,* qui est toujours dans une égale distance.

PARALOGISME, mauvais raisonnement, sophisme; de παρὰ, à côté, et λόγος, discours.

PARALYSIE, privation de sentiment et de mouvement volontaire en quelque partie du corps; de παράλυσις, relâchement, composé de παρὰ, contre, et de λύσις, dérivé de λύω, relâcher, parce que dans cette maladie, les partie nerveuses se relâchent contre leur état naturel. De là *paralytique,* adj., et *paralyser,* verbe.

PARANGONNER, vieux mot pour dire comparer; de παράγειν, mettre l'un contre l'autre: rac. παρὰ, qui en composition signifie avec, et ἄγω, *duco, adduco.*

PARANYMPHE, παράνυμφος, *auspex sponsi,* qui avait la principale conduite des noces, qui était proche de l'épouse, παρὰ νύμφῃ, rac. νύμφη, *sponsa.* Et de là ont été prises par métaphore les paranymphes des écoles.

PARAPET, de παραπέτασμα, *cortina, umbraculum:* rac. πετάω, *pando.*

PARAPHERNAUX, se dit des biens dont une femme s'est réservé la jouissance et la disposition; de παρὰ, au-delà, et de φερνή, la dot, parce qu'ils ne font point partie de la dot.

PARAPHRASE, παράφρασις, interprétation qui est selon le sens, et non selon les paroles, développement d'une chose qui manque d'étendue ou qui n'est pas assez claire; de παραφράζω, parler selon le sens, composé de παρὰ, selon, et de φράζω, parler. De là *paraphraser, paraphraseur,* terme familier, et *paraphraste,* auteur de paraphrases.

PARASÉLÈNE, cercle lumineux qui environne quelquefois

la lune, et dans lequel on voit une ou plusieurs images de cette planète; de παρὰ, proche, et de σελήνη, la lune.

PARASITE, παράσιτος, parasitus, qui use de flatterie auprès des grands pour y trouver à dîner; de παρὰ, proche, et de σῖτος, blé, littéral. celui qui est près du blé.

*PARDONNER, παραδοῦναι, concedo, indulgeo, δίδωμι, pris de δόω, donner. Si l'on n'aime mieux le prendre de perdonare, qui se trouve en ce sens dans la basse latinité.

PARÉLIE, apparence d'un ou de plusieurs soleils autour du véritable ; de παρὰ, auprès, et de ἥλιος, soleil

PARENTHÈSE, παρένθεσις, interposition, mots insérés dans la phrase, où ils font un sens à part, composé de παρὰ, entre, d'ἐν, dans, et de θέσις, position, dérivé de θέω, d'où τίθημι, pono.

PARESSE, πάρεσις, remissio, negligentia, Budée; de παρίημι, remitto, laxo : rac. ἕω, ἵημι, mitto.

*PARLER et PAROLE, de l'italien parola, pris de parabola, qui se trouve en ce sens dans les auteurs de la basse latinité, et qui vient de παραβάλλειν, conferre : rac. βάλλω, jacio. Ou bien, parler viendra de παραλαλεῖν, obloquor : rac. λαλέω, loquor.

PARNASSE, montagne de la Phocide, consacrée à Apollon et aux muses, de παρνασσὸς, composé de παρὰ, à côté, et de νάσσω, rendre égal, à cause de ses deux sommets égaux.

PARODIE, imitation bouffonne d'un ouvrage sérieux ; de παρωδία, composé de παρὰ contre, et d'ᾠδὴ, poème, chant; contre-chant.

PAROISSE, de παροικία, qui se trouve en ce sens dans quelques conciles, et qui signifie proprement prochaine demeure, accolatus, rac. οἶκος, domus. Ou de παροχὴ, parochia, parochi munus, dans S. Basile, πάροχος, parochus, præbitor, qui fournit le nécessaire, comme le pasteur doit faire à ceux qui sont sous sa conduite.

PARRHASIE, l'Arcadie, contrée du Péloponèse; de παρρασία, composé de πᾶν, tout, et de ῥάζω, le même que ῥαίνω, arroser.

PARTHÉNON, fameux temple de Minerve à Athènes ; de παρθενὼν, dérivé de παρθενὸς, vierge, parce qu'on prétendait que cette déesse avait toujours conservé sa virginité.

PASIPHAÉ, fille du Soleil ; de πᾶσι, dat. pl. de πᾶς, tout, et de φάω, luire, qui brille pour tout le monde.

*PATE, de πάση, inspersa, Martin. Πάσα, se trouve dans Hésychius pour une mixtion de fromage et de farine, et dans Eustathe, pour une mixtion d'herbe et de farine. Πάση, dans Pollux, est presque la même chose : rac. πάσσω, inspergo. Ou bien, pâte viendra de pastum, supin de pinso ou piso, pêtrir, qui vient de πτίσσω, pinso, tundo.

PATE. V. PATIN.

PATHÉTIQUE, affectif, qui touche et remue les passions, παθητικὸς, patheticus : rac. πάσχω, patior, aor. 2 ἔπαθον.

PATHOLOGIE, science qui considère la nature des maladies ; de πάθος, maladie, et de λόγος, discours.

*PATIN, sorte de soulier; de πατεῖν, calcare : rac. πάτος, chemin battu et frayé. Si l'on n'aime mieux le prendre de pate, qui vient de plata, comme qui dirait plate, et plata vient de πλάτα, dor. pour πλάτη, qui se prend pour le plat de l'épaule, le bas de l'aviron qui est plat et large : rac. πλατὺς, latus.

PATIR, de παθῶ, pour lequel

on dit πάσχω, imparf. ἔπαθον, endurer, souffrir.

PATRIARCHE, nom que l'on donne à plusieurs saints personnages de l'ancien testament ; de πατριάρχης, primus patrum, composé de πατήρ, père, et d'ἀρχή, principe, primauté, puissance ; chef de famille. De là patriarchal, adj. et patriarchat, dignité de patriarche.

PATRIE, de πατρία, ας, ou πατρίς, ίδος, en latin patria, sous-entendu terra, dérivé de pater, gén. patris, formé de πατήρ, père ; la terre, le pays de nos pères.

PATROCLE, nom d'homme ; de πατρός, gén. de πατήρ, père, et de κλέος, gloire ; gloire de son père.

PATRONYMIQUE, se dit du nom commun à tous les descendans d'une race, et tiré de celui qui en est le père ; de πατρονυμικός, composé de πατρός, gén. de πατήρ, père, et d'ὄνυμα, nom.

PAUME, le dedans ou le creux de la main ; de παλάμη, palma. Le jeu de paume, où l'on renvoie une balle avec une raquette, est ainsi appelée, parce qu'autrefois on y jouait avec la paume de la main nue, ou garnie d'un gant. Delà vient empaumer, comme qui dirait prendre de la main, se saisir, et paumier, le maître d'un jeu de paume.

PAUSE, de παῦσις, pausa, repos : rac. παύω, cesso. De là pauser, verbe neutre, appuyer sur une syllabe en chantant. De là vient aussi

PAUVRE, παυρός, paucus, non multus.

*PAYS, de pagus, village, pris de πάγος, tumulus, collis, ou de πηγή, dor. παγή, fons, parce que les anciens s'habituaient ordinairement autour des fontaines. Et pagus ne signifie pas seulement un village, mais aussi un bailliage entier, une contrée, un quartier.

PÉAN, surnom d'Apollon ; de παιάν, composé de παῖς, impérat. de παίω, frapper, et d'ἄνα, voc. d'ἄναξ, seigneur, parce que dans son combat avec le serpent Python, les habitans du pays, témoins de sa valeur, lui criaient παῖς, ἄνα, frappez, Seigneur.

PÉDAGOGUE, précepteur ; de παῖς, enfant, et ἀγωγός, conducteur, qui vient d'ἄγω, conduire.

PÉDIE, éducation, d'où vient le mot Cyropédie de Xénophon, c'est-à-dire instruction de Cyrus pendant sa jeunesse ; de παῖς, enfant.

PÉGASE, cheval ailé, qui d'un coup de pied fit sortir la fontaine Hippocrène ; de Πήγασος, formé de πηγάζω, faire sourdre, faire jaillir, dérivé de πηγή, fontaine, source.

PÉGASIDES, surnom des muses, tiré de la source que le cheval Pégase fit jaillir d'un coup de pied ; de πηγασίδες, dérivé de πήγασος.

PÉGÉES, nymphes des fontaines ; de πηγή, source.

PÉGOMANCIE, divination par l'eau des fontaines : de πηγή, fontaine, et de μαντεία, divination.

PEIGNER, de πείκω, πέκω et πέκτω, pecto.

PEINE, de ποίνη, pœna, qu'on doit rapporter à πένομαι, laboro.

PÉLAGIEN, se dit des oiseaux de la pleine mer ; de πελάγιος, marin, dérivé de πέλαγος, en lat. pelagus.

*PELER, de λέπειν, decorticare, par transposition, πέλειν. Ou bien de pellis, qui viendra de φελλός, qui dans Hésychius se prend pour l'écorce d'un arbre, et qui a peut-être aussi signifié la pelure des fruits. Peler se prend aussi pour ôter le poil, comme tête pelée. Mais pilus, poil, vient de pellis, selon Isidore, parce que le poil naît de la peau ; ou bien

alors pelé viendra de πτίλος, qui se prend pour celui qui a les sourcils pelés, et sans poil, et qui a pu avoir une signification plus générale; puisque πτίλον, signifie encore la plume des oiseaux, ou le poil folet qui leur tombe quand la plume vient, d'où Vossius croit que l'on peut même faire venir *pilus* et *capillus*.

PÉLICAN, grand oiseau aquatique; de πελεκὰν, ᾶνος, dérivé de πέλεκυς, une hache, parce que son bec ressemble à une hache, en ce qu'il est plat, et presque de la même largeur dans toute son étendue: *Pelican* est aussi un instrument de dentiste, qui a quelque ressemblance avec le bec de cet oiseau.

PÉLOBATE, nom d'une grenouille dans la Batrachomyomachie; de πῆλος, boue, et de βατέω, formé de βαίνω, marcher: *qui marche dans la boue*.

PÉLOPONÈSE, province et presqu'île de l'ancienne Grèce, gouvernée autrefois par Pélops, qui lui donna son nom; de Πέλοπος, gén. de Πέλοψ, Pelops, et de νῆσος, île; *île de Pelops*.

PÉLORE, un des trois promontoires de la Sicile, celui qui est en face de l'Italie; de πελώρος, immense, dérivé de πέλωρ, prodige, chose monstrueuse.

PELTE, sorte de bouclier des anciens, échancré en demi-lune ou en demi-cercle; de πέλτη, en latin *pelta*. De là *peltaste*, soldat armé du bouclier appelé *pelte*.

PÉLUSE, ville d'Egypte, située sur l'une des embouchures du Nil, de πῆλος, boue, et d'οὐσία, existence, parce que le limon s'amasse à l'embouchure des fleuves.

PÉNÉLOPE, femme d'Ulysse, très-habile à faire de la toile; de πῆνος, de la toile, et λῶπος, habit.

PÉNIE ou PÉNIA, déesse de la pauvreté; de πενία, pauvreté, dérivé de πένης, pauvre.

PENTAGONE, πεντάγωνος, qui a cinq angles: rac. πέντε, *quinque*, et γωνία, *angulus*. Et de même *hexagone*, ἑξάγωνος ou -νίος, qui a six angles: rac. ἕξ, *sex*. *Polygone*, πολύγωνος ou -γώνιος, qui a plusieurs angles: rac. πολὺς, *multus*.

PENTAMÈTRE, qui a cinq pieds, parlant d'un vers; de πέντε, cinq. et μέτρον, mesure.

PENTATEUQUE, volume divisé en cinq livres, comme celui de Moïse, πεντάτευχος: rac. πέντε, *quinque*, et τεύχω, *facio, fabricor*, τεῦχος, τὸ, *vas, arma, liber*.

PENTATHLE, genre d'exercice chez les anciens; de πένταθλον, composé de πέντε, cinq, et d'ἆθλος, combat, parce qu'il comprenait cinq sortes de jeux ou combats, savoir: la lutte, la course, le saut, le disque, le javelot ou le pugilat.

PENTECOTE, fête solennelle chez les Juifs et chez les Chrétiens; de πεντηκοστή, cinquantième, sous-entendu ἡμέρα, jour, c'est-à-dire le cinquantième jour d'après Pâque: rac πέντε, cinq.

PENTHÉE, roi d'une partie de la Grèce; de πένθος, plainte, deuil, parce qu'il fut mis en pièces par sa mère et ses tantes.

PÉPLUM, long voile de femme, d'une étoffe fine et légère, qui descendait jusqu'aux talons, et était sans manches, et ordinairement attaché avec une ceinture; de πέπλον, le même que πέπλος.

PERCER, de πέρσαι, aor. 1. infin. de πείρω, fut. περῶ, éol. πέρσω, *transfigo*. Ou bien de πέρθω, *diruo, trucido*.

PERCHE, poisson tacheté; de πέρκη, *perca*: rac πέρκος, tacheté de noir. Mais *perche*, bâton, vient de *pertica*.

PERDRE, de πέρθειν, *diruere, perdere*.

PERDRIX, de πέρδιξ. *perdix.*
PÈRE, de πατήρ, *pater.*
PÉRIBÉE, nom commun à plusieurs héroïnes des temps fabuleux: de περιβοάω, répandre partout, divulguer, célébrer, composé de περί, autour, et de βοάω, crier.
PÉRICARDE, membrane qui enveloppe le cœur; de περί, autour, et de καρδία, le cœur.
PÉRICRANE, membrane qui environne le crâne; de περί, autour, et de κρανίον le crâne.
PÉRIÉCIENS, se dit des peuples qui habitent sous le même degré de latitude; de περί, autour, et d'οἰκέω, habiter, dérivé d'οἶκος, maison, c'est-à-dire *qui habitent autour du pôle à la même distance de l'équateur.*
PÉRIÉGÈTES, ministres du temple de Delphes, qui servaient à la fois de guides et d'interprètes; de περιηγητής, qui conduit autour, dérivé de περιηγέομαι, conduire autour, composé de περί, autour, et de ἡγέομαι, conduire.
PÉRIGÉE, en astronomie, endroit du ciel où se trouve une planète, quand elle est le plus près de la terre, de περί, autour, et de γαῖα ou γῆ, terre. Il est opposé à *apogée*, composé d'ἀπό, loin, et de γαῖα, terre.
PÉRILLE, nom de l'artiste, inventeur du taureau d'airain où le tyran Phalaris faisait enfermer et brûler les malheureuses victimes de sa cruauté; de περί, autour, et de ὕλος.
PÉRIODE, tour, circuit; de περίοδος, composé de περί, autour, et de ὁδός, chemin: *chemin que l'on fait en tournant*, se dit, en astronomie, de la révolution d'un astre autour de son orbite; en grammaire, d'une phrase arrangée dans un certain ordre, et dont le sens est parfait; en chronologie, d'un certain nombre d'années, lequel étant écoulé, revient toujours dans le même ordre; et en médecine, du temps compris entre deux accès dans une maladie. De là *périodique* et *périodiquement.*
PÉRIPATÉTICIENS, philosophes de la secte d'Aristote; de περί, autour, et de πατέω, se promener, parce qu'ils disputaient dans le lycée en se promenant.
PÉRIPHRASE, figure par laquelle on exprime en plusieurs mots ce qu'on aurait pu dire en moins; de περίφρασις, *circumlocutio*: rac. περί, *circùm*, et φράζω, *loquor.* De là *périphraser*, parler par périphrase.
PÉRISCIENS, habitans des zônes glaciales; de περί, autour, et de σκία, ombre, parce que leur ombre tourne autour d'eux pendant les six mois que le soleil est sur leur horizon.
PÉRISTYLE, suite de colonnes formant galerie au devant d'un bâtiment, autour d'une cour; de περί, autour, et de στύλος, colonne: *qui a des colonnes tout autour.*
PÉRITOINE, membrane qui recouvre et enveloppe tous les viscères du bas ventre; de περιτόναιον, composé de περί, autour, et de τοναῖος, tendu, de τέτονα, parf. moyen de τείνω, tendre; parce que cette membrane est tendue naturellement par le poids des intestins qu'elle renferme.
*PERS, couleur, de πέρκος, tacheté de noir ou tirant sur le noir. Ou bien de πράσινος, tirant sur le porreau: rac. πράσον, *porum.*
PERSÉE, fils de Jupiter et de Danaé; de Περσεύς, dérivé de πέρσις, destruction, formé de πέρθω, ravager, détruire.
PERSIL, par sync. pour *petrosil;* de πετροσέλινον, qui marque proprement une espèce de persil qui vient dans les pierres:

rac. πέτρος et πέτρα, petra; et σέλινον, apium.

✦PERRUQUE, de πηνίκη, coma adlititia : rac. φέναξ, impostor, le υ se change en r, comme en δεινὸς, dirus, et l'ι en u, comme en χάρις, carus, etc.

PERTE, de πέρσις, ravage, ruine, destruction, formé de πέρθω

PÉTALE, pièce qui compose le calice d'une fleur; de πέταλον, feuille, dérivé de πετάω, ouvrir, étendre, éclore.

PÉTASE, chapeau à larges bords des anciens; de πέτασος, dérivé de πετάω.

PÉTASITE, plante; de πετασίτης, qui a la forme d'un chapeau, dérivé de πέτασος, chapeau à larges bords, parce que ses feuilles qui sont larges et grandes, pendent comme un chapeau renversé.

PÉTRÉE, pleine de pierres, se dit de la partie septentrionale de l'Arabie; de πέτρα, pierre, rocher, à cause du grand nombre de rochers et de montagnes dont elle est couverte.

PHAÉTON, fils du soleil, qui brûla une partie du ciel, et toute la terre ; de φάος, lumière, ou φάω, briller, et αἴθω, brûler, ou bien de φαέθων, brillant, formé de φαέθω, dérivé de φάω, briller.

PHANTASMAGORIE. Voyez FANTASMAGORIE.

PHARE, tour à mettre des flambeaux pour guider les navires; de φάρος ou de φαρύνω, briller, luire.

PHARMACIE, l'art de composer et de préparer les remèdes; de φαρμακία, dérivé de φάρμακον, médicament. De là pharmacien, subst.

PHARMACEUTIQUE, φαρμακευτικὸς, qui concerne la pharmacie. La pharmaceutique, φαρμακευτικὴ (sous-entendez ἐπιστήμη, science), est la partie de la médecine qui traite de la composition des drogues et de leur emploi.

PHARMACOLOGIE, science de la pharmacie; de φάρμακον, remède, et de λόγος, discours.

PHARMACOPÉE, traité sur la manière de préparer et de composer les remèdes; de φαρμακοποιΐα, dérivé de φαρμακοποιέω, composé de φάρμακον, et de ποιέω, faire, composer.

PHARMACOPOLE, c'est-à-dire vendeur de remèdes; de φάρμακον, remède, et de πωλέω, vendre.

PHARYNX, partie supérieure du gosier et de l'œsophage ; de φάρυγξ, le même.

PHASE, de φάσις, apparence, rac. φαίνω, paraître, se montrer. On appelle phases les diverses apparences de la lune et des autres planètes, c'est-à-dire les diverses formes sous lesquelles elles se montrent.

PHÉBÉ, la même que la lune; de φοίβη, fém. de φοῖβος, lumineux, brillant.

PHÉBUS, Apollon et le soleil; de φοῖβος, lumineux, brillant, éclatant.

PHÉBUS, style obscur et ampoulé; de φοῖβος, clair, par antiphrase.

PHÈDRE, Phœdrus, de φαιδρὸς, beau, serein, clair, pur, manifeste, joyeux ; φαιδρύνω, rendre beau, polir, orner, embellir, laver, nettoyer, réjouir : φαιδρότης, ητος, ἡ, beauté, gaîté, réjouissance.

PHÉNICIE, une des trois parties de la Syrie; de φοῖνιξ, palmier, parce que cet arbre y croît abondamment.

PHÉNICOPTÈRE, oiseau aquatique; de φοῖνιξ, gén. ικος, rouge, et de πτερὸν, aile, à cause du plumage de ses ailes, qui est couleur de rose.

PHÉNIX, φοῖνιξ, phœnix, oiseau unique en son espèce, ainsi nommé à cause de la couleur de son plumage, de φοῖνιξ, rouge.

PHÉNOMÈNE, tout ce qui paraît d'extraordinaire dans le ciel, dans l'air, dans le corps humain; de φαινομένον, participe de φαίνομαι, apparaître, moy. de φαίνω.

PHIDITIES, repas publics des Spartiates, renommés par leur frugalité; de φειδίτιον, dérivé de φείδομαι, épargner.

PHILADELPHE, surnom donné par antiphrase à Ptolémée, qui fit mourir deux de ses frères; de φίλος, ami, et d'ἀδελφὸς, frère : *qui aime ses frères.*

PHILADELPHIE, *Philadelphia,* nom de ville dans l'Apocal. φιλαδελφία, *charitas fraterna :* rac. φίλος, *amicus,* et ἀδελφὸς, *frater.*

PHILANTHROPE, qui aime les hommes; de φίλος, ami, et d'ἄνθρωπος, homme. De là *philanthropie.*

PHILÉMON, nom propre, φιλήμων, ονος, *amans, deosculans :* rac φιλέω, aimer, φίλημα, un baiser.

PHILIPPE, nom propre; de φίλιππος, amateur de chevaux, généreux, propre à la guerre : rac. φιλέω, *amo,* et ἵππος, *equus.*

PHILOCTÈTE, nom d'homme; de φίλος, ami, et de κτάομαι, acquérir, c'est-à-dire acquéreur de biens ou de possessions.

PHILOLOGIE, érudition qui embrasse diverses branches de la littérature; de φίλος, ami, et de λόγος, discours : *amour du discours ou du savoir.* De là *philologique* et *philologue,* celui qui cultive diverses parties de la littérature.

PHILOMATHIE, de φίλος, ami, et de μαθέω, apprendre : *qui aime à s'instruire.*

PHILOMÈLE, fille de Pandion, roi d'Athènes, changée en rossignol, oiseau qui chante bien; de φίλος, ami, et μέλος, chant; c'est-à-dire qui aime le chant.

PHILOMÉTOR, surnom d'un Ptolémée : de φιλομήτωρ, qui aime sa mère, composé de φίλος, ami, et de μήτηρ, mère.

PHILOPATOR, surnom de quelques anciens rois d'Egypte et de Syrie; de φιλοπάτωρ, qui aime son père, composé de φίλος, ami, et de πατήρ, père.

PHILOSOPHIE, étude de la nature et de la morale; de φίλος, ami, et de σοφία, sagesse; *amour de la sagesse.* De là *philosophe, philosopher* et *philosophique.*

PHILOSTRATE, nom propre d'homme; de φίλος, ami, et de στρατός, armée : amateur de l'armée.

PHILOTIME, nom propre; de φίλος, ami, et de τιμή, honneur, dérivé de τίω, honorer, *qui aime les honneurs.*

PHLÉBOTOMIE, la saignée ou l'art de saigner; de φλεβοτομία, composé de φλέψ, gén. φλεβός, veine, et de τέμνω, couper; d'où τομή, incision. De là *phlébotomiser,* saigner; *phlébotomiste* ou *phlébotome,* celui qui saigne.

PHLEGME. V. FLEGME.

PHLÉGÉTON, un des fleuves de l'enfer; de φλεγέθω, brûler, enflammer, dérivé de φλέγω, brûler, parce qu'il roule des torrens de flammes.

PHLÉGON, un des quatre chevaux du Soleil; de φλέγω, brûler, c'est-à-dire brûlant, ardent.

PHLYCTÈNES, pustules ou petites vessies qui s'élèvent sur la peau; de φλυκταίναι, dérivé de φλύζω, le même que φλύω, qui signifie aussi bouillir, être chaud, parce qu'elles ressemblent à celles que cause la brûlure du feu ou de l'eau bouillante.

PHOENICURE, espèce de rossignol, appelé autrement ros-

signol de murailles; de φοίνικος, gén. de φοῖνιξ, rouge, couleur de pourpre, à cause de la couleur de son plumage.

PHOSPHORE, substance qui a la propriété de luire comme du feu; de φῶς, lumière, dérivé de φάω, luire, et de φορὸς, qui porte, formé de πέφορα, parfait moyen de φέρω, porter: *porte-lumière.* De là *phosphorique.*

PHOSPHORE, étoile de Vénus; de φῶς, lumière, et de φέρω, porter.

PHRASE, de φράσις, manière de parler, dérivé de φράζω, parler. De là *phraseur,* faiseur de phrases, qui parle ou écrit d'une manière affectée.

PHRÉNÉSIE V. Frénésie.

PHTHIRIASE, maladie dans laquelle il s'engendre sous la peau une grande quantité de poux; de φθειρίασις, formé de φθειριάζω, fourmiller de poux, dérivé de φθείρ, pou, qui vient de φθείρω, le même que φθέω.

PHTHIROPHAGE, mangeur de poux, se dit des Hottentots parmi les hommes, et des singes parmi les animaux; de φθείρ, gén. φθειρὸς, pou, et de φάγω, manger.

PHTHISIE, maigreur et dépérissement du corps; de φθίσις, corruption, exténuation, amaigrissement, langueur: rac φθέω, sécher, faire sécher. De là *phthisique,* qui est atteint de phthisie.

PHYLARQUE, ancien magistrat d'Athènes; de φύλη, tribu, et d'ἄρχος, chef: *chef de tribu.*

PHYSETÈRE, poisson de mer du genre des cétacés, qui fait jaillir l'eau par ses narines, de φυσητὴρ, souffleur, dérivé de φυσάω, souffler.

PHYSIOLOGIE, partie de la médecine qui traite des différentes parties du corps humain dans l'état de santé; de φύσις, nature, et de λόγος, discours, traité. De là *physiologue* et *physiologiste.*

PHYSIONOMIE, l'art de juger par l'inspection des traits du visage quelles sont les inclinations d'une personne; de φυσιογνωμονία, indication du naturel, composé de φύσις, nature, caractère, et de γνώμων, ωνος, indice; *indice du naturel.* De là *physionomiste,* celui qui se connaît en physionomie. *Physionomie* se prend plus ordinairement pour l'ensemble des traits du visage.

PHYSIQUE, science qui a pour objet les corps et leurs propriétés; de φυσικὴ, fém. de φυσικὸς, dérivé de φύσις, nature. On sous-entend ἐπιστήμη, science, *science de la nature ou des choses naturelles.* De là *physicien, physique* pour naturel et *physiquement.*

★PICHET, vaisseau; de βικὸς, cruche ou vaisseau qui a des anses.

PIED, de πούς, ποδὸς, *pes.*

PIÉGE, de παγὴ ou παγὶς, *laqueus,* un lacet: rac. πήγνυω, *figo, compingo.*

PIÉRIDES, surnom des muses, tiré du mont Piérius, qui leur était consacré; de πίειρος, heureux, fertile, dérivé de πίων.

PIERRE, de πέτρος ou πέτρα, *lapis, petra.*

PIFFRE, de πεφορημένος, chargé de viande. Ou bien il viendra de briser, manger avec avidité, qu'on peut rapporter à βρέφος, *infans.*

PILE, amas de choses rangées les unes sur les autres; de πῖλος, laine entassée, feutre, chapeau, en lat. *pileus.* Pile se dit particulièrement d'un massif de maçonnerie qui soutient les arches d'un pont. De là *pilier,* colonne; *pilastre,* colonne carrée; *pilotis,* gros pieu qu'on enfonce en terre pour asseoir les fondemens d'un ouvrage dans un lieu marécageux ou dans un terrain peu solide; et *pilori,* poteau où sont attachés les criminels pour être exposés en public. (Voyez ci-après le même mot.)

*PILE, amas; de πιλόω, cogo, coarcto: rac. πίλος, pileus, feutre, chapeau. Pila en latin, la première longue, se dit ou d'un mortier, ou d'un pilier ou masse de pierre, et semble venir de la même origine; car, comme ὅλμος s'est dit et du mortier et du pilon, et ensuite du cylindre, à cause de la ressemblance, de même il y a apparence que pila et πῖλὸς, en grec, ont signifié le pilon aussi bien que le mortier; puis le pilier par ressemblance de la figure. Ce qui viendra toujours de πιλόω, densare, parce que les choses pilées dans un mortier se pressent davantage, et que la pile ou le pilier est fait de pierres entassées les unes sur les autres. Car c'est la différence qu'il y a entre pila et columna; ce dernier mot ne se disant que des colonnes toute d'une pièce, au lieu que pila était de plusieurs pierres. Mais pila, la première brève, une balle, viendra, ou de πίλος, qui signifie cela dans Eust., et qui se prend aussi pour de la laine entassée, comme nous voyons qu'elle est dans les balles; ce qui vient de πιλόω, denso. Ou il viendra de πάλα, (comme nous avons dit ci-dessus au mot balle) au lieu duquel les Eoliens ont dit πόλα; d'où les Latins ont pris polo, pilá ludo, dans Festus; ou enfin de πόλος, qui ne signifie pas seulement le pôle ou le ciel, mais aussi la tête, dans Pollux et dans Hésychius, rac. πολέω, verto; ce qui se dit des choses rondes. Voyez Vossius. Mais pile, pour un des côtés de la monnaie, est un vieux mot gaulois qui signifiait navire, d'où vient pilote, parce qu'on marquait autrefois un navire sur la monnaie, selon ce vers d'Ovide.

Tum bona posteritas puppim signavit in ære.

Aussi nous voyons dans Macrobe (Satur., l. 1, chap. 7) que les enfans jouant à croix-pile criaient: *Capita, aut navim*, à cause que les as portaient d'un côté un Janus à deux têtes, et de l'autre avaient un navire.

PILER, broyer, écraser avec le pilon; de πιλεῖν, fouler, serrer, presser, dérivé de πίλος, feutre, laine pressée. De là pilon, instrument pour piler.

*PILLER, de pilare, qui se trouve en cette signification dans Ammien Marcellin, et d'où viennent encore expilare, compilare, etc. Mais pilare, selon Festus, vient de πιλήτης, éol. pour φιλήτης, qui se trouve pour un larron dans les hymnes d'Homère, et pour un brigand dans Hésiode. Ou plutôt, selon Ménage, de πειρᾶν, prendre, dans Hésychius, dont on aurait fait pirare, pilare, piller. Ou selon Vossius, de πιλέω ou πιλόω, denso, constipo, fourrer et entasser les choses, comme font les voleurs et ceux qui pillent, pour les cacher et emporter, rac. πίλος, pileus, chapeau, feutre.

PIN, arbre; de πίνος, pinus, dans Théophraste.

*PINSON, oiseau; de σπίζων ou σπίζα, fringilla: rac. σπίζω, expando. Ou de σπίνος, pris de la même rac., duquel ils ont fait σπίγγος et σπίνθος, et par diminution σπίνθιον; d'où les Latins ont pris spintio, dont ils ont fait aussi pintio, et d'où peut venir pinson.

*PINTE, de σπίνθα, pintha, selon Budée et Perion.

*PION, ivre, de πίνω, bibo.

*PIPER, de πιπεῖν, tromper, d'où vient παρθενοπίπης, qui trompe et abuse les vierges. Si l'on n'aime mieux le prendre de pipare, fait de pipatus, qui, selon M. Saumaise, marque particulièrement le chant des oiseaux qui crient après la chouette. Ou de pipare, selon le P. Labbe, contrefaire le chant et la voix des oiseaux, pour les attraper. D'où vient aussi *pipée*, prendre à la pipée.

PIRATE, πειρατής, *prædo*, de πειράω, qui dans Hésychius est interprété λαμβάνω, *capio* : rac. πεῖρα, *conatus*, *tentatio*, à cause des entreprises hardies des pirates. De là *piraterie* et *pirater*.

PISISTRATE, nom d'homme ; de πείθω, persuader, et de ςρατός, armée ; *qui persuade l'armée.*

*PISTE, de πύςις, Thucydide, recherche, interrogation, demande, poursuite : rac. πυθάνομαι, *inquiro*, inusité πύθομαι.

*PITANCE, de πίττακος ou πιττάκιον, qui signifie proprement une tablette ou une étiquette, parce que chacun avait sa pitance ou portion, suivant l'étiquette qui lui échéait ou le lieu qu'il avait sur la carte : rac. πίσσα ou πίττα, *pix*, parce que ces tablettes étaient enduites de poix.

*PITE, de *pista*, qui est encore en usage parmi les Italiens, et qui a été fait de *piso*, pris de πτίσσω, *pinso*, *tundo*, *decortico*.

PITHÉGIES, fêtes en l'honneur de Bacchus, pendant lesquelles on offrait du vin à boire à tous venans ; de πιθοιγία, composé de πίθος, tonneau, et d'οἴγω, ouvrir.

PITHOMÉTRIQUE, adj., se dit des échelles qui indiquent les segmens des tonneaux dans le jaugeage ; de πίθος, tonneau, et de μέτρον, mesure.

PLACART, de πλάξ, πλακὸς, accus. πλάκα, *tabula* : rac. πλατὺς, *latus*.

PLACE, de πλατεία, *platea* : rac. πλατὺς, ample.

PLAIE, πληγή, -ῆς, dor. πλαγὰ, *plaga*, rac. πλήσσω, frapper.

PLANCHE, de *planca*, qui se trouve dans Pline et dans Tertulien, et qui vient de πλὰξ, πλακὸς, πλάκα, *tabula*. D'où il semble qu'on ait fait premièrement *placa* ; puis, ajoutant *n*, *planca*, et de là vient notre mot *plancher* ; rac. πλατὺς, *latus*.

PLANÈTES, de πλανήτης, errant, dérivé de πλάνη, erreur ; *astre errant*, parce que les planètes changent continuellement de position par rapport aux étoiles fixes.

PLANÉTOLABE, instrument astronomique pour mesurer les planètes ; de πλανήτης, planète et de λαμβάνω, qui emprunte ses temps de λήθω, prendre.

PLAQUE, de πλὰξ, ακὸς, πλάκα, *tabula* : rac. πλατὺς, *latus*. Voy. PLANCHE.

PLASTIQUE, en philosophie, qui a la puissance de former ; de πλαστικὸς, dérivé de πλάσσω, former. L'art plastique ou *la plastique*, est une partie de la sculpture qui consiste à modeler toutes sortes de figures en terre, plâtre etc. ; même rac.

PLAT, vaisselle creuse à l'usage de la table ; de πλατὺς, *planus*, *latus*.

PLATANE, arbre dont le feuillage est très-étendu ; de πλάτανος, en lat. *platanus*, dérivé de πλατὺς, large, ample.

PLATON, nom propre d'homme ; de πλατὺς, large, ample ; *qui a de larges épaules*.

PLATINE, de πλαθάνη, qui se prend aussi pour une poêle : rac. πλάσσω et -ττω, forger, former, faire.

PLÉIADES, constellation composée de plusieurs étoiles dans le signe du taureau ; de πλειάδες, dérivé de πλέω, naviguer, parce que ces étoiles sont observées par les marins.

PLEIN, de πλέος et πλεῖος, τὸ πλεῖον, *plenus*, *a*, *um*.

PLÉONASME, de πλεονασμὸς, *pleonasmus*, superfluité, mot surabondant dans le discours : rac. πολὺς, *multus*. Πλεῖον et πλέων, *copiosior* : πλεονάζω, être plus qu'il ne faut.

PLEURÉSIE, πλευρῖτις, lateralis morbus : rac. πλευρά, latus, costa, parce que cette maladie est une inflammation de la membrane qui recouvre l'intérieur des côtes.

PLINTHE, membre d'architecture carré ou plat, que l'on met aux bases des colonnes ; de πλίνθος, brique, parce qu'il en a la forme. De là les *plinthes* ou les plates-bandes qui règnent dans les ouvrages de maçonnerie, ou de menuiserie.

*PLUTON, dieu des enfers ; de πλοῦτος, richesses.

PLUTUS, dieu des richesses, de πλοῦτος, richesses.

PNEUMATIQUE, se dit d'une machine avec laquelle on pompe l'air d'un vase ou récipient ; de πνευματικός, qui agit par le moyen de l'air ou du vent, formé de πνεῦμα, vent, air, dérivé de πνέω, souffler.

PNEUMATOLOGIE, traité des substances spirituelles ou des esprits, en philosophie ; de πνεῦμα, génitif ατος, souffle, esprit, et de λόγος, discours, traité.

POCHE, de πόκος, *vellus*, peau de mouton dont sont faites ordinairement les poches : rac. πείκω, *tundo*.

PODAGRE, qui a la goutte aux pieds ; de πούς, pied, et ἄγρα, capture, prise.

PODARCE. V. PRIAM.

POECILE, portique d'Athènes ; de ποικίλη, fém. de ποικίλος, varié, sous-entendu στοά, portique, à cause de la variété des peintures qu'on y voyait.

POEME, ouvrage en vers ; de ποίημα, ce qui est fait, ouvrage, formé de πεποίημαι, parf. pass. de ποιέω, faire, composer, écrire en vers.

POÉSIE, l'art de faire des vers ; de ποίησις, action, composition, dérivé de ποιέω, écrire en vers.

POÈTE, de ποιητής, *poeta*, faiseur, qui fait, qui compose,

dérivé de ποιέω, faire, composer, écrire en vers.

POÉTIQUE, subst., traité de l'art de la poésie ; de ποιητική, (sous-entendu τέχνη, art.) fém. de ποιητικός, qui appartient à la poésie ; *l'art de faire des vers, l'art poétique, la poétique.* De là

POÉTIQUE, adj. qui concerne la poésie, d'où *poétiquement*, adv., et *poétiser*, versifier, terme familier ou de dénigrement.

POING, de πυγμή, ῆς, *pugnus* : rac. πύξ, adverbe, *pugno*, du poing.

POIS, légume, πίσον, *pisum* : rac. πίσσω, *pinso, decortico*.

POIVRE, πέπερι, *piper*.

POIX, de πίσσα, *pix*, dont on a fait *picare*, poisser, et de là notre mot de poinçon, par ce qu'on les poissait, comme on fait en quelques endroits, pour empêcher le vin de sortir.

POLE, de πόλος, *polus*, dérivé de ποιέω, *verto*, tourner, parce que les anciens ont cru que le ciel tournait. Les pôles sont les deux extrémités de l'axe imaginaire sur lequel la sphère du monde est censée faire sa révolution. De là *polaire*, adj., qui appartient aux pôles.

POLÉMARQUE, général d'armée chez les anciens Grecs ; de πόλεμος, guerre, et d'ἀρχός, chef : *chef de la guerre.*

POLÉMIQUE, qui concerne la dispute ; de πολεμικός, belliqueux, dérivé de πόλεμος.

POLIORCÈTE, surnom de Démétrius ; de πολιορκητής, dérivé de πολιορκέω, assiéger, composé de πόλις, gén. πόλιος, ville, et de ἕρκος, retranchement, dérivé de εἴργω, enceindre ; *habile dans l'art d'assiéger les villes.*

POLICE, de πολιτεία, *administratio urbis* : rac. πόλις, εως, *urbs*, ville. De là vient aussi

POLITIQUE, adj. πολιτικός, qui concerne le gouvernement. De là *politique*, subst. fém., l'art de gouverner un état ; *politique*, subst. masc., homme savant dans l'art de gouverner, ou homme fin et adroit ; d'où *politiquement*, adv., et *politiquer*, verbe neut.

POLYCARPE, nom d'homme ; de πολὺς, beaucoup, et de καρπὸς, fruit.

POLYCHRESTE, en terme de pharmacie, qui sert à plusieurs usages ; de πολὺς, plusieurs, et de χρηςὸς, bon, utile ; *qui a plusieurs utilités*.

POLYDAMAS, nom d'homme ; de πολὺς, beaucoup, et de δαμάω, dompter.

POLYDEUCES, source de Laconie ; de πολὺς, beaucoup, et de δεῦκος, doux.

POLYGAMIE, mariage d'un seul homme avec plusieurs femmes ensemble, de πολὺς, plusieurs, et de γάμος, mariage, dérivé de γαμεῖν. De là *polygame*, celui qui a épousé plusieurs femmes.

POLYGLOTTE, qui est écrit en plusieurs langues, parlant de la bible ; de πολὺς, plusieurs, et de γλῶττα, langue.

POLYGONE, qui a plusieurs angles ; de πολὺς, plusieurs, et de γωνία, angle.

POLYMNIE, une des neuf muses, qui préside à la rhétorique, à l'éloquence ; de πολὺς, beaucoup, et de μνεία, mémoire, c'est-à-dire belle mémoire ; ou bien de πολὺς, et de ὕμνος, hymne ou chanson.

POLYPE, ver aquatique dont le corps est terminé par plusieurs filamens qui lui servent de pieds ou de bras pour saisir sa proie ; de πολὺς, plusieurs, et de πούς, pieds ; *qui a plusieurs pieds*.

POLYPHEME, fameux Cyclope ; de πολὺς, beaucoup, et de φήμη, renommée, c. à. dire *célèbre, dont on parle beaucoup*.

POLYSYLLABE, qui est de plusieurs syllabes ; de πολὺς, plusieurs, et de συλλαβὴ, syllabe.

POLYTECHNIQUE, qui embrasse plusieurs arts ; de πολὺς, plusieurs, et de τεχνικὸς, dérivé de τέχνη, art. On appelle *école polytechnique* une école où l'on forme les élèves aux différentes partie du génie.

POLYTHÉISME, système de religion qui soutient la pluralité des dieux ; de πολὺς, plusieurs, et de Θεὸς, dieu ; *plusieurs dieux, pluralité des dieux*. De là *polithéiste*, celui qui soutient ce système.

POLYTRIC, plante capillaire ; de πολὺ, beaucoup, et de θρὶξ, cheveux, parce qu'elle pousse plusieurs tiges menues, qui ressemblent à une épaisse chevelure.

POLYXENE, nom de femme, de πολὺς, beaucoup, et de ξένος, hôte, c'est-à-dire chez qui plusieurs demeurent.

POMPE, appareil magnifique, somptuosité ; de πομπὴ, formé de πέπομπα, parf. moy. de πέμπω, faire porter, conduire. De là *pompeux*, adj., et *pompeusement*, adv. De là vient aussi *pompe*, machine à élever l'eau, et ses dérivés, *pomper*, verbe act., *pompier*, subst. masc.

PONT, pons, de πόντος, pontus, la mer.

PONT-EUXIN, mer hospitalière, par antiphrase ; de πόντος, mer, et d'εὔξεινος, hospitalier ; parce que les peuples qui habitaient sur ses côtes immolaient ceux qui avaient le malheur d'y aborder.

*PORC, πόρκος, porcus, selon Varron.

PORE, ouverture presque imperceptible dans la peau de l'animal, par où se fait la transpiration, et par où sortent les sueurs ; de πόρος, ouverture, conduit, passage, formé de πέπορα, parf. moy. de πείρω, passer.

PORPHYRE, sorte de marbre de couleur de pourpre ; de πορφύρα, pourpre. De là *porphyriser*, broyer une substance sur du porphyre pour la réduire en poudre.

PORREAU, de πῶρος, callus, durillon.

PORUS, dieu de l'abondance; il épousa l'Énie ou la Pauvreté, de laquelle il eut Cupidon; de πόρος, passage, facilité de communication, telle qu'elle est nécessaire au commerce pour entretenir l'abondance.

*POT, de ποτήρ ou ποτήριον, poculum, qui s'est dit premièrement d'un pot à boire, puis de toutes sortes de pots. D'où vient aussi

*POTIER, rac. πίνω et πόω, bibo, πότος, potatio.

*POTIRON, de ποτήριον, parce qu'il ressemble à un gobelet renversé.

POULAIN, de πῶλος, pullus equinus. D'où vient aussi les mots de poule, poulet et autres; pullus, ayant beaucoup plus d'étendue dans le latin que πῶλος dans le grec. D'où vient encore pulluler, le mot de pulluli se trouvant même dans Pline pour des rejetons d'arbres.

POUMON, de πλεύμων et πνεύμων, pulmo : rac. πνέω, respirer.

POURPRE, de πορφύρα, purpura, le pourpre, pour maladie, quoiqu'en ce sens il soit masculin, au lieu que, le prenant pour l'étoffe, il est féminin.

PRAGMATIQUE-SANCTION, ordonnance des rois en matière ecclésiastique; de πραγματικός, actif, qui concerne les affaires, dérivé de πράσσω, faire, pratiquer, et de sanction, dérivé du latin sanctio, ordonnance, parce qu'elle prescrivait ce qu'on devait faire ou pratiquer dans certains cas.

PRASE, pierre précieuse; de πράσον, porreau, à cause de la ressemblance de sa couleur avec celle du porreau.

PRATIQUE, usage, exercice; de πρακτική, action, dérivé de πράσσω, agir, pratiquer. Il est opposé à théorie. De là praticable, praticien et pratiquer.

*PREMIER, de primus, fait de πρόμος, que quelques-uns disent avoir été fait par syncope de πρόμαχος, qui est le premier à la tête de l'armée : rac. μάχομαι, combattre. D'autres aiment mieux prendre primus et prior de pris, qui a été fait de πρὶν, prius, d'où vient aussi pridem. Voyez Vossius.

PRESBYTÈRE, logis d'un curé de paroisse; de πρεσβυτέριον, dérivé du πρέσβυς, prêtre, vieillard.

PRESBYTÉRIENS, secte de protestans; de πρεσβύτερος, ancien, vieillard, prêtre, dérivé de πρέσβυς, parce qu'ils prétendent que l'église doit être gouvernée par tous les prêtres indistinctement et quelques anciens laïques. De là presbytérianisme.

PRÊTRE, de πρεσβύτερος, presbyter, plus âgé, comparat. de πρέσβυς, vieillard. Ce mot en grec était devenu un titre d'honneur, comme en latin senior, dont nous avons fait seigneur. D'ailleurs les fonctions ecclésiastiques étaient ordinairement confiées à des vieillards.

PRIAM, roi de Troie, de πρίαμαι, racheter, parce qu'il fut racheté après que Troie eut été ruinée par Hercule : son premier nom était Podarce, qui a de bons pieds.

PRISME, figure solide en géométrie; de πρίσμα, dérivé de πρίζω, scier, couper, parce qu'il est comme coupé de tous côtés par différens plans.

PRIX, de προίξ, donum. Ou bien de pretium.

PROBATIQUE, se dit de la piscine où Jésus-Christ guérit le paralytique; de προβατικός, dérivé de πρόβατον, brebis, parce que cette piscine était un réservoir d'eau près du parvis du temple de Salomon, où on lavait les animaux destinés pour les sacrifices.

PROBLÊME, question proposée dont on demande la solution ; de πρόβλημα, problema, dérivé de προβάλλω, proposer, proférer, composé de πρὸ, en avant, et de βάλλω, jeter. De là *problématique* et *problématiquement*.

*PROCHORE, prochorus, πρόχορος, proprement qui est p. ét, qui mène le branle; de πρὸ, *antè*, et de χορὸς, *chorus*.

PROGNOSTIQUE, προγνωστικὸν, signe de ce qui doit arriver : rac. πρὸ, *antè*, et γινώσκω, *cognosco*.

PROGRAMME, écrit par lequel on annonce le sujet d'un ouvrage ou quelque cérémonie publique ; de πρὸ, auparavant, et de γράμμα, écrit, qui vient de γράφω, écrire.

PROLÉGOMÈNE, préambule; de πρὸ, devant, et λέγω, dire.

PROLEPSE, figure par laquelle on va au-devant d'une objection ; de πρὸ, devant, et de λέγω, prendre.

PROLOGUE, πρόλογος, *prologus*, avant-propos : rac. πρὸ, *antè*, et λέγω, dire.

PROMÉTHÉE, nom d'homme ; de πρὸ, devant, et μῆδος, conseil, c'est-à-dire prévoyant.

PRONE, de πρόναος, le porche ou la nef d'une église, où se fait le prône : rac. πρὸ, devant, et ναὸς, οῦ, *templum*. Ou plutôt de *præconium*, comme l'a remarqué Saumaise, et Nigrod avant lui.

PROPHÉTIE, prédiction de l'avenir par inspiration divine; de προφητεία, composé de πρὸ, auparavant, et de φημὶ, dire, annoncer. De là *prophète*, *prophétesse*, celui ou celle qui prédit l'avenir, *prophétique*, *prophétiquement* et *prophétiser*.

*PROPRE, de πρόπρεπον, *decorum* : rac. πρέπω, être beau, bien fait, ajusté. Si l'on n'aime mieux le prendre de *proprius*, parce que nous nous portons naturellement à ajuster et embellir ce qui nous est propre.

PROSÉLYTE, nouvellement converti, de προσήλυτος, étranger, formé de πρὸς, près, et du prétérit moyen, ἐλήλυθα, du verbe ἔρχομαι, approcher, venir. Les Juifs donnaient ce nom aux païens qui embrassaient le judaïsme, et il se dit par extension de ceux qu'on détache d'une religion, d'une opinion ou d'un parti, pour les attirer dans un autre. De là *prosélytisme*, zèle, manie de faire des prosélytes.

PROSODIE, partie de la grammaire qui enseigne les accens ; de προσωδία, accent, formé de πρὸς, à ou selon, et de ᾠδὴ, chant, c-à-d. prononciation conforme à l'accent. De là *prosodique*, adj.

PROSOPOPÉE, figure de rhétorique, par laquelle l'orateur fait parler une personne ; de πρόσωπον, personne, et ποιέω, faire.

PROTE, le premier ouvrier d'une imprimerie, qui est chargé de la conduite et de la direction de tous les ouvrages ; de πρῶτος, premier, dérivé de πρὸ, devant.

PROTÉE ou PROTHÉE, le plus ancien des dieux ; de πρῶτος, premier : il prenait telle forme qu'il voulait.

PROTOCANONIQUE, se dit des livres sacrés reconnus pour tels, avant même qu'on eût fait des canons ; de πρῶτος, premier, et de κανών, règle.

PROTOCOLE, formulaire pour dresser des actes publics; de πρῶτος, premier, et κόλον, peau, parchemin, c'est-à-dire *la première feuille d'un livre*.

PROTOTHRONE, titre du premier suffragant d'un patriarche, dans l'église grecque; de πρῶτος, premier, et de θρόνος, siége, c'est-à-dire *évêque du premier siége*.

PROTOTYPE, original ou modèle sur lequel on forme quelque chose ; de πρωτότυπος, *primitivus*, composé de πρῶτος, premier, et de τύπος, modèle, exemplaire.

PROTRYGÉES, fêtes qu'on célébrait avant les vendanges, en l'honneur de Bacchus et de Neptune ; de πρὸ, avant, et de τρύγη, vendange.

*PROUE, prora, le devant d'un vaisseau ; de πρῶρα, qui vient de πρὸ, antè, formé du verbe προορᾶν, voir de loin, prévoir : rac. δράω, video.

PRUNIER, de προύνη, prunus.

PRYTANÉE, édifice public où s'assemblaient les prytanes ; de πρυτανεῖον, dérivé de πρύτανις, prytane. Les prytanes étaient des magistrats établis à Athènes pour les affaires criminelles : rac. πρύτανις, chef, administrateur.

PSALMODIE, chant de récitation des psaumes de l'église ; de ψαλμὸς, psaume, forme d'ἔψαλμαι, parf. passif de ψάλλω, et d'ᾠδὴ, chant. De là vient psalmodier.

PSALTÉRION, instrument de musique à plusieurs cordes ; de ψαλτήριον, formé de ψάλλω, chanter, toucher un instrument.

PSAUME, de ψαλμὸς, chant aux accords du luth, cantique, dérivé de ψάλλω, chanter. Il ne se dit que des cantiques sacrés composés par David. De là psautier, recueil de psaumes, et psalmiste, nom qu'on donne à David pour les avoir composés.

PSELLISME, bégaiement ; de ψελλισμὸς, formé de ψελλίζω, bégayer, dérivé de ψελλὸς, bègue.

PSEUDONYME, se dit d'un auteur qui publie ses ouvrages sous un faux nom ; de ψευδὴς, faux, dérivé de ψεύδω, et d'ὄνομα, nom, c'est-à-dire nom supposé. On le dit de l'ouvrage même.

PSEUDOPRASE, pierre verte, demi-transparente, qui a plus ou moins de ressemblance avec la prase ; de ψευδὴς, faux, et de πράσον, porreau ; d'où l'on a fait le mot français prase, pour désigner une pierre précieuse de la couleur du porreau.

PSIADIA, plante de la famille des composées, ainsi nommée à cause des gouttes d'un suc visqueux qui transsudent de toutes ses parties ; de ψιὰς, gén. άδος, goutte.

PSICHARPAX, nom d'un rat dans la Batrachomyomachie ; de ψίχη, le même que ψίξ, gén. ψιχὸς, miette, et de ἅρπαξ, ravisseur, formé de ἁρπάζω, prendre, ravir.

PSOPHIA, oiseau de l'Amérique méridionale, ainsi nommé à cause du bruit sourd qu'il fait en volant ; de ψόφος, son, bruit.

PSORA ou PSORE, en terme de médecine, la gale ; de ψώρα, le même. De là psorique, qui est de la nature de la gale, ou propre à la guérir.

PSYCHAGOGUE, celui qui, chez les Grecs, évoquait les âmes ou les ombres des morts pour les consulter ; de ψυχαγωγὸς, composé de ψυχὴ, âme, et d'ἄγω, amener, attirer.

PSYCHÉ, déesse, épouse de Cupidon ; l'âme personnifiée ; de ψυχὴ, âme.

PSYCHOLOGIE, partie de la philosophie qui traite de l'âme ; de ψυχὴ, âme, et de λόγος, discours, traité.

PSYCHOMANCIE, sorte de magie ou de divination qui consistait à évoquer les âmes des morts qu'on voulait consulter ; de ψυχὴ, âme, et de μαντεία, divination.

PSYCHROMÈTRE, instrument pour mesurer les degrés du froid ; de ψυχρὸς, froid, dérivé de ψύχω, et de μέτρον, mesure.

PSYLLIUM, petite plante nommée vulgairement herbe aux puces ; de ψύλλιον, formé de ψύλλος, puce, parce que sa graine est noire et semblable à une puce.

PTERNOTROCTE, nom d'un rat dans la Batrachomyomachie ; de πτέρνα, jambon, et de τρώκτης, dérivé de τρώγω, ronger; *qui ronge le jambon.*

PTISANE ou TISANE, πτισσάνη, *ptisana*, orge pilé ou mondé : rac. πτίσσω, *pinso, decortico.*

PTOLÉMÉE, nom donné à tous les rois d'Egypte qui ont succédé à Alexandre-le-Grand ; de πτόλεμος, la guerre, c'est-à-dire guerrier.

PUCE, de ψύλλος ou ψύλλα, *pulex.*

PUGILAT, combat à coups de poing ; de πὺξ, adv., du poing.

PYGMÉE, qui n'a qu'une coudée ou une palme de haut, πυγμαῖος, *pumilio*, πυγμή, le poing ou la mesure du coude au poing : rac. πὺξ, adv.

PYLORE, nom de l'orifice inférieur de l'estomac, par où les alimens digérés passent dans les intestins ; de πυλωρὸς, composé de πύλη, porte, et d'ὠρέω, garder, *garde-porte* ou *portier*, parce qu'il est comme le portier de l'estomac. De là *pylorique*, qui appartient au pylore.

PYRACANTHE, arbrisseau épineux ; de πῦρ, feu, et d'ἄκανθα, épine, parce que ses fruits, qui sont d'un beau rouge écarlate, le font paraître comme en feu.

PYRACMON, nom d'un des cyclopes ; de πῦρ, feu, et d'ἄκμων, enclume, composé d'α priv. et de κάμνω, fatiguer.

PYRÆCHMUS, nom propre ; de πῦρ, feu, et d'αἰχμή, lance, javelot.

PYRAMIDE, πυραμὶς, *pyramis* : rac. πῦρ, gén. πυρὸς, le feu, parce que les pyramides vont en pointe comme la flamme. De là *pyramidal*, adj.

PYRAUSTE, papillon que la vue du feu attire, et qui est sujet à se précipiter dans la flamme d'une chandelle ; de πυραύστης, composé de πῦρ, feu, et d'αὔω, brûler.

PYRÉNÉES, montagnes ; de πῦρ, feu, à cause des foudres qui y sont fréquens, et des embrasemens.

PYRÉTOLOGIE, traité des fièvres ; de πυρετὸς, fièvre, dérivé de πῦρ, feu, et de λόγος, discours, traité.

PYROIS, un des quatre chevaux du Soleil ; de πῦρ, feu, c'est-à-dire enflammé.

PYRRHUS, roi des Epirotes ; de πυρρὸς, roux, à cause de la couleur de ses cheveux.

PYTHAGORE, célèbre philosophe ; de πυνθάνομαι, écouter, interpréter, et d'ἀγορὰ, discours.

PYTHIE, prêtresse de l'oracle d'Apollon à Delphes ; de πυθία, formé de πυθέσθαι, aor. 2 de πυνθάνομαι, interroger, à cause du dieu que l'on consultait, et dont elle déclarait la volonté. D'autres disent qu'elle fut nommée ainsi du serpent Python, tué par Apollon.

PYTHIEN, adj. et surnom d'Apollon ; même racine que le précédent.

PYTHON, nom d'un serpent qu'Apollon tua ; de πύθω, pourrir, parce qu'il avait été engendré de la corruption de la terre, après le déluge de Deucalion.

Q

*QUEUX, de *cos*, pierre à aiguiser, qui vient d'ἀκόνη, que l'Étymologiste dérive d'α augmentatif, et de κονῶ, diminuer, ou servir, aider.

R

RABDOLOGIE, calcul fait avec des baguettes sur lesquelles on écrit des nombres ; de ῥάβδος, baguette, et de λόγος, discours, compte, supputation.

RABDOMANCIE, divination par le moyen d'une baguette ; de ῥάβδος, verge ou baguette, et de μαντεία, divination.

*RABLE, de ῥάχις, lumbus, les reins, le dos, l'épine du dos : rac. ῥήσσω, rompre.

*RACINE, de ῥίζα, radix, ou de ῥάδιξ, ramus ; car, encore que ce mot grec ne se prenne maintenant que pour les branches, néanmoins il se peut faire qu'il ait signifié autrefois les racines ; d'ailleurs il y a assez de rapport entre les unes et les autres, puisque les racines sont comme les branches enterrées de l'arbre. V. Vossius.

RAIFORT ou **RÉFORT**, raphanus, de ῥάφανος, ου, ou ῥαφανίς, ίδος, rave, racine.

*RAISIN, racemus, de ῥάξ, ῥαγός, acinus racemi : rac. ῥήσσω, rompre.

RAMPER, de ῥέπω, repo.

RAPETASSER, de ῥάπτω, coudre.

RAPSODE, celui qui allait de ville en ville chanter les rapsodies ; de ῥαψῳδός, composé de ῥάπτω, coudre, et d'ᾠδή, chant.

RAPSODIES, chez les anciens, morceaux détachés des poésies d'Homère ; de ῥαψῳδία, composé de ῥάπτω, coudre, et d'ᾠδή, chant, *chants cousus ensemble*.

RAPSODOMANCIE, divination qui se faisait en prenant quelques vers détachés d'un poète, qu'on tirait au sort ; de ῥαψῳδία, rapsodie, assemblage de vers, et de μαντεία, divination. C'était ordinairement Homère ou Virgile qu'on choisissait pour cet effet ; d'où l'on a donné a cette sorte de divination le nom de *sortes virgilianæ*.

RAVE, de ῥάπυς ou ῥάφυς, *rapa*.

REGGIO, autrefois Rhégium. V. **Rhège**.

REGIMBER. V. **Jambe**.

RÉGLYCE ou **RÉGLISSE**, γλυκύρριζα, Dioscore. rac. ῥίζα, *radix*, et γλυκύς, *dulcis*.

REMBOURSER. V. **Bourse**.

REMÉDIER, de μεδέω et μέδω, *medeor, curo*.

REMORQUER, de *remulcare*, fait de ῥυμουλκεῖν : rac. ῥύω et ὀμαι, *traho*, ῥῦμα, *tractus, lorum*, et ἕλκω, *traho*.

RÉSINE, de ῥητίνη, *resina*, humeur ou gomme coulante de certains arbres : rac. ῥέω, couler.

RÊVER, de ῥέμβειν, errer, vaciller. De là

RÊVASSER, de ῥεμβάζω, *vagor animo*. Ces deux étymologies sont d'Henry Etienne.

REUME ou **RUME** ou **RHUME**, de ῥεῦμα, fluxion : rac. ῥέω, *fluo*.

RHÉE, la Terre ou Cybèle, mère des dieux ; de ῥέα, dérivé de ῥέω, couler, parce que de la terre coulent tous les biens.

RHÈGE, *Rhegium*, Ῥήγιον, ville de la Calabre ultérieure en Italie : rac. ῥήσσω ou ῥήγνυμι, *frango*, ὀγή, rupture, ῥήγιον, diminutif. La Sicile tenait autrefois à l'Italie par cet endroit, d'où elle a été détachée par la violence des eaux, comme témoigne Pline, qui ajoute : *Ab hoc dehiscendi argumento Rhegium*

Græci nomen dedére oppido in margine Italiæ sito. lib. 3, *cap.* 8. Ce qui fait voir que Pasor s'est trompé en son *Lexicon novi Testamenti*, où il met Rhège en Sicile, ajoutant qu'il a été détaché de l'Italie par un mouvement de terre, et s'appuyant sur l'autorité de Pline.

RHÉTEUR, celui qui enseigne l'art de l'éloquence; de ῥήτωρ, déclamateur: rac. ῥέω, *dico*. De là même vient

RHÉTORICIEN, celui qui fait ou qui étudie la rhétorique, ῥητορικὸς, *eloquens*, et

RHÉTORIQUE, ῥητορικὴ, supp. τέχνη, l'art de l'éloquence.

RHINOCÉROS, animal sauvage, du museau duquel il sort une corne; de ῥὶν, nez, et κέρας, corne.

RHIZOPHAGE, adj., qui vit de racines; de ῥίζα, racine, et de φάγω, manger.

RHODES, île de la Méditerranée; de ῥόδον, rose, parce qu'elle produisait beaucoup de roses.

RHODODENDRON, arbrisseau de la famille des rhodoracées, que l'on cultive assez communément dans nos jardins, et qui se fait remarquer par ses touffes de fleurs d'un beau rose; de ῥόδον, rose, et de δένδρον, arbre.

RHODOGUNE, nom de femme; de ῥόδον, rose, et de γυνὴ, femme.

RHUMATISME, douleur dans les muscles, avec pesanteur et difficulté de se mouvoir; de ῥευματισμὸς, fluxion, formé de ῥευματίζω, être attaqué d'un rhume, d'une fluxion, dérivé de ῥεῦμα, rhume, fluxion, qui vient de ῥέω, couler, se répandre. De là *rhumatismal*.

RHUME. V. REUME.

RHYTHME, nombre, cadence, mesure; de ῥυθμὸς, qui signifie la même chose.

RHYTHMIQUE, qui appartient au rhythme; de ῥυθμικὸς, dérivé de ῥυθμός.

RHYTHMOPÉE, l'art de composer la musique selon les lois du rhythme; de ῥυθμοποιία, composé de ῥυθμὸς, rhythme, cadence, mesure, et de ποιέω, faire, composer.

RIDE ou RYDE, de ῥυτὶς, *ruga*, pour lequel on a dit aussi *ruta* ou *rita*, quand la peau se retire: rac. ῥύω, et -ομαι, *traho*, *custodio, servo*. De là vient aussi *rideaux*.

RIGUEUR, de ῥῖγος, *frigor*, qui se prend proprement pour le grand froid.

RIPHÉES, montagnes de la Scythie septentrionale; de ῥιπὴ, impétuosité des vents, dérivé de ῥίπτω, jeter à bas, précipiter, parce que les vents y sont très-violens.

RIZ, d'ὄρυζα, *oriza*.

ROC, ῥῶξ, *fissura, rupes*: rac. ῥήσσω, *rumpo*.

*ROME, *Roma*, de ῥώμη, *robur*: rac. ῥώννυμι et -υμι, *roboro*. Quelques-uns ont aussi cru qu'elle avait été premièrement appelée *Valentia*, (de *valeo*) comme témoigne Solin au commencement de son histoire.

Plutarque prétend qu'on la doit prendre de *ruma*, qui parmi les anciens signifiait mammelle. Or ce nom peut avoir été fait de ῥεῦμα, éol., pris de ῥέω, *fluo*. De ce mot vient encore le nom de la déesse *Rumilia*, qui présidait à l'éducation des enfans; et le figuier appelé *Ruminalis*, qui était au lieu où la louve vint donner à téter à Romulus et à son frère Rémus; lequel, au rapport de Tacite, ayant duré plus de huit cent quarante ans, et venant à sécher, commença encore à reverdir de nouveau l'an 5 de l'empire de Néron, qui est le 58ᵉ de J. C. Et parce que *rumen* signifie encore le creux de la gorge, de là vient le *ruminer* des animaux, *ruminare*, lorsqu'ils font revenir et remâchent ce qu'ils ont déjà avalé. Et de là par métaphore, nous avons pris *ruminer*, pour dire rouler quelque chose en son esprit, et y repenser.

ROSE, de ῥόδον, *rosa*.

ROSÉE, de δρόσος, *ros*.

RONE ou RHONE, Ῥοδανός, *Rhodanus*; de ῥοδανίζω, *agito* (Eustath., Il. σ) à cause de la rapidité de ses eaux.

ROTER, ῥογθεῖν, *stridorem edere*; rac. ῥόθος, *undarum strepitus*. Ou de ἐρεύγομαι, dont on aura fait ἐρευκτὸς, *ructus*, rot, roter.

*RU, petite rivière ou ruisseau; de ῥύω, pour ῥέω, *fluo*. Mais *Rut* vient de *rugitus*, à cause du bruit que font les cerfs quand ils sont en rut.

*RUE, de ῥύμη, *vicus*; rac. ῥέω et ῥύω, *fluo*.

RUE, herbe, de ῥύτα, qui se trouve dans Nicandre.

RUMEUR, *rumor*; de ῥέω ou ῥύω, *fluo*, ῥῦμα ou ῥεῦμα, *fluxus*; la rumeur n'étant autre chose qu'un bruit de paroles qui se répand parmi le peuple.

RYME ou plus souvent RIME, de ῥυθμὸς, *rythmus, concinnitas, modulus*, chanson, accord de voix.

S

SAC, de σάκκος, dérivé de σάττω, *saccus*, en hébreu *sac*. De là *sachet, sachée* et *sacoche*.

*SAISIR, de σακκίζειν, prendre et fourrer dans son sac; d'où les Latins ont aussi pris *sarcire*. Saumaise.

*SALAMINE, *Salamis* ou *Salamina*, ville de Cypre, Σαλαμίς, ίνος, ἡ. Σάλου μίνθη, *sordes maris*. Pasor.

SALIVE, de σίαλον, *saliva*.

SANDALES, de σανδάλιον, sorte de patin ou chaussure.

SAPER une muraille, de σκάπτειν, *fodere*. Ou de *sapa*, qui signifie *ligo*.

SAPIN, d' ἄξιν, qui se trouve en ce sens dans Hésychius. Mais les Grecs ont aussi dit ἄξις, d'où vient *abies*.

SAPHIR, pierre précieuse; de σάπφειρος, ου, ἡ, *sapphirus*.

SARCASME, raillerie amère et insultante; de σαρκασμὸς, formé de σαρκάζω, décharner un os, et, par extension, montrer les dents, rire au nez de quelqu'un, dérivé de σὰρξ, gén. σαρκὸς, chair.

SARCLER, σκάλλειν ou σκαλεύειν, *fodere*.

SARCOCOLLE, gomme qui vient de la Perse, et qui sert en médecine à consolider les plaies, et à rejoindre les chairs; de σὰρξ, gén. σαρκὸς, chair, et de κόλλα, colle; *colle-chair*.

SARCOPHAGE, tombeau où les anciens mettaient les corps qu'ils ne voulaient pas brûler; de σαρκὸς, gén. de σὰρξ, chair, et de φάγω, manger; *qui mange la chair*, parce que les tombeaux dévorent pour ainsi dire les cadavres humains qu'on y dépose. On appelle aujourd'hui *sarcophage* le cercueil ou sa représentation dans les cérémonies funèbres.

SARPE ou SERPE, de ἅρπη, une faulx; rac. ἁρπάζω, *rapio*.

SATRAPE, grand de l'empire des Perses; de Σατράπης.

SATYRE, de σάτυρος.

SAUF, de σόος, σῶς, *salvus*.

SAUMURE, d'ἁλμυρίς, salsugo; rac. ἅλς, ἁλὸς, mare, sal.

SAYE, de σάγος, sagum: rac. σάττω, onero.

SCALENE, se dit d'un triangle dont les trois côtés sont inégaux; de σκαληνὸς, boiteux, dérivé de σκάζω, boiter.

SCAMANDRE, fleuve de la Troade; de σκάμμα, fouissement, dérivé de σκάπτω, fouir, et d'ἀνδρὸς, gén. d'ἀνήρ, homme; *fouissement d'homme*, parce qu'Hercule, pressé par la soif, se mit à fouir la terre, dont il fit sortir la source d'un fleuve, qui dut son nom à cette circonstance.

SCAMMONEE, plante médicinale; de σκαμμωνία, formé de σκάμμα, creux, dérivé de σκάπτω, creuser, parce qu'on creuse la racine de cette plante pour en tirer le suc.

SCANDALE, de σκάνδαλον, piège, chose qu'on rencontre en son chemin, et qui peut faire tomber, pierre d'achoppement, dérivé de σκάζω, boiter. Quelques grammairiens disent que ce mot marque proprement le bois qui se met en travers de la trébuchet pour y faire tomber les oiseaux, et les attraper. De là *scandaleux*, *scandaleusement*, et *scandaliser*, donner du scandale.

SCARIFIER, de σκαριφεύειν, scarifico: rac. σκάριφος, stylus, un burin, une touche à écrire. Ou de σκάλλω et -εύω, fodio. Ce mot signifie proprement *rayer*, comme faisaient autrefois les anciens, en écrivant sur des tablettes de cire. Les chirurgiens l'emploient maintenant pour exprimer les incisions qu'ils font à la peau avec une lancette ou un bistouri, pour en faire sortir le sang, ou quelqu'autre humeur. De là *scarification*.

SCAZON, de σκάζων, part. prés. de σκάζω, boiter, espèce de vers latins qui ne diffère de l'iambique qu'en ce que son cinquième pied est un iambe, et le sixième un spondée, ce qui fait qu'on le nomme aussi *iambe boiteux*.

SCÉDULE, de σχέδη, scheda, schedula, proprement c'est un petit papier ou tablette, où l'on met sur-le-champ tout ce qui nous vient en l'esprit: rac. σχεδὸν, propè, σχεδιάζω, faire promptement et à la légère.

SCÈNE, partie d'un théâtre où jouent les acteurs; de σκηνή, tente, cabane, berceau de feuillage, parce que, les premières comédies s'étant représentées dans des lieux de cette nature, on a continué à donner le nom de scène à tous les lieux où l'on joue des pièces de théâtre. De là *scénique*, qui appartient à la scène.

SCÉNOGRAPHIE, représentation d'un objet en perspective sur un plan, c'est-à-dire dans toutes ses dimensions, tel qu'il paraît à l'œil; de σκηνή, scène, et de γραφή, description; *description de scène*, parce qu'on représente ainsi les décorations de théâtre, qu'on appelle quelquefois *scènes*. De là *scénographique*.

SCENOPÉGIES, nom que les Grecs donnaient à la *fête des tabernacles*, que les Juifs célébraient tous les ans; de σκηνή, tente, pavillon, tabernacle, et de πηγνύω, fixer, établir. Cette fête durait sept jours, pendant lesquels ils habitaient sous des tentes ou sous des berceaux de feuillages, en mémoire de ce que leurs pères avaient demeuré long-temps sous des tentes dans le désert.

SCEPTIQUE, se dit d'une secte de philosophes anciens, disciples de Pyrrhon, qui faisaient profession de douter de tout, c'est-à-dire qui examinaient tout sans rien décider, de σκεπτικὸς, contemplateur, dérivé de σκέπτομαι, contempler. On appelle *scepticisme* ou *pyrrhonisme*, la doctrine des sceptiques, dont Pyrrhon fut le chef.

SCEPTRE, de σκῆπτρον, bâton, dérivé de σκήπτω, s'appuyer, parce que dans l'origine le sceptre n'était qu'un bâton que les rois et les généraux portaient à la main pour s'appuyer.

SCHÉNANTHE, espèce de jonc odoriférant, qui nous vient d'Arabie, garni de feuilles, et quelquefois de fleurs; de σχοῖνος, jonc, et d'ἄνθος, fleur: *fleur de jonc.*

SCHÈNE, mesure itinéraire des anciens, surtout des Égyptiens; de σχοῖνος, mesure.

SCHÉNOBATE, danseur de corde chez les anciens; de σχοῖνος, corde de jonc, et de βατέω, formé de βαίνω, marcher. De là *schénobatique*, l'art de danser sur la corde.

SCHISMATIQUE, qui est dans le schisme; de σχισματικὸς, qui a la force de couper, diviser, formé de σχίσμα, qui vient de σχίζω.

SCHISME, acte par lequel une partie de l'église se sépare de l'autre; de σχίσμα, coupure, division, scission, séparation, formé d'ἔσχισμαι, parf. pass. de σχίζω, couper, diviser.

SCHISTE, nom générique des pierres qui se divisent en lames très-minces ou en feuilles, comme l'ardoise; de σχιστὸς, qui peut se fendre, dérivé de σχίζω, fendre, diviser.

SCIATIQUE, goutte qui prend aux cuisses ou aux hanches, ἰσχίον, *coxendix* : rac. ἰσχὺς, *lumbus.*

SCIER, de ξύειν, *radere* : rac. ξέω et ξύω, *rado, scalpo, seco,* ou de σχίζω, *scindo.*

SCHOLASTIQUE, appartenant à l'école; de σχολαστικὸς, *scholasticus,* formé de σχολάζω, être de loisir, dérivé de σχολὴ,

otium, schola. De là *scholastiquement.*

Tout le monde sait que les écoles ont été ainsi nommées parce qu'il faut que l'esprit soit dans un grand repos et une grande désoccupation de toutes choses pour réussir dans les sciences; ce qui se doit aussi dire du mot *scholastique.*

SCHOLIASTE, qui commente un auteur; de σχολὴ, ouvrage, explication.

SCHOLIE, glose, note pour servir à l'intelligence d'un auteur classique; de σχόλιον, dérivé de σχολὴ, loisir; *ouvrage fait à l'oisir.*

SCOLOPENDRE, herbe, σκολόπενδρα, qui signifie proprement un animal qui a plusieurs pieds, de la ressemblance desquels cette herbe a été ainsi nommée, à cause des raies qu'elle a par-dessous.

SCORPIOÏDE, petite plante nommée *chenille*; de σκορπίος, scorpion, et d'εἶδος, formé à cause de la figure de son fruit, qui imite celle d'un scorpion ou d'une chenille.

SCORPION, insecte venimeux, qui a la figure d'une petite écrevisse, il donne son nom à un des signes du zodiaque; de σκορπίος, *scorpius* ou *scorpio.*

SCYLLA, nom d'une femme qui fut changée en rocher, entourée de chiens aboyans; de σκύλλα, petit chien, dérivé de σκύλλω.

SCYLLIAS, nom d'homme; de σκύλλω, tourmenter, affliger.

SCYTALE, rouleau de bois en usage chez les Lacédémoniens pour leur correspondance; de σκυτάλη, fouet de cuir, dérivé de σκῦτος, cuir, parce qu'on entourait ce rouleau de bandes de cuir, sur lesquelles on écrivait les dépêches.

SEC, siccus; de σιχὸς, grêle, menu, sec, mal nourri. La sécheresse n'est qu'une consomma-

DES RACINES GRECQUES.

tion de l'humidité ou de l'humeur naturelle, et un rétrécissement par l'altération des parties. D'autres néanmoins prennent *siccus* de *seco*, parce que tout ce qui est sec est aisé à fendre. Et d'autres de σκνκὸν, ου, *siccum*, parmi ceux de Syracuse.

SÈCHE, poisson qui dans la crainte jette une humeur noire et puante; de σηπία, *sepia* : rac. σήπω, *putrefacio*.

SEINE, espèce de filet à pêcher; de σαγήνη, *sagena*, *verriculum* : rac. σάττω, *onero*.

SEL, de σάλος, *salum*, la rade ou bord de la mer où se fait le sel; ou plutôt de ἅλς, dont, par la transposition, l'on a fait *sal*, sel.

SÉLÉNITE, chaux sulfaté; de σελήνη, lune, à cause que ses lames réfléchissent facilement l'image de la lune.

SÉLÉNOGRAPHIE, description de la lune; de σελήνη, lune, et de γραφή, description. De là *sélénographique*.

SÉLÉNOSTATE, instrument pour observer la lune; de σελήνη, lune, et de στατικὸς, qui a la propriété d'arrêter, dérivé d'ἵστημι, arrêter, c'est-à-dire *instrument qui arrête, qui fixe la lune pour donner le temps de l'observer*.

SEMNOTHÉES, nom des druides, qui exprimait la profession qu'ils faisaient d'honorer Dieu, et d'être consacrés à son service; de σεμνὸς, respectable, et de Θεὸς, Dieu.

SEPT, de ἕπτα, *septem*.

SEPTIQUE, adj., se dit des remèdes qui rongent et font pourir les chairs; de σηπτικὸς, dérivé de σήπω, faire pourir. Il est opposé à *antiseptique*, se disant des remèdes contre la putréfaction.

SERINGUE, de σύριγξ, *fistula* : rac. συρίττω, *sibilo*, *fistulo*.

SERPE, de ἅρπη, *falx*.

SERPOLET, de ἕρπυλλον, *serpyllum* : rac. ἕρπω, *serpo*.

SERRER, de σειράζω, *vinculum traho* : rac. σειρὰ, *catena*. Mais *serrer*, pour garder, mettre en réserve, semble plutôt venir de *servare*, pour lequel on a dit *serare*, et de là *sera*, une serre et une serrure.

*SÈVE, de *sapa*, qui vient d'ὀπὸς, *succus*, l'esprit se changeant en *s*. comme dans εἰ, *si*, ἕρπω, *sero*, et l'*o* en l'*a*, comme dans σοφὸς, *sapus*. De là vient aussi *sapor*, saveur. Ou plus immédiatement du mot éolique ὀπὸρ, pour ὀπὸς.

SEXE, *sexus*, de ἕξις, *habitus*, *corporis constitutio*, *sive animi*, l'esprit rude se changeant en *s*; si l'on n'aime mieux prendre *sexus* du vieux supin *sexum*, pour *sectum*, du verbe *seco*, parce que ce mot *sexe* fait comme une division de l'animal en mâle et femelle. Et cette étymologie peut même être confirmée, parce qu'autrefois, au lieu de *sexus*, on disait *secus*. *Virile ac muliebre secus*, Salluste dans Probe, grammairien.

SI, de εἰ, *si*, l'esprit changé en *s*.

*SIBYLLE, σίβυλλα. Les sibylles étaient des femmes qui prophétisaient parmi les païens, ainsi nommées de σιὸς, éol. pour Θεὸς, *Deus*, et βουλὴ, *consilium*.

SICYONE, ville d'Achaïe, renommée pour la fertilité de son territoire; de σικυών, dérivé de σίκυος, melon, concombre.

SIDÉROMANCIE, divination qui se faisait avec un fer rouge; de σίδηρος, fer, et de μαντεία, divination.

SIDÉROPOECILE, pierre précieuse couleur de fer, mêlée de taches; de σίδηρος, fer, et de ποίκιλος, varié.

SIFFLER, de σιφλόω, *irrideo*, *ignominiam affero* : rac. σίπαλος, laid, contrefait, σίφλος, le même;

et de plus répréhension, moquerie. Ou de στρλώζειν, sibilare, bafouer, mépriser, dans Homère.

SIGALEON ou SIGALION, le même qu'Harpocrate, dieu du silence, que l'on représentait ayant le doigt appliqué sur la bouche ; de σιγᾶν, se taire, et de λεὼς, peuple, comme si ce dieu eût imposé silence au peuple.

SIGÉE, promontoire de la mer Egée, sur lequel était le tombeau d'Achille ; de σίγειον, formé de σιγὴ, silence, dérivé de σιγάω, se taire, parce qu'Hercule, frustré de son salaire par Laomédon, prit le parti de feindre son départ, d'aller s'embusquer derrière ce promontoire, de revenir en silence, et de surprendre Troie, tandis qu'on le croyait bien loin.

*SILLER les yeux, de σιάω, selon quelques-uns, qui signifie proprement détourner les yeux par mépris en parlant ; ou de *sigillare*, selon d'autres, fermer et sceller. Mais il y a plus d'apparence qu'il vient du vieux verbe *cilleo*, pris de *cillus*, qui a été fait de *cinus*, pris pour *nutus*, γεῦμα dans Philox. Et *cinus* vient de κινὸς, du verbe κινέω, *moveo*, pour lequel il semble même que les Grecs aient aussi dit κίλλω. V. Vossius.

SIMONIE, de Simon, Σίμων, surnommé le magicien qui voulut acheter de S. Pierre le don de conférer le Saint-Esprit.

SINON, fils de Sisyphe, trompa les Troyens, en les engageant à recevoir dans leurs murs le cheval de bois ; de σίνω, blesser, nuire.

SINOPLE, couleur verte dans le blason ; de σινωπική, sorte de craie verte ou rouge qui se prenait auprès de la ville de Σινώπη.

SIPHON, tuyau recourbé dont les branches sont inégales, et qui sert à transvaser une liqueur ; de σίρων, tuyau.

SIRÈNE, monstre marin ; de εἴρω, lier, ou de σειρά, une chaîne, parce que les sirènes attiraient les passans par leurs chants mélodieux.

SISTRE, instrument dont les anciens se servaient pour battre la mesure dans les concerts ; de σεῖςρον, dérivé de σείω, remuer, agiter, parce qu'on jouait de cet instrument en l'agitant.

SISYPHE, fils d'Eole, tué par Thésée ; de σείω, mouvoir, fut. σείσω, et de ὑφὸς, courbé ; nom qui semble avoir été calqué sur la nature même de son supplice.

SOCRATE, philosophe athénien ; de σῶς, sain, et κράτος, force.

SOLÉCISME, σολοικισμὸς, *solœcismus*, pris de Σόλοικοι, peuples attiques qui, s'habituant à Soles, ville de Cilicie, corrompirent leur langue, et parlèrent un langage mêlé *ex Atticâ et Solicâ linguâ* : rac. οἶκος, demeure, habitation.

SOLEN, nom d'un coquillage qui est long comme le doigt ; de σωλὴν, canal, tuyau.

SOPHIE, nom propre de femme ; de σοφὸς, sage.

SOPHISME, raisonnement captieux ; de σόφισμα, invention heureuse, expédient sage, formé de σοφίζω, rendre sage, enseigner la sagesse, et dans la suite, comme l'on abuse de tout, inventer quelque ruse, quelqu'expédient, séduire par des argumens captieux, dérivé de σοφὸς, sage, habile.

SOPHISTE, de σοφιςὴς, trompeur, subtil dans ses raisonnemens ; même racine que le précédent. De là *sophistique*, captieux, trompeur, *sophistiquer*, tromper par de faux argumens, ou falsifier, altérer les choses : *sophistiquerie* est pris dans le même sens, ainsi que *sophistiqueur*.

SOPHOCLE, prince des poètes grecs tragiques ; de σοφὸς, sage, et κλέος, gloire, à cause de la douceur de son discours.

SOPHRONISTES, officiers

athéniens chargés de veiller sur les mœurs et la conduite des jeunes gens qui s'exerçaient dans les gymnases; de σωφρονίςης, censeur, correcteur, formé de σωφρονίζω, corriger, rendre sage, dérivé de σώφρων, sage, modéré, tempérant, composé de σῶς, le même que σόος, sain, et de φρήν, esprit.

SOPHRONYME, nom d'homme; de σώφρων, prudent, et d'ὄνομα, nom.

SORODÆMONES, les mêmes que les lémures; de σορὸς, bière, et de δαίμων, esprit, génie; *génies des tombeaux.*

SORITE, argument composé d'une suite de propositions entassées les unes sur les autres; de σωρείτης, dérivé de σωρὸς, tas, monceau.

SOSIE, nom d'un valet; de σώζω, garder.

SOTER, (pron. *r* final) surnom que la reconnaissance ou la flatterie a donné à plusieurs princes; de σωτὴρ, sauveur, formé de σώζω, sauver, dérivé de σόος, sauf.

SOUDAIN, de σύδην, dans Hésychius, pour ταχέως, *cito.*

SOURIS, de *sorex*, qui vient du mot éolique ὕραξ, *mus* : rac. σῦς et ὗς, *sus*, un porc, parce que la souris a le museau comme un porc.

SOUS, de ὑπὸ, *sub.*

SOI, de οἷ, datif de la troisième personne, *sibi.*

SPAGIRIQUE, adj. de σπάω, extraire, et d'ἀγείρω, rassembler, On a appelé la chimie *spagirie* ou l'art *spagirique*, parce qu'elle enseigne à extraire les substances les plus pures des corps mixtes, et à les combiner ensemble.

SPARGANE, plante; de σπάργανον, bande dont on enveloppe un enfant, parce que les feuilles de cette plante ont à peu près cette figure, ou celle du glaïeul. On l'appelle vulgairement *ruban d'eau.*

SPASME, mouvement convulsif dans les nerfs; de σπασμὸς, convulsion, contraction, dérivé de σπάω, tirer, contracter, De là *spasmodique*, qui a rapport au spasme.

SPERCHIUS, fleuve de la Phthiotide, dont le cours était très rapide; de σπέρχω, presser, fouler.

SPERME, semence; de σπείρω, semer.

SPHÈNE, sorte de pierre crystallisée; de σφὴν, coin, à cause de l'obliquité de ses divisions.

SPHÈRE, machine ronde et mobile, composée de divers cercles qui représentent le cours des astres dans le ciel; de σφαῖρα, *sphæra, globus.* De là *sphérique*, qui appartient à la sphère, ou qui en a la forme.

SPHÉROMACHIE, chez les anciens, exercice de la paume, du ballon; de σφαῖρα, balle ou tout corps sphérique; et de μάχη, combat.

SPHYGMIQUE, adj., qui a rapport au pouls; de σφυγμικὸς, formé de σφυγμὸς, pouls, dérivé de σφύζω, battre, s'élever comme les artères.

SPHINX, monstre ou devin qui embarrassait les passans par des énigmes; de σφίγγω, serrer, presser, embarrasser.

SPINTHÉROMÈTRE, instrument pour mesurer la force des étincelles électriques; de σπινθῆρος, gén. de σπινθήρ, étincelles, et de μέτρον, mesure.

SPIO, une des néréides; de σπέος, grotte où les néréides habitaient.

SPIRALE, ligne courbe qui tourne en rond en s'éloignant de plus en plus de son centre; de σπεῖρα, tour, entortillement. Ce mot est aussi adjectif.

SPIRE, chaque tour de la spirale; de σπεῖρα, tour.

SPLEEN (prononcez spline), état de consumption; de σπλὴν, rate, parce qu'on suppose la rate le siége de la mélancolie, de la joie et de la colère.

SPODOMANCIE, espèce de divination par la cendre du feu qui avait consumé les victimes dans les sacrifices ; de σποδὸς, cendre, et de μαντεία, divination.

SPONDÉE, pied de deux syllabes longues dans les vers grecs et latins ; de σπονδεῖος, formé de σπονδή, libation, dérivé de σπένδω, faire des libations, parce qu'on employait ordinairement le spondée dans les hymnes qui se chantaient pendant les sacrifices. De là *spondaïque*, vers tout composé de spondées, ou du moins qui a deux spondées à la fin.

SPONGITE, pierre très-poreuse ; de σπογγὸς, éponge, c'est-à-dire pierre spongieuse.

SPORADES, îles éparses dans l'Archipel, pour les distinguer des *cyclades*, qui étaient autour de Délos ; de σποράδες, répandues çà et là, formé d'ἔσπορα, parfait moyen de σπείρω, semer. On appelle *sporades* en astronomie les étoiles qui sont éparses çà et là dans le ciel, hors des constellations.

SPORADIQUE, adj., se dit des maladies qui ne sont point particulières à un pays, mais qui attaquent divers personnes en différens temps et en différens lieux, c. à d. qui sont semées et dispersées çà et là. Il est opposé à *endémique* et à *épidémique*, même rac. que le précédent.

SQUELETTE, σκελετὸς, *exsiccatus*, sec, desséché, un corps mort qu'on a desséché, et où il n'y a plus que les os ou seuls ou avec la peau : rac. σκέλλω, *exsicco*, *arefacio*.

SQUINANCIE, de συνάγχη, *angina*, lorsque les muscles intérieurs de la gorge sont enflammés ; rac. ἄγχω, suffoquer, étrangler.

SQUIRRE, tumeur dure contre nature ; de σκίρος, marbre, à cause de sa dureté.

STADE, mesure de chemin de 125 pas ; de στάδιος, *appensus*, *demensus* : rac. ἵστημι, *sto*, *appendo*.

STALACTITE, concrétion pierreuse formée par l'eau dans les souterrains ; de σαλακτὶς, qui distille, qui tombe goute à goute, formé de σαλάζω, dérivé de σάζω, degoutter.

STAPHISAIGRE, plante ainsi nommée de σαφὶς, raisin, et d'ἄγριος, sauvage, parce que ses feuilles sont découpées comme celles de la vigne sauvage. Elle s'appelle vulgairement *herbe aux poux*, parce qu'elle les fait mourir.

STAUROLATRES, anciens hérétiques d'Arménie, qui n'adoraient point d'autre Dieu que la croix, d'où leur est venu leur nom ; de σαυρὸς, croix, et de λατρὶς, serviteur.

STÉGANOGRAPHIE, l'art d'écrire en chiffres ou en figures, de sorte qu'on ne puisse être compris que de son correspondant ; de σεγανὸς, couvert, caché, dérivé de σέγω, couvrir, et de γραφή, écriture ; écriture cachée. De là *stéganographique*, adj.

STÉNOGRAPHIE, art d'écrire en abrégé, ou de réduire l'écriture dans un plus petit espace ; de σενὸς, étroit, et de γραφή, écriture ; écriture serrée ou réduite. De là *sténographe*, adj.

STÈRE, mesure de solidité ; de σερεὸς, solide.

STÉRÉOGRAPHIE, l'art de tracer les figures des solides sur un plan ; de σερεὸς, solide, et de γράφω, décrire. De là *stéréographique*, adj.

STÉRÉOMETRIE, partie de la géométrie qui enseigne à mesurer les corps solides ; de σερεὸς, solide, et de μέτρον, mesure.

STÉRÉOTYPE, adj., se dit, en terme d'imprimerie, des éditions faites avec des planches dont les caractères sont soudés ensemble ; de ςεϱεὸν, solide, et de τύπος, type, figure, caractère ; *type ou caractère solide.* De là *stéréotyper, stéréotypage* et *stéréotypie*.

STATIQUE, science des poids et des machines, de ἵςημι, peser.

STÉRILE, de ςεῖρα, sterilis ; rac. στερέω, *privo, orbo*.

STERNUM, partie osseuse qui forme le devant de la poitrine ; du latin *sternum*, formé de στέρνον, poitrine.

STICHOMANCIE, l'art de deviner en tirant au sort de petits billets sur lesquels étaient écrits des vers ; de στίχος, vers, et de μαντεία, divination. Les vers des sibylles et les poésies d'Homère servaient ordinairement à cet usage.

STICHOMÉTRIE, division d'un ouvrage par versets, lorsque l'on met chaque phrase ou chaque demi-phrase à l'alinéa ; de στίχος, ordre ou vers, et de μέτρον, mesure.

STIGMATES, marques qu'on imprime sur quelqu'un, στίγματα ; rac. στίζω, *pungo*.

STIPULATION, de στυπτικὸς, *astrictorius* ; rac. στύφω, astreindre.

STOECHOLOGIE, partie de la physique générale, qui recherche et qui explique la nature et les propriétés des élémens ; de στοιχεῖον, élément, dérivé de στείχω, et de λόγος, traité.

STOÏCIENS, στοϊκοι, philosophes qui étaient ἐν τῇ Στοᾷ, dans le portique. Ils affectaient de ne s'émouvoir de rien, d'être insensibles à tout ; de là vient qu'une vertu austère se nommait *vertu stoïque*. De là *stoïcisme*, austérité semblable à celle des stoïciens ; *stoïque*, de stoïcien, et *stoïquement*, à la manière des stoïciens.

STOMACHIQUE, qui est convenable à l'estomac, ou qui lui appartient ; de στομαχικὸς, stomachal, dérivé de στόμαχος, estomac.

STRADIOT ou ESTRADIOT, vieux mot pour dire soldat ; de στρατιώτης, *miles* ; rac. στρατὸς, armée.

STRATAGÈME, ruse et finesse de guerre ; de στρατήγημα, de στρατηγέω, conduire l'armée : rac. στρατὸς, armée, et ἄγω, conduire.

STRATÈGE, nom des généraux d'armée chez les Athéniens ; de στρατὸς, armée, et d'ἄγω, conduire.

STRONGLE, vers long et rond qui s'engendre dans les intestins ; de στρογγύλος, rond.

STROPHE, stance d'une ode, d'une hymne ; de στροφὴ, conversion, retour, formé d'ἔστροφα, parf. moy. de στρέφω, tourner, parce qu'après qu'une strophe est finie, on retourne et on recommence la même mesure, ou bien parce que le chœur, qui chez les anciens marchait en cadence autour de l'autel dans les cérémonies religieuses, ou sur le théâtre dans les pièces dramatiques, tournait à droite lorsqu'on chantait la strophe, et à gauche lorsqu'on chantait l'antistrophe.

STYLE, poinçon dont les anciens se servaient pour écrire sur des tablettes de cire ; de στῦλος, aiguille. De là figurément il se prend pour manière d'écrire.

STYLITE, ςυλίτης, qui est sur une colonne : rac. στῦλος, ὁ, et ςυλὶς, ἡ, *columna*. C'est ainsi que fut appellé S. Siméon, qui vécut si long-temps sur une colonne.

STYX, marais ou fleuve d'enfer ; de στυγέω, être formidable, parce qu'il fait horreur.

SUCRE, de σάκκαρ ou σακκάριον, *saccarum*.

SUR ou SUS, d'ὑπὲρ, *super*.

SYCOMORE, espèce d'arbre ; de συκῆ, figuier, et μορέα, mûrier, parce qu'il tient du figuier par son fruit, et du mûrier par ses feuilles.

SYLLABE, συλλαβή, syllaba; de συλλαμβάνω, comprendre, composé de σὺν, avec, ensemble, et de λαμβάνω, prendre, parce que la syllabe est un assemblage de lettres en quelque sorte compris dans une seule émission de voix. De là *syllabaire*, petit livre élémentaire, et *syllabique*, adj.

SYLLOGISME, de συλλογισμὸς, raisonnement, conclusion, dérivé de συλλογίζομαι, conclure par raisonnement : rac. λέγω, *dico*, λόγος, *ratio*.

SYMBOLE, σύμβολον, *nota, signum, collecta*; de συμβάλλω, *conjicio, confero*; rac. βάλλω, *jacio*. Le symbole a été ainsi appelé, ou parce qu'il est la marque à laquelle on connaît les vrais catholiques, ou parce qu'il est comme un abrégé de notre croyance.

SYMÉTRIE, de συμμετρία, proportion, justesse, composé de σὺν, avec, ensemble, et de μέτρον, mesure, c'est-à-dire *mesure commune*, ou rapport d'égalité entre les parties d'un tout. De là *symétrique, symétriquement* et *symétriser*.

SYMPATHIE, συμπάθεια, conformité ou ressemblance d'humeur : rac. πάσχω, pâtir, πάθος, mouvement, affection, disposition.

SYMPHONIE, concert d'instrumens de musique ; de συμφωνία, formé de σὺν, avec, et de φωνὴ, voix, son.

SYMPTOME, signe qui indique la maladie ; σύμπτωμα, litt. *ce qui tombe, ce qui arrive avec quelqu'autre chose*, composé de σὺν, avec, ensemble, et de πίπτω, qui emprunte plusieurs temps à πτόω, tomber, arriver. De là *symptomatique* qui tient du symptôme, ou qui en dépend.

SYNAGOGUE, assemblée, συναγωγή, *synagoga*; rac. ἄγω, mener, et σὺν, avec, ensemble.

SYNALÈPHE, en grammaire, élision d'une voyelle devant une autre, *quelqu'un* pour *quelque un*; de συναλείφω, joindre ensemble, confondre, composé de σὺν, avec, et d'ἀλείφω, effacer, pris ici dans un sens métaphysique, pour indiquer que les deux voyelles qui se rencontrent se mêlent ensemble, et se confondent.

SYNCOPE, retranchement d'une lettre ou d'une syllabe au milieu d'un mot ; de συγκοπὴ, *syncopa*, dérivé de συγκόπτω, retrancher, formé de σὺν, avec, et de κόπτω, couper.

SYNDÉRÈSE, remords de conscience, συντήρησις, *observatio*; rac. τηρέω, *servo, observo*.

SYNDIC, qui est chargé des affaires d'une communauté ; de σύνδικος, *syndicus*, avocat d'une cause, composé de σὺν, avec, et de δίκη, cause, procès.

SYNECDOCHE, de συνεκδοχή, compréhension, composé de σὺν, ensemble, et de δέχομαι, prendre, recevoir ; figure par laquelle on prend le plus pour le moins, ou le moins pour le plus, c'est-à-dire par laquelle on fait concevoir à l'esprit plus ou moins qu'on ne dit réellement.

SYNODE, assemblée publique où l'on se rend de tous côtés ; σύνοδος, *synodus, conventus* : rac. ὁδὸς, οῦ, ἡ, *via*.

SYNONYME, se dit des mots dont la signification est la même ou à peu près la même ; de συνώνυμος, qui a même nom ou même signification, composé de σὺν, avec, et d'ὄνομα, nom.

SYNOPTIQUE, qui se voit d'un même coup d'œil ; de σὺν, avec, ensemble, et d'ὀπτικὸς, visuel, dérivé d'ὄπτομαι, voir.

SYNTAXE, σύνταξις, *constructio, ordinatio*, dérivé de συντάσσω, construire, composé de σὺν, avec, ensemble, et de τάσσω, arranger, c'est-à-dire arrange-

DES RACINES GRECQUES.   403

ment, construction régulière des mots et des phrases.

SYNTHÈSE, méthode de composition; de σύνθεσις, composition, formé de σὺν, avec, ensemble, et de θέσις, dérivé de θέω, placer, mettre ensemble; *l'art de mettre ensemble*.

SYRINX, nymphe que Pan changea en roseau, dont il fit la flûte à sept tuyaux; de σύριγξ, tuyau, roseau, flûte; de συρίσσω, siffler.

SYRTES, écueils sur la côte d'Afrique, appelés aujourd'hui *sèches de Barbarie*; de σύρτις, dérivé de σύρω, attirer, entraîner, parce que les vaisseaux y sont entraînés par les vagues et les vents, ou parce que les flots agités y entraînent des sables et du limon.

SYSTÈME, la figure du monde; de συνίςημι, composer.

SYSTOLE, contraction ou réunion de syllabes en une, se faisant au milieu d'un mot; de συςολὴ, composé de σὺν, ensemble, et de ςέλλω, *mitto*.

T

TACHYGRAPHIE, l'art d'écrire aussi vite que l'on parle; de ταχὺς, vite, et de γραφὴ, écriture, dérivé de γράφω, écrire; *l'art d'écrire vite*. De là *tachygraphie* et *tachygraphique*.

TACTIQUE, l'art de ranger les troupes en bataille, et de faire les évolutions militaires; de τακτικὴ, fém. de τακτικὸς, dérivé de τάσσω, ranger, mettre en ordre. On sous-entend τέχνη, art.

TALLE, branche qu'un arbre pousse à son pied; de θάλος, rejeton, dérivé de θάλλω, pousser, pulluler.

TALLER, pousser des rejetons à son pied en parlant d'un arbre; de θάλλω, *vireo*, pousser, germer, verdir.

TAMBOUR, de θάμβος, étonnement, ou de τύμπανον, *tympanum*; rac. τύπτω, frapper.

TANCER, réprimander; de *tangere*, formé de θιγγάνω, dérivé de θίγω, toucher, frapper.

TANTALE, roi de Paphlagonie, comme de τάλας, qui a au superlatif ταλάντατος, très-malheureux, parce qu'il devint très-misérable.

*TANTE, de τέττα ou τάττα, pour ἄττα, qui sont des termes d'honneur et de respect dont usaient les jeunes envers les anciens. Ou bien de θεία, *amita*, rac. Θεὸς, *Deus*. Les Picards appelaient l'oncle théiton; de θεῖος, *avunculus*, et la tante théite, de θεία, *matertera*, dit Périone. Si l'on n'aime mieux le prendre simplement d'*amita*, en préposant *t*.

*TANTÔT et TÔT, de τότε, *tunc*; rac. ὅτε, *cùm*, *quandò*.

TAPINOIS (EN), adv. secrètement, en cachette; de ταπεινός, bas, petit, parce qu'on se baisse ordinairement pour se cacher.

TAPIS, de τάπις, *tapes*, le même que τάπης. De là *tapisserie*, *tapisser* et *tapissier*.

TARIÈRE, de τέρετρον, *terebrum*; rac. τερέω, *terebro*

TARTARE, l'enfer des anciens; de τάρταρος, *tartarus*, lieu profond et ténébreux, dérivé de ταράσσω, troubler, épouvanter.

TAS, de τάσσω, entasser.

TAURIDE, Chersonèse ou

presqu'île de Thrace ; de ταῦρος, taureau, parce que ce pays fut le premier où l'on se mit à labourer la terre avec des bœufs attachés à la charrue.

TAUREAU, de ταῦρος, taurus.

TAXER, mettre à prix ; de τάξειν, futur de τάσσω régler, fixer, déterminer. De là même vient taxe, τάξις, ordinatio.

TECHNIQUE, propre à un art ; de τεχνικὸς, dérivé de τεχνή, art ; mot technique, expression technique.

TÉLÉGRAPHE, machine qui sert à transmettre rapidement, par des signaux, des nouvelles d'un pays éloigné ; de τῆλε, loin, et de γράφω, écrire ; ce qui sert à écrire de loin. De là télégraphique.

TÉLÉMAQUE, fils d'Ulysse ; de τῆλε, loin, et de μάχομαι, combattre ; qui combat au loin.

TEINDRE, de τέγγω, tingo, d'où vient aussi

TEINT, τεγκτὸς, tinctus ; rac. τέγγω, tingo.

TÉLESCOPE, instrument pour découvrir les choses éloignées ; de τῆλε, loin, et σκέπτομαι, voir ; ce qui sert à regarder de loin.

TENDRE, de tener, fait de τέρην, par métathèse : rac. τείρω, domo, subigo, affligo. Mais

TENDRE, verbe, vient de tendo, pris de τένω, éol. pour τείνω.

TÉRÉBINTHE, de τερέβινθος, terebinthus.

TEREL, de τέρετρον, terebrum ; rac. τερέω, terebro.

TERME, de τέρμα, borne, limite. Du grec τέρμα les Latins ont fait terminus dans le même sens, et de là terminalis, d'où viennent, terminal en botanique, qui termine, qui occupe le sommet d'une partie ; terminer, verbe, et terminaison, désinence d'un mot

TERPSICHORE, une des neuf muses, qui préside à la guitare et aux danses ; de τέρπω, divertir, et χορὸς, danse.

*TERTRE, de τέρθρον, a la signification d'ἄκρον. summum, et se prend aussi pour la corde ou les trous qui sont au haut du mât : rac. τερέω, terebro.

*TÉMOIN, de θεσμὸς, lex. Ou de θέστωρ, testis, selon Scaliger, qui était le mot dans l'ancienne langue pour marquer les témoins, et qui venait de θέσθαι, ponere, deponere, à quoi on peut aussi rapporter notre mot français tester, testari.

TÉTRACORDE, lyre à quatre cordes ; de τέτρα, quatre, et de χορδή, corde.

TÉTRAEDRE, solide géométrique terminé par quatre triangles égaux et équilatéraux ; de τέτρα, quatre, et de ἕδρα, siège, base, c'est-à-dire solide qui a quatre bases, ou qui a quatre faces.

TÉTRAGONE, figure géométrique qui a quatre angles ; de τετράγωνος, composé de τέτρα, quatre, et de γωνία, angle. On l'appelle aussi quadrilatère.

TÉTRARQUE, gouverneur qui ne possédait que la quatrième partie d'un état ; de τετράρχης, composé de τέσσαρα ou τέττρα, quatre, et d'ἀρχή, gouvernement. De là tétrarchie, la principauté d'un tétrarque.

*TETTE, TETTIN et TETTON, de τιτθὸς, τιτθὴ, τιτθίον, mamilla, τιτθή, τιθὴ, τιθηνὸς, τιθήνη, nutrix. Ou de tata, une nourrice, qui vient de ἄττα, ou τέττα, termes de respect envers les personnes âgées, qui peuvent venir de τιτὸς, honoratus.

TÉTER, de la même, ou de θηλάζω, lacto ; rac. θηλὴ, papilla, le bout de la mamelle.

THALASSOMÈTRE, sonde de mer pour connaître la profondeur de l'eau et la qualité du fond ; de θάλασσα, mer, et de μέτρον, mesure.

THALIE, une des trois grâces ; de θαλεία ou θαλία, réjouissance, dérivé de θάλλω, fleurir, parce que la végétation est le symbole de la joie. C'est aussi celle des muses qui préside aux comédies.

THALLOPHORES, vieillards qui aux processions des Panathénées portaient des rameaux d'olivier ; de θαλλοφόρος, qui porte un rameau d'olivier, composé de θαλλός, premier jet d'un arbre, rameau d'olivier, dérivé de θάλλω, pousser des branches, et de πέφορα, parf. moy. de φέρω, porter.

THALYSIES, fête grecque qui se célébrait en actions de grâces, après la moisson et les vendanges, en l'honneur de Cérès et des autres dieux ; de θαλύσια, prémices des fruits, dérivé de θάλλω, pousser des feuilles, parce que dans cette fête on offrait à ces divinités les prémices de tous les fruits.

THAUMATURGE, qui fait des miracles ; il signifie aussi fourbe, imposteur, faiseur de tours ; de θαῦμα, ατος, τό, miracle, et ἔργον, ouvrage.

THÉÆTÈTE, disciple de Socrate, un des interlocuteurs des dialogues de Platon ; de Θεὸς, Dieu, et d'αἰτέω, demander ; qui s'enquiert sur la nature de Dieu.

THÉATRE, de θέατρον, spectacle, dérivé de θεᾶσθαι, regarder, c'est-à-dire lieu d'où l'on regarde un spectacle.

THÈME, sujet, argument ; de θέμα, thema, ce qu'on pose pour fondement : rac. τίθημι, pono.

THÉMIS, déesse de la justice ; de θέμις, droit, loi : rac. τίθημι, pono.

THÉMISTOCLE, capitaine athénien, fils de Nicoclès ; de θέμις, justice, et κλέος, gloire, parce qu'il fut très-judicieux.

THÉOCRATIE, gouvernement de Dieu ; de Θεὸς, Dieu, et de κράτος, pouvoir, puissance. De là théocratique, qui appartient à la théocratie.

THÉOCRITE, nom propre, qui signifie jugement de Dieu : rac. Θεὸς, Deus, et κρίνω, judico.

THÉODORE, nom propre d'homme ; de Θεὸς, Dieu, et δῶρον, présent, c'est-à-dire don de Dieu.

THÉODOSE, nom propre d'homme ; de Θεὸς, Dieu, et δόσις, don, c'est-à-dire donné divinement.

THÉOGONIE, origine ou généalogie des dieux ; de Θεὸς, Dieu, et γόνος, race.

THÉOLOGIE, θεολογία, theologia, science qui traite des choses de Dieu : rac. Θεὸς, Deus ; λόγος, discours, traité. D'où vient théologal, docteur pourvu d'une prébende qui l'oblige à prêcher, et à faire des leçons de théologie. De là aussi théologien et théologique.

THÉOPHILANTROPE, celui qui fait profession de suivre la religion naturelle ; de Θεὸς, Dieu, de φίλος, ami, et d'ἄνθρωπος, homme ; ami de Dieu et des hommes, qui aime Dieu et les hommes. De là théophilanthropie, doctrine des théophilanthropes, et théophilanthropique.

THÉOPHILE, ami ou aimé de Dieu, Θεόφιλος : rac. φιλέω, amo.

THÉOPHRASTE, le plus docte de tous les philosophes péripatéticiens ; de Θεὸς, Dieu, et φράζω, dire ; à cause de sa divine et douce éloquence.

THÉOPOMPE, nom d'homme ; de Θεὸς, Dieu, et de πομπὴ, envoi ; envoyé de Dieu.

THÉORÈME, proposition d'une vérité spéculative qu'on peut démontrer ; de θεώρημα, ce que l'on contemple, ce que l'on considère, dérivé de θεωρός, contemplateur.

THÉORIE, partie contemplative d'une science ou d'un art qui s'occupe plutôt de la démonstration que de la pratique des vérités ; de θεωρία, contemplation, considération : rac. θεάομαι, video.

THÉOTIME, nom d'homme ; de Θεὸς, Dieu, et de τιμή, honneur, dérivé de τίω, honorer ; *qui honore Dieu*.

THÉURGIE, ouvrage de Dieu; de Θεὸς, Dieu, et d'ἔργον, ouvrage.

THÉRAPEUTIQUE, partie de la médecine, qui a pour objet le traitement et la guérison des maladies ; de θεράπευω, guérir.

THÉRIAQUE, de θηριακή, antidote contre les morsures des bêtes venimeuses ; rac. θήρ, *fera*.

THERMES, bains d'eau chaude ; de θερμὸς, chaud : rac. θέρω, *calefacio*.

THERMOMÈTRE, instrument de physique qui marque les degrés de chaud ; de θέρμη, chaleur, et μέτρον, mesure.

THERMOPYLES, défilé du mont OEta dans la Thessalie ; de θερμὸς, chaud, et de πύλη, porte, parce qu'on y voyait des sources d'eau chaude, consacrées à Hercule, et que les Phocéens y avaient bâti une muraille, à laquelle ils laissèrent des ouvertures appelées πύλα.

THÉSAURISER, amasser des trésors ; de θησαυρίζειν, en latin *thesaurizare*, dérivé de θησαυρός.

THÈSE, proposition, principe que l'on pose ; de θέσις, proposition, dérivé de θέω, poser.

THESMOTHÈTE, de θεσμοθέτης, législateur, titre que l'on donnait à Athènes aux magistrats commis à la garde des lois; de θεσμὸς, loi, et de τίθημι, établir.

THESSALONIQUE, Θεσσαλονίκη, ville de Macédoine, ainsi nommée parce que Philippe y remporta une victoire signalée ; comme qui dirait, *victoria Thessalis reportata* : rac. νικάω, *vinco*, νίκη, *victoria*. Elle s'appelait auparavant *Halia*, Ἀλία, c'est-à-dire maritime, d'ἅλς, ἁλός, *mare*.

THIASE, danse des bacchantes en l'honneur du dieu qui les agitait ; de θίασος, chœur de danse.

THOLUS, en architecture, clef d'une voûte, d'une charpente ; de θόλος, voûte ou chambre voûtée, avec l'accent aigu sur la première syllabe, pour le distinguer de θολὸς, bourbe. Le *tholus* était à Athènes un édifice voûté où l'on gardait les registres publics, et où mangeaient les juges. Chez les Lacédémoniens il désignait la voûte des temples, où l'on suspendait les offrandes.

THOMAS, nom propre ; de θαυμαςὸς, admirable : rac. θαυμάζω, *miror*.

THON, espèce de gros poisson; de θύννος, *thynnus*.

THORAX, capacité de la poitrine ; de θώραξ, poitrine. De là *thorachique*, adj., qui a rapport à la poitrine.

THRASYBULE. V. TRASYBULE.

THRÉSOR ou TRÉSOR, de θησαυρός, *thesaurus*, par métathèse ou par transposition. De là *trésorier* et *trésorerie*.

THRONE ou TRONE, de θρόνος, *thronus*.

THURIMAQUE, un des rois de Sicyone;de θοῦρος, impétueux, dérivé de θόρω, sauter, et de μάχη, combat ; *guerrier impétueux*.

THYADES, de θυάς, furieux, dérivé de θύω, s'emporter, entrer en fureur; surnom des bacchantes, parce que dans les orgies elles s'agitaient comme des furieuses.

THYELLA, une des harpies ; de θύελλα, tempête.

THYM, herbe; de θύμος, *thymus*, avec l'accent sur la première syllabe.

THYMÉLÉE, plante qui tient

du thym et de l'olivier ; de θύμος, thym, et d'ἐλαία, olivier.

TIARE, ornement de tête, autrefois en usage chez les Perses; de τιάρα, dérivé de τίω, honorer, parce que la tiare était portée par les rois et les prêtres. Aujourd'hui c'est le diadême du pape, orné de trois couronnes.

TILLER du chanvre, de τίλλειν, vellere.

TIMOTHÉE, nom d'homme qui signifie, *qui honore Dieu*; de τιμή, honneur, et Θεὸς, Dieu.

TISANNE. V. PTISANE.

TISIPHONE, une des trois furies ; de τίσις, vengeance, et φόνος, meurtre, c'est-à-dire vengeresse des meurtres.

TITHYMALE, plante qui rend un suc laiteux et caustique ; de τιθύμαλος, composé de τιτθὸς, mamelle, et de μαλὸς, tendre ; *mamelle tendre*, qui fournit du lait en abondance. Le mot grec μαλὸς, signifie aussi *pernicieux* ; et ce sens convient également au tithymale, à cause des effets dangereux que son suc peut produire.

TITE, nom propre Τίτος, *Titus*, de τίτος, qui signifie une colombe, selon Pasor, ou de τιτὸς, honorable ; d'où vient ἄτιτος, *inglorius*, Il. υ.; rac. τίω, *honoro*.

TITRE, de τίτλος, *titulus*, qui se trouve non seulement en S. Jean, chap. 19, mais aussi dans Hésychius, et qui, selon Scaliger, vient de τίω, *honoro*, dont on a fait premièrement τίτος, puis τίτλος, *titulus*. *Omninò verò, titulus est à* τιτὸς, *quod ἀπὸ τοῦ τίειν, unde τιμή*, dit Vossius, et il ajoute que cette étymologie a été suivie par les deux Scaliger, père et fils, auxquels on peut encore joindre H. Estienne.

TITYRE, nom d'un berger dans Virgile ; de τίτυρος, chalumeau, parce qu'il jouait du chalumeau.

TMÈSE, terme de grammaire, division d'un mot composé en deux ; de τμῆσις, division, formé de τμήσω, fut. de τμάω, inusité, qui donne ses temps à τέμνω, couper.

*TOILE, TOILETTE, de τὸ εἴλεον, *involucrum*, d'où vient aussi le latin *tela* ; rac. εἰλέω, *volvo*.

TOMBE, TOMBEAU, de τύμβος, *bustum, fossa, sepulcrum*. De là peut venir notre mot de tomber, parce que tout tombe dans les fossés, si l'on n'aime mieux le prendre de πτῶμα, chûte : rac. πίπτω. De là est aussi venu le mot de *catatombes, catatombæ*, pris de κατὰ ou κάτω, *infrà*, qui est un lieu sous terre, proche de Rome, où l'on croit que les chrétiens se retiraient durant la persécution, et enterraient les martyrs. Maintenant on dit plutôt catacombe.

TOME, division ou partie d'un ouvrage ; de τόμος, *tomus*, de τέμνω, prét. m. τέτομα, couper, diviser. *Tome* se prend aussi pour *volume*.

TON, pronom, de τὸν, dor. σόν.

TON, de τόνος, tension, formé de τέτονα, parf. moy. de τείνω, tendre. De là *tonique*, qui se dit en médecine de ce qui est propre à fortifier, à donner du ton.

TOPIQUE, local, extérieur ; de τόπος, lieu.

TOPOGRAPHIE, description d'un lieu, de τόπος, lieu, et de γράφω, écrire. De là *topographique*, adj.

*TÔT, de θεὸς, *velox*.

TOUCHER, de θίγω, *tango*.

*TOUPIE, de τυπίς, qui se trouve presque en ce sens dans Hésychius.

*TOUR, de τύρις, *circuitus*, ou de τύρσις, *turris*.

TOUR ou TOURNOIR, de τόρνος, instrument à trouer et creuser en rond : rac. τερέω et τορέω, *terebro, torno*. De là vient aussi

TOURNER, τορεύω.

TOURNEUR, τορεὺς, tornator.

TOURBILLON, ςρόβιλος, vortex, procella : rac. στρέφω, verto, ςροβέω, circumago. Ou de turbo, pris de ταρβῶ, terreo, rac. τάρβος, εος, terror.

TOXIQUE, poison ; de τόξον, arc, parce que les Grecs croyaient que les barbares empoisonnaient leurs flèches.

TRACHÉE-ARTÈRE, canal de la respiration ; de τραχεῖα, f. de τραχὺς, âpre, rude, et d'ἀρτηρία, vaisseau aérien, à cause qu'elle est rude et raboteuse.

TRAGÉDIE, poème qui représente une action grave, de τράγος, bouc, chevreau, et d'ᾠδὴ, chant, parce que le prix de ce poème fut d'abord un bouc ou un chevreau. De là *tragique*, qui concerne la tragédie, c'est-à-dire fâcheux, funeste, *tragiquement* et *tragédien*, acteur tragique.

TRAGI-COMÉDIE. V. TRAGÉDIE et COMÉDIE.

TRAPE, de τράπεζα, *mensa*, parce que les trapes sont plates comme une table. Ou bien de τρέπω, *verto*. V. ATTRAPER.

TRASYBULE, capitaine athénien de grand courage ; de θρασὺς, hardi, et βουλὴ, esprit.

TRAVAIL, de θλίβω, *premo*, ou de τερῶ, *tero*, *perforo*, d'où vient aussi *teriones* dans l'ancienne langue, pour *boves*, *quia solum terunt*, le bœuf est un animal né pour le travail.

TRÈFLE, τρίφυλλον, *trifolium*, herbe ; de τρεῖς, trois, et φύλλον, feuille

TREMBLER, de τρέμειν, *tremere* : rac. τρέω, le même.

TRÉPANER, τρυπανῶ, τρυπανίζω, *perforo*.

TRÉPIED, instrument qui a trois pieds ; de τρεῖς, trois, et ποῦς, πόδος, pied

*TRÈS, mot superlatif ; de τρὶς, ter, τρισμέγιςος, très-grand ou trois fois grand : rac. τρεῖς, trois.

TRÉSOR. V. THRÉSOR.

TRÉMA, en grammaire les deux points qu'on met sur une voyelle pour avertir de la prononcer séparément de la voyelle précédente ; de τρῆμα, trou, formé de τράω, le même que τιτράν, percer, parce que ces deux points paraissent comme deux petits trous au-dessus de ces lettres. *Tréma*, adj. en terme d'imprimerie, se dit de trois lettres ë, ï, ü, sur lesquelles on met deux points pour marquer qu'elles doivent être prononcées seules.

TRIANGLE, figure qui a trois angles ; de τρεῖς, trois, et γωνία, un angle.

TRIBOMÈTRE, machine pour mesurer les frottemens ; de τρίβω, frotter et de μέτρον, mesure ; *mesure de frottement*.

TRIBRAQUE, pied de vers composé de trois syllabes brèves ; de τρεῖς, trois, et de βραχὺς, bref.

*TRIGAUDER, de τρυγῳδέω, *convicior* : rac. τρύγη, *triticum*, *vindemia*, τρύξ, υγος, *vinum recens*, *fæx vini*, et ἀείδω, ᾄδω, *canto*, ᾠδὴ, *cantus*. Ou bien de *trico*, tricher, tromper, *tricæ*, niaiseries, badineries, pris de τρίχες, *pili implexi*, selon Vossius.

TRIGONOMÉTRIE, de μέτρον, mesure, et de τρίγωνον, triangle, composé de τρεῖς, trois, et de γωνία, angle, c'est-à-dire art de mesurer les triangles. De là *trigonométrique*.

TRINACRIE, ancien nom de la Sicile, tiré de ses trois promontoires ; de τρινακρία, composé de τρεῖς, ία, trois, et d'ἄκρα, sommet, cap.

TRINGLE, de θριγκὸς, qui signifie proprement le chaperon ou les créneaux d'une muraille.

TRIPLE, de τρίπλαξ et τρίπλαςος, *triplex*.

TRIOMPHE, de θρίαμβος,

LES RACINES GRECQUES.

triumphus. De là *triompher*, v. n., *triomphal*, adj., et *triomphateur*, subst. Le triomphe, chez les Romains, était un honneur solennel qu'on accordait à un général victorieux, en lui faisant une entrée magnifique dans Rome. C'était le plus superbe et le plus pompeux spectacle des Romains.

TRITON, en grec Τρίτων, Triton, dieu marin.

TROIS, de τρεῖς, *tres*.

TROMPE et TROMPETTE, de ςρόμϐος, *concha*, *buccinum*, autrefois on usait de conques, au lieu de trompettes.

TRONE. V. THRONE.

TROPE, figure par laquelle on fait prendre à un mot une signification différente de sa signification propre, comme quand on dit une *flotte de cent voiles*, pour dire une *flotte de cent vaisseaux*; de τρόπος, tour, formé de τέτροπα, parf. moy. de τρέπω, tourner, parce qu'elle consiste à tourner ou changer le sens naturel d'un mot en un autre sens.

TROPHEE, τρόπαιον, *tropheum*; rac. τρέπω, *verto*.

TROPIQUES, cercles de la sphère qui marquent la plus grande déclinaison du soleil; de τροπικὸς, où se fait le retour, formé de τροπὴ, tour, conversion, dérivé de τρέπω, c'est-à-dire cercles d'où retourne le soleil, parce que cet astre étant arrivé à l'un des deux, semble retourner vers l'autre.

*TROU, de τρῶπα, *foramen*; rac. τρόω, *conficio*.

TROUPE, τύρϐη, *turba*, et θόρυϐος, *tumultus*.

*TROUSSER, de ςροφάω, *verto*; ςρόφιον, un trousseau de clés, parce qu'on les lie avec une bande appelée ςρόφος, *fascia*; rac. ςρέφω, *verto*; si l'on n'aime mieux prendre ces mots de l'allemand, *tross*, bagage. Voyez Ménage.

*TROUVER, de εὑρεῖν, pour lequel on a dit εὑρῶ, dont on peut avoir fait τευρῶ, treuver ou trouver.

TROXARTE, nom d'un rat dans la Batrachomyomachie; de τρώγω, ronger, et d'ἄρτος, pain, *qui ronge le pain*.

*TRUITE, poisson; de τρυγών, *pastinaca*, item, *turtur*, τρυζω, *susurro*; rac. τρίζω, *strido*; ou bien de τρώκτης, dont les Latins ont fait *trocta* ou *trutta*, et qui vient de τρώγω, *comedo*.

TUER, de θύειν, *occidere*.

TURBULENT, adj. de *turbulentus*, dérivé de *turba*, formé de τύρϐη.

TYMBALE, espèce de tambour d'airain, à l'usage de la cavalerie: de τύπτω, frapper.

TYMPAN, petite membrane qui est tendue au fond de l'oreille, à peu près comme la peau d'un tambour, et qui, recevant les impressions de l'air, cause la sensation de l'ouïe; de τύμπανον, tambour, dérivé de τύπτω, frapper.

TYMPANISER, pour dire parler mal de quelqu'un, le décrier publiquement; de τύμπανον, *tympanum*, τυμπανίζω, *tympanum pulso*; rac. τύπτω, *verbero*.

TYPE, modèle, figure originale; de τύπος, forme, marque de quelque chose; dérivé de τύπτω, frapper, parce qu'en frappant le coup s'imprime, et laisse une marque. De là *typique*, figure, symbolique.

TYPOGRAPHIE, l'art d'imprimer; de τύπος, marque, figure, caractère, dérivé de τύπτω, frapper, et de γράφω, écrire, parce qu'en imprimant on frappe un coup qui laisse la marque ou l'empreinte des caractères. De là *typographe*, imprimeur, *typographique*, qui concerne l'imprimerie.

TYR, ville de Phénicie; de τυρὸς, fromage, parce qu'ayant des pâturages fertiles et des troupeaux innombrables, le fai-

Rac. Grecq.

sait un grand commerce de fromages.

TYRAN, de τύραννος, tyrannus.

TYROMORPHITE, pierre figurée, qui imite un morceau de fromage ; de τυρός, fromage, et de μορφή, forme, figure.

U

UCALÉGON, Troyen indolent dont parle Virgile ; de οὐκ, non, et d'ἀλέγω, avoir soin ; insouciant.

ULCÈRE, de ἕλκος, ulcus ; rac. ἕλκω, traho. De là ulcérer, exulcérer.

UPSILON, vingtième lettre de l'alphabet grec ; de ὖ ψιλὸν, composé de la voyelle υ, et de ψιλὸν, neutre de ψιλός, mince, grêle, bref. Dans les mots tirés du grec, l'upsilon est remplacé en latin et en français par un y, exemple : Ζέφυρος, Zephyrus, Zéphyr.

UPE, oiseau ; de ἔποψ, upupa.

URANIE, une des neuf muses, qui préside à l'astronomie ; d'οὐρανὸς, le ciel, c'est-à-dire céleste.

URANOGRAPHIE, description du ciel. d'οὐρανὸς, ciel, et de γράφω, décrire.

URANOMÉTRIE, art de mesurer les astres ; d'οὐρανὸς, ciel, et de μέτρον, mesure.

URANOSCOPE, poisson de mer qui a les yeux placés sur la tête et tournés vers le ciel ; d'οὐρανὸς, ciel, et de σκοπέω, regarder ; *qui regarde le ciel*.

URETÈRE, canal double qui porte l'urine des reins dans la vessie ; de οὖρον, urine, et de τηρέω ; conserver, *conservateur de l'urine*.

URÉTIQUE. V. DIURÉTIQUE

URINE, de οὖρον, urina.

V

VA, de βᾶ pour βᾶθι, vade, impératif de βίβημι, marcher : rac. βαίνω, prés. de βάω, je vas.

VERNIS, de βερνίκη, par syncope pour βερονίκη, dont les Grecs barbares se sont servis pour dire l'ambre.

VÊPRES, de ἕσπερος, vesperus, l'u consonne tient lieu de l'esprit.

VESPER, *hesper* ou *hesperus*, étoile du soir ; de ἕσπερος, le soir.

VESTA, fille de Saturne et d'Ops, déesse du feu ; de ἑστία, feu ou foyer des maisons.

VESTE, sorte de vêtement qu'on porte sous l'habit ; du latin *vestis*, formé de ἐσθής. De là vestiaire, en latin *vestiarium*.

VÊTEMENT, ἐσθής, *vestis*; rac. ἕω, *induo*.

VIE, de βίος, *vita*, l'u consonne tient souvent lieu du β.

*VILAIN, de βλεννὸς, *sordidus*, si l'on n'aime mieux le prendre de *vilis* ou de *villanus*, un roturier. Car vilain, dans le vieux francais, signifie qui n'est pas gentilhomme.

VIN, de οἶνος, vinum.

VOIX, de vox, formé de voco, appeler, qui est dérivé de βοῶ, par l'insertion du c, comme specus, caverne, de σπέος..

VOMIR, de ἐμῶ, vomo, l'u tient lieu de l'esprit ou du digamma, et l'ε change en o.

VOULOIR, de βούλομαι, volo.

VOIE, de βάδος, chemin: rac. βαίνω, vado; ou de via, pris de οἴα, vicus, selon Scaliger, où l'u consonne a été ajouté, comme dans vinum, fait de οἶνος; ou enfin de ἴω, eo, en y joignant le digamma.

X

XANTHE, fleuve de la Troade; de ξανθὸς, roux, blond, parce que ses eaux avaient la propriété de donner une teinte roussâtre à la toison des brebis qui s'y baignaient.

XÉNÉLASIE, chez les anciens, interdiction faite aux étrangers du séjour d'une ville; de ξένος, étranger, et d'ἔλασία, l'action de chasser, dérivé d'ἐλάω, chasser, éloigner.

XÉROPHAGIE, nom qu'on donnait dans la primitive église à l'abstinence des chrétiens qui ne mangeaient pendant le carême que du pain et des fruits secs; de ξηρὸς, sec, et de φάγω, manger.

XILOGRAPHIE, l'art d'imprimer en bois; de ξύλον, bois, et de γράφω, écrire; *imprimerie en planches*.

XILOPHAGE, adj. se dit d'un insecte qui ronge le bois; de ξύλον, bois, et de φάγω, manger, ronger.

XYSTARQUE, officier qui présidait aux xistes; de ξυστὸς, xiste, et d'ἀρχὸς, chef: *chef ou intendant du xiste*.

XISTE, chez les anciens, lieu d'exercice des athlètes; de ξυστὸς, poli, aplani, dérivé de ξύω, aplanir; *lieu aplani*. Le xiste proprement dit, chez les Grecs, était un grand portique où s'exerçaient les athlètes. Chez les Romains, les xystes n'étaient autre chose que des allées d'arbres qui servaient à la promenade.

Z

ZÈLE, de ζῆλος, émulation, ardeur pour quelque chose.

ZÉOLITHE, substance minérale; de ζέω, bouillir, et de λίθος, pierre, à cause de l'espèce d'ébullition qu'elle éprouve par l'action du feu.

ZÉPHYRE, vent d'occident, vent doux et agréable, de Ζέφυρος, comme qui dirait Ζωηφόρος, qui amène le beau temps, et qui donne la santé et la vie.

ZÉTÉTIQUES, philosophes qui faisaient profession de chercher la vérité; de ζητητικοί, chercheurs, dérivé de ζητέω, chercher.

ZÉTUS, fils de Jupiter et

d'Antiope, reçut ce nom des bergers qui le trouvèrent exposé dans un carrefour; de ζητέω, chercher, trouver.

ZIZANIE, ζιζάνιον, de l'ivraie, mauvaise herbe qui endort et cause une espèce d'ivresse. Ce mot ne s'emploie plus que figurément pour signifier discorde.

ZODIAQUE, ζωδιακὸς, zodiacus, cercle de la sphère, divisé en douze signes, dénommés de certains animaux; de ζῶον, animal, rac. ζάω, vivo.

ZONE, nom de chacune des cinq divisions de la terre, d'un pôle à l'autre; de ζώνη, ceinture: rac. ζοννύω, ceindre, parce qu'elles sont comme autant de ceintures qui environnent la terre.

ZOOLOGIE, partie de l'histoire naturelle qui traite des animaux; de ζῶον, animal, et de λόγος, discours, traité.

ZOOPHYTE, espèce de vers renfermés dans des corps cellulaires, qui imitent une tige végétale dont ces animaux seraient les fleurs; de ζῶον, animal, et de φυτὸν, plante; *animal plante.*

ZOROASTE, *astre vivant*, législateur des Perses; de ζωρὸς, pur, et d'ἄστρον, astre, parce que ses sectateurs le crurent enlevé tout vivant au ciel par la foudre, et mis au rang des dieux.

ZYMOSIMÈTRE, thermomètre pour mesurer le degré de fermentation; de ζύμωσις, fermentation, dérivé de ζυμόω, formé de ζύμη, levain, et de μέτρον, mesure; *mesure de la fermentation.*

ZUMOTECHNIE, partie de la chimie qui traite de la fermentation; de ζύμη, fermentation, et de τέχνη, art. On dit aussi *zumologie*, discours ou traité sur la fermentation.

ZYTHOGALA, boisson composé de bierre et de lait; de ζύθος, boisson faite avec de l'orge, et de γάλα, lait.

FIN.

www.ingramcontent.com/pod-product-compliance
Lightning Source LLC
Chambersburg PA
CBHW060547230426
43670CB00011B/1727